黄土地区地方高速公路建设项目专项施工方案编制参考实例汇编

王国爱　主编

人民交通出版社股份有限公司

北京

内 容 提 要

本书选取了黄土地区各类危险性大、施工技术复杂及安全风险高的典型工程专项施工方案，对其进行整理、会审及汇编，以期达到方案设计与实践操作相结合、施工质量与施工安全双保障、环境保护与水土保持同步，有效指导现场技术人员安全生产工作，规避和降低黄土地区高速公路重难点工程施工风险，提升项目安全系数，实现工程建设、管理标准化。

本书可作为高速公路建设和管理人员的参考用书，也可供相关院校公路与桥梁工程专业的师生参考使用。

图书在版编目(CIP)数据

黄土地区地方高速公路建设项目专项施工方案编制参考实例汇编/ 王国爱主编. — 北京：人民交通出版社股份有限公司，2023.6

ISBN 978-7-114-17634-0

Ⅰ.①黄… Ⅱ.①王… Ⅲ.①黄土区—高速公路—道路施工—施工组织—案例 Ⅳ.①U419.4

中国版本图书馆 CIP 数据核字(2021)第 182238 号

Huangtu Diqu Difang Gaosu Gonglu Jianshe Xiangmu Zhuanxiang Shigong Fang'an Bianzhi Cankao Shili Huibian

书　　名：黄土地区地方高速公路建设项目专项施工方案编制参考实例汇编
著 作 者：王国爱
责任编辑：刘　倩
责任校对：赵媛媛　龙　雪
责任印制：张　凯
出版发行：人民交通出版社股份有限公司
地　　址：(100011)北京市朝阳区安定门外外馆斜街 3 号
网　　址：http://www.ccpcl.com.cn
销售电话：(010)59757973
总 经 销：人民交通出版社股份有限公司发行部
经　　销：各地新华书店
印　　刷：北京虎彩文化传播有限公司
开　　本：880×1230　1/16
印　　张：20.75
字　　数：631 千
版　　次：2023 年 6 月　第 1 版
印　　次：2023 年 6 月　第 1 次印刷
书　　号：ISBN 978-7-114-17634-0
定　　价：158.00 元

本书编写委员会

主　编：王国爱

副主编：徐创才　王　强　庄前兵　徐益山　董　理　李亨哲　向启源

参　编：杜红涛　刘洪波　智忠磊　陈要辉　侯代英　霍耀东　马朝辉　郭凯瑞　王少松　汪　镇　赵明杰　邵成龙　纪鸿朋　王国靖　徐帅军　姚松岭　高　飞　冯　浩　王金帅　张治飞　师松森　张朋举　徐鹏飞　张　力　孙敖宝　杨智超　钟　正　郭　洋　王　鑫　张　洋　赵　刚　刘　卓　寇宝才　王亚龙　贾鹏程　杜耀辉　韩　侃　高　岳　轩俊杰　杨达赖　孙　文　陆　峰　程永娃　谭伟华　冯爱霞　胡林军　李昌文

顾　问：张允海　廖维太

前　言

《公路水运工程安全生产监督管理办法》(交通运输部令2017年第25号)第二十四条规定:公路水运工程建设应当实施安全生产风险管理,按规定开展设计、施工安全风险评估。设计单位应当依据风险评估结论,对设计方案进行修改完善。施工单位应当依据风险评估结论,对风险等级较高的分部分项工程编制专项施工方案,并附安全验算结果,经施工单位技术负责人签字后,报监理工程师批准执行。必要时,施工单位应当组织专家对专项施工方案进行论证、审核。

根据《中华人民共和国安全生产法》《建设工程安全生产管理条例》《生产安全事故报告和调查处理条例》《公路工程安全施工技术规范》等法律、行政法规、规范,结合甘肃省黄土地区地方高速公路PPP项目施工实例,中交一公局、定西市交通工程质量监督站共同组织编写了《黄土地区地方高速公路建设项目专项施工方案编制参考实例汇编》。全书内容共分为四章,包括:路基工程专项施工方案、路面工程专项施工方案、桥梁工程专项施工方案、隧道工程专项施工方案。

本书选取了黄土地区各类危险性大、施工技术复杂及安全风险高的典型工程专项施工方案,对其进行整理、会审及汇编,以期达到方案设计与实践操作相结合、施工质量与施工安全双保障,有效指导现场技术人员安全生产工作,规避和降低黄土地区高速公路重难点工程施工风险,提升项目安全系数,达到工程建设、管理标准化、品质化。

本书可作为高速公路建设和管理人员的参考用书,也可供相关院校公路与桥梁工程专业的师生参考使用。

编　者

2021年5月

目　录

第一章　路 基 工 程

第一节　路基石方爆破专项施工方案

1. 编制说明

1.1　编制依据

(1)《爆破安全规程》(GB 6722—2014);
(2)《公路工程技术标准》(JTG B01—2014);
(3)《公路路基施工技术规范》(JTG/T 3610—2019);
(4)《公路土工试验规程》(JTG 3430—2020);
(5)《公路路基路面现场测试规程》(JTG 3450—2019);
(6)《公路工程施工安全技术规范》(JTG F90—2015);
(7)《公路工程质量检验评定标准　第一册　土建工程》(JTG F80/1—2017);
(8)《公路环境保护设计规范》(JTG B04—2010);
(9)《甘肃省公路建设标准化管理手册》;
(10)《某高速公路两阶段施工图纸》;
(11)国家、交通运输部和地方政府的有关政策、法规和条例、规定;
(12)现场踏勘及调查资料。

1.2　编制原则

(1)本施工方案针对路基石方爆破施工内容编制。

(2)严格遵守招标文件的各项条款,全面响应招标文件要求,认真贯彻质量验收标准。

(3)结合工程特点,推广“四新”技术,采用国内外可靠、先进的施工方法和施工工艺,合理地安排施工顺序、优化施工方案,确保实现预期目标。

(4)坚持实事求是的原则,注重调查研究,合理安排工期,周密组织劳动力等生产要素,采取科学有效的方法组织施工,确保实现安全、优质工程。

2. 爆破施工总体规划

对于不能采用机械开挖的石方路基,可采用爆破法施工;硬岩开挖采用浅眼、深孔爆破,当山体稳定、石质坚硬、整体性好时,采用光面爆破;当边坡稳定性差时,采用预裂爆破结合嵌补等方法。爆破前应测量放样,放出路基开挖边线,查明开挖边线外的结构物距开挖边线的距离,制订爆破方案和安全措施,报监理工程师审批。同时将爆破施工方案、施工人员报公安机关备案。

3. 路基石方爆破施工工艺流程

路基石方爆破施工工艺流程如图 1-1-1 所示。

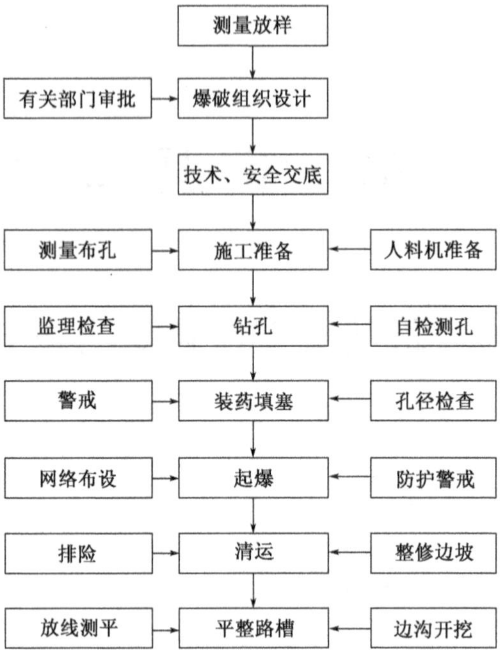

图 1-1-1 路基石方爆破施工工艺流程图

4. 路基石方爆破施工

4.1 炸药的搬运

(1)作业人员在保管、运输炸药的过程中,严禁穿化纤衣服。

(2)爆破器材要按照规定要求进行检验,对失效及不符合技术条件要求的不予使用。

(3)爆破器材由专人领取,炸药与雷管由两人以上分开运输搬运。电雷管不与其他带电物品一起携带运输。爆破器材运输应避开人员密集地段,直接送往工地,中途不得停留,不得随地存放或带入宿舍。

4.2 石方路堑的开挖

(1)根据岩石的类别、风化程度和节理发育程度等确定石方路堑的开挖方式。不能使用机械直接开挖的石方路堑,则采用爆破法开挖。边坡预留 1 ~ 2m 岩体进行光面爆破。

(2)进行爆破作业时,由经过专业培训并取得爆破证书的专业人员实施爆破。根据确定的爆破方案,进行炮位、炮孔深度和用药量设计。钻孔机械采用风钻或潜孔钻,按照设计方向、角度和深度严格控制,特别是边坡光爆孔的倾斜度应严格符合设计要求。遇到夹层或深层石质与表面石质有明显差异时,及时进行研究处理。

4.3 深挖路堑施工的针对性措施

对路基挖方深度大的地段,根据沿线地形、地质情况,拟采取以下措施。

(1)施工前详细复查设计文件所确定的深挖路堑地段的工程地质资料及路堑边坡,并收集了解土石界限、岩层风化厚度及破碎程度、岩层工程特征;路堑为砂类土时,了解其颗粒级配、密实程度和稳定角;路堑为细粒土时,了解含水率和物理力学性质,以及不良地质情况,地下水及其存在形式等。根据详细了解的工程地质情况、工程量和工期,编制施工组织设计,并配备适当的机械设备和劳动力。

(2)深挖路堑边坡施工时,土质、风化石路基以及坚硬岩石挖方边坡均严格按设计坡度施工。若边坡实际土质与设计勘探的地质资料不符,特别是土质较设计的松散时,马上向有关方面提出修改设计的意见,批准后实施。

(3)深挖路堑杜绝使用大爆破施工方案。单边坡石质深挖路堑的施工采用深粗炮眼、分层、多排、多药量、群炮、光面、微差爆破方法。

4.4 边坡光面爆破施工

4.4.1 施工要点

(1)最小抵抗线根据边坡预留岩体的情况取值 1.0 ~ 2.0m,边坡预留保护层不宜过厚,否则,正常的药量无法克服岩石阻力,容易造成欠挖。

(2)光面爆破单位体积耗药量 $q = 0.2 \sim 0.3 \mathrm{kg/m^3}$,线装药密度为 0.36 ~ 0.69kg/m,线装药密度应该严格控制,以防药量过大而导致爆破时损伤边坡。

(3)光面爆破炮孔采用同段毫秒雷管传爆,保证各药包同时起爆,以减少飞石和爆破震动。为控制飞石的影响范围,施工中采用两层草袋装入砂土进行覆盖,将排间的草袋用绳子连成一片。

(4)开挖边坡外有必须保证安全的重要建筑物时,即使采用减弱松动爆破都无法保证建筑物安全时,采用人工开凿、化学爆破或控制爆破。在石方开挖区注意施工排水,在纵向和横向形成坡面开挖面,其坡度满足排水要求,以确保爆破出的石料不受积水浸泡。

(5)施爆前,规定醒目清晰的爆破信号,并发布通告,及时疏散危险区内的人员、牲畜、设备及车辆等;对不能撤离的建筑物采取保护、加固措施,并在危险区周围设警戒。起爆前 15min,由总指挥发布起爆准备命令,爆破站做最后一次验收检查和安全检查。如无新情况发生,在接到指挥长起爆命令后,立即合闸施爆。起爆后迅速拉闸断电,起爆后 15min,由指定爆破作业人员进入爆破区进行安全检查,确认无哑炮现象和其他问题后,解除警戒。

(6)爆破后如有哑炮,由爆破人员处理,采取安全措施排除。首先找出线头接上电源重新起爆,或者沿导洞小心掏取堵塞物,取出起爆体,用水浸使炸药失效,然后清除。或者在距哑炮距离不小于 0.6m 处,另行打眼爆破。当炮眼不深时,采用裸露药包爆破。爆破后,及时清理危石和路堑内土石方,并测定爆破效果,指导后面的施工。

4.4.2 施工方法

为了确保硬石边坡施工中不发生超挖、欠挖,不破坏岩体,且施工后保持比较平坦的岩壁和岩面,硬石地段边坡施工拟采用光面爆破的施工方法。

(1)爆孔的方向和间距设计。

为有效控制破裂的平整性,对炮孔方向、间距做妥善安排。钻孔时保持炮孔在同一平面内,以保证开掘面的平整。根据炮孔间距和抵抗线的关系,即密集系数 m 值的大小,取 m 值在下述范围内,光面效果较好。

$$m = \alpha / w \leqslant 0.8$$

式中,m 为深孔密集系数;α 为光面爆破孔距(m);w 为光面爆破的最小抵抗线(m)。

(2)装药量与装药结构设计。

控制适当的装药量和采用合理的装药结构是达到光面和预裂目的不可忽视的基本环节。装药量过多,会出现裂纹面,降低质量;药量过少,则各炮孔炸缝不连续,达不到光面效果。为了使装药适当,拟采用以下两种方式。

①炮孔直径大于药卷直径 1 ~ 2 倍;

②采用炮孔内间断装药法。

(3)起爆时间先后安排。

严格控制好起爆时间,特别是主药包的先后起爆,关系效果的好坏。光面爆破要求在主药包爆破之后起爆,其时间隔时间取 25 ~ 50ms,但同一排炮孔要同时起爆。可采用光面爆破与主药包爆破分开进行,在主药包爆破后,在边坡上留下一定厚度的预留层,厚度控制在 1.0m 左右,待最后刷坡清方时再进行光面爆破。

(4)光面爆破受岩石硬度及结构的影响。

松软与坚硬岩石的爆破效果不同。坚硬完整岩体内进行光面爆破可获得良好效果,松软或岩质不均匀的岩体则爆破效果较差。

(5)光面爆破的孔距、孔深、孔径以及最小抵抗线之间的关系。

根据主要控制参数计算:

①光面爆破孔距 $\alpha_1 = 16d$(m);

②光面爆破的最小抵抗线 $m = 1.33\alpha_1 = 21.5d$(m);

③每米孔深装药量 $K = 9d^2$(kg/m);

④d 为炮孔直径(m)。

(6)光面爆破参数见表1-1-1。

光面爆破参数 表1-1-1

炮孔直径 d(mm)	孔距 α_1(m)	抵抗线 w(m)	装药量 K(kg/m)
50	0.8	1.1	0.25
62	1.0	1.3	0.35
75	1.2	1.6	0.5
87	1.4	1.9	0.7
100	1.6	2.1	0.9
125	2.0	2.7	1.4
150	2.4	3.2	2.0
200	3.0	4.0	3.0

(7)光面爆破实施要点。

光面爆破形成的边坡坡度是爆孔倾斜度。这种爆破的装药结构特点是弱性装药和同排装药需同时起爆,爆炸只炸掉岩体外面,不伤害边坡。具体实施要点如下:

①用导爆索将同排光面孔连接引爆,保证同时起爆或尽可能缩短时间差。施工中拟采用导爆索。

②按装药密度可连续或间断绑紧炸药于导爆索上,形成药串。

③孔底使用加强底药,保证充分炸开孔底部分岩石。

④固定药串,并在减弱爆破一边放木板或竹片。

⑤距孔口1~1.5m处堵塞。

4.5 深孔梯段爆破设计

采用潜孔钻机钻孔,为本工程石方爆破的主要施工方法。

4.5.1 深孔梯段爆破设计参数

(1)梯段高度 H。根据岩石硬度、块度要求及钻爆装运机械设备配备情况综合考虑。

(2)钻孔直径 D。钻孔直径 $D = 90 \sim 120$mm,垂直钻孔,呈三角形布置。

(3)超钻深度 h。按 $h = 0.1H$ 考虑。

(4)钻孔深度 L。$L = H + h = 1.1H$。

(5)前排炮孔底板抵抗线 W_1。

$$W_1 = H/\tan\alpha + B$$

式中,α 为台阶坡面角,一般取 $\alpha = 75°$;B 为从钻机中心至坡顶线的安全距离,取 $B = 1.0$m。

(6)前排炮孔单位岩石用药量 q_1。取 $q_1 = 0.5 \sim 0.55$kg/m^3,可根据岩石硬度情况进行调整。

(7)前排炮孔单孔爆破面积 S_1。

$$S_1 = \beta LE/(q_1 H) = 1.1\beta E/q_1$$

式中,β 为炮孔装药利用率,取 $\beta = 0.7$;E 为每米炮孔装药量。

(8)前排炮孔间距 a_1。

$$a_1 = S_1/W_1$$

(9)前排炮孔装药量 Q_1。

$$Q_1 = q_1 a_1 W_1 H$$

(10)前排炮孔堵塞长度 L_1。

$$L_1 \geqslant 0.9W_1$$

(11)后排炮孔单位岩石用药量 q。考虑前排爆破岩体对后排炮孔的阻力作用,后排炮孔的单位岩石用药量应略大于前排炮孔,取 $q = 0.4 \sim 0.6\text{kg/m}^3$,可根据岩石硬度情况进行调整。

(12)后排炮孔单孔爆破面积 S。

$$S = \beta LE/(qH) = 1.1\beta E/q, S = 13.2\text{m}^2$$

(13)后排炮孔间距 a、排距 b。

按等边三角形布置,$S = ab = \sqrt{3}/2 \times a^2$,则 $a = 3.9\text{m}$,$b = 3.4\text{m}$。

(14)后排炮孔装药量 Q。

$$Q = qabH$$

(15)后排炮孔堵塞长度 L。

$$L \geqslant 0.9b$$

深孔爆破用于形成作业平台,开辟梯段临空面时的爆破设计参数见表 1-1-2。

深孔爆破设计参数

表 1-1-2

钻孔直径 D (mm)	钻孔深度 L (m)	炮孔间距 a (m)	炮孔排距 b (m)	炮孔装药量 Q (kg)	单耗 q (kg/m³)	装药长度 L' (m)	堵塞长度 l (m)
120	4	3	2.8	15	0.45	1.4	2.6
	5	3	2.8	20		1.7	3.3
	6	4	3	32		2.7	3.3
	7	4	3	38		3.2	3.8
	8	4	3	45		4	4
	9	4	3.5	56		4.7	4.3
	10	4	4	72		6	4
	11	4.2	4	83		7	4
	12	4.5	4	95		8	4
	13	4.5	4	108		9	4
	14	4.8	4	120		10	4
	15	5	4	130		11	4

深孔爆破设计参数可根据爆破试验所选定的单耗和施工机械进行选择,并根据现场的实际情况进行调整。

4.5.2 深孔梯段爆破炮孔布置

根据所选择的爆破设计参数进行炮孔布置,其立面布置如图 1-1-2 所示,平面布置如图 1-1-3 所示。

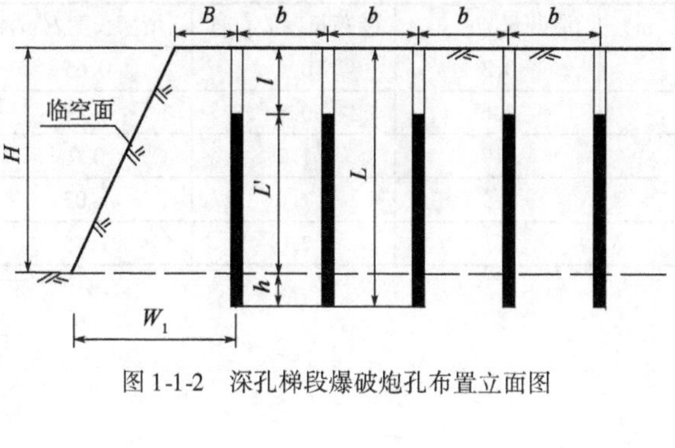

图 1-1-2 深孔梯段爆破炮孔布置立面图

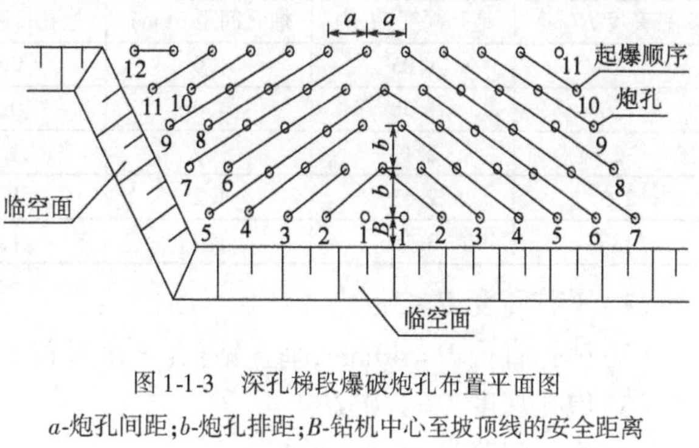

图 1-1-3 深孔梯段爆破炮孔布置平面图

a-炮孔间距;b-炮孔排距;B-钻机中心至坡顶线的安全距离

4.5.3　深孔梯段爆破装药结构

采用连续装药结构，炸药品种为散装铵油炸药或 ϕ90mm 卷装乳化炸药（有渗水时），按设计药量从炮孔底部自下而上将炸药装填均匀密实，每个炮孔均装双发非电毫秒雷管，起爆药包采用 ϕ32mm 卷装 2 号岩石炸药或直接用 ϕ120mm 卷装乳化炸药（有渗水时），将双发非电毫秒雷管装入起爆药包后，放入炮孔装药段的中部。炮孔堵塞采用黄土或钻孔岩粉，按设计堵塞长度逐层捣实至堵满为止。炮孔堵塞严禁采用石块，以免冲炮产生过远飞石。在边坡或按设计堵塞长度过大时，可采用间隔装药结构（图 1-1-4）。

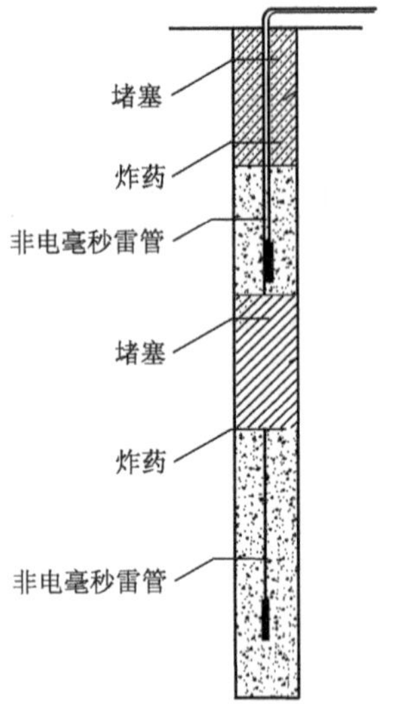

图 1-1-4　间隔装药结构示意图

4.5.4　深孔梯段爆破起爆网路

采用塑料导爆管非电微差起爆网路，每个炮孔内均装双发非电毫秒雷管，通过"V"形起爆方法实现宽间距梯段爆破，炮孔所装雷管段为 12 段，如图 1-1-5 所示。这种"V"形起爆方法可以使炮孔密集系数 m 即炮孔间距与炮孔抵抗线的比值达到 3.5 倍，同时也有利于爆破时岩石相互挤压碰撞，从而达到提高岩石破碎效果的目的。这种起爆方法还有利于改善爆渣堆积效果，减少爆渣过度分散，提高挖装机械设备的工作效率。根据现场的实际情况，还可选用梯形（图 1-1-6）、斜线、直线、接力式等起爆网路。炮孔装药堵塞完毕后，在孔外用双发 3 或 4 段非电雷管将各炮孔导爆管分组簇联起来，组成孔外复式起爆网路，最后将主线导爆管绑双发电雷管后，用导线引至起爆点，使用起爆器引爆。

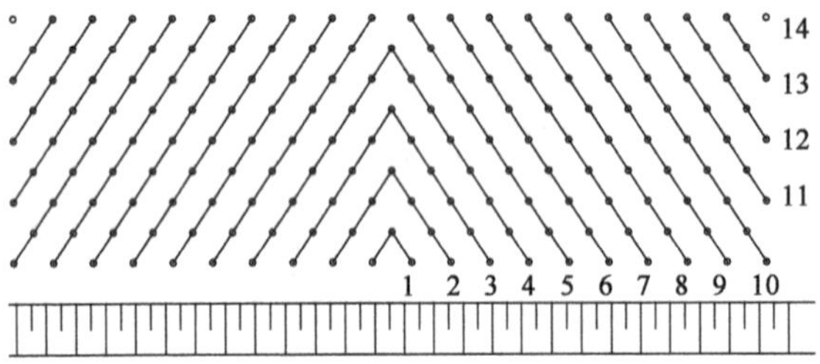

图 1-1-5　V 形起爆网路示意图

注：图中数字表示分组号。

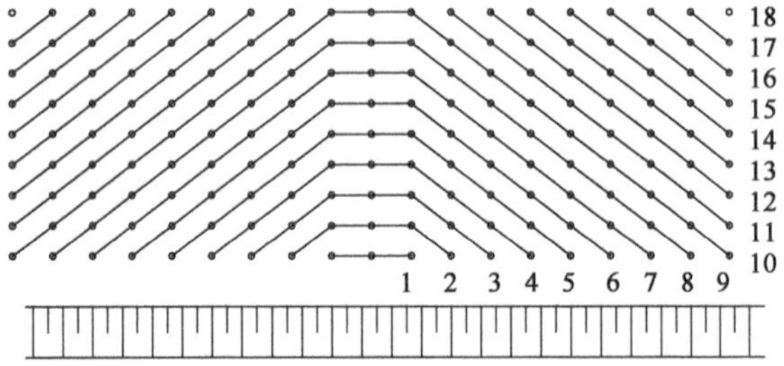

图 1-1-6　梯形起爆网路示意图

注：图中数字表示分组号。

4.6　浅孔爆破设计

采用 YT28 风钻钻孔，该钻机主要用于爆破深度小于 3m 的岩体开挖、场平基底找平开挖，以及修整上山便道和钻机作业平台等。

4.6.1　爆破设计参数

爆破设计参数见表 1-1-3。

浅孔爆破设计参数　　表 1-1-3

爆破高度 H(m)	炮孔深度 L(m)	炮孔间距 a(m)	炮孔排距 b(m)	装药量 Q(kg)	装药长度 L'(m)	堵塞长度 l(m)
1	1.05	1.0	0.8	0.3	0.4	0.65
1.5	1.58	1.0	0.8	0.6	0.8	0.78
2	2.10	1.2	1.0	0.9	1.2	0.9
2.5	2.63	1.2	1.0	1.2	1.6	1.03
3	3.15	1.2	1.0	1.5	2.0	1.15

（1）爆破高度 $H \leqslant 3$m。

（2）钻孔直径 $D = 40$mm，垂直钻孔，三角形布置。

（3）炮孔深度 $L = 1.05H$。

（4）炮孔间距 $a = 1.0 \sim 1.2$m。

(5)炮孔排距 $b=0.8\text{m}$。

(6)炮孔装药量 $Q=qabH$。

式中,q 为单位岩石用药量,取 $q=0.38\sim0.42\text{kg/m}^3$,可根据岩石硬度情况进行调整。装药量可根据岩石硬度情况进行调整。

4.6.2　浅孔爆破炮孔布置

根据所选择的爆破设计参数进行炮孔布置,其平面布置如图 1-1-7 所示。

4.6.3　浅孔爆破装药结构

采用连续装药结构,炸药品种为 ϕ32mm 卷装 2 号岩石炸药或乳化炸药(有渗水时),按设计药量将炸药卷从炮孔底部自下而上装入,每个炮孔均装 1 发非电毫秒雷管,采用反向起爆法将炸药卷装在孔底。炮眼堵塞采用略微潮湿的黄土,逐层捣实至堵满为止。

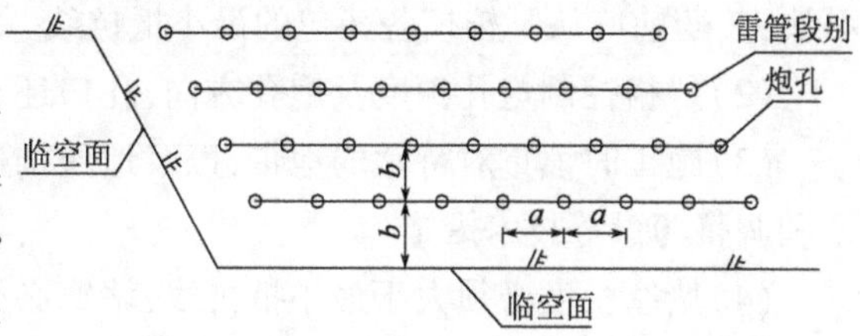

图 1-1-7　风枪浅眼爆破炮孔布置平面图

注:a、b 含义同图 1-1-3。

4.6.4　浅孔爆破起爆网路

采用塑料导爆管非电微差起爆网路。每个炮孔内均装 1 发非电毫秒雷管,可以根据一次起爆数量将每排分成一个段别或数个段别,实现逐排或每排数段微差间隔起爆。在炮孔外用双发 1 段非电雷管将各炮眼的导爆管分组聚集起来,组成孔外复式起爆网络,最后将主线导爆管绑双发电雷管后用导线引至起爆点,使用起爆器引爆。

4.7　临近公路(××公路)路段爆破方法

本合同段临近××公路,距离最近的地方约 15m,施工难度大。故应采取深孔松动控制爆破,爆破施工时,主要是控制爆破及对既有公路行车安全防护,保证车辆、人身安全。为确保公路行车安全,应先与相关单位签订安全协议,确定临近公路段爆破实施时间、爆破安全警戒范围,并在爆破前 3d 发布爆破公告。爆破前 25min,按规定进行线路封锁并设置防护,5min 内作业人员撤离爆破警戒区,20min 内撤除防护装置、清理可能上道石块,最后由现场安全检查人员全面检查线路,确认达到放行列车条件,正式解除安全警戒,开通线路。爆破作业应在爆破指挥部的统一组织下进行,以确保作业不影响周围居民的正常生产生活。

(1)试爆

通过试爆掌握爆破现场不同的岩石特性,确定经济合理的孔网参数及单耗,确保爆破施工安全。试爆时,炮孔的位置应选在远离既有线处,根据不同的爆破部位和围岩情况,试爆参数依照控制爆破设计参数,孔网参数包括抵抗线、孔距、排距、排数、台阶级数等取设计最小值(但堵塞长度要符合要求),保护距离(如隔墙厚度)取设计最大值,炸药单耗取设计最小值;保护距离(如隔墙厚度)取设计最大值,炸药单耗取设计最小值。

(2)装药及填塞

装药前对每个炮孔的孔距、排距和孔深进行测量和核对,将炮孔内的岩粉用高压风吹净,清除孔口周边的碎石屑,逐孔进行装药量计算。根据试爆结果调整和确定实际装药量,药包装入炮孔后,用木制炮棍轻轻捣实,然后用湿沙土或黄土进行填塞。为避免和防止飞石危害,对临近既有线段爆破的所有炮孔,采用炮被覆盖,覆盖时注意避免破坏孔外起爆网络,不允许在炮孔上拖拉炮被。

(3)安全防护

爆破施工前,在爆区靠近既有线一侧用钢管排架、竹排等设置隔墙进行防护。隔墙首尾处应超出爆区 20m。

(4)爆后检查

起爆 15min 后,爆破员和安全检查人员应进入爆区排除盲炮等情况后,并及时检查既有线路,迅速清理有可能影响既有线路行车的石块、飞散物等,确认符合行车安全条件后,通知安全警戒人员解除警戒,恢复通车。

4.8 爆破安全有效控制

4.8.1 控制爆破产生飞散物的预防措施

(1)炮孔设计合理,炮孔位置经严格测量和验收,是控制飞散物事故的基础。清理台阶面上松动的石块;装药前应认真校核各药包的最小抵抗线,如有变化,必须修正装药量,不准超装药量。

(2)严格控制炮孔深度及炮孔方向,孔口还有自由面方向应避开保护对象。

(3)施工时慎重对待软弱地带,以及地质构造、节理裂隙较发育的区域,采取调整孔网参数、间隔堵塞和调整药量等技术措施。

(4)堵塞长度必须大于最小抵抗线,堵塞必须密实,确保堵塞质量,堵塞物中避免夹杂碎石。

(5)采用多排爆破时,要选择合理的延期时间,防止因前排带炮造成后排抵抗线变小或方向失控。

(6)根据周边环境的因素,采用严密的控制爆破防范措施。爆破期间,安全警戒点和警戒距离的设置可根据地形和房屋建(构)筑物的实际情况来确定。

(7)高压线、民房附近爆破时,炮口应采取沙袋覆盖,再加盖丝网,或采用胶皮铺盖等其他有效的防护措施。必要时,在爆破区和保护物之间搭建防护排架,严格控制爆破飞石对保护物的破坏。

4.8.2 爆破冲击波及预防措施

由于本工程采用钻孔内部装药爆破,炸药的能量主要消耗在破碎岩石和转化为地震波。

(1)一次爆破炮孔间延时不要太长,以免使后排变成裸露爆破。

(2)控制一次起爆药量,将爆区总药量均匀分布到各个爆破部位,使爆炸能量最大限度得到有效利用,将耗于爆炸冲击波的无效能量减至最小限度。

(3)严格控制最小抵抗线、方向和数值,确保堵塞长度和质量;特别是第一排孔,防止工作面出现较大后冲,必须保证足够的堵塞长度。

(4)有水炮孔要用钻孔时产生的岩屑堵塞,而不能用黄泥进行堵塞(用黄泥堵塞不密实)。

(5)采用毫秒微差起爆方式,在设计中要考虑避免形成波束。

(6)考虑地质异常,需采取措施。例如,断层、张开裂隙处要间隔堵塞,大裂隙处要避免过量装药。

(7)爆破时,除爆破操作人员外,其他人员应在爆破警戒线外等候,以减少冲击波的危害。

4.8.3 排烟、降尘控制

(1)使用质量合格的爆破器材,不使用过期变质的炸药。加强炸药的防水防潮管理,保证堵塞长度和质量,避免炸药的不完全反应。

(2)在爆破作业点凿工钻孔时,工人应坚持戴口罩,并实施湿式凿岩,避免吸入粉尘引起肺病。所有爆破采用填塞装药,在条件允许的情况下,宜爆前洒水。

4.8.4 噪声控制

(1)光面爆破或预裂爆破时,对导爆索采取适当的处理。

(2)禁止采用裸露爆破,并对钻孔爆破进行充分填塞。

(3)对空压机等高噪声设备,放置在远离作业点的下风向地带。

(4)合理设置雷管段别,控制最大单响药量等。

4.9 盲炮瞎炮处理措施

爆破后经检查有盲炮瞎炮,应首先查明盲炮产生的原因,然后采取相应的处理措施。

4.9.1 浅孔盲炮处理

(1)经检查确认起爆网络完好时,可重新起爆。

(2)可打平行孔装药爆破,平行孔距盲炮不应小于0.3m。为确定平行炮孔的方向,可从盲炮孔口掏出部分填塞物,然后插入导向棍。

(3)可用木或其他不产生火花的材料制成工具,轻轻地将炮孔内堵塞物掏出,用药包诱爆。

(4)可在安全地点用远距离操纵的风水管吹出盲炮堵塞物及炸药,但应采取措施回收雷管。

(5)谁装炮谁处理。

4.9.2 深孔盲炮处理

(1)经检查爆破网络未受损坏,且最小抵抗线无变化,则可重新联网起爆;最小抵抗线有变化者,应验算安全距离,并加大警戒范围,再联网起爆。

(2)在距离未爆孔不小于10倍孔径处钻一平行炮孔,重新连线起爆。

(3)谁装炮谁处理。

4.9.3 防止盲炮的主要措施

使用前对火工品进行严格的性能测试,禁用不合格品;严格按操作规程作业,提高施工技术水准与熟练程度;严格按设计网络施工,爆破网络在爆破开工时应做模拟试验。

4.10 爆破警戒

4.10.1 成立爆破指挥小组

成立以项目经理为组长、技术负责人为副组长的爆破指挥小组,负责日常爆破及安全警戒工作和有关事宜的协调处理,下设钻孔组、装药组、技术组、后勤组、应急组和警戒组。

4.10.2 爆破安全警戒

为确保爆破安全,在实施爆破前,必须制订安全警戒方案,做好安全警戒工作。最少提前1d将爆破区域、起爆时间、警戒范围、警戒标志、警戒信号进行公告,及时将爆破事项通知到受爆破影响的单位和居民,让他们提前做好相应的工作、生活安排和准备。

爆破警戒由工程爆破指挥小组统一指挥。爆破警戒区主要路口必须有明显标识,警戒人员要佩戴明显标识和警戒工具(袖章、口哨、红旗、对讲机)。

(1)装药阶段的安全警戒

爆破进入装药阶段,爆区中已有爆炸物品,从这时起,一直到起爆,爆区应实行全天候的警戒,并在爆破作业现场设立“爆破现场禁止入内”标牌,禁止无关人员进入爆区现场。

进出施工现场的爆破施工作业人员、爆破技术人员、火工材料管理员和指挥小组成员应佩戴相应证件标志,并接受警戒人员的检查;严禁携带火种进入警戒区,严禁携带爆炸物品离开施工现场。

在危险区内应派安全员巡视,检查施工现场安全情况,制止违章作业。

(2)起爆前后的安全警戒

在约定起爆时间前20min,由爆破负责人发布开始警戒指令。起爆前后的警戒按爆破指挥小组确定的警戒范围、警戒方案实施。执行任务的人员,应按指令到达指定地点并坚守工作岗位。各警戒点应与指挥小组保持通信,并按照指挥小组的指令,按时进行清场撤离、封锁交通要道等工作。

炮响后,在未发出解除警戒信号之前,警戒点岗哨应继续值勤,除爆破后检查人员外,禁止任何人员和车辆进入危险区。

(3)爆破信号与起爆

警戒信号采用口哨和警报器,在第一次警戒指令发出后执行,用以警示爆区及其附近所有的人员警戒开始。在起爆前后要发布3次警戒指令信号。

①第一次信号称为预警信号。该信号发出后，爆破警戒范围内开始清场工作，所有与爆破无关的人员应立即撤离警戒区，并向警戒边界派出警戒人员。

②第二次信号称为起爆信号。在确认其他人员、设备全部撤离警戒区后，且具备安全起爆条件时，方准许发出起爆信号。起爆信号发出后，准许负责起爆人员起爆。

③第三次信号称为解除信号。安全等待时间过后，除爆破负责人批准的检查人员以外，不准其他人进入警戒区。检查人员进入爆破警戒范围检查，待确认安全后，方可发出解除爆破警戒信号。未发出解除警戒信号前，所有警戒岗位不得撤离。

(4)联络方法

警戒期间使用移动电话或对讲机进行实时联络通信。

(5)安全警戒范围划定

根据《爆破安全规程》(GB 6722—2014)，确定警戒范围，划定深孔台阶爆破的危险区半径为200m，城镇浅孔爆破为300m，机械设备撤离至100m以外。

(6)爆破时间

爆破时间一般遵照当地公安机关、建设单位规定的时段执行。

(7)警戒要求

爆破警戒区设明显的爆破警戒信号标识，非特殊情况下均实行定时爆破，并明牌告示附近行人和车辆。对警戒范围、警戒标志、警戒信号的意义及爆破时间进行公告，警戒人员要佩戴明显标识。爆破警戒期间应使用警报器进行报警明示。

5.保障措施

5.1 技术措施

严格实行安全技术交底制度，每次爆破前项目技术负责人或爆破工程技术人员都要进行书面技术交底。内容包括：工程名称、工程内容、施工工艺方法、采用的设备、设施、施工注意事项、质量标准、安全防护措施等。

5.1.1 质量保障措施

(1)质检控制。加强现场施工管理与协调，严格执行先施工责任单位自检、后监理检验的工程质量检查验收制度，每项工作最终均需取得监理工程师的确认。

(2)制订技术资料管理办法。严格按要求进行技术资料的收集、整理、存档，要求达到及时、准确和完整，做到专人负责，各司其职。

5.1.2 组织保障措施

(1)组织机构。为确保质量目标的实现，建立以项目经理为组长，总工程师、生产副经理为副组长，测量工程师、试验工程师、专职质检人员、工区主任、工区技术员为组员的质量管理小组。

(2)质保体系。健全质量保证体系，做到从资源投入和过程控制上保证工程质量，如图1-1-8所示。

5.1.3 制度保障措施

(1)质量责任制度

为确保施工质量，自上而下逐级建立工程质量责任制，明确工作岗位的质量职责和义务，建立完善的质量责任制度，确保施工质量得到有效控制。

(2)质量目标管理制度

根据本工程的总体质量目标进行量化分解，落实到每个分项工程、每道施工工序，并逐级落实到相关部室、施工队、施工班组、作业人员，一级包一级，一级保一级，逐级签订包保责任状，使质量管理工作标准化、程序化，确保总体质量目标的实现。

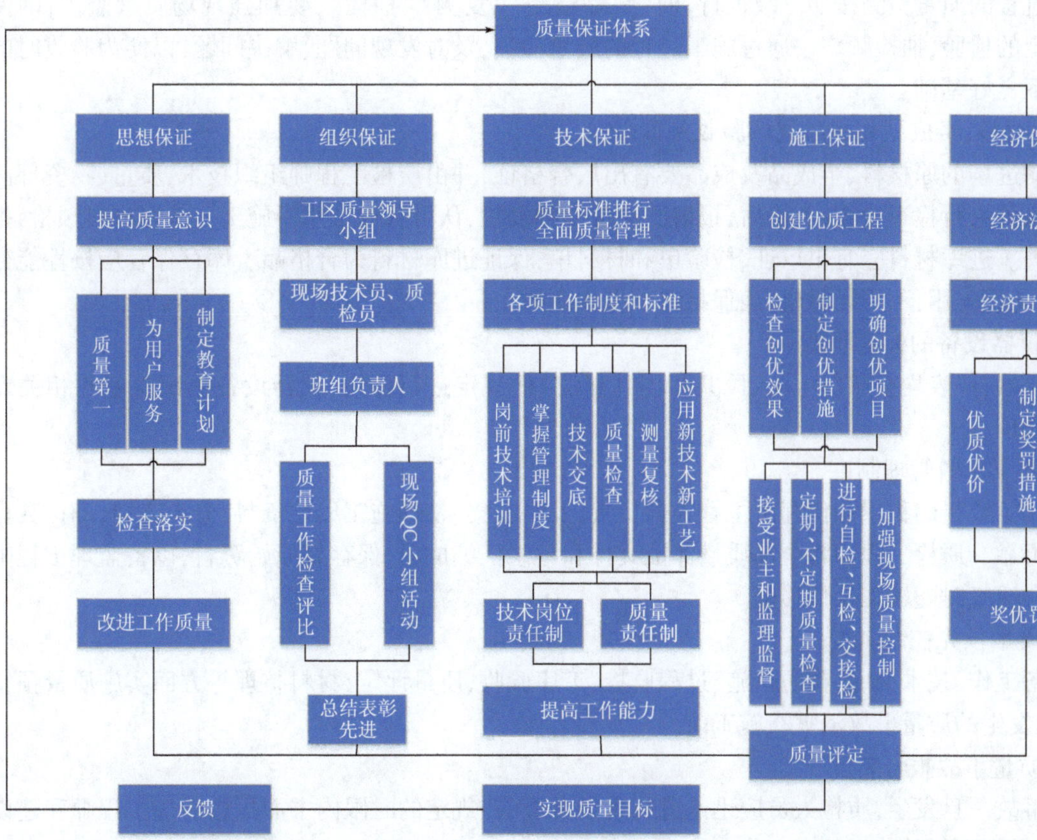

图 1-1-8　质量保证体系框图

(3)技术交底制度

路基高边坡施工开工前,在认真熟悉设计图纸和规范标准的基础上,由总工对分项工程负责人及相关技术人员进行一级技术交底,分项工程负责人对现场技术人员及班组长进行二级技术交底,现场技术人员对班组长及全体作业人员进行三级技术交底,讲清路基高边坡施工的设计要求、技术标准、施工方法、工艺和注意事项及与其他分项工程的关系等,要求全体人员明确标准,做到人人心中有数。

(4)工序"三检"制度

"三检"即"自检、工序交接检、专检"。即在分项工程施工过程中,每完成一道工序,班组必须自检,上道工序不合格,不得进入下道工序作业;自检合格后,与下一道工序班组进行交接检;交接检完成后,由专职质检员进行专职检。

(5)工序交接制度

实行"五不施工""三不交接"制度。

"五不施工",即不进行技术交底不施工、图纸及技术要求不清楚不施工、测量桩位和资料未经换人复核不施工、材料无合格证或试验不合格者不施工、上道工序不经检查签证不施工。

"三不交接",即无自检记录不交接、未经专业人员验收合格不交接、施工记录不全不交接。

(6)隐蔽工程检查验收制度

路基高边坡施工中,基底处理、基底检测、混凝土浇筑属隐蔽工程项目,首先逐级进行自检,并用白板+标识清楚拍照留底,自检合格后报监理工程师复检,经监理工程师签证合格后,方可隐蔽。

(7)测量复核制度

测量资料必须经换人复核无误,再报监理工程师审查认可,方可用于施工,并对中线桩、水准点建立定期复测检查制度,确保施工质量。

(8)施工过程质量检测制度

施工过程的质量检测按照三级进行,即“跟踪检测”“复测”“抽检”,要加强现场质量监控,确保满足规范规定的检验、抽检频率。通过施工过程的质量检测,及时发现问题、解决问题,以便为验收时的质量检验打下良好基础。

(9)原材料、半成品和成品现场验收制度

对采购进场的原材料、半成品及成品要有出厂合格证,并由质检工程师组织技术、质量、物资部门及材料管理人员进行检查验收,合格后,报请监理工程师复检,认可后方可用于施工。搞好材料预检,把好订货质量关。进库材料应有出厂证、检验单和材料单,保证进库材料为合格品。库存保管应按性能分批存放,做到先进先用,不积压材料,确保材料不发生变质。

(10)仪器设备的标定制度

各种仪器、仪表均按照《中华人民共和国计量法》的规定进行标定,仪器设备由试验室和相关专业指定专人管理。

(11)施工资料管理制度

施工原始资料的积累和保存由主管人员负责,及时收集、整理施工原始资料,分类归档,确保数据记录的真实可靠。质检工程师将全部质量保证文件和记录汇编成册,保存好原始资料,以备监理工程师检查时出具和竣工时随竣工文件移交。

(12)质量预先控制制度

从准备工作、技术交底、预防措施、过程监控、工序验收、质量评定、材料整理等方面实施质量预检制度,把可能发生的质量事故消灭在施工前。

(13)质量事故报告制度

质量事故一旦发生,质检人员应迅速进行现场调查,在规定的时限内书面报告监理工程师和建设单位,并全力做好事故的分析处理工作。

5.1.4 现场质量保障措施

5.1.4.1 边坡失稳处治措施

(1)若测量队进场复测地面线发现与设计有较大出入,或地质信息与设计不符,应及时向建设单位、监理、设计代表反映,及时调整设计方案或防护范围。

(2)按设计要求建立边坡监测,在坡口、边坡中部以及坡脚分别设置检测标,采用全站仪、水准仪检测边坡的水平位移和垂直变形。

(3)在边坡上方开挖土方时,应按照从上到下、开挖一级加固一级的顺序施工。

(4)按设计要求在每级平台设置平台排水沟,防止雨水冲刷破坏边坡,影响边坡稳定性。

(5)路堑高边坡在开挖及防护施工前,须首先完成坡顶截排水沟施工,防止所开挖的坡面受到冲刷及浸水。鉴于今年汛期降水频繁,开挖及防护施工作业时要注意坡面土体含水率的增大及分布的不均匀性变化,尤其要注意在经历数天降雨后,雨水渗入土体和黄土与泥岩的接触界面,对土体形成增重和对滑动面产生润滑作用,可能发生局部或整体滑塌的危险性。为了防范此类风险,要严格落实分段跳槽法施工,以及对局部土体含水率较大坡面段落采取导排水措施,晾晒数天待土体含水率降低或增加必要的临时支撑后,再进行施工。

(6)土质边坡开挖应安排在枯水季节,避开雨季。

(7)雨季施工应根据现场实际情况,合理设置现场防排水系统,采取有效措施,及时引排地面水。

5.1.4.2 坡面病害处治措施

(1)开挖前先做好坡顶截水沟、临时排水沟等工程设施,坡顶和各级平台不得有积水;开挖中若遇到地下水渗出,必须先做好排水工程后开挖。

(2)边坡以外水体采取隔离、防漏、防塌等措施。

(3)尽量避开雨季开挖施工,并对坡面进行防雨遮盖。

5.1.4.3 防护工程质量控制措施

(1)加强振捣工艺,避免成品混凝土表面出现蜂窝麻面。

(2)采用滴管并覆盖薄膜进行养护。

5.1.4.4 边坡专项巡查

制订专项巡查计划和成立巡查小组,对高边坡的截水沟、上坡口、已施工的坡面、未施工的坡体进行检查和埋设观测点,定期进行观测。

5.1.4.5 雨水前后对现场处治措施

(1)雨水前应对截水沟、排水沟进行清理检查,保证排水系统畅通;对坡面经常检查是否存在虚土,裂隙、非急流是否设置在最低处等,保证坡面在发生雨水时减少坡面损害。

(2)雨水后检查排水系统是否有堵塞、存水、损坏,检查边坡是否有冲沟、水毁等,若有,及时进行处理和修补,保证坡面整体稳定。

5.1.5 成品保护措施

对于坡面有防护的路堑开挖坡面留 30cm 厚保护层,防止雨水冲刷边坡,破坏坡面。进行坡面防护施工时,人工进行刷坡;对于坡面无防护的路堑开挖应一次到位,并对坡面拍实,及时施作平台排水沟。

5.2 施工安全保障措施

5.2.1 组织保障措施

5.2.1.1 组织机构

根据"安全第一,预防为主,综合治理"的安全生产方针,为进一步加强项目安全生产管理工作,切实落实安全目标,成立以项目经理、项目书记为组长,安全总监为副组长,专职安全员、工区主任、工区技术管理人员、班组长为组员的安全生产领导小组。

5.2.1.2 安全保障体系

安全保障体系如图 1-1-9 所示。

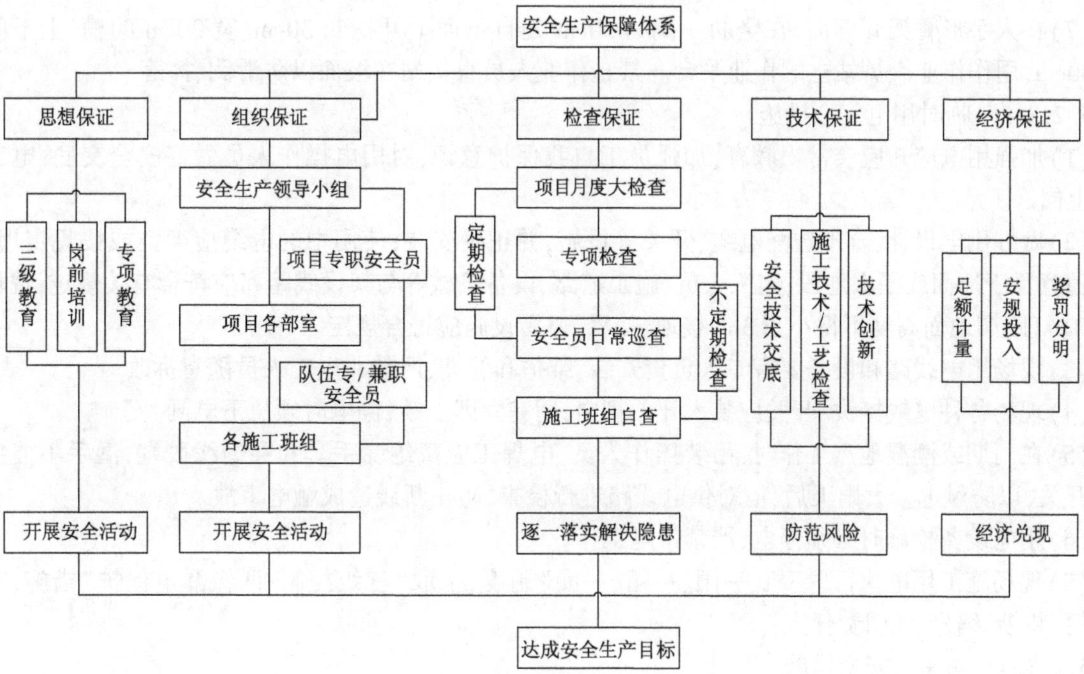

图 1-1-9 安全保障体系框图

5.2.2　制度保障措施

严格执行日常巡检制度和月度安全检查制度。

5.2.3　现场安全保障措施

5.2.3.1　边坡开挖安全措施

(1)埋设位移沉降观测点,定期进行监测,有异常数据时应立即停止施工,上报建设及设计方制订相应对策。

(2)在边坡上方开挖土方时,应按照从上到下开挖一级、加固一级的顺序施工。

(3)按设计要求在每级平台设置平台排水沟,防止雨水冲刷破坏,影响边坡稳定性。

(4)高边坡开挖施工宜在枯水季节进行,避开雨季。

5.2.3.2　高空作业安全措施

(1)在施工前,组织参与施工的全体人员进行安全技术交底,使每个人都能详尽地了解施工工艺原理和流程,清楚自己的工作内容和安全控制要点,做到心中有数、遇事不慌、处理得当。在没有特殊原因的前提下,尽量保证参与施工的人员稳定,使施工更加高效。

(2)当高处作业的安全技术设施有缺陷和隐患时,必须及时解决;危及人身安全时,必须停止作业。

(3)雨天进行高处行走时,必须采取可靠的防滑措施。施工人员必须穿防滑鞋。积水应及时清除。

(4)从事高处作业人员要定期体检或按需要随时体检,若发现有不宜登高的病症,不得从事高处作业。严禁作业人员酒后登高作业。

(5)施工过程中强化工人安全教育,加强日常工作检查,做好相关机械设备的日常检查及维修。高边坡作业人员应系安全带,施工人员身体不适、酒后不得上高边坡作业;大风、大雨、雷电等恶劣天气条件下应暂停作业。

(6)高边坡上的施工机械应与边缘保持足够的安全距离;出现不稳定现象(如裂缝、局部塌方)时,施工人员要及时撤离;下雨、停工休息时,机械要撤到安全区域并停放妥当。

(7)在人字形骨架开槽前,在竖肋一侧约50cm处自下而上开挖长30cm、宽30cm的槽,上下间距30~40cm,用作作业人员站立的作业平台。禁止作业人员直接站在坡面以防滑倒、摔落。

5.2.3.3　临时用电安全措施

(1)加强用电应知应会常识教育,加强员工自我保护意识,对用电操作人员做好安全交底;电工应持证上岗。

(2)做好用电设计,合理选配电缆、开关等设施,并正确安装;使用中的电缆应架空或按规定埋地,不得随意置于地面或浸水地段;施工人员、施工道路、设备机械等与架设线距离应符合有关规定;现场照明LED灯距离地面高度不得小于3m,接地、接零、避雷设施应符合规定。

(3)现场用电线路和设备要有专人负责安装、维护和管理,严禁非电工人员随意拆改。

(4)现场各种电线接头、开关应装入开关箱内,用完立即上锁,停电时须拉下电闸。

(5)在雨期或潮湿地点工作时,吊装操作人员、电焊工应戴绝缘手套和穿绝缘胶鞋,湿手不能接触电源开关,以防触电。大雨天后,应对供电线路进行检查,防止断线造成触电事故。

(6)用电设备检修时必须停电,严禁带电工作。

(7)现场施工用电执行"一机、一闸、一箱、一漏"制度,采取"三级控制、两级漏电保护"措施,对电箱设门、装锁、编号、注明责任人。

5.2.3.4　防雷击安全措施

在雨季施工时,尤其在夏季时雷雨天气较多,为防止发生雷击事故,现场必须多处布置导电排。导电排一般采用6×30mm的镀锌扁铁,一端与钢结构主体相连,一端与大地相连。

5.2.3.5 机械设备使用安全措施

(1)人员不能在机械作业范围内交叉施工,上方有挖方机械施工时,下方不得站人;挖土机的铲斗不能从运土车驾驶室顶上越过;不得用铲斗载人。

(2)施工车辆养护及时得当,保证车况良好;合理确定土方装、运顺序和行驶路线,人车不能混行;维修加固运土便道;大风、大雨、大雾等恶劣气候条件下应暂停施工。

(3)机械必须按出场使用说明书规定的技术性能、承载能力和使用条件正确操作,合理使用,严禁超载、超速作业或任意扩大使用范围。

(4)机械的各种安全防护和保险装置及各种安全信息装置必须齐全有效。

(5)机械作业前,施工技术人员应向操作人员进行安全技术交底。操作人员应熟悉作业环境和施工条件,并听从指挥,遵守现场安全管理规定。

(6)机械使用前,应对机械进行检查、试运转。

(7)在作业过程中,操作人员应集中精力,正确操作,并按要求随时检查机械工况,不得擅自离开工作岗位或将机械交给无证人员操作,无关人员不得进入作业区或操作室内。

(8)操作人员应根据机械有关保养维修规定,认真做好机械保养维修工作,保持机械的完好状态,并做好维修保养记录。

(9)应为机械提供道路、水电、作业棚及停放场地等作业条件,并及时消除各种安全隐患,夜间作业应提供充足的照明。

(10)新机械、经过大修或技术改造的机械,应按出场使用说明书的要求和现行行业标准的规定进行测试和试运转。

(11)机械集中停放的场所应有专人看管,并应按规定配备消防器材,机房及机械周边不得堆放易燃、易爆物品。

(12)停用一个月以上或封存的机械,应做好停用或封存前的保养工作,并应采取能预防风沙、雨淋、水泡、锈蚀等的措施。

(13)弃土自卸车运输过程行驶速度严禁超过20km/h,在弃土场倒车时应有专人指挥,防止因距离边坡过近而发生翻车事故。

5.2.3.6 模板安装、拆除安全措施

(1)模板安装安全措施

①模板吊装、就位过程中,需力保稳妥准确,防止发生碰撞。

②工作人员使用具有合格证书的安全防护用品。

③加大高空作业的安全管理力度,作业人员上班前必须佩戴好安全帽、安全带、安全绳。

(2)模板拆除安全措施

①模板拆除作业严格按照方案执行,严禁违规作业。

②拆除模板时不得采用猛敲、猛撬、强行拉拽或大面积撬落和拉倒的方法,防止伤人和损坏物料。

5.2.3.7 混凝土施工安全措施

(1)施工人员必须佩戴安全帽,穿绝缘鞋,高空作业系安全带。振捣器操作手需戴绝缘手套。

(2)振捣器应由两人配合操作,一人负责振捣,一人负责整理电源线。

(3)混凝土施工时,应随时观察混凝土的和易性,发现混凝土质量达不到要求时,应及时联系试验人员进行调试。

5.2.3.8 夜间施工安全措施

(1)各级领导轮流在工地进行夜间现场值班,保证夜间施工,有领导在场。

(2)夜间施工时,各作业面应配备足够的照明设备,并确保照明电路的良好运行。经常对夜间施工人员进行教育,提高其夜间施工的安全意识,避免麻痹大意的思想。

(3)机械夜间作业时,至少有1名工作人员配合驾驶员进行现场指挥,防止出现安全事故。

(4)施工区配备必要的发电装置,保证施工过程中紧急情况下的照明供应需要。

5.2.3.9 恶劣天气施工安全措施

(1)遇六级以上强风天气,不得进行露天攀登作业。

(2)雨季施工时,机械如需停放,应停放在高处平坦处且距离陡坡边线不小于10m。

5.2.3.10 重大危险源公示

在现场醒目的位置挂设本工程的重大危险源公示和安全警示标语标牌,提醒工人注意安全。

5.3 工期保障措施

为了保证在计划的工期内完成全部施工任务,可采取以下办法和措施:

(1)项目经理对工程进度全面负责,主管生产的项目副经理负责生产调度,工程技术负责人具体负责工程进度的计划、安排、落实、检查工作。

(2)制订详细合理的施工网络计划。抓住关键工序,对影响总工期的关键工序和具体环节给予人、财、物的充分保证,确保整个工程进展顺畅和连贯;按照总体进度安排,编制各工序的详细进度控制计划。

(3)实行工程量统计报告制度。技术员将每天完成的工作量统计后报工程部,工程部根据计划进度和实际进度对比情况,决定是否增加施工机械或采取其他措施。

(4)充分做好施工前的各项准备工作,对准备投入本工程的全部机械设备进行维修保养。这些工作包括对机械设备进行清洁、紧固、润滑、调整、防腐、修换易损零件,使机械设备始终保持良好状态,提高施工效率。

(5)对施工人员进行技术培训,使其熟练掌握施工工艺和操作规程。

(6)接受现场监理工程师对工程进度的检查、监督和警告,如工期拖延,按照监理工程师的要求限期追回,追回措施包括延长有效作业时间和增加施工机械设备。

(7)项目经理部科学调配施工设备,尽量减少因工序干扰而影响施工进度的情况发生。

(8)严格按照设计要求和国家现行有关规范组织施工,避免产生施工缺陷进而影响进度;掌握当地气象资料,最大限度地降低因降温或其他自然灾害等不利因素对施工进度造成的影响。

(9)施工过程中,必须配备专职修理人员,定期对机械设备进行检查,随时排除故障,保证不因设备故障而造成停工,确保施工能够按计划进行。

(10)提高后勤保障水平,为施工创造良好的条件。

(11)正确处理好安全、质量与进度的关系,在确保工程安全、质量的前提下,加快施工进度。

5.4 环境保护措施

5.4.1 防止扬尘的措施

(1)开工前先清理场地,然后开挖临时排水沟与红线外隔离。采取洒水防尘、夯实或硬化施工便道等办法,控制施工现场及道路扬尘,减少粉尘污染。

(2)控制搅拌混凝土扬尘及机械噪声,混凝土拌和场所安排在常年主导风的下风向。

(3)不得在工地乱堆放材料、淤泥、垃圾,施工机械排放的废气要符合现行有关标准,不得随意排放污染环境。

5.4.2 防止噪声污染的措施

(1)施工期间,注意控制施工车辆鸣笛,经过居民区的重型运输或施工机械注意限速。

(2)合理安排施工活动,避免高噪声施工机械在同一区域内使用。高噪声施工机械运行内尽量避开居民休息时间,晚22:00~次日凌晨6:00停止作业。

(3)施工中注意选用效率高、噪声低的机械设备,并注意维修养护和正确使用,使之保持最佳工作状态和最低声级水平,可视情况给强噪声设备安装隔声罩。

5.4.3　节能降耗措施

(1)施工现场布置要科学规划,合理紧凑,保证场内最短的运输距离,最大程度利用空间,满足施工、运输、生产、生活要求。施工区、办公区、生活区划分明确,分片管理,减少施工临时占地。

(2)在保证施工顺利进行的条件下,尽可能减少临时设施搭设,充分利用施工现场附近的原有建筑物和设施,减少临设占地。

(3)定期检查维修自有上水管线,杜绝上水管线和用水器具的跑、冒、滴、漏现象。

(4)各类机械设备按时保养、维修、检验,保持机械处于正常的运行状态,降低能耗。

(5)合理安排施工工序,提高各类施工机械的使用率和满载率。

5.5　文明施工保障措施

(1)严格遵守各省发布的《建设工程安全文明工地标准》。

(2)施工现场内的所有临时设施均按施工总平面布置图布置,施工现场处于有序状态,现场实行标识牌管理;标识牌须标明作业内容、施工工艺、质量要求,及文明施工负责人姓名等。

(3)所有施工管理人员和操作人员都必须佩戴证明其身份的有效标识牌。

(4)施工现场设置的临时设施,包括办公室、宿舍、食堂、厕所等,采用彩钢结构,并建立住地文明、卫生、防火责任制,按规定布置防火设施,并落实相关负责人管理。

(5)施工范围内在各交叉道路处设置交通警告标志,在各便道设置警示桩。

5.6　特殊季节施工保障措施

5.6.1　雨季施工保障措施

(1)雨季到来前,认真组织有关人员分析雨季施工生产计划,根据雨季施工生产计划编制雨季施工保障措施,所需材料要在雨期施工前准备好。

(2)建立防汛领导小组,制订防汛措施和紧急预案。

(3)夜间设专职的值班人员,保证昼夜有人值班并做好值班记录,同时要设置天气播报员,负责收听和发布天气情况。

(4)做好施工人员的雨季施工培训工作,组织相关人员全面检查施工现场的准备工作,包括施工材料、临时设施、临电、机械设备、外加防护等。

(5)检查施工现场及生产生活基地的排水设施,疏通各种排水渠道,清理雨水排水口,保证雨天排水通畅。

(6)施工现场两旁设排水沟,保证不滑、不陷、不积水。清理现场障碍物,保持现场道路通畅,道路两旁一定范围内不要堆放物品,且高度不超过1.5m,保证视野开阔。

(7)施工现场、生产基地的工棚、仓库、食堂、搅拌站、临时住房等需在雨季施工前进行全面检查和整修,保证道路不塌陷、房间不漏雨、场区不积水。

(8)雨季施工所需材料、设备和其他用品,如水泵、抽水软管、草袋、塑料布、苫布等由物资科提前准备妥当,水泵等设备应提前检修。

(9)雨季前对现场配电箱、闸箱、电缆和临时支架等仔细检查,需加固的及时加固,缺盖、罩、门的及时补齐,确保用电安全。

5.6.2 冬期施工保障措施

(1)在进入冬期之前,组织编制冬期施工方案。编制的原则为确保工程质量,经济合理,所需的能源和材料有可靠来源,并尽量减少能源消耗;缩短工期。方案确定后,要组织有关人员进行学习,并向班组进行交底。

(2)与当地气象部门保持联系,及时收集气象信息,防止寒流的突然来袭。

(3)回填前清除基底上的冰雪和保温材料,填土中冻土块含量符合设计要求。回填应连续进行,防止基土或已填土层受冻。

(4)对施工机械加强冬期保养,对加水、加油润滑部件勤检查、勤更换;机械在停止使用时,必须倒尽物料,用水清洗干净,并将积水放尽;所有含水箱的机械设备,下班后要放空水箱中的水。

(5)按照规范要求的冬期施工质量检查方法,对冬期施工的所有项目进行严格检查,杜绝工程质量隐患。

(6)施工现场的作业场所和道路有良好的排水坡度和有效的排水设施,以利于及时排除积水,防止冰冻。

5.6.3 高温施工保障措施

(1)调整施工时间,充分利用温度稍低时段,特别是早晨及傍晚时间段,合理安排施工工序。采取防暑降温措施,保证人员身体健康、机械正常运转。

(2)高温条件下,土方施工主要应控制扬尘,及时对施工区域内的道路进行洒水降尘。

(3)及时对回填土面进行洒水湿润,保证回填土含水率符合要求。

(4)做好施工区域的防暑降温工作,由专人收集天气预报,根据天气情况合理安排施工。施工尽量避开每天温度最高的中午时段,在不扰民的情况下适当增加夜间施工时段,并做好防护工作。

(5)高温季节施工期间,做好后勤工作和卫生工作,防止中暑、中毒以及疾病的发生。

(6)做好一线生产工人的后勤服务工作,采取有效的防暑降温措施。如现场搭设茶水棚,确保茶水和冷饮的供应等。

6. 应急处置措施

6.1 危险源辨识

危险源辨识见表1-1-4。

危险源辨识 表1-1-4

序号	过程(区域)	行为(活动)或社会环境	危险因素	可能导致的伤害(事故)	危险性评价 $D=LEC$(分)				风险等级
					L	E	C	D	
1	土方施工	边坡开挖	地质疏松,遇水湿陷滑塌、边坡失稳	边坡滑塌	3	6	15	270	4
2	临时用电	电焊机、加工模板、水泵、振捣棒	用电未交底,防护装置失效,使用淘汰的防护装置,违章操作使用非标电线,保护器装置与用电设备不匹配	触电、人身伤害、火灾	3	6	15	270	4
3	机械、运输车辆	边坡、沟槽开挖,钢筋、模板、混凝土运输	机械故障,车辆交通安全、交通标志不清,围挡不到位,未穿戴安全防护用品,现场协调指挥不当	撞击、物体打击、碰触、车辆伤害	3	6	15	270	4

续上表

序号	过程(区域)	行为(活动)或社会环境	危险因素	可能导致的伤害(事故)	危险性评价 $D=LEC$(分)				风险等级
					L	E	C	D	
4	模板及支撑体系	模板加工、安装、支撑	未进行技术交底、吊装前未进行检查、未按照方案施工、模板强度不足、模板支撑材料及扣件达不到标准要求、违章指挥、未设置安全警戒区	坍塌、人身伤害、起重伤害、物体打击	3	6	15	270	4
5	混凝土浇筑	混凝土浇筑、振捣	作业人员未佩戴安全防护用品,混凝土浇筑的顺序、速度不符合施工方案的要求,未检查模板、支架及钢筋骨架的稳定、变形情况,采用起重机配料斗浇筑混凝土时,未设置专人指挥、监护,插入式振捣器无漏电保护,插入式振动器检修或作业停止时未切断电源	机械伤害、坍塌、物体打击、触电	3	6	7	126	3
6	高边坡	高处作业	高处作业时,作业人员未正确佩戴防护用品,6级(含6级)以上大风或雷电、大雨、大雾、大雪等恶劣天气下进行高处作业,拆除人员未采取安全措施,拆除方法不当	高处坠落、物体打击	3	6	15	270	4

6.2 应急救援组织体系

6.2.1 组织机构

项目部成立应急指挥部,由项目经理任总指挥,指挥部下设技术保障组、后勤保障组、安全保卫组、医疗保障组、事故救援组、事故调查组、善后处理组七个专业小组,如图1-1-10所示。

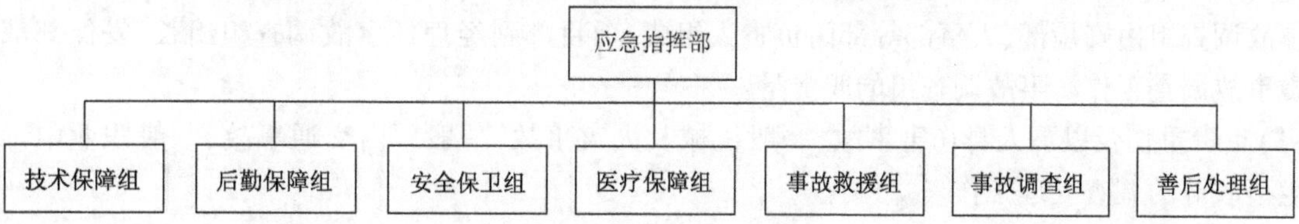

图1-1-10 应急救援组织机构

6.2.2 应急指挥部职能划分

6.2.2.1 应急总指挥的职能及职责

(1)负责组织应急救援的实施工作。

(2)指挥施工安全事故、自然灾害等的应急救援工作,同时向项目公司应急指挥部、上级主管单位报告应急救援工作情况。

(3)在(某项目部应急)预案启动时,作为某项目部应急指挥部成员,负责向上级应急指挥部报告和接受指令。

(4)负责内、外部信息发布前的确认和授权。

6.2.2.2 技术保障组组成及职责

技术保障组由工程部、质检部人员组成，总工程师兼任技术保障组组长，工程部部长任副组长。技术保障组的职责是：

(1)负责提供与应急救援及现场处置相关的专业技术指导，提出并指导实施抢险抢修及避免事故扩大的临时应急方案和措施。

(2)负责事故原因调查的技术支持，组织相关技术部门进行实验、试验。

(3)负责现场恢复的技术指导工作。

6.2.2.3 后勤保障组、医疗保障组组成及职责

后勤保障组、医疗保障组由综合办公室、材设部工作人员组成，协调主任任组长。后勤保障组、医疗保障组的职责是：

(1)负责指挥部车辆、通信的保障工作。

(2)负责与政府及新闻单位的联系与协调，接受应急指挥部总指挥委托，代表指挥部向公众和社会发布准确的事故信息，公布事故情况以及已采取的措施。

(3)负责伤员的现场急救及救护车的联系护送。

(4)为公众咨询提供服务安排。

6.2.2.4 安全保卫组组成及职责

安全保卫组由安保部人员组成，安保部部长任安全保卫组组长。安全保卫组的职责是：

(1)担负提供应急器材和运送抢救伤员任务。

(2)设置事故现场警戒线、岗，维持工地内抢险救护的正常运作。

(3)实行交通管制，保证现场及厂区道路通畅。

(4)加强保卫工作，禁止无关人员、车辆通行。

6.2.2.5 事故救援组组成及职责

事故救援组由现场技术员、安全员及相应施工队伍人员组成，副经理兼任事故救援组组长，专职安全员任副组长。事故救援组的职责是：

(1)迅速组织对事故现场受伤人员的搜救。

(2)根据需要调集人员、机械，对事故现场实施处理。

(3)负责事后现场的恢复工作。

6.2.2.6 事故调查组组成及职责

事故调查组由安检部、人事部等部门负责人组成，项目部副经理任事故调查组组长，安保部部长具体负责事故调查工作。事故调查组的职责是：

(1)负责重伤及以下人身伤害事故、一般机械及火灾事故、一般厂内交通事故、一般职业中毒及公共卫生事故等的调查处理工作。

(2)配合政府相关职能部门开展重伤以上人身伤亡事故、重大机械设备事故、重大火灾事故、群体性中毒及公共卫生事故等的调查取证工作。

(3)提出防范重复性事故发生的纠正和预防措施。

(4)落实事故责任单位、责任人，明确处理意见。

6.2.2.7 善后处理组组成及职责

善后处理组由人事部、综合办公室、财务科、经营部、材设部等部门负责人组成，总经济师任善后处理组组长，具体负责相关事故的善后处理工作。善后处理组的职责是：

(1)负责伤亡员工及其家属的善后抚恤工作。

(2)负责机械设备事故后的损失清查、鉴定工作。

(3)负责保险理赔工作。

6.2.3　应急救援小组成员表

应急救援小组成员表见表1-1-5。

应急救援小组成员　　表1-1-5

职　务	姓　名	电　话
组长		
技术保障组		
医疗、后勤保障组		
安全保卫组		
事故救援组		
事故调查组		
善后处理组		

6.3　应急预案响应程序

(1)发生安全环境事故、火灾等紧急情况时,现场负责人第一时间向应急救援指挥小组汇报,应急预案启动。

(2)项目经理(急救援总指挥)应第一时间赶到事故现场,判断事故等级,对应急救援工作进行统一指挥,防止事故态势扩大。必要时,应立即通知上级主管部门及地方政府相关部门。

(3)各专业处置组按照既定分工开展工作,其中抢险抢修组迅速组织抢险突击队,有序开展抢险救援工作,及时转移受伤人员;医疗救援组根据现场救援情况,及时联系相关单位请求支援;后勤保障组负责物资支持。

(4)现场指挥根据现场情况和灾情的变化,及时调整对策,经请示应急救援指挥小组后,组织实施。

(5)现场得到有效控制后,由应急救援指挥小组总指挥宣布警报解除,并安排专人留守现场进行观察。

(6)事故调查及技术负责人负责对事故发生原因进行调查,统计事故损失,对应急救援情况整理并编制书面报告,向上级部门汇报并存档备案。同时,针对救援过程中存在的问题,对应急救援工作出评价,对项目应急预案进行完善。

(7)通信联系。医院急救中心:120,火警救援:119。

6.4　应急预案培训与演练

对项目所有人员进行应急预案专项培训,使其了解应急报告、应急响应程序,以及应急联络方式和相关人员应急救援职责。有针对性地组织应急演练,增强应急救援的熟练性和可操作性,提高应急反应能力。

6.5　应急物资保障

(1)项目部所有的交通车辆,是应急救援活动的使用车辆。

(2)设备部门与周边的挖机、装载机等出租单位保持联系,在应急救援时要保证及时到场。

(3)项目部与当地的医疗单位以及附近的兄弟单位建立联系,以便在应急救援时取得援助。

(4)应急物资储备见表1-1-6。

应急物资保障　　表1-1-6

名　称	单　位	数　量	储存地点
防护口罩	个		应急物资仓库
交通指挥棒	个		应急物资仓库
应急担架	付		应急物资仓库
应急对讲机	台		应急物资仓库
急救箱(含常用急救药品等)	套		应急物资仓库

6.6 应急救援路线

应急救援路线起于本方案K×+×××，途径K×+×××-×××、K×+×××-K×+×××、K×+×××-K×+×××到达×市人民医院。

6.7 应急预案及临时处置措施

6.7.1 高处坠落应急处置措施

(1)事故和紧急事件发生后，现场第一目击者应以最快捷的方式，将所发生事故的情况报告应急响应领导小组的任一成员，或项目部办公室(或项目部任一管理部门)，或现场负责人。报告内容包括发生事故的单位、时间、地点、简要情况、伤亡人数。

(2)现场作业人员迅速将伤员撤离危险场地，移至安全地带。抢救的重点放在对伤者颅脑损伤、胸部骨折和出血部位进行处理。

(3)施救人员首先观察伤者的受伤情况、受伤部位、伤害性质，按照救护措施进行现场急救。

(4)立即拨打120与当地急救中心取得联系(医院在附近的直接送往医院)，详细说明事故地点、严重程度、本部门的联系电话，并派人到路口接应。

6.7.2 物体打击应急处置措施

(1)当发生物体打击事故后，应立即向现场负责人报告。

(2)尽量当场施救，尽可能不要移动伤员，抢救的重点放在对伤者颅脑损伤、胸部骨折和出血部位进行处理。

(3)如果处在不宜施救的场所时，必须将伤员搬运到能够安全施救的地方，应尽量多找一些人来帮忙转移伤员。观察伤员呼吸和脸色的变化，如果是脊柱骨折，不要弯曲、扭动伤员的颈部和身体，不要接触其伤口，要使其身体放松，尽量将其放到担架或平板上进行搬运。

(4)伤员如出现颅脑损伤，必须维持其呼吸顺畅。如遇骨折者，应将骨折处初步固定后再搬运。伤员如发生休克，应先处理休克。如遇呼吸、心跳停止者，应立即进行人工呼吸、胸外心脏按压。如遇有凹陷骨折、严重的颅底骨折及严重的脑损伤症状，应用消毒的纱布或清洁布等覆盖，用绷带或布条包扎后，及时就近送往有条件的医院救治。

6.7.3 车辆、机械伤害应急处置措施

(1)当发生机械设备、运输车辆伤害时，现场目击人员或机械设备、运输车辆操作人员(在机械设备、运输车辆操作人员受伤不重或未受伤时)应立即向就近人员求救，同时通知现场负责人，告知发生事故的详细地点及事故严重程度。

(2)事故现场负责人组织人员迅速查明事故原因，采取正确的方法对伤者进行施救，对事故现场采取安全警戒线或隔离措施，对事故现场周围的居民和事故现场无关人员进行疏散。

(3)在解救受困人员时，应查明受困人员的伤害部位，不要盲目施救，不能从机械部件硬拉硬拽伤者，以免引起更严重的伤害。

(4)当抢救出伤员时，根据人员受伤害的程度实施现场救治，并及时送往医院。

(5)现场负责人要组织人员保护好现场，做好事故抢救的影像记录。

6.7.4 触电事故应急处置措施

(1)当发生人身触电事故时，首先使触电者脱离电源，随即迅速施救，关键是“快”。

(2)对于低压触电事故，可采用下列方法使触电者脱离电源：如果触电地点附近有电源开关或插销，可立即拉开电源开关或拔下电源插头，切断电源。可用有绝缘手柄的电工钳、干燥木柄的斧头、干燥木把的铁锹等切断电源线，也可采用干燥木板等绝缘物插入触电者身下，以隔离电源。当电线搭在触电者身上或被压在身下时，也可用干燥的衣服、手套、绳索、木板、木棒等绝缘物为工具，挑开电线，使触电

者脱离电源。切不可直接去拉触电者。

如故触电者伤势较重，已失去知觉，但心脏跳动和呼吸还存在，应将触电者抬至空气畅通处，解开衣服，让其平直仰卧，并用软衣服垫在身下，使其头部比肩稍低，以免妨碍呼吸。如天气寒冷，要注意保温，并迅速将触电者送往医院。如果发现触电者呼吸困难，发生痉挛，应随时准备对心脏停止跳动或者呼吸停止后的触电者进行抢救。

如果触电者伤势危重，呼吸停止或心脏跳动停止或两者都已停止，应立即采取人工呼吸法及胸外心脏挤压法进行抢救，并送往医院。在送往医院的途中，不应停止抢救，许多触电者就是在送往医院途中死亡的。

人触电后会出现神经麻痹、呼吸中断、心脏停止跳动，呈现昏迷不醒状态，通常这些症状被称作“假死”，万万不可将触电者当作“死人”草率了事。对于触电者，特别是高空坠落的触电者，要特别注意搬运问题；触电者，除电伤外还有摔伤，如搬运不当导致折断的肋骨扎入心脏等，可造成死亡。

6.7.5 高温中暑事故应急处置措施

(1)当发生高温中暑时，应迅速将中暑者转移到阴凉、通风处，解开衣扣，脱去或松开衣服，让其平卧，同时打开电扇或空调，以尽快散热。

(2)尽快冷却体温，具体做法有：用凉水或酒精擦其全身，也可用凉湿毛巾冷敷中暑者头部、腋下和腹股沟等处。当体温降到38°左右时，应立即停止降温，以防发生虚脱。

(3)给中暑者补充水分和无机盐类，能饮水的患者应鼓励其多喝凉盐开水或其他饮料，不能饮水者，应静脉注射补液。对于热射病者，除非有明显脱水，不宜大量补液，以免发生肺水肿、脑水肿。

(4)对于重症中暑病人，要立即拨打120电话或项目派车将其送往就近医院紧急救治。

6.7.6 防洪防汛应急处置措施

(1)加强恶劣气候监测预报，有发生洪水情况时，提前将低洼处材料、设备等转移到安全的场所，加盖或转移怕潮、怕湿的物资，对没有必要送电的设备、场地实施停电。

(2)施工现场出现水灾后，项目部应急指挥领导小组应立即启动防洪防汛应急预案，并根据现场实际需要成立现场指挥部。

(3)在采取应急措施的同时，立即向上一级防洪防汛领导小组报告。

(4)根据现场实际情况，及时收集、掌握相关信息，判明事件的性质和危害程度，并定时上报事态的发展变化情况。

(5)对施工中已安装或已完成但被水淹没的结构物，工程部应在图纸上标明准确位置，预防抢险救援行动和灾后复工发生意外。

(6)在防洪防汛期间安排专人负责做好灾害信息、上级指令和抗灾行动处理措施的记录，存档备查。

第二节 路基高边坡专项施工方案

1. 编制说明

1.1 编制依据

编制依据有《高速公路路堑高边坡工程施工安全风险评估指南》(交通运输部2014年12月发布)；其余依据同本章第一节“路基石方爆破专项施工方案”编制依据(2)~(13)，在此不再赘述。

1.2 编制原则

本施工方案针对路基高边坡施工内容编制。其余原则同本章第一节“路基石方爆破专项施工方案”编制原则(2)~(4)，在此不再赘述。

2. 施工方案比选

本项目高边坡施工，根据实际边坡开挖长度和开挖深度选择合适开挖方法，此方案就路堑开挖施工方法进行对比。

经综合考虑，本方案涉及高边坡路线长度均大于100m，开挖深度大于30m，拟选择使用混合式挖掘法的施工方案。为保证混凝土工程线形及外观质量和节约综合成本，模板选用钢模。

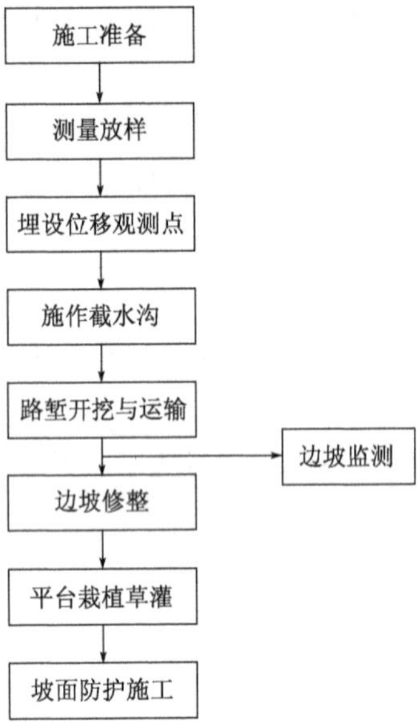

图1-2-1　路基高边坡施工工艺流程

3. 高边坡施工工艺流程

路基高边坡施工工艺流程如图1-2-1所示。

4. 高边坡施工方法

4.1　施工准备

4.1.1　技术准备

在开工前组织技术人员认真学习，阅读、审核施工图纸，澄清有关技术问题，熟悉规范和技术标准，并向施工队伍进行技术交底，组织施工队伍学习。

4.1.2　现场准备

（1）在开工前所用机械与人员全部就位，施工现场“三通一平”工作已完成，各施工机具已进场并满足施工生产要求；各作业人员已进场并进行技术交底培训。

（2）施工红线范围征迁完成。

4.2　测量放样

根据设计图纸边坡与线路中心线的相对位置，由测量人员用测量仪器放出边坡坡顶开口线，使用白灰撒出线形。

4.3　埋设位移观测点及动态监测

观测流程如图1-2-2所示。

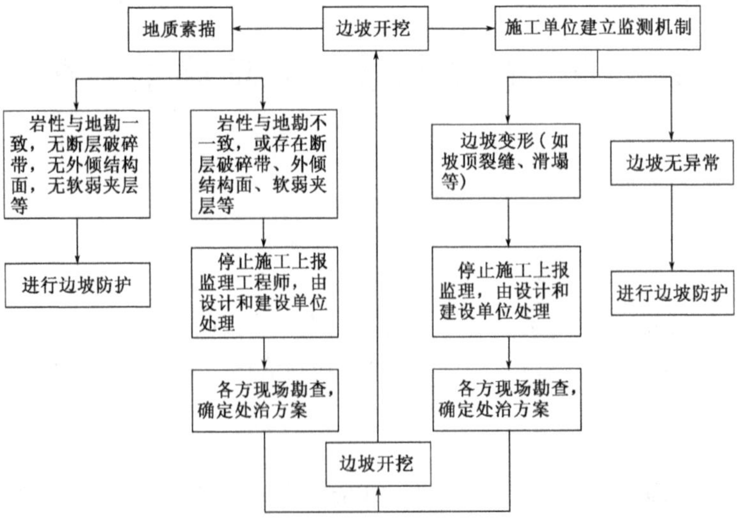

图1-2-2　观测流程

(1)深挖路堑施工过程中,坡口、边坡中部、坡脚分别设置检测标,采用全站仪或水准仪进行边坡水平位移和垂直变形监测。位移观测桩用C15混凝土浇筑,底座浇筑成尺寸为100cm×100cm×50cm的长方体,底座上设置顶面30cm×30cm、底面50cm×50cm的棱台状观测标,内插一根ϕ20mm、长0.4m的钢筋,钢筋顶端露出混凝土顶面5mm,事前先用砂轮打平,埋设后用锉刀锉出与路基中线垂直的"十"字形,桩顶露出地面不大于0.1m。确保边桩埋置稳定。

(2)在开始监测前,用全站仪对各控制点及测点进行四等导线测量,数据计算平差后,作为监控量测控制点及测点。之后在各测点进行测量时,用全站仪多次测量以减小仪器误差,数值稳定后进行严密平差。数据记录在专用观测表内,与初始坐标相比,计算出累计位移量。前后两次累计位移量之差,即得前后两次的位移量。观测结果应在当天处理,根据实测结果及时绘制时间—水平位移曲线。

在开始监测前,用水准仪配合双面尺,对各控制点及测点进行四等水准测量,测量数据进行严密平差,数值作为初始高程值。之后每次测量时用水准仪配合双面尺,用四等水准的方法测出各个观测点的高程,记录在专用观测表内,与初始高程相比,计算出累计沉降量。前后两次累计沉降量之差,即得前后两次的沉降量。观测结果应在当天处理,根据实测结果及时绘制时间—沉降曲线。

(3)观测时间应根据位移速率、施工现场情况、季节变化情况确定,原则上每月观测4~5次,雨季监测频率根据实际情况增加。监测点在埋设稳定后即开始监测,一般来说,监测过程持续至边坡加固工程完成后六个月内或当年雨季结束后三个月无明显位移即可结束。

当出现下列情况之一时,应提高监测频率。

①监测数据达到报警值;

②监测数据变化较大或者速率加快;

③存在勘察未发现的不良地质;

④周边地面突发较大沉降或出现严重开裂;

⑤邻近建筑突发较大沉降、不均匀沉降或出现严重开裂;

⑥支护工程发生事故后重新组织施工;

⑦出现其他影响支护边坡及周边环境安全的异常情况。

(4)观测数据整理。每次外业观测结束后按规范进行内业整理。

(5)监测标准。边坡监测稳定性评价主要根据以下几点进行综合判断。

①最大位移、沉降速率小于2mm/d;

②边坡开挖停止后位移、沉降速率呈收敛趋势;

③坡面、坡顶有无开裂,裂缝的变化趋势如何。

在实际监测的过程中如果出现上述一点或几点现象时,都应引起注意,并通过其他项目的监测资料相互进行对照、比较分析,进一步讨论边坡的稳定性,以便及早发现安全隐患情况,采取相应的补救措施。

4.4 设置截水沟

为排出路堑坡顶的地表径流,在挖方开口线5m外设置截水沟。截水沟应结合实际地形、地质条件大致沿等高线布置,将拦截的水流通过急流槽顺畅排入桥涵进出口或自然沟渠中。

4.5 路堑开挖与运输

挖掘采用混合挖掘法,使用挖掘机进行施工,先沿路线纵向开挖通道,然后向坡面挖掘,增加开挖作业面,逐层自上而下进行开挖,每层开挖高度不超过3m,并及时测量放样复核边坡坡率。按照设计,一级坡设有"人"字形骨架防护,在开挖一级坡时,开挖至设计边线时预留0.3m保护层,保证坡面不受自然力侵害。在施工防护时进行人工刷坡,除一级坡以外坡面,设计无防护形式。所以,在开挖其他坡面时,应预留坡面法向10cm厚土层采用人工刷坡,避免超挖或坡面受损,并对边坡夯实加固。

在路堑开挖过程中,横向留有4%人字坡,沿开挖路线在距离开挖坡脚线50cm处开挖深50cm、宽50cm的临时排水沟,并按照路线纵坡预留临时排水沟底的纵坡,使雨水能够尽快排出路线作业面以外,防止雨水浸泡路堑而发生土体失稳。

每开挖完一级边坡,应及时清理整平边坡平台并施作平台排水沟。

开挖完一级后立即复核高程,并对下一级坡面开口线进行放样,撒白灰线。

边坡的防护应开挖一级、防护一级,并按照4.3 节对坡面进行监测。

按照以上方法自上而下逐层逐级施工直至路床高程,为满足路床的稳定性,确保路面安全使用,挖方段超挖70cm后采用冲击碾压机械、液压夯实机或强夯机加固路床底面,消除一定范围内的湿陷性,然后采用路拌法铺筑50cm厚3%水泥土和30cm厚5%灰土,碾压密实,压实度不低于96%。

4.6 边坡整修

采用人工刷坡,防止破坏坡面。刷坡开挖过程中按照设计要求,放好边坡坡度及平面位置。

护坡刷坡开挖时应始终保持良好的排水,施工期间,应维护好天然水道,并使地面排水畅通。坡面刷坡开挖达到设计高程后,不宜长时间放置,应及时进行防护施工。

4.7 平台栽植草罐施工

平台采用列植小乔木绿化形式,沿平台排水沟内侧列植小刺槐(苗高>1m,地径>1.5cm),株距1m。种植深度与原种植线一致,做好夯实、扶正、培土、修剪、树木支撑,保证栽植成活率。

4.8 人字形骨架防护施工

人字形骨架基础采用小护坡与基础一体的护脚基础,采用C20混凝土浇筑。人字形骨架使用C20混凝土现浇,镶边石为C25混凝土预制块。

人字形骨架防护施工工艺流程为:基坑开挖→基底夯实→基础立模→基础浇筑→基础拆模→基坑回填→基础小护坡浇筑→人字形骨架开槽→人字形骨架立模→人字形骨架浇筑→人字形骨架镶边石安装→骨架内整平夯实。

(1)基坑开挖

基坑开挖采用人工配合机械的方式,基坑开挖宽度至少要比基础宽50cm以方便立模板;内侧沿与边坡法线方向挖深20cm,垂直高度80cm。

(2)基底夯实

基坑开挖完,使用小型夯机对基底进行夯实,夯至压实度大于90%为止。

(3)基础立模

基坑内侧坑壁采用人工修平,垂直模板采用土模,外侧模板使用上下两层横撑拼装的竹胶板,拼接成块的模板长度以现场人工能搬移为宜,一般为3~5m。拼装模板块与块之间上下加密两层钢管,防止浇筑过程跑模,使用7字形ϕ20mm钢筋,长度比模板长至少30cm,下端扎入坚实土体内30cm,上端紧勾模板,间距1m布置,防止浇筑混凝土时模板上浮;模板内侧(土模与木模之间)使用钢管支撑,沿高度方向间距25cm布置,水平方向间距1m布置,防止浇筑混凝土时内倾,内撑钢管在混凝土浇筑到此高度时便可取出循环利用;在模板外上排钢管处使用钢管斜撑加固模板,斜撑钢管间距1m布置,防止浇筑混凝土时外倾。

(4)基础浇筑

基础采用C20混凝土现浇施工,每15m设置一道2cm宽沥青木屑板伸缩缝,每100m设置一道踏步。混凝土运至现场后使用溜槽浇筑,基础厚度50cm,分两层浇筑每层厚约25cm,每浇筑一层振捣一次,至无气泡排出,此时将对应高度的内撑钢管取出,刷干净以备下次使用。混凝土初凝前整体抹出坡面,待接近终凝时二次收面并覆盖养护薄膜。

(5)基础拆模

拆模一般在浇筑混凝土的第二天进行,如遇特殊情况,应延后拆模;混凝土强度不小于2.5MPa,外观没有缺棱掉角的情况下方可拆模。拆模按照安装模板的逆序进行,浇筑时拆除内撑钢管,第二天拆除斜撑以及7字形固定筋,再拆模板拼接处加密横向钢管,转移模板,将模板清理干净以备下次使用。

(6)基坑回填

混凝土强度达到80%后方可回填,使用原土分层回填夯实。

(7)基础小护坡浇筑

使用坍落度较小的混凝土人工浇筑,每15m设置一道2cm宽沥青木屑板伸缩缝,每100m设置一道踏步,伸缩缝贯通。浇筑混凝土时使用小振动棒振捣,使混凝土趋于密实,人工使用抹子拍打、提浆及排出气泡,混凝土初凝前整体抹出坡面,待接近终凝时二次收面并覆盖养护薄膜。

(8)人字形骨架开槽

测量撒白灰线,伸缩缝、踏步与基础预留位置一致,上下贯通,骨架开槽应自上而下由人工开槽,深20cm,宽度为50cm加两侧模板宽度。基槽开挖时,沿线路方向长度不能太长,能保证两个伸缩缝间混凝土施工循环就可以,在基槽开挖完后应立即进行模板支设、预制镶边石安装、骨架混凝土浇筑施工,防止基槽暴露时间过长造成边坡坍塌,从而破坏路基实体质量。基槽挂线开挖,应确保基槽尺寸符合设计要求。基槽在开挖时,严格按照挂线施工的作业要点进行施工过程控制,按照设计骨架防护形式挂线成型,进行沟槽开挖,按照骨架各侧部深度开挖成型。开挖时要做到形式、尺寸准确,基底土质须夯实。

(9)人字形骨架立模

模板采用20cm宽的钢模,根据实际调整模板,基槽超挖的模板底下使用坚硬物件垫起来,如垫石;基槽欠挖的补挖到合适位置;务必保证模板线形顺畅,坡面美观。

(10)人字形骨架浇筑

骨架采用坍落度较小的C20混凝土人工浇筑,每15m留一道缝宽2cm的伸缩缝;使用沥青麻絮填塞,使用小振动棒振捣使混凝土趋于密实,人工使用抹子拍打、提浆及排出气泡;混凝土初凝前整体抹出坡面,待接近终凝时二次收面并覆盖养护薄膜。

(11)人字形骨架镶边石安装

骨架混凝土强度达到2.5MPa后方可自上而下拆除模板,然后进行镶边石安装;预制件安装前用M10砂浆进行找平,在骨架两端头牵线安装;预制件之间间距为1cm,使用竹胶板制作一个卡缝器,使预制块之间的缝宽均匀美观。预制件安装完成后,用砂浆进行全截面填充砌缝。

(12)骨架内填平夯实

骨架施工完成后及时进行骨架内坡面的整平,回填腐殖土,腐殖土厚10~15cm,然后进行坡面绿化施工。坡面整平后及时进行绿化施工,按设计要求,在骨架圈内铺设草皮并采用木钉进行固定。

5.各项施工保证措施

5.1 施工质量保证措施

5.1.1 质量控制标准

基坑和结构物模板的质量控制标准分别见表1-2-1和表1-2-2。

基坑实测项目

表1-2-1

项次	检查项目	规定值或允许偏差		检查方法和频率
1	基底平面尺寸(mm)	不小于设计要求		尺量:长宽各检查3处
2	基底高程(mm)	土质	±50mm	水准仪:测量5~8点
		石质	50mm,-200mm	
3	基底承载能力(MPa)	不小于设计要求		重型/轻型动力触仪检测6~10点

注:带“△”表示主控项目;不带“△”表示一般项目。

结构物模板实测项目(单位:mm)　　表1-2-2

项次	检查项目		规定值或允许偏差	检查方法和频率
1	模板控制高程	基础	±15	水准仪测5~8点
		柱、墙和梁	±10	
		墩台	±10	
2	模内尺寸	上部构造所有构件	+5.0	尺量:长、宽各3处
		基础	±30	
		墩台	±20	
3	轴线偏位	基础	15	经纬仪:纵、横各测量2点
		柱或墙	8	
		梁(现浇)	10	
		墩台	10	
4	模板相邻两板表面高差		2	尺量:抽检30%
5	模板表面平整度		5	尺量:抽检30%

注:带"△"表示主控项目;不带"△"表示一般项目。

拱形、菱形、方格骨架的质量控制标准见表1-2-3。

拱形、菱形、方格骨架实测项目(单位:mm)　　表1-2-3

项次	检查项目	规定值或允许偏差	检查方法和频率
1△	砂浆强度	在合格标准内	按《公路工程质量检验评定标准　第一册　土建工程》(JTG F80/1—2017)附录F 检查
2	顶面高程	±50	水准仪:每50m检查3点,不足50m时至少2点
3	表面平整度	≤30	2m直尺:锥坡检查3处,护坡每50m检查3处
4	坡度	不陡于设计值	坡度尺量:每50m量3处
5	相邻预制块错台	≤5	尺量:200m检面板交界处查3处

注:带"△"表示主控项目;不带"△"表示一般项目。

土方路基的质量控制标准见表1-2-4。

土方路基实测项目(单位:mm)　　表1-2-4

项次	检查项目			规定值或允许偏差	检查方法与频率
				高速或一级公路	
1△	上路床		0~0.3m	≥96	按《公路工程质量检验评定标准　第一册　土建工程》(JTG F80/1—2017)附录B检查; 密度法:每200m每压实层测2处
	下路床	轻、中及重交通荷载等级	0.3~0.8m	≥96	
		特重、极重交通荷载等级	0.3~1.2m	≥96	
	上路堤	轻、中及重交通荷载等级	0.8~1.5m	≥94	
		特重、极重交通荷载等级	1.2~1.9m	≥94	
	下路堤	轻、中及重交通荷载等级	>1.5m	≥93	
		特重、极重交通荷载等级	>1.9m		
2△	弯沉(0.01mm)			小于等于验收弯沉值	按《公路工程质量检验评定标准　第一册　土建工程》(JTG F80/1—2017)附录J 检查

续上表

项次	检查项目	规定值或允许偏差	检查方法与频率
		高速或一级公路	
3	中线偏位	50	全站仪:每200m测2点,弯道加HY、YH两点
4	宽度	满足设计要求	尺量:每200m测4点
5	平整度	≤15	3m直尺:每200m测2处×5尺
6	横坡	±0.3%	水准仪:每200m测2个断面
7	边坡	满足设计要求	尺量:每200m测4点
8	纵断高程	+10,-15	水准仪:中线位置每200m测2点

注:带"△"表示主控项目;不带"△"表示一般项目。

(1)混凝土抗压强度应以标准条件下养护28d龄期试件抗压极限强度进行评定。

(2)当混凝土强度按试件强度进行评定达不到合格条件时,应查明结构实际混凝土的抗压强度和浇筑质量,如仍不合格,应由有关单位共同研究处理。

(3)结构混凝土表面应符合下列规定。

①表面应密实、平整,不得出现露筋和空洞现象;

②如有蜂窝、麻面,其面积不超过结构同侧面积的1%;

③如有严重缺陷导致影响结构性能时,应分析情况,研究处理。

(4)高边坡开挖必须开挖一级防护一级。

(5)实时做好边坡位移监测。

5.1.2 组织保障措施

同本章第一节相关内容,在此不再赘述。

5.1.3 制度保障措施

同本章第一节相关内容,在此不再赘述。

5.1.4 现场质量保证措施

同本章第一节相关内容,在此不再赘述。

5.1.5 成品保护措施

同本章第一节相关内容,在此不再赘述。

5.2 施工安全保证措施

同本章第一节相关内容,在此不再赘述。

5.3　工期保证措施

同本章第一节相关内容,在此不再赘述。

5.4　环境保护措施

同本章第一节相关内容,在此不再赘述。

5.5　文明施工保证措施

同本章第一节相关内容,在此不再赘述。

5.6　特殊季节施工保证措施

同本章第一节相关内容,在此不再赘述。

6. 应急处置措施

同本章第一节相关内容,在此不再赘述。

第三节　滑坡处治专项施工方案

1. 编制说明

1.1　编制依据

编制依据有《通渭至定西高速公路工程两阶段施工图》;其余依据同本章第一节编制依据(2)(3)(6)(7),在此不再赘述。

1.2　编制原则

(1)本方案采用滑坡体处置施工"四新"技术。施工内容包括开挖、截水沟、排水沟、护脚墙、坡面防护、填土反压施工。

(2)依据本合同段工程特点及工期要求,组织各专业队伍,编订切实可行的施工方案。

(3)坚持实事求是,注重调查研究,合理安排工期,周密组织劳动力,采取有效方法科学组织施工,确保实现安全、优质工程。

(4)质量目标:工程质量交工验收合格、竣工验收优良。项目工程质量总体的一次抽检合格率须达到93%以上。单位工程交工验收合格率100%,重大工程质量责任事故0次。

(5)安全与文明施工目标:一般及以上等级生产安全事故为零;重伤事故为零;轻伤率小于10‰;重大交通安全事故为零;按文明施工的管理规定要求,严格做好施工现场的各项文明施工措施,做到"利民、便民、为民",争创"年度文明工地"。

(6)环保目标:项目工程将以维护良好自然环境及建设单位的良好社会形象为中心,做到环境保护无投诉,最大限度降低便道、施工区域的扬尘、噪声和爆破震动对周围居民区的影响。施工场界噪声排放达标,固定使用机械设备100%采取降噪措施,对施工区域环境做到最大程度保护、最低程度破坏、最快恢复。

2. 施工总体部署

组织机构如图1-3-1所示。

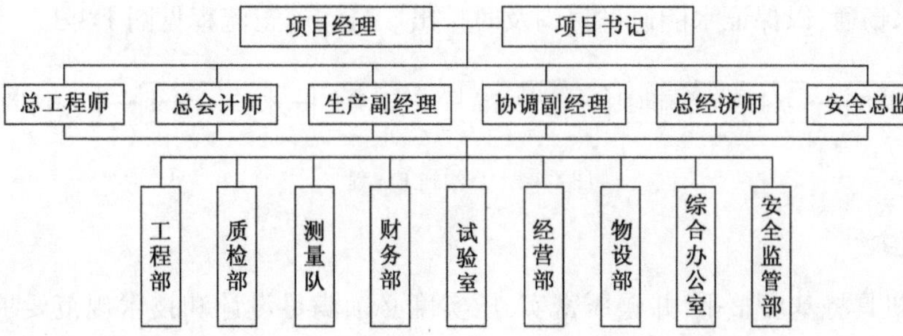

图 1-3-1 组织机构

3. 滑坡处治施工工艺流程

滑坡处治施工工艺流程见图 1-3-2。

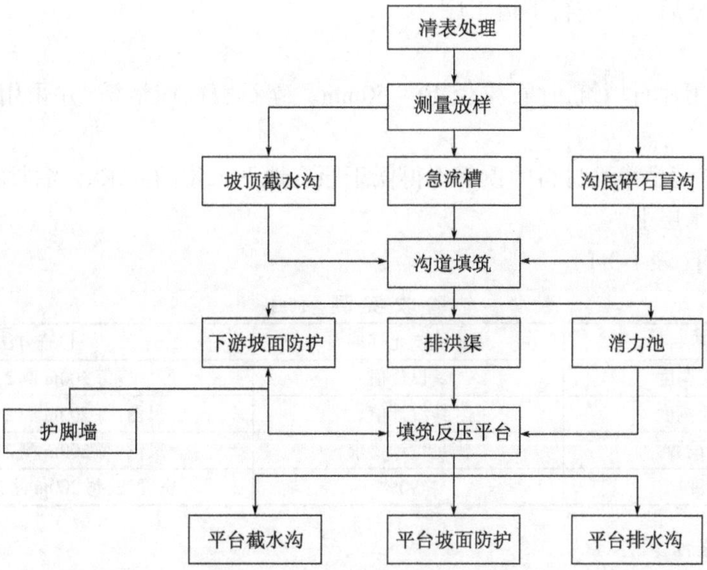

图 1-3-2 滑坡处治施工工艺流程

4. 滑坡处治施工

4.1 清表及放样

(1)边坡开挖清理前进行临时截排水施工,做好临时截排水工作,防止施工边坡因雨水冲刷破坏,进而影响边坡稳定。

(2)按照边坡设计断面及设计说明坡率,采用挖机进行开挖削坡施工,从上到下逐级开挖,避免人员反复在上级边坡上扰动。边坡清理完成后,在雨季前及时完成碎石盲沟、急流槽及坡顶截水沟的施工,避免边坡受雨水冲刷再次出现滑坡风险。

(3)测量放线出碎石盲沟、急流槽等排水设施位置,做出标记。

4.2 碎石盲沟施工

4.2.1 盲沟开挖

盲沟尺寸为高 100cm、宽 400cm,施工前按设计尺寸要求进行测量放样,定出盲沟的具体位置。为避免滑坡体二次滑动，盲沟施工禁止开挖坡脚。盲沟施工要求沟底平顺整齐，不得有松散土、尖锐突出物和其他杂物，排水畅通，以保证水能通过盲沟及时排出。盲沟施工流程见图 1-3-3。

清理场地 → 施工放样 → 报监理工程师审批 → 开挖基坑 → 基抗验收 → 土工布铺设 → 碎石盲沟 → 交工验收

图 1-3-3　盲沟施工流程

4.2.2　基底处理

人工配合小型机具将基底整平，并碾压密实，压实度必须满足设计和技术规范要求，压实度不小于 90%，自检合格后，经监理工程师确认后进行下一步施工。在对基底进行开挖时，加大对滑坡体的监测频次。

4.2.3　基底处理验收标准

(1)材料要求

碎石采用连续级配材料，粒径不大于 50mm，含泥量不超过 5%，含砂量不超过 4%。碎石铺设采用人工铺设方法，人工铺设的外观应整齐顺适，平面几何尺寸应满足规范和设计要求。碎石铺设完毕后，经监理工程师检验合格后方可进行下道工序。

(2)施工要求

①在盲沟的底部用片石填筑，片石粒径 40～50mm。碎石表面应清洁，并采用人工铺设，孔隙应清晰以便保证流水通畅。

②盲沟的埋深，应满足渗水材料的顶部不得低于原有地下水位的要求。当排除层间水时，盲沟底部应埋于最下面的不透水层上。

(3)验收实测项目(表 1-3-1)

验收实测项目　　表 1-3-1

项次	检查项目	规定值或允许偏差	检查方法和频率
1	基底垫层厚度	≥设计值	尺量：每 200m 测 2 点，且不少于 5 点
2	基底垫层宽度	≥设计值	尺量：每 200m 测 2 点，且不少于 5 点
3	反滤层设置	满足设计要求	尺量：每 200m 测 2 点，且不少于 5 点
4	压实度	≥90%	密度法：每 200m 测 2 点，且不少于 5 点

4.2.4　防水层施作

盲沟采用 ϕ100mm 排水管并排放置两根，四周及底部包裹一层透水土工布，搭接宽度不小于 50mm，且预留包裹宽度。

4.2.5　填充片石

碎石铺设采用人工铺设方法，人工铺设的外观应整齐顺适，平面几何尺寸应满足规范和设计要求。

4.2.6　沟心盲沟施工的安全技术措施

沟心盲沟施工时禁止开挖，人工修整时，滑坡体增加木桩做抗滑桩，人工施工盲沟段斜上方设置防护网做临时支护，顶部设置检测位移桩，做滑移警示标识。底部施工及顶部监控人员配备呼叫机以保持通话顺畅，上部人员发现有滑移现象时应及时通知下方人员撤离。

4.2.7　截水沟、平台排水沟

(1)平台排水沟

①沟槽开挖。采用由人工挂线开挖至设计高程后进行地基处理，开挖过程中严格控制沟槽的尺寸。沟槽开挖至设计高程，尺寸满足要求，经监理工程师检查，其平面位置尺寸、地质情况均符合设计要求后，即进行下一步施工。

②灰土垫层。根据设计高程施作 5% 灰土垫层，将灰土运输至施工现场，挖机配合人工下料，回填并夯实。

③砂浆拌和。砂浆的拌制应采用机械集中拌和,拌和时间一般为3~5min。砂浆的运输机械应不漏水,避免砂浆在运输过程中离析、泌水,如发现离析应重新拌和。为保证砂浆具有一定的稠度和和易性,已拌和的砂浆应尽快用完;对于已凝结的砂浆,不准加水重新拌和使用。

(2)平台排水沟砌筑

①根据设计要求的几何尺寸、高程等进行测量放样,根据沟形状加工一个坡架,砌筑表面拉线砌筑,确认正确无误后进行报验,经监理工程师现场检验合格后方可进行平台排水沟砌筑。

②砌筑沟基础时,先铺一层复合土工膜(二布一膜),然后铺设3cm厚M10水泥砂浆,再进行C25混凝土矩形槽预制块安装。

③砌筑时,确保预制块表面平整度及预制块间的咬合,预制块应交错布置、坐实挤紧,尖锐凸出部分应清理敲除。

④砂浆凝固前应将外露缝勾好。

⑤注意砌筑整个过程中不允许水浸泡刚砌的砂浆,保证基坑内无水作业。

(3)截水沟

截水沟预制构件均采用C25混凝土制作,M10水泥砂浆砌缝。每10m设一道宽2cm沥青砂浆伸缩缝(沥青:水泥:砂子=1:1:4)。预制截水沟底部铺设一层复合土工膜及20cm厚5%灰土垫层以防漏水。截水沟纵坡不宜小于0.5%,不应小于0.3%。截水沟施工方法同平台排水沟。

4.3 急流槽

急流槽采用C25混凝土现浇,主要用于边沟与排水沟、排水沟与排水沟、截水沟与排水沟的衔接。施工时当急流槽进口与边沟相接时,注意碎石盲沟出口处的衔接。若透水管与急流槽冲突时,应加深急流槽或降低透水管出口。施工步骤如下:

(1)施工放样。施工时根据设计要求,用灰线洒出所要浆砌的结构尺寸,然后进行定点、挂线。

(2)开挖沟槽。在施工放样完成后,开挖沟槽。在人工开挖沟槽的过程中,根据急流槽的高程开挖,开挖时注意控制好深度,不要多挖或少挖。沟槽开挖好后要对沟槽进行处理。

(3)灰土垫层铺设。根据挂好的结构尺寸线,将灰土运输至施工现场,挖机配合人工下料,回填10cm厚5%灰土垫层,并夯实。

(4)模板支护。5%灰土垫层完工后,进行模板支护,模板纵、横向均挂线确保平整。自检合格后向监理工程师进行报检,达到要求后方可进行下一道工序。

(5)浇筑混凝土。混凝土采用人工配合起重机进行浇筑,振捣棒振捣密实。

(6)养护。浇筑后及时进行养护,养护期不少于7d。

4.4 沟道填平

在施工完沟道底部碎石盲沟(排水管高出地面30cm设置),再开挖土质台阶,台阶宽度2m、高1m,反坡坡率为1:0.5,台阶设置2%的反坡;分层填筑土方铺土厚度不大于250mm,依次夯打,均匀分布,不留间隙。要求每一层试验合格(压实度≥94%)后再进行上一层回填。

4.5 排洪沟、消力池

同本节“4.3急流槽”的施工步骤。

4.6 护脚墙

4.6.1 材料检验

(1)格宾网箱材料

格宾网箱的材料为热镀10%铝锌合金,钢丝中镀层的腐蚀量不得大于170g/m²,钢丝材质必须符合

《碳素结构钢》(GB/T 700—2007)中的相关规定,热镀锌必须符合《钢丝镀锌层》(YB/T 5357—2006)中的相关规定。

宾格网必须由专用机械纺织成的热镀锌低碳钢丝宾格网片组装而成,以确保稳固性和抗拉性。

宾格网片的抗压、抗剪强度及有关力学指标、耐腐蚀性必须达到设计要求,钢丝的力学性能必须符合《工程用机编钢丝及组合体》(YB/T 4190—2018)的有关规定。钢丝的抗拉强度为350~500MPa,伸长率为10%。网孔尺寸为8cm×10cm,组合丝间距20~25cm。

宾格石笼网必须有质量合格证书以及出厂合格证。

(2)填充料

①填充料必须是坚固密实、耐风化好的石料,网箱内填充石直径不小于12cm,每块石头质量不小于5kg,70%以上的块石宜大于30kg。

②80%以上网箱石料的粒径大于网孔孔径,且满足设计规定的粒径要求。

4.6.2 宾格石笼网箱护脚墙

(1)一般规定:

①宾格石笼网箱护脚墙的基底及其密实度、基础深度和轮廓线长度及宽度,符合设计要求。

②宾格石笼网箱护脚墙应符合下列要求:

a. 网箱组砌体平面位置必须符合设计图纸要求。

b. 网箱层与层间砌体应纵横交错、上下联结,严禁出现"通缝"。

c. 每层网箱组均应适当放置"丁"字箱体。

③组装宾格石笼网箱。

④间隔网与网身应呈90°相交,经绑扎形成长方形网箱组或网箱。

⑤绑扎线必须是与网线同材质的钢丝。

⑥每一道绑扎必须使用双股线并绞紧。

⑦构成网箱组或网箱的各种网片交接处,绑扎道数应符合以下要求:

a. 间隔网与网身的四处交角各绑扎一道。

b. 间隔网与网身交接处每间隔10cm绑扎一道。

c. 间隔网与网身间的相邻框线,必须采用组合线连接。即用绑扎线一孔绕一圈接一孔绕两圈,呈螺旋状穿孔绞绕连接。

(2)网箱组间连接绑扎、应符合下列要求:

①相邻网箱组的上下四角各绑扎一道。

②相邻网箱组的上下框线或折线,必须每间隔10cm绑扎一道。

③相邻网箱组的网片结合面每平方米绑扎两处,必须将下方网箱一并绑扎,以求连成一体。

4.6.3 宾格石笼网填充料施工

(1)宾格石笼网箱内填充料的规格质量必须符合设计要求。

(2)必须同时均匀地向同层的各箱格内投料,由于单格网箱不能一次性投满,必须采用大量人工辅助填料,造成人工费用增加,预计每立方米人工要达到1.4个工作日。

(3)填料施工中,应控制每层投料厚度在30cm以下,一般0.5m高网箱分两层投料为宜。

(4)顶面填充石料宜适当高出网箱,且必须密实,空隙处宜以小碎石填塞。

(5)裸露的填充石料,表面应以人工或机械砌垒整平,石料间应相互搭接。

4.6.4 宾格石笼网箱封盖施工

(1)封盖必须在顶部石料砌垒平整的基础上进行。

(2)必须先使用封盖夹固定每端相邻结点后,再加以绑扎。

(3)封盖与网箱边框相交线,应每相隔10cm绑扎一道。

(4)在一层网箱施工完成后,宜将墙后填料及时填至与网箱相平,现碟砌上一层网箱。

墙背设置透水土工布防止细料进入网箱,网箱每50cm 设置一层,宾格网箱高4m,埋入地下2m。

4.7 沟道填筑反压终点坡面防护

(1)天然砂砾反滤层

沟道填筑反压终点坡率为1:2,每填高8m设置2m宽平台,坡面设置1m厚天然砂砾反滤层。天然砂砾反滤层采用平板夯机夯实,要求压实度不小于94%,天然砂砾含泥量不大于5%。

(2)边坡码砌

边坡采用不易风化的块、片石码砌,块、片石的最小边不小于30cm,边坡表面码砌成40cm左右的台阶,码砌厚度2m,片石码砌呈丁字形错缝,码砌块石与石笼之间设置一层透水土工布。

4.8 填土反压

填土反压坡率为1:1.5,每填高8m设置5m宽平台,填方坡面设置拱形骨架。

4.8.1 填土反压施工工艺

(1)施工准备。铺料采用进占法或后退法,填筑料采用素土黄土(黄土状土重度$\gamma = 17\text{kN/m}^3$,黏聚力$c_k = 19\text{kPa}$,内摩擦角$\phi_k = 22°$),20t自卸汽车运输。

(2)分层填筑。平料采用TY220推土机平料,人工配合,边卸料边平整。铺料厚度和土块限制尺寸通过碾压试验确定,一般铺料厚度要求为0.30m(允许偏差≤±5cm),同时布置高程桩网,严格控制铺土厚度,土块料径≤7cm。

(3)基底处理。填方先将范围内的树根、草皮、腐殖土全部挖除,并将坑穴填平夯实,基底整平压实度应达90%以上。

(4)摊铺整平。铺料过程中严格控制铺料厚度,保证铺层厚度均匀,表面平整。铺料至外边线时,比设计边线多填出50cm余量。

(5)洒水。采用洒水车洒水,加水量根据填筑料含水率及碾压试验确定的最优含水率进行控制。

(6)碾压夯实。采用自行式22T振动碾,按碾压试验确定的碾压遍数、振动碾行车速度等碾压参数进行碾压。碾压方向平行于堤轴线。分段、分片碾压时,相邻作业面的碾压搭接宽度在平行滑坡线方向不小于0.5m;垂直滑坡线方向不小于3m。

碾压采用进退错距法进行,碾压搭接宽度不小于10cm。

(7)检测。严格控制压实参数,压实机具的类型、规格等必须符合施工规定。对每一层填筑面,应按工程的相关规定进行验收。验收合格后才能铺筑上层新料。对填筑面的各项施工工艺和参数进行检查,以及对土料的干密度和含水率进行自检和抽样检测。检测压实度≥94%。

(8)接缝处理。分段、分区填筑时在平台内部形成横向接缝。平台内部接缝必须严格处理,以保证接合质量。

(9)反压平台内部的接缝,采取留台法对其进行处理。施工要点如下:

①期铺料时,每层预留1.5~2.0m的平台,两层接触面纵向犬齿状交错搭接。

②新填料松坡接触。

③振动碾进行骑缝搭接碾压。搭接碾压宽度,不应小于3m。

4.8.2 填筑施工注意事项

(1)反压平台各部位的填筑必须按设计断面的要求进行,保证填筑设计厚度。

(2)填筑面施工应统一管理、严密组织,保证工序衔接,分段流水作业,确保层次清楚和大面平整,均衡上升,减少接缝。

(3)分段填筑时,各段填筑层之间设立标识,以防漏压、欠压和过压。上下层分段位置错开,避免扰动滑坡体。

(4)由于施工、气候等原因停工的填筑面必须加以保护,复工时仔细清理并经检验合格后方能准备填筑,并做好记录备查。

(5)作业面应分层统一铺土,统一碾压,并配备人员或平土机具参与平整,严禁出现界沟。

(6)相邻作业面宜均衡上升,若段与段之间不可避免出现高差时,应以斜坡面相接。

(7)已铺土料表面在压实前晒干时,应洒水润湿。

(8)在新层铺料前,应对压光层面进行刨毛处理。填筑层检验合格后若因故未继续施工,因搁置较久或经过雨淋干湿交替使表面产生疏松层时,复工前应进行复压处理。

(9)对于占压平台断面的上坝临时坡道,应将已板结的老土刨松,与新铺土料统一按填筑要求分层压实。此部位仍需修建上坡堤道时,上坡堤道不能切割平台断面结构。

(10)铺料应按设计要求将土料铺至规定部位,严禁将砂砾料或其他透水料与黏性土混杂。土块限制直径≤80%铺料厚度。铺料至堤边时,应在设计边线外侧各超填一定量,宜为30cm。

(11)若发现局部"弹簧土"、层间光面、层间中空、松土层或剪切破坏等质量问题时,应及时进行处理,并经检验合格后,方准铺填新土。

①橡皮土的治理方法:挖去橡皮土,重新填好土或级配砂石。

②层间光面的治理方法:在新层铺料前,对出现的光面应进行刨毛处理。

③松土层、层间中空或剪切破坏的治理方法:表面及基底均应挖去对应土层,重新填筑新土并进行压实,并需要满足≥94%压实度要求。

(12)在施工过程中,严格按照开挖线开挖,反压回填时注意机械对滑坡体产生的扰动。

4.9 验收要求

路基防护工程施工除满足《公路工程质量检验评定标准 第一册 土建工程》(JTG F80/1—2017)基本要求及外观要求外,还需进行表1-3-2中实测项目的检验。

石笼检验标准(单位:mm) 表1-3-2

项次	检查项目	规定值或允许偏差	检查方法和频率
1	平面位置偏差	≤300	全站仪:按设计控制坐标测
2	长度	≥设计长度-300	尺量:每段测
3	宽度	≥设计宽度-200	尺量:每段测5处
4	高度	≥设计值	水准仪或尺量:每段测5处

5. 工程质量保障措施

5.1 材料控制措施

在新进场材料使用前,对其材料、产品的规格型号、技术性能、外观等进行详细而全面的检验。现场抽样送具有检测资质的检测机构检测,出具质量检验合格证书后,方可投入使用。

5.2 施工班组及人员控制措施

(1)各工序施工都必须严格遵循相应技术规范的规定,尤其滑坡带反压处置,沟底盲沟、压实、排水须重点质量控制,如实做好施工记录。施工班组要严格控制、检查并承担责任。

(2)现场负责人要严格执行交底制度,对现场施工工人做详细交底,保证做到不乱干、不蛮干,严格按交底内容施工,确保施工质量。

(3)施工操作中,要坚持自检、互检、交接检制度,要牢固树立"上道工序为下道工序服务"的思想,坚持做到工序不合格不交工。操作过程中，要坚持工前有技术交底、工中有检查、工后有验收的操作管理方法，做到施工操作程序化、标准化、规范化。

5.3　各分项工程质量保障措施

锚杆材质检查：确保每批锚杆材料均附有生产厂商的质量证明书，并按施工图纸规定的材质标准以及规范抽检锚杆性能。

6. 监测监控措施

(1)一般要求

①填方路堤及附近建筑物、构造物按要求进行稳定性观测。在施工中按照动态设计要求进行施工，监控需及时。在路基填筑到设计高程时，用位移观测标志检测路基沉降。

②填筑到设计高程时设置长20cm、宽20cm、高30cm长方体观测标，内插一根ϕ16mm、长0.3m的圆钢，钢筋顶端露出混凝土顶面5mm，事先用砂轮打平，埋设后用锉刀锉出与路基中线垂直的"十"字形，桩顶露出地面不大于0.1m。确保边桩埋置稳定。

(2)监控量测点布设说明

①高填路堤可根据路堤高度和长度及土体等情况，布设监测断面。

②为满足沉降变形观测精度要求，按照"控制点沿路线布设，位置距路中心的位置大于50m且小于300m，同时应便于观测"的原则布设水准测量工作基点。每段高边坡至少设一组观测标，路堑长度不足100m的地段，可相应减少观测断面；长度超过150m的地段应增加一组。

③坡顶观测标应在施工放样时埋设并记录埋设日期，坐标及高程每往下开挖至一个平台，完成防护后随即埋设监控点并开始观测。

(3)监控监测技术

此次的变形监测使用三维坐标法，通过观测标识的变形，能同时得到变形点的三维坐标，从而得到水平位移和垂直位移量。从实际应用情况来看，这种三维坐标法灵活、方便、经济、高效，尤其在现场狭窄、其他监测方法不灵的情况下，对变形监测能起到事半功倍的效果。

(4)边坡稳定监测内容

①表面变形监测仪器主要采用全站仪。通过对垂直变形与水平变形进行监测，可计算出坡体潜在的滑坡角度，为处理措施提供依据。

②坡顶地面调查：边坡开挖过程中至交工验收前，应对坡顶进行定期调查，主要调查地表土体有无裂缝发生，有裂缝发生时应记录裂缝产生的时间、深度、连通性以及充水状况等的发展变化情况，要及时排除裂缝中的水并封堵裂缝，防止地表水下渗，并根据实际情况研究边坡的稳定性。

③边坡坡面调查：边坡开挖过程中应记录开挖断面的地质剖面，观测剖面岩层产状，节理发育状况及地下水出露情况，若遇有结构面不利于边坡稳定、地下水涌出等情况，应及时现场讨论研究边坡稳定性及应急措施，每段高边坡均应观测，详细做好记录；有异常情况应加密观测次数并取样试验。

④观测标调查：边坡开挖工程中至交工验收前，应定期进行各观测点的平面及高程监控测量(精确至毫米)；发现位移、沉降异常情况，应加密观测次数，所利用的固定点观测桩应稳定；观测到变形连续增加时，应认真研究边坡的稳定性，采取必要的应急措施。

⑤观测频率：坡面位移和深部位移的监测频率应与施工期和雨季相对应。旱季和少雨季节每月观测频率为1～2次；雨季每周观测1次。暴雨和雨天过后数天内每天观测一次。在边坡加固工程完工后6个月内或当年雨季结束后3个月无明显位移时可结束观测。

⑥边坡监测频率与边坡施工相适应。对正常施工使边坡人为形成大的陡坡面有可能对人员机械构成威胁时，加大监测频率。

⑦如发现边坡出现变形或破坏，应进行24h跟踪监测。针对工程施工特点，为使观测频率满足资料分析，如各物理量变化、边坡稳定性和岩体性态判断的需要，有选择性地(如埋设初期、修整边坡时等)

增加观测频率。

⑧附近建筑物、构造物上选取固定点进行测量观测，如发现出现变形、倾斜等，采取措施进行加固处理。

(5)监测实施流程

边坡监测工作与边坡施工作业需要反复交叉进行，为了使边坡监测工作与边坡施工作业协调一致，特制定作业流程，如图1-3-4所示。

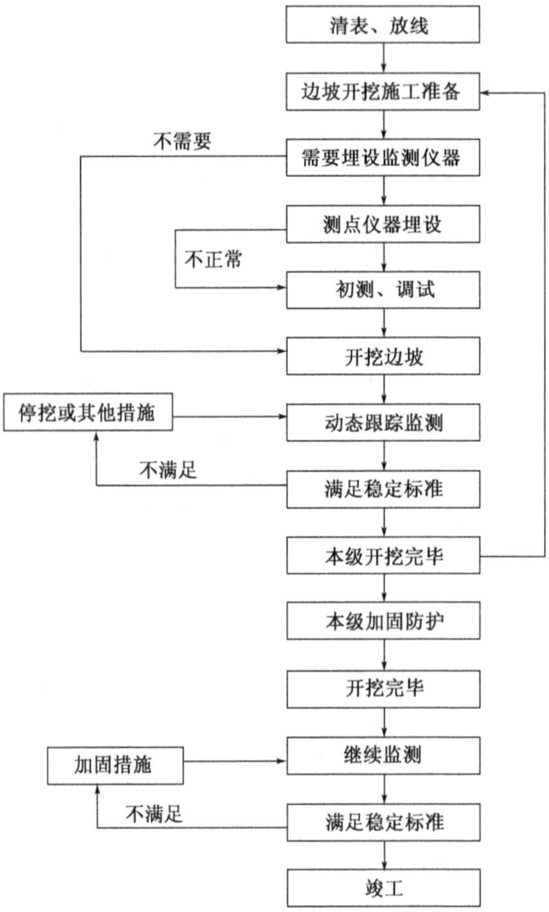

图1-3-4　作业流程

(6)检测人员

测量人员1人，复核人员1人。

(7)检测仪器

全站仪2台，棱镜4个。

(8)施工预警

根据监测报警相关要求，边坡变形按一级边坡控制，边坡变形的预警值为：水平位移和垂直位移累计值大于35mm，日均位移速率大于2.0mm/d；当坡顶沉降、水平位移观测数据出现预警值后，监测人员应立即向建设方、设计、监理和施工单位汇报，以利于各方及时进行原因分析，商讨和提出解决措施，确保边坡的安全。

当出现下列情况之一时，必须立即进行危险报警，并对支护结构和周边环境中的保护对象采取应急措施。

①监测数据达到监测报警值的累计值；

②支护结构或者周边土体的位移值突然明显增大；

③支护结构的支撑或者锚杆体系出现过大变形、压屈、断裂、松弛或拔出的迹象；

④根据当地工程经验判断,出现其他必须警醒危险报警的情况。

7.施工安全保障措施

施工安全保障措施如图1-3-5所示。

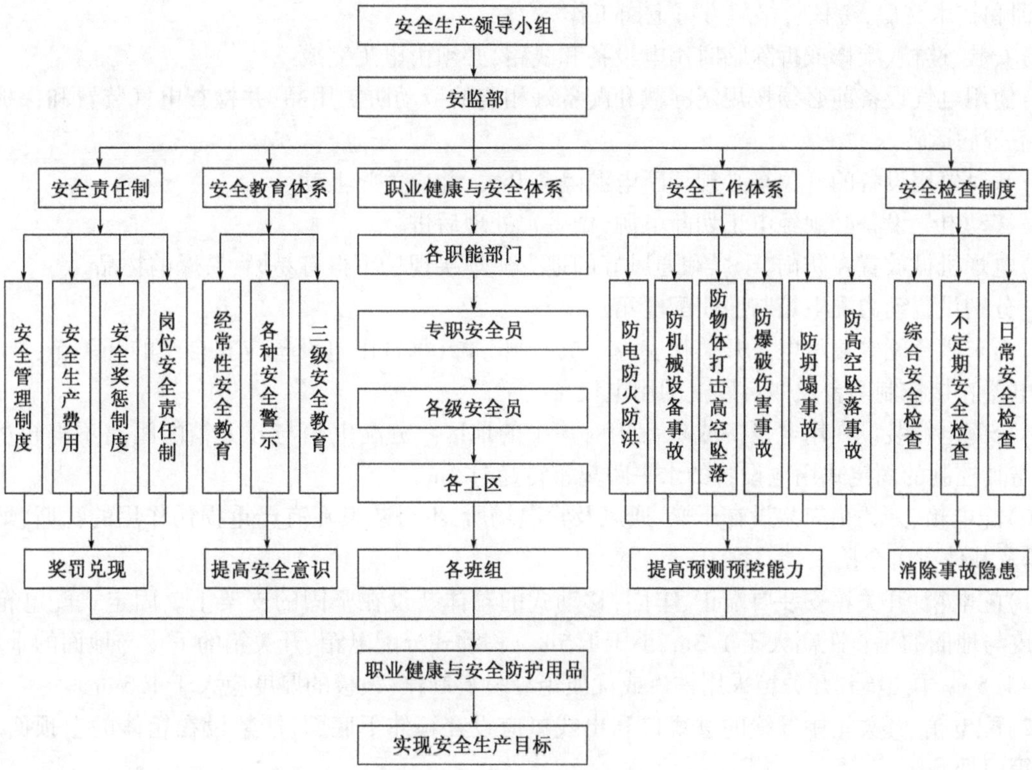

图1-3-5　施工安全保障措施

7.1　安全生产领导小组

组长:项目经理;

副组长:项目书记、项目总工程师、项目安全总监、项目副经理;

组员:项目安全环保部、工程部、财务部、综合办公室、计划合同部。

7.2　物资设备部负责人

主要职责如下:

(1)贯彻执行国家、地方政府和上级有关安全生产、劳动保护的法律、法规、规章、制度,并结合单位情况制订实施细则。

(2)审查、考核项目安全生产计划、安全技术措施计划的制订和实施情况,以及安全经费的提取和使用情况。

(3)组织开展安全教育培训活动,宣传"安全第一、预防为主、综合治理"的安全生产方针。

(4)关心和支持安全管理部门和人员的工作。定期进行安全检查和召开安全工作会议,及时研究、解决生产中存在的安全隐患问题,总结评比、推广安全生产先进典型经验,按期或根据不同的季节、不同的生产任务布置安全工作。

(5)发生生产安全事故及时报告、调查和处理,并启动事故应急预案。采取措施防止类似事故的重复发生,对负有事故责任的人员进行处理。

7.3 专项安全措施

按照“安全第一、预防为主”的工作方针，建立安全文明施工管理体系，落实安全文明施工工作管理制度，做到责任到人，职责明确，确保工程顺利进行。施工用电安全措施如下：

(1)电工必须通过按国家现行标准考核合格后，持证上岗工作。其他用电人员必须通过相关安全教育培训和技术交底，考核合格后方可上岗工作。

(2)安装、巡检、维修或拆除临时用电设备和线路，必须由电工完成。

(3)使用电气设备前必须按规定穿戴和配备好相应的劳动防护用品，并检查电气装置和保护设施，严禁设备带病运转。

(4)暂时停用设备的开关箱必须切断电源隔离开关，并应关门上锁。

(5)移动电气设备必须经电工切断电源，做妥善处理后进行。

(6)电焊机械放置在防雨、干燥和通风好的地方。焊接现场不得有易燃、易爆的物品。

(7)分别设置动力配电箱与照明配电箱。

(8)由末级分配电箱配电。开关箱应设一机一闸一漏，每台用电设备应有自己的开关箱，严禁用一个开关电器直接控制两台及两台以上的用电设备。

(9)分配电箱装设在用电设备或负荷相对集中的地区。分配电箱与开关箱的距离不得超过30m，开关箱与其控制的固定式用电设备的水平距离不得超过3m。

(10)配电箱、开关箱应装设在干燥、通风及常温场所，不得装设在有严重损伤作用的瓦斯、烟气、蒸汽、液体及其他有害介质中。

(11)配电箱、开关箱安装要端正、牢固，移动式的箱体装设在坚固的支架上。固定式配电箱、开关箱的下皮与地面的垂直距离大于1.3m、小于1.5m。移动式分配电箱、开关箱的下皮与地面的垂直距离为0.6~1.5m。配电箱、开关箱采用铁板或优质绝缘材料制作，铁板的厚度应大于1.5mm。

(12)配电箱、开关箱中导线的进线口和出线口应设在箱体下底面，严禁设在箱体的上顶面、侧面、后面或箱门处。

8. 施工进度保障措施

建立健全的质量保证体系，严格按照《质量保证体系》文件中的工作程序进行质量控制和管理，从资源投入和过程控制上保证工程质量。

成立质量管理领导小组，由项目经理任组长，项目技术负责人任副组长，负责质量领导工作。施工点设质量管理组负责日常质量管理工作，质检组配1名专职质检工程师，各工点设1名质检员，负责质量监督、检查和各项检验工作，配备数量够、精度高的质检仪器和设备。质量检查体系独立工作，质量检查人员有对质量的否决权和验工签证权。定期召开质量分析会，虚心听取技术负责人、监理人员的意见，发现问题及时纠正，并制订改进措施，推动和改进质量管理。加强施工中质量检查和评比工作，将质量管理工作与内部经济效益挂钩，确保质量保证体系规范、有效地运作，确保质量管理目标的实现。

在施工过程中，严格按照设计要求，认真接受建设单位及监理工程师的指导、检查，在施工过程中抓好以下几方面的工作。

(1)为了确保工程质量，组织施工人员进行全面质量管理意识教育，认真学习技术规范和质量标准，熟悉掌握技术规范、设计图纸、施工工艺，使每个施工人员做到心中有数。

(2)建立严格的奖罚制度与质量责任制度，推行工程质量责任制。对违反操作规程、程序，影响工程质量的坚决制止。

(3)推行全面质量管理，严格工序管理，不以任何理由放松放宽各道工序的验收标准，上道工序未经验收合格，不得进入下道工序。

(4)定期组织各方会议，对施工方法进行讨论，制订详细的施工方案，并制订标准的操作工艺以指导施工。

(5)由高素质的测量技术人员和操作人员进行轴线、高程的测量,并负责仪器的维修、调校和保养。

(6)科学管理,合理组织施工,严格按设计和规范要求施工,保证材料质量,检查每批进场的水泥、钢材、砂、碎石等是否均有产品出厂合格证并送检,不得使用不合格材料,混凝土拌和严格按配比计量进料。

(7)明确每位管理人员和操作人员的质量责任,将质量与各人经济利益直接挂钩。

(8)管理人员实行持证上岗,操作人员实行挂牌作业,做到每个部位的工程质量都能落实到人。

(9)确保资料同步、齐全、完善、真实。

9.安全文明保障措施

9.1 人身安全

(1)对作业班组进行经常性的安全教育,对新进场人员进行入场教育,以提高全体施工人员的安全意识。

(2)作业人员必须正确佩戴安全帽,高空及高边作业时必须配备安全带、系安全绳,并在有可靠的安全防护条件下作业,湿滑地带严禁穿胶底鞋。

(3)施工区域内做好周围的警戒工作,保证过往行人及车辆等的安全。

9.2 设备安全

(1)施工机械要派专人指挥进行施工。指挥人员要经过培训,并持证上岗,不违章指挥,不违章作业。

(2)严格监督,完善安全生产操作规程。

(3)在高边坡及松软坡面进行作业时,要防止设备倾覆。作业前应由专人对地表及该处地质进行查看,查看坡体有无滑移及坍塌迹象。作业过程中有专人进行坡体变化观察。

9.3 材料安全

(1)材料运输中车载构件要码放整齐、捆绑牢固,防止构件在运输中相互挤压碰撞,出现缺棱少角现象,防止中途发生构件坠落现象。

(2)各种材料必须具备进场合格证并经试验检测部门检定合格后才能进场,防止因材料的质量问题造成安全事故。

9.4 环境安全

(1)制订安全技术措施,随时对施工现场进行安全检查,发现问题及时纠正,对违章、冒险作业予以制止。

(2)施工现场做好交通安全工作,设专人指挥车辆、机械。

(3)夜间施工,路口附近设置警示灯或反光标识,专人管理灯光照明。

(4)易燃、易爆物品必须分开存放,保持一定的安全距离。

(5)加强施工监控,例如防洪、防坍塌监测。

9.5 坡体变化监测

(1)每天由安全人员对坡体地表进行观察,检查有无坡体开裂失稳迹象,确保施工时人员机械安全。

(2)在坡体周围设固定测量观测点,每日检查各测量观察点的位置变化,若发生较大变化,则暂停施工,立即采取措施。

(3)做好坡体的截排水工作,并对坡体周边原地表裂隙进行黏土回填封堵,对坡体周围易松动物体预先清除排险。

9.6 文明施工

(1)施工作业段设现场公示牌,标明施工区段、施工负责人等。施工便道设立导向牌、安全警示牌。

(2)在进场前对参与施工人员进行文明、安全施工教育,不断提高职工的文明施工意识。

(3)场地内材料与设备要保持整齐,并保证场地内的清洁。

9.7 环境保证措施

(1)保护现场周围环境,文明施工,全面规划,综合治理,采取一切合理措施,使施工现场周围的污染减少至最低程度。

(2)所有施工机械做好检修工作,尤其是废气的排放检测,必须符合当地政府的废气排放检测标准。为减少施工作业产生的灰尘,应随时进行洒水或其他抑尘措施,不出现明显的降尘。道路上经常淋水湿润以减少扬尘污染。

(3)场地内废弃的土石方不得随意堆放,必须堆放在指定的弃土场。

(4)施工期间水污染包括生活污水、机械废液造成的污染。施工范围两侧设好排水沟,使污水按要求合理排放,禁止污染道路。机械废液用容器收集,不乱倒。

(5)施工机械尽可能采用性能较好的设备,减少噪声污染。

(6)贯彻执行环境保护规章制度,听取建设单位和环保部门建议,认真做好环境保护工作。

10. 应急处置措施

10.1 风险规划和控制

工程开工前,对滑坡和高边坡处理工程施工可能存在的危险源进行辨识、评估,并采取控制措施。

10.2 危险源种类

滑坡处理施工中存在的危险源有机械伤害、触电伤害、坍塌和滑坡。

10.3 危险源辨识和风险评估

从人的不安全行为、作业活动的不安全因素、设备设施和周围环境的不安全状态入手,对滑坡处理施工过程中可能存在的危险源进行识别;预防措施不能防止事故发生,需要对可能造成人员伤亡及其他伤害进行判断和风险评估。

10.4 风险控制和管理

(1)对评价出的危险源制订控制措施,有针对性地进行安全技术交底。

(2)建立工程项目施工安全重大危险源的台账,加强重大危险源的监控管理。对本工程项目的施工安全重大危险源应予以公告,并在其部位悬挂安全警示标识。

(3)项目部对重大危险源实施动态管理,项目管理人员、专职安全管理人员要全面准确地掌握工程项目的施工安全重大危险源,加强对施工安全重大危险源的检查。

10.5 预防措施

(1)在施工前应按照设计要求清理完边坡的风化岩块、堆积物、残积物和滑坡体,并在适当位置修筑拦渣坎,保证施工安全。

(2)在开挖前按设计要求完成截水、排水沟的施工,验证排水效果,防止地表水和地下水对施工产生影响。

(3)覆盖层开挖应按设计边坡坡比自上而下分级进行,坡面按设计要求做成一定的坡势,以利排水。

(4)随开挖下降及时对坡面进行清坡,按设计要求或根据现场实际情况采取适当的措施加以支护,保证施工安全。

(5)做好汛期防水、边坡保护措施,防止边坡坍塌造成事故。

(6)对于边坡易风化崩解的土层,若开挖面不能及时支护时,应预留保护层,在有条件支护时,再进行保护层开挖。

(7)需人工开挖的坡面覆盖层,应在开挖范围内,按照每人控制2.5m的水平距离,作业人员系安全带,从高处分条带向下逐层依次清理,相邻5人之间最大高差不得大于1.5m,所有人员之间最大高差不得大于3m。

(8)在覆盖层开挖过程中,如出现裂缝或滑移迹象,应立即暂停施工并将施工人员及设备撤至安全区域,在查清原因、采取可靠的安全措施后方可恢复施工。

10.6 土石方挖运

(1)进入滑坡和高边坡部位施工的机械,应全面检查其技术性能,机械不得带“病”作业。

(2)施工机械工作时,严禁一切人员在工作范围内停留;机械运转中人员不得上、下车;严禁施工机械(运输车辆)驾驶室内超载,出渣车车厢内严禁载人。

(3)挖掘机械工作位置要平整,工作前履带要制动,挖斗回转时不得从汽车驾驶室顶部通过,汽车未停稳不得装车。

(4)机械在靠近边坡作业时,距边沿应保持必要的安全距离,确保轮胎(履带)压在坚实的地基上。

(5)装载机行走时,驾驶室两侧和铲斗内严禁载人。

(6)推土机在作业时,应将其工作水平度控制在操作规程的规定范围内。下坡时,推土机严禁空挡滑行。

(7)运输车辆应保证方向、制动、信号等齐全可靠。装渣高度不得高出车厢,严禁超速超载。

(8)施工机械停止作业时,必须停放在安全可靠、基础牢固的平地,严禁在斜坡上停车。临时在斜坡上停车时,必须用三角木等对车轮进行阻滑。

(9)施工设备应进行班前班后检查,加强现场维护保养,严禁设备“带病”运行,不得在斜坡上或危险地段进行设备的维修保养工作。

11. 应急救援预案

11.1 应急救援组织机构

(1)应急救援组组长职责

及时承担现场救援的全面指挥工作,领导和决策应急响应与危机处理工作,遇突发事故和紧急情况时,立即启动本预案,做到快速反应,从容应对指挥得当,部署及时;依照本预案有关管理的规定和现场的实际情况,分配相关人员的具体职能,协调应急救援处理工作;提升小组团队应急能力,在紧急状态结束后,安排受影响地点的恢复工作,并组织人员参加事故分析和处理。

(2)应急救援组副组长职责

协调领导小组组长工作,在组长不在时承担组长职责,确保各项目标、指标和任务的完成;评估事故的规模和发展的态势,建立应急步骤,确保施工人员的安全和减少设施和财产损失;建立与应急中心的通信联络,为应急服务机构提供建议和信息,安排寻找受伤者及安排非重要人员撤离到集中地带;如有必要,在救援服务机构来之前直接参与救护活动。

(3)技术支持组职责

①项目技术及现场负责人到达事故地点后,对现场坍塌事故情况进行分析判断,及时向应急小组组长提出科学的技术方案和技术支持,有效地指导应急行动中的工程技术工作。

②提出抢险抢修及避免事故扩大的临时应急方案和措施。
③指导全项目部实施应急方案和措施。
④修补实施中的应急方案和措施存在的缺陷。
⑤绘制事故现场平面图,标明重点部位,为外部救援机构提供正确的抢险救援信息资料。
(4)现场抢险组职责
①协调有关部门的抢险行动,及时报告抢险进展情况。
②引导现场作业人员从安全通道疏散。
③抢运场内可转移的材料物资,将可能引起新危险的物品转移到安全地带。
④在事故有可能扩大时,高度注意避免意外伤害。
⑤抢险抢修或救援结束后,安排好人员配合事故调查取证,并对结果进行复查和评估。
(5)医疗救护组职责
①负责现场受害者的救护工作。
②在外部救援者未到达前对受害者进行必要的抢救。
③协助外部救援机构转送受害者至医疗机构,并指定人员护理受害者。
④对受害者做简单的抢救和包扎,及时转移重伤人员到医疗机构救治,使重伤人员优先得到救援机构的救助。
(6)后勤保障组职责
①负责现场紧急物资的征集。
②提供合格的抢险抢修或救援物资及设备。
③为保障系统内各组人员提供必要的防护,保障救护用品及生活用品的供给。
(7)警戒保卫组职责
①负责事故现场的警戒,设置事故现场警戒线,阻止非抢险救援人员进入现场,保护抢险人员的人身安全,维持治安秩序。
②负责保护事故现场,避免闲杂人员围观,监视事故现场发展情况等。
③对场区内外进行有效隔离疏散,引导事故现场外周居民撤出危险地带。
④负责现场车辆疏通,引导抢险救援人员及车辆的进入,保持抢险救援通道的畅通。
⑤抢险救援结束后,封闭事故现场至收到明确解除指令。

11.2 应急管理原则

(1)必须由项目部领导人担任安全主管,安全文明施工,全权负责安全事故时的现场协调和救援,同时项目部各相关人员做好配合,并及时通知施工单位负责人做好人员设备资金的保障和落实。
(2)项目部负责人接到通知后及时到达现场指挥救援并落实各项保障措施。
(3)项目部所有人员和设备在发生事故时无条件接受调遣,并以最快速度到达现场。
(4)加强与当地医院和救援机构的联系沟通,确保事故发生时能够及时取得联系。
(5)由项目部安全保障组负责第一时间与当地医院的联系和生活车辆的调配。
(6)由安全主管人员任突击组长,负责现场救援行动的具体实施,原指定的突击队员必须以最快的速度到达现场接受突击队长的指挥参加救援。

11.3 机械伤害事故特征及应急处置措施

(1)事故特征
①机械伤害可能导致人员受伤、死亡或设备损坏、报废等。
②机械设备事故发生在施工现场。
③现场环境复杂或气候恶劣,机械设备违规操作,易发生倾覆事故。

④机械设备运转异常,机械连接部分松动、失效,主要承重构件焊缝开裂,扭曲变形。整机倾斜,钢丝绳钢丝断裂,制动失灵,大风大雾雨雪恶劣天气施工以及操作人员思想麻痹时易发生机械伤害事故。

(2)机械设备事故应急处置措施

①出现事故征兆时的处置措施:切断电源,停机检查排除故障后再开机,恶劣天气停止机械的操作。

②事故发生时的处置措施:停机断电,迅速撤离所有作业人员,进行机械设备抢修维护,待机械设备故障排除后再进行操作。

③有遇险人员时的处置措施:遇险人员要积极自救,同时要想方设法通知救援人员自己所在位置以便得到及时救助,救援人员按规定穿戴好防护用品,在保证自身安全的前提下,携带相关救援机具、物资,对遇险人员进行抢救。

(3)注意事项

①抢救受伤人员一定要在附近就地进行,切忌长途护送到医院。

②克服麻痹思想,把机械设备灾害带来的损失降到最低。做好善后工作,如伤亡人员和家属的抚恤工作,做好受伤人员医疗救护工作,做好伤亡人员及财产损失的理赔工作。

11.4　高处坠落事故特征及应急处置措施

(1)事故特征

①危险性分析:通过对施工全过程危险因素的辨识和评价,高空坠落事故发生概率较大,造成人身伤害和财产损失较严重,列为项目工程的重大危险因素。

②事故类型:依据高处坠落事故的坠落方式,把高处坠落事故大体分为如下类型:脚手架上坠落、悬空高处作业坠落、登高过程中坠落、梯子上作业坠落等。

(2)事故前可能出现的征兆

①高处作业人员不使用爬梯,未按要求系安全带、安全绳或者对安全带或安全绳使用不当。

②临边、洞口等坠落高度在2m以上,而且无防护栏杆、安全网、挡板或防护不可靠时,则有可能发生坠落事故,应按上述问题完善防护措施。

③发生大风、暴雨、暴雪等恶劣天气时高处作业人员有可能发生坠落事故。对此,应加强与气象部门的联系,尽早掌握天气变化情况,提前停止高空作业,撤离人员。必要时加固高处设备。

④现场所有洞口、悬空、临边的地方要严格按安全技术要求设置防护栏杆、防护网。

(3)事故发生时处置措施

发生高空坠落事故时应立即启动现场处置方案,急救人员尽快赶往出事地点,并及时通知医疗部门,尽量当场施救,抢救的重点放在颅脑损伤、胸部骨折和止血处理。

①发生高处坠落事故,应马上组织抢救伤者。首先观察伤者受伤情况、部位伤害性质,如伤员发生休克,遇呼吸、心跳停止者,应立即进行人工呼吸、胸外心脏按压;处于休克状态的伤员,要让其安静、保暖、平卧、少动,并将其下肢提高约20°左右,尽快送医院抢救治疗。

②出现颅脑损伤,必须维持呼吸通畅,昏迷者应平卧,面部转向一侧以防舌根下坠或分泌物、呕吐物吸入,发生喉阻塞。有骨折者,应固定好骨折部位后再搬运。遇有凹陷骨折、严重的颅底骨折、严重的脑损伤症状出现,创伤处用消毒纱布或清洁布等覆盖,用绷带或布条包扎后,及时送医院治疗。

③发现脊椎受伤者,创伤处用消毒纱布或清洁布覆盖,并用绷带或布条包扎。搬运时将伤者平卧放在帆布单架或硬板上,以免受伤的脊椎受伤移位、断裂造成截瘫或导致死亡。抢救脊椎受伤者,严禁只抬两肩和腿或单肩背运。

④发现受伤者手足骨折,不要盲目搬运伤者,应在骨折部位用夹板临时固定,使受伤者伤处不再移位或刺伤肌肉、神经或血管。固定方法为:以固定骨折处上下关节为原则,可就地取材,用木板、毛竹等,在无材料情况下,上肢可固定在身侧,下肢与健侧下肢固定。

⑤遇有创伤性出血应迅速止血,使伤员保持头低脚高的卧位,注意保暖。

一般小伤口的止血法为：先用生理盐水冲洗伤口，涂上红汞水，盖上消毒纱布，用绷带较紧包扎。加压包扎止血法为：用纱布、棉花等软垫放在伤口上再包扎以增加压力止血。止血带止血法为：选弹性好的橡皮管、橡皮带或三角布、毛巾、带状布条等，上肢出血结扎在上臂上1/2处，下肢出血结扎在大腿上1/3处，结扎时在止血带与皮肤间垫上消毒纱布或棉纱，每隔25～40min放松一次，每次放松0.5～1min。

⑥救助人员服从指挥，统一行动，险情发生至现场恢复期应封锁应急现场，防止无关人员进入现场发生意外。

⑦及时将抢救进展情况报告应急救援组组长，动用最快的交通工具或其他措施，及时把伤员送到临近医院，途中减少颠簸，同时注意检查呼吸、脉搏、血压及伤口情况。

11.5 坍塌护坡事故特征及应急处置措施

(1)事故特征

①土体不稳、地质结构受破坏、土层或岩层自稳能力差等，会导致坍塌事故发生。坍塌事故一旦发生，人员机具会被掩埋，造成人员伤亡、机具财产损失。坍塌事故发生前，地表一般出现裂纹或较大沉降。

②如坍塌比较轻微则直接处理，对出现裂纹、沉降的地表进行加固。

③如坍塌比较明显，应立即疏散危险区域内人员，之后由专家对后续可能发生的坍塌事故进行评估。

(2)事故发生时的处置措施

①先撤离人员，待坍塌现场地表或山体稳定后，再进行物资设备的转移。

②当施工现场的监控人员发现土方或建筑物有裂纹或异常声音时，应立即报告给应急救援领导小组组长，并立即停止作业，组织施工人员快速撤离到安全地点。

(3)遇险人员的处置措施

①遇险人员要积极自救，同时要想方设法通知救援人员自己所在位置，以便得到及时救援。最早发现遇险人员者要大声呼喊，并向有关人员报告或报警。

②当土方或建筑物发生坍塌后，造成人员被埋、被压的情况时，应急救援领导小组全员上岗，除立即逐级报告外，应保护好现场，在确认不会再次发生同类事故的前提下，立即组织人员抢救伤员。

③事故原因明确时可立即采取正确方法施救，但不能盲目救助。救援人员应按规定穿戴好防护用品，在保证自身安全的前提下，携带相关救援装备，对遇险人员进行抢救、搜救。

④当少部分土方发生坍塌时，现场抢救人员要用铁锹挖救；当边坡发生大坍塌，造成特大事故时，由应急救援领导小组统一指挥，采用起重机、挖掘机进行抢救，现场要有监护。

⑤急救人员根据相关救护知识对遇险人员进行救助，不轻易放弃。

⑥现场不具备抢救条件时，立即向社会求救。

⑦核实所有人员获救后，在受伤位置拍照录像。

⑧做好伤亡人员善后处理及财产理赔工作。

11.6 触电事故特征及应急处置措施

(1)事故特征

危险性分析：触电事故是施工中常见的事故，是人身伤亡事故的主要类型；从最终伤害程度来看，只要抢救及时、抢救方法正确，触电者是极有可能获救的。

(2)现场应急处置措施

①出现征兆时处置措施：动作迅速，救护得法，不惊慌失措，按“迅速、就地、正确、坚持”的抢救触电八字方针，尽快使触电者脱离电源。

②拉掉闸刀或用木棒、竹竿、布条将电源从触电者身上分开，不得采用未绝缘工具施救，施救时宜单手操作。

③当触电者位于高位时，要防止断电时的高空坠落(二次伤害)。

④夜间触电应考虑断电后的照明，以利施救。

12. 特殊天气季节性施工措施

雨季施工应通过当地气象部门提前获取预报资料，制订切实可行的施工组织计划及应急预案，做好防范各种自然灾害的准备工作。雨季施工应提前准备必要的防洪抢险器材、机具，及时遮盖系统及材料，对施工机械应有防止洪水淹没等措施；施工场地和生活区应设置排水设施；同时应制订安全用电规程，严防漏电、触电；雷区应有防雷措施。

13. 职业健康要求

上岗前对新职工在确定从事接触职业性危害岗位时，由公司出具证明，并知会职工本人，在上岗15个工作日内自行至体检机构进行职业病体检，预期未进行职业病体检者，公司不予录用；在岗期间接触职业危害岗位的职工，在上岗前体检满1年后，接触粉尘岗位职工，在上岗前体检满2年后，由公司组织至体检机构进行上岗期间的职业病体检，费用由公司统一支付。

第四节　抗滑桩专项施工方案

1. 编制依据

(1)《(滑坡处治工程)滑坡工程地质勘察报告》；
(2)《公路桥涵施工技术规范》(JTG/T 3650—2020)；
(3)《公路工程施工安全技术规范》(JTG F90—2015)；
(4)《公路桥涵地基与基础设计规范》(JTG 3363—2019)；
(5)《公路桥涵设计通用规范》(JTG D60—2015)；
(6)《公路路基施工技术规范》(JTG/T 3610—2019)；
(7)《钢筋焊接及验收规程》(JGJ 18—2012)；
(8)《混凝土强度检验评定标准》(GB/T 50107—2010)；
(9)《混凝土结构工程施工质量验收规范》(GB 50204—2015)；
(10)《施工现场临时用电安全技术规范》(JGJ 46—2005)；
(11)《施工作业劳动防护用品配备及使用标准》(JGJ 184—2009)；
(12)《重要用途钢丝绳》(GB/T 8918—2006)；
(13)《混凝土结构设计规范》(GB 50010—2010)；
(14)《混凝土结构工程施工质量验收规范》(GB 50204—2015)；
(15)《工程测量标准》(GB 50026—2020)；
(16)《甘肃省公路建设工程质量安全监督管理条例》；
(17)《危险性较大的分部分项工程安全管理办法》；
(18)两阶段施工图设计文件；
(19)实施性施工组织设计；
(20)招标文件和合同文件；
(21)现场踏勘了解的情况及相关工程人员的介绍；
(22)建设单位年度施工计划对工程质量和安全文明控制的目标要求。

2. 施工要求和技术保证措施

2.1　抗滑桩施工要求

滑坡顶部及两侧的截水沟和渗沟施作完成，方可进行抗滑桩施工；桩基应采用跳桩法开挖，方桩在开挖过程中应及时施作锁口和护壁；桩施工支护采用随挖随支护，护壁长度不得超过1.0m，根据地质条件在土质较差的地层中适当减少护壁支护长度。人工挖孔桩终孔时，应进行桩端持力层检验，经检验合格后应迅速清理桩底并封底、及时验收，随即浇灌桩身混凝土，桩身混凝土浇灌时应采用导管，混凝土应采用插入式振捣器振捣密实。抗滑桩施工及检测完成后，需对桩以上部分进行回填处理。抗滑桩施工过程中，应加强滑坡稳定监测，严禁一切不利于滑坡稳定的行为。

2.2 技术保障措施

(1)认真做好熟悉图纸和图纸会审工作。图纸收到后认真审看，初步了解设计意图，检查施工图是否完整、齐全，是否符合国家规范的要求。

(2)认真核对坐标、尺寸、高程及说明方面是否一致，技术要求是否明确。

(3)掌握拟建工程的特点和结构形式。

(4)根据图纸要求，按照国家规范，结合本工程的特点，制订对应的施工专项方案，提前做出重点分部分项工程的施工方案。

(5)分项工程施工前，写好安全技术交底。交底的内容要明确，要求要细致，在施工过程中，对方案、交底实施进行检查。

(6)现场管理人员责令班组严格按照操作规程施工；特殊工种人员持证上岗；认真做好施工日志、填写施工原始记录。专职安全员进行巡查，并做好安全巡查记录和安全日志。项目定期及不定期组织安全大检查，对发现的问题责令现场管理人员和作业班组及时整改。

3. 施工前准备工作

3.1 技术准备

(1)组建以项目经理、项目技术负责人为核心的技术管理体系，下设工程技术、质量、物资机械、资料、合同等分支部门。

(2)审查施工图纸，提出合理化建议，取得建设单位和设计单位同意，以达到节约投资、加快进度、保证质量和简便施工的目的，并提出合理性的审图意见。

(3)施工之前做好开工报告，做好分项工程技术交底。

(4)建立完善的质量保证体系。

(5)做好对班组人员的技术和安全交底工作。开工前，必须强调劳动纪律，向工人班组进行技术交底，要求工人学习图纸及有关施工规范，掌握施工顺序，确保工作质量和安全生产的技术措施落实到人。

3.2 现场准备

(1)平整场地，清除坡面危石、浮土，坡面有裂缝或坍塌迹象者应加设必要的保护，铲除松软的土层并夯实。

(2)全站仪测量出各桩基中心及四角精确位置(由测量员完成)，埋设四角桩，护壁采用钢筋混凝土护壁，桩基几何尺寸为护壁混凝土内尺寸，开挖尺寸为桩基几何尺寸加护壁厚度。采用与桩基同强度等级的混凝土浇筑桩顶护体及顶节护壁混凝土。在浇筑好第一节护壁后，将十字护桩中线固定在混凝土护壁上，方便经常检查校核。

(3)井口四周围栏防护，并悬挂明显标识，井口锁扣混凝土高出地面30cm，防止土、石滚入孔内伤人；锁口四周1m范围内地面采用厚度不小于10cm的C25混凝土硬化；挖孔暂停或人不在井下作业时，孔口要加盖；孔口盖采用ϕ16mm@200mm钢筋焊接成两块1.5m×2.0m钢筋网，以利于工人搬运，并涂刷红白反光漆，并在四角采用钢筋进行临时固定。孔口四周挖好排水沟，及时排除地表水，搭好孔口遮挡雨棚，安装提升设备，修好出渣道路。

靠近山体桩位,在山脚设置防护措施,按照图纸要求设置位移监测点,定期对山体稳定进行监测,防止安全事故发生。

(4)井内作业人员必须戴安全帽,孔内应设置钢梯和掩体。钢梯采用 ϕ16mm@360mm 钢筋预埋在护壁上,方便作业人员上下。掩体用双层竹胶板制作顶盖,以防落石伤到井内作业人员。施工时,在护壁长边 2m 范围内预埋 5 根 ϕ20mm@500mm 钢筋作为掩体顶盖支撑,预埋钢筋之间采用单面搭接焊连接,焊接长度不小于 20cm。掩体设置高度为距桩底不小于 2m,第一道掩体在桩基挖至地面以下 3m 时设置,后续施工掩体随开挖深度逐级下移。

(5)出土渣用的吊桶、吊钩、钢丝绳、卷扬机等,应经常检查、保养、维修、更换。

(6)现场配备 15kW 的发电机,以备停电时或紧急情况下使用。

3.3 人工挖孔桩施工

3.3.1 技术参数

根据天庄高速滑坡处治工程设计图图纸要求,统计计算出抗滑桩具体范围及相关设计参数,即:共有抗滑桩 283 根,截面尺寸为 2.0m × 3.0m、2.5m × 3.5m 两种,桩间距均为 5.0m,桩长 16 ~ 30m,采用钢筋混凝土护壁。

(1)人工挖孔桩方桩护壁厚度 250mm,护壁混凝土强度等级为 C30。

(2)桩底采用 1∶3 的水泥砂浆铺底,厚 100mm。

(3)人工挖孔桩桩位允许偏差 3cm,桩身垂直度偏差不大于 0.5%。主筋采用直螺纹套筒连接,主筋间距偏差不大于 10mm,箍筋间距偏差不大于 20mm,钢筋笼长度偏差不大于 100mm,钢筋笼直径偏差不大于 10mm。

(4)人工挖孔护壁每节长度 1.0m,并迅速施工,每节护壁均须由监理工程师验收。

(5)每节护壁间留空隙不大于 25cm,供灌注混凝土用,灌注完后立即填满空隙。

(6)作业人员在进入桩孔前应先通风 10min 以上,在孔内连续作业不应超过 4h。

(7)桩孔深度超过 6m 时,用鼓风机和输风管向桩孔中送入新鲜空气,孔内作业每 2h 检测有毒有害气体和含氧量。

(8)孔内使用 12V 的安全电压灯照明。

(9)孔底面上 2m 左右处的护壁上设置竹胶板制作的方形防护板。

(10)挖孔桩施工期间需对滑坡稳定性实时监测,并做好记录。发现异常情况时,必须立即停止作业,并采取相应的补救措施。

(11)挖孔桩施工前应进行原位试挖施工,试挖桩数不少于 1 根,试挖桩由设计单位、监理单位和施工单位等相关人员现场确定,并应提前做好应急预防措施和各项记录事项。试挖过程中应做好各种监测量测工作,为后续施工措施和方案的选择做指导。

(12)挖孔桩施工顺序:为保证施工安全,抗滑桩采取跳桩式施工,每次间隔 1 个孔位进行开挖,且需在已浇筑桩芯养护 7d 后方可安排相邻桩位的施工。

3.3.2 施工流程

抗滑桩施工流程如图 1-4-1 所示。

3.3.3 施工方法

3.3.3.1 放线定桩位、高程

现场场地已平整到位,根据设置的轴线控制点测定高程水准点,依照桩位图,将桩逐一编号,依桩基所对应具体位置,施放桩位。确定好桩位中心,桩四角位置,撒石灰线作为桩孔开挖界线,桩位线定好后,报监理工程师及建设单位相关部门复查,办好预检手续后开挖。

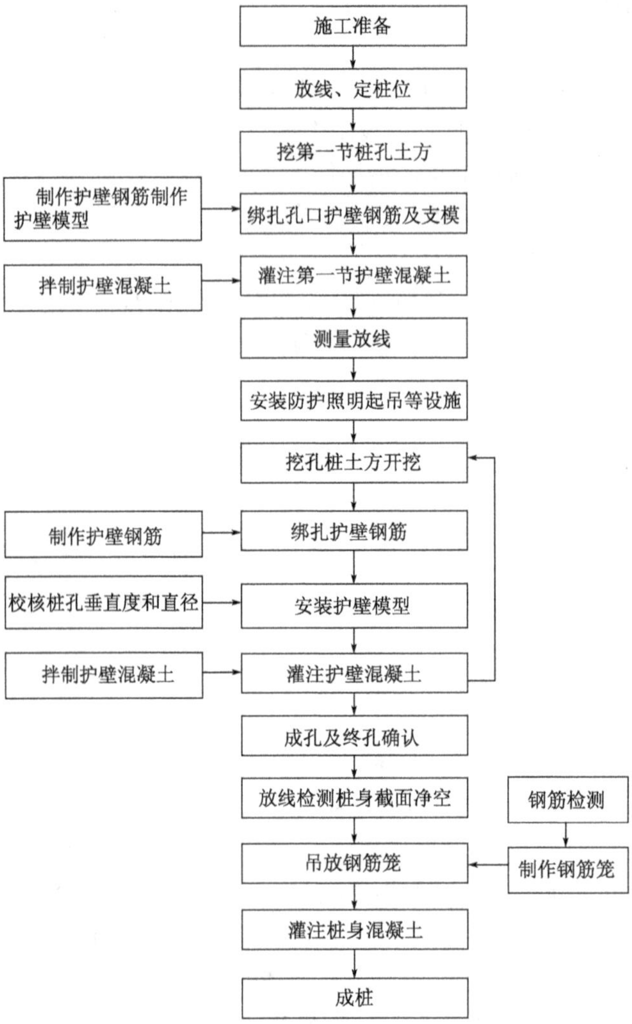

图 1-4-1　抗滑桩施工流程

3.3.3.2　锁口及卷扬机基础施工

(1)根据放样桩体中心位置放出锁口内径位置。

(2)锁口采用 C30 钢筋混凝土浇筑,顶面高出地面 30cm。

(3)锁口周围 1m 范围内采用混凝土硬化,混凝土厚度为 10cm。

(4)浇筑锁口同时埋设十字护桩,护桩采用磨平口的钢筋,钢筋型号采用 HPB300ϕ25mm 的钢筋。锁口盘配筋图如图 1-4-2 所示。

(5)锁口四周刷上红白相间的油漆,并在四周设置安全防护栏,如图 1-4-3 所示。

(6)卷扬机基础采用 C30 混凝土现浇,支座厚度为 150mm,内设 ϕ10mm@150mm × 150mm 钢筋网片,支座尺寸及位置根据现场实际情况确定,支座跟锁口同时浇筑施工。

(7)支架、吊具、绳索、吊钩的选用。吊运井底零星土石方支架选用定形三角形钢支架,吊具选用钢制吊桶,满足吊运要求。

3.3.3.3　桩孔土石方开挖

挖孔作业采用"旋挖钻 + 人工"逐层开挖,然后由人工逐层用镐、锹、风镐进行二次修整。"旋挖钻 + 人工"开挖顺序如图 1-4-4 所示,即:

(1)锁口强度达到设计强度后,旋挖钻由靠山侧向线路侧按照图 1-4-4 顺序钻进,钻头直径 1.8m,钻进深度控制在 1.2m。

(2)旋挖钻分四钻,将孔内土石方取出。

(3)由人工开挖护壁厚度范围内土方至设计位置。

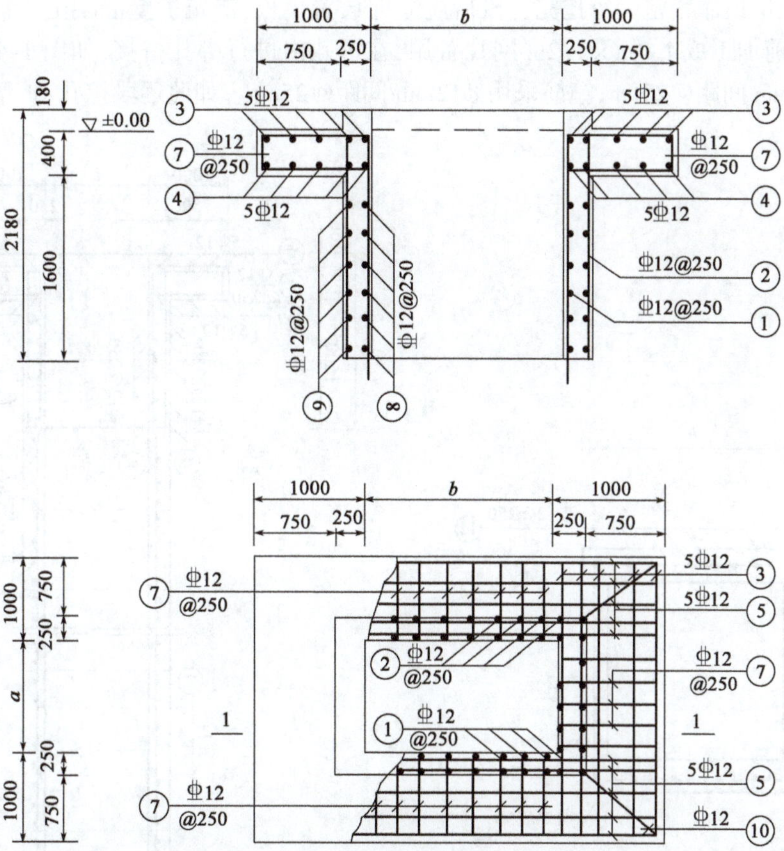

图 1-4-2 锁口盘配筋图(尺寸单位:mm)

注:a、b 为锁口内径尺寸。

图 1-4-3 锁口示意图

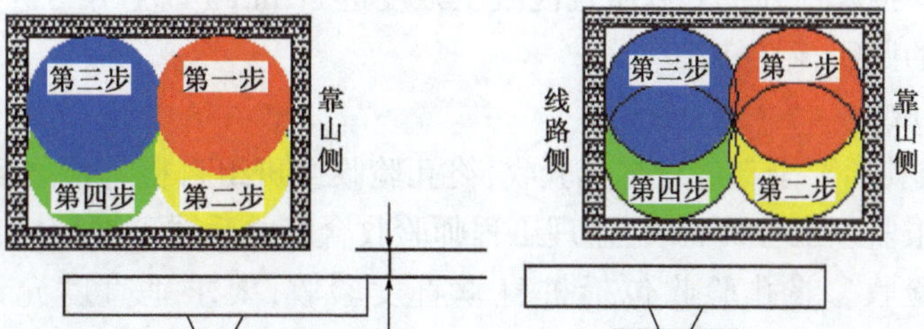

图 1-4-4 抗滑桩机械开挖顺序示意图

3.3.3.4 护壁施工

桩体每挖掘 1m 就必须进行浇筑混凝土护壁,不良地质挖掘 50cm 必须进行护壁支护,护壁混凝土强度等级采用 C30。模板为竹胶板,每节 1m 拼装紧密,支撑牢固不变形,护壁厚度为 25cm。模板底应与每节段开挖底土层顶靠紧密。每挖完一段后应立即放置模板,浇筑护壁混凝土。护壁厚度25cm,每段内配置钢筋,事前加工成1.3m×1.2m网片备用,在桩孔内进行绑扎搭接,如图1-4-5所示。钢筋要求:竖筋采用ϕ12mm间距@25cm,箍筋采用ϕ12mm间距@25cm。如此逐段挖孔、护壁,直到桩底。

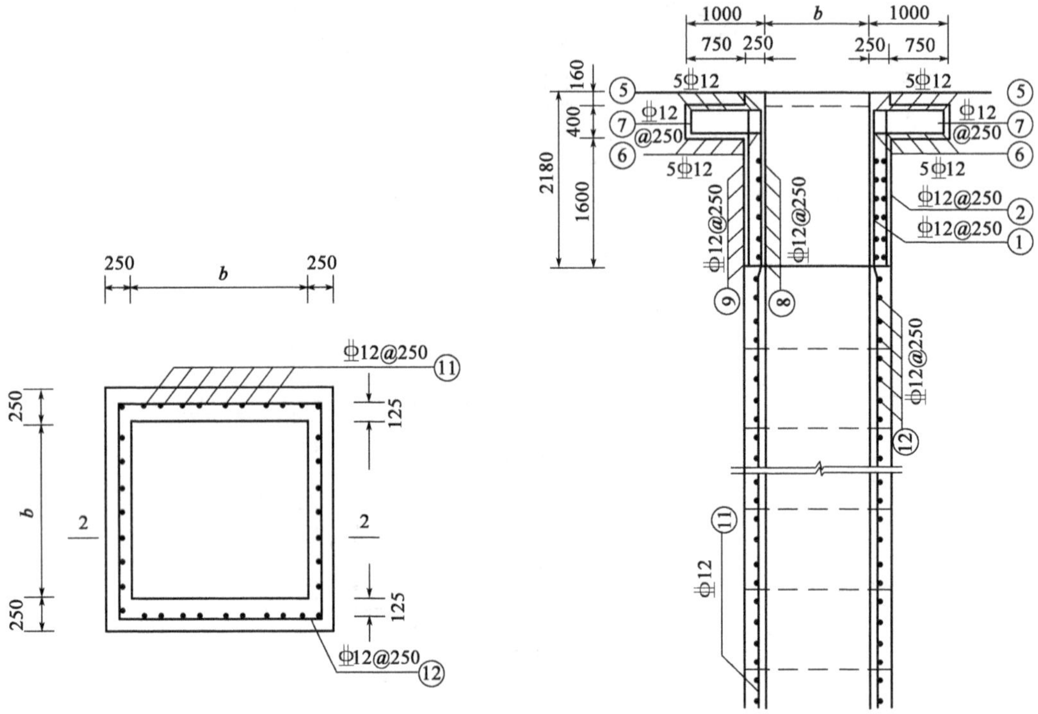

图1-4-5 人工挖孔桩护壁施工配筋图(尺寸单位:mm)

桩位轴线和高程均应在第一节护壁上口,桩孔每挖完一节以后应立即浇筑混凝土护壁。每节桩孔护壁做好以后,必须将桩位十字轴线和高程测设在护壁的上口,然后用十字线对中。吊线坠向井底投设,用长宽方向1/2长度的尺杆检查孔壁的垂直平整度。随之进行修整,井深必须以基准点为依据,进行引测。保证桩孔轴线位置、高程、截面尺寸满足设计要求。

混凝土护壁模板,采取竹胶板,循环周转使用。模板用十字钢管加顶托进行支撑,间距40cm×40cm。

护壁混凝土采用吊桶运输、人工浇筑,拆模后用混凝土堵塞。浇灌护壁混凝土时,采用手提式振捣棒进行护壁混凝土振捣。发现护壁有蜂窝、漏水现象,应及时加以堵塞和导流,防止孔外水通过护壁流入孔内,保证护壁混凝土强度及安全。

护壁混凝土的内模拆除应在12h以后且混凝土强度达2.5MPa以上方可进行。

桩孔内要有足够的照明,确保施工安全。

3.3.3.5 终孔验收

(1)人工挖孔桩成孔后要全部进行终孔验收,终孔验收经班组自检合格之后报项目部质检员验收,质检员验收合格之后报监理工程师验收,监理工程师验收合格之后才可进行封底施工。

(2)桩身垂直度验收。终孔验收包括桩身垂直度验收,要求垂直度允许最大偏差≤0.5% S,且≤200mm。

(3)入岩深度。入岩深度应满足设计要求,入岩时要报地勘单位现场鉴定,并做好施工记录,终孔后要保证入岩深度满足设计要求。

(4)终孔验收合格之后要及时进行封底施工,封底采用M10水泥砂浆封底。

3.3.3.6 钢筋笼制作与安装

(1)钢筋调直、切断加工

①采用钢筋调直机调直盘条钢筋时,要根据钢筋的直径选用调直模和传送压辊,并要正确掌握调直

模的偏移量和压辊的压紧程度,调直后表面伤痕及侵蚀不能导致钢筋截面积减少。

②钢筋切断时,将同规格钢筋根据不同长度进行长短搭配,统筹排料,先断长料,后断短料,减少短头,减少损耗。断料时应避免用短尺量长料,防止在量料过程中产生累计误差,应在工作台上标出尺寸刻度线并设置断料尺寸用的挡板。

③在切断过程中,如发现钢筋有裂、缩头或严重的弯头等必须切除,断口不得有马蹄形或起弯等现象,钢筋切断要使用平切,车丝钢筋在车丝之后需进行二次打磨至平整。

(2)钢筋弯曲加工

①钢筋弯曲前,对形状复杂的钢筋,根据标明的尺寸,用石笔将各变曲点位置画出。

②HPB300 级受力钢筋末端应做成 180°弯钩,其弯弧内直径不应小于钢筋直径的 2.5 倍,弯钩的弯后平直部分长度不应小于钢筋直径的 3 倍。

③334MPa 级、400MPa 级带肋钢筋的弯弧内直径不应小于钢筋直径的 5 倍。

④箍筋弯折处的弯弧内径不应小于纵向受力钢筋直径。

⑤钢筋加工的形状、尺寸必须符合设计要求。确保钢筋的表面洁净、无损伤,油渍、漆污和铁锈等在使用前应清除干净。不使用带有颗粒状或片状老锈的钢筋。

(3)钢筋笼安装

根据设计及现场实际情况,为防止钢筋笼在运输过程中变形,抗滑桩钢筋笼按照设计图纸在钢筋厂统计加工成半成品后,用板车拖至施工现场在桩孔内安装。其制作与安装的允许偏差见表 1-4-1。

钢筋笼制作与安装的允许偏差 表 1-4-1

序 号	项 目	检 查 项 目	允许偏差或允许值(mm)	检 查 方 法
1	主控项目	主筋间距	±10	用钢尺量
2		钢筋笼长度	±100	用钢尺量
3	一般项目	材质检验	设计要求	抽样送检
4		箍筋间距	±20	用钢尺量
5		钢筋笼直径	±10	用钢尺量

①钢筋笼的安装方法:钢筋笼采用 25t 起重机起吊逐根安装。首先在桩底 2m 范围内护壁上按照设计箍筋、主筋间距进行弹线;然后用起重机下放 2m 范围内箍筋(主筋运达至现场后首先进行主筋直螺纹套筒连接,检查每一个接头质量,经现场监理工程师验收合格后进行孔内安装);最后在桩顶安装主筋定位卡槽,进行桩基钢筋笼基本骨架安装。基本骨架安装完成后,逐段安装箍筋至设计数量。待钢筋笼绑扎完成后,将 4 根声测试管按设计要求安装定位。

②声测管的埋设应符合下列规定。

a. 声测管采用金属管,声测管直径 57mm。声测管采用螺纹连接,并保证接头密封,管底封闭,管口加盖,不漏水;在进行桩身混凝土灌注前宜在声测管内灌满清水。

b. 声测管绑扎在钢筋笼的内侧,确保牢固、顺直,且相互平行,定位准确。声测管须埋设至桩底,管口宜高出桩顶面 300mm 以上,管口高度宜一致。

c. 声测管的布置以路线前进方向的顶点为起始点,按顺时针旋转方向进行编号和分组,每两根编为一组。

3.3.3.7 混凝土浇筑

(1)浇筑要求

桩孔挖至孔底设计高程时,经验收后清渣抽水,及时浇灌封底混凝土,厚度为 100mm。

每个桩孔终孔验收后,必须将有漏水的护壁及时修补堵塞,彻底清理沉渣和抽干积水,不准在有积水和沉渣的情况下灌注混凝土芯,从而影响桩的质量。

桩基混凝土的强度等级为 C30,桩基混凝土采用自拌混凝土,混凝土坍落度控制在 14 ~ 18cm。混凝土由汽车泵直接泵送至孔桩内,由于桩长较深,为保证灌注时混凝土不产生离析,灌注桩基混凝土时必须用导管进行浇筑施工，按照水下混凝土灌注原理进行混凝土浇筑，不准在桩口抛铲或斜车倒料，以免混凝土离析，影响混凝土整体强度。

(2)导管的选择

采用丝扣连接的导管，其内径为300mm，底管长度为4m，中间每节长度一般为3m，顶部用2.5m、1.5m、1m等调节管调节配管长度。在导管使用前，必须对导管进行外观检查、对接检查和压水试验。

①外观检查：检查导管有无变形、坑凹、弯曲，以及有无破损或裂缝等，并应检查其内壁是否平滑。对于新导管应检查其内壁是否光滑及有无焊渣；对于旧导管应检查其内壁是否有混凝土黏附固结。

②对接检查：导管接头丝扣应保持良好。连接后应平直，同心度要好。

经以上检验合格后方可投入使用，对于不合格导管应严禁使用。导管长度应根据孔深进行配备。

(3)导管要求

导管下放在接头连接处应牢固，设置密封圈，吊放时应使位置居中，轴线顺直，稳定沉放，避免卡挂钢筋笼和剐撞孔壁。

桩体混凝土要从桩底到桩顶高程一次完成。如遇停电等特殊原因，必须留施工缝时，可在混凝土面周围加插适量的ϕ16mm短钢筋(每边伸入300mm)。在灌注新的混凝土前，缝面必须清理干净，不得有积水或隔离物质。

在距离桩顶6m范围内导管拔出混凝土面，采用分层浇筑法进行浇筑，混凝土浇筑厚度每层为800mm，混凝土边浇边使用插入式振动器振捣的方法，以保证混凝土的密实。在桩浇筑至桩基顶部时用钢筋插入桩内，看能否碰到石子以此判断浮浆的深度。若上部为浮浆，应继续进行混凝土浇筑，同时由人工将上部浮浆清理，至桩顶部分无浮浆为止。

在灌注桩身混凝土时，相邻的挖孔作业应停止，并不得在孔底留人。

灌注桩身混凝土时，应留置试块，每根桩不得少于2组(每组3件)，及时提交试验报告。

3.4 遇到特殊情况处理方法

如在施工时遇到特殊情况，现场施工管理人员首先必须强制撤出作业面施工人员，待经过建设、设计、监理及项目部四方协商，给出施工方案后，方可按照既定方案组织恢复生产。

3.5 操作及检查要求

(1)桩体混凝土不得少振或漏振，振动器插入深度要符合规范要求，振捣要密实。

(2)混凝土质量要合格，配合比符合设计要求，坍落度符合要求。

(3)混凝土搅拌要充分，搅拌时间要超过90s；混凝土浇筑要使用导管，导管长度要符合规范要求，混凝土自由落体长度不得大于2m。

4.施工安全保障措施

4.1 风险源识别

编写风险源因素辨识表，见表1-4-2。在施工现场公告危大工程信息表，且在危险区域设置安全警示标识。

4.2 组织保障措施

安全保证体系主要体现在组织保证、制度保证、措施保证和群众保障四个方面，如图1-4-6所示。应做到领导有重视、员工有意识、责任有落实，积极推动全面安全管理工作的深入开展。

风险因素识别

表 1-4-2

序号	危险源类别	存在的范围、部位或工序	可能的原因
1	物体打击	滑桩	①出渣时,土石渣堆放不到位,溢出掉落; ②提料桶与提升钢丝绳之间的挂钩不闭合; ③钢丝绳直径偏小或磨损严重、起毛; ④井口边或护壁边石渣未清理干净
2	中毒、窒息		孔桩内有有毒有害气体
3	机械伤害		①提升机或电动绞架发生配重掉落; ②钢丝绳滑脱或断裂
4	触电		①作业环境潮湿; ②孔内没有采取小于 36V 安全电压照明; ③潜水泵未采用符合安全规定的漏电保护器; ④电线磨损破损、老化绝缘不良; ⑤漏电保护失效; ⑥经过便道、通道等地,电源线路未进行架空直接放于地上
5	高处坠落		①孔桩口无安全防护井盖; ②上下孔未按规定设置钢梯; ③作业区域未设置安全提示、警示标识
6	坍塌		①护壁未连续浇筑; ②桩孔边坡没有采取防护措施; ③材料堆放不规整且放置在井口; ④遇到地质条件较差施工段时,发生塌孔
7	起重伤害		①钢筋笼吊点焊接不牢固; ②设备故障、超负荷运行; ③吊装索具磨损严重; ④在天气恶劣时进行起重作业; ⑤地域不平整,起重机械停放不牢靠时进行起重作业
8	火灾		①电气设备周边堆放易燃物; ②明火作业区与易燃物品存放区安全距离不足; ③易发生火灾区域无消防设施
9	尘肺		孔内作业空间狭窄,钻眼时有粉尘
10	透水		护壁浇筑质量不合格、降水不及时

4.3 组织保障措施

成立以项目经理、项目书记为组长,项目总工、副经理、安全总监为副组长,各部门负责人为组员的安全生产管理领导小组,全面负责工程的安全生产管理工作,确保满足正常施工安全需要。管生产必须管安全,各级主管领导干部在管理生产的同时,必须管理安全工作。在计划、布置、检查、总结、评比生产工作的时候,同时计划、布置、检查、总结、评比安全工作。承诺按照国家或省市及建设单位施工管理过程中发布的有关文件执行,保证工程顺利完成。安全管理组织机构如图 1-4-7 所示。

4.4 制度保障措施

4.4.1 安全培训教育制度

在安全培训教育上,对参建员工实行三级安全教育,即公司级、项目部级、作业班组级安全教育制度,坚持多元化培训的原则。

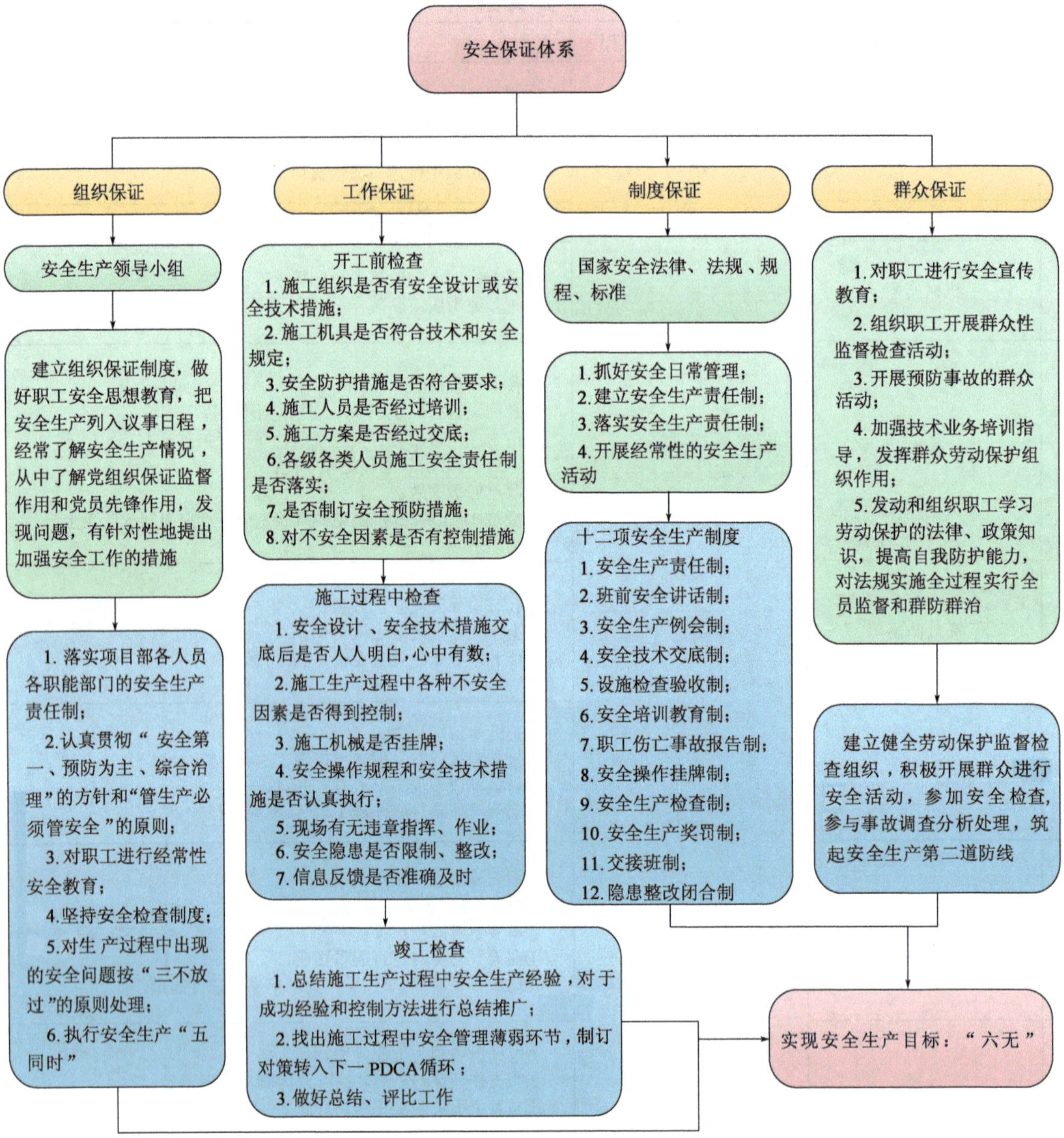

图 1-4-6　安全保证体系框图

(1) 由项目部安全管理部具体负责安全教育，即组织主要管理人员进行安全法律法规的学习，深边坡开挖、起重等机械操作，用电等安全技术知识及人身安全的培训教育，严格考核并造册登记。

(2) 对参建工人、劳务工进行安全技能的培训和考核。做好培训、考核记录，并上报项目部培训考核情况。根据工程进展情况经常组织员工和劳务工进行安全知识、技能等教育，并做好记录（包括时间、地点、主讲人、参加人员签到表等内容）。由各作业班组安全员协助对作业工人进行日常的安全教育。

(3) 对特殊工种作业人员，由项目部安全管理部统一联系地方劳动部门进行培训取证。凡参与本工程施工的干部、职工、劳务工，上岗前都必须参加安全培训，考核合格后才允许上岗作业。

4.4.2　安全交底制度

(1) 在专项方案施工之前，须由方案编制人员向现场管理人员进行方案交底，且安全技术交底必须逐级进行，纵向到底、横向到边，延伸到全体作业人员。

(2) 负责对施工队进行安全技术交底，施工队负责对施工班组进行安全技术交底；由项目部项目总工程师组织技术人员进行各级安全技术交底，安全管理人员参加监督，交底必须留下签字记录。

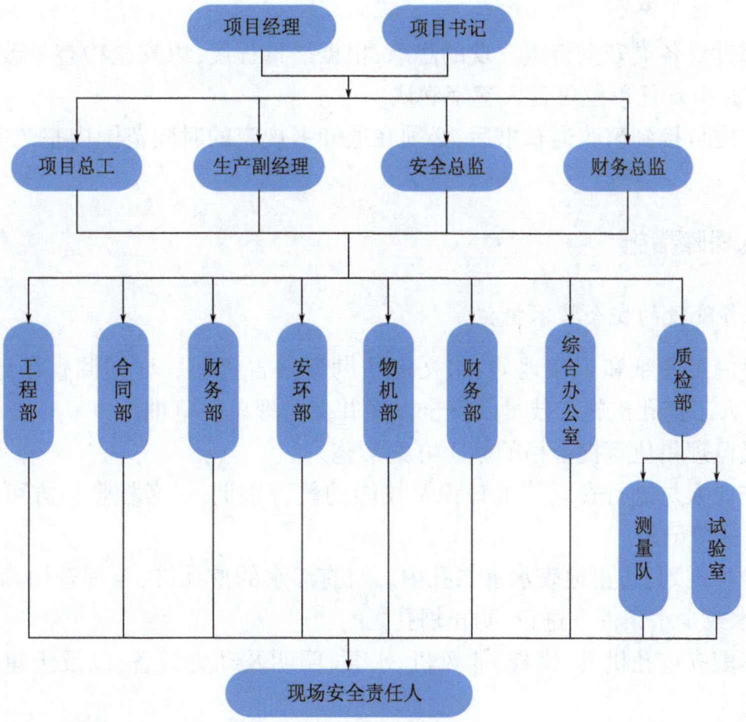

图 1-4-7 安全管理组织机构

(3)项目经理部负责对施工队的安全技术措施进行审查,定期或不定期检查各施工队的安全技术交底情况及记录,确保施工安全。

(4)安全技术交底必须具体、明确,主要针对施工中给作业人员带来的潜在危险和存在的问题进行交底。

4.4.3 安全生产检查制度

(1)日常安全检查制度

项目部负责人、安全负责人、技术人员随时随地对施工安全进行监督、检查,发现问题及时处理。

施工员、安全员经常检查施工环境和机具设备运转情况,发现问题立即处理并及时汇报,监督检查现场施工人员情况,确保正确施工,保障施工安全。

特殊工种岗位持证上岗,施工中作业人员做好自检互检工作,及时纠正违章作业和不正确操作。

每一班作业必须设一名固定的安全监督人员,负责本班次施工安全的监督检查。安全监督岗岗员必须由责任心强、有经验、有技术的岗位工人兼任。主要职责有:检查本班次机具、人员、设备的安全工作情况,监督施工过程,保证工程质量,发现并组织排除工作险情。

(2)定期检查制度

项目部每月月末组织一次定期的安全大检查,检查中应积极发现问题,及时处理问题,且做好记录,并在每月月底召开的安全质量例会上进行讨论、分析、处理。

(3)专项检查制度

在设备、设施投入使用前,项目部组织专业技术人员、安检人员和实际操作维修的作业人员对一些专业性的安全问题进行专项检查、验收。不合格的设备、设施不得投入使用。

(4)节前节后和季节性检查制度

节假日前后项目部领导应组织有关人员对各项目队进行安全检查,特别是重大节假日、重大政治活动期间,防止从业人员纪律松懈、思想麻痹。针对夏季、雨季施工可能出现的安全隐患进行检查,并督促整改。

4.4.4 隐患整改闭合制度

(1)安全管理部针对各类安全检查发现的隐患,根据严重程度,以安全检查整改通知书的形式书面通知隐患责任单位,并由责任单位负责人签字确认。

(2)隐患责任单位自接到整改通知书后,必须在通知书规定的时间范围内整改完毕,以回执的形式报安全管理部核查。

4.5 安全技术保障措施

4.5.1 施工准备阶段的安全技术措施

(1)应认真阅读施工图纸和工程地质、水文地质勘察报告资料。详细调查场地地上、地下的障碍物,编制针对性强的人工挖孔桩施工技术及安全方案并交监理单位审批。

(2)应严格按经监理单位审批合格的施工方案实施。

(3)施工前对作业人员进行安全技术知识及技能的教育培训,经考核合格方可上岗作业。做好分级安全技术交底,并保持记录。

(4)搞好孔口防护规划,防止地表水进入孔内。对有渗水的挖孔桩,合理选用降水、排水措施,以保证施工过程处于无水或少水条件下进行,防止坍孔。

(5)按施工方案配齐挖孔机具、模板、通风机、水泵、照明及动力设备,以及土建钢筋混凝土工程的施工机具等。

(6)在施工过程配备足够的安全管理人员进行全过程跟踪监控,发现隐患及时消除,保证施工和人身的安全。当孔内有人作业时,地面必须有专人进行监督。

(7)每个施工现场应配备有毒有害气体检测仪、量测混凝土强度的回弹仪以及与孔径相匹配的作为应急时用的钢护筒、简易卫生箱等安全防护设施。

4.5.2 防坍塌的安全技术措施

(1)在开挖过程前根据不同地质情况做好护壁方案设计,在开挖过程中必须认真复核地质情况,根据不同地质条件严格做好孔壁防护工作。在护壁施工过程中严格按照施工方案进行施工。

(2)挖出的土方应随出随运,暂时不能运走的应堆放在孔口边缘1m以外,且堆土高度不应超过1m;孔内有人作业时,3m以内不得有机动车辆行驶或停放。

(3)护壁混凝土应按配合比通知单计量投料,粗集料粒径不要过大。施工时要用机械搅拌,浇筑时必须用锤、铁钎或小型振动棒将混凝土振捣密实,使混凝土的坍落度、和易性、均匀性和密实度达到设计要求。

(4)对于需要混凝土防护的孔壁,严格按规定的进尺开挖,一般不大于1m(土质不好时应适当减少),并随挖随护。严格控制拆模前护壁质量,确保护壁混凝土强度满足设计要求。

(5)多孔同时施工时,应采取间隔挖孔方法,相邻桩不能同时挖孔、成孔,必须待相邻桩孔浇灌完混凝土之后才能挖孔,以保证土壁稳定。如孔壁土松软,护壁与孔壁黏结力不够,可采用锚钉法固壁。

(6)挖孔过程中应经常检查净空尺寸和平面位置,保持孔壁垂直度和平面尺寸,使孔壁受力均衡,免于塌方。

(7)挖桩孔时如遇透水,应及时排水、及时护壁,防止土壤浸水变软而造成塌方。

(8)做好特殊情况下的护壁,预防坍塌事故。

4.5.3 防触电事故的安全技术措施

(1)施工电缆必须架空或埋于地下,不能放在地面上。施工作业电线应架空,不能随地拖线,也不应让导线浸水或被土石掩埋,严禁导线随意绑在钢筋或其他金属支架上。

(2)“三级配电两级保护”,为防止孔内潜水泵、振动棒漏电伤人,应采用三相五线制,实行一机一闸一漏一箱一锁，设备和照明线分开安装，放在孔口处，遇有紧急情况可随手拉闸。

(3)必须设两级保护配电箱，配电箱应安门、上锁，有防雨防潮设施，并指令专人负责。按用电量安装保险丝，严禁用钢、铝、铜锌丝代替保险丝。

(4)孔内照明应使用橡胶软电缆，不许有接头。照明必须采用12V以下电压；严禁采用220V照明。工作灯应用防水移动式，悬挂在孔壁一侧；作业人员上下及升降桶(篮)时，切勿碰撞照明灯。所有深入桩孔的导线在孔口均应离地。

(5)潜水泵应用防水尼龙绳(钢丝绳)作受力活动索，严禁用电缆或胶管提升水泵。

(6)操作手持电动工具的人员，作业前必须认真检查设备的绝缘情况，穿戴好工作服和绝缘手套和绝缘鞋。

(7)工地电工必须持证上岗，其技术等级应与其承担的工作相适应。值班电工每天应对所有电器设备及线路检查一次，发现老化、破旧、缺损的元器件应及时更换。尤其强调对漏电保护装置的检测，一旦发现保护装置失灵，及时维修或更换。非电工不许触动、装拆、修理电器设备。

4.5.4 防高处坠落的安全技术措施

(1)孔口护壁应高于地面30cm，为防止孔口地面作业人员掉入桩内，在孔口设1.2m高的护栏，护栏上留一个1m左右宽的活动作业口，在作业口旁，地面作业人员须系好安全带。夜间施工应悬挂警示红灯，暂不施工的孔口应加盖可靠封闭罩并设警示标识。

(2)为防止施工作业人员上下孔时发生坠落，应配置安全可靠的上下通道。采用钢制爬梯上下通道，严禁采用运泥土吊桶运人和作业人员自行手扶、脚踩护壁凸缘进行上下，人员上下不得携带任何机具和材料，孔内设置应急软梯和安全软绳。

(3)施工作业前，应由专职安全员认真检查工作台板、升降用的支架或轱辘架、卷扬机、轮轴、绳索、提升设备的自锁装置、制动装置、桶(篮)是否固定牢固并完好。如发现绳索断股、断丝超过规定要求应及时更换。提升绳索放至桩孔最深处时，应保证绳索在轮轴上绕3圈以上。应保证提升设备机件运转灵活，操作使用方便，装有防脱钩安全装置，制动动作灵敏可靠，防止升降过程中因供电故障导致吊物坠落。

(4)挖孔过程中土石方不能装得过满。升降桶时应先挂好钩，使绳索居孔中心匀速升降。提升大石块时，应绑好石块，待孔内人员回到地面后再提升，以防绳索断裂。

(5)在桩口设置高出30cm的凸缘，挡住地面上的石块、泥沙、工具、器具、短钢筋等物，不致掉入孔中伤人。及时清理作业现场，将挖出的泥沙、石块远离现场，保证孔口周边整洁，不留杂物。

(6)在桩孔内护壁上设置半圆形的水平防护罩，以遮盖桩孔水平面的一半为宜。防护罩随桩孔挖深逐步下移，使其始终保持在距作业面大约3m处。吊桶在孔内吊运泥土时，孔内作业人员应暂停施工，躲避到防护罩下。防护罩必须坚固可靠，利用角钢或粗钢筋焊成框架，再铺焊一层密眼钢筋网，使其能承受一定的冲击力，从而阻挡坠物伤人。

(7)桩孔内作业人员必须佩戴安全帽，孔内作业需要的工具应用提升设备递送，严禁抛掷。

(8)挖孔间隙吊架不能搬动，成孔后盖上钢筋网。施工作业区设防护栏，备有红灯警示，防止人员坠入孔内。

(9)高空交叉作业时，孔上作业应采取封闭或遮挡，以防高空坠物伤及下面挖孔人员。

4.6 监测监控

(1)监测原则

对施工过程中各项目进行全程、系统监测，监测仪器要有足够的精度和灵敏度，以便能准确地反映变形动态，连续观测与重点观测相结合，雨季及大暴雨时应加密观测。

(2)监测目的

根据现场监测数据,与设计值或预警值进行比较,如果超过某个限值则立即采取措施,防止护壁及其周边发生较大的变形、坍塌等。

(3)监测内容

根据桩基开挖的深度及支护结构的特点、所处的周边环境及设计要求,人工挖孔桩监测项目包含以下几项:水平位移监测、沉降监测、护壁监测、有毒有害气体监测等。定期进行变形、位移、沉降等观测,做好观测记录并进行数据分析,发生异常情况立即汇报,相关部门及时采取有效措施进行补救处理。

(4)监测方法及频率

①各观测点的水平位移监测采用坐标法,每天一次;

②沉降监测采用测距三角高程法,每天一次;

③护臂监测采用铅垂仪及观察法,每班次一次;

④地表监测采用游标卡尺或钢尺量测,每天一次;

⑤有毒有害气体监测采用气体分析仪,每次下孔前均需检测。

(5)监测的等级

①按三级精度执行:

沉降观测点的测站高差中误差小于1.5mm;

平面位移观测点坐标中误差小于10mm。

②按二级精度执行:

沉降观测点的测站高差中误差小于0.5mm;

平面位移观测点坐标中误差小于3mm。

5.施工质量保障措施

5.1　质量保证体系

质量保证体系主要包括组织保证、施工保证、制度保证三个方面。质量保证体系如图1-4-8所示。

5.2　管理机构

为确保质量保证体系持续有效运行,实现工程质量创优目标,应成立质量管理领导小组组织领导工程创优管理工作。质量管理领导小组由项目经理任组长,项目总工程师、副经理任副组长,成员由质量、施工、技术、试验、物资等部门负责人及各作业班长组成。其中,项目经理对工程质量承担主要责任;项目总工程师对施工质量负直接责任,并严格实行工程质量终身负责制;质量管理领导小组负责定期质量检查,召开质量分析会议,分析质量保证计划执行情况,研究改进措施,积极推动全面质量管理工作的深入开展。

5.3　人员组织与安排

(1)选择知名专家作为技术顾问。

(2)聘请有经验的技术、管理人员现场跟班指导。

(3)加强施工人员培训、学习与现场观摩。

(4)本工程的管理人员,均应具有专业技术职称,并具有施工及管理经验。

(5)特殊工种人员按国家有关规定要求进行培训考核,持证上岗。

(6)上岗前对其进行岗前培训,考核合格后方可上岗。

(7)组织专业技术人员对操作者进行“四新”技术培训。

(8)建立健全岗位责任制,每项工作都由专人负责。质量管理人员明细见表1-4-3。

(9)认真贯彻ISO9001质量管理体系,积极推动全面质量管理工作的深入开展。

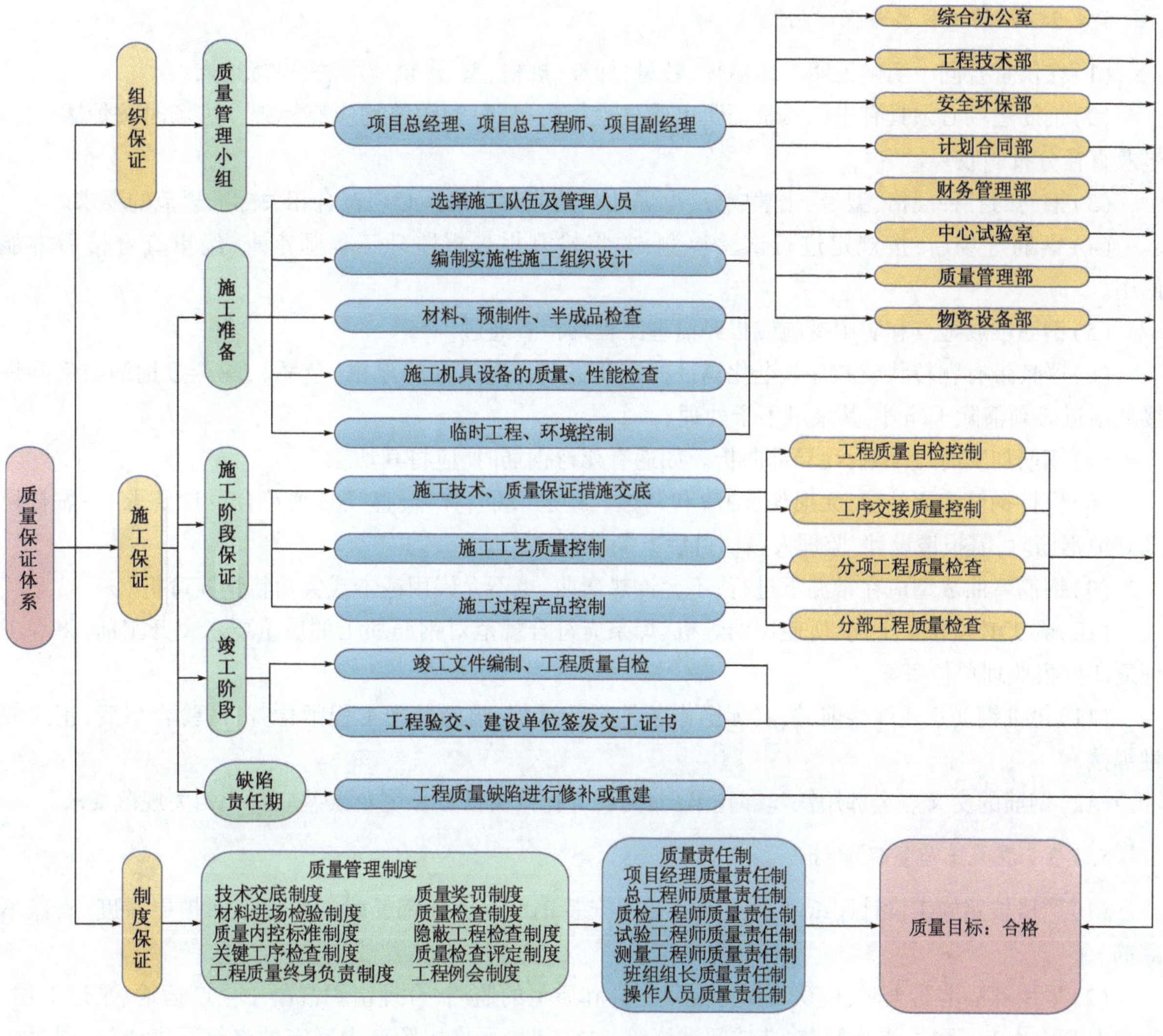

图 1-4-8　质量保证体系框架

质量管理人员明细　　表 1-4-3

序　号	姓　名	职　务	联 系 方 式	备　注
1				
2				

5.4　质量保障措施

5.4.1　工程材料质量保障措施

(1)对所有采购的材料签订合法的采供合同,详细约定资金支付、材料进场方式、不合格退货等合同内容,从源头上控制材料的质量。

(2)加强材料的进场试验工作。每一批材料进场必须由监理工程师检查,经抽检试验合格后方能使用。材料的采购有计划、有组织地进行,根据施工的实际进度及相应的施工进度计划,进行材料的采购工作。特殊材料的采购应提前进行,为材料的运输预留充足的时间,以确保材料的正常供应。

(3)加强材料的管理工作。材料的库存量合理,确保材料的质量在库存阶段不发生变化,为现场材料建立专项档案,并设置现场铭牌,铭牌上对材料的种类、规格、时间、使用部位等应标识清楚。

5.4.2 钢筋工程质量保障措施

(1)在供货合同中明确说明具体品种、数量、标准、规格、型号、供应办法、供货地点。

(2)钢筋进场必须具有出厂质量证明书或试验报告单,每捆钢筋均应有标牌。进场时按炉罐(批)号及直径分批验收。

(3)钢筋的各种规格、型号、化学成分、可焊性和其他专项指标必须符合相关标准规范的要求。

(4)钢筋进场后,按规定进行试验检测,并将检测报告报监理工程师审查,经审查合格后方能使用。

(5)钢筋堆放地点和防雨措施应报经监理工程师检查通过。

(6)严禁带有颗粒状或鳞片状老化锈蚀的钢筋进场。对钢筋的浮锈(色锈),除冷拔钢筋或钢筋焊接处附近必须清除干净外,其余可不予处理。

(7)钢筋加工时应平直,无局部曲折。如遇有死弯钢筋时,应将其切除。

(8)保持钢筋表面洁净,无损伤、油漆和锈蚀。钢筋级别、牌号、直径必须符合设计要求;如需替换成其他钢筋时,需报请设计、监理人员认可后方能替换。

(9)钢筋弯曲成型应在常温下进行,不允许热弯曲,也不允许用锤击或尖角将钢筋弯折。

(10)焊工必须持证上岗,所使用的焊机、焊条应符合规范对钢筋加工的质量要求。开工前,将焊工证复印件报监理单位备案。

(11)每批钢筋正式焊接前,按实际操作条件进行试焊,报经监理工程师检查、试验合格后,正式成批焊接。

(12)钢筋的交叉点全部用铁丝绑扎牢固,钢筋绑扎接头搭接长度及误差应符合相关规范要求。

5.4.3 混凝土质量保障措施

(1)严格按照施工设计图纸和施工规范要求安装钢筋。绑扎钢筋时必须保证保护层厚度,确保不露筋。

(2)采用商品混凝土时,应认真做好混凝土拌和质量的监测,合理组织混凝土生产运输、泵送工作,防止混凝土生产、运输、泵送脱节,造成间歇浇筑。施工时,严格按照事先确定的浇筑顺序浇筑,同时必须按照施工规范要求振捣密实。混凝土必须严格按照试验室选定的配合比计量,不得随意更改施工配合比。

(3)选择合理的拆模时间,避免因拆模过早导致混凝土结构产生裂缝。脱模后及时修整模板并涂刷脱模剂,确保混凝土表面光滑、明亮、直顺、美观。同时加强对混凝土的养护。

5.4.4 挖孔桩质量保障措施

(1)开工前做好图纸会审工作,编制好合理完善的施工方案。

(2)浇筑混凝土时,试验室要按规定要求做好试块,并及时送检。

(3)施工过程中每一道工序完成之后要及时进行报验,验收合格之后方可进入下一道工序,并做好隐蔽验收记录。

(4)混凝土浇筑必须使用导管,采用人工振捣密实。

(5)混凝土浇筑之前要清底,确保底面无虚土。

(6)施工过程中严格按照图纸和规范施工。

5.4.5 挖孔验收

(1)主控项目

主控项目允许偏差见表1-4-4。

允许偏差　　表1-4-4

<table>
<tr><th rowspan="2">项　目</th><th rowspan="2">序　号</th><th rowspan="2" colspan="2">检查项目</th><th colspan="2">允许偏差值</th><th rowspan="2">备　注</th></tr>
<tr><th>单位</th><th>数值</th></tr>
<tr><td rowspan="5">主控项目</td><td rowspan="2">1</td><td rowspan="2" colspan="2">桩位</td><td colspan="2">单桩、条形基础沿垂直轴线方向和群桩中的边桩 50mm</td><td rowspan="2">基坑开挖前量护筒</td></tr>
<tr><td colspan="2">单桩、条形基础沿轴线方向和群桩中的中间桩 150mm</td></tr>
<tr><td>2</td><td colspan="2">孔深</td><td>mm</td><td>+300</td><td>只深不浅，用重锤测</td></tr>
<tr><td>3</td><td colspan="2">桩体质量检测</td><td colspan="2">按基桩检测技术规范</td><td>按基桩检测技术规范及设计说明中相关条款要求</td></tr>
<tr><td>4</td><td colspan="2">混凝土强度</td><td colspan="2">设计要求</td><td>试件报告或钻芯取样送检</td></tr>
<tr><td rowspan="7">一般项目</td><td>1</td><td colspan="2">垂直度</td><td colspan="2"><0.5</td><td>吊锤球</td></tr>
<tr><td>2</td><td colspan="2">桩径</td><td>mm</td><td>+50</td><td>用钢尺量，不包括内衬材料厚</td></tr>
<tr><td>3</td><td>混凝土坍落度</td><td>干施工</td><td>mm</td><td>70～100</td><td>坍落度仪</td></tr>
<tr><td>4</td><td colspan="2">钢筋笼安装深度</td><td>mm</td><td>±100</td><td>用钢尺量</td></tr>
<tr><td>5</td><td colspan="2">混凝土充盈系数</td><td colspan="2">>1</td><td>检查每根桩的实际灌注量</td></tr>
<tr><td rowspan="2">6</td><td rowspan="2" colspan="2">桩顶高程</td><td rowspan="2">mm</td><td>+30</td><td rowspan="2">水准仪，需扣除柱顶浮浆层及劣质桩体</td></tr>
<tr><td>-50</td></tr>
</table>

①混凝土的原材料和混凝土强度必须符合设计要求和施工规范的规定。

②桩芯灌注混凝土量不得小于计算体积。

③灌注混凝土的桩顶高程及浮浆处理必须符合设计要求和施工规范的规定。

④成孔深度和终孔基岩必须符合设计要求。

⑤钢筋的品种和质量、焊条型号必须符合设计要求和有关标准规定。

⑥钢筋焊接接头，必须符合钢筋焊接和验收的规定。

(2)基本项目

①现场混凝土采用自拌混凝土，混凝土制作必须按照混凝土配合比下料，严格控制用水量。

②灌注混凝土时，必须随灌随振，每次灌注高度不得大于800mm。

③钢筋笼的主筋搭接和焊接长度必须符合规范要求。焊接应互相错开，钢筋直径35倍区段范围内的接头数不得超过钢筋总数的一半。

④钢筋笼加劲箍和箍筋、焊点必须密实牢固，漏焊点数不得超出规范的规定要求。

⑤孔圈中心和桩中心线应重合，轴线的偏差不得大于20mm。同一水平面上的两个孔圈正交直径的极差不得大于50mm。

⑥护壁混凝土厚度及配筋应满足设计要求，连混凝土钢筋插入上下护壁内各不小于一半护壁高。护壁直径(外、内)误差不大于5cm。

5.4.6 钢筋加工与安装

钢筋笼绑扎应牢固，其加工除满足设计要求外，尚应符合下列规定：

(1)主筋接头采用机械连接；

(2)用导管灌注水下混凝土的桩，其钢筋笼内径应大于导管连接处外径10cm以上；

(3)钢筋笼主筋长度应按桩长分段加工。

5.4.7 混凝土灌注

(1)混凝土必须具有良好的和易性，配合比应经试验确定。细集料宜采用中、粗砂，粗集料宜采用粒径不大于40mm的卵石或碎石。

(2)混凝土灌注前应检查成孔和孔内钢筋安装质量。混凝土应连续一次灌注完毕,并保证密实度。

6.施工环境保护

6.1 施工环境保护目标

环境保护目标为少破坏、多保护,少扰动、多防护,少污染、多防治,使环境保护与监测控制结果达到设计文件及有关规定要求。文明施工目标为现场布局合理,环境整洁,物流有序,标识醒目,达到"一通、二无、三整齐、四清洁、五不漏"标准。

6.2 环境保护体系

6.2.1 环境保护组织机构

建立以项目经理为首、安全环保部为主责部门、各工区为主体的生态环境保护体系。制订详细的环境保护措施,包括设立自然保护区,减少水土流失,治理水污染,保护野生动植物,维护生态平衡系统,维护土壤生物即避免土壤沙化,避免人为恶化环境等。

环境保护组织机构如下:

(1)项目经理:组织保障;

(2)项目书记:安排落实;

(3)总工程师:技术监督;

(4)工程部:文明施工、环境保护规划措施制订;

(5)综合办公室:文明施工、环境保护法规宣贯,过程监督,结果考证;

(6)机械物资部:机械设备保洁,仓库现场材料堆放规整监督,电力线路布设监督。

施工现场保护措施如下:

(1)按施工组织设计进行平面布置;

(2)场地硬化;

(3)场地保洁;

(4)扬尘控制;

(5)机械电气保洁;

(6)物料堆码整齐;

(7)工完料尽;

(8)废水、废渣有组织处理;

(9)完工后对产品进行保护。

6.2.2 环境保护组织机构的主要职责

贯彻执行有关环境保护、水土保持、野生动物保护的法规和标准;落实施工组织设计中的环境保护措施、扬尘治污要求及全域无垃圾要求;制订并组织实施施工环境保护预报监控系统;宣教生态环境保护法。

6.2.2.1 林木、植被、土地及地下水资源保护措施

(1)教育施工人员保护自然资源,严禁随意砍伐树木。

(2)保护原有植被。对合同规定的施工界限外的植物、树木等维持原状;确需砍除树木和其他经济植物时,应事先征得所有者和建设单位的同意,严禁超范围砍伐。

(3)及时清运桥涵施工中开挖的土石方,不填塞河沟等。

(4)充分做好弃土场地植被的恢复与绿化、临时施工场地的复耕还田工作。

(5)对路基弃方堆弃过程中需先修好土坝,并做好地表水的引排疏导,不得向河流和设计范围外的场地弃土。

(6)营造良好环境。在施工现场和生活区设置足够的临时卫生设施,经常进行卫生清理,同时在生活区周围种植花草、树木,美化生活环境。

6.2.2.2 水环境保护措施

(1)靠近生活水源的施工,用沟壕或堤坝同生活水源隔开,避免污染生活水源。

(2)施工机械的废油废水,采用隔油池等有效措施加以处理,不超标排放。

(3)生活污水采取二级生化或化粪池等措施进行净化处理,经检查符合标准后排放。

6.2.2.3 大气环境保护措施

(1)在设备选型时选择低污染设备,并安装空气污染控制系统。

(2)在运输水泥、石灰等易飞扬物料时用篷布覆盖严密,并装量适中,不超限运输。

(3)主要施工便道及靠近村庄的便道要做硬化处理,有效防止扬尘污染。

(4)配备专用洒水车,对施工现场和运输道路经常进行洒水湿润,减少扬尘。

(5)对汽油等易挥发品密闭存放,并尽量缩短开启时间。

(6)在有粉尘的作业环境中作业,除洒水外,作业人员应配备劳保防护用品。

(7)设垃圾池,安排专人定期处理。

6.2.2.4 生态环境保护措施

营造良好施工环境,在施工现场和生活区设置足够的临时卫生设施,经常进行卫生清理,同时在生活区周围种植花草、树木,美化生活环境。对有害物质(如燃料、废料、垃圾等)要通过焚烧或其他措施处理后,运至指定地点进行掩埋,防止对动、植物造成损害。

7. 专项应急处置措施

应急救援组织机构及相关内容见各建设单位下发的《专项应急预案》。

7.1 塌孔事故应急处置措施

7.1.1 事故特征

(1)塌孔事故发生快,危害大,补救难。

(2)塌孔事故主要是由于支护不及时,护壁质量达不到要求,降水不及时等造成的。

7.1.2 事故现场处理措施

(1)一旦基坑发生安全事故,应急预案领导小组立即启动预案,组织自救或通知外援。

(2)当基坑开始发生滑坡和渗水漏沙情况时,立即撤离所有相关人员,组织专家进行现场评审,确保安全情况下进行孔体加固,防止发生次生安全事故。

(3)当发生人员被埋事件时,应立即进行事故上报,撤离无关人员,迅速展开救援,为营救被困人员争取时间。

(4)在确保无人员被困的情况下,迅速回填桩孔,防止塌孔引发周边地面沉降。桩孔回填之后,进行安全评估,确保安全的情况下再进行下一步施工。

(5)在处理塌方全过程中,抢险人员随时观察塌方情况,防止塌方伤人。必须确保通讯畅通,并对处理情况、围岩变化情况、人员及机械设备状况等及时上报,在抢险有困难或需要救援时,以便领导决策,及时提供救援。

7.1.3 注意事项

(1)桩基施工时要注意护壁。人工挖孔桩采用钢筋混凝土护壁,护壁长度要按照设计要求施工,护壁要及时。钻孔灌注桩采用泥浆护壁,泥浆质量要符合规范及设计要求。

(2)人工挖孔桩降水要及时,若发现桩壁有渗水、渗沙等情况要及时上报,在确保安全的情况下进行下一步施工。

7.2 触电事故应急处置措施

7.2.1 事故特征

(1)携带式和移动式设备触电事故多。这些设备经常移动,工作条件差,容易发生故障,同时经常在人紧握下工作,易发生触电事故。

(2)电气连接部位触电事故多。这主要是由于开关、接头等连接部位机械牢固性差、带电部位易外露,容易发生触电事故。

(3)低压设备触电事故多。这主要是由于低压设备多,与人接触的机会多,同时低压设备简陋,管理不严,在此工作的人缺乏电气安全知识。

(4)误操作事故多。这主要是由于教育培训不够、安全措施不完备,以及违章操作等。

7.2.2 事故现场应急处置措施

(1)发现人员触电后应大声呼喊寻求帮助,使用正确方法迅速使触电者脱离电源,同时向现场负责人报告。

①低压触电事故脱离电源方法:立即切断电源;如电源开关距离太远,用有绝缘把的钳子或用木柄的斧子断开电源线;用木板等绝缘物插入触电者身下,以隔断流经人体的电流;用干燥的衣服、手套、绳索、木板、木桥等绝缘物作为工具,拉开触电者及挑开电线使触电者脱离电源。

②高压触电事故脱离电源方法:立即通知有关部门停电;戴上绝缘手套,穿上绝缘鞋,用相应电压等级的绝缘工具来开开关;抛掷一端可靠接地的裸金属线使线路接地,迫使保护装置运作断开电源。

(2)救援人员要防止触电者脱离电源后可能引发的摔伤,特别是当触电者在高处的情况下,应采取防摔措施;即使触电者在平地,一定要注意触电者倒下的方向,注意防摔。

(3)现场负责人接到报告后立即向现场处置小组报告,并立即组织救治。

①若触电者停止心跳和呼吸,现场负责人应立即拨打 120 急救电话,同时组织现场人员进行现场急救(人工呼吸和心肺复苏)直至项目部医务人员到达现场;项目部医务人员到达现场后,应继续进行现场急救直至人员恢复心跳呼吸或者 120 急救人员到达现场进行抢救。如果现场离 120 急救医院路程较远,项目部应立即安排车辆送往 120 急救医院,与 120 急救车在途中进行交接,以争取抢救最佳时间,但中途不能终止急救。

②若触电者失去知觉,但心脏跳动和呼吸还在,应使触电者舒适、平卧,保持空气畅通,解开他的衣服以利于呼吸。同时,报告应急领导小组,由项目部医务人员陪同送往医院治疗。

③若触电者伤势不重,应使触电者安静休息,不要走动,严密观察并送往医院进行检查。

④若为电弧烧伤,应由项目部医务人员对烧伤部位进行简单处理后送往医院进行治疗。

7.2.3 注意事项

(1)救援人员应做好防触电措施,触电者在未脱离电源时,切不可直接碰触触电者。

(2)如事故发生在夜间,应迅速启动临时照明,以利于抢救,并避免扩大事故。注意保护事故现场,便于调查分析事故原因。

(3)心肺复苏抢救措施要坚持不断地进行,不能轻言放弃。

(4)拨打 120 报警电话时应说明详细地址和受伤人员性别、主要受伤部位、意识是否清晰等,留下联系电话并保持畅通。报警后,应由熟悉情况的人到达最近的路口迎候。救援人员要做好自身防护措施,高处救援时应正确使用防坠落用具。

7.3 机械事故应急处置措施

7.3.1 事故特征

(1)生产设备一般都含有运动零部件,这些可动零部件通常是事故发生的危险点。工人操作各类机床,如车床、锯床、剪切机等,人和机械设备之间一旦发生接触就会发生伤害,例如操作者在使用机械时遭受加工刀具的伤害,加工过程中受产生的碎屑、火花或灼热金属的伤害。

(2)设备在设计结构和制造上有缺陷。此类设备甚多,设计制造时只考虑设备使用性能而对操作者是否会发生危险缺乏考虑,这样设备一出厂就先天不足,如危险点外露不加防护等。

(3)自动化程度低,劳动强度大,劳动条件艰苦导致工人易出现疲劳,降低人的安全因素。

(4)人为失误。如操作指挥配合失误,不按规定穿戴防护用品等。

7.3.2 事故现场处置措施

(1)发现受伤人员后,必须立即停止运转的机械,向周围人呼救,同时报告现场负责人。

(2)现场负责人接到报告后应立即到现场查看情况并通知应急领导小组和医务部门。若受伤人员伤势较重,应立即拨打120急救电话,报警时应说明事故发生的时间、区域场所、人员伤亡情况、受伤者的受伤部位和受伤情况、事故范围程度、现场其他情况,以及报警人姓名和电话,以便让救护人员和应急处置人员做好急救的准备。

(3)现场应急处置小组在接到报警后,应立即组织应急抢救,最大限度地减少人员伤害和财产损失。如遇事态严重、难以控制和处理时,应立即请求社会专业资源提供支持和救援。

(4)项目部医护人员到达现场后应立即对伤者进行救治,对创伤出血者迅速包扎止血,送往医院救治。

(5)发生断手、断指等严重情况时,对伤者伤口要进行包扎止血、止痛,进行半握拳状的功能固定。对断手断指应用消毒或清洁敷料包好,忌将断指浸入酒精等消毒液中。将包好的断手断指放在无泄漏的塑料袋内并扎紧袋口,在袋周围放置冰块,随伤者送往医院。

(6)如果肢体仍被卡在设备内,不可用倒转设备的方法取出肢体,妥善的方法是拆除设备部件,无法拆除时拨打当地119电话求援。

(7)受伤人员出现肢体骨折时,应尽量保持受伤的体位,由现场医务人员对伤体进行固定,并在其指导下采用正确的方式进行抬运,防止因救助方法不当导致伤情进一步加重。

(8)受伤人员出现呼吸、心跳停止症状后,必须立即进行心脏按压和人工呼吸直至120救援人员到达。

7.3.3 注意事项

(1)必须坚持救人第一的原则,当现场遇有人员受到威胁时,首要任务是抢救人员。

(2)应注意保护事故现场,对相关信息和证据进行收集和整理,做好事故调查工作。

(3)要注意自我保护,在救助行动中,抢救机械设备和救助人员应严格执行安全操作规程,配齐安全设施和防护工具,加强自我保护,确保抢救行动过程中的人身安全和财产安全。

(4)若遇心跳和呼吸骤停又有骨折者,应首先用人工呼吸和胸外心脏按压等技术使心肺复苏,再进行固定骨折;遇有大出血又有创口者,首先立即用指压、止血带或药物等方法止血,接着再消毒创口并包扎;遇同时有垂危和较轻的患者时,应优先抢救危重者,后抢救较轻者;在送患者到医院的途中,不要停止抢救措施,继续观察伤情变化。

(5)救援人员要做好自身防护措施,高处救援时应正确使用防坠落用具。

7.4 物体打击事故应急措施

7.4.1 事故特征

(1)事故类型:高空作业物体坠落,人为抛掷杂物伤人,起重吊装、拆装物料掉落伤人,车辆运行物体洒落。

(2)事故危害:人员受伤、死亡、财产损失。

(3)危害程度:轻伤、重伤、死亡。

(4)事故先兆及发生条件:设备或构件吊装作业时,没有设置警示隔离标识;设备捆绑不牢固,磨光机、切割机等电动工具装夹不牢,操作人员野蛮操作或操作不当。手锤、大锤等锤头松动,操作人员戴手套操作,焊条筒、扳手等高处作业工具无防坠绳或工具袋,脚手架管、扣件、钢筋高处或临边放置材料不稳固,大风等恶劣天气造成物体吹动。

7.4.2 事故现场处置措施

(1)发现有人受伤后,现场人员应大声呼救,同时报告现场负责人。

(2)现场负责人接到报告后应立即到现场查看情况并通知应急领导小组和医务部门,若受伤人员伤势较重,应立即拨打120急救电话,报警时应说明事故发生的时间、区域场所、人员伤亡情况、受伤者的受伤部位和受伤情况、事故范围程度、现场其他情况,以便让救护人员和应急处置人员做好急救的准备。

(3)现场应急处置小组在接到报警后,应立即组织应急抢救,最大限度地减少人员伤害和财产损失。如遇事态严重、难以控制和处理时,应立即请求社会专业资源提供支持和救援。

(4)项目部医务人员到达现场后,首先观察伤者的受伤情况、部位、伤害性质。

①如伤者发生休克,应先处理休克。处于休克的伤员要让其安静、保暖、平卧、少动,并将下肢抬高约20度,尽快送往医院进行抢救治疗。

②遇呼吸、心跳停止者,应立即进行人工呼吸、胸外心脏按压直至呼吸、心跳恢复或120救援人员到达。

③出现颅脑损伤时,必须维持呼吸道通畅。昏迷者应平卧,面部转向一侧,以防舌根下坠或分泌物、呕吐物吸入,发生喉阻塞。

④有骨折者,应初步固定后再搬运。遇有凹陷骨折、严重的颅底骨折及严重的脑损伤症状,创伤处用消毒的纱布或清洁布等覆盖,用绷带或布条包扎后,及时送往就近有条件的医院治疗。

7.4.3 注意事项

(1)抢救脊椎受伤的人员,不要随意翻动或移动伤员。

(2)重伤员运送应使用担架,腹部创伤及脊柱创伤者应卧位运送,颅脑损伤一般采取半卧位,胸部受伤者一般采取仰卧偏头或侧卧位。

(3)对于头部受到物体打击的伤员,检查中若发现头部出血但无颅骨骨折,且当时发生过短暂性昏迷,虽很快恢复意识,但清醒后对此前受伤过程无法作出准确回忆。对于这类伤员,切勿掉以轻心而放松警觉,必须送医院做进一步检查并应留院观察,因为这可能是严重脑震荡或硬脑壳撕裂出血的前兆。

(4)注意保护现场,便于调查分析事故原因。

7.5 中毒窒息事故应急措施

7.5.1 事故特征

(1)人工挖孔桩中毒事故主要为气体中毒和缺少氧气造成的窒息。

(2)在开挖过程中因为孔内空气流通不流畅,导致有害气体堆积,造成施工人员中毒。

(3)下一班施工之前没有进行有害气体检测,盲目下孔施工,造成气体中毒或窒息。

(4)中毒、窒息事故易造成人员昏迷甚至死亡,或者对中毒人员大脑造成不可逆的损伤。

7.5.2 事故现场处置措施

当发生气体中毒及窒息事故时,现场人员应按以下方法避灾抢救:

(1)人工挖孔时发现不明气体,应及时加强通风,采取防范措施。

(2)如发生瓦斯爆炸,做好自救工作,迅速协助伤员一齐撤到安全区域。

(3)有人受到有毒气体伤害,应将其运至有新鲜空气的安全区域,并立即检查伤员的心跳、脉搏、呼吸及瞳孔,并注意保暖,同时保持伤者呼吸畅通。

(4)如发生一氧化碳中毒,中毒者还没有停止呼吸或呼吸停止但心跳仍跳动,要立即搓摩他的皮肤,体温上升后立即进行人工呼吸。

(5)如心脏停止,应迅速进行体外心脏按压,同时进行人工呼吸。

(6)如因瓦斯或二氧化碳等窒息,情况不严重时,将人抬至新鲜空气中稍做休息,即会苏醒。如窒息时间较长,就要在皮肤搓摩后进行人工呼吸。情况严重时应立即拨打事故抢救电话120,向上级有关部门或医院打电话求救。

7.5.3 注意事项

(1)要加强孔内空气流通,加强送风,确保孔内氧气供应。

(2)孔内常备应急氧气瓶。

(3)下孔施工前要进行气体检测,确保孔内无有毒有害气体。

(4)加强日常巡查监测,确保施工人员的安全。

第二章　桥 梁 工 程

第一节　现浇梁专项施工方案

1. 编制说明

1.1　编制依据

(1)《建设工程安全生产管理条例》(国务院第 393 号令);
(2)《公路水运工程安全生产监督管理办法》(交通运输部令 2017 年第 25 号);
(3)《建设工程施工现场安全防护、场容卫生、环境保护及保卫消防标准》(DBJ 01-83—2003);
(4)《公路水运工程施工安全标准化指南》;
(5)《甘肃省公路工程平安工地建设管理办法》;
(6)《公路桥涵施工技术规范》(JTG/T 3650—2020);
(7)《公路工程质量检验评定标准》(JTG F80/1—2017);
(8)《建筑地基处理技术规范》(JGJ 79—2012);
(9)《公路工程施工安全技术规范》(JTG F90—2015);
(10)《建筑施工承插型盘扣式钢管支架安全技术规程》(JGJ 231—2010);
(11)《施工现场临时用电安全技术规范》(JGJ 46—2005);
(12)《建筑施工模板安全技术规范》(JGJ 162—2008);
(13)《通渭至定西高速公路工程两阶段施工图设计文件》。

1.2　编制原则

(1)采用适用本合同段的现浇梁施工"四新"技术、施工工艺。施工内容包括现浇梁支模、钢筋绑扎、混凝土浇筑。

(2)严格遵守招标文件的各项条款,全面响应招标文件要求,认真贯彻质量验收标准。

(3)依据合同段工程特点及工期要求,组织各专业队伍,编订切实可行的施工方案。

(4)坚持实事求是,注重调查研究,合理安排工期,周密组织劳动力,采取有效方法科学组织施工,确保建成安全、优质工程。

(5)质量目标:工程质量交工验收合格、竣工验收优良。项目工程质量总体的一次抽检合格率须达到 93% 以上。单位工程交工验收合格率 100%,重大工程质量责任事故 0 次。

(6)按文明施工的管理规定要求,严格做好施工现场的各项文明施工措施,做到"利民、便民、为民",争创"年度文明工地"。

(7)环保目标:以维护市区的良好自然环境及建设单位的良好社会形象为中心思想,做到环境保护无投诉,最大限度降低便道、施工区域的扬尘,减弱噪声和爆破震动对周围居民区的影响。施工场界噪声排放达标,固定使用机械设备 100% 采取降噪措施,对施工区域环境做到最大程度保护、最低程度破坏、最快时间恢复。

2. 施工工艺技术

2.1　总体施工方案

现浇梁总体施工方案如图2-1-1所示。

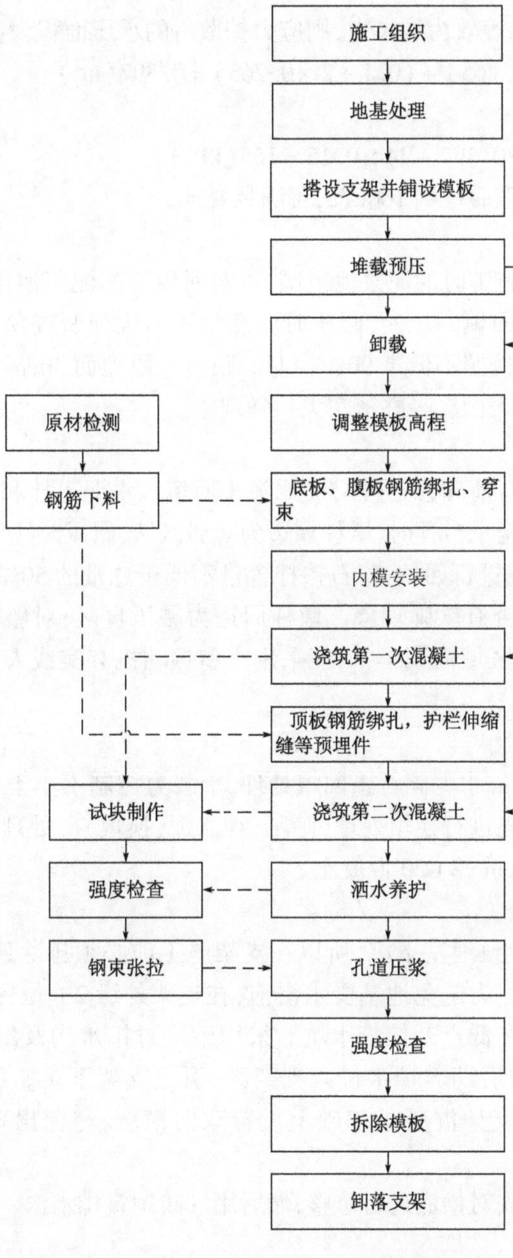

图2-1-1　现浇梁总体施工方案

2.2　盘扣支架支撑系统设计方案

2.2.1　地基处理

根据《湿陷性黄土地区建筑规范》(GB 50025—2018)，湿陷性黄土地基常用的处理方法有换填垫层法、重夯法、挤密法等方法。根据现场地质情况和地基现场功能需要，采用换填40cm灰土(2层)+15cm厚C20素混凝土(除加密区)垫层方式处理地基。

(1)原地面地基处理

首先进行30cm厚表面杂土清除,表土清除后用冲击碾压路机进行压实,达到90%的压实度;然后分两层填筑40cm厚3%灰土垫层,按96%的压实度控制;最后浇筑15cm厚C20素混凝土。处理过程中,要求地基处理范围宽度至少应宽出支架之外1m。

上部荷载经脚手管立杆传递至基础,经过基础层应力扩散后由原地基承受。

单根脚手管立杆传递至地基的集中力标准值最大为$N=60(kN)$。

集中力经脚手管底座、垫层扩散后,等效为均布力,则应力扩散后的承压面积为:

$$S=(0.1+2\times0.265)+(0.1+2\times0.265)=0.397(m^2)$$

地基的承载力为:

$$f=60/0.397+24\times0.15=155(kPa)$$

结论:场地地基承载力容许值经处理后达到160kPa,可满足要求。

(2)泥浆池地基处理

满堂支架地基处理时,先确定桩基施工时的泥浆池范围,再对回填处的泥浆池进行开挖,挖至泥浆池底直至达原状土。先进行80cm砖渣回填并压实,碾压时注意是否出现弹簧现象,如无异常情况,上面填筑5%灰土,分层填筑压实,压实度按照不低于90%控制。距离至原地面30cm部分采用碎石土掺拌5%水泥进行回填,分层压实,碾压后表面应平整密实无软弹现象。

(3)承台基坑处理

基坑回填时如有淤泥、积水等应先行清理,再进行5%水泥土回填。水泥土拌和采用处理特殊路基的灰土拌和机,每层必须进行压实。填至承台顶时,墩柱周边为薄弱区域,碾压时注意对墩柱成品保护。距离原地面30cm时,采用掺拌碎石水泥进行回填,碎石掺拌含量不低于总量的50%,水泥含量约5%。分层进行摊铺压实,碾压时注意观测是否有软弹现象。墩柱周边为碾压盲区,对碾压盲区进行人工清理,清理深度为20 cm。此外,由于盲区区域面积小,只能采用小型振动机夯实或人工进行夯实。区域内混凝土与支架基础整体进行浇筑。

(4)墩柱周边地基处理

墩柱旁4~5m范围内地基采用20cm水泥碎石土回填处理,承载力控制不小于150kPa。进行碾压时,如出现局部明显弹簧、翻浆等现象,先进行换填处理(晾晒,拌水泥,换填)。处理50 cm以上深度的材料为碎石土或砖渣,上部统一浇筑20cm厚C20混凝土。

(5)周边排水

湿陷性黄土地基遭地表水浸泡会导致地基下沉,所以在支架施工前必须排除地基周围的地表水,并预先做好排水沟以防雨水浸泡地基。为避免地基受水浸泡,在支架外缘2m位置设置40cm×30cm的排水沟,排水沟分段开挖形成坡度,在低点开挖集水坑。采用砂浆对排水沟及集水坑抹面硬化,并对边坡进行包边砂浆硬化,防止雨水和后期养护水侵入支架区,引起支架下沉。原路面根据排水方向设置0.5%横坡及0.5%纵坡,满堂支架混凝土基础上设置双向横坡,避免出现基础被雨水浸泡现象。

排水沟沟槽采用机械开挖,开挖后先对槽底进行修整,然后用红砖砌筑排水沟。

2.2.2 支架设置

本方案选择ϕ60mm盘扣脚手架进行支模搭设。具体设置情况如下:

(1)横桥向排架间距布置

支架横桥向间距:腹板处为0.9m,箱室处为1.5m、1.2m,翼缘板处为1.2m,水平杆步距1.5m。横桥向排架间距布置如图2-1-2所示。

(2)纵桥向排架间距布置

支架纵桥向间距:墩柱附近为0.6m,高度渐变段为0.9m,高度无变化区为1.2m;腹板处为0.9m,箱室处为1.5m、1.2m,翼缘板处为1.2m,水平杆步距1.5m。纵桥向排架间距布置如图2-1-3所示。

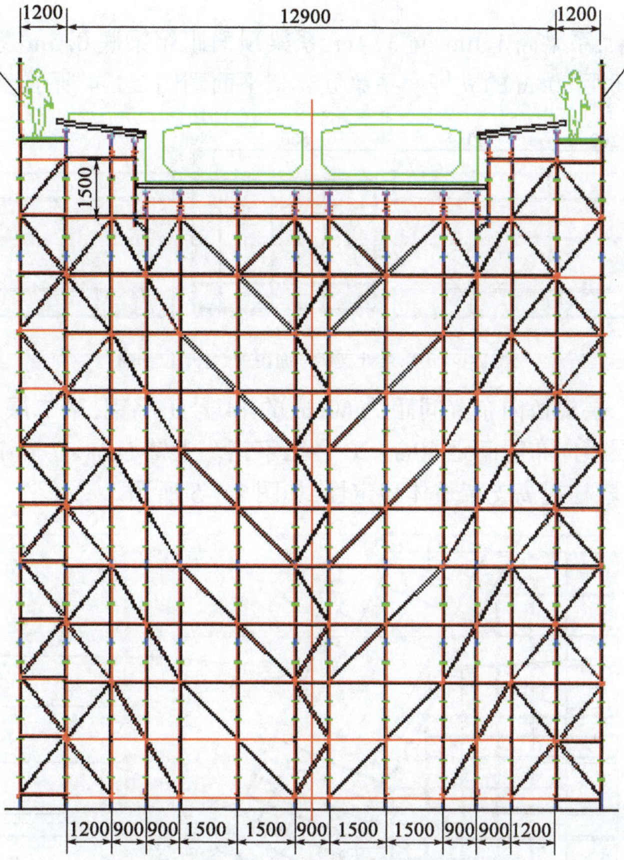

图 2-1-2　横桥向排架间距布置(尺寸单位:mm)

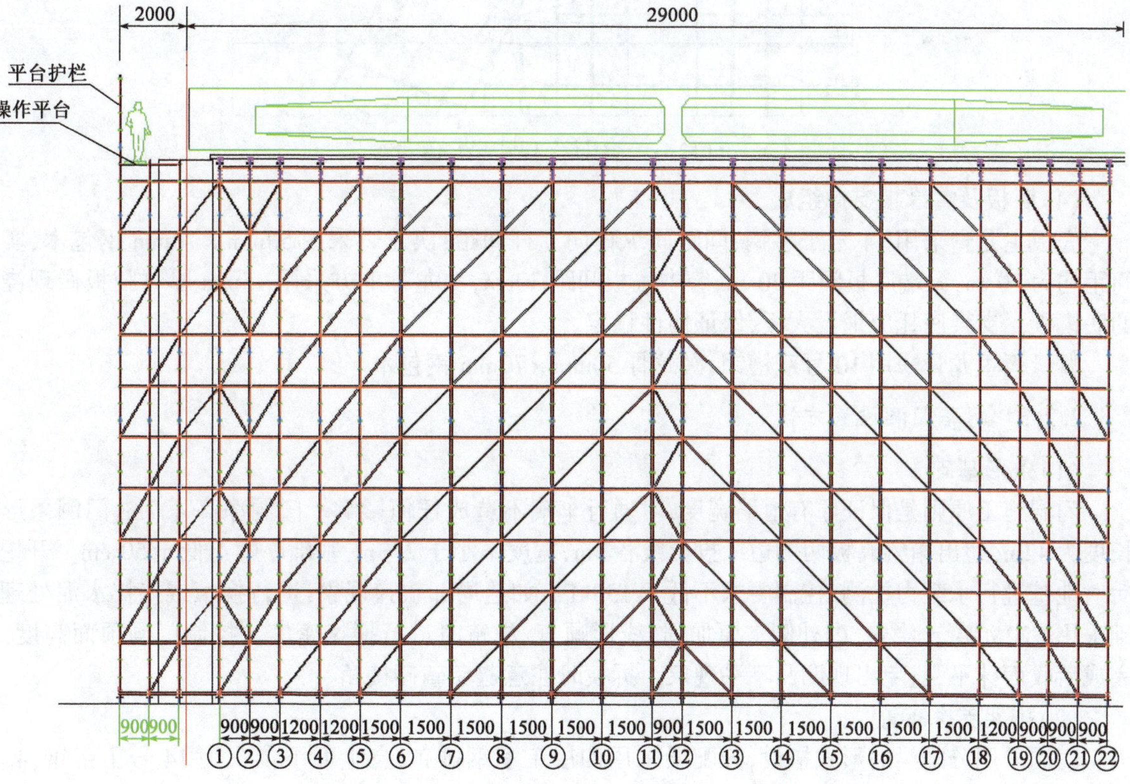

图 2-1-3　纵桥向排架间距布置(尺寸单位:mm)

(3)墩柱位置支撑

墩柱之间设计有系梁,系梁高1.6m、宽1.4m,系梁顶面距箱梁底0.5m,系梁支架横向间距60cm,系梁宽度方向两侧采用间距60cm的立杆。系梁处支架平面图图2-1-4所示。

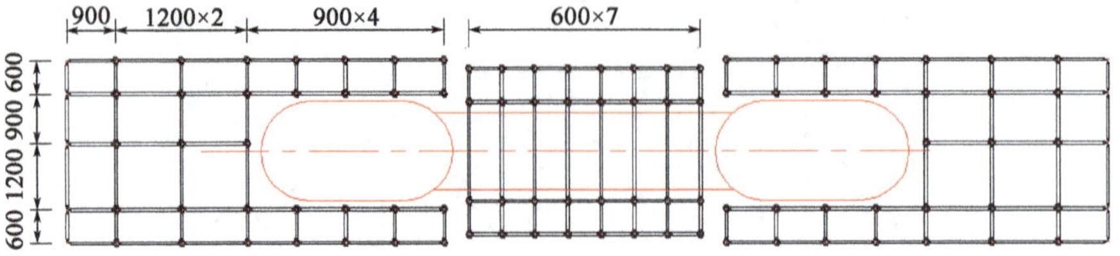

图2-1-4　系梁处支架平面图(尺寸单位:mm)

在墩柱系梁上方第一层横桥向布置间距为60cm的14号工字钢,第二层上部为顺桥向间距2.4m双排14号工字钢,第三层横向布置间距60cm 20号工字钢。上铺5cm×7cm钢包木,间距10cm。墩柱采用四周环绕支架,依托墩柱提高支架整体稳定性,如图2-1-5所示。

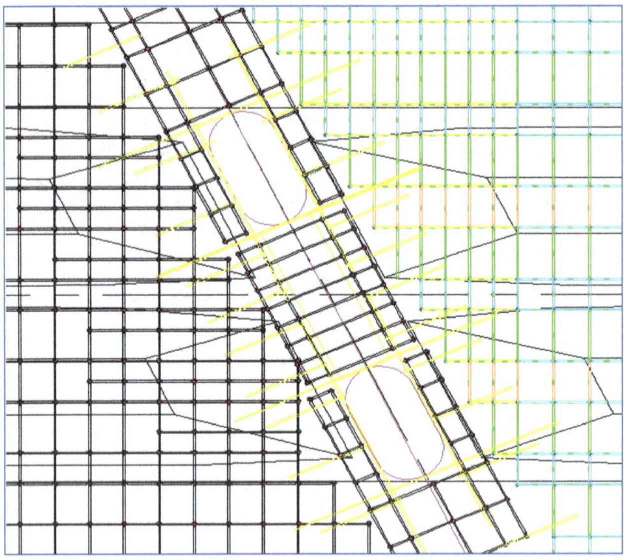

图2-1-5　墩柱位置四周环绕支架措施

(4)底板及翼缘板支撑组成

底板主龙骨采用14号工字钢,间距同纵桥向立杆间距;次龙骨采用50mm×70mm钢包木,实心处间距均为10cm,梁端底板间距20cm,跨中底板间距30cm,次龙骨上方采用15mm厚竹胶板做现浇箱梁的底模板。支架底托应铺设大板,保证构件稳定。

翼缘板主龙骨采用10号双槽钢,次龙骨50mm×70mm钢包木。

2.2.3　跨路门洞设置方案

(1)条形基础

门洞施工原则是保证原有道路宽度,对通行车辆不造成任何影响。门洞净高4.7m,门洞条形基础长度为42m,超出箱梁翼板两侧边缘投影线各3m,宽度不小于2.8m,基础厚度不低于50 cm。开挖完成后对地基进行承载力检测,控制要求不低于150kPa,如遇局部软弹现象,进行换填或掺拌水泥处理。基础采用C20混凝土浇筑,内外侧支模加固,线形顺直,浇筑时进行振捣密实。控制门洞顶面高度,浇筑完成后收面抹平,避免出现凹凸不平现象。拆模时注意避免磕碰棱角。

(2)排架支撑布置

门洞采用分配梁的形式搭设,分配梁采用四层工字钢排布,自上而下依次为14号工字钢,45号b工字钢(跨径6m)、双14号工字钢、14号工字钢,如图2-1-6所示。布设间距依次为1.2m、1.37m、0.9m、1.2m。45号b工字钢上方继续搭设支架,使用可调顶托倒扣于顶部14号工字钢上,作为支架的底座。

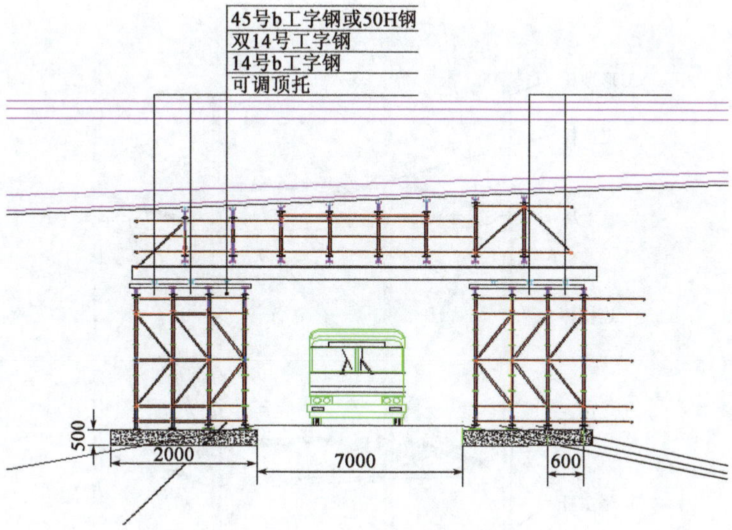

图 2-1-6 门洞纵向支架布置图(尺寸单位:mm)

门洞上面按照盘扣支架系统搭设。门洞顶面满铺竹胶板,门洞两侧支架做悬挑布置,悬挂安全防护网和密目网,防止施工时坠物对行人和车辆造成伤害。

2.2.4 支架安装施工工艺

支架搭设现场应平整无障碍物,基础承载能力要符合要求。脚手架搭设位置和搭设实际高度符合设计要求,脚手架搭设区域内应避免有其他工种穿插作业。

2.2.4.1 工艺流程

支架安装施工工艺流程,如图 2-1-7 所示。

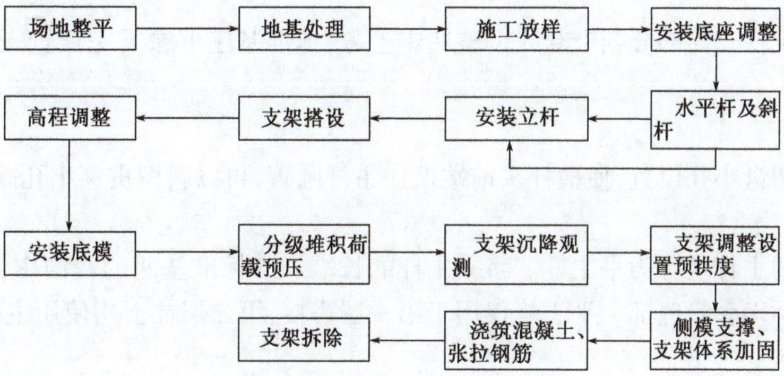

图 2-1-7 支架安装施工工艺流程

(1)基础放样:依照支架配置图纸上标注的尺寸,正确放样并使用墨斗弹线。

(2)检查放样点位置是否正确。

(3)备料人员依搭架需求数量,分配材料并送至每个搭架区域。

(4)依脚手架施工图纸将调整底座正确摆放。

(5)依脚手架施工图纸搭设脚手架(高处作业人员需佩戴安全帽、安全带)。

(6)搭架高程控制检测及架高调整。

(7)检查各构件连接点及固定插扣是否牢固。

(8)检查各种长短脚手架材料是否变形或有不当搭接。

(9)架设安全网并检查是否足够安全。

2.2.4.2 盘扣式脚手架

(1)调整底座

施工放样后,将调整底座排列至定点,如图 2-1-8 所示。

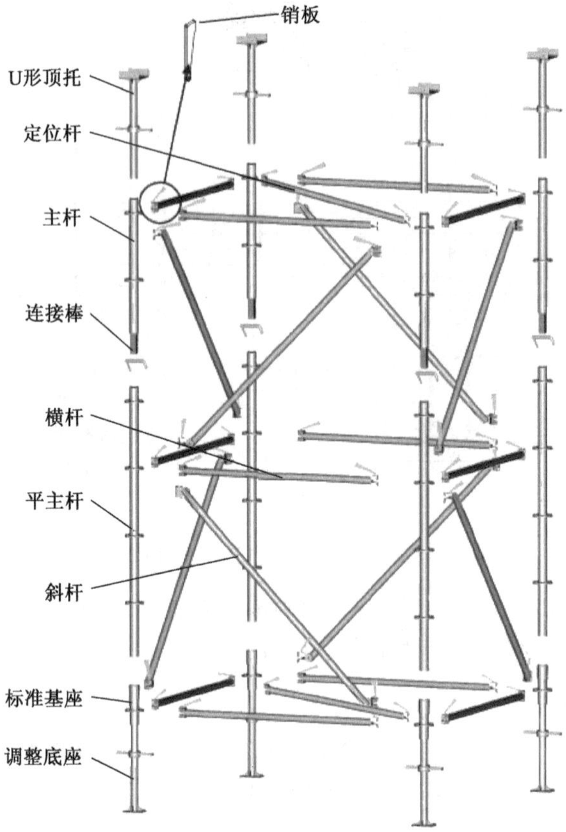

图 2-1-8　盘扣式脚手架示意

(2)标准基座

将标准基座的主杆套筒部分朝上套入调整底座上方,标准基座下缘需完全置入扳手受力平面的凹槽内。

(3)横杆

将横杆头套入圆盘小孔位置,使横杆头前端抵住主杆圆管,再以斜楔贯穿小孔敲紧固定。

(4)平主杆

未加装连接棒的主杆统称为平主杆。将平主杆的长端插入标准基座的套筒中,以便检查孔位置以及查看平主杆是否插至套筒底部。平主杆仅用于第一层搭接,第二层往上均使用主杆。

(5)斜杆

将斜杆全部依顺时针或全部依逆时针方向组搭。将斜杆套入圆盘大孔位置,使斜杆头前端抵住主杆圆管,再以斜楔贯穿大孔敲紧固定。

注意:斜杆具有方向性,方向相反即无法搭接。

(6)主杆

主杆以连接棒连接,将连接棒插入下层管中即可。

注意:若需使用主杆插扣,则务必检查圆盘对齐孔是否在同一方向。

(7)U 形顶托

将 U 形顶托的牙管插入主杆管中,再用扳手调整至所需高度。

说明:本文所述组装流程为盘扣式支撑系统各项构件的组搭方式及注意事项,每种杆件均有不同长度规格供设计者选择。实际搭接需使用的杆件规格及搭架高度需依照脚手架配置图确定。

(8)安全爬梯搭设施工

安全爬梯主要由主杆、平主杆、横杆、斜杆、定位杆、标准基座、辅助杆、调整底座、U 形顶托、扶手、爬梯、扣板、连接棒等组成,如图 2-1-9 所示。

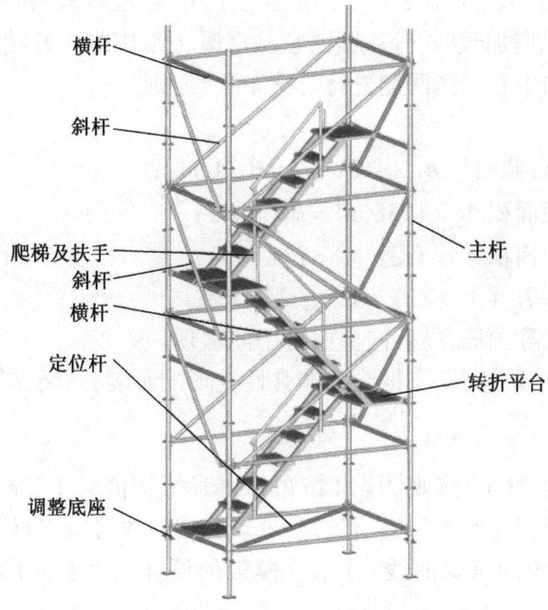

图 2-1-9 安全爬梯示意

(9)盘扣式脚手架的检查、验收

盘扣式脚手架搭设垂直度与水平度允许偏差见表 2-1-1;ϕ60mm 系列脚手架的 U 形顶托和调整底座的调整范围见表 2-1-2。

盘扣式脚手架搭设垂直度与水平度允许偏差 表 2-1-1

项目		规格	允许偏差(mm)
垂直度	每步架	M60 系列	±5.0
水平度	一跨内水平架两端高差	M60 系列	±5.0

注:H-步距;l-跨度;L-脚手架长度。

ϕ60mm 系列脚手架的 U 形顶托和调整底座的调整范围(尺寸单位:mm) 表 2-1-2

可调范围规格长度		U 形顶托			调整底座		
(A)	(B)	最长(E)	最短(D)	可调距离(C)	最长(E)	最短(D)	可调距离(C)
600	100	450	150	300	450	150	300

2.3 支架预压及沉降观测

2.3.1 工艺流程

支架验收→砂袋就位→变形观测点高程测量→加载梁体混凝土结构与模板质量之和的 60%→沉降变形观测→加载梁体混凝土结构与模板质量之和的 80%→沉降变形观测→加载梁体混凝土结构与模板质量之和的 120%→沉降变形观测→表面覆盖→卸载→变形观测→高程调整。

当纵向加载时,等截面梁宜从混凝土结构跨中开始向支点处进行对称布置;当横向加载时,宜从混凝土结构中心线向两侧进行对称布置。

每级加载完成后,若支架顶部沉降观测点 12h 的沉降量平均值大于 2mm,则停止加载,重新对支架进行验算与安全检测,找出原因并对支架进行处理,处理完成后才可以进行下一级的加载。

根据桥梁设计长度,综合考虑荷载及支架体系的不利因素,选择最不利的支架作为试验预压段。

分部现浇梁布置一般为 3×20m、4×44.52m、4×35m、4×29m、30m+29m+30m 五种结构形式。

(1)预压面积分别为 20×8.75=175(m^2)(30m 跨径)、44.52×8.75=389.55(m^2)(44.52m 跨径)、35×8.75=306.25(m^2)(35m 跨径)、29×8.75=253.75(m^2)(29m 跨径)、30×8.75=262.5(m^2)(30m 跨径)。

(2)预压材料用吊车吊装、人工堆码,预压砂袋均为1.3t,底板均采用砂袋预压,翼缘板预压采用钢筋加载。加载方式遵循“当纵向加载时,等截面梁宜从混凝土结构跨中开始向支点处进行对称布置;当横向加载时,宜从混凝土结构中心线向两侧进行对称布置”原则。

(3)预压荷载计算:

中墩、横梁处压重材料重:截面积 $A_1 \times 1.3\text{t/m}^3 = B_1(\text{t/m})$;

等截面段压重材料重:截面积 $A_2 \times 1.3\text{t/m}^3 = B_2(\text{t/m})$;

变截面段压重材料重:截面积 $A_3 \times 1.3\text{t/m}^3 = B_3(\text{t/m})$;

总质量 G:$(A_1 \times L_1 + A_2 \times L_2 + A_3 \times L_3) \times 1.1$(安全系数)。

预压吊装顺序:横桥向对称预压,纵桥向应由跨中向墩顶。

跨路处门洞支架根据其消除地基、支架自身非弹性变形的影响,判断支架的安全性,确保施工安全。

2.3.2 预压方式

每级加载完成后,若支架顶部沉降观测点12h的沉降量平均值大于2mm,则停止加载,重新对支架进行验算与安全检测,找出原因并对支架进行处理,处理完成后才可以进行下一级的加载。

根据预压变形测量结果绘制沉降曲线,并结合模板的设计拱度和实际支撑变形来确定模板弹性变形。

支架搭设完毕后,对其进行预压,支架预压采用砂袋法。考虑混凝土振捣产生的动荷载及小型机具自重等荷载,预压荷载按混凝土实体重力的1.2倍考虑,每级加载完成后,沉降观测期不小于1.5d。

考虑梁体自重、地面下沉及支架的弹性和非弹性变形等因素影响,按设计要求对支架进行预压。支架变形及地基压缩量主要考虑以下因素。

$$\delta = \delta_1 + \delta_2 + \delta_3 + \delta_4 + \delta_5$$

式中,δ_1 为连续梁自重产生的弹性变形;δ_2 为支架弹性压缩量;δ_3 为支架与方木、支架与枕木之间的非弹性压缩量;δ_4 为支架基础地基的弹性压缩量;δ_5 为支架基础地基的非弹性压缩量。

通过预压施工,可以消除 δ_3 和 δ_5 的影响。在底模安装时,其预拱度的计算公式为 $\Delta = \delta_1 + \delta_2 + \delta_4$。须在模板顶面高程控制时加入预拱度数值。

2.3.3 沉降观测

2.3.3.1 沉降观测点的设置

(1)支架顶面与底面观测点设置

梁支架顶面上测5个断面,即每隔1/4跨度一个断面,每个断面分别再布设5个点,支架底部与顶部对应布置测点。在1/8跨、1/4跨、1/2跨处设置沉降观测断面,在支架的底板中线、腹板中线、翼缘板中线设置观测点。

根据设计要求,预压荷载为支架需承受荷载的1.2倍。为了达到支架预压的理想效果,采用整体分级预压,统一分三级加载,第一级加载质量为恒载的60%,第二级加载质量为恒载的80%,第三级加载质量为恒载的120%。

(2)支架基础观测点布置

在安装承重架的地面基础上打入 ϕ20mm 圆钢作为沉降观测点,四周及两中线位置分别设多个测点,同时用水准仪观测。

(3)预压监测、记录、数据处理

预压监测应采用水准仪。水准仪按现行行业标准《水准仪检定规程》(JJG 425)进行检定,并按三等水准测量要求作业。

2.3.3.2 预压沉降观测

预压沉降观测时应做好观测记录。

预压荷载施加前,应监测并记录支架基础、支架顶部和底部各监测点的初始高程;每级荷载加载完成时,应监测各监测点高程并计算沉降量;每级荷载加载完成后,应停止下一级的加载,并应每隔12h观测一次，观测持续36h或当顶部监测点12h的沉降量平均值小于2mm时，方可进行下一级预压荷载的加载。

全部荷载加载完毕，应每隔24h监测一次并记录监测点高程；当监测条件满足下列条件之一时，应判定支架预压和支架基础合格，并可以进行支架的卸载：

①各监测点最初24h的沉降量平均值小于1mm；

②各监测点最初72h的沉降量平均值小于5mm。

卸载6h后，应监测各监测点高程，并计算支架各监测点的弹性变形量。

撤压后，沉降标回弹，沉降量减少，此时的沉降为永久性沉降。按照预压所得的数据重新仔细调整支架高度，使各点高程满足平整度、预拱度、弹性变形和设计要求。

卸载顺序与加载顺序正好相反。按照"先加载的后卸、后加载的先卸"的原则，卸载时，在同跨内先中间后两边对称进行。

预压后应编写支架预压报告，报告应包括以下内容。

①工程项目名称；

②支架分类以及支架代表性区域选择；

③支架沉降观测监测；

④支架预压的合格判定。

预压后，通过U形顶托精确调整底模板高程，高程设定时考虑设置预拱度。预拱度设置要考虑梁自重所产生的挠度、支架受载后产生的弹性变形和非弹性变形、支架基础的沉降、张拉以后的反拱等因素。

预压时主要观测的数据有支架底座沉降和地基沉降。

依据《工程测量标准》(GB 50026—2020)，采用光学水准仪配合双面水准尺，按三等水准测量要求进行观测。

待沉降稳定后卸载，计算出地面沉降、支架的弹性和非弹性变形具体数值，并在卸载后全面测得各个测点的回弹量。当弹性变形恢复后结束观测，绘出观测曲线，根据各点对应的弹性、非弹性变形数值及设计梁体挠度来调整模板的高程，通过支架顶部微调装置进行调整、加固。

2.3.4 施工注意事项

(1)支架外侧应设置栏杆等防护设施，防止意外冲撞支架的事故发生。

(2)支架采用砂袋预压时，应安排专人进行指挥，并对每袋砂袋质量进行记录，按设计荷载分阶段进行预压。

(3)支架预压时，应采取防雨措施，对预压砂袋进行遮雨防护，防止雨水浸泡砂袋增加预压荷载而造成超载，发生安全事故。

(4)支架预压前，应对支架地基周围做好排水设施，防止雨水或积水浸泡支架地基。

(5)每一级加载时都应进行测量观测，无异常后方可进行下一级加载。

(6)尽量避免在夜间进行吊装预压。

2.3.5 施工预拱度设置

在支架上浇筑连续梁混凝土的施工过程中和卸架后，连续梁会产生一定的挠度。因此，为使连续梁在卸架后能获得设计规定的外形，须在施工时设置一定数值的预拱度。在确定预拱度时考虑下列因素：卸架后连续梁本身及活载一半所产生的竖向挠度；支架在荷载作用下的弹性压缩；支架在荷载作用下的非弹性变形，支架基础在荷载作用下的非弹性沉陷；由温度变化而引起的挠度；由混凝土徐变引起的徐变挠度。

在预压结束后，模板调整完成，再次检查支架的扣件是否牢固、地基是否下陷、脚手架是否有明显变形等，发现问题及时处理。根据预压试验中的沉降观测画出沉降曲线，沉降值稳定后，测量队测出所有点的高程报工程部，经质检工程师和监理工程师同意方可卸载。全部卸完后，测量各点的高程，计算出支架和地基的弹性变形，以便确定支架、模板准确的预拱度。

2.4 现浇箱梁施工方案

2.4.1 支座安装

支座均为盆式支座及摩擦摆式支座，型号包括盆式系列固定支座、单向活动支座、双向活动支座以及FPB单向支座、双向支座、固定支座。支座安装前，将墩、台支座位置处的混凝土表面打磨平整，清理干净，使顶面四角高差不得大于2mm，以保证支座处全部面积压力均匀。对支座进行全面检查，检查支座零部件是否有丢失或损坏，并对支座进行全面清洗，使其在安装前保持清洁。

支座安装时，将支座中心线位置标在垫石上，支座准确地安放在垫石上，预留孔内采用环氧砂浆灌缝。支座上、下各部件纵、横向必须对中；当安装温度与设计温度不同时，活动支座上、下各部件错开的距离必须与计算值相等；安装纵向活动支座时，其上、下座板的导向挡块必须保持平行，交叉角不得大于5′。

2.4.2 模板安装

2.4.2.1 底模安装

现浇箱梁模板均采用竹胶板组拼，满堂支架横向主龙骨采用14号工字钢，顺桥向采用8cm×8cm方木做次龙骨，上面满铺竹胶板。墩顶处腹板下次龙骨间距按8cm布设，标准段腹板处次龙骨间距按16cm布设，底板处次龙骨间距按20cm布设。横纵向接缝均采用防水海绵胶条嵌固，保证拼缝严密，竹胶板与方木间用铁钉进行固定。模板高程均挂线调整，复测核实，以确保模板高程准确。

每个箱室设置4个直径为8cm的泄水孔，位于底板最低处。腹板上设置通风孔，直径8cm，距顶板上缘85cm。若孔位与普通钢筋或钢束发生干扰时，可适当挪动孔位。悬臂下缘设半径为1.5cm的滴水槽，距悬臂端部10cm。

2.4.2.2 腹板及翼缘板模板安装

侧模包括箱梁腹板和外侧悬臂板。箱梁外侧模采用8cm×8cm方木为次龙骨，竖向支撑，骨架间距为15cm，侧模面板为15mm厚的竹胶板，骨架下部和中部均设置纵向通长ϕ48mm钢管，间距为60cm；加固侧模及底角，方木外用顶托与立杆扣紧，保证横向顶杆受力。横向顶杆按照排架纵向步距布置。

翼缘板底模采用15mm厚的竹胶板加8cm×8cm方木为次龙骨，间距为20cm；下方为14号工字钢主龙骨，翼缘板侧面增加反拉斜杆，反拉斜杆与支架连成一体，反拉斜杆间距按照顺桥向立杆间距布置。翼缘板底模板安装与箱梁底模板安装相同，外侧挡板安装与侧模板安装相同。翼缘模板与侧模顶部应连成整体，确保腹板顶部线形准确。

为防止侧模底部因混凝土侧压力造成变形，确保箱梁底板线形满足设计要求，在侧模与底模上衔接处设置限位木方，限位木方与底模采用铁钉稳固连接。同时为防止混凝土侧压力过大造成模板变形甚至发生胀模现象，侧模背部设置10cm×10cm横向背楞及竖向钢管，如图2-1-10所示。为加强扣件式钢管支架稳定性，增设反向斜拉杆分散侧向张力。

2.4.2.3 内模加工及安装

(1)为保证箱梁振捣质量和箱室干净，箱梁分两次浇筑混凝土，第一次浇筑底板、腹板，第二次浇筑顶板。箱梁内侧模在第一次浇筑底板、腹板前支立完成。箱梁顶板内模安装时，箱室内支撑系统为扣件式钢管支架，支架布置为90cm×90cm，内侧模采用1.5cm厚竹胶板，5cm×10cm方木条做次龙骨，次龙骨间距20cm。次龙骨外为48号钢管作主龙骨，主龙骨间距为60cm，箱室内两侧主龙骨用钢管顶丝对顶，钢管顶丝竖向间距为70cm。

(2)箱梁底板、腹板混凝土浇筑完成后，及时拆除箱梁腹板内侧模，然后支立顶模板。箱梁顶模采用1.5cm厚竹胶板，5cm×10cm方木条做骨架，间距为20cm，横桥向间距为60cm，如图2-1-11所示。

(3)铺设内模和侧模时要注意按设计要求预留泄水孔和通风孔，泄水孔设置在各箱室内底板最低处，沿桥梁中心线对称布置。当孔位与钢筋矛盾时可适当调整。每个箱室内主梁腹板两端各预留一个通风孔，通风孔应穿透所有腹板，位置可酌情变动。

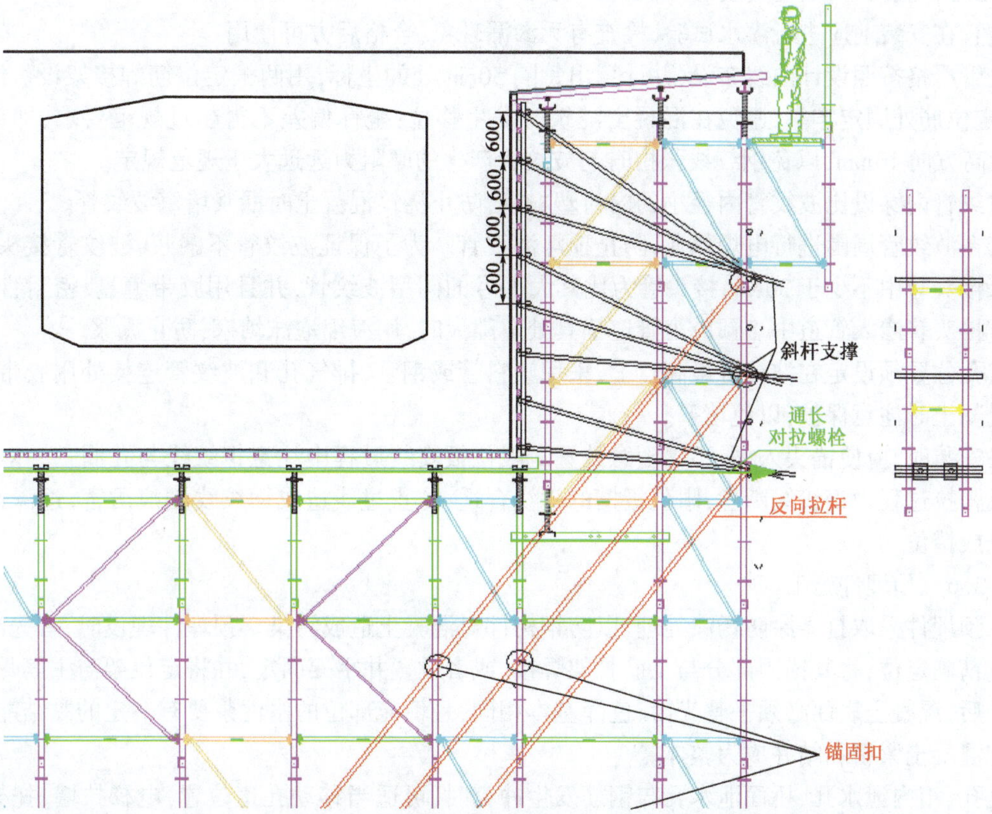

图 2-1-10 侧拱支撑示意图(尺寸单位:mm)

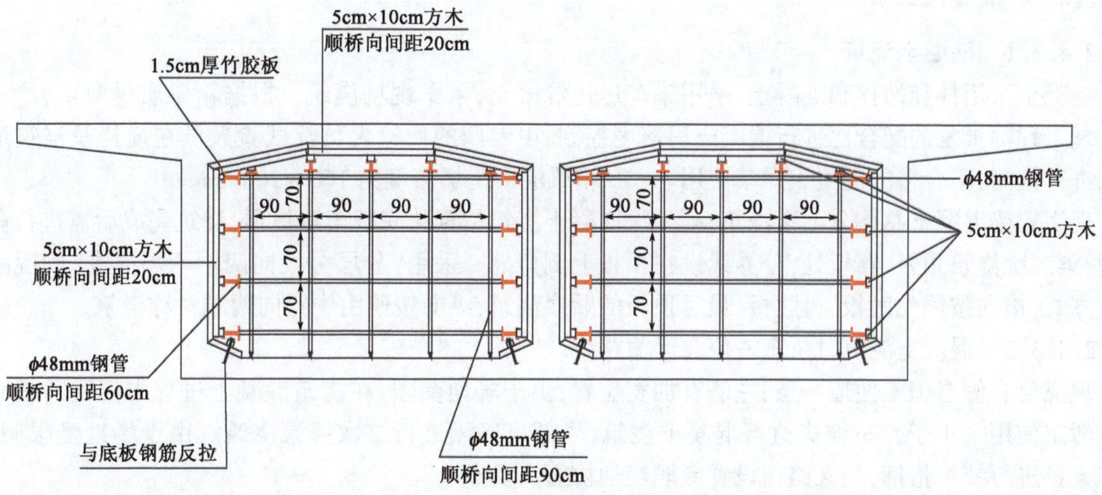

图 2-1-11 箱梁顶横(尺寸单位:cm)

(4)为便于人员进入箱室进行梁底板混凝土施工及内模的拆除,在箱室内模顶面设置人孔(100cm × 75cm)。在内模拆除外运后,恢复顶板钢筋,设置吊模封顶。

2.4.2.4 钢筋加工与安装

钢筋加工时,应按照设计要求的尺寸进行下料、成型。钢筋安装时,应控制好间距、位置及数量。要求绑扎的钢筋,要绑扎牢固;要求焊接的钢筋,可事先焊接的应提前成批次焊接,以提高工效。焊缝长度、饱满度等方面应满足规范要求。钢筋的骨架筋在加工场制作好,运至现场,用吊车吊至底模上进行绑扎。施工中严禁乱丢杂物,保持底模干净。

2.4.2.5　波纹管、锚具安装

波纹管在安装前应进行灌水试验,检查有无渗漏现象,合格后方可使用。

波纹管严格按照设计曲线布设,并计算出每隔50cm处的坐标,用两根定位筋焊接架设。波纹管穿设后,在定位筋处固定牢靠,避免在混凝土浇筑时发生移位;坐标偏差不得超过规范要求,即梁长方向30mm、梁高方向10mm,以免钢绞线张拉时与波纹管产生的摩阻力远远大于规范规定。

在波纹管内穿设比波纹管内径小的内衬塑料管,防止浇筑混凝土时漏浆堵塞波纹管。

严禁在波纹管周围进行电焊作业,防止损坏波纹管。为了保证波纹管不漏浆,波纹管接头处,两端分别插入接头管中不少于30cm,接头管为比其大1号的同型波纹管,并且用胶带缠裹、密封,确保灰浆不会通过接头管渗入管道中。预应力管道锚具处空隙大时,用海绵泡沫填塞,防止漏浆。

排气孔位置须设定在波纹管最高点上,采用塑料管或钢管,排气孔和波纹管连接处用胶带密封,并在浇筑混凝土时注意保护,以免堵塞。

锚头安装时,应使锚头入槽,不得随意放置。限位板安装过程中注意钢绞线与孔洞一一对应,防止错位造成张拉过程中钢绞线断丝;限位板槽的深浅合适,防止过浅造成钢绞线刻痕厉害,过深造成夹片外露较长或错位。

2.4.2.6　预埋件施工

对于预埋件采取打磨涂防锈漆处理,以防钢构件对混凝土造成污染。预埋件埋设时,首先测量人员放样时应精确定位,将其锚固部分与主筋骨架焊接,或者设置井字架固定,并将定位架与主筋骨架焊接。孔洞修补后,混凝土表面必须平整光滑、色泽基本相同,且填充部位的水泥浆要有一定的黏结能力,能与梁体原有混凝土紧密黏结并成为整体。

通气孔、箱内泄水孔、桥面泄水孔与钢筋发生冲突时,可适当移动孔道位置;电梯扶墙、托架对拉孔等预留孔道与钢筋发生冲突时,适当移动钢筋位置,确保预留孔道位置准确,为后续施工的顺利进行做好准备。

2.4.3　混凝土工程

2.4.3.1　混凝土浇筑

混凝土采用拌和站拌和混凝土,采用罐车运送混凝土,泵车现场浇筑。根据箱梁质量要求,严格按照监理工程师批复的配合比进行混凝土坍落度控制,由专职的质检人员及试验人员在搅拌及浇筑地点分别进行检测,不合格的混凝土严禁使用。C50箱梁混凝土坍落度为160～200mm。

现浇箱梁混凝土总体分两次浇筑,第一次混凝土浇筑位置从底板至腹板顶,浇筑完成后需进行凿毛处理,第二次浇筑顶板、翼板处,分界线设在顶板上倒角处。采用"分层分段向两边两端推进"的混凝土浇筑方式,横向按照先底板、再腹板、最后顶板的顺序浇筑,纵向按照由中跨向两端对称浇筑。

2.4.3.2　混凝土浇筑时泵车占位及运输路线

现浇梁右侧有施工便道一条,左侧有加宽位置,由于场地受限,在浇筑混凝土过程中便道需临时封闭。暂定使用不小于56m泵车进行混凝土浇筑,局部盲区需进行二次挪泵浇筑。由于场地受限制,由专职人员进行统一指挥,交叉路口设置专职交通协管人员。

2.4.3.3　混凝土浇筑的注意事项

(1)混凝土浇筑前,用吹风机将模板内杂物清除干净,对支架、模板、钢筋和预埋件进行全面检查,同时对起重机、拌和站、罐车、发电机和振捣棒等机械设备进行检查,确保万无一失。

(2)混凝土应由墩顶先中心、后两侧对称浇筑。混凝土分层厚度为30cm,浇筑过程中,随时检查混凝土的坍落度。

(3)混凝土振捣采用插入式振捣棒,移动间距不应超过振捣棒作用半径的1.5倍。

(4)振捣棒振捣时与侧模保持5～10cm的距离,避免振捣棒接触模板和预应力管道等。振捣上层混凝土时,振捣棒要插入下层混凝土10cm左右。以"快插慢抽"为原则,对每一振动部位振捣至混凝土停止下沉,不再冒气泡,表面平坦、泛浆为止,避免漏振或过振。

(5)在混凝土浇筑过程中安排专人跟踪检查支架和模板的情况,模板若出现漏浆现象,要用海绵条进行填塞。在浇筑混凝土前,在 $L/2$、$L/4$ 截面位置的底模板下挂垂线,每截面分左边、中线、右边设三道垂线。垂线下系钢筋棍,在地面对应位置埋设钢筋棍,在钢筋棍中心位置画上标记线,以此来观测混凝土浇筑过程中底板沉降情况。若发生异常情况,应立即停止浇筑混凝土,查明原因后再继续施工。

(6)第一次浇筑混凝土,浇筑至腹板顶部时,做好施工缝。混凝土高度略高出设计腹板顶部 1cm 左右,将顶面的水泥浆和松散混凝土凿除掉,露出坚硬的混凝土粗糙面,用水冲洗干净。

(7)第二次浇筑箱梁顶板混凝土时,在 $L/2$、$L/4$、跨端等断面处,从内侧向外侧按 5m 间距布设钢筋棍,将钢筋棍焊在顶层钢筋上,使顶端高程为顶板高程,以此方法来控制顶板混凝土浇筑高程及横坡度。对混凝土进行找平,抹面时要架设长马镫,不得踩混凝土面,以免影响平整度。在混凝土接近终凝、表面无泌水时,进行二次抹面收光。

混凝土收浆抹面后进行人工拉毛,采用钢丝刷横桥向拉毛,深度控制在 1 ~ 2mm。要掌握好拉毛时间,早了带浆严重,影响平整度;晚了则拉毛深度不够;一般凭经验掌握,以混凝土表面用手指压有轻微硬感时拉毛为宜。

(8)在浇筑箱梁顶板预留孔混凝土前,应清除箱内杂物,避免堵塞底板排水孔。主梁顶面预留孔四壁凿毛,填筑预留孔混凝土要振捣密实。

(9)混凝土采用土工布覆盖洒水养护。由于箱梁节段长、体积大,浇筑时间也较长,先浇段混凝土应及时进行洒水养护,保证混凝土表面始终处于湿润状态。养护时间不少于 7d,每天洒水的次数以能保持混凝土表面经常处于湿润状态为度。用于控制张拉、落架的混凝土强度试块放置在箱梁室内,同条件进行养护。养护期内,桥面严禁堆放材料。

2.4.3.4 支架检测

在箱梁混凝土浇筑时,项目部将设专人对支架进行监测。主要监测立杆底座或垫板与地面接触状况、混凝土浇筑荷载布置、可调托架受力情况、安全防护措施、扣件拧紧情况、杆件节点连接情况及型钢梁变形情况;重点监测支架沉降量。遇异常情况及时预警。

(1)监测点的设置。布设三个断面:跨中、分别距离两端 2m 处,根据箱梁特性,每个断面腹板下设置 1 个监测点。

(2)竖向杆件跨中弯曲预警值为 5mm,由测量人员检测。

(3)支架沉降预警值为 5mm,由测量人员检测。

(4)异常声响由施工员、工班长负责处理。

(5)突发事故由现场全体参建施工人员处理。

2.4.3.5 混凝土养护

混凝土浇筑完成后,及时进行洒水养护,养护期不得少于 7d。在浇筑完的混凝土面上覆盖土工布,定时进行洒水养护。

2.4.3.6 预应力施工工艺

预应力工程作为现浇箱梁的重中之重,从预留孔道的布设、锚垫板的安装、锚下混凝土的振捣以及钢绞线张拉和孔道压浆操作均不容忽视。

(1)钢绞线的下料

首先检查钢绞线质量是否符合设计要求,保证钢绞线表面无裂纹毛刺、机械损伤、氧化铁皮或油迹。经检验合格后的钢绞线方能下料加工。

下料长度按照设计图弯道曲线要素计算确定,并考虑锚夹具、限位板厚度、千斤顶及预留工作长度。在施工缝处,用连接器连接,钢绞线端头加用挤压套。

预应力钢绞线采用钢筋切断机或砂轮切割机截断,不得使用电弧或气割。钢绞线切割时,先将钢绞线拉到需要的长度,切口两端 50mm 处用钢丝绑扎,以免切割后钢绞线松散,然后用砂轮切割机进行切割。

钢绞线切割后编成束,编束时保持每根钢绞线之间平行、不缠绕。每隔 1 ~ 1.5m 绑扎一道铁丝,绑好的钢绞线束编号挂牌堆放,避免搬运和穿束时出错。堆放时离开地面,保持干燥,并遮盖塑料布防止雨淋。

(2)钢绞线的穿束

钢绞线穿束前,先把管道内的水分和杂物清除干净。穿束方法:将钢绞线束紧卡在推销和小钢管之间,钢管外径应比波纹管内径小5~10mm。先将引线(单根钢绞线或ϕ10mm的钢筋)穿入孔道,再从另一端拉出,即完成穿束工作。

(3)张拉

①采用应力控制为主、伸长值校验为辅的方法,从两端张拉。张拉时混凝土强度需达到设计强度的100%,按照对称原则从两边向中间张拉,每次张拉不少于两束。量测伸长值时应考虑锚具及构件的压缩影响。控制张拉应力σ_k,张拉吨位见施工图纸。如果张拉应力达到控制张拉应力时,伸长量仍不能满足要求,应停止张拉,查找分析原因。

②张拉前应清理好锚具与梁体接触面,使其表面垂直于钢绞线。

③按设计规定的编号及张拉顺序进行。张拉程序:0→初应力($0.15\sigma_k$)→σ_{con}(持荷5min)锚固。

④千斤顶工作程序:安装工作锚→穿钢绞线至工作锚→千斤顶对中就位→张拉施加预应力→锚固→拆除千斤顶。

注意:千斤顶的升降压、测伸长等工作基本一致。

张拉千斤顶应定期检查并建立卡片备查,建立油表压力与千斤顶张拉力标定曲线,检验后的有效期为6个月,并不得超过300次张拉作业。更换了配件的张拉千斤顶、压力表必须重新校验。

⑤初应力值:张拉油泵启动,张拉缸供油,回程缸回油,监护千斤顶的工作人员与油泵驾驶员密切配合,确保锚具对中良好。初应力值为$0.15\sigma_k$,张拉到初应力时测量油缸的伸长量为Δ_1。

⑥钢绞线伸长量的计算。

预应力筋平均张拉力的计算公式如下:

$$P_p = \frac{P[1 - e^{-(kx+\mu\theta)}]}{kx + \mu\theta}$$

实际伸长值与理论伸长值的差值控制在6%范围内,否则暂停张拉,查找原因并妥善处理后继续张拉。施工技术人员在张拉过程中需认真填写张拉施工记录。

(4)孔道压浆

钢绞线张拉完毕后,用砂轮机切割锚外钢绞线,严禁用电弧焊切割,孔道外钢绞线预留长度不小于3cm。锚具外面的预应力筋间隙用水泥砂浆封裹,以免冒浆损失灌浆压力。孔道在压浆前用高压风冲洗干净,保证畅通。

钢绞线张拉完毕,应尽快对孔道进行压浆,最晚不得超过48h;压浆时注意观察预应力钢绞线和锚具稳定状况是否良好。

(5)封锚

待压浆完毕,应立即将梁端水泥浆冲洗干净,并将混凝土表面接茬处进行凿毛,使新旧混凝土表面能够更好地黏结。封端混凝土采用与梁体同强度等级混凝土,浇筑后带模浇水养护。待封端混凝土强度达到50%后,拆除端模。脱模后,养护期不少于7d。

2.4.3.7 模板与支架拆除

(1)模板拆除

①卸落支架应按制订的卸落程序进行,分几个循环卸完,开始卸落量宜小,以后逐渐增大。在纵向应对称均衡卸落,在横向应同时卸落。

②模板拆除应按设计的顺序进行,遵循先支后拆、后支先拆的原则,拆除时严禁抛扔。

③在混凝土强度能保证其表面及棱角不因拆除模板而受损后,方可拆除模板。先拆不承重的模板,后拆承重部分的模板,自上而下。

④底模拆除。拆除支架部分水平拉杆,以便作业。下调支柱顶托,先拆钩头螺栓,然后拆下插销,再用钢钎轻轻撬动模板,或用木槌轻击,拆下第一块,最后逐块逐段拆除。严禁使拆下的模板自由坠落于地面。

（2）盘扣支架拆除

支架卸架按规范要求执行，原则要求对称、少量、分次、逐步完成，使箱梁本身平衡承受恒载，避免结构物在卸架过程中发生质量事故。因此块段卸载时，横向从两翼缘板开始，向底板部位推进，纵向从中部开始，向两墩位拆除。每次卸架时，箱梁横断面上对称进行，防止单边操作对箱梁造成影响，导致横断面受力不均。同时，在卸架过程中及时对箱梁高程进行观测，掌握支架卸架情况。

拆除支架前，清除支架上的材料、工具和杂物；拆除支架时，设置警戒区和警戒标识，并由专职人员负责警戒；支架的拆除在统一指挥下，按“后装先拆、先装后拆”的顺序及安全作业的要求进行；支架的拆除应从一端到另一端、自上而下逐层地进行；同一层的构配件和加固件应按“先上后下、先外后里”的顺序进行；在拆除过程中，支架的自由悬臂高度不得超过两步，当必须超过两步时，应加设临时拉结；通长设置水平杆和剪刀撑等，必须在支架拆卸到相关的支架时方可拆除。

工人必须站在临时设置的脚手板上进行拆卸作业，并按规定使用安全防护用品。拆除工作中，严禁使用榔头等硬物击打、撬挖，拆下的连接棒应放入袋内，锁臂应先传递至地面并放室内堆存；拆卸连接部件时，应先将锁座上的锁板与卡钩上的锁片旋转至开启位置，然后开始拆除，不得硬拉，严禁敲击；拆下的门架、钢管与配件，应成捆用机械吊运传送至地面，防止碰撞，严禁抛掷。

3. 质量验收标准

3.1　主控项目

（1）排架应符合下列规定：

①排架必须满足强度、刚度、稳定性要求，能可靠地承受施工荷载。

②排架按专项施工方案支搭和安装。

③排架拆除的顺序及安全措施按施工方案执行。

检查数量：全数检查。

检验方法：对照专项施工方案观察检查，检查施工记录。

（2）承重排架的拆除，其混凝土必须达到设计要求强度等级。

检查数量：全数检查。

检验方法：检查同条件养护的试件报告。

3.2　一般项目

模板制作允许偏差见表2-1-3；模板、排架安装允许偏差见表2-1-4。

模板制作允许偏差　　表2-1-3

项目		允许偏差（mm）	检验频率		检验方法
			范围	点数	
木模板	模板的长度和宽度	±3	每个构筑物或每个构件	4	用钢尺量
	刨光模板和相邻两板表面高低差	1			
	平板模板表面最大的局部不平（刨光模板）	3			用3m直尺检查
	拼合板中木板间的缝隙宽度	2			用钢尺量

模板、排架安装允许偏差　　表2-1-4

项目		允许偏差（mm）	检验频率		检验方法
			范围	点数	
相邻两板表面高低差	木模板	≤2	每个构筑物	4	用钢尺量
表面平整度	木模板	≤3		4	用2m直尺检验

续上表

<table>
<tr><td colspan="3" rowspan="2">项　　目</td><td rowspan="2">允许偏差
(mm)</td><td colspan="2">检 验 频 率</td><td rowspan="2">检 验 方 法</td></tr>
<tr><td>范围</td><td>点数</td></tr>
<tr><td>模内尺寸</td><td colspan="2">梁</td><td>+3, -5</td><td rowspan="2">每个
构筑物</td><td>3</td><td>用钢尺量,长、宽、高各计1点</td></tr>
<tr><td>轴线位移</td><td colspan="2">梁</td><td>≤8</td><td>2</td><td>用经纬仪测量,纵、横向各计1点</td></tr>
<tr><td colspan="3">支承面高程</td><td>+2, -5</td><td>每支承面</td><td>1</td><td>用水准仪测量</td></tr>
<tr><td rowspan="4">预埋件</td><td rowspan="2">支座板、锚垫板、连接板等</td><td>位置</td><td>≤5</td><td rowspan="4">每个预埋件</td><td>1</td><td>用钢尺量</td></tr>
<tr><td>平面高差</td><td>≤2</td><td>1</td><td>用水准仪测量</td></tr>
<tr><td rowspan="2">螺栓、锚筋等</td><td>位置</td><td>≤3</td><td>1</td><td rowspan="2">用钢尺量</td></tr>
<tr><td>外露长度</td><td>±5</td><td>1</td></tr>
<tr><td rowspan="4">预留孔洞</td><td colspan="2" rowspan="2">预应力筋孔道位置</td><td>梁端≤5</td><td rowspan="4">每个预留
孔洞(道)</td><td>1</td><td rowspan="2">用钢尺量,2m计1点</td></tr>
<tr><td>梁中≤10</td><td>1</td></tr>
<tr><td rowspan="2">其他</td><td>位置</td><td>≤5</td><td>1</td><td rowspan="2">用钢尺量</td></tr>
<tr><td>孔径</td><td>±10,0</td><td>1</td></tr>
<tr><td>轴线位移</td><td colspan="2">横隔梁</td><td>±5</td><td>每个构件</td><td>2</td><td>用经纬仪或样板</td></tr>
</table>

3.3　模板外观质量

模板外观质量符合下列规定:

(1)模板接缝不得漏浆;在浇筑混凝土前,木模板洒水湿润,但模板内无积水,无杂物;

(2)模板表面(与混凝土接触面)的隔离剂涂刷均匀,不得使用影响结构性能和妨碍装饰的隔离剂;

(3)构筑物外露表面模板平整、光洁、美观、清晰;

(4)固定在模板上的预埋件、预留孔洞不得遗漏且安装牢固。

3.4　排架验收

每道地基处理工序施工时,严格执行检查与验收程序,经技术员验收合格后,报项目部进行复检,复检合格后方可上报监理进行下阶段检查与验收。

(1)基础完工后及模板支撑架搭设前;

(2)作业层上施加荷载前;

(3)达到设计高度后;

(4)遇有6级大风与大雨后;

(5)停用超过一个月。

4.危险因素分析

4.1　重大危险源识别

根据现浇梁施工工序,对可能发生的危险源进行识别,见表2-1-5。

现浇梁施工工序中的危险源汇总　　表2-1-5

<table>
<tr><td>序号</td><td colspan="2">施 工 工 序</td><td>事 故 类 别</td><td>伤 害 方 式</td><td>引发事故主要原因</td></tr>
<tr><td>A001</td><td rowspan="2">支架安装</td><td>构件起吊</td><td>起重伤害</td><td>构件从高处突然落下</td><td>吊装时没有专人进行指挥;
吊装构件用钢丝绳有磨损或强度不够</td></tr>
<tr><td>A002</td><td>构件安装</td><td>高处坠落</td><td>施工人员从高处坠落</td><td>操作工人没有佩戴安全带或救生衣;
操作平台防护不到位</td></tr>
</table>

续上表

序号	施工工序	事故类别	伤害方式	引发事故主要原因
A003	支架安装	支架坍塌	施工人员从高处坠落、物体打击	工人未按要求进行支架搭设
A004		爬梯倾覆	施工人员从高处坠落、物体打击	工人未按要求进行爬梯搭设
A005	预压块起吊	起重伤害	重物突然从高处落下	安装时没有专人进行指挥； 吊装用钢丝绳有磨损或强度不够； 操作工人没有佩戴安全带及救生衣； 工作平台防护不到位
A006	支架预压	支架坍塌	施工人员从高处坠落、物体打击	工人未按要求进行支架搭设
A007	预压块就位	高处坠落、人员淹溺	构件坠落； 施工人员从高处坠落； 施工人员淹溺； 预压块倾倒	支架本身不满足结构要求； 预压块摆放不合理或倾斜； 工人没有佩戴安全带及救生衣； 工作平台临边防护不到位
A008	钢筋及预应力安装	机械伤害、物体打击	加工及安装时挤伤、碰伤等	作业人员操作失误； 作业未按照规程进行
A009		高处坠落	不当操作事故(闪失、碰撞等)	操作工人没有佩戴安全带或救生衣； 操作平台防护不到位
A010	混凝土浇筑	高处坠落	构件坠落； 施工人员从高处坠落； 施工人员淹溺	现浇箱梁本身不满足结构要求； 工人没有佩戴安全带及救生衣； 工作平台防护不到位
A011	预应力施工	机械伤害	钢绞线或夹片等飞出伤人	张拉操作未按照规程进行； 张拉器具或钢绞线等质量不符合要求
A012	支架拆除	物体打击	落物伤人(物体打击)	在拆除时,高空抛掷构配件,砸伤工人或路过行人； 架体上物体堆放不牢或意外碰落,砸伤工人或过路行人； 整体倾倒,砸伤工人或过路行人等
A013	临时用电	触电	触电	临时用电设备安装不符合要求； 未按照安全用电执行
A014	雷击	设备损坏,雷击伤人	多种	施工过程中遭遇雷雨天气
A015	吊车安装及使用	机械伤害、物体打击	加工及安装时挤伤、碰伤等	作业人员操作失误； 作业未按照规程进行
A016		高处坠落	不当操作事故(闪失、碰撞等)	操作工人没有佩戴安全带或救生衣； 操作平台防护不到位
A017	六级大风	支架倾覆	财产损失、人员伤亡	大风破坏性大,无三防应急预案； 支架不满足抗风要求
A018	整个施工过程	物体打击	落物伤人	整个施工过程中,物件偶然下落,砸伤过路行人或桥下船只人员
A019		火灾	人员烧伤、灼伤	工人未按要求摆放氧气瓶

4.2 危险因素评估

根据4.1节危险源的识别，对支架施工过程中可能遇到的各种风险事故进行汇总分析。危险因素评估采用LEOD法。

4.2.1 评估方法

危险源的危险度通过LECD评估方法来计算，即把危险源诱发事故的可能性、人员暴露于危险环境中的频繁程度、一旦发生事故可能造成后果的严重程度三种因素的量化值之乘积，作为该危险源的危险度，即危险度 $D = L \times E \times C$。其中，L 为事故发生的可能性；E 为人员暴露于危险环境中的频繁程度；C 为一旦发生事故可能造成的后果。

L、E、C 赋值标准见表2-1-6。

L、E、C 赋值标准 表2-1-6

L——事故发生可能性			
分数值(分)	事故发生的可能性	分数值(分)	事故发生的可能性
10	完全可以预料到	0.5	很不可能，完全意外
6	相当可能	0.2	极不可能
3	可能，但不经常	0.1	实际不可能
1	可能性小，可以设想		
E——人员暴露于危险环境的频繁程度			
分数值(分)	人员暴露于危险环境的频繁程度	分数值(分)	人员暴露于危险环境的频繁程度
10	连续暴露	2	每月几次暴露
6	每天几次暴露	1	每年几次暴露
3	每周几次暴露	0.5	非常罕见地暴露
C——发生事故可能造成的后果			
分数值(分)	发生事故可能造成的后果	分数值(分)	发生事故可能造成的后果
100	2000万元及以上经济损失，3人及以上死亡	7	150万～300万元经济损失，重伤或4人以上轻伤
40	1000万～2000万元经济损失，2～3人死亡	3	70万～150万元经济损失，1～3人轻伤
15	300万～100万元经济损失，1人死亡或3人以上重伤	1	1万～70万元经济损失，微伤
危险性等级划分标准			
D值(分)	危险度	D值(分)	危险度
>320	极其危险，不能继续作业	20～70	一般危险，需要注意
161～320	高度危险，需立即整改	<20	稍有危险，可以接受
71～160	显著危险，需要整改		

4.2.2 危险因素评估表

根据LECD评估方法汇总，得表2-1-7。

危险因素评估 表2-1-7

序号	活动	主要关键设备	影响条件	潜在危险	可能发生的事故	作业条件危险评价(分)				危险等级
						L	E	C	D	
1	支架安装	钢丝绳	钢丝绳质量不好	高处落下	人员伤亡	1	10	3	30	2
2	支架安装	信号工	无专人指挥	高处落下	人员伤亡	3	10	3	90	3
3	支架安装	防护工具	未佩戴安全防护工具	高处落下	人员伤亡	3	10	3	90	3
4	支架安装	防护工具	施工平台防护不到位	高处落下	人员伤亡	3	10	3	90	3

续上表

序号	活　动	主要关键设备	影响条件	潜在危险	可能发生的事故	作业条件危险评价(分)				危险等级
						L	E	C	D	
5	预压	钢丝绳	钢丝绳质量不好	高处落下	人员伤亡	1	10	3	30	2
6	预压	信号工	无专人指挥	高处落下	人员伤亡	3	10	3	90	3
7	预压	防护工具	未佩戴安全防护工具	高处落下	人员伤亡	3	10	3	90	3
8	预压	防护工具	施工平台防护不到位	高处落下	人员伤亡	3	10	3	90	3
9	预压	预压	堆放不合理	倾倒	财产损失、人员伤亡	1	10	3	30	2
10	预压	支架构造	构造不满足要求	支架坍塌	财产损失、人员伤亡	0.5	6	15	45	2
11	预压	操作工	未按照要求安装到位	工字钢倾覆	财产损失、人员伤亡	1	6	15	90	3
12	钢筋及预应力安装	防护工具	未佩戴安全防护工具	高处落下	人员伤亡	3	10	3	90	3
13	钢筋及预应力安装	防护工具	施工平台防护不到位	高处落下	人员伤亡	3	10	3	90	3
14	钢筋及预应力安装	操作工	未按照规程操作	物体打击	人员伤亡	3	2	7	42	2
15	混凝土浇筑	防护工具	未佩戴安全防护工具	高处落下	人员伤亡	3	10	3	90	3
16	混凝土浇筑	防护工具	施工平台防护不到位	高处落下	人员伤亡	3	10	3	90	3
17	混凝土浇筑	支架构造	构造不满足要求	支架坍塌	财产损失、人员伤亡	1	2	15	30	2
18	混凝土浇筑	操作工	未按照要求安装到位	工字钢倾覆	财产损失、人员伤亡	1	2	15	30	2
19	预应力施工	张拉器具	质量不合格	机械伤害	人员伤亡	1	6	7	42	2
20	预应力施工	操作工	未按规程操作	机械伤害	人员伤亡	1	6	7	42	2
21	支架拆除	支架构件	拆除材料乱堆	物体打击	人员伤亡	1	2	7	75	3
22	支架拆除	操作工	未按顺序拆除	支架坠落	财产损失、人员伤亡	1	6	5	30	2
23	支架拆除	支架设备	设计不合理	支架坠落	财产损失、人员伤亡	1	2	5	30	2
24	临时用电	设备	用电设备不符合要求	触电	人员伤亡	1	6	5	30	2
25	临时用电	操作人员	操作违规	触电	人员伤亡	3	6	3	54	2
26	台风	设备及人员	天气	支架倾覆	财产损失、人员伤亡	3	1	40	120	3
27	雷击	设备及人员	天气	设备损坏，人员伤亡	财产损失、人员伤亡	1	6	7	42	2
28	塔式起重机安装及使用	防护工具	未佩戴安全防护工具	高处落下	人员伤亡	3	10	3	90	3
29	塔式起重机安装及使用	操作工	施工平台防护不到位	高处落下	人员伤亡	1	6	5	30	2
30	塔式起重机安装及使用	塔式起重机构造	构造不满足要求	塔式起重机倒塌	财产损失、人员伤亡	1	2	15	30	2
31	整个施工过程	各种物件	人员操作不规范	物件下落	人员伤亡	1	6	7	42	2

根据危险等级标准可以看出,支架施工危险等级均处于3级以下。根据实际情况采取加强安全巡查与安全教育,确保安全技术交底覆盖率达到100%等措施防止安全事故的发生。

5. 工程质量保证措施

5.1 施工前的质量控制准备工作

施工前,组织技术人员认真进行图纸会审,切实了解和掌握工程质量要求和施工技术标准,全面理解设计意图和建设单位的要求,如有不清楚或不明确之处,及时向建设单位或设计单位提出。

根据工程的要求和特点,组织专业技术人员编写实施性施工组织设计方案,严格按照公司质量体系程序的内容要求,编制施工计划,确定适用的施工方法和施工设备并落实。

开工前做好各分部分项工程、工序的技术、安全交底工作,严格按照公司质量体系规定的内容做好技术和安全交底。按照分级技术交底的要求,各级施工人员须清楚地掌握将要进行施工部位、工序的施工工艺、质量要求、技术标准等,对特殊和重点部位要真正做到心中有数,确保施工操作的准确性和规范性。

5.2 加强施工全过程的质量控制工作

配齐满足工程施工需要的技术人员,有针对性地组织各类施工人员进行必要的施工前岗位培训,保证工程施工的质量。技术人员、管理人员必须熟悉本工程的技术、工艺要求,了解工程的特点和现场情况,确保工程施工质量处于可控状态。

严格按照设计文件和图纸、变更令及技术规范进行施工。编制详细合理的施工组织设计、施工技术方案和操作规程,并以此为依据,合理组织和调配材料、机械设备和人员,使工程优质、高效、低耗地开展。

5.3 配齐满足工程施工需要的各类机械设备

工程施工实行现场标牌管理,标示牌上注明分项工程作业内容、简要工艺和要求、施工及质量负责人姓名等。

对已经认可的施工方案、方法、工艺技术参数和指标进行严密的监视和控制,保证在具体施工操作过程中,能够实现建设单位和监理工程师的要求,尤其是对工程的特殊重点部位和工序,要专门制订施工方案,并加强监督的力度和控制的手段,使工程的每个部位、工序均达到优良标准。

5.4 质量管理制度

为把质量工作贯穿到施工全过程,使工程质量始终处于受控状态,将各项质量管理工作落到实处,制订以下质量管理制度。

(1)教育、培训、持证上岗制度

组织参加本工程施工的全体工作人员学习施工组织设计文件、规范、标准,要求所有参建人员理解本工程的特点,熟悉施工的程序和质量要求,了解并掌握易产生质量隐患的重要工序及重要环节,定期安排技术培训,并进行技术考核。特殊工种的人员进行上岗前培训,执行持证上岗率100%的制度。就施工过程中遇到的新问题、新材料、新工艺及时组织相关人员进行系统学习,保证工程质量。

(2)技术复核、隐蔽工程验收制度

制订技术复核制度,明确复核内容、部位、复核人员及复核方法。制订隐蔽工程验收制度,凡属隐蔽工程的,在工程隐蔽之前必须通过验收。

凡分项工程的施工结果被后道施工工序所覆盖,均应进行隐蔽工程验收,隐蔽验收过程中认真填写《隐蔽工程验收记录》。

(3)施工质量检查制度

制订质量检查制度,按照开工前检查,工序交接检查,分部分项工程完工后检查,隐蔽工程检查,停工后复工前检查,原材料、半成品及机械设备检查,巡视检查的检查程序实施,使施工生产过程中的产品质量处于受控状态。

(4)技术、质量、交底制度

施工前必须将工程技术、质量方面的内容以书面的形式向全体技术人员进行交底并签认,具体可分为以下两方面。

①组织项目部全体技术人员对图纸进行认真学习,全面了解工程内容,领会设计意图,为设计交底做好充分准备。

②组织全体技术人员认真学习施工方案,并进行技术、质量、安全书面交底,列出关键分部分项工程和施工要点。

(5)质量"三检"制度

①建立各级质量检查制度,项目经理部采取定期和不定期相结合的方式进行质量检查。定期检查各工区施工质量,每月进行一次。质量检查由主要领导组织有关部门人员参加,外业检查、内业检查分别进行。外业检查主要包括对照评定标准对工程中线、水平及工程结构尺寸和检测项目进行实地量测,做出记录,作为评定质量等级的依据之一;内业检查按管理部门对口检查各项资料、记录、台账、报表、签证、质保书、设备状况等是否清楚、齐全、完整、符合标准,按检查办法得出检查评定结果。

②各级设立专职质检人员,持证上岗,对施工过程的质量实施检查控制,做好各项工程的自检工作。分级进行分项、分部和单位工程的质量评定。在分项工程施工过程中,采取定期检查与自检、互检、交接检相结合的"三检"制度。

③加强与建设、监理、设计单位的密切配合,服从质量监督和建设、监理单位对工程质量的指令。严格执行隐蔽工程检查制度,对监理工程师和建设单位代表进行的随时抽查和重点检查提供必要的检查条件,对检查提出的质量问题,必须及时采取有效可靠的措施进行处理或返工。

(6)质量事故报告制度

建立质量事故报告制度。凡工程在建设过程或竣工后,由于施工原因造成工程质量问题的,立即上报建设单位、监理单位和质量监督站,如涉及设计问题的,还应通知设计单位代表,共同参与事故分析处理,不得隐瞒不报,不得拖延处理。工程一般质量事故,2d 内向建设单位、监理单位、质量监督站、上级主管部门提出书面报告。如遇重大质量事故,应于 2h 内速报交通主管部门,同时报质量监督站以及部委质监总站。

(7)工程质量检验制度

试验室配备具有大型桥梁施工经验的试验检测人员负责试验检测工作,配合监理工程师中心试验室做好工程试验检测工作。

6. 施工安全保证措施

项目部安全管理人员组织机构如图 2-1-12 所示。

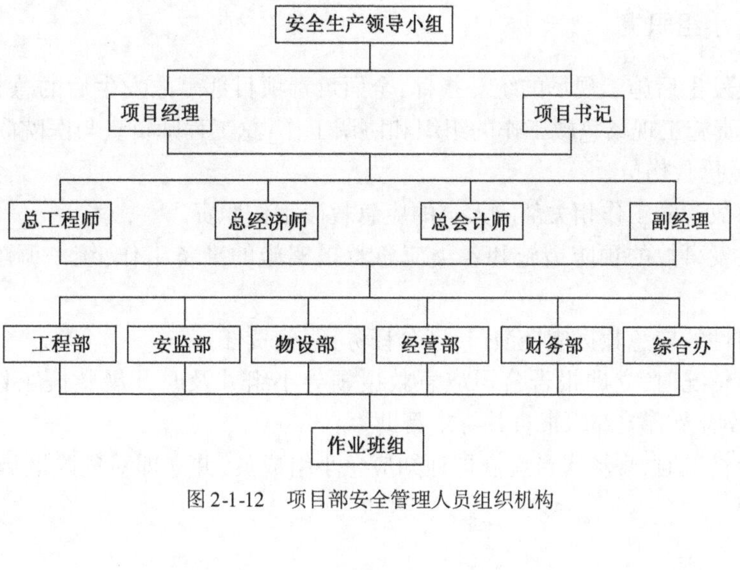

图 2-1-12　项目部安全管理人员组织机构

现浇箱梁均是高空作业,危险性很大,在施工中除严格遵守桥梁施工安全技术规程的有关规定外,还应注意以下几点:

(1)现浇箱梁支架均为大型构件,杆件长,质量大,使用钢丝绳的机械在运行中禁止工作人员跨越钢丝绳,用钢丝绳起吊、拖拉重物时,现场人员要远离作业半径,并对钢丝绳进行定期保养、检查及更换。加强临边防护搭设,防止出现高空坠落事故;同时必须加强现场指挥工作,现场施工人员必须佩戴安全带。采用对讲机统一指挥,协调运作。

(2)现浇箱梁操作平台边缘要加焊栏杆,栏杆断开处及上下人行梯挂好安全网。安全网内设置一层密目网,能够保证不发生物件坠落事故。同时应配备消防器材,防止由于电焊作业等原因可能引燃防雨遮晒篷布、安全网等易燃物而导致的火灾事故。

(3)施工用电力、照明线路必须由专业人员敷设,并经常清理检查,以消除漏电、短路隐患。

(4)浇筑混凝土施工过程中,必须安排专人经常检查支架、联结系等关键受力杆件的状态。混凝土泵送过程中,排除堵塞、重新泵送或清洗混凝土泵时要特别注意,防止堵塞物或废浆高速飞出伤人。

(5)支架及模板安全。

①所有承重结构物应反复验算其强度、刚度、局部和整体稳定性,尤其是现场销轴连接、螺栓连接、焊接连接处应着重检查,并且要有足够的安全储备。

②所有模板及支架应经计算,确保其强度、刚度、稳定性符合要求,并有足够的安全储备。

③直接承重结构、间接传力结构和最后承力结构均要通过验收,强度、刚度、局部承压及稳定性等均要符合相应规范的要求。

④现浇箱梁内模为木模板,施工动火遵守动火许可证制度,上岗人员一律持证上岗,焊割均应设铁畚箕接渣,并明确划分动火区。

⑤加强起重用千斤顶、链条滑车、钢丝绳等机具设备的维修养护,发现问题,及时处理。

⑥施工人员在上岗前必须经过专业培训。工作时间不得推搡打闹,酒后严禁上桥作业。

⑦养成良好的工作习惯,不随意摆放物料、工具,也不随意向桥下扔东西。

⑧施工期间,现场常设两名以上专职人员。该人员具有从事安全工作的资格,且熟悉所施工的工作类型。其工作任务包括制订健康保护与事故预防措施和个人检查,查看安全规则与条例的实施情况。驻地管理人员一律持证上岗。

7. 应急救援预案

项目部成立事故应急救援指挥领导小组,组长由项目经理担任,副组长由安全总监担任,成员由项目部各部门主管领导及安全员等组成。公司本部设置相应的应急救援指挥部。

7.1 应急救援小组职责

(1)组长是事故发生后施工现场的统一指挥,全面负责项目部事故发生后的急救工作,并及时上报上级部门;副组长负责施工现场急救工作的组织和协调工作;总工程师负责与医院联系、车辆的调度等;安全员负责组织人员抢救伤员。

(2)负责制订事故预防工作相关部门人员的应急救援工作职责。

(3)负责制订突发事故的预防措施和各类应急救援实施的准备工作,统一调配人员、材料物资等资源。

(4)进行有针对性的应急救援应变演习,区分任务,明确责任。

(5)当发生紧急情况时,立即报告公司应急救援领导小组并及时开展救援工作,尽快控制险情蔓延;必要时,向当地政府及有关部门报告并寻求帮助。

(6)当发生紧急情况时,现场人员应立即通知应急小组成员,并立即对危险区域及人员采取防护措施防止事故扩大。

(7)封闭危险区域严禁无关人员,以免进入造成二次伤害和影响救援工作。

(8)立即清点施工现场作业人员的数量,掌握坍塌事故现场是否有施工作业人员被埋压,并立即组织用于抢险的大型机械设备进入施工现场备用。

7.2　教育培训与演练

培训目的:为更好实施应急救援行动,提高救援人员应急处理能力。

培训要求:被培训人员要达到理解应急方案内容、明确个人职责的目的,熟悉本岗位的具体操作内容。

通过在模拟环境中操练,检验应急方案是否可行,提高救援人员实际操作的熟练水平。演练由应急救援小组统一组织,提出演练方案及演练内容,并就演练全过程进行跟踪和记录。通过演练,达到确认岗位、人员、责任的目的,提高救援小组现场指挥、应急处置、快速反应的能力。

8. 特殊天气季节性施工措施

8.1　冬季施工保证措施

当室外日平均温度连续5d稳定低于5℃时,各施工单位应按冬季施工措施进行施工。进入冬季后,施工单位应与气象台、站保持联系,及时收听天气预报,做好防护措施,防止寒流突然袭击。

(1)冬季施工时,现场应备好防冻保暖物品、防冻剂、草袋等,临时自来水管应做好防冻保温工作,采用稻草、保温棉等材料包裹。

(2)做好冬季施工混凝土、砂浆外掺剂的试配试验工作,提出施工配合比。混凝土浇捣后,应及时覆盖草包,采取防冻蓄热养护方法,在混凝土强度达到设计等级的40%且不低于50kg/cm^{3}之前,应保持围帘薄膜内混凝土表面温度不低于5℃。低温施工时,对于混凝土构件应延长保温养护期,适当延长拆模时间,以保证混凝土的施工质量。

(3)当气温低于-5℃时,应暂停钢筋焊接、混凝土现浇等项目的施工。

(4)严寒期不宜进行预应力工程施工。

(5)张拉完成后应及时进行孔道压浆,但是压浆应在一天中温度最高时进行,并且压浆时温度不得低于0℃。压浆料进行拌和前,应由试验室人员对拌和用水进行温度检测,温度过低时,采用电加热管对拌和用水进行加热,加热温度控制在30℃左右,不得超过60℃。压浆结束后,在端头及箱室内采取加热保温措施。

8.2　雨季施工保证措施

(1)在降雨量集中季节且会对工程质量造成影响时,应按雨期的要求进行施工。

(2)雨期施工应通过当地气象部门提前获取气象预报资料,制订切实可行的施工组织计划、施工技术方案及应急预案等。对水泥、钢材等工程材料应有防雨防潮措施,对施工机械应有防止洪水淹没等措施。

(3)雨季应对现场做好排水工作,确保道路通畅。排架周围应设有应急排水措施,防止雨水浸泡排架地基。

(4)雨季施工期间,对现场供电线路、设备进行全面检查,防止触电事故发生。

(5)雨季施工期间,时刻关注检测点的沉降,如有沉降,应立即停止施工,及时排除隐患。

(6)降雨量比较大时,需停止施工,同时对钢筋进行遮挡覆盖,防止钢筋锈蚀。

(7)水泥的储存应防雨防潮,已受潮有结块的水泥不得用于工程中。雨期施工应增加砂、石集料含水率的检测次数,及时调整混凝土配合比,保证拌和质量;砂、石集料的含水率检测,每个台班应不少于1次,雨后拌制混凝土应先检测、后拌和。

(8)为防止雨水冲刷灌进条形基础内部,对条形基础周围土体采用堆放沙袋或混凝土硬化方式处理。

(9)保证河沟排水畅通,避免河沟内水位过高而对底部支撑产生冲击。为预防突发情况,需配置两台抽水泵。

9. 环境和水质保证措施

9.1 生活用水和生活污水处理措施

(1)食堂污水排放时可设置简易有效的隔油池。隔油池应定期清理,防止污染。

(2)厕所污水处理应设置化粪池,处理后的水可以用来灌溉农田、洒水降尘等。

(3)普通生活污水处理应设置沉淀池,处理后的水可以用来洒水降尘。

9.2 施工废水处理措施

(1)定期对施工机械进行维修保养,防止跑、冒、滴、漏油,污染地下水体。禁止施工废水直接排放至河沟中。

(2)施工现场按标准设置排水沟,雨水排入排水沟内。运输车辆冲洗污水、混凝土泵车污水等必须经沉淀池沉淀后方可排入排水沟内。

(3)施工中的其他废水处理,应采取过滤、沉淀池或其他措施,确保做到达标排放。

(4)施工期间,要严格管理水泥、油料、石灰等施工物料,防止被雨水冲刷后污染地面或流入排水沟内造成环境污染。

9.3 施工扬尘处理措施

(1)项目部健全和落实控制扬尘的管理制度。

(2)按规范要求进行清运和堆放工地清扫出的建筑垃圾。工地在清扫时,适当洒水或采取其他防尘、吸尘措施。

(3)土方进出工地时,在洗车池将车辆的槽帮和车轮冲洗干净,并做好遮蔽、清洁工作。

(4)对施工现场内堆放的水泥、灰土等易产生尘埃的物料,采取围挡、遮盖等措施防尘。卸运时要采取遮盖措施,减少灰尘。现场搅拌设备要安设除尘装置。

(5)每个施工区域内配置水车,根据现场情况及时进行降尘。

9.4 施工噪声和污染控制措施

(1)人为噪声的控制

施工现场建立健全控制人为噪声的管理制度。

(2)强噪声作业时间的控制

将一些噪声大的工序尽量安排在居民非休息时间进行,休息时间和夜间施工尽量安排噪声较小的作业。特殊情况需连续作业(或夜间作业)的,应尽量采取降噪措施,事先做好周围单位及群众的工作,张贴安民告示,并报有关主管部门备案后方可施工。

(3)强噪声机械的降噪措施

①尽量选用低噪声或备有消声降噪声设备的施工机械。施工现场使用强噪声机械(如发电机、电钻、砂轮机等)时要设置封闭的机械棚,以减少强噪声的扩散。

②对大型机械定期进行维修,保持机械正常运转,减少因机械经常性磨损而造成的噪声污染。

③加强施工现场的噪声监测。

9.5 节能减排措施

(1)制订合理施工能耗指标,提高施工能源利用率。

(2)优先使用国家、行业推荐的节能、高效、环保的施工设备和机具,如采用变频技术的节能施工设备等。

(3)施工现场分别设定生产、生活、办公和施工设备的用电控制指标,定期进行用电量的计量、核算、对比分析,对异常情况有预防与纠正措施。

10. 文明施工措施

(1)对施工人员进行文明施工教育,增强文明施工意识,树立企业文明施工形象。

(2)施工期间,认真了解、切实尊重当地人民的宗教信仰和民族风俗、习惯,积极主动搞好民族团结。

(3)施工现场及时完成"四通一平",设置工点标牌,标明工程项目概况、施工、技术负责人。

(4)施工现场设置醒目的安全警示标识、安全标语,作业场有安全操作规章制度,建设安全标准工地。

(5)按照施工组织设计的平面布置图,认真搞好施工现场规划,做到布局合理,施工井然有序。施工现场的临时用电和排水设施安装,要规范、安全、可靠,创造良好的施工环境,建设文明工地。

(6)驻地生产及生活分片规划,房屋布局合理,符合消防环保和卫生要求,做到场地平整、排水畅通。各种设施安装符合安全规定,并定期进行检查。各种福利设施、活动场所设置齐全,并有专人管理。

(7)施工所用机械设备、材料存放不得侵入公路路面,且不能影响交通。如需占用路面,要事先与交通管理部门取得联系,征得同意后方可占用,占用路面地点前后按规定设置警告牌及夜间警示灯。道路施工作业在规定时间完成,施工完毕对作业项目及道路施工进行检查,符合要求后通知交通管理部门开通放行。

(8)大型运输车辆行驶前,要事先对经过的既有公路的路面宽度、桥涵宽度及通过荷载进行调查,需加宽道路和加固桥涵时,在征得地方主管部门同意后方可进行,车辆通过或施工结束后恢复原样。

(9)施工机动车辆在国道或地方道路上行驶时,严格遵守地方政府及交警部门的管理规定,遵守公安部颁布的《道路交通管理条例》,文明行车,礼让三先,保证运输安全畅通。

(10)施工场地内各种器材分类堆放整齐,挂设标牌,标明材料规格、产地等,不同材料不混放。

(11)工程完工后,及时清理好场地,周转材料及时返库,做到工完料净、场地清洁。

11. 职业健康要求

新进职工在确定从事接触职业性危害岗位时,由公司出具证明,并知会职工本人,在上岗15个工作日内自行至体检机构进行职业病体检。逾期未进行职业病体检者,公司不予录用。接触职业病危害岗位的职工,在上岗前体检满1年后;接触粉尘岗位的职工,在上岗前体检满2年后,由公司组织至体检机构进行上岗期间的职业病体检,费用由公司统一支付。

第二节 空心薄壁墩专项施工方案

1. 编制说明

1.1 编制依据

(1)《通渭至定西高速公路施工图设计》;

(2)《通渭至定西高速公路施工标准化指南》;

(3)《甘肃省公路水运工程强制性要求》;

(4)《公路工程技术标准》(JTG B01—2014);

(5)《公路桥涵施工技术规范》(JTG/T 3650—2020);

(6)《公路工程质量检验评定标准 第一册 土建工程》(JTG F80/1—2017);

(7)《公路工程施工安全技术规范》(JTG F90—2015);

(8)《滑动模板工程技术标准》(GB 50113—2005);

(9)《液压滑动模板施工安全技术规程》(JGJ 65—2013);

(10)《施工现场临时用电安全技术规范》(JGJ 46—2005);

(11)《公路水运工程安全生产监督管理办法》(交通部令 2017 年第 25 号);

(12)《钢筋机械连接技术规程》(JGJ 107—2016);

(13)《滚轧直螺纹钢筋连接接头》(JG/T 163—2013);

(14)《公路桥梁和隧道工程施工安全风险评估指南》。

1.2 编制原则

(1)采用中交一公局高墩施工“四新”技术滑翻结合施工工艺。施工内容包括空心薄壁墩滑翻结合模板安装、使用及拆除,钢筋加工及安装,混凝土浇筑,横隔板、横系梁及封顶施工。

(2)涉及配套方案《塔式起重机安装、使用及拆除专项施工技术方案》在本方案中不做详细阐述。

(3)严格遵守招标文件的各项条款,全面响应招标文件要求,认真贯彻质量验收标准。

(4)依据工程特点及工期要求,组织各专业队伍,编订切实可行的施工方案。

(5)坚持实事求是,注重调查研究,合理安排工期,周密组织劳动力,采取有效方法科学组织施工,确保建成安全、优质工程。

(6)质量目标:工程质量交工验收合格、竣工验收优良。项目工程质量总体的一次抽检合格率须达到 93% 以上;单位工程交工验收合格率 100%,重大工程质量责任事故 0 次。

(7)按照文明施工的管理规定要求,严格做好施工现场的各项文明施工措施,做到“利民、便民、为民”,争创“年度文明工地”。

(8)环保目标:以维护市区的良好自然环境及建设单位的良好社会形象为中心思想,做到环境保护无投诉,最大限度降低便道、施工区域的扬尘,减弱噪声和爆破震动对周围居民区的影响。施工场界噪声排放达标,固定使用机械设备 100% 采取降噪措施,施工区域环境做到最大程度保护、最低程度破坏、最快时间恢复。

2. 施工总体部署

2.1 组织机构

组织机构如图 2-2-1 所示。

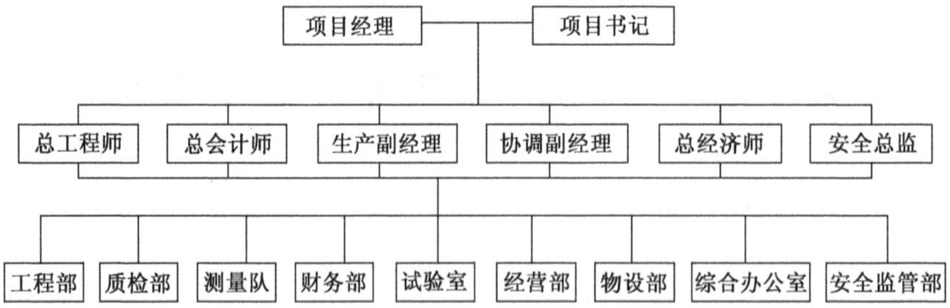

图 2-2-1 组织机构

2.2 施工条件

施工前应调查项目所具备的施工条件。

(1)调查已有道路的等级、车流量,确定施工车辆、机具是否能通过,是否需要加固、加宽,竣工后是否需要整修复原等。

(2)考虑采集和运输受洪水和冰雪季节的影响。根据开采条件、运距远近、供应方法等,通过综合比较后确定天然材料(砂石等)的产地、数量、质量鉴定及供应。

(3)调查可供利用的电网的输电电压、供电量、供电时间、接电地点。

(4)调查施工及生活水源的地点、水量、水质等。在调查水源的同时,应考虑供水方案的布置。

3.施工工艺技术

3.1　总体施工方案

爬模、滑模、翻模、滑翻结合等均为近年来高墩施工中比较先进的工艺。通定高速项目四分部高墩均位于田地、沟谷、河道范围内,同时施工区域临近居民房、交通要道及施工便道,混凝土外观质量要求高,施工进度快,施工安全性要求高。对比翻模、滑模、爬模、滑翻结合施工工艺,最终选择滑翻结合的施工方案。

经过筑岛后,施工现场场地较开阔,墩旁形成较为平整的场地,对场地硬化处理后即可满足施工要求。墩柱施工主要采用的机械设备为塔式起重机、坐地泵等。塔式起重机布置于承台中心,以均衡上、下部施工起重吊装要求;爬梯放置于左幅承台上,爬梯与墩身间距与架体相适应,墩间设置连接通道;坐地泵布置于承台外,以满足水平管长度要求,其泵管沿塔式起重机标准节向上延伸。

3.1.1　施工准备

(1)熟悉桥梁工程设计图纸、地质勘测报告及施工规范等资料。

(2)调查现场及周边地区,对设计提供的地质、水文、气象资料进行复核。复核施工图纸的桥梁墩位、高程及桥梁跨径与地形是否一致。

(3)空心薄壁墩开工前项目技术负责人或工程部对现场技术人员及施工队管理人员进行二级交底,现场技术人员对班组长及全体作业人员进行三级交底,确保施工质量及过程中的人身安全。

(4)试验室做好钢筋、砂石料试验,确定选用合格的原材料,并进行空心薄壁墩混凝土配合比设计及试验。按照混凝土设计强度要求,进行普通混凝土的试验室配合比和施工配合比设计及试验,以满足空心薄壁墩施工工艺的要求。

(5)钢筋加工场已建设完成并投入使用,空心薄壁墩使用钢筋由钢筋加工场集中制作,运至现场绑扎、安装。

(6)拌和站已建设完成并进行了标定,满足现场空心薄壁墩混凝土供应需要。

(7)组织钢筋试焊及机械连接的工艺性试验,筛选、培训参加空心薄壁墩施工的专业技术人员。

(8)管理人员、施工队伍进场并满足施工要求。施工机具、模板、安全设施齐全,材料准备充分。

(9)施工前场地应完成"三通一平",即通水、通电、通路,平整场地,做好空中电线、地下电缆、水管等障碍物的调查工作,及时找相关单位协助解决。施工前先由技术人员和施工人员逐墩全面检查各项施工准备工作,使各项安全、技术措施在思想上、组织上、操作上得到落实。

3.1.2　材料供应

空心薄壁墩施工所用水泥、石子、砂、钢筋等材料由持证材料员和试验人员按施工规范及验收标准进行检测,确保原材料符合质量标准要求。

3.1.3　塔式起重机布置

寨子庄大桥与连庄寒水河大桥桥梁墩位共配置4台塔式起重机周转使用。1台塔式起重机负责两排空心薄壁墩的施工,塔式起重机置于中间墩,即两排墩位为塔式起重机周转单元,塔式起重机中心与墩柱净间距为3.25m,塔式起重机尺寸为1.6m×1.6m。

塔式起重机独立高度为40m,如果塔式起重机高度大于40m,须采取附着措施,即:第一次附着高度(相对塔式起重机基础顶面)26m,第二次附着高度(相对第一次附着点)18m,自由悬臂高度不得超过26m,如果自由悬臂高度超过规定高度时,每隔18m加装附墙装置。塔机顶设置避雷针,塔式起重机爬梯每隔5m设置临时休息平台一处。塔式起重机施工和现场布置详见《塔式起重机专项施工技术方案》。

3.1.4　施工顺序

空心薄壁墩施工顺序见表2-2-1。

空心薄壁墩施工顺序　　表2-2-1

序　号	桥梁名称	桥墩施工顺序	备　注
1	寨子庄大桥	3号墩	配置4套模体
2	连庄寒水河大桥	15号墩→14号墩→13号墩→12号墩→11号墩	

3.2　施工方法

(1)在滑模系统基础上通过改进模板系统实现翻模施工。滑翻结合施工采用滑模提升系统,将滑模固定模板系统改进为悬吊拆装式模板系统。合模后模板与滑模围圈桁架距离50cm,便于脱模。滑翻结合施工工艺综合了滑模和翻模两种工艺的优点,同时规避了两种工艺的缺点。

(2)在完成一个节段的钢筋绑扎后,滑翻结合内、外模架体,通过20个千斤顶沿着预埋的钢管轨道进行整体爬升,爬升就位后,再安装拉筋及部分箍筋。进行模板安装,使模板通过滚轮进行合模,安装对拉拉杆,最后浇筑混凝土、养护、凿毛及准备下一节段爬升施工。

(3)通过塔式起重机进行钢筋、模板等物品的垂直运输,混凝土通过塔式起重机及地泵进行运输,施工人员通过爬梯上下。钢筋安装采用模板上操作平台完成,墩身主筋一次安装高度为4.5m,其接头采用滚轧剥肋直螺纹连接施工工艺。

(4)薄壁空心桥墩横隔板的施工采用在墩身内侧预埋型钢,焊接型钢、搭设支架、立模现浇,桥墩封顶亦采用此法。

(5)预埋件。墩身施工时应注意输送泵管固定装置、塔式起重机、爬梯的附墙装置、横隔梁浇筑支架等预埋钢板的预埋。

3.3　施工工艺

滑翻结合施工工艺流程如图2-2-2所示。

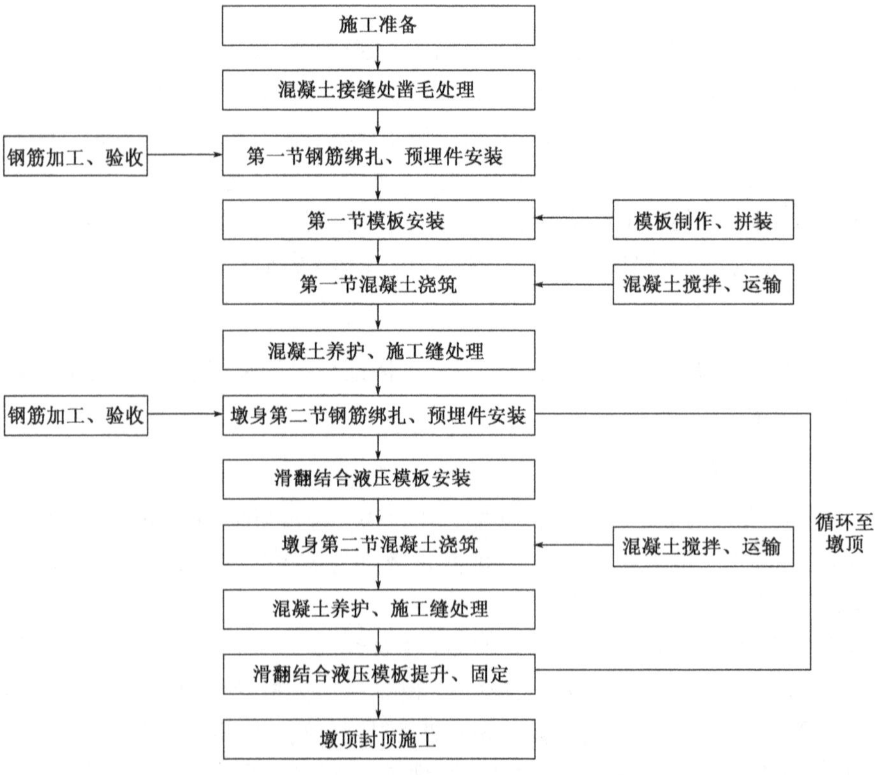

图2-2-2　滑翻施工工艺流程

3.4　施工方案

3.4.1　施工准备

滑翻结合施工前必须做好准备工作，主要包括以下几方面内容。

(1)滑翻结合模板设计。设计滑翻装置系统，并通过对滑翻荷载的分析计算，选择合理的液压系统及支承杆。

(2)混凝土基础面的处理，包括混凝土基础面的凿毛、冲洗等各项工作，必须在滑翻结合装置系统安装前处理完毕。

(3)在滑翻结合模板安装前，必须为滑翻结合模板的安装提供必要的控制点线。

(4)在滑翻结合模板施工前，必须根据工程特点及工艺要求对结构物的埋件预留孔洞等提出局部修改意见，做好技术上和材料上的准备工作，并通过试验对混凝土的初凝时间进行测定，确保滑翻结合模板在开始滑升后，不因技术准备不充分而影响滑升速度。

(5)滑翻结合模板组装调试。根据施工的要求，从模板的制作安装到组装调试必须对每道工序进行检查控制。首先，滑翻结合模板装置系统的设计必须符合规范要求。其次，滑翻结合模板的组装应满足模板偏差的要求。提升架在两个方向的垂直度允许偏差为2mm；模板上口、下口半径允许偏差为2mm；提升架前后位置允许偏差为5mm；千斤顶中心轴线垂直度无允许偏差；相邻模板的环境平整度允许偏差为1mm；安装千斤顶横梁高程允许偏差为5mm；施工操作盘的平整度允许偏差为20mm。

(6)安装垂直运输及横向移动设备，如液压提升、横向滑动设备等，同时安装安全限位、指挥通信、电器设备、电线电缆等电力输送控制系统。

(7)安装地面安全防护棚(人员通行通道、材料车辆地面通道、钢丝绳通道，地面混凝土集料区等)、平台安全栏杆、安全网等安全防护系统。

(8)施工前须安装避雷针、导线、避雷接地系统。

(9)施工前须安装台上指挥、台下指挥等指挥通信系统。

3.4.2　测量复核

项目部测量技术负责人和技术员复核施工队的测量，用全站仪对墩柱放样，测定墩柱中心点、高程水准点后，复核桥梁薄壁墩的外围尺寸、中心位置，在承台上弹线放出墩柱平面位置轮廓线，标出内外模板及预埋件安装的位置。办理监理工程师复核、签认手续。

滑翻结合施工的测量控制，采用悬挂重垂线的方式进行。在外模上口各设一根重垂线，检测整个模体的偏移及扭转。利用千斤顶同步器进行水平控制，确保整个模体垂直滑升。同时利用千斤顶的高差，进行模体微调纠偏；旋转或偏移较大时，采用施加外力与调整局部千斤顶的高差进行纠偏。

3.4.3　钢筋加工及安装

3.4.3.1　材料要求

(1)所用钢筋的种类、钢号和直径应符合设计图纸的规定，并满足规范要求。钢筋适用标准为《钢筋混凝土用钢　第1部分：热轧光圆钢筋》(GB/T 1499.1—2017)和《钢筋混凝土用钢　第2部分：热轧带肋钢筋》(GB/T 1499.2—2007/XG1—2009)。

(2)所用钢筋除附有制造厂钢筋合格证书外，进场钢筋应按有关标准的规定，进行抽样试验并保证合格。

(3)进入现场的钢筋应分批上架堆放，避免锈铁污染，不得使用带有颗粒状和片状锈迹的钢筋。

3.4.3.2　接头要求

(1)按照施工图设计在钢筋加工场地集中加工制作，钢筋加工的形状、尺寸需符合设计和规范要求。主筋为热轧 ϕ28mm 的 HRB400 钢筋，采用剥落滚轧直螺纹套筒机械连接，螺纹丝头均采用标准长度丝头，即丝头长度等于连接套筒的一半，如图2-2-3所示，钢筋标准长度为4.5m。钢筋的外露螺纹及套筒的内螺纹,采用在钢筋上端加盖塑料保护帽的方法。

图 2-2-3　已完成丝头制作的成品钢筋

(2)每种规格的钢筋接头,按每批加工总数随机抽检 1%,且不少于 10 根,并按技术规程进行试验,如图 2-2-4 和图 2-2-5 所示。

图 2-2-4　主筋套筒连接接头

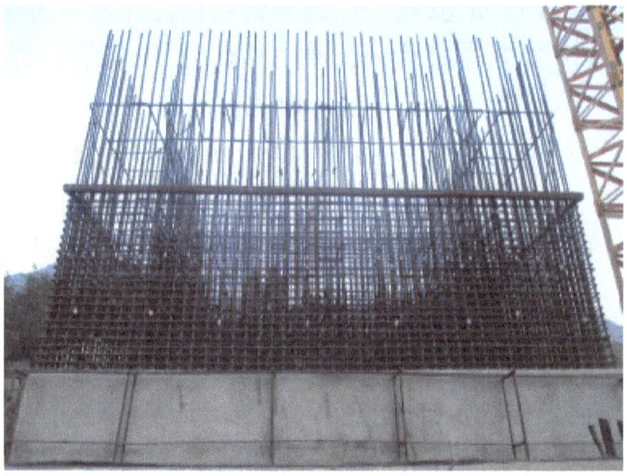

图 2-2-5　钢筋卡具

(3)钢筋连接施工开始前和施工过程中,必须对进场钢筋和钢筋接头进行检验,每种钢筋母材每 60t 做一组抗拉强度试验,每种规格钢筋接头按每 500 根做一组抗拉试验,每组试件不少于 3 根。随机抽取同规格钢筋接头总数的 1% 进行外观质量检验。

3.4.3.3　验收要求

(1)控制内容:钢筋的品种、质量、规格、形状、尺寸、数量、锚固长度、接头位置、冷拉冷拔钢筋的机械性能,骨架的绑扎宽度、高度、长度、间距、排距,箍筋数量、弯钩及受力钢筋保护层;焊条、焊剂的牌号、性能、焊接接头、焊剂制品的机械性能及质量,绑条沿接头中心线的纵向位移,接头处弯折及钢筋轴线偏移,焊缝厚度、宽度、长度。

(2)验收依据:《公路工程质量检验评定标准　第一册　土建工程》(JTG F80/1—2017)、《钢筋机械连接技术规程》(JGJ 107—2016)、《两阶段施工图设计》。

3.4.3.4　钢筋制作

(1)钢筋制作在钢筋加工棚中完成。首先对弯曲的钢筋进行调直,调直方法应取得监理工程师的批准,调直后钢筋的损伤不能超过截面的 5%,不得用火焰加热。

(2)钢筋的截取采用钢筋切割机,弯曲、弯钩用钢筋弯曲机加工。加工钢筋的允许偏差符合相关规范规定。

(3)所有钢筋的弯折必须在环境温度达 +5℃以上时进行。

(4)钢筋按图纸所示形状弯折,浇入混凝土中钢筋的外露部分,不能在浇筑现场弯折。

3.4.3.5 首阶段钢筋安装

(1)空心薄壁墩主筋伸入承台 1.5m(或 2.5m),在承台钢筋安装完成后,用全站仪放出空心薄壁墩位置,然后进行预埋钢筋安装。

(2)为防止预埋钢筋水平和竖向移动,设置上下两层固定圈。固定圈由直径为 16mm 的钢筋加工而成,下层焊接在承台上层网片筋上,顶层固定圈设置在承台顶面以上 2m 处;要求固定圈定位准确,且与预埋筋和承台面钢筋全部焊接固定。为防止空心薄壁墩预埋筋下沉,将空心薄壁墩范围内的承台架立筋与承台上下层主筋全部焊接,发挥支撑作用。空心薄壁墩顶层固定圈与预埋筋之间采用钢筋绑扎连接,待安装绑扎空心薄壁墩钢筋骨架时拆除。为保证空心薄壁墩钢筋骨架的整体刚度,在预埋筋外侧安装墩柱箍圈钢筋即 3 号筋至顶层固定圈处。

(3)空心薄壁墩钢筋施工时,根据提前放好的轴线位置用两根棉线拉出承台中轴线,上层固定圈根据棉线位置调整位置固定,空心薄壁墩预埋钢筋按照油漆线定位绑扎在顶层钢筋网上;对于顶层钢筋不在该位置时,放置一根钢筋焊接在顶层钢筋网上,并与空心薄壁墩预埋筋焊接,承受预埋筋重量。空心薄壁墩钢筋如与承台钢筋相干扰,则必须在保证空心薄壁墩钢筋位置正确的前提下,适当调整承台钢筋网格位置,但不得任意截断。

3.4.3.6 标准段钢筋施工

空心薄壁墩钢筋已经在承台施工期间预埋完成,标准段钢筋安装主要是主筋接长、箍筋绑扎等。主要施工方法与首阶段类似。但需注意,主筋接头应交错排列,接头间距相互错开的距离应不小于 35d(d 为钢筋直径),且不小于 500mm。

钢筋接长前,应在已浇筑层顶再次放样,并安装固定圈进行定位,保证钢筋安装的竖直度及准确性。

空心薄壁墩钢筋采用体外活动支架进行钢筋绑扎施工,完成后用塔式起重机移走支架,然后进行合模施工。

3.4.3.7 钢筋保护层

空心薄壁墩净保护层为 2.6cm。保护层垫块采用混凝土垫块,垫块强度等同于空心薄壁墩混凝土强度,垫块外形采用梅花形,如图 2-2-6 所示。垫块绑扎时采用梅花形间隔布置,同排垫块间距为 0.75m,满足垫块数量不少于 4 个/m²。垫块采用扎丝与钢筋绑扎牢固,且扎丝的丝头不得进入混凝土保护层。

3.4.3.8 钢筋定位

采用自制卡具控制钢筋间距及竖直度。卡具采用 L90 角钢制作,按照主筋间距开槽,卡具四周设置螺栓连接。

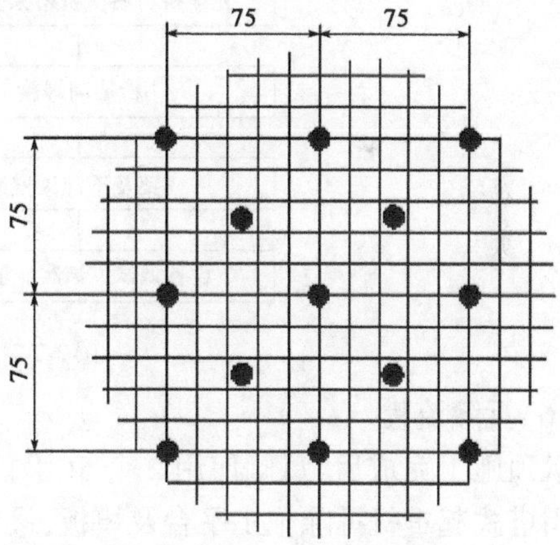

图 2-2-6 钢筋保护垫块布置示意图(尺寸单位:mm)

3.4.4 滑翻结合模板工程

空心薄壁墩采用滑翻结合液压模板施工。施工时采用塔式起重机起吊钢筋,液压自动提升。

(1)滑翻结合液压模板组成

模板系统及操作平台于场外制作完毕之后,采用塔式起重机或吊车整体安装,安装前先测量放样,弹线标明墩柱平面位置轮廓线,操作平台边缘设置防护栏杆,其高度不小于 120cm。因为普通墩墩底 1.0m 为实心段,实心段之上 1.5m 为变截面段,所以首先安装模板系统的外模部分,当实心段及马蹄倒角浇筑完成之后安装模板系统的内模部分。模板系统及操作平台安装时,须注意模板的平面位置及竖直度,必须经质检工程师及驻地监理工程师验收后方可进行下道工序施工。

(2)操作台

横桥向两侧对称设置 1.5m 宽人工操作平台,长 6.5m,外侧采用 10a 槽钢、横梁采用 18a 槽钢,间距为1.2m,伸入桁架端与桁架腹杆焊接。并在一侧操作台外侧设置宽1.5m、长11m的系统控制平台。堆放荷载按0.5t设计。

(3)围圈

围圈的主要作用是使模板保持组装的平面形状,并将模板与提升架连接成一整体。围圈承受由模板传递来的混凝土侧压力、冲击力和风荷载等水平荷载,同时还承受作用于操作平台上的静荷载和施工荷载等竖向荷载,并将其传递到提升架和支承杆上。

围圈采用∟63×6和∟50×5角钢焊接成桁架,宽、高均为100cm,横向杆件间距为1.2m,其中12.0m长围圈两杆件间采用角钢斜向连接。边角四根角钢采用∟63×6角钢,斜向连接杆采用∟50×5角钢。

(4)支承杆

支承杆采用ϕ48mm×3.5mm钢管支撑在混凝土内,使用ϕ38mm×3mm钢管作为内衬管,焊接连接。围圈通过F架、千斤顶进行提升。提升架主梁采用2×18a槽钢制作,10a槽钢做内外两道斜支撑。支承杆接长过程中,采用靠尺检验其垂直度,然后在支承杆顶部采用十字扣件固定。

(5)安装流程

墩柱第一节段施工时,预埋支承杆,第二节段施工完成后拆除倒角内模,然后安装滑翻结合液压模板,循环施工至墩顶倒角处。安装流程如图2-2-7所示。

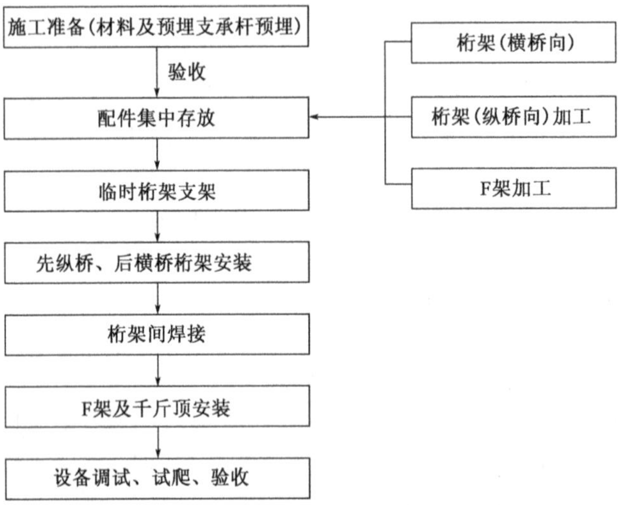

图2-2-7　滑翻结合液压模板安装流程

(6)拆除流程

墩顶施工完成后,每侧使用2个5t手拉葫芦将架体固定在墩顶预埋主筋上。先对围圈进行拆解,再使用塔式起重机拆除施工平台及模板,最后使用塔式起重机对单侧架体进行整体吊装拆卸。拆除时,墩柱10m外设置警戒线,警戒线内禁止站人。拆除流程如图2-2-8所示。

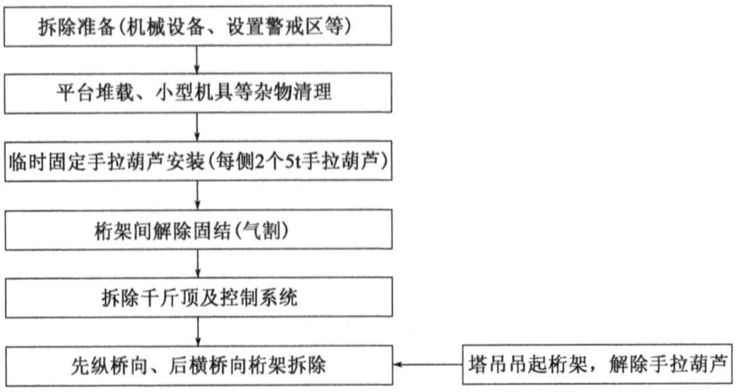

图2-2-8　滑翻结合液压模板拆除流程

(7)相关要求

①在施工建(构)筑物的周围应设立危险警戒区,拉警戒线,设警示标识。警戒线至建(构)筑物边缘的距离为10m。

②第一批插入千斤顶的支承杆长度分别为2m、3m、4m、5m,埋设时不同长度支承杆等间隔布置,支承杆接长标准节段为6m。

③在滑升过程中,应检查操作平台结构、支承杆的工作状态及混凝土的凝结状态,发现异常时,及时分析原因并采取有效的处理措施。

④液压系统组装完毕,在插入支承杆前进行试验和检查,并符合下列规定。

a.对千斤顶逐一进行排气,做到排气彻底;

b.液压系统在试验油压下持压5min,不得出现渗油和漏油;

c.空载、持压、往复次数、排气等整体试验指标应调整适宜,记录准确。

⑤采用焊接方法接长钢管支承杆时,钢管上端平头,下端倒角$2\times45°$。接头处进入千斤顶前,先点焊3点以上并磨平焊点,通过千斤顶后进行围焊;接头处加焊衬管,衬管长度为25cm。

⑥正常滑升过程中,相邻两次提升的时间间隔不超过0.5h。

⑦正常滑升过程中,使所有的千斤顶充分进油、排油。当出现油压增至正常滑升工作压力值的1.2倍,尚不能使全部千斤顶升起时,停止提升操作,立即检查原因,及时进行处理。

⑧在正常滑升过程中,每滑升300mm,应对各千斤顶进行一次调平,特殊结构或特殊部位应采取专门措施保持操作平台基本水平。各千斤顶的相对高程差不得大于40mm,相邻两个提升架上千斤顶升差不得大于20mm。当千斤顶相对高差或相邻两个提升架上千斤顶升差超过允许值时,单独打开相对高程较低的千斤顶油阀,进行顶升,直至满足要求。

(8)墩柱顶节施工

滑翻结合模板施工至墩顶变截面时,应更换内模。组装好内模、埋设预埋件后,浇筑墩顶变截面混凝土。

墩顶1m设计为实心段。当施工空心薄壁墩墩身倒角位置时,在长边倒角位置设置预留槽,每侧设置8个,间距50cm,用来放置I20a工字钢。工字钢上方铺设方木,方木间距30cm,上铺设15mm厚竹胶板作为底模。

①底模支架预埋件、吊模拆除预埋件的预埋;

②及时进行混凝土养护、凿毛。

(9)施工注意事项

①同一单元块的两个三脚架之间应用ϕ48mm钢管连接固定,平台搭设安全可靠。

②埋件系统预埋的位置要求准确,在浇筑混凝土前必须由专人再次复核其位置,确保误差满足要求。

③每次拆模后都须将面板上附着的杂物清理干净,并在浇筑混凝土前刷脱模剂。

④拆模后如模板须落地,则其面板不可直接放在地面上,而应在地面上先垫木方,再将模板放在木方上。

⑤模板整个单元向上提升时,吊钩一定要吊于主背楞上部的吊具上,切记不得吊于模板的吊钩上。

⑥浇筑混凝土前,应利用三脚架上的后移装置将模板调到与已浇好的混凝土接触面贴合,防止再次浇筑混凝土时漏浆及错台。

⑦模板支好后,各单元块间次背楞一定要用芯带及楔形销连接好,保证各单元之间连成一个整体,同时保证各单元连好后呈一条直线。

⑧浇筑混凝土前,对拉螺杆一定要按图纸位置拉接,以保证混凝土质量。

⑨要定期检查模板单元上各个螺栓的松紧情况,如发现有松动,应及时拧紧。

⑩在混凝土泵送前,应用适量的、与混凝土成分相同的水泥砂浆润湿输送管内壁;在泵送过程中,料

斗内应有足够的混凝土，以防止空气吸入而导致泵送困难或产生堵塞，并确保料斗内不进水。

⑪发生堵管时，马上用锤敲击堵管部位，拆开后用钢筋清理，检查混凝土的配合比，增大混凝土坍落度，重新设计砂石级配。

(10)混凝土养护

混凝土浇筑完成后，应及时覆盖并洒水保湿养护，养护时间应不少于7d。墩身四周表面采用喷洒养护剂的方式进行养护，以避免因内外温差造成混凝土内外开裂。养护剂不会对混凝土产生不利影响，并通过试验验证其保养效果。当气温低于5℃时，应采取保温养护的措施，不得向混凝土表面洒水。

3.4.5 预埋件施工

(1)预埋件的留设位置与型号必须准确。施工前，应由专人熟悉图纸，绘制预埋件平面图，详细标注预埋件的高程、位置、型号和数量，以防遗漏。

(2)预埋件一般可采用短钢筋与结构主钢筋焊接或绑扎等方法连接牢固，但不得突出模板表面，位置偏差应不大于2mm。

(3)施工期间应对各种预埋件进行必要的防护、防腐措施。

(4)各种施工用的预埋件在施工完毕后均应割除，并进行表面修复，且应满足钢筋净保护层厚度和外观的要求。

3.5 重难点处理措施

(1)钢筋安装控制

钢筋安装不正确对模板的滑升影响很大。钢筋安装时，先将四角的四根钢筋采用重垂线调直(调直是为了保证混凝土保护层厚度)。在1~2m的高度安装水平箍筋，该水平箍筋必须顺直不弯曲，保证其他主筋安装好后达到整体上平整，固定好之后再根据钢筋间距安装其他主筋。

(2)高程控制

用水准仪将基准高程引测到支承杆上，以后每次用直尺向上引测高程，同时用长钢尺直接测量墩柱高度，利用3种全站仪引测方法相互校核，确保墩顶高程准确。

(3)墩柱垂直度控制

①方法一：模板系统安装完毕，高程、垂直度、几何尺寸检查验收完毕后，于模板每个面的中线上采用悬挂锤球的方式弹墨线，墨线要求贯穿模板的高度方向。当模板滑升后再次悬挂锤球检查悬线是否与模板上的墨线相重合，若重合则将模板上的墨线延长至出模的混凝土上，若不重合则需调整后再延长墨线。随后每滑升一次模板，检查挂线与模板上的墨线和混凝土上的墨线的重合情况，如果挂线与两条墨线都完全重合，证明模板处于垂直状态，此时可浇筑混凝土并延长混凝土上的墨线。如遇大风天气，为防止风颤等影响，采用仪器法进行观测。

②方法二：在墩柱的两个相邻面上靠近角的位置安装8个绞盘，采用直径3mm的钢丝绳悬挂8个锤球，每个锤球重10kg左右。模板每滑升一次就释放一次锤球至墩底，通过钢尺检查墩顶、墩底垂线与模板的尺寸来确定模板的垂直度和墩柱的总体垂直度。如遇大风天气，为防止风颤等影响，采用相对位置重锤线短线法或仪器法进行观测。

为了防止滑模时的偏位及日照、温差等影响，针对以上两种方法的误差，现场测量员应每天(时间差不能超过1d)在一定时间内用全站仪或垂直仪进行一次观察、纠正。

施工的垂直度偏差，是指操作平台中心出现位移，从而带动墩身中心出现的位移。当中心位移过大时，将影响建筑物的外观和使用功能，甚至影响操作平台的稳定。在施工过程中，应尽量使操作平台上荷载布置均匀，及时改变混凝土浇筑方向，同时采取措施进行纠偏。

滑翻结合模板施工时，模板必须对称组装，提升架必须垂直安装，混凝土浇筑时应有计划地改变方向，以利于平台扭转的控制。

(4)墩柱模板水平度控制

墩柱模板水平度的观测一般采用水准仪来进行。在模板开始滑升前,用水准仪对整个操作平台所有的千斤顶的高程进行观测、校平,并在每根支承杆上以明显的标识画出水平线。当模板开始滑升后,即以此水平线作为基线,按千斤顶的每次提升步距(20~30cm)将水平线上移和进行水平度的观测,每隔一定的高度,均须对滑模装置的水平度进行观测、检查与调整。一般每班均应对千斤顶支承杆进行操平,每次操平的高度一般为1m。

(5)支撑杆垂直度控制

支撑杆的垂直度是影响墩柱垂直度的直接原因。为了控制好支撑杆的垂直度,安装时采用水平尺交换90°靠在支撑杆上,观察水准泡是否居中,若不居中需调整居中后固定。固定时必须固定支撑杆的顶端,保证当模板滑升到支撑杆端需加长时一直处于垂直状态。滑升过程中也必须随时检查其垂直度并及时调整。

(6)千斤顶滑升高度控制

①方法一:当模板开始滑升前,采用直径10mm左右的透明塑料软管装满水,以一个千斤顶高度为基准高度,通过水管连通器的原理检查其他千斤顶的高度。当确定了所有千斤顶处于同一高度时,采用钢尺将滑升高度引至支撑杆上,并做好标记,设置好限位卡。此操作要求由现场技术员完成。

②方法二:在模板操作平台之上设置一固定位置用于架设水平仪,该位置要求独立于其他区域操作平台,保证不论其他区域如何动,该位置不能动。每滑升一次模板,通过水平仪来控制各千斤顶的水平高度。

(7)扭转纠偏措施

①根据规范要求,施工墩身平面扭角允许偏差$\alpha<2°$,即控制点偏移值$\Delta X\leqslant 0.01B$(B为01、02的距离)。其纠偏方法为:关闭其他千斤顶的阀门,将模板扭转方向一侧的千斤顶多提升一点,持续纠正,或采用对角线提高千斤顶纠正扭转的方法校正。扭转的其他纠偏方式有千斤顶底座垫铁法、剪刀撑纠扭法、外力法等。

②发现桥墩偏移超过20mm时,应立即纠偏。其方法为:使偏移一侧的模板加大螺栓杆推力及液压千斤顶的提升量,有意使模板向发生偏移的相反方向移动,纠偏调整时,分成若干次进行调整,模板各点相对高差不能太大,否则会造成滑升阻力增加,一侧混凝土被拉裂,甚至使墩身外形有明显弯曲,有损外形美观。

(8)混凝土试验

混凝土搅拌之后,应分别在浇筑现场和拌和站做坍落度试验,确保用水量既符合配合比要求,又能保证混凝土罐车顺利出料,同时按规定制作好混凝土试块。

(9)线形控制

①选用刚度大的模板,能有效控制其变形,减小外力对空心薄壁墩线形的影响。在检查结构尺寸时,量取内外模板的对角线尺寸并留底。其目的:一是与设计尺寸进行对比,误差控制在5mm范围内;二是在浇筑过程中进行抽查复核,一旦发现异常现象,立刻根据留底对角线数据,依靠模板桁架调节模板,控制结构尺寸在允许误差范围内,以达到控制线形的目的。

②受墩高限制,墩身不可能一次浇筑成型,需分段多次浇筑完成,因此施工测量尤其重要,通常采用四点定位吊线法来控制、检测模板和混凝土施工的偏移情况。放样时定出每节中心点即可,模板安装完毕后,用吊线法调整其垂直度直至满足精度要求。测量的频率一般为每浇筑一次混凝土用该方法校核一次,要求垂直度偏差不超过3mm,使空心薄壁墩各部尺寸、中线、高程均符合设计和规范要求。

4. 量测控制

依据设计图纸的平、纵曲线参数和结构尺寸,计算桩位坐标及桩顶高程,并与设计图纸核对。测定桩位中心点、高程水准点后,复核桥梁孔径、桩间距,设置桩位中心护桩,在桩基周围撒出灰线,报监理工程师复核、签认手续。

5. 工程质量保证措施

5.1 质量检验程序

质量检验程序如图 2-2-9 所示。

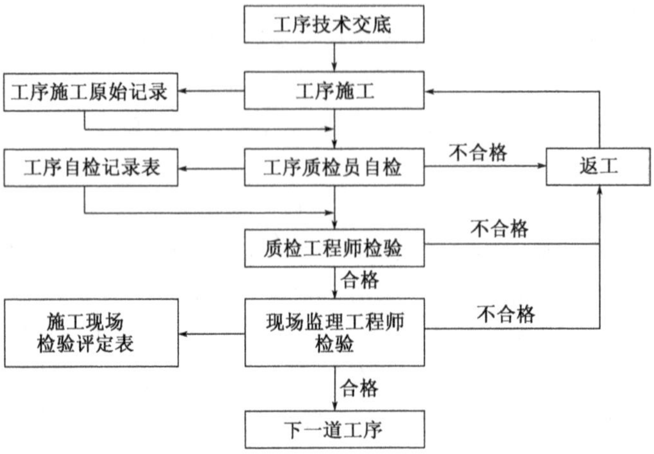

图 2-2-9　质量检验程序示意图

5.2 质量控制要点

(1)每节混凝土浇筑前要进行墩位纵横轴线的测量,以防轴线偏移。

(2)模板接缝采用双面胶带处理以防漏浆,由于模板上下倒运很容易碰撞,要及时检查模板平整度,及时整修校核,确保空心薄壁墩的几何尺寸及外观质量。

(3)施工中注意新老混凝土接合面的清洗和凿毛。

5.3 实测项目质量标准

装置构件制作、组装及提升时的质量标准见表 2-2-2 ~ 表 2-2-4。

装置构件制作质量标准　　表 2-2-2

名　　称	内　　容	允许偏差(mm)	检 查 方 法
模板	表面平整度	±1	2m 靠尺检查
	高度	±1	钢尺
	宽度	-0.7 ~ 0	钢尺
	侧面平直度	±1	2m 靠尺检查
	连接孔位置	±0.5	钢尺
外框架	长度	-5	钢尺
	弯曲长度≤3m	±2	钢尺
	弯曲长度 >3m	±4	钢尺
	连接孔位置	±0.5	钢尺
提升架	高度	±3	钢尺
	宽度	±3	钢尺
	围圈支托位置	±2	钢尺
	连接孔位置	±0.5	钢尺

续上表

名　称	内　容	允许偏差(mm)	检查方法
支撑杆	弯曲	<(1/1000)L	吊线及钢尺检查
	钢管直径	-0.2～+0.5	游标卡尺
	椭圆度公差	-0.25～+0.25	游标卡尺
	对接焊缝凸出母材	<+0.25	游标卡尺

注：L-支承杆加工长度。

装置构件组装质量标准　表 2-2-3

内　容		允许偏差(mm)	检查方法
模板结构轴线与相应结构轴线位置		3	钢尺
围圈位置偏差	水平方向	3	拉线和钢尺检查
	垂直方向	3	拉线和钢尺检查
提升架的垂直偏差	平面内	3	吊线及钢尺检查
	平面外	2	吊线及钢尺检查
安放千斤顶的提升横梁相对高程偏差		5	水准仪检查
考虑倾斜度后模板尺寸偏差	上口	-1	钢尺
	下口	+2	钢尺
千斤顶安装位置的偏差	提升架平面内	5	钢尺
	提升架平面外	5	钢尺
圆模直径、方模边长的偏差		-2～+3	钢尺
相邻两块模板平面平整度		1.5	2m 靠尺检查

装置构件提升时的质量标准　表 2-2-4

检查项目		允许偏差(mm)	检查方法
模板或桁架结构的轴线与墩身轴线位置		3	经纬仪、吊线及钢尺检查
模板边长偏差		-5	钢尺
模板对角线偏差		5	钢尺
模板平整度		3	2m 靠尺检查
模板垂直度		3	经纬仪、吊线及钢尺检查
纵肋位置偏差	水平方向	3	拉线和钢尺检查
	垂直方向	3	拉线和钢尺检查
提升架垂直偏差	平面内	3	吊线及钢尺检查
	平面外	3	吊线及钢尺检查
提升架横梁相对高程差		5	水准仪检查
千斤顶位置安装偏差	提升架平面内	5	吊线及钢尺检查
	提升架平面外	5	吊线及钢尺检查
支撑杆件垂直偏差		3	2m 靠尺检查

墩柱混凝土结构质量标准见表 2-2-5。

墩柱混凝土结构质量标准　表 2-2-5

内　容	允许偏差(mm)	检查方法和频率
混凝土强度(MPa)	在合格的范围内	—
断面尺寸(mm)	±20	尺量：检查 3 个断面

续上表

内　　容	允许偏差(mm)	检查方法和频率
竖直度或斜度(mm)	H/3000 且不大于 30	吊垂线或全站仪:测量 2 点
顶面高程(mm)	±10	水准仪:测量 3 处
轴线偏位(mm)	10	全站仪或全站仪:纵、横各 2 点
节段间错台(mm)	5	尺量:每节检查 4 处
大面积平整度(mm)	5	2m 直尺:检查竖直、水平两个方向,每 $20m^2$ 测 1 处
预埋件位置(mm)	符合设计规定,设计未规定时:10	尺量:每件

注:H-墩高。

模板安装实测项目允许偏差见表 2-2-6。

模板安装实测项目　　表 2-2-6

项次	检 查 项 目		允许偏差(mm)	检查方法和频率
1	模板高程	基础	±15	水准仪:全部检查
2		柱、梁	±10	
3		墩台	±10	
4	模板尺寸	上部构造的所有构件	+5, -0	尺量:长、宽、高各 2 点
5		基础	±30	
6		墩台	±20	
7	轴线偏位	基础	15	经纬仪:梁纵向检查 2 点,其他纵、横各检查 2 点
8		柱	8	
9		梁	10	
10		墩台	10	
11	装配式构件支撑面的高程		+2, -5	水准仪:全部检查
12	模板相邻两板表面高程差		2	尺量:每接缝检查 2 点
13	模板表面平整		5	2m 直尺检查
14	预埋件中心线位置		3	尺量:全部检查
15	预留孔洞中心线位置		10	尺量:全部检查
16	预留孔洞截面内部尺寸		+10, -0	尺量:全部检查
17	支架	纵轴的平面位置	跨度的 1/1000 或 30	经纬仪:检查 5~7 处
18		曲线形拱架的高程(包括建筑拱度在内)	+20, -10	水准仪:检查 5~7 处

钢筋加工安装实测项目规定值或允许偏差见表 2-2-7。

钢筋加工安装实测项目　　表 2-2-7

项次	检 查 项 目			规定值或允许偏差(mm)	检查方法和频率
1	受力钢筋间距	两排以上排距		±5	尺量:每构件检查 2 个断面
		同排	梁、板、拱肋	±10	
			基础、锚碇、墩台、柱	±20	
		灌注桩		±20	
2	箍筋、横向水平筋、螺旋筋间距			±10	尺量:每构件检查 5~10 个间距
3	钢筋骨架尺寸	长		±10	尺量:按骨架总数 30% 抽查
		宽、高或直径		±5	

续上表

项次	检查项目		规定值或允许偏差（mm）	检查方法和频率
4	弯起钢筋位置(mm)		±20	尺量:每骨架抽查30%
5	保护层厚度（mm）	柱、梁、拱肋	±5	尺量:每构件沿模板周边检查8处
		基础、锚碇、墩台	±10	

预埋件制作安装质量控制标准见表2-2-8。

预埋件制作安装质量控制标准 表2-2-8

项　　目	允许偏差(mm)	检查方法	图　例
预埋铁板长、宽差(a、b)	±10	用钢尺或直尺检查	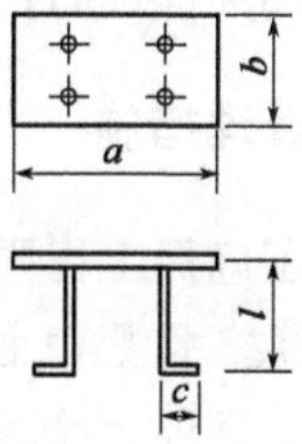
锚固脚长度 l	±5		
弯起长度 c	±5		

5.4 钢筋连接质量标准

钢筋机械连接应符合下列规定。

(1)加工钢筋接头的操作人员应经专业人员培训合格后上岗，钢筋接头的加工应经工艺检验合格后方可进行。

(2)机械连接接头的混凝土保护层厚度符合国家标准《混凝土结构设计规范》(GB 50010—2010)中受力钢筋的混凝土保护层最小厚度规定，且不得小于15mm。接头之间的横向净间距不宜小于25mm。

(3)直螺纹接头的现场加工应符合下列规定：

①钢筋端部切平或镦平后加工螺纹；

②不得有与钢筋轴线相垂直的横向裂纹；

③钢筋丝头长度应满足企业标准中产品设计要求，公差应为0～2.0p(p为螺距)；

④钢筋丝头宜满足6f级精度要求，应用专用直螺纹量规检验，通规能顺利旋入并达到要求的拧入长度，止规旋入不得超过3p。抽检数量10%，检验合格率不应小于95%。

(4)直螺纹钢筋接头的安装质量应符合下列要求：

①安装接头时可用管钳扳手拧紧，应使钢筋丝头在套筒中央位置相互顶紧。标准型扳手安装后的外露螺纹不宜超过2p。

②安装后应用扭力扳手校核拧紧扭矩。拧紧扭矩值应符合表2-2-9中的规定。

直螺纹接头安装时的最小拧紧扭矩值 表2-2-9

钢筋直径(mm)	≤16	18～20	22～25	28～32	36～40
拧紧扭矩(N·m)	100	200	260	320	360

5.5 预埋件安装质量标准

预埋件允许偏差见表2-2-10。

预埋件允许偏差 表 2-2-10

项目	允许偏差(mm)	目标偏差(mm)	检验频率		检验方法
			范围	点数	
预埋件位置	10	7	—	2	经纬仪放线，用钢尺量
螺栓及螺纹长度偏差	10	7	—	2	用钢尺量

(1)焊接质量：从事钢筋焊接施工的焊工必须持有焊工考试合格证，才能上岗操作。

(2)钢材品种和质量：符合设计要求和现行有关标准的规定。

(3)焊条、焊剂的品种、性能、牌号：符合设计要求和现行有关标准的规定。

(4)预埋件的型号：符合设计要求和现行有关标准规定。

(5)外观质量：表面应无焊痕、明显凹陷和损伤。

(6)型钢埋件挠曲：不小于1/1000型钢埋件长度，且不大于5mm。

5.6 管理措施

(1)为了确保工程质量，应组织施工人员进行全面质量管理意识教育，认真学习技术规范和质量标准，熟悉掌握技术规范、设计图纸、施工工艺，使每个施工人员做到心中有数。

(2)科学管理，合理组织施工，杜绝不合格产品进场，确保分项工程材料质量合格。

(3)实行工序质量控制，确保在施工过程中工程每道工序质量均处于受控状态。

(4)建立严格的奖罚制度与质量责任制度，推行工程质量责任制。对违反操作规程、程序，使用不合格材料，影响工程质量的坚决返工。

5.7 施工过程控制

(1)施工前与施工队伍签订质量协议，明确双方责任，施工队伍必须具有土方、成桩资质及相关的施工经验，对工程进行质量控制规划，就质量体系组织机构、质量目标、人员配置和培训、主要施工工艺等方面予以确定，并保证实现质量目标。

(2)熟悉设计文件，组织图纸会审，使施工人员充分了解设计意图。

(3)项目经理部每旬召开一次质量工作会，检查落实工程质量工作，调整改进质量措施。

(4)设计变更必须经监理工程师、业主、设计单位签认后方可施工，并及时将变更内容在相应部位标记，及时将变更文件发放施工班组，并做好技术交底。施工过程中如发现地质情况与地质报告不符，及时与设计单位和业主取得联系，研究处理办法。

(5)原材料进场后必须做好检查记录，并对相应的材料按照要求做好试验，如钢筋抗拉、抗弯试验，混凝土检测坍落度和预留试块强度检测试验等。

(6)桩身开挖过程中，在锁口四角预埋钢筋头，每进深1m即对连线锁口对角线钢筋头以及桩身的扭转方向和垂直度进行检查，防止挖偏。

(7)工艺控制。施工过程中，必须严格按工艺方案施工，施工员和质检员负责现场监督，检查工艺执行情况。

6. 施工安全保证措施

6.1 施工安全管理体系

施工安全管理体系如图2-2-10所示。

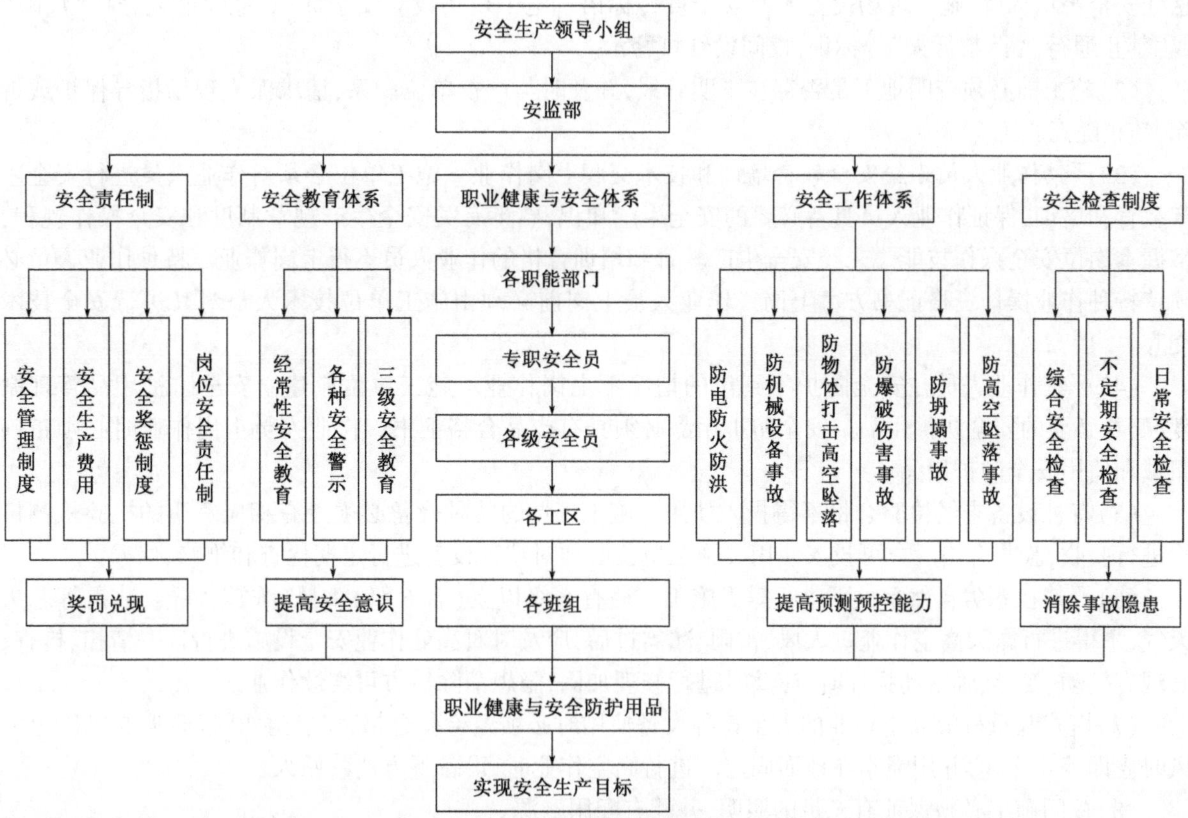

图 2-2-10 施工安全管理体系

6.1.1 安全生产领导小组

(1)组长:项目经理。

(2)副组长:项目书记、项目总工程师、项目安全总监、项目副经理。

(3)组员:项目安全环保部、工程部、财务部、综合办公室、计划合同部、物资设备部等部门负责人。

6.1.2 主要职责

(1)贯彻执行国家、地方政府和上级主管部门有关安全生产、劳动保护的法律、法规、规章、制度,并结合单位情况制订实施细则。

(2)审查、考核项目安全生产计划、安全技术措施计划的制订和实施情况及安全经费的提取和使用情况。

(3)组织开展安全教育培训活动,宣传"安全第一、预防为主、综合治理"的安全生产方针。

(4)关心和支持安全管理部门和人员的工作,定期进行安全检查和召开安全工作会议,及时研究、解决生产中存在的安全隐患问题,总结评比、推广安全生产先进典型经验,按期或根据不同的季节、不同的生产任务布置安全工作。

(5)发生安全生产事故及时报告、调查和处理,并启动事故应急预案,采取措施防止类似事故的发生,对负有事故责任的人员进行处理。

6.2 专项安全措施

按照"安全第一、预防为主、综合治理"的安全生产工作方针,建立安全文明施工管理体系,落实安全文明施工工作管理制度,做到责任到人、职责明确,确保工程顺利进行。

6.2.1 施工现场安全管理

(1)施工现场的布置符合安全规定及文明施工的要求。现场道路平整、坚实,保持畅通,危险地点悬挂安全警示标牌,施工现场设置大幅安全宣传标语。施工现场设立安全标识,危险地区悬挂“危险”或“禁止通行”“严禁烟火”等标识,夜间设红灯警示。

(2)施工前必须查明地下是否存在不明管线,并及时与产权单位联系,请求派人现场指导保护或拆除,禁止随意施工。

(3)严禁作业人员未经安全教育培训和技术交底上岗作业。施工单位必须对作业人员进行安全生产教育和培训,保证作业人员具备必要的安全生产知识,熟悉有关安全生产规章制度和安全操作规程,掌握本岗位安全操作技能。未经安全生产教育和培训合格的作业人员不得上岗作业。特种作业人员必须持特种作业操作资格证书方可上岗。作业人员上岗前必须由施工单位技术人员对其进行安全技术交底。

(4)严禁作业人员在安全防护不到位的情况下上岗作业。施工单位应建立安全防护用品管理制度,配置必要的安全防护用品。安全防护用品必须具有产品合格证书。作业人员上岗作业时必须正确佩戴和使用安全防护用品。

(5)特种设备未经检验合格不得投入使用。施工现场的特种设备必须经有相应资质的检验检测机构进行验收,验收合格后方可投入使用。施工单位必须对特种设备进行定期检查和维修、保养。

(6)严禁在恶劣自然条件下进行露天施工。遇有6级以上(含6级)大风、浓雾、雷雨、冰雪等恶劣天气,不得进行露天高空作业。大风、雷雨、冰雪过后,应及时对高处作业安全设施进行逐一清扫、检查,发现有松动、变形、脱落和损坏时,应及时进行修理加固,隐患消除后方可继续作业。

(7)塔式起重机等高空作业的大型特种设备使用时必须经检验合格,安装避雷设施;遇5级以上大风时立即停止作业,并用绳索在地面固定。进行高空作业时,设备下方严禁站人。

(8)夜间施工必须保证有充足的照明,并配有配用电源。

(9)操作平台栏杆外必须牢挂安全立网,多张立网连接使用时,相邻部分应靠紧或重叠,立网底部全部封严。平台底部加设平网,网内不得有落物堆积,保证安全网内受力均匀。空心墩内部利用墩身下层的钢筋预埋孔埋设钢筋,然后在其上架设木板平台,使空心墩内部形成一个安全的操作平台。操作平台架体应保持稳固,严禁超载或负荷集中。

(10)进行模板安装与拆除作业时,要按设计所确定的顺序进行,作业面及操作平台下方不得有人员走动、逗留。在拆除时,严禁立体交叉或多层上下同时进行拆除,应确保未拆除部分的稳定。

6.2.2 施工用电安全措施

(1)电工必须按国家现行标准通过考核后,持证上岗工作。其他用电人员必须通过相关安全教育培训和技术交底,考核合格后方可上岗工作。

(2)安装、巡检、维修或拆除临时用电设备和线路,必须由电工完成。

(3)使用电气设备前必须按规定穿戴和配备好相应的劳动防护用品,并检查电气装置和保护设施,严禁设备带“病”运转。

(4)暂时停用设备的开关箱必须切断电源,并应关门上锁。

(5)移动电气设备时必须经电工切断电源,做妥善处理后方可进行。

(6)电焊机械放置在防雨、干燥和通风条件好的地方。焊接现场不得有易燃、易爆的物品。

(7)动力配电箱与照明配电箱应分别设置。

(8)由末级分配电箱配电。开关箱应设一机一闸一漏,每台用电设备应有自己的开关箱,严禁用一个开关电器直接控制两台及以上的用电设备。

(9)分配电箱装设在用电设备或负荷相对集中的地区。分配电箱与开关箱的距离不得超过30m,开关箱与其控制的固定式用电设备的水平距离不超过3m。

(10)配电箱、开关箱应装设在干燥、通风及常温场所,不得装设在瓦斯、烟气、蒸汽、液体及其他有害介质中。

(11)配电箱、开关箱安装要端正、牢固,移动式的箱体装设在坚固的支架上。固定式配电箱、开关箱的下皮与地面的垂直距离大于1.3m,小于1.5m。移动式分配电箱、开关箱的下皮与地面的垂直距离为0.6~1.5m。配电箱、开关箱采用铁板或优质绝缘材料制作,铁板的厚度应大于1.5mm。

(12)配电箱、开关箱中导线的进线口和出线口应设在箱体下底面,严禁设在箱体的上顶面、侧面、后面或箱门处。

6.2.3 施工机械安全保障措施

(1)严禁酒后操作,严禁疲劳作业,严禁在患病时驾驶和操作机械。

(2)操作人员必须精神集中,严禁擅自离开工作岗位。

(3)施工作业前,操作人员首先应听取施工技术人员现场交底和有关安全注意事项。

(4)在操作机械前要确认机械周围和作业场地没有闲人和障碍物时,方可开始作业。

(5)机械作业时严禁人员上下,驾驶室不得超载,驾驶室外严禁搭乘人员。

(6)严禁机械超负荷作业,不得随意扩大机械的使用范围。

(7)夜间作业时,机械上应装有足够的照明设备,作业场地应有辅助照明设备,工作视线不清时不得作业。

(8)机械在危险地段作业时,必须设明显的安全警示标识,并由专人指挥。指挥人员应站在距作业机械3~6m的安全地带,便于操作人员看清。

(9)机械在高压线下或附近进行作业或通过时,机体与高压线之间要保持安全距离。

(10)在有电缆或管道的地段作业时,施工前应在地面设立警示标识,并制订相应的施工安全措施。

(11)对机械检修保养时,应停车制动,关闭发动机,并将主要构件如刀片、铲斗等落地或垫稳。如在发动机运转时检修,应由两人进行,驾驶员在驾驶室内控制机器,另一人检修。

(12)机械添加燃油、润滑油时,严禁烟火。

(13)内燃机如发现缺水或过热而需要打开水箱盖时,应注意戴手套,而且必须躲开箱口,以防蒸汽冲出造成人员烫伤。

(14)液压系统发生故障需停止作业并进行检修时,必须释放压力。

(15)对于液压转向的机械,在发动机运转时严禁用方向盘作为抓手上下机械,以避免机身摆动而发生事故。

6.2.4 高空作业安全保障措施

(1)年满18岁,经身体健康检查合格后方可从事高空作业。凡患有高血压、心脏病、癫痫病、精神病和其他不适于高空作业的人,禁止登高作业。

(2)距地面2m以上,工作斜面坡度大于45°,工作地面没有平稳的立脚地方或有震动情况发生的地方,应视为高空作业。

(3)工人高空作业时,防护用品要穿戴整齐,裤角要扎住,戴好安全帽,严禁穿拖鞋,不准穿光滑的硬底鞋。要配有足够强度的安全带,并应将绳子牢系在坚固的建筑结构件或金属结构架上,不准系在活动物件上。

(4)登高前,施工负责人应对全体人员进行现场安全教育。

(5)检查所用的登高工具和安全用具(如安全帽、安全带、梯子、跳板、脚手架、防护板、安全网等),必须安全可靠。

(6)高空作业所用的工具、零件、材料等必须装入工具袋。工人上下作业时,手中不得拿物件,并必须从指定的路线上下,不得在高空投掷材料或工具等物;不得将易滚易滑的工具、材料堆放在脚手架上;不准打闹。工作完毕应及时将工具、零星材料、零部件等一切易坠落物件清理干净,以防落下伤人,需使用大型零件时,应采用可靠的起吊机具。

(7)夜间作业,必须设置足够的照明设备,否则禁止施工。

(8)严禁上下层同时垂直作业。遇特殊情况必须垂直作业,应经有关领导批准,并在上下两层间设专用的防护棚或者其他隔离设施。

(9)严禁工人坐在高空无遮拦处休息,防止发生坠落事故。

(10)脚手架的负荷量不能超过270kg/m²,如负荷量必须加大,架子应适当加固。

(11)超过3m长的铺板不能同时站两人。

(12)进行高空焊接、氧割作业时,必须事先清除火星飞溅范围内的易燃易爆物。

(13)脚手板斜道板、跳板和交通运输通道应随时清扫,如道面上有泥、水、冰、雪,要采取有效防滑措施,并经安全员检查同意后方可开工。当结冻积雪严重,无法清除时,应停止高空作业。

(14)遇6级以上大风时,禁止进行露天高空作业。

6.2.5 起重安全管理措施

(1)起重工经专门安全技术培训,考试合格后持证上岗;严禁酒后作业。

(2)起重工应健康,两眼视力均不得低于1.0,无色盲、听力障碍、高血压、心脏病、癫痫病、眩晕、突发性昏厥及其他影响起重吊装作业的疾病与生理缺陷。

(3)作业前必须检查作业环境,确保吊装区域无闲散人员,障碍已排除;检查吊索具等防护用品,确保吊索具无缺陷,捆绑正确牢固;被吊物与其他物件无连接,确认安全后方可作业。

(4)起重机作业时确定吊装区域,并设警戒标志,必要时派人监护。

(5)大雨、大雪、大雾及风力5级以上(含5级)等恶劣天气,必须停止露天起重吊装作业。

(6)作业人员进入施工现场必须佩戴安全防护用品,禁止疲劳、酒后、带病作业。服从现场管理人员的管理,安全生产,避免违规操作。

(7)起重吊装的指挥人员必须持证上岗,作业时应与操作人员密切配合,采用规定的指挥信号。作业人员应按照指挥人员的信号进行作业,当信号不清或错误时,操作人员可拒绝执行。

(8)起重机作业前,应检查起重机支点是否平稳。

(9)起重机启动前重点检查项目应符合下列要求:

①金属结构和工作机械的外观情况正常;

②各安全装置和指示仪表齐全完好;

③各齿轮箱、液压油箱的油位符合规定;

④主要部位连接螺栓无松动;

⑤钢丝绳磨损情况及各滑轮穿绕符合规定;

⑥供电电缆无破损。

(10)开工前和操作中,吊钩接近人员时必须打铃或鸣笛,得到指挥信号方可进行操作。

(11)地面没有指挥或指挥信号不清时不得开机。对于紧急停车信号,不论何人发出,都应立即执行。

(12)接通电源前,各控制器手柄应在零位。当接通电源时,应采用试电笔检查金属结构部分,确认无漏电后,人员方可上机。

(13)作业前,应进行空载运转,检查各工作机构是否运转正常,有无噪声及异响,各机构的制动器及安全防护装置是否有效,待各项检查确认正常后方可作业。

(14)驾驶员必须严格按起重性能表中规定的幅度和起重量进行操作,不得超负荷使用。起吊重物时,重物和吊具的总重量不得超过起重机相应幅度下规定的起重量。

(15)应根据起吊重物和现场情况,选择适当的工作速度;操纵各控制器时应从停止点(零点)开始,依次逐级增加速度,严禁越挡操作。在变换运转方向时,应将控制器手柄扳到零位,待电动机停转后再转向另一方向,不得直接变换运转方向、突然变速或制动。

(16)在吊钩、起重小车或行车大车运行到限位装置前,均应减速缓行到停止位置,并应与限位装置保持一定距离。严禁采用限位装置作为停止运行的控制开关。

(17)提升重物做水平移动时,应高出其跨越的障碍物0.5m以上。

(18)作业中,当停电或电压下降时,应立即将控制器扳到零位,并切断电源。如吊钩上挂有重物,应稍松稍紧反复使用制动器,使重物缓慢地下降到安全地带。

(19)提升重物,严禁自由下降。重物就位时,可采用慢就位机构或利用制动器使之缓慢下降。

(20)不得歪拉斜吊物品,并禁止吊不明重量的物体。

(21)工作中爬梯上严禁有人,并不得进行高速攀登或机械维修等作业。

(22)工作中严禁闲人走进吊装范围内。

(23)制动器、限位开关等安全阀的控制数值一旦调整好就不允许随意变动,特殊情况(如失灵等)应立即上报请求调整,不得私自调整。

(24)驾驶员在当班期间不得擅离工作岗位,有必要离开工作岗位时,应使所有的控制器手柄置于零位,然后切断电源;工作中如遇电源突然中断,也应将所有的控制器手柄扳回零位;在重新工作前,应检查起重动作、方向是否都正常。

(25)如遇载体需要现场维修和升降作业等,驾驶员必须在工作岗位上配合。

(26)驾驶员在操作上要做到稳、准、快、安全、合理。刚起钩和物体就位落钩的短时间微动作是不可避免的,要听清指挥信号,看准物体附近无人时才允许操控手柄,确认到达无障碍空间时方可加速升降。

(27)当风力大于6级时,一般应停止工作,升起吊钩,天车停在横移轨道端部,切断总电源。下班时同样操作。

(28)驾驶员或维修人员进行机械维护保养时应切断主电源,挂上标识牌或对电箱加锁。如有未消除的障碍,应通知接班驾驶员。

(29)驾驶员下班时应检查交接班和机械动作情况记录簿,按实填写情况,正确反映当班设备的工作状况和发生、解决问题的情况。

(30)起重机的变幅指示器、力矩限制器、起重量限制器以及各种行程限位开关等安全保护装置,应完好齐全、灵敏可靠,不得随意调整或拆除。严禁利用限制器或限位装置代替操纵机构。

(31)严禁起吊重物长时间悬停在空中。作业中遇突发故障,应采取措施将重物降落到安全地方,并关闭发动机或切断电源后进行检修。在突然停电时,应立即把所有控制器拨到零位,断开电源总开关,并采取措施使重物降到地面。

(32)操纵室远离地面的起重机,在正常指挥发生困难时,地面及作业层(高空)的指挥人员均应采用对讲机等有效的通信联络进行指挥。

(33)作业完毕后,起重机应停放在轨道固定位置,吊钩直升到离起重臂顶端2~3m处。

(34)停机时,应将每个制动器拨回零位,依次断开各开关,下班后应锁紧夹轨器,使起重机与轨道固定,断开电源总开关,打开高空指示灯。

(35)检修人员上门架高空部位进行检查或修理时,必须系好安全带。

(36)吊装时进行试吊,试吊高度不超过30cm。

(37)桥梁塔式起重机要采取防雷措施,设置可靠防雷电装置。遇雷雨时,作业人员应立即撤离危险区域,人体不得接触防雷装置。

7. 施工进度保证措施

工程施工往往工期短、任务重,为确保按期完成工程,只有精心组织、周密安排、加大投入,同时有技术实力做保障,才能保证按期完成施工任务。

7.1　加强组织保证

(1)缩短施工准备期,尽早进入工程施工。开工前30d,现场主要管理人员全部到位,全力以赴组织有关人员结合现场条件,安排施工准备,及时调集生产操作人员和设备进场。

(2)强化管理,健全内部经济承包责任制,利用奖罚制度,充分调动广大职工的积极性、自觉性。对保证质量前提下,按计划提前或如期完成工作任务的班组给予奖励;对指挥不力、消极怠工者给予处罚。

(3)建立健全经理部各项规章制度,在工程进行中实行重奖重罚、奖优罚劣。

(4)成立青年突击队,展开劳动竞赛,提高工作效率。

7.2 计划管理保证

(1)按照目标工期总体安排的计划,采用倒排工期的方法,对各分项、分部工程制订详细的进度计划,做到长计划、短安排。

(2)经营部要定期对实际进度和计划进度进行校核,发现进度滞后的要认真查找原因。

(3)对因气候、汛情等影响造成工期滞后的情况,要及时在下一计划周内采取弥补措施,保证总体进度不受影响。

(4)对因组织指挥不力造成工期滞后的,要在取得监理工程师同意后,及时调整有关人员,采取补救措施,以免积重难返。

(5)对因投入不足造成工期滞后的,要马上加大投入,确保工期目标的实现。

7.3 劳力保证

根据总体施工进度安排,逐季、逐月做出劳动力使用计划,保证劳动力充足。在农忙季节,提前摸清民工动向,做到合理安排,保证施工人员数量,以免影响工程正常施工。

7.4 材料保证

对材料进行认真的取样、考察、了解,确保材料供应充足、质量优良,并适时与生产厂家达成协议,签订供货合同,保证材料供应。

7.5 机械设备保证

机械设备应能满足施工要求,同时对设备做好保养、维修工作,保证各种机械设备的正常运转,并提高其完好率、利用率。

7.6 技术保证

(1)做好工程统筹、组织设计工作,制订阶段目标,科学合理地安排施工工序。通过分析各施工工序的时间,采取积极措施尽可能地减少影响进度的薄弱环节,科学合理地缩短各施工工序的循环时间,保证施工进度。

(2)牢牢抓住关键工序的管理与施工,确保关键工序施工的工期和质量。

(3)根据施工总进度的要求,分别编制月、旬、周施工生产计划,建立生产分析会议制度,对照检查,找差距、找原因,完善管理,促进生产。

(4)提前做好图纸会审工作,对图纸有疑问的地方,及时与设计单位联系解决,避免因此造成返工延误工期。

(5)组织技术人员学习招标文件、技术规范与施工监理程序,准确掌握本工程适用的标准和生产流程。

(6)提前做好各分项工程的施工方案与材料试验,及时申请开工。加强技术管理和工序管理,杜绝因失误造成返工而影响正常的施工进度。

(7)实行动态网络管理,及时根据外界条件调整劳动力、机械、资源的配置,使之趋于合理,积极采用新技术、新工艺、新材料,加快工程进度。

8. 环保、水保、文明施工保证措施

8.1 环境保护目标

施工过程中采取完善的环保措施,把因施工原因产生的噪声、大气污染,以及对现场人员及公众造

成的危害降到最低。保护生态和水资源环境,废水、泥浆以及工程垃圾按规定排放、处理,施工营地、料场、临时租用地、便道等完工后及时平整道面,恢复植被,杜绝水土流失,建成“健康、生态、绿色、环保”达标工地。

8.2 主要环境影响的控制

(1)预防水污染的措施

根据临时施工场地、工程分布及施工部署,在施工准备阶段制订防污染规划及实施方案,并在方案编制前后与水利有关部门取得联系,使之符合国家、交通运输部及地方政府的有关规定。

施工前做好施工驻地、施工场地的布置和临时排水设施,保证生活污水、生产废水不污染水源、不堵塞既有排水设施,保证既有水源不被污染。

(2)噪声控制措施

严格遵守《建筑施工场界环境噪声排放标准》(GB 12523—2011)的有关规定,对空压机、发电机等高噪声作业合理安排施工时间,减少噪声对周围人员正常工作休息的影响。工作人员轮流操作机械,并配备耳塞。

施工前,了解周围单位居民工作生活情况,施工作业严格限定在规定的时间内进行。

加强机械设备的维修和养护,保证机械设备的正常运转,降低机械噪声。机械运输设备在居民区行驶应减速慢行,不鸣喇叭。

合理安排施工作业时间,尽量降低夜间车辆出入频率,夜间不安排噪声很大的机械作业施工。

适当控制机械布置密度,条件允许时拉开一定距离,避免机械过于集中形成噪声叠加。对于发电机、空压机等相对固定的高噪声设备,修建临时隔声屏障,减少噪声污染。

(3)防止大气污染措施

施工生产、生活区域裸露场地、运输道路,经常洒水除尘。

装卸、运输、储存易产生粉尘、扬尘的材料时,采用专用车辆和覆盖措施;对易产生粉尘、扬尘的作业,优化施工工艺,合理制订操作规程和采取洒水降尘措施。

加强机械设备的维修保养和达标工作,减少机械废气、排烟对大气环境的污染。

(4)固体废弃物处理措施

施工中积极应用新技术、新材料,坚持清洁生产,综合利用各种资源,最大限度降低各种原材料的消耗,节能、节水、节约原材料。施工中和施工完成后,加强废旧材料和施工垃圾的收集和管理,按设计或地方政府的要求进行处理,切实做到保护环境。

8.3 文明施工

(1)在职工中认真开展环境保护法规的学习、教育,遵守国家和地方有关环境保护法令,不污染城市环境,不损坏花草、树木。施工现场在搞好“三通一平”的前提下,按照施工现场总平面图的要求,切实加强领导,制订规划,采取措施,认真做好开工前的一切准备工作。

(2)施工现场大门口应悬挂施工标牌,标牌上写明工程项目名称、建设单位、设计单位、施工单位、监理单位等。

(3)工地标识标牌应标明企业名称、企业标志、工地名称等,树立新形象。

(4)施工现场内在明显位置标明“非施工人员严禁进入”的警句标识和“施工现场安全管理规定”等。工地上的所有人员均须佩戴标明其姓名、职务(或工作)的胸卡。

(5)施工现场要保持整洁有序,在明显位置张贴施工现场平面布置图、施工进度计划表、岗位分工网络表、晴雨表、文明施工管理制度、质量保证体系、责任制牌、十项安全技术措施牌、保卫和防火制度等有关图表。

(6)工地要按建设部颁布的《建筑施工安全检查评分标准》规定,做到四个方面标准化安全管理;建立、健全以安全生产责任制为基础的项目安全管理制度,并严格落实。

(7)施工现场内设置专门排水沟，做到排水畅通；现场淤泥及时清运到指定地点排放，整个工作面应整洁，工完料清，无乱堆乱放现象。

(8)施工现场设置安全标语和安全色标，保持现场道路畅通，路面平坦无障碍物，无积水。

(9)施工现场要完善各项安全防护设施，特别在暴雨、台风、雷雨后，要立即进行全面的安全检查和修整。

(10)现场要认真做好对易燃易爆等物品的保管和使用，对油料、氧气、乙炔瓶、废料等都要按照平面布置图要求定点堆放。

(11)施工现场搭设的临时设施和生产设施必须做到整齐统一，符合安全防火要求。明火施工严格执行动火审批制度。

(12)对于污水排放、基坑排水，建立完善的排水系统，排到指定的地点。

(13)做好施工现场管理，实行文明施工。施工中用到的机具设备、材料、施工管线、施工道路等，按照施工现场管理有关规定进行管理。

(14)工地现场机具设备及材料堆放应合理有序，现场的废料应及时清运，在干燥大风天气应注意对场地进行洒水降尘。

(15)搞好工地及四周的环境卫生，创造良好的生活、施工卫生条件。

(16)做好电器设备的防雨防雷措施，定期对保护零线、重复接地的接地电极进行测试，确保施工用电的安全。

(17)配电箱底部距离地面不小于60cm，防止因外壳老化或其他原因在雨天发生短路事故。

(18)在车道易滑段做好防滑工作，避免雨天车辆行驶发生意外。

(19)督促夜间施工操作人员特别注意安全，保证夜间照明亮度，避免因光线不足或疲劳困倦等原因造成意外事故。

9. 特殊天气季节性施工措施

9.1 雨季施工保证措施

9.1.1 现场排水

(1)雨季施工应综合规划、合理设置现场排水系统，采取有效措施，及时引排地面水。

(2)对施工临时挤占的沟渠采取措施，保证不降低其原有的排水能力。

(3)保证道路畅通，路面应能满足滑翻结合模板浇筑混凝土运输车的通行要求。

(4)严格按防汛要求设置连续、畅通的排水设施和应急物资，如车辆、水泵及相关的器材、彩条布、油毡、沙袋、铁锹等，保证异常情况出现时紧急应对。

(5)注意天气变化，及时掌握天气预报情况，中雨和大雨时，应停止滑翻结合模板施工作业，对已浇筑混凝土和滑翻结合模板系统进行防雨布覆盖。停止滑翻结合模板施工后，滑翻结合模板应根据已浇筑混凝土的初凝时间继续滑升，直到滑升至与已浇筑混凝土搭接5～10cm时停止。小雨时滑翻结合模板施工不停止，采用防雨布对滑翻结合模板系统进行遮盖，引排雨水至滑翻结合模板系统之外。浇筑混凝土时采用塑料布对混凝土料斗进行覆盖。

(6)雨天施工时，若出现紧急情况，应将人员及时撤离施工现场，并及时向上级部门汇报情况。

9.1.2 施工机械的防雨

(1)防雨。机电设备采取防雨、防淹措施，采用防雨布进行遮盖；移动用电闸箱的漏电保护装置要可靠灵敏。

(2)防触电。施工现场用电必须符合三级配电两级保护的要求，三级电箱做重复接地，电阻小于10Ω，电线电缆合理架空或埋设，不得出现老化或破损的电缆。遭遇暴风雨天气时，要安排专业电工现场值班检查，必要时立即拉闸断电。所有职工下班前必须将各设备工具电源断开。

9.1.3　防雷措施

(1)滑翻结合模板操作平台的最高点需安装临时接闪器,如在邻近防雷装置接闪器的保护范围内,可不安装临时接闪器。

(2)临时接闪器的设置高度,应使整个滑翻结合模板操作平台在其保护范围内。

(3)施工现场的升降机械、塔式起重机的钢轨、管道等大型金属物体,应与防雷装置的引下线相连。

(4)防雷装置必须具有良好的电气通路,并与接地体相连。

(5)接闪器的引下线和接地体应设置在人不去或很少去的地方,接地电阻应与所施工的建(构)筑物防雷设计类别相同。

(6)滑翻结合模板操作平台上的防雷装置应设专用的引下线,采用结构钢筋接头,必须焊接成电气通路,结构钢筋底部应与接地体连接。

(7)防雷装置的引下线,在整个施工中应保证其电气通路。当由于施工需要必须拆除引下线时,应待另一条引下线安装好后,方准拆除原引下线。

(8)雷雨天气时,所有露天高空作业人员应下至地面,人体不得接触防雷装置。

(9)当因气候、季节等原因停工后,在下次开工前和雷雨季节到来之前,都应对防雷装置进行全面检查,检查合格后方准继续施工。在施工期间,应经常对防雷装置进行检查,发现问题应及时维修,并向有关负责人报告。

9.2　夏季施工保证措施

9.2.1　高温防暑措施

(1)利用多种形式对职工进行防暑降温知识的安全宣传教育,使职工知道中暑的症状,以及对中暑病人应采取的应急措施。

(2)合理调整作息时间,避开中午高温时间作业,当工作需要时,应加强防晒防暑保护措施。要严格控制高温时间加班加点,要保证工人有足够的休息睡眠时间。

(3)对露天的固定场所,应搭建凉棚,防止热辐射对人体的危害。

(4)对高温作业人员,需经常进行健康检查,发现有不适合高空作业者,应及时进行工作调配。

(5)在施工中,要保证及时供给清凉的茶水、含盐分的水、绿豆汤等。

(6)项目部要重视年龄较大、体弱或血压较高的人员,要经常关注他们的身体情况。

(7)及时发放防暑降温急救药品和劳动保护用品。

9.2.2　中暑救援措施

野外施工,特别是在夏天高温季节,职工因长时间在外工作,易发生中暑情况。发生中暑情况后可采取以下措施:

(1)在场其他人员迅速将中暑者安置到凉爽、通风的地方休息,采取降温措施。在有水的情况下让中暑者喝水,补充体内水分。

(2)如中暑者出现虚脱、头晕等症状,较严重时,在场其他人员应立即将中暑者从施工现场送回,同时拨打“120”电话送医院治疗。

9.2.3　混凝土热期施工

(1)当昼夜日平均气温超过30℃时,混凝土工程的施工应符合热期施工的规定。

(2)应采取必要措施对水泥和砂、石材料等遮阳防晒,或对砂、石料堆喷水降温,降低原材料进入搅拌机的温度。

(3)砂、石材料的含水率检测,每台班应不少于1次。

(4)对拌和水宜采用冷却装置或其他适宜的方法降温;对水管及水箱应采取遮阳或隔热措施。

(5)配合比的设计应考虑高温对混凝土坍落度损失的影响。混凝土中可掺加高效减水剂或掺用粉煤灰等活性材料取代部分水泥,减少水泥用量;混凝土宜选用水化热较低的水泥,当掺用缓凝型减水剂时,可根据气温情况适当提高坍落度。

(6)在混凝土的浇筑过程中,应严格控制缓凝剂的掺量,并应检查混凝土的凝结时间,防止缓凝剂掺量不准确对桩基造成危害。

(7)搅拌站的料斗、储水器、皮带运输机及搅拌筒等应采取遮阳措施。在搅拌和浇筑过程中,应增加混凝土坍落度的检测次数;当不满足施工需要时,应及时对配合比进行适当调整。

(8)混凝土宜在棚内或气温较低的夜间进行搅拌;当无其他特殊规定时,混凝土的入模温度宜控制在30℃以下。

9.3 冬季施工保证措施

9.3.1 冬季施工温度

当室外昼夜日平均气温连续5天稳定低于5℃时,采取冬期施工措施。

9.3.2 混凝土的配制及搅拌

(1)配制混凝土时,宜选用硅酸盐水泥或普通硅酸盐水泥,水泥的强度等级不宜低于42.5,水胶比不宜大于0.5。

(2)冬季搅拌混凝土时,集料不得带有冰雪和冻结团块,严格控制混凝土的配合比和坍落度。投料前,应先用热水冲洗搅拌机,搅拌顺序为集料先加水搅拌,再加水泥搅拌,时间应较常温时延长50%。混凝土拌合物的出机温度不宜低于10℃,入模温度不得低于5℃。当集料不加热时,水可加热到80℃。

9.3.3 混凝土的运输

混凝土出机后应及时运到浇筑地点。混凝土运输采用混凝土输送罐车,在外部覆盖保温套。在运输过程中,要防止混凝土热量散失、混凝土离析、坍落度变化,运输工具除保温防风外,还必须严密、不漏浆,并采用帆布包裹。

9.3.4 混凝土的浇筑

进行混凝土浇筑前,应清除模板和钢筋上的冰雪及污垢,并采取防风、防冻保护措施。混凝土成型后的养护温度,用蓄热法养护时不得低于10℃,用蒸汽法养护时不得低于5℃,细薄结构不得低于8℃(外包缠土工布)。

9.4 夜间施工保证措施

(1)滑翻结合模板施工平台及装修平台必须按滑翻结合模板专项施工技术方案进行设置,保证滑翻结合模板夜间施工具有充足的照明。

(2)滑翻结合模板施工墩柱下方必须设有充足的照明,保证钢筋半成品等原材料吊装及混凝土浇筑具有充足的照明,以及良好的视线。

(3)滑翻结合模板夜间施工现场必须设有专门指挥人员进行现场指挥。

(4)滑翻结合模板夜间施工现场必须设有专职安全员进行现场安全管理。

10.应急救援预案

10.1 应急指挥机构及职责

项目应急组织体系如图2-2-11所示。

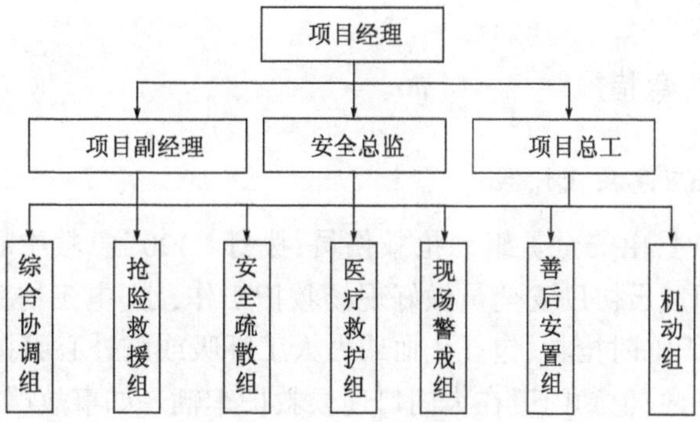

图 2-2-11 项目应急组织体系

(1)项目经理部应急总指挥:分析紧急状态和确定紧急事件级别,根据相关危险类型、潜在后果、现有资源和控制紧急情况的行动类型做出分析;指挥、协调应急响应行动;对外联络;直接监督应急人员的行动;保证场内外人员安全;协调后勤方面以支援应急行动;指定代理人,以便在特殊情况(应急总指挥因故不在现场或在指挥中受伤)下履行其职责。

(2)项目经理部应急副总指挥:协助应急总指挥组织和指挥应急操作任务;向应急总指挥提出应采取的行动和建议减缓事故后果;进行现场事故评估;控制紧急情况;协调、组织和获取应急所需的资源、设备以支援现场的应急操作。

(3)安全部:组织建立项目经理部应急救援体系,制订应急救援预案、操作指南,并报上级主管部门备案;协助应急总指挥工作;督促、监督本项目部应急救援工作;提出应急操作建议;组织应急救援后总结与评价,并书面报告上级主管部门。

(4)为有效地处置重大安全事故,指挥中心内设综合协调组、抢险救援组、安全疏散组、医疗救护组、现场警戒组、善后安置组、机动组。职责如下:

①综合协调组:负责传达指挥中心负责人指令,联系、督促各组工作,报告各组救援工作的重大问题,向当地政府、安全生产监督管理办报告事故情况及请求援助,协助开展事故调查、处理、保密、上报等工作。

②抢险救援组:负责现场伤员的搜救、损失设备的安全转移及事故后对被污染区域的洗消工作,及时控制危险源。

③安全疏散组:负责对事故现场及周围人员进行防护指导、人员疏散及物资转移等工作。接警后,督促所有员工立即离开工作岗位,从安全道路有秩序地撤离,如果时间许可,让员工同时关闭所有电源开关。员工疏散顺序是先现场人员,再附近工人、村民,最后各部门负责人和安全员。承包人与访问客人的疏散由负责接待部门负责人指派专人护送至安全区域。安全撤离后,防止员工未经许可重返事故现场。

④医疗救护组:负责抢救和临时处置事故现场伤员,负责护送重伤员到相应医院救治。有权禁止人员进入情况不明的现场,防止人员伤亡事故扩大。

⑤现场警戒组:负责隔离、保护事故现场,禁止无关人员和车辆进入危险区域,协助人员抢救和疏散,防止有人借机偷盗和破坏财物。

⑥善后安置组:根据各部门负责人提供的值日人数及访客登记资料,统计安全疏散人数,确定是否有伤亡或失踪人员。如有人员伤亡或失踪,负责联络和接待其家属,处理有关赔偿、抚恤金等。

⑦机动组:协助其他组开展抢险救援工作。

10.2 处理程序

(1)轻伤事故发生后,负伤者或者事故现场有关人员应立即直接或者逐级报告项目负责人。

(2)一般事故、较大事故、重大事故、特别重大事故发生后,项目负责人应立即报告施工所在地建设部门、安监部门、公安部门、人民检察院、工会,同时直接或者逐级报告公司负责人。

(3)公司负责人接到一般事故、较大事故、重大事故、特别重大事故报告后,应立即上报所在地安监、建设等部门和上级主管部门。

10.3 危险源识别及应急措施

10.3.1 高空坠落事故应急救援预案

(1)发生高空坠落事故时,由安全员组织抢救伤员,拨打“120”急救中心电话,由班组长保护好现场防止事态扩大。其他小组成员协助安全员做好现场救护工作,水、电工协助送伤员外部救护,如有轻伤或休克人员,由安全员组织临时抢救、包扎止血或做人工呼吸或胸外心脏按压,尽最大努力抢救伤员,将伤亡事故控制在最小范围内,值勤门卫在大门口迎候救护车辆。如事故严重,应立即上报指挥部及有关部门,并启动项目部应急救援预案。

(2)抢救过程中发现颅脑外伤者,必须维持伤员呼吸道通畅。昏迷者应平卧,面部转向一侧,以防舌根下坠或分泌物、呕吐物吸入,发生喉阻塞。有骨折者,应初步固定后再搬运。偶有凹陷骨折、严重的颅底骨折及严重的脑损伤症状,创伤处用消毒的纱布或清洁布等覆盖,用绷带或布条包扎后,及时送往就近有条件的医院治疗。

(3)发现脊椎受伤者,创伤处用消毒的纱布或清洁布等覆盖,用绷带或布条包扎后,及时送往医院。搬运时,将伤者平放在帆布担架或硬板上,以免受伤的脊椎移位、断裂造成截瘫,甚至导致死亡。抢救脊椎受伤者,搬运过程严禁只抬伤者的两肩与两腿或单肩背运。

(4)发现伤者手足骨折时,不要盲目搬运伤者。应在骨折部位用夹板把受伤位置临时固定,使断端不再移位或刺伤肌肉、神经或血管。固定方法为:以固定骨折处上下关节为原则,可就地取材,用木板、竹头等,在无材料的情况下,上肢可固定在身侧,下肢与腱侧下肢缚在一起。

(5)遇有创伤性出血的伤员,应迅速包扎止血,使伤员保持在头低脚高的卧位,并注意保暖。正确的现场止血处理措施如下:

①伤口小时止血法:先用生理盐水(0.9% NaCl 溶液)冲洗伤口,涂上红汞水,然后盖上消毒纱布,用绷带较紧地包扎。

②加压包扎止血法:用纱布、棉花等做成软垫,放在伤口上加包扎,通过增强压力达到止血的目的。

③止血带止血法:选择弹性好的橡皮管、橡皮带或三角巾、毛巾、带状布条等,上肢出血结扎在上臂上 1/2 处(靠近心脏位置),下肢出血结扎在大腿上 1/3 处(靠近心脏位置)。结扎时,在止血带与皮肤之间垫上消毒纱布棉纱。每隔 25 ~ 40min 放松一次,每次放松 0.5 ~ 1min。

(6)动用最快的交通工具或其他措施,及时把伤者送往邻近医院抢救,运送途中应尽量减少颠簸。同时,密切注意伤者的呼吸、脉搏、血压及伤口情况。

10.3.2 机械事故应急救援预案

发生机械伤害事故后,由项目经理负责现场总指挥。发现受伤人员首先高声呼喊,通知现场安全员,由安全员打事故抢救电话“120”,向公司有关部门或医院打电话抢救,同时通知项目副经理、项目总工组织紧应变小组进行可行的应急抢救,如采取现场包扎、止血等措施。防止受伤人员流血过多造成死亡事故发生。预先成立应急小组,人员按分工各司其职,重伤人员立即抢救工作,相应人员迎接来救护的车辆,有秩序地处理事故,最大限度地减少人员和财产损失。

10.3.3 触电事故应急救援预案

现场人员要迅速拉闸断电,尽可能地立即切断总电源(关闭电路),也可用现场得到的干燥木棒或绳子等非导电体使触电人员脱离带电体。将伤员立即脱离危险地方,组织人员进行抢救。若发现触电者呼吸或呼吸心跳均停止,使伤员仰卧在平地上或平板上,立即进行人员呼吸或同时进行体外心脏按压。立即拨打“120”,与当地急救中心取得联系,应详细说明事故地点、受伤程度、联系电话,并派人到路口接应。通知现场负责人,并维护现场秩序,严密保护事故现场。

注意事项：

(1)在未脱离电源时，切不可用手去拉触电者。

(2)事故发生后要组织人员进行全力抢救，视情况拨打“120”急救电话和通知有关负责人。心肺复苏抢救措施要坚持不断地进行，不能随便放弃。

10.4　施工现场的设施管理

(1)现场机械机具分类堆放停置。

(2)施工现场设置施工标识牌，标明工程项目名称、建设单位、监理单位、施工单位、设计单位、项目经理和施工现场管理人员的姓名、开竣工日期等。

(3)加强施工范围地上、地下管线及公用设施的保护。

(4)及时修复因施工遭到破坏的行车路面，确保行车顺畅。

(5)加强施工沿线的夜间照明。

(6)保持场内排水系统处于良好的使用状态，保持场地整洁、道路畅通，随时清理生产、生活垃圾。

雨季施工应通过当地气象部门提前获取天气预报资料，制订切实可行的施工组织计划及应急预案，做好防范各种自然灾害的准备工作。雨季施工应提前准备必要的防洪抢险器材、机具，及时遮盖系统及材料，对施工机械应有防止洪水淹没等措施；施工场地和生活区应设置排水设施；同时应制订安全用电规程，严防漏电、触电；雷区应有防雷措施。

11. 职业健康要求

上岗前对新职工在确定从事接触职业性危害岗位时，由公司出具证明，并知会职工本人，在上岗15个工作日内自行至体检机构进行职业病体检，逾期未进行职业病体检者，公司不予录用；在岗期间接触职业危害岗位的职工，在上岗前体检满1年后，以及接触粉尘岗位职工，在上岗前体检满2年后，由公司组织至体检机构进行上岗期间的职业病体检，费用由公司统一支付。

第三节　大桥挂篮悬浇专项施工方案

1. 编制依据

(1)《公路工程质量检验评定标准　第一册　土建工程》(JTG F80/1—2017)；

(2)《公路桥涵施工技术规范》(JTG/T 3650—2020)；

(3)《危险性较大的分部分项工程安全管理规定》(建办质〔2018〕31号)；

(4)《钢结构设计标准》(GB 50017—2017)；

(5)《桥梁悬臂浇筑施工技术标准》(CJJ/T 281—2018)；

(6)《钢管满堂支架预压技术规程》(JGJ/T 194—2009)；

(7)《公路工程施工安全技术规程》(JTG F90—2015)；

(8)《建筑施工碗扣式钢管脚手架安全技术规范》(JGJ 166—2016)；

(9)《施工现场临时用电安全技术规范》(JGJ 46—2005)；

(10)《××至××高速公路工程两阶段施工图设计》；

(11)《××高速公路建设标准化管理指南》；

(12)《××××至××高速公路项目实施性施工组织设计》；

(13)现场调查资料；

(14)施工单位拥有的科技成果、发明专利、工法成果、机械机具设备、管理水平、技术装备以及多年积累的类似工程施工经验。

2. 编制原则

(1)针对高速公路工程某大桥主桥上部结构 55m + 100m + 55m 连续梁施工内容进行编制。

(2)根据高速公路工程两阶段施工图纸设计编制施工方案。

(3)施工组织设计的编制以合同总工期目标要求作为出发点和进度控制目标,统筹考虑此项目的施工工艺、现场布置以及施工进度计划。

(4)施工组织设计将分别接受监理工程师和上级有关部门的审批,只有审批通过后才能予以实施。

3. 施工工艺

3.1 施工作业顺序

总体施工顺序:上部结构 0 号块采用托架法施工,0 号块混凝土一次浇筑,并设塔式起重机辅助作业。0 号块施工完成后在顶部拼装挂篮,悬臂施工采用挂篮对称悬浇法施工,边跨现浇段采取托架法施工。边、中跨合龙段均采用吊架进行施工。按照先边跨合龙、再中跨合龙的顺序完成桥梁合龙。

3.2 进度计划

以某桥梁为例,计划总工期为 336d,计划开工时间 2020 年 6 月 1 日,计划完工时间 2021 年 8 月 31 日。每年 11 月 1 日 ~ 次年 2 月底为冬休时间。

3.3 具体施工技术

3.3.1 0 号块施工

3.3.1.1 施工方案概述

主梁 0 号块施工采用托架施工方案,墩身施工时提前埋设预埋件,待墩身强度达到设计强度后安装托架,预压完成后进行主梁 0 号块节段施工。

根据 0 号块结构尺寸形式、现场施工能力及调查所得的参考资料情况,拟对本节 0 号块一次整体浇筑。

3.3.1.2 施工工艺流程

主梁 0 号块施工工艺流程如图 2-3-1 所示。

3.3.1.3 托架布置

0 号块托架采用三角托架,如图 2-3-2 和图 2-3-3 所示。三角托架沿桥梁中心线对称布置,每侧 4 片,共 8 片,外侧每片托架上弦根部设 4 根 PSB930ϕ32mm 精轧螺纹钢筋(单根张拉力为 180kN)。精轧螺纹钢筋应置于孔道中心,严禁受剪。在三角托架下口设置预埋牛腿、分配梁等作为桁架的支承体系,在托架上设置砂筒,上面设置横向分配梁,横向分配梁上纵向布置底纵梁(桁架),底纵梁上面铺底模板。托架系统自上而下依次为模板、底模桁架、纵梁、横梁、砂筒、三角托架、垫梁、牛腿等。

(1)底模及底模桁架

底模及底模桁架由项目部委托模板厂家设计加工,桁架型钢布置于横梁顶面,并与横梁临时焊接固定。

(2)纵梁

纵梁采用 I36b 型钢,布置在横梁顶面,与横梁顶点焊固定。

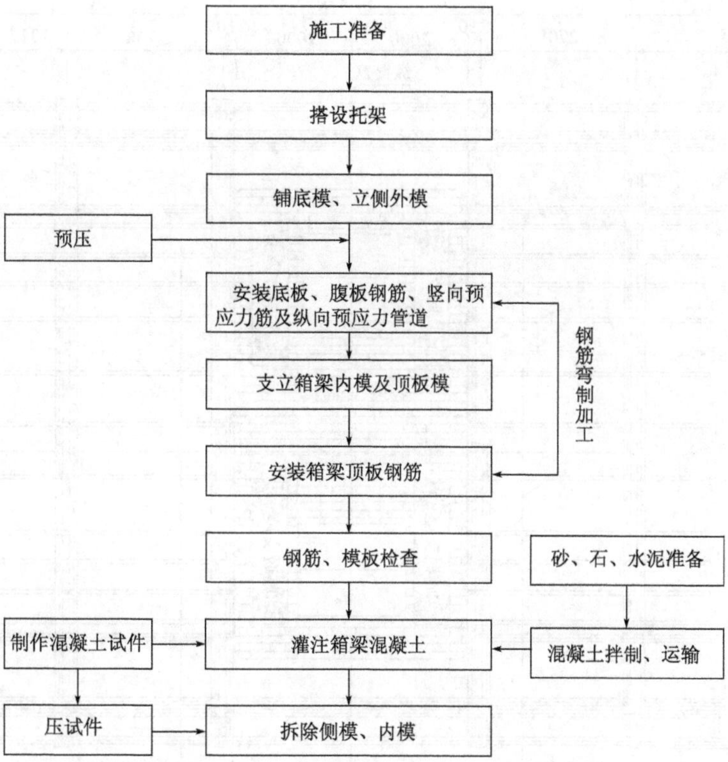

图 2-3-1　主梁 0 号块施工工艺流程

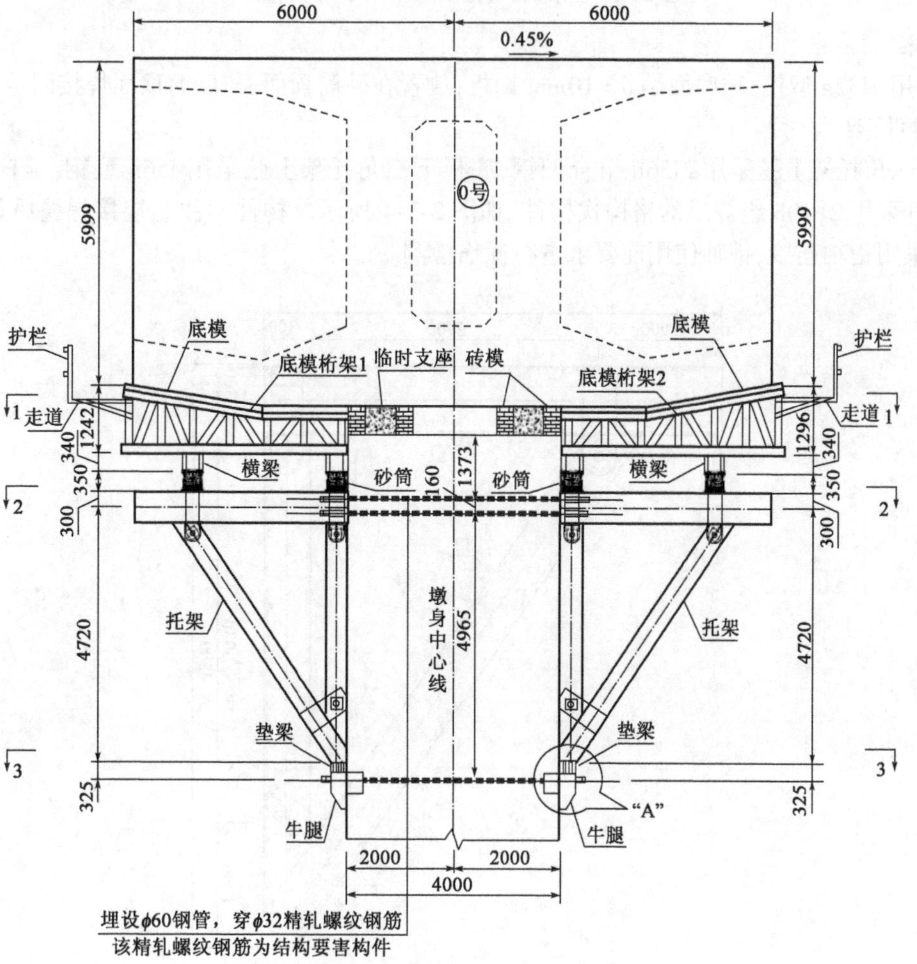

图 2-3-2　主梁 0 号块托架立面图(尺寸单位:mm)

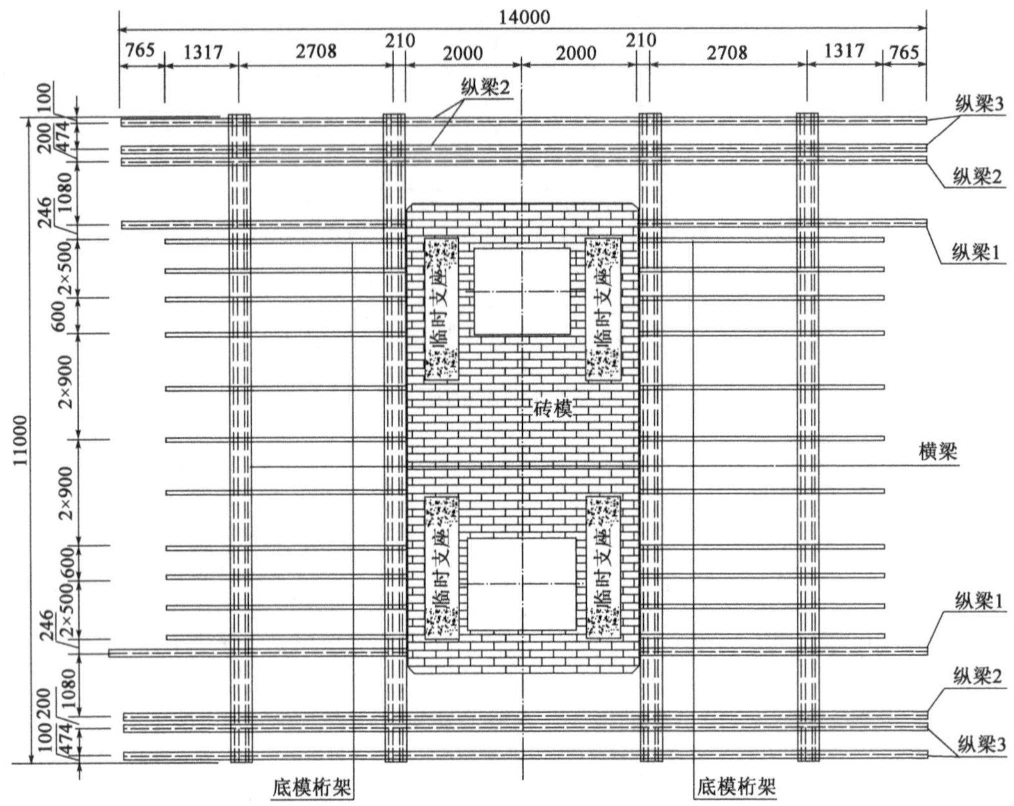

图 2-3-3　主梁 0 号块托架平面图(尺寸单位:mm)

(3)横梁

横梁采用 2I32a 型钢,顶底面贴 $\delta=10\mathrm{mm}$ 钢板,放置在砂筒顶面,与砂筒顶面焊接固定。

(4)三角托架

腹板下三角托架上弦采用 2I56b 组合型钢,底板下三角托架上弦采用 I56b 型钢,竖杆采用 2[40b 对扣焊,斜杆采用 2[40b 组焊成的格构式构件,如图 2-3-4 所示。构件间注意连接焊缝质量。上弦、竖杆、斜杆间采用销轴连接,销轴使用前要求进行探伤检测。

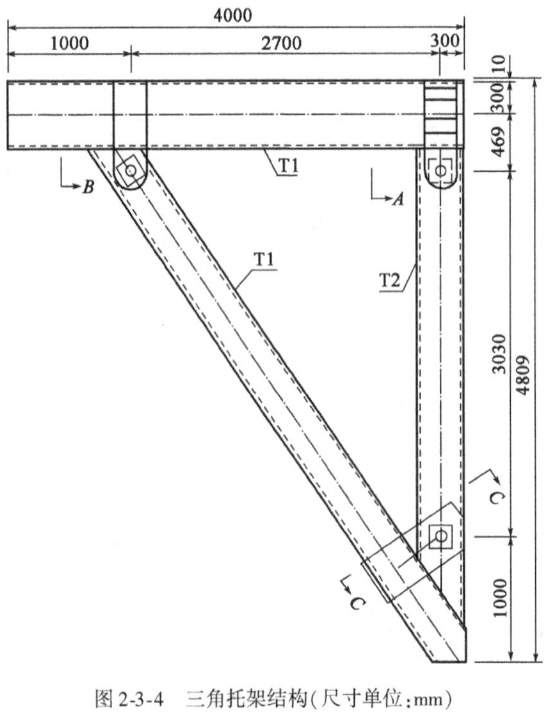

图 2-3-4　三角托架结构(尺寸单位:mm)

(5)牛腿

牛腿设置在三角托架底部,通过垫梁支撑托架,采用20mm和12mm厚钢板组焊而成。

3.3.1.4 托架搭设

(1)托架搭设前准备工作

①托架搭设前,将批复的施工技术方案和有关技术要求向技术人员和作业班组长、工人进行全面的技术和安全交底。

②对进场托架材料进行检查验收,符合规范要求后方可投入使用。

③按照托架设计图,提前进行牛腿、模板及平联的加工。

④托架及牛腿加工时,应严格内控,确保施工质量,过程中应检查焊接质量,确保满足规范要求。

⑤按照设计图先安装牛腿、三角托架、砂筒、纵横梁及模板。

(2)注意事项

①预埋件施工注意事项

a.支承件预埋件应严格按照设计图纸进行加工和预埋;

b.支承件预埋件应定位准确,特别是三角托架对拉预埋钢管的相对位置,保证后期三角托架精轧螺纹钢筋安装顺利;

c.注意预埋锚筋长度是否符合要求;

d.预埋钢管是否加固可靠,钢管应焊接架立钢筋进行支承定位,浇筑混凝土时应注意防止振动棒触碰;

e.钢管预埋精度应有效控制,保证后期牛腿顺利安装。

②牛腿施工注意事项

a.牛腿钢板厚度、尺寸应符合设计要求;

b.牛腿钢板安装位置应符合要求,上下牛腿应在一条垂直线上;

c.牛腿钢板螺栓孔精度应符合要求;

d.牛腿安装完成后,对牛腿进行全面检查,确认合格后,方可进行后续施工。

③三角托架施工注意事项

a.三角托架加工尺寸、材料型号及焊缝等质量应符合要求,桁片销孔应按要求设置;

b.三角托架垂直,三角托架间平联应焊接牢固,符合稳定性要求;

c.三角托架底部与下牛腿顶之间应连接稳固。

④砂筒施工注意事项

a.安装前应对每个砂筒进行荷载试验,验证砂筒承载力要求;

b.砂筒与砂筒座梁应可靠连接;

c.砂筒应采用彩条布遮盖等可靠的防雨措施,防止雨水进入砂筒内部。

⑤水平桁架、底纵梁施工注意事项

a.底纵梁型钢型号应符合要求,并采用国标的材料;

b.底纵梁安装数量、间距等应符合设计要求。

3.3.1.5 托架预压

大桥主桥上部结构为55m+100m+55m变截面预应力混凝土连续梁桥。其中0号梁段总长12.0m,0号块混凝土380.9m^3,重1009.3t,采用托架法施工。预压控制总量按照110%荷载控制,总量为$1009.3\times1.1=1110.23(t)$。

为了保证托架结构的可靠性和了解托架在施工过程中的弹性变形,以及消除托架的非弹性变形,并检验结构的承载能力及稳定性,给模板安装提供参数,根据相关预压技术规程对托架进行预压,预压采取分级加载,并进行详细观测、记录。

现浇托架搭设完毕后采用预压块加载预压,加载试验采用设计最大荷载乘以1.1倍安全系数进行试压,模拟混凝土浇筑时的工况进行加载。预压荷载分级进行,加载顺序为:45%荷载→80%荷载→

100% 荷载→110% 荷载。

加载时先加设底板施工荷载，接着加设腹板荷载，加载过程中荷载都需对称布置。加载过程中测量组对加载的每个阶段进行观测，加载结束待托架变形稳定后开始卸载，卸载过程中再进行观测，并与加载记录进行对比，以便有针对性地对托架进行调整。由于采用刚性基础和逐级加载，每级加载完成且观测完成后即可加载下一级荷载，最后一级加载后观测 4h。卸载时逐级卸载，每卸载完成一级后及时观测记录数据。

在预压堆载过程中，注意测量观测点位置的预留。测量观测点主要为支架最外排水平桁架跨中、悬臂端部和牛腿（三角托架）顶部位置。支架预压观测点变形预警值按照 100% 荷载的弹性变形值进行比例分配计算，根据计算可知，三角托架端部的 100% 荷载的弹性变形值为 1.5mm。

卸载采用加载程序的逆过程，卸载过程要均匀依次卸载。卸载时每级卸载均待观察完成、做好记录后再卸至下一级荷载，测量记录支架弹性恢复情况。现场发现异常情况要及时汇报。

3.3.1.6　托架拆除

主梁 0 号块施工时，在顶、底板预留孔洞用于底板托架的拆除，0 号块混凝土浇筑完成并达到设计强度时，可拆除 0 号块托架。

图 2-3-5　托架整体下放示意图

托架拆除首先在梁顶设置分配梁，将水平桁架以上部分吊挂在梁面上。卸落砂筒，拆除前将三角托架与分配梁连成整体，通过梁底泄水孔将三角托架与连接系、砂筒座梁采用卷扬机整体下放；然后整体下放水平桁架、底模纵梁与底模，如图 2-3-5 所示。

3.3.1.7　墩身临时固结

墩梁临时固结采取支座垫石两侧设临时支座，同时在临时支座内设 44（单座主墩）根 930mPaϕ32mm 精轧螺纹钢筋，张拉力为 6t，墩身两侧对称张拉，如图 2-3-6 所示。临时固结同 0 号块一起施工，全桥合龙后体系转换时拆除。临时支座的拆除，必须在正式支座能够承受压力后进行，通电或用喷灯烧熔化硫黄砂浆夹层，再割断锚固钢筋。

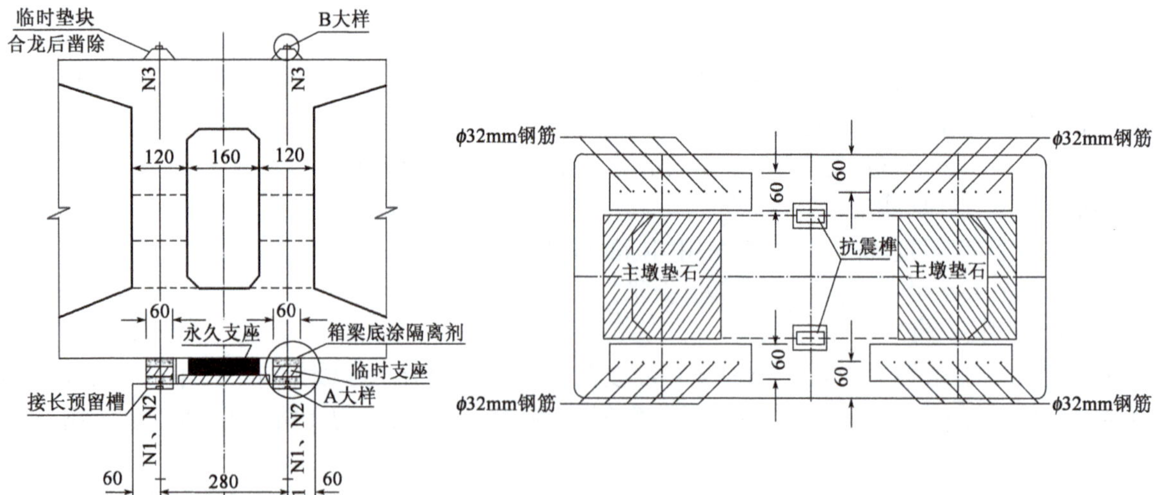

图 2-3-6　墩梁临时固结示意图（尺寸单位：mm）

3.3.2 连续梁挂篮悬臂施工

3.3.2.1 施工方案概述

大桥主桥上部结构采用55m+100m+50m变截面预应力混凝土变高度连续箱梁，呈双幅布置，箱梁顶面设置单向3%横坡，箱底横向水平。每个单幅采用单箱单室截面，单幅箱底宽7.0m，两侧悬臂各长2.75m，单幅箱梁顶宽12.5m。中支点处箱梁中心梁高6.4m，跨中箱梁中心梁高2.5m，梁高及底板厚均按二次抛物线变化。顶板厚0.3~1.1m，悬臂板端部厚0.2m，根部厚0.8m；腹板厚0.55~1.2m，底板厚0.35~1.5m。横隔墙分别设在中支点、边支点处，厚度分别为2.5m、1.5m，中横隔墙设置人孔以方便施工。箱梁悬臂浇筑施工共划分为11个梁段，其中1号~3号梁段长3.0m、最大梁重177.3t（1号块/66.9m^3），4号~7号梁段长4.0m、最大梁重168.0t（4号块/63.4m^3），8号~11号梁段长4.5m、最大梁重144.3t（8号块/54.45m^3），全桥悬臂浇筑最大梁重为177.3t/1号块。主梁细部尺寸如下：

（1）箱梁宽：顶板12.5m，底板7.0m；

（2）梁高：根部6.4m，跨中2.5m；

（3）梁底变化曲线：二次抛物线；

（4）箱内顶板厚度：标准段30cm，根部加厚到1.1cm；

（5）腹板厚度：120~55cm；

（6）底板厚度：根部150cm，跨中35cm，变化规律同梁底变化曲线。

（7）悬臂板端部厚0.2m，根部厚0.8m。

施工0号块时，墩旁塔式起重机保留。在塔式起重机覆盖范围内可以利用塔式起重机作为起重设备辅助悬浇施工，施工节段超出塔式起重机覆盖范围后，利用推车在梁顶进行材料及小型设备的转运。

0号块施工中待混凝土浇筑完成、纵向预应力张拉压浆后，方可拼装挂篮。挂篮拼装前拆除0号块内外模板，将梁面清理干净，按照挂篮设计图纸进行挂篮拼装，拼装完成后进行挂篮预压，预压后重新拼装挂篮就位，进行1号块施工。

3.3.2.2 施工工艺流程

主梁节段悬臂浇筑施工工艺流程如图2-3-7所示。

3.3.2.3 挂篮计算

（1）工况划分

工况一：浇筑1号块混凝土计算；

工况二：浇筑4号块混凝土计算；

工况三：浇筑8号块混凝土计算；

工况四：挂篮行走计算。

（2）设计主要荷载

①挂篮自重；

②混凝土荷载；

③模板荷载；

④施工荷载及人群荷载；

⑤风荷载。

（3）荷载组合

①强度计算：1.2×（结构自重+1.05×箱梁混凝土荷载+模板自重）+1.4（施工人员及机具荷载+混凝土振捣荷载）；

②刚度计算：1.0×（结构自重+1.05×箱梁混凝土荷载+模板自重）；

③走行工况的强度计算：1.2×（结构自重+1.3×模板自重）。

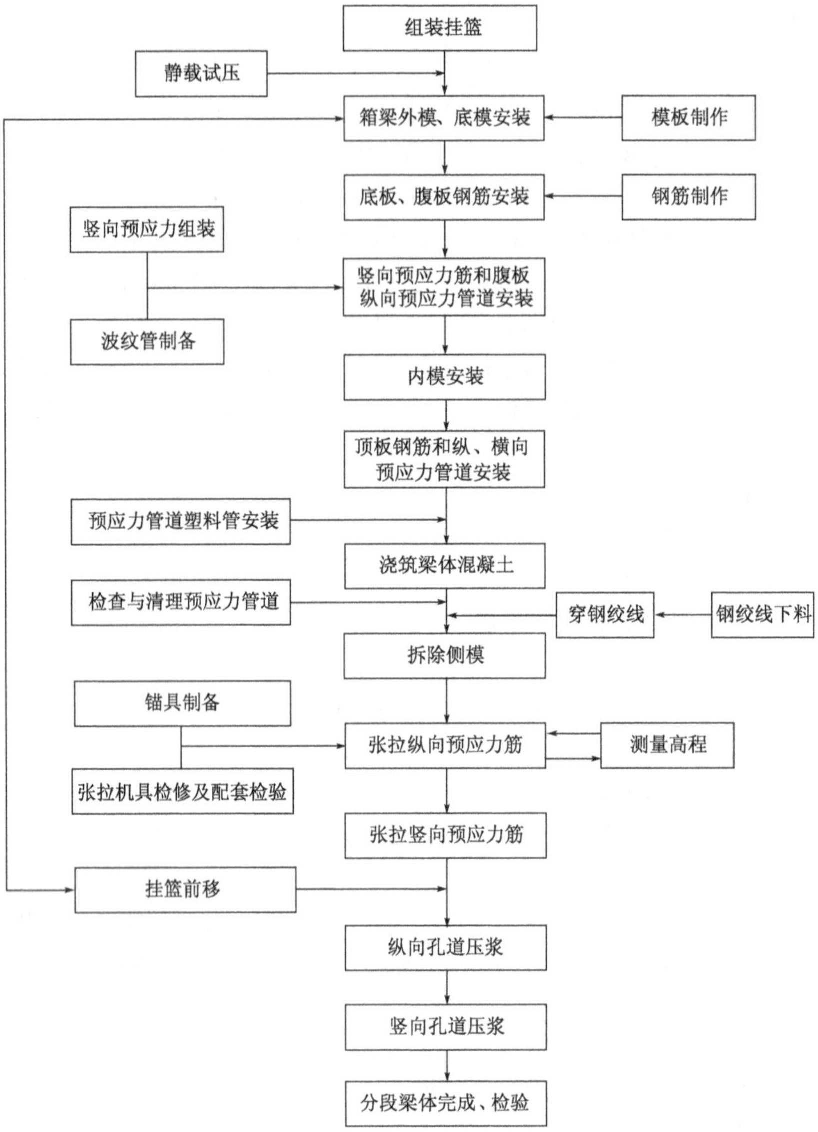

图 2-3-7　主梁节段悬臂浇筑施工工艺流程

(4)结构验算

①采用极限状态设计方法对挂篮各构件的强度、刚度、稳定性进行验算;

②结构计算时取最不利情况。

3.3.2.4　挂篮拼装

(1)挂篮进场检验

挂篮拼装前,对所有构件进行单件检查验收,重点在于结构尺寸、焊缝质量,以及重要构件的材质等级。对挂篮的销轴和吊带,进行调质和探伤处理资料检查;对重要构件的焊缝,进行无破损检测试验报告检查。

(2)测量放样

由测量组放出挂篮安装所需的各种控制线,包括墩轴线、挂篮中心线、挂篮轨道中心线、支点位置线,并对轨道和主桁位置进行高程测量。作业队根据测量放出的控制线再进行详细放样,确保挂篮主桁的安装位置准确。

(3)挂篮走道梁安装

在 0 号块养护达到设计强度并进行预应力张拉后,测量 0 号块梁面高程,并将走道梁下面的梁面找平,滑道梁锚固系统采用连续梁竖向预应力作为锚固钢筋(箱梁顶面设有横坡,为保证挂篮在使用过程中横桥向处于水平状态,可在坡脚一侧的支腿上设钢垫块,从而避免在走道与梁面间进行过多的抄垫)。

前支点处受力集中,走道梁下应设钢垫板,防止局部混凝土压坏。

(4)前支座与后钩板安装

在滑道上放出前支座与后钩板中心线,将挂篮前支座与后钩板放置就位。

(5)主桁架与后锚固安装

①将每只挂篮的主桁架单独吊装,将其他可拆散的部件全部拆除,以保证起重在起重机起重范围内;

②当支座与后钩板安装就位后,将一只挂篮的单片主桁架吊装就位,并与滑座与后钩板之间固定牢固,在主桁架顶端沿横桥方向用5t倒链拉八字形缆风绳临时固定,确保主桁架不向前倾覆,也不侧倾;

③吊装另一侧单片桁架就位,同样对其在横桥向与顺桥向两个方向进行可靠固定;

④分两次吊装平面连接系与竖向连接系,通过联结系将两只挂篮的两个单片主桁架用销轴连成一个整体;

⑤按以上方法,拼装0号块另一端单只挂篮的主桁架与联结系;

⑥分别吊装两只挂篮的后上横梁、后锚梁,并安装两只挂篮的后锚固;

⑦在菱形挂篮的主桁架单侧设栏杆,便于安装前上横梁;

⑧吊装前上横梁,并将前上横梁与主桁架上弦上的节点连接牢固;

⑨在前上横梁上安装栏杆等安全设施;

⑩为便于底模平台和侧模支架安装,提前在前上横梁和0号块前端将挂篮吊带垫梁与吊带安装就位,并比设计尺寸提高0.5~1m,在底模平台就位后再放下使其与底模平台上的框梁相连。

(6)前后下横梁与底模平台安装

①分别吊装前后下横梁,将前后下横梁通过吊带吊挂与前上横梁和箱梁底板;

②安装纵梁1、纵梁2和限位纵梁;

③吊装挂篮底模。

安装底模平台前,应加入监控单位提供的各编号块的预抛高度值(由现场实测),便于控制线形。

(7)挂篮外侧模安装

在0号块施工时,将外侧模支架与外侧模提前在0号块托架上拼装成型,并作为0号块外侧模使用,在挂篮主桁架、底模平台与内模拼装完成后,采用如下步骤与方法将其前移至1号块位置。

①在浇筑0号块时,提前在0号块上对准外导梁中心线预留临时吊带孔,0号块施工完毕,在此吊带孔上穿吊杆及吊架;

②将外导梁从外侧模支架中设计位置穿入,前端用外导梁前吊杆(带)吊挂于前上横梁上,后端穿入外导梁吊架内;

③对吊杆检查合格后,将外侧模支架放松落于外导梁上;

④将外侧模向前移动至1号块设计位置;

⑤将外导梁后吊杆安装于设计位置,并将吊架前移至理论位置安装好。至此整个外侧模及其支架、吊挂系统全部安装完毕。

(8)挂篮内侧模安装

挂篮内模支架及其吊挂系统在底模平台拼装完成后再进行拼装,以便充分利用底模平台进行作业。具体方法与步骤如下:

①先拼装内模支架的前后吊杆(带);

②将预拼好的内顶模整块吊装好并反扣在底模平台上;

③将内导梁吊放在底模平台上,抄平垫好,再用起重机配合,将预先组拼好的内模顶板钢桁架整体吊装至底模平台的导梁上,并与之临时固定。

④将在底模平台上拼装成整体的内模顶板桁架(含倒角模板及其支架),用倒链提起就位,逐根安

装前后吊杆(带)；

⑤安装内模侧模,设置组合钢模或木模作为压仓；

⑥检查模板及骨架,调整并精确定位,至此内模及其支架拼装完毕。

3.3.2.5　挂篮预压

挂篮加工完毕并检测合格后需在施工现场进行结构试拼装,同时进行荷载试验以测定挂篮的实际承载能力和梁段荷载作用下的变形情况。为节约挂篮试验时间,同时又能获取挂篮变形等第一手资料,挂篮静载试验采用模拟压重试验进行。

挂篮静载试验的目的在于模拟挂篮真实受力状况并进行荷载试验,获取挂篮在模拟最不利工况下主桁的联结强度和变形参数,以便消除非弹性变形和设置准确的预抬值,用于指导施工。静载试验按照最重梁段(1号)的1.2倍进行模拟压重,分三级进行:0→60%→100%→120%→卸载,每级荷载加载后都要进行测量并记录原始数据,为预抬提供依据。

荷载试验时,加载时按施工中挂篮受力最不利的梁段荷载进行等效加载。试验过程中加载分级进行,测定各级荷载作用下挂篮产生的挠度和最大荷载作用下挂篮控制杆件的内力。根据各级荷载作用下挂篮产生的挠度绘制挂篮的荷载—挠度曲线,由曲线可以得出使用挂篮施工各梁段时将产生的挠度,为大桥悬臂施工的线形控制提供可靠的依据。根据最大荷载作用下挂篮控制杆件的内力,可以计算挂篮的实际承载能力,了解挂篮使用中的实际安全系数,确保安全可靠。

3.3.2.6　挂篮施工

悬臂浇筑各节段施工均是重复作业,其标准循环基本相同,其步骤是:上节段混凝土养护→纵向预应力张拉→脱内模→走道接长段紧固(在上节段提前安装)→脱底、侧模(由滑梁转至前吊带与滑锚承重)→主桁、外模、底模同步走行→后锚固安装→底模平台调整→外模安装(外模吊挂复位)→底板、腹板钢筋、力筋安装→内模安装(内模吊挂复位)→顶板钢筋、预应力筋及预埋件安装→后吊带预紧、前吊挂预抬并测量定位→混凝土浇筑→横、竖向预应力张拉→预应力孔道压浆。

钢筋、预应力安装要求详见“钢筋、模板、预应力、混凝土分项工程施工”。

3.3.2.7　挂篮走行

(1)施工步骤

除1号块施工时直接将挂篮在其上拼装完成外,其他各悬臂节段在施工前必须将挂篮前移一个节段,才能浇筑混凝土。挂篮前移之前必须具备以下条件:第一,混凝土的强度不小于90%设计强度;第二,箱梁的纵向预应力张拉及压浆完毕;第三,挂篮内外、底模与箱梁节段混凝土脱空。后续施工步骤如下:

①在已浇筑的梁段上接长滑道,通过节段竖向预应力牢固固定；

②将底模平台、外导梁的前吊杆(带)转至临时吊挂分配梁上；

③将内模及内导梁松放于已浇梁段的内箱中；

④在外滑梁上安装走行吊带,与后下横梁连接,将底模平台后吊挂转至外导梁上;检查并确保后上横梁吊带(杆)同底模平台后下横梁连接牢固；

⑤检查挂篮前后支座及后支座下后钩板受力状况,无误后,卸除后锚固；

⑥采用单根钢绞线与240kN千斤顶向前牵引后支座,使两侧主桁架带侧模与底模平台同步前移至下节段指定位置,并精准定位。

⑦安装后锚固；

⑧将侧模、底模平台后吊杆(带)转至已浇箱梁前端预留孔上；

⑨对挂篮底侧模进行精定位。顺桥向偏差控制在±10mm以内;横桥向偏差控制在±5mm以内;两主桁相对偏差控制在±5mm以内。注意每个节段误差不得累积,以确保梁体中线顺直,并便于模板安装调整。

(2)注意事项

①两只挂篮走行时必须对称同步进行,以保持梁体平衡；

②挂篮走行速度不宜过快,单只挂篮两片主梁之间要保持同步走行,需在其走行走道上划出刻度,由油压千斤顶对称均匀、平稳地向前移,两个对称端前移的距离偏差不超过0.2m,同一侧的两个主桁架移动偏差不大于5cm;主桁架移动到位时,均需保证主桁片的垂直,保证主桁架受力与设计工况一致,防止主桁架倾斜产生整体失稳;

③挂篮走行时必须由专人指挥,统一信号;

④在挂篮前端要有限位装置,在挂篮后端要有保险溜绳;

⑤在拆除挂篮后锚固之前,要有专人检查锚固体系,确保其可靠地转移至挂篮走道梁上;

⑥挂篮不得在大风天气走行,如遇6级以上大风,挂篮要停止走行,并就近将后锚固设施装上;

⑦挂篮走行中,测量人员应跟踪观测,随时调整挂篮走行时的中线误差;

⑧挂篮走行时要安排人员观察挂篮,不得与梁体上任何部位挤挂;

⑨挂篮走行前挂篮走道上应涂抹黄油,便于挂篮走行;

⑩检查走行吊带长度及锚固情况,确保走行吊架轴承与内外滑梁底面全面接触及滑梁的吊挂安全,使吊架的两个轴承同时受力,避免滑梁倾斜偏载而将单个轴承逐个压坏,底模平台需采用4个10t的葫芦做保险扣,保险扣下端设置在前后下横梁上,上端设置在滑梁上。

3.3.2.8　挂篮拆除

箱梁最后一节悬浇梁段完成张拉、压浆工序后,便可拆卸挂篮。条件允许的情况下,可首先整体拆除侧模与底模平台,然后将挂篮主桁架走行至0号块位置起重机时将其拆除。如需整体后退拆除,按下述方案进行拆除施工。

拆除顺序为:箱内内模支架及内导梁→工作平台及防护栏杆→底模系统→侧模系统→前上横梁→桁架联结系→主桁架,吊带系统及走行锚固系统在其过程中交叉操作。拆除步骤如下:

(1)挂篮后退前准备工作

①纵向、竖向及横向预应力筋张拉完毕;

②内顶模及内侧模脱离梁体;

③前后吊点均应有保险措施,东侧、西侧各设两根钢丝绳作为双保险;

④垫枕找平、下部垫实,垫枕按每间距50cm设一道;

⑤走道梁均与梁部预埋竖向精轧螺纹钢锚固紧,当精轧螺纹钢长度不够时加连接器,上齐螺栓,每根走道梁至少有3根精轧螺纹钢锚固,走道梁相接处平整无错牙,防止挂篮在后退过程中卡住;

⑥安装好主桁前进的千斤顶,逐一将所有走道梁锚固螺母再拧紧一遍,并由专人检查连接器;

⑦内模及内导梁拆除。施工完毕将内模模板切割分块,人工搬运配合塔式起重机吊下。内导梁运至1号块的预留孔处,然后通过预留孔道由人工配合吊出。

(2)挂篮后退

①松开外侧前后吊带,利用两侧倒链及钢丝绳,下落下横梁,脱开底模,并把底模与下横梁点焊成整体;

②松开后边的吊带,将倾覆力转给滑道,拖动轨道后退;

③使用倒链拉挂篮后退,将底模、主桁系统及外导梁一起移动至0号段位置;

④挂篮后退时,移动必须匀速、同步,随时掌握走行过程中挂篮中线与箱梁轴线的偏差,挂篮走行速度不大于10cm/min,同一只挂篮的左右两片桁架走行前后位置相差不大于5cm,如有偏差,应使用千斤顶逐渐纠正。底模、下纵梁、下横梁之间应用焊接的方式将之连接成整体,以防摆动造成事故。

(3)挂篮后退拆除

后退至0号块与1号块之间→底模平台拆除→主桁架拆除→松开锚固拆除轨道梁→底模平台整体拆除。

①用2台5t卷扬机吊住底模平台,且在前后下横梁与上横梁相对应地方挂上倒链保险,拆除底模平台的前后吊带。

②专人(安全员)指挥2台5t卷扬机在两侧同时起吊,将底模平台平稳落在0号块~3号块下方的

场地上,然后把底模和横梁分解后吊运至指定存放地点。

③主桁架拆除。底模平台拆除完毕后,将主桁架在梁面进行分解拆除。拆除主桁连接系时,两榀主桁均要用钢丝绳或倒链临时在主桁架两侧拉紧,防止主桁侧倒,然后拆除两榀主桁间连接系,用起重机吊下;按照安装主桁的反顺序分解主桁,解后利用塔式起重机或其他起重机吊下。

3.3.3 边跨现浇段施工

3.3.3.1 边跨现浇段托架布置

现浇段托架结构主要由三角托架、横梁、纵梁、墩身预埋件与模板系统等组成。

(1)三角托架

三角托架桁片为单侧两片。桁片上弦杆采用2I56b型钢组成,竖杆与斜杆采用2[40b组成,托架各杆件之间采用销轴连接。托架横向采用[14b和∠75×6mm型钢可靠连接。托架上弦杆通过ϕ32mm精轧螺纹钢筋对拉,抵消混凝土浇筑荷载产生的拉力,托架底部支撑在牛腿上,牛腿通过ϕ32mm精轧螺纹钢筋对拉锚固在墩身上。

(2)横梁

三角托架上摆放两组横梁,横梁采用2I40a型钢组成。

(3)纵梁

纵梁摆放在横梁上,纵梁采用单根I22b型钢,长度6m,纵梁在盖梁范围内通过抄垫钢板支承在盖梁上。

(4)模板

现浇段底模按照钢模板考虑,模板由6mm钢板+[8型钢组成。外侧模考虑倒用0号块模板或采用脚手架+木模。

(5)墩身预埋件

采用牛腿支撑在托架底部,牛腿与托架之间应抄垫密实。

3.3.3.2 边跨现浇段施工

边跨现浇段施工参考0号块施工,本节不予细述。

3.3.4 合龙段施工

主梁悬臂段施工完成后,先边跨合龙,再中跨合龙。合龙段(2~3个梁段)合龙前应进行联测,确定悬臂端间的高程、轴线偏差在预期的范围内,避免强迫合龙。

3.3.4.1 合龙段施工方案概述

主梁边、中跨合龙段长2.0m,中心线处梁高2.5m,梁体节段混凝土体积20.2m^3,重约53.4t。边跨合龙底模采用钢模板,侧模利用挂篮模板施工。边跨合龙采用吊架法合龙,在现浇段施工与连续刚构11号块施工时预留吊带孔。吊架梁利用挂篮前上、下横梁和滑梁。边跨合龙段按照设计图纸并于合龙段劲性骨架设置(顶底板各设置3道2[20型钢支撑)要求及设定的合龙温度施工。

首先安装边跨合龙段劲性骨架和模板,其次施加临时配重水箱,合龙口两侧配重质量各为合龙段质量的一半,然后按设定的合龙温度锁定劲性骨架,浇筑合龙段混凝土,如图2-3-8所示。混凝土浇筑过程中逐步卸除压重物,每次卸载的质量应等于所浇混凝土的质量,以保证桥面线形的稳定。合龙段混凝土达到强度要求后,张拉边跨合龙预应力束,孔道压浆,然后拆除挂篮、封锚、封堵空洞,如图2-3-9所示。

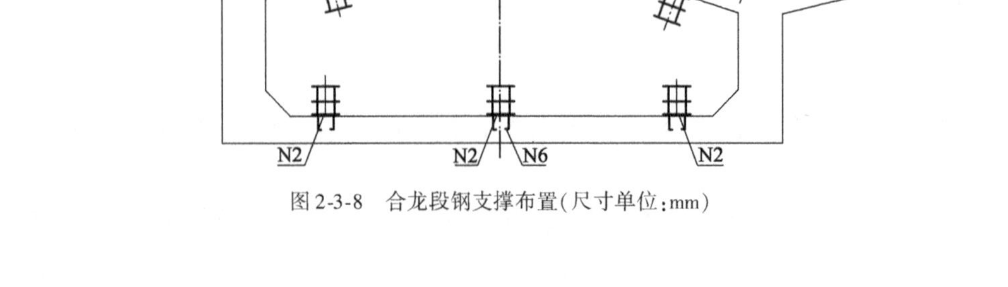

图2-3-8 合龙段钢支撑布置(尺寸单位:mm)

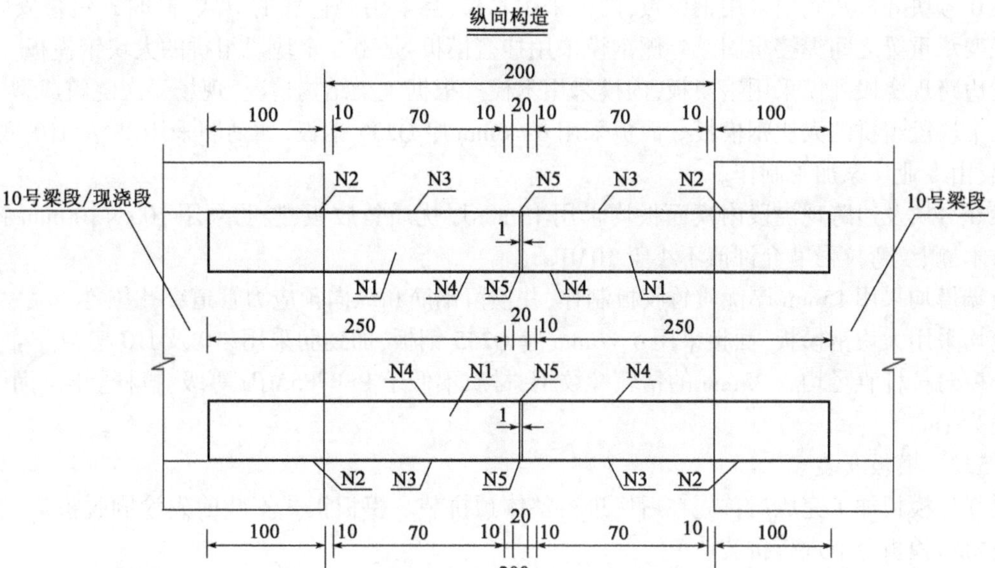

图 2-3-9　顶底板连接支撑布置(尺寸单位:mm)

3.3.4.2　施工工艺流程

边跨合龙段施工工艺流程如图 2-3-10 所示。

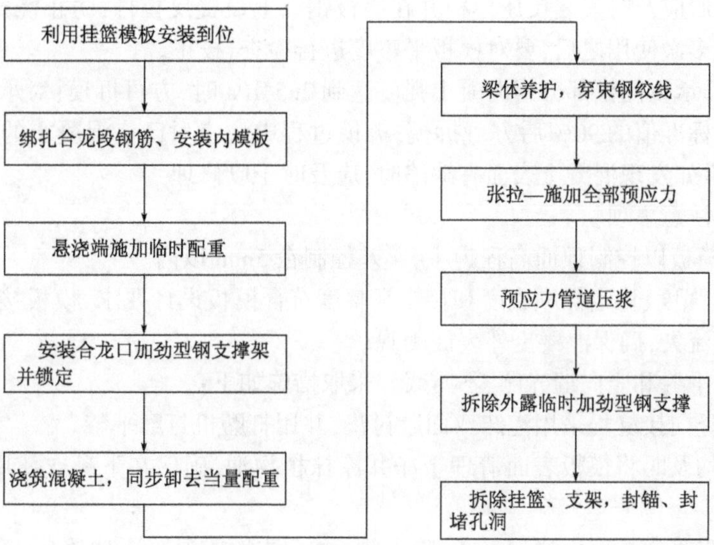

图 2-3-10　边跨合龙段施工工艺流程

3.3.4.3　注意事项

(1)加劲型钢支撑的刚度、强度必须满足临时约束预应力的需要。

(2)合龙段混凝土应采用微膨胀性能混凝土,确保合龙段不产生收缩裂纹。

(3)合龙段混凝土的浇筑,应选在当天低温阶段、温差较小时间段进行,以减少温度应力影响。

(4)临时配重质量确保与合龙段混凝土质量等效,保持墩中心弯矩平衡。

3.3.5　模板施工

3.3.5.1　模板设置

主梁挂篮施工梁段底模、外侧模均采用钢模板,由专业厂家设计制作。单块模板长 4.8m,面板均采用 δ =6mm 厚 Q235 钢板,加劲肋均采用[10 和 I10 型钢;外侧模外背型钢桁架,纵向 1m 设置一片;内外模及内侧模间设置直径为 25mm 的精轧螺纹钢对拉杆,拉杆材质不低于 PSB785MPa 等级,拉杆竖向间距为 1.0m、纵向间距为 1m。

主梁0号块外模及底模采用钢模板，内模采用木模，且采用侧包底的方式，同时外钢模安装调整就位后与托架承重梁之间焊接牢固。外侧钢模采用挂篮模板，是由3个块段组拼的大块钢模板。

主梁边跨现浇段外模采用钢模板，内模采用木模。根据主梁结构情况，现场一次浇筑成型。外侧钢模采用1个块段组拼的大块钢模板。面板采用$\delta=6$mm厚Q235钢板，加劲肋采用[8及I10型钢，外背型钢桁架，由专业厂家加工制作。

主梁0号块及边跨现浇段内模面板均采用15mm厚优质竹胶板，竖肋采用100×100mm针叶或阔叶材质方木，顺纹弯拉强度允许值不小于10MPa。

模板端模均采用15mm厚优质竹胶板制作，并预留钢筋和纵向预应力管道穿孔位置。

底模均采用大块钢模板，面板采用$\delta=6$mm厚Q235钢板，加劲肋采用[10及I10槽钢。

内外模对拉杆直径均为25mm的精轧螺纹钢，材质不低于PSB785MPa等级，拉杆竖向间距为1.0m、纵向间距为1m。

3.3.5.2　模板安装

主梁0号模板加工完成后首先在后场进行整体预拼装。模板正式安装前先涂刷脱模剂，然后利用塔式起重机将模板分节进行拼装。

模板安装时严格按照放出的边线进行控制，为保证模板的整体稳定，模板拼装过程中均应设置缆风绳或斜撑稳固。模板拼装时所有接缝处必须设置硬质双面胶，并全部进行打磨，确保线条美观不漏浆，以确保混凝土的外观质量。

模板安装完成后及时对模板进行调整和检查，严格检查拉杆安装情况，防止浇筑混凝土时出现胀模现象。底板浇筑成型后应及时安装反压模板并在底板钢筋上设置反拉杆，防止浇筑腹板时底板顶面出现翻浆现象。在模板多次使用之后，要对模板平整度进行检查、校正。

混凝土浇筑后，非承重侧模部分当混凝土强度达到2.5MPa时，方可拆模；对承重部分结构，在混凝土强度符合设计强度标准值的90%后方可拆模；拆模过程中注意对已浇混凝土的保护，防止拆模碰坏混凝土棱角等；拆模后如发现混凝土表面有缺陷时，应及时予以修理。

模板施工的一些注意事项：

(1)主梁0号块模板以控制顶面高程为主，误差控制在5mm以内。

(2)模板的刚度、强度、稳定性顺直度和接头平整度符合模板设计要求，模板接缝严密，满足混凝土浇注时水泥砂浆不得流失，确保混凝土外表面美观。

为保证模板的水平缝和竖向缝光顺、不露浆。采取措施如下：

(1)水平接缝与竖向接缝均采用泡沫双面胶衬垫，并用打磨机打磨平整。

(2)每次拆模后均及时将模板表面清理干净并涂抹植物油，确保在下一次使用时没有水泥浆或混凝土残渣。

(3)每次立模前先将模板表面清理干净，除去污垢、不洁物或混凝土残渣(如有)，涂上适量脱模剂后方可立模。

3.3.5.3　模板质量标准

(1)制作质量标准

模板制作质量标准见表2-3-1。

模板制作质量标准　　表2-3-1

项目			允许偏差(mm)
钢模板制作	外形尺寸	长和宽	+0，-1
		肋高	±5
	面板端偏斜		0.5
	连接配件(螺栓、卡子等)的孔眼位置	孔中心与板面的间距	±0.3
		板端中心与板端的间距	+0，-0.5
		沿板长、宽方向的孔	±0.6

续上表

项　目		允许偏差(mm)
钢模板制作	板面局部不平	1
	板面和板侧挠度	±1

(2)安装质量标准

模板安装质量标准见表2-3-2。

模板安装质量标准　　表2-3-2

项　目		允许偏差(mm)
模板高程	基础	±15
	柱、梁	±10
	墩台	±10
模板尺寸	上部构造的所有构件	+5,0
	基础	±30
	墩台	±20
轴线偏位	基础	15
	柱	8
	梁	10
	墩台	10
装配式构件支承面的高程		+2,-5
模板相邻两板表面高低差		2
模板表面平整		5
预埋件中心位置		3
预留孔洞中心线位置		10
预留孔洞截面内部尺寸		+10,0
支架	纵轴的平面位置	跨度的1/1000或30

3.3.5.4　模板止浆措施

相邻竹胶板应做到贴紧、无错台。端模与侧模间预留钢筋处空隙较大,易产生漏浆现象,可采用定尺竹胶板减小空隙,并控制混凝土坍落度,达到止浆效果。预应力锚盒采用泡沫胶填充,防止漏浆。

3.3.5.5　模板拆除

主梁0号块及边跨现浇段模板拆除如下:模板拆除前先将腹板外侧模通过拉杆固定于主梁翼缘处,然后依次拆除端头模板及底模。底模拆除前先将托架上的砂筒卸落再进行底模拆除。悬臂端底模可将模板沿纵桥向抽出,墩间底模在拆除过程中将模板沿横桥向抽出,故在施工时需用卷扬机配合塔式起重机将底模拆除。具体做法为在托架纵梁桁架上加工一鹰嘴并安装导线滑轮,安装时须控制导线滑轮与底模在同一高程,以减小拉出底模时的摩擦力。在拆除底模时,拉出一截换个拉点再拉,并用塔式起重机将模板挂住以保证底模安全拆除,直至将模板拉出。侧模拆除为常规施工,过程中应加强控制。

在模板拆除过程中,一定要轻拉轻放,杜绝猛撬硬砸,保护好模板面板和整体结构,避免变形、破损。一旦发现模板有变形或异常,必须立即会同技术人员,共同分析原因和商定修复办法。

3.3.5.6　模板施工注意事项

(1)钢模板在初次使用时应将其与混凝土接触面上的锈迹清除干净。

(2)模板安装前,应经测量人员测设断面、高程及预设好预拱度后符合设计要求时再立模。

(3)安装模板前要进行模板尺寸、平整度、拼缝等校正工作;安装模板时,应根据测量放线交底进行模板安装,接缝应严密、不漏浆,保证结构物外表面美观,线形流畅。

(4)安装底模时要注意平整度及拼缝调节;底模安装牢固后,方可在上进行钢筋施工。

(5)安装侧模板时,应防止模板移动和凹凸。侧模在模板外设立支撑固定,模板加固牢靠后,经校验合格后在其上进行钢筋骨架绑扎。

(6)安装内模时,内模尺寸、位置要准确,棱角要平顺,拼缝要严密,缝隙应用双面胶粘贴。

(7)脱模剂必须采用正规的脱模剂,不得采用对混凝土表面有污染、对混凝土有腐蚀的废机油、肥皂水、洗衣粉等材料代替脱模剂,确保混凝土表面光洁美观、无锈斑和异色痕迹。脱模剂应做到一次涂刷,多次使用。

(8)端模开孔必须保证波纹管孔道位置准确,腹板张拉槽口与端模连接紧密,防止进浆。

3.3.6 钢筋加工及安装

3.3.6.1 钢筋原材

钢筋进场均应提供制造厂家的质量保证书和出厂合格证,钢筋存放场地内的钢筋要按不同钢种、等级、牌号及生产厂家,分类堆放,挂牌以便识别。

钢筋进场时,必须对其质量指标进行全面检查,并按批抽取试件做屈服强度、抗拉强度、伸长率和冷弯试验,其质量应符合国家标准《钢筋混凝土用钢　第1部分:热轧光圆钢筋》(GB 1499.1—2008)和《钢筋混凝土用钢　第2部分:热轧带肋钢筋》(GB 1499.2—2007)等的规定和设计要求。

钢筋的检验应符合下列规定:

(1)以同牌号、同炉罐号、同规格、同交货状态的钢筋,每60t为一批,不足60t也按一批计。

(2)检查每批钢筋的外观质量。钢筋的表面不得有裂纹、结疤和折叠;表面的凸块和其他缺陷的深度和高度不得大于其所在部位尺寸的允许偏差;测量本批钢筋的直径偏差。

(3)对于经外观检查合格后的每批钢筋,施工单位全部检查质量证明文件,并按批进行抽样,做屈服强度、抗拉强度、伸长率和冷弯试验。

3.3.6.2 施工准备工作

在绑扎钢筋之前,首先将接触面混凝土凿毛,露出新鲜混凝土面,将混凝土屑、杂物清理干净后用清水冲洗,校正伸入施工梁段内钢筋的平面位置及线形。

3.3.6.3 钢筋加工安装

主梁钢筋直径有16mm及20mm两种,均为HRB400钢筋;D8钢筋焊网直接采购成片。钢筋加工时同一类型的钢筋按先长后短的原则下料,主筋连接采用电弧搭接焊、E5003型焊条;钢筋搭接采用单面焊,焊缝长度不小于$10d$。

钢筋半成品下料与制作在钢筋棚内完成,骨架绑扎在现场进行。钢筋加工前,必须将钢筋表面的油渍、漆皮、浮锈等清除干净。钢筋下料前,核对半成品钢筋的钢号、规格、直径、长度和数量。钢筋用弯折机加工后与大样图核对,并根据各钢筋所在部位的具体情况对细部尺寸和形状做适当调整。

加工完成的钢筋半成品材料,应按规格、型号、长度及箱梁块段进行标识并分开堆放,同时采取有效的遮盖措施防止下雨后钢筋生锈。

主梁悬臂施工节段及边跨现浇直线段均一次绑扎成型。

钢筋安装前,应在模板上弹出钢筋外轮廓线,以保证钢筋安装间距均匀、位置准确。钢筋安装顺序:底板下层钢筋→底板上层钢筋→腹板箍筋→腹板纵向钢筋→顶板下层钢筋→顶板上层钢筋。

由于底板较厚,须在底板钢筋上下层间设立架立钢筋;由于腹板竖向钢筋和竖向预应力筋比较高,绑扎时需在箱内搭设钢管支架进行临时固定,如图2-3-11所示。为保证钢筋的整体性,可以将部分钢筋进行点焊。

混凝土保护层垫块采用细石混凝土制品,垫块与模板接触采用线接触,安装时垫块与钢筋固定牢靠,确保钢筋绑扎和吊装时垫块不松动、不移位。混凝土垫块数量不小于4个/m^2。

3.3.6.4 钢筋加工注意事项

(1)钢筋绑扎要求隔一扎一,扎丝头朝内。

(2)外露钢筋绑扎时,必须保证齐平且外漏长度与设计长度相符。

图 2-3-11 钢筋安装示意图

(3)严格控制钢筋保护层厚度。根据保护层厚度选择合适的钢筋保护层垫块，严禁保护层垫块偏大或偏小。垫块应该按梅花形布置，且不小于 4 个/m^2，顶板和底板钢筋底、腹板下端的底板钢筋可根据实际情况适当加密布置，如果在倒角等处仍有部分钢筋贴住模板，必须在该处加设垫块，垫块扎丝头朝内。

(4)钢筋搭接长度必须满足规范要求，杜绝搭接长度不够及缺少构造钢筋现象出现。严禁乱割钢筋，如有割断钢筋，必须用同类型钢筋补强，补强钢筋长度、焊接长度必须符合规范要求。

(5)箱梁顶、底板上下层钢筋网，腹板左右侧钢筋网必须严格按照施工图纸及规范要求绑扎，严禁漏绑钩筋现象。

(6)在整个钢筋绑扎施工过程中应保证接缝混凝土表面的清洁，不得向模板仓内乱扔扎丝、旧钢筋等施工垃圾。若有，应在钢筋绑扎完毕、模板安装之前将其全部清除干净。

(7)两侧护栏预埋钢筋时，必须严格控制线形，护栏钢筋必须主筋焊接牢固。

(8)做好技术交底，并由现场技术人员监督施工过程，预埋件与钢筋冲突时，可适当调整钢筋间距，严禁随意切割钢筋。

3.3.6.5 预埋件安装

泄水孔、通风孔、张拉槽口等的预埋，应根据施工设计图纸进行施工。梁体钢筋如与预应力孔道、预留孔洞、预埋件相碰，适当移动梁体钢筋的位置保证预埋位置正确。

注意桥面系、伸缩缝、护栏、防雷接地及其他相关附属构造的预埋件，均应按照图纸施工，特别注意护栏的预埋钢筋必须预埋在现浇箱梁结构内。

3.3.6.6 钢筋安装质量标准

钢筋安装质量标准见表 2-3-3。

钢筋安装质量标准 表 2-3-3

检查项目			允许偏差(mm)	检查方法
受力钢筋间距	两排以上排距		±5	每构件检查 2 个断面，用尺量
	同排	梁板、拱肋	±10	
		基础、锚碇、墩台、柱	±20	
箍筋，横向水平钢筋、螺旋筋间距			±10	每构件检查 5 ~ 10 个间距
钢筋骨架尺寸	长		±10	按骨架总数的 30% 抽查
	高、宽或直径		±5	
弯起钢筋位置			±20	每骨架抽查 30%
保护层厚度	柱、梁、拱肋		±5	每构件沿模板周过边检查 8 处
	基础、锚碇、墩、台		±10	
	板		±3	

3.3.7 混凝土浇筑及养护

连续刚构混凝土的强度等级为C55,在施工前必须对混凝土配合比设计进行优化,保证混凝土和易性好、不离析,并采取措施降低水化热。

所需材料进场后需经检验合格方准使用,砂石料、水泥、外加剂等计量准确,其中砂石料误差≤2%,水泥、掺合料、外加剂投料误差≤1%。

3.3.7.1 混凝土供应

(1)采用1座自有2×120HZS搅拌站进行混凝土供应,共配置6台混凝土搅拌车进行混凝土运输。

(2)混凝土原材料储备按照每次浇筑所需原材料的1.2倍进行备料,每次混凝土浇筑前分别对各种材料数量进行准确统计,同时按照材料种类分别制订相应的供应保障措施,保证浇筑时间内各类材料的连续供应。在混凝土施工前,由物资管理人员提前联系材料供应商,随时补充原材料,并由试验室对进场材料进行检验,以满足后续箱梁混凝土浇筑施工。

(3)水泥进场前应对水泥品种、强度等级、包装或散装仓号、出厂日期等进行检查,对其强度、安定性、凝结时间、水化热等性能指标及其他必要的性能指标进行复检,报监理工程师验收合格后方能使用。

3.3.7.2 混凝土原材料检验

(1)混凝土原材料的技术要求和检验标准应符合《混凝土结构工程施工质量验收规范》(GB 50204—2015)的规定。原材料进场后,应对原材料的品种、规格、数量以及质量证明书等进行验收核查,并按标准的规定进行取样和复验。

(2)原材料进场后,及时建立"原材料管理台账",台账内容包括进货日期、材料名称、品种、规格、数量、生产单位、供货单位、"质量证明书"编号、"复试检验报告"编号及检验结果等。台账应填写正确、真实,项目齐全。

(3)水泥、矿物掺合料等应分别存储。袋装粉状材料在存放期间应用专用库房存放,不得露天堆放,且应特别注意防潮。

(4)粗集料应按要求分级采购、分级运输、分级堆放、分级计量。

(5)不同混凝土原材料应有固定的堆放地点和明确的标识,标明材料名称、品种、生产厂家、生产日期、进厂(场)日期及检验状态。原材料堆放时应有堆放分界标识,以免误用。

混凝土原材料每盘称量允许偏差应符合表2-3-4的规定。

原材料每盘称量允许偏差 表2-3-4

序 号	原材料名称	允许偏差(%)
1	水泥、矿物掺合料	±1
2	粗、细集料	±2
3	外加剂、拌和用水	±1

检验数量:每工作班抽查不应少于一次。

3.3.7.3 混凝土配合比设计

连续刚构采用C55混凝土,混凝土坍落度为160~200mm。

C55混凝土理论配合比中,每立方米混凝土中各种原材料用量见表2-3-5。

混凝土配合比材料用量 表2-3-5

水胶比	各种原材料用量(kg/m^3)							坍落度(mm)
	水泥	粉煤灰	矿粉	细集料	粗集料	外加剂	水	
0.30	365	73	49	701	1096	5.85	146	160~200

3.3.7.4 混凝土拌制

(1)混凝土原材料应严格按照施工配合比要求进行准确称量,配料称量最大允许偏差应符合下列规定(按质量计):水泥、粉煤灰、水和外加剂不大于±1%,粗细集料不大于±2%。

（2）浇筑混凝土前，应严格测定粗细集料的含水率，准确测定因天气变化引起的粗细集料含水率变化，以便及时调整施工配合比。一般情况下每班抽测两次，雨天应随时抽测，并按测定结果及时调整混凝土施工配合比。

（3）混凝土拌制过程中，应对混凝土拌合物的坍落度和含气量进行测定，测定值不应超过配合比要求。

3.3.7.5　混凝土运输

（1）混凝土运输采用混凝土罐车运输至浇筑现场，运输过程中宜以 2～3r/min 的转速搅动；当罐车到达浇筑现场时，应高速旋转 20～30s 后再将混凝土喂入泵车料斗内。

（2）混凝土用拖泵泵送至待浇梁体，同时采用两台输送泵对称泵送浇筑。

（3）在泵送混凝土之前，先用同水胶比的水泥砂浆或与泵送混凝土配合比相同但粗集料减少 50% 的混凝土通过管道。

（4）搅拌后的混凝土应在 1/2 初凝时间内入泵，并在初凝前浇筑完毕。泵送作业完成后，管道里面残留的混凝土应及时排出，并对全部设备彻底进行清洗。

（5）混凝土的泵送作业，应使混凝土连续不断地输出，必要时降低泵送速度以维持泵送的连续性。如停泵时间超过 15min，应每隔 4～5min 开泵一次，正转和反转两个冲程，同时开动料斗搅拌器，防止料斗中混凝土离析。如停泵超过 45min，或混凝土出现离析现象时，宜将管中混凝土清除，并清洗泵机。

（6）混凝土在拌和站集中拌和。混凝土运输主要采用在混凝土运输车运至现场后直接用混凝土泵车泵送浇筑混凝土，为避免在混凝土浇筑过程中由于混凝土的供应原因造成浇筑中断，确保块段混凝土浇筑的顺利进行，要考虑备用混凝土运输车。

3.3.7.6　浇筑混凝土前检查

浇筑前，把模板、钢筋上的污垢清理干净。对支架、模板、钢筋和预埋件再次进行检查。完毕后经质检人员、监理工程师检查合格后再进行箱梁混凝土浇筑。

3.3.7.7　混凝土浇筑

（1）0 号块混凝土浇筑

0 号块混凝土浇筑如图 2-3-12 所示。

混凝土垂直方向的浇筑顺序为：浇筑按先底板，后下部腹板、隔板、顶板、翼缘板的顺序，两侧腹板混凝土的浇筑高度应保持基本一致。纵桥向按“斜向分段、水平分层”的方法从低向高、按照从中间向两端的顺序浇筑。腹板、隔板混凝土分层浇筑，分层厚度不超过 30cm，混凝土坍落度控制在 16～20cm。

图 2-3-12　0 号块混凝土浇筑示意图

注：①～⑤表示浇筑顺序。

梁体混凝土浇筑前应由现场技术员对作业班组进行技术交底，明确振捣过程中注意事项，确保振捣到位。施工过程确保两边不对称荷载不超过设计要求，左右沿桥中心线对称浇筑。混凝土浇筑应连续进行，浇筑过程不得间断。

混凝土浇筑：底模安装完成后，安装底板钢筋→内模、隔墙模板→腹板及墩顶隔板钢筋→横、竖向预应力管道→内模→顶板钢筋→端模，待检查验收后，进行混凝土浇筑。混凝土浇筑前必须将模板内垃圾清理干净。混凝土浇筑底板时由低处向高处、由外侧向中间进行，首先由墩顶平坡段开始浇筑，浇筑中避免砂浆集中，防止收缩裂纹的产生。在底板、腹板倒角处，设置 50cm 宽的压仓板，浇筑腹板时边浇筑边振捣，同时注意防止混凝土沿下梗肋大量冒出底板。冒出底板的混凝土，不宜过早铲除，待腹板混凝土稳定时再处理，避免底部干扰造成腹板区段出现空洞等质量问题。

（2）其他悬浇节段混凝土浇筑

混凝土浇筑施工应采用对称、均衡的方法进行，按照“底板与腹板倒角→底板→腹板→顶板→翼板”的顺序依次对称分层浇筑，并按照由梁端向已浇筑梁段的原则分层浇筑，防止挂篮变形造成接缝混凝土开裂。

3.3.7.8　混凝土浇筑注意事项

为了确保混凝土施工质量，采取如下措施：

(1)主梁0号块、挂篮悬臂浇筑节段及边跨现浇段混凝土浇筑，采用两台拖泵配合同时对称浇筑的方式。

(2)混凝土浇筑时按底板、腹板、顶板的顺序进行分层浇筑，每层混凝土的厚度为30cm，浇筑时必须保持对称均衡进行，悬臂端由外侧向内侧进行，墩间由中间向两端依次浇筑。

(3)横隔板混凝土浇筑按横向水平分层浇筑，分层厚度为30cm，并与底板混凝土浇筑的分层步调保持一致。为了确保混凝土自由落差不超过2.0m，泵管出料口采用串筒进行下料，以保证混凝土下料高度不超过2.0m。

(4)腹板浇筑时按纵向水平分层浇筑，每层混凝土的厚度为30cm，两侧腹板左右相互交替对倒连续浇筑，如此循环，直至腹板混凝土浇筑完毕。

(5)在进行混凝土振捣时，振捣人员必须按照一定的方向和顺序进行操作，以保证浇筑质量。混凝土振捣时，采用快插慢提的方式，振捣器移动间距不超过振捣器作用半径的1.5倍，并与侧模保持5～10cm的距离，插入下层混凝土5～10cm，每处振动完毕后，边振动边徐徐提出振动棒，并避免振动棒碰撞模板、钢筋及预应力管道等，尤其是振动到预应力管道位置时，要注意避免碰撞管道而导致管道移位。对每一振捣部位，必须按照技术规范要求振捣到该部位混凝土密实为止(但要注意不要过振)。混凝土密实的标志是混凝土停止下沉、不再冒出气泡、表面呈现平坦、泛浆，如振捣后混凝土表面有泌水，应用海绵吸除泌水，从而确保分层浇筑混凝土的连接质量。振捣采用ϕ50mm插入式振捣棒振捣为主，在墩梁锚固区及钢筋密集处改用ϕ30mm插入式振捣棒振捣，在波纹管处、锚垫板及螺旋筋处应重点振捣，确保混凝土密实。

(6)施工缝处理。前一次浇筑完成的混凝土强度达到10MPa以上时采用风动机对块段结合面进行凿毛处理，凿毛效果必须满足规范要求。在新浇筑混凝土前，上下结合面表面洒水充分湿润，防止新旧混凝土结合面衔接质量不良。

(7)为保证顶面的平整度小于5mm，浇筑完成后用3m长水平直尺找平处理。

(8)为保证箱梁顶面混凝土的平整度，确保后期的沥青铺装层能满足施工要求，以及保证顶板厚度和横坡满足设计、技术规范要求，采取与底板施工平整度控制相同的方法。钢筋顶面横桥向设顶面高程带，采用2m×2m间距，利用3m水平直尺进行找平处理。

(9)混凝土浇筑应控制浇筑速度，防止因浇筑速度过快造成侧模及内模胀模等风险；浇筑应采用对称浇筑。

(10)各相邻节段间混凝土龄期不宜超过10d。

(11)严格按照规范要求控制混凝土入模温度。

(12)腹板、隔板与底板倒角处钢筋密集，为避免出现露筋、蜂窝麻面等质量问题，浇筑时从腹板处下放混凝土，并在腹板、隔板模板上开设观察孔和振捣孔，保证混凝土密实、无空洞。腹板、隔板倒角以上位置浇筑时，不得再振捣底板混凝土，防止腹板倒角处混凝土外鼓，上部悬空，出现空洞。腹板、隔板浇筑过程中经常使用小锤敲打模板，检查混凝土是否振捣密实。

(13)混凝土浇筑过程中要有专人检查模板，防止漏浆、跑模。

(14)梁面设置单向横坡排水，坡度4%，桥面混凝土应确保密实、平整、坡度顺畅。混凝土振捣完成后，根据定位钢筋的位置，用木抹子拍实，用刮尺找平、提浆、清除浮浆，然后用木抹子二次抹面，不抹光。梁体混凝土浇筑时，对桥面收浆质量要求标准较高，现场控制尤为重要。

3.3.7.9　混凝土养护

混凝土浇筑完毕后，应及时进行保温养护。

(1)混凝土浇筑完毕初凝后用土工布覆盖进行洒水养护，混凝土强度达到2.5MPa之前，不得在其上踩踏，连续养护时间不少于7d，夏季和冬季适当延长养护时间。

(2)梁体洒水次数与环境空气湿度和温度相关，一般白天1次/2h、晚上1次/4h，以使混凝土表面保持充分潮湿为宜，保湿养护不少于7d。

(3)当气温低于5℃时，应采取保温养护措施，不得向混凝土表面洒水，高温时要防晒。

(4)随梁养护的试块要与梁体混凝土同条件养护。

(5)养护时不得向预应力孔道内洒水。

(6)封端混凝土施工完毕后，也要进行洒水养护，保持表面湿润，防止出现收缩裂纹。

(7)养护人员要具有高度的责任心，选派认真负责的人员执行洒水养护任务，建立严格的岗位责任制，保证按照以上规定进行，并对养护过程做详细的记录。

混凝土养护分为常规季节、夏季养护和冬季养护。养护措施见表2-3-6。

混凝土养护措施 表2-3-6

养护时间	外腹板	内箱	顶板
常规季节	拆模后洒水养护7d	洒水养护	土工布覆盖，洒水养护(以土工布湿润为标准)
夏季	拆模后洒水养护10d	洒水养护	土工布覆盖，洒水养护(以土工布湿润为标准)
冬季	浇筑完成后用帆布包裹，拆模后贴薄膜+土工布+帆布包裹	端头用帆布遮挡，保证内箱温度大于10℃	每2m设置一道10cm高马镫，浇筑完成后覆盖薄膜+土工布+帆布包裹，四周须密封

3.3.8 预应力施工

主桥箱梁采用三向预应力体系，纵向顶板采用15ϕ^s15.2、24ϕ^s15.2高强度低松弛钢绞线，腹板、中跨底板和边跨底板分别采用15ϕ^s15.2高强度低松弛钢绞线，边中跨合龙段也采用15ϕ^s15.2高强度低松弛，钢绞线标准强度$f_{pk}=1860$MPa，纵向钢束均采用两端张拉，顶板束张拉控制应力$0.73f_{pk}=1358$MPa，其余钢束张拉控制应力$0.75f_{pk}=1395$MPa。顶板钢束采用平、竖弯结合，锚固于顶板承托内；腹板钢束采用下弯，锚固于腹板内；底板钢束采用竖弯，部分为平弯，锚固于底板锯齿块及梁端头。

顶板横向预应力钢束采用4ϕ^s15.2高强度低松弛钢绞线，纵向间距100cm，钢绞线标准强度$f_{pk}=1860$MPa，张拉控制应力$0.7f_{pk}=1302$MPa，张拉控制应力采用扁锚，单向交错张拉。张拉采用引伸量和张拉力双控，张拉引伸量8.7cm，每束钢束张拉控制应力为$0.75f_{pk}$。

箱梁腹板竖向预应力钢束采用3ϕ^s15.2高强度低松弛钢绞线，纵向间距为50cm，抗拉强度标准值$f_{pk}=1860$MPa，张拉控制应力$0.75f_{pk}=1395$MPa。张拉采用双控，以张拉力为主。

预应力张拉控制应力为锚下应力，非油表读数，预应力张拉时还需考虑钢束与锚圈口之间的摩擦损失，锚口摩阻损失暂按3%考虑，锚口摩阻损失的具体数值应根据试验确定，或采用厂家及施工单位常年积累的数据，任何时候锚外张拉控制应力不得超过$0.8f_{pk}$。

纵向预应力钢绞线、横向预应力钢绞线以及竖向预应力钢绞线(钢筋)采用塑料波纹管成孔，采用相应锚具及相应的张拉千斤顶。

竖向和横向预应力应待混凝土强度达到设计强度90%，弹性模量达到85%且龄期5d以上时方可张拉，全桥每施工阶段三向预应力张拉顺序应按：纵向预应力→竖向预应力→横向预应力的原则进行。横竖向预应力钢束宜滞后悬臂两个节段张拉。

3.3.8.1 张拉前准备

(1)张拉千斤顶、油表、油泵送到当地有相应资质的计量部门进行配套标定，在使用过程中配套使用，不得临时调换，并在使用过程中按规定的时间及次数进行复检标定。当出现故障时，立即检修并重新标定。

(2)根据设计及施工规范要求选择合格波纹管。进场的钢绞线，其技术指标、质量证明书等内容必须符合现行国家标准。钢绞线的力学性能经送检合格后方可使用，同时在保存和使用过程中应防止锈蚀和被油污染。

锚具进场后，分批进行外观检查，要求不得有裂纹、伤痕、锈蚀，尺寸不得超过允许偏差。对锚具的强度、硬度、锚固能力等根据规范要求进行抽检，经检查合格后使用。

(3)根据配备的千斤顶、锚具及图纸提供的预应力筋长度进行半成品制作。预应力筋下好料后，采用汽车运输至墩位，塔式起重机吊装至箱梁顶。钢绞线采用砂轮切割机进行切断。

3.3.8.2　预应力管道安装

预应力波纹管安装严格按照设计图纸要求进行，并采用定位筋固定。直线段间距不大于50cm，曲线段间距不大于25cm，定位筋应与梁体钢筋可靠连接。其安装质量见表2-3-7。

预应力管道安装质量标准　　表2-3-7

项目		允许偏差(mm)
管道坐标	梁长方向	30
	梁高方向	10
管道间距	同排	10
	上下层	10

因箱梁纵向预应力波纹管较密，相邻波纹管之间的空隙较小，所以在浇筑混凝土时应防止振动棒把波纹管碰偏碰漏，而造成堵管、钢绞线穿束困难或管道摩阻增大。

为防止纵向波纹管在混凝土浇筑过程中出现漏浆现象，波纹管的接头采用外套接方式，将长度为250mm并大一号(内径增减5mm为一号)规格的波纹管旋在待接波纹管上，并齐头，将另一根待接波纹管与之对齐。再将接头波纹管回旋在对齐的另一根待接波纹管上，各套上125mm长度，两头均用胶布贴封。

准确安装锚垫板，且锚垫板承压面一定要垂直于波纹管的中心线。

为了确保预应力管道畅通，采取如下措施：

(1)预应力管道安装前检查管道有无孔洞或裂缝。

(2)波纹管接头处采用胶布缠裹严密，确保不漏浆。

(3)预应力管道在混凝土浇筑前穿衬管保护。

(4)预应力管道设置一定数量的定位筋，以保证管道顺直。

(5)混凝土振捣时，应避免振捣棒碰撞预应力管道，以免产生漏浆现象。

(6)内衬管选用比波纹管内径小2~3cm的PE管。

钢束管道位置用定位钢筋固定，定位钢筋与腹板(或顶底板)钢筋绑扎，如管道位置与骨架钢筋相碰，应保证管道位置不变，仅将钢筋稍加移动，纵向束顺桥向水平间距均按50cm，在钢束曲线段加密到25cm，并保证管道位置准确，如图2-3-13所示。定位钢筋采用ϕ12mm钢筋。

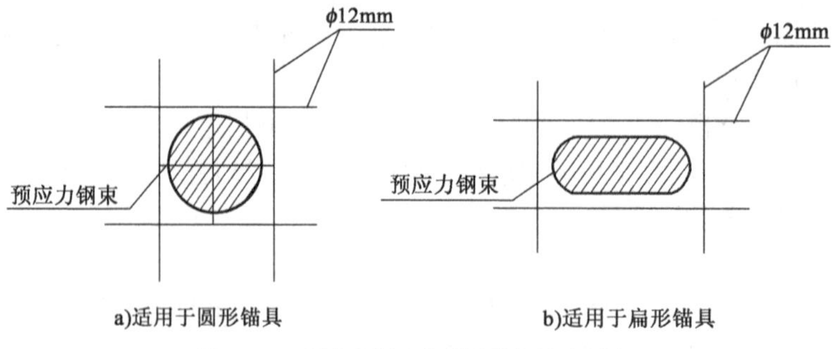

图2-3-13　预应力钢束定位钢筋布置示意图

预应力钢束半径小于50m时，根据实际情况设置加强钢筋，加强钢筋仅在预应力束竖弯和平弯段设置。加强钢筋采用ϕ16mm钢筋，如图2-3-14所示。

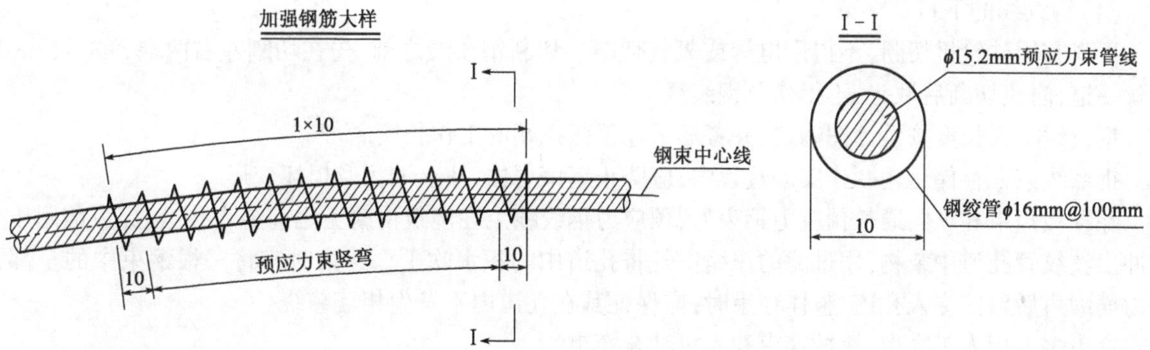

图 2-3-14　加强钢筋大样图(尺寸单位:mm)

3.3.8.3　预应力张拉

(1)预应力材料及张拉设备

①钢绞线。

预应力钢绞线采用《预应力混凝土用钢绞线》(GB/T 5224—2014)标准中的高强度低松弛预应力混凝土用钢绞线。

钢绞线要保持清洁,在存放和搬运过程中避免使其产生机械损伤和有害的锈蚀。进场后存放时间不宜超过 6 个月,宜存放在干燥、防潮、通风良好、无腐蚀气体和介质的仓库内;在室外存放时,不得直接堆放于地面,应支垫并遮盖,防止雨露和各种腐蚀性介质对其产生不利影响。

钢绞线分批检验,每批质量不大于 60t。

②锚具、夹具和连接器。

锚具、夹具和连接器应按设计规定采用,并应具有可靠的锚固性能、足够的承载能力和良好的适用性,其锚固效率系数大于 95%,应能保证充分发挥预应力筋的强度,并安全地实现预应力张拉作业,同时其性能和质量应符合现行国家标准《预应力筋用锚具、夹具和连接器》(GB/T 14370—2015)的规定。锚具的锚口摩擦损失率不宜大于 6%。锚垫板应具有足够的强度和刚度,且宜设置锚具对中止口以及压浆孔或排气孔,压浆孔的内径不宜小于 20mm。与后张预应力筋用锚具或连接器配套的锚垫板或局部加强钢筋,在规定的局部承压试件尺寸及混凝土强度下,应满足传力性能要求。

(2)张拉设备选用

预应力筋的张拉采用穿心式双作用千斤顶,张拉千斤顶的额定张拉力宜为所需张拉力的 1.5 倍,且不得小于 1.2 倍。与千斤顶配套使用的压力表选用防震型压力表,最大读数应为张拉力的 1.5 ~ 2.0 倍,标定精度不低于 1.0 级。张拉机具设备应与锚具产品配套使用,并在使用前进行校正、检验和标定。

张拉用的千斤顶与油压表应配套标定、配套使用,标定应在国家授权的法定计量技术机构定期进行,标定时千斤顶活塞的运行方向应与实际张拉工作状态一致。当处于下列情况之一时,应重新进行标定:使用时间超过 6 个月;张拉次数超过 300 次;使用过程中千斤顶或压力表出现异常;千斤顶检修或更换配件后。

(3)预应力张拉准备

①在混凝土达到设计强度的 90%、弹性模量的 85%,且龄期不小于 5d 时,方可张拉预应力钢束。

②预应力钢绞线和锚具资料齐全,供应商提供夹片锚固系数试验值。锚夹具进场时应进行外观检查,不得有裂纹、伤痕、锈蚀,尺寸不得超过允许偏差,对锚具和夹片的强度、硬度进行抽样复验。

③孔道经通孔清理,无残渣及积水。

④锚垫板表面清洁。

⑤张拉作业区应设置明显的安全警戒标识,悬挂安全警示牌。

⑥张拉梁两端应设置安全防护板。

⑦参加张拉的人员上岗前必须进行培训和技术交底,且在张拉作业中要分工明确,固定岗位,服从统一指挥,穿戴好劳动保护用品。

(4)钢绞线的下料及穿束

下料宜用砂轮机切断,不得用电焊或氧气切断。切断钢绞线之前,先在切割左右两端各3~5cm处扎丝一道,防止切断后散头,不得伤及钢绞线。

钢绞线下料长度按设计图确定,并考虑千斤顶张拉端的工作长度。

钢绞线束在存储运输制作安装过程中,应防止钢束锈蚀,沾上油污及损坏变形。

除顶板短束和纵向通长预应力钢束外,预应力钢绞线束在浇筑混凝土之前穿入孔道,穿束前用压力水冲出波纹管孔道中杂物,用过滤的压缩空气将孔道中的积水吹干。穿束时宜将一根钢束中的全部预应力筋编束后整体穿入孔道,整体穿束时,应保证其在孔道内不发生相互缠绕。

穿束多采用人工穿束、机械穿束和人机结合穿束。

(5)张拉设备及锚具安装

①张拉机具配套、组装及运转。

a.千斤顶、油压表配套,根据校验曲线填写油压表读数卡片,供张拉使用。

b.千斤顶、油泵及油管等张拉设备移至梁体张拉端组装,锚板配套过渡垫圈应擦洗干净后连接。

c.先令油泵运转1~2min,大缸进油,小缸回油,使大缸活塞外伸200mm左右,再令小缸进油,大活塞回零。如此反复2~3次,排出千斤顶缸内和油管路中的空气,使张拉压力平稳。

②安装顺序为:工作锚板→夹片→限位板→千斤顶→工具锚板→夹片。

a.安装工作锚:先在工作锚板上用笔编号,再将同一编号的钢绞线逐根穿入锚板孔内,将锚板推至锚下垫板止口环内,锚板的编号、方向、位置在梁的两端应一致。

b.安装夹片:每幅夹片用橡胶圈箍在一起,沿钢绞线端用手将其紧推入锚板孔中。安装时锚板、锥孔、夹片必须清洁,不允许锚板、钢绞线夹片有上浮锈、油污、砂粒等杂物。夹片全部安装就位后,用螺丝刀调匀夹片间缝隙,用打紧器将每孔中夹片击平,再逐孔打紧。

c.预紧:为使孔道内各根钢绞线松紧一致,夹片握裹使钢绞线达到张拉时受力均匀,用千斤顶进行预紧,并用小手锤敲击锚板周边,使锚板进入锚下垫板面的正确位置。

d.安装限位垫板:控制夹片的移动位置,使夹片跟进较整齐;限位板与工作锚是配套使用的,两者孔位应一致,将限位板沿钢绞线端推靠工作锚板。限位板穿孔时应先穿中间孔,后穿周边孔,由2~3人同时操作。

e.安装千斤顶:先将钢绞线端部用铁丝稍加捆扎,保留编号胶布,再将千斤顶吊起套穿在钢绞线上,千斤顶前支承口套在限位板外面,再将千斤顶充油,千斤顶活塞伸出3~5cm。

f.安装工具锚垫圈、锚具及夹片:工具锚的锚板夹片同工作锚,但可多次重复使用。安装时首先去掉钢绞线上的扎丝,按钢绞线的编号穿入工具锚对应锚孔内,然后将工具锚推入千斤顶缸体外口套座(或过渡垫圈)内,然后安装夹片。特别要注意,两锚板孔位方向应一致,千斤顶内钢绞线不发生错位交叉。

g.工具锚板及夹片使用注意事项如下:

ⓐ将锚板外壁擦净,在锥孔内壁涂上防锈油。

ⓑ工具锚夹片应在无污、无锈、无渣的情况下使用,可先用棉纱将夹片擦净,并在夹片锥面涂退锚油(由50%石蜡+50%机油制成)。每幅夹片用橡皮圈套上。

ⓒ锚板锥孔与夹片锥面经常用金相砂纸加研磨膏手工研磨,使之光亮,从而保证夹片进退方便,可多次使用。

ⓓ工具锚安装要与工作锚、限位板、千斤顶保持在同一轴线上,使钢绞线受力均匀,保证张拉质量。

ⓔ锚具锚固系数和锚固口摩阻系数由供货单位提供。当张拉质量出现问题时,供货单位应复检后,更换锚固系数符合规范的锚具。锚具供货单位应提供质保书,同时现场应对锚具外观质量、锚环、夹片硬度进行分批抽检做好记录。

(6)预应力束张拉

按设计要求,预应力筋(束)张拉在梁体混凝土强度、弹性模量达到95%,龄期不小于7d时进行。

安装锚夹具、千斤顶时应使其轴线与孔道一致。安装前应逐个检查锚、夹具有无裂纹或变形、锚下混凝土是否密实,并清除支撑面的杂物。张拉采用伸长量和张拉力双控,以张拉力控制为主,钢束伸长值作为复核,实际伸长量与计算伸长量容许相差不大于6%。每一截面的断丝率不得大于该截面钢丝总量的1%,且不允许整根钢绞线拉断。

纵向预应力筋的张拉按以下程序进行:0→初应力(10% σ_{con})→分级加载(测伸长值)→100% σ_{con}(持荷5min锚固)。

横向预应力筋的张拉按以下程序进行:0→初应力(10% σ_{con})→分级加载(测伸长值)→100% σ_{con}(持荷5min锚固)。

竖向预应力筋的张拉按以下程序进行:0→初应力(10% σ_{con})→分级加载(测伸长值)→100% σ_{con}(持荷5min锚固)。

预应力束具体操作方法如下:

①0阶段:千斤顶充油,活塞伸出2~3cm。

②初张拉:初张拉前调整钢绞线松紧,张拉设备与孔道轴线一致,均匀受力。达到吨位后,测油缸外露量及油顶外沿至锚下垫板的距离作为初读数,两端每根钢绞线上做标记,记下数据,判断滑丝、滑移情况,同时丈量工具锚夹片外露量并做好记号,分析内缩量。

③分级加载:加载分为4级,即20% σ_{con}、40% σ_{con}、60% σ_{con}、80% σ_{con},每加载一次,测量一次伸长值。其中,0→10% σ_{con}伸长量按照等于10% σ_{con}→20% σ_{con}伸长量计算。

④张拉到位:张拉至100% σ_{con},持荷5min,测量伸长值,观察钢绞线与夹片情况。

⑤自锚:张拉完成后,千斤顶回油,油缸回缩,工具锚后退,工作锚夹片便自动将钢绞线锚住,回油应缓慢进行,达到自锚目的,自锚应逐端进行。

⑥回油:打开千斤顶回油和输油阀,千斤顶主油缸继续回缩,工具锚脱开油顶口,夹片陆续从锚孔脱离出来,详细检查钢绞线情况。

⑦退顶:相继拆出工具锚、千斤顶、限位器,用游标卡尺量取工作锚夹片外露量。

竖向预应力精轧螺纹钢张拉作业操作方法如下:

①千斤顶就位、对中,将预应力粗钢筋的张拉端螺杆拧入千斤顶的张拉头,拧入螺纹长度不得小于40mm。

②启动油泵,千斤顶顶压(小)缸进油,活塞杆伸出,张拉头套入千斤顶套腕中扭转90°卡牢,将千斤顶就位找平。

③千斤顶顶压(小)缸回油,张拉(大)缸进油,活塞杆缩进,油压表指针有启动时,张拉缸停止进油,检查千斤顶是否对准孔道中心,如有偏差及时校正,张拉(大)缸继续进油,进行正式张拉,不得在有偏心条件下进行正式张拉。

④先张拉到初始应力,停止张拉缸进油,螺杆上做标记,作为测量预应力筋伸长值的起点,分级逐步加载至张拉到控制吨位,其中0→10% σ_{con}伸长量按照等于10% σ_{con}→20% σ_{con}伸长量。持荷5min,测量并记录伸长量,拧紧螺帽锚固,回油松顶,拆除张拉设备,完成一根粗钢筋张拉。

张拉时检查有无断丝、滑丝,持荷锚固后测量伸长量,然后分级卸载至0,有必要时测量回缩值。

张拉质量控制:张拉力和伸长量均应符合设计要求,设计要求允许偏差为6%。当实际伸长量与理论伸长量的偏差大于设计要求时,应查明原因并处理。预应力束断滑丝数应符合设计要求。

(7)张拉质量标准

张拉后的钢束应做明显标记,决不允许漏拉。张拉完成后,禁止撞击锚头和钢束,钢束多余的长度应用砂轮切割机切割,钢绞线切割位置距离锚具端3cm。所有的竖向预应力均应采用二次张拉施工工艺,并严防漏拉。

所有张拉过程都应有监理工程师在场,并做好完整的原始张拉记录。

①张拉采用双控,以张拉控制吨位为主,以延伸量进行核对,实际延伸量与理论延伸量误差控制在±6%以内。

②同一断面断丝之和不超过总丝数的1%，且每束断丝只允许一根。

③两端钢绞线回缩量之和≤6mm（张拉后夹片外露量，与24h后测量外露量之差）。

④张拉过程中出现以下情况之一，需要更换锚具或钢绞线束，并重新张拉：

a. 锚具内夹片错牙10mm以上；

b. 锚具内夹片断裂两片以上（含有错牙的两片断裂）；

c. 锚板裂纹损坏；

d. 割钢绞线或压浆时发生滑丝。

3.3.8.4　预应力压浆

预应力钢束张拉后尽快进行孔道压浆。孔道压浆采用真空辅助灌浆法。

(1)施工准备

①切除锚板外超长的钢绞线（锚板外留3cm），先用石棉绳将每根钢绞线缠绕好，并保持湿润状态后进行，切割后用环氧树脂砂浆将锚具上的空隙（压浆孔除外）填充密实，以便能承受压浆时的压力。

②每个喇叭管的压浆孔均应安装闸阀，以便压浆时能保持恒压。

③用压力水冲洗孔道，用过滤的压缩空气吹净积水。

(2)设备选用

压浆设备性能要符合以下要求：

①搅拌机的转速应不低于1000r/min，搅拌叶的形状应与转速相匹配，其叶片的线速度不宜小于10m/s，最高线速度宜限制在20m/s以内，且应能满足在规定的时间内搅拌均匀的要求。

②用于临时存储浆液的储料罐应具有搅拌功能，且应设置网格尺寸不大于3mm的过滤网。

③压浆机应采用活塞式可连续作业的压浆泵，压力表的最小分度值不大于0.1MPa，最大量程应使实际工作压力在其25%～75%的量程范围内。

④真空泵应能达到−0.08～0.10MPa的负压力。

(3)梁体孔道压浆用水泥浆技术条件

浆体材料应掺入真空灌浆专用添加剂和阻锈剂。外掺剂中不允许含有易引起钢绞线氢脆反应的有害成分。水泥浆强度等级采用M50，水泥为不低于42.5的普通硅酸盐水泥或硅酸盐水泥，水泥出厂日期不超过3个月。

(4)试抽真空

启动真空泵10min试抽真空，检查水泥砂浆封锚头或密封罩是否完全密封，真空度应达到−0.08MPa左右。将压浆阀关闭，抽真空阀打开，启动真空泵抽真空，从导管中排除空气，观察真空压力表的读数，应能达到负压力−0.06～−0.08MPa。当孔道内的真空度保持稳定时（真空度越高越好），停泵1min，若压力降低小于−0.02MPa，即可认为孔道能基本达到并维持真空。如未能满足此数据，则表示孔道未能完全密封，需要在压浆前检查及更改工作。

(5)拌浆

首先在搅拌机中加入实际拌和用水量的80%～90%，开动搅拌机均匀加入全部压浆剂，边加入，边搅拌，然后均匀加入全部水泥。全部粉料加入后再搅拌2min；然后加入剩余的10%～20%的搅拌水，继续搅拌2min。然后通过过滤器，进入储料罐，并不断搅拌，以防止水泥浆泌水沉淀。水泥浆搅拌结束至压入管道时间间隔不得超过40min。

(6)孔道压浆

①压浆前应清除梁体孔道内杂物和积水。

②对管道进行抽真空，启动真空泵，使孔道真空度达到并维持在−0.08～−0.10MPa后即可压浆。

③浆体压入梁体孔道之前，应首先开启压浆泵，使浆体从压浆嘴排出少许，以排除压浆管路的空气、水和稀浆。当这些浆体流动度与储浆筒中流动度一样时，关掉压浆阀。关闭高压橡胶管压浆阀门，将高压橡胶管的压浆阀接到孔道的压浆管上，打开这两个压浆管的阀门开始压浆。

④水平或曲线孔道,压浆的压力宜在0.5~0.7MPa;超长孔道,压浆的最大压力不超过1.0MPa,压浆时观察出浆口的出浆情况,当浆体流动度和灌入之前流动度一样时,关闭出浆口,保持0.5MPa的稳压期3~5min,使管道内有一定的压力。压浆后应从锚垫板压出浆孔检查压浆的密实情况,如有不实,应及时补压,以保证孔道完全密实。

⑤压浆应在张拉完成之后48h内进行,张拉完的孔道应抓紧安排压浆,同一断面原则上按先下后上的顺序进行。同一管道压浆应连续进行,一次完成。

⑥清洗压浆泵、搅拌机、阀门、过滤装置、各种管道以及粘有灰浆的工具。

⑦压浆过程中应填好压浆记录。记录项目应包括:压浆材料、配合比、压浆日期、搅拌时间、出机流动度、浆体温度、环境温度、保压压力及时间、真空度、现场压浆负责人及旁站监理工程师等。

⑧压浆过程中,每孔梁应制作不少于3组标准养护试件(40mm×40mm×160mm),标准养护28d,进行抗压强度和抗折强度试验。

⑨压浆时,浆体温度应在5~30℃,压浆及压浆3d内,梁体及环境温度不得低于5℃,否则应采取养护措施。在环境温度高于35℃时,应选择温度较低的时间施工,可以选择在夜间施工。

(7)封端混凝土浇筑

①箱梁拆除端模后要及时对锚穴内混凝土进行凿毛处理,凿除混凝土表面砂浆,露出石子。

②按设计要求设置钢筋网。

③压浆后应先将锚穴周围冲洗干净,然后待监理工程师检查完毕认可后,安装模板。

④模板采用$\delta=12$mm的小块竹胶板,竹胶板上钻孔,以便固定模板。模板低于锚穴顶部5cm,以便下灰及振捣。

⑤混凝土初凝后即可拆除模板,割除外露铁丝并留出保护层。用钢抹子对混凝土表面进行抹平处理。

⑥封端混凝土采用C50无收缩高性能细石混凝土,水胶比不得大于梁体混凝土水胶比,且不大于0.4,保护层厚度不小于8mm。

⑦封端混凝土浇筑完毕拆模后,进行覆盖保湿养护,防止开裂。

⑧封端混凝土表面涂刷同色防水涂料。

4. 施工监控

4.1 施工监控的目的

对于预应力混凝土连续梁桥,桥梁最终结构的形成要经历一个复杂的过程,而且施工期间桥梁结构体系也将随着施工阶段的不同而不断变化。施工过程中,因设计参数误差(如材料特性、徐变系数等)、施工误差(如梁段质量、安装误差等)、测量误差及结构分析模型误差等原因,将导致施工过程中桥梁的实际状态(线形、内力)与理想目标存在一定的偏差,这种偏离如不及时加以识别和调整,累积到一定程度后将对施工过程中结构的可靠度和安全性带来严重影响,并导致成桥后的结构状态偏离设计要求。而且对于预应力混凝土刚构桥来说,已成结构(悬臂阶段)的状态是无法事后调整的,一旦出现线形误差,该误差将永久存在,而通过重新调整后续梁段的立模高程能消除的已施工梁段的偏差十分有限,有时甚至无法完全消除。为此,必须进行施工过程的监控,即根据设计文件和施工方案,进行施工架设过程计算,以确定每个悬浇节段的立模高程,并在施工过程中根据施工监测的成果对误差进行分析、预测和调整后续梁段的立模高程,以确保施工过程中结构的可靠度和安全性,确保合龙精度和体系转换的顺利进行,最终使成桥后的桥面线形、内力符合设计要求。

4.2 施工监控的目标

施工监控的总体目标是通过精确计算、认真测量和优化施工方案,确保施工过程安全和顺利合龙,并使成桥后内力和线形达到设计要求。根据目前的设计、施工、监控水平及测试仪器设备的精度,参照国内外同类桥梁的经验，确定桥梁施工监控的具体目标。

(1)变形控制

通过对桥梁实施线形控制，结构在施工过程中的实际位置(平面位置、立面位置)与预期状态之间的误差在规范允许范围之内，保证桥梁顺利合龙、成桥线形符合设计要求。

(2)应力控制

通过对结构主要截面的应力监控，实时了解结构的实际应力状态，使之在允许范围之内变化，避免可能的工程施工事故。

(3)稳定控制

桥梁结构的稳定性关系桥梁结构的安全。通过稳定分析计算(稳定安全系数)，并结合结构应力、变形的监测数据综合评定、控制施工过程中各阶段结构的稳定性。

(4)安全控制

通过桥梁施工全过程监控，掌握桥梁施工过程中自重、施工以及由于安装误差和其他不定因素产生的结构内力，得出成桥状态的实际受力状态，评定结构的受力安全性。

(5)数据控制

通过桥梁施工全过程监控，为优化桥梁的施工工序提供可靠的数据。

4.3 施工监控的重点

预应力混凝土刚构悬臂施工过程中，随着跨径的进一步增大，新的问题就会接踵而至。如何保证合龙前两悬臂竖向挠度的偏差和主梁轴线的横向偏移不超过容许范围；如何保证合龙后的桥面线形良好；如何避免施工中主梁截面出现过大的应力等，都是施工控制中要注意的问题。本桥施工监控的重点如下：

(1)混凝土的弹性模量

混凝土的弹性模量是结构计算中的一个非常重要的参数，实际的弹性模量与假定值总是存在一定的差距，需要通过试验得出实际的混凝土的弹性模量，由项目试验室负责落实。混凝土的弹性模量变化对桥梁线形的影响需结合实测进行计算分析。

(2)混凝土的密度及配合比

混凝土的密度与其配合比、所用石料密度等有关，实际值与计算取值有一定差异。在主梁施工前几个节段，要求按规范制作试块，测定实际混凝土密度。混凝土密度由混凝土搅拌站根据材料用量确定。

(3)截面特性参数

任何施工都可能存在截面尺寸误差，验收规范中也允许出现不超过限值的误差，但这种误差将直接导致截面特性误差，从而直接影响结构内力及变形的分析结果。因此，在施工过程中，从立模开始至混凝土浇筑成型后，都应进行截面特性参数的控制，一方面及时纠正施工偏差，另一方面及时发现成形后的截面特性偏差，在计算分析中予以适当考虑。

(4)挂篮的弹性变形

预拱度的设置应考虑挂篮弹性变形的影响。挂篮弹性变形通过挂篮加载试验获取。挂篮弹性变形试验由施工单位负责在挂篮预拼装完成后组织实施。

(5)钢材的力学性能

预应力混凝土梁体所使用的普通钢筋及预应力钢筋的弹性模量及强度指标、延伸率指标一般由材料供应商提供，施工控制中由项目试验室负责落实。

(6)混凝土材料的收缩徐变参数

混凝土材料的收缩徐变会导致施工过程中及成桥后梁体线形及内力发生较大变化，因此在进行施工前及施工过程中的监控计算时必须了解混凝土材料的收缩徐变特性。

(7)预应力的施工控制参数

预加应力是预应力混凝土结构内力及变形控制考虑的重要结构参数，预加应力的大小受很多因素的影响,需根据现场实际进行测定。

(8)温度场测量

施工过程中的温度场测量包括大气环境温度场测量、主梁梁体温度场测量、承台温度场测量及温度对线形、内力的影响测量分析。

(9)施工线形控制测量

施工过程中的线形测量包括桥梁施工控制测量网定期复核测量、主墩墩顶沉降测量、各节段施工立模高程测量、施工荷载对线形影响测量、温度对线形影响测量等。施工线形控制测量由施工单位进行并复核。

4.4 施工监控的难点

(1)桥梁合龙过程是一个体系转换的过程,合龙时机和合龙方案是监控的又一难点。因此,必须充分考虑合龙前后结构内力变化、温差影响等因素,选择合理的施工合龙方案。

(2)混凝土收缩、徐变影响明显增大,必须在施工控制时加以考虑。

(3)悬臂施工周期长,温度等环境因素影响大,合龙前后必须进行24h联测,分析梁体的温度变化趋势,确定合理的合龙方案和时间。

(4)预应力筋数量多,预应力施工误差对桥梁线形影响较大,监控过程中应对预应力参数进行识别和调整。

(5)大悬臂时,施工节段质量误差对线形影响大,尽量将节段质量误差控制在2%内,以保证结构线形和内力最大可能地接近理想状态。

4.5 施工监控控制内容

通常箱梁线形控制内容主要为竖向变形监测、箱梁顶平面轴线位置监测。线形控制措施与内容以监控单位正式监控方案为准。

4.6 施工监控程序

施工监控采用事前预测、现场监测控制的方法,由施工单位按照监控单位要求在箱梁截面上设置测量监控点,及时向监控单位提交上节段竣工测量数据,由监控单位根据计算结果对本节段立模高程进行修正,下发监控指令,施工单位按照监控指令进行节段模板定位。

其基本步骤如图2-3-15所示。

4.7 立模高程的确定

主桥箱梁的每个节段的立模高程均以监控指令的形式体现。

预告各阶段结构立模高程,通过施工过程结构的仿真计算,并结合现场试验实测影响桥梁施工控制的主要参数,预告箱梁的立模高程。

立模高程的计算公式如下:

$$H_{立} = H_{设} + f + \Delta$$

式中,$H_{立}$为施工i梁段时i梁段的立模高程(立模高程);$H_{设}$为i梁段设计高程(设计高程);f为施工i梁段时混凝土浇筑前i梁段的总挠度(由软件自动计算出);Δ为施工i梁段挂篮的变形值(可根据挂篮加载试验,绘制出挂篮荷载—挠度曲线,进行内插得到)及调整值。

4.8 测量内容与注意事项

(1)箱梁0号块施工

①对墩身设置的托架进行沉降观测,确定其预抬值,在托架上放出0号、1号块的轴线即十字线和轮廓线,在底模安装完毕后进行高程测量,并恢复0号、1号块的轴线和轮廓线。

②侧模安装完毕后,在0号、1号块顶放出其轴线,依据轴线检测其轴线偏位、腹板厚度、底板厚度、

隔墙厚度、两翼板宽度，都符合规范要求后，再放出梁顶面高程并做好标记。

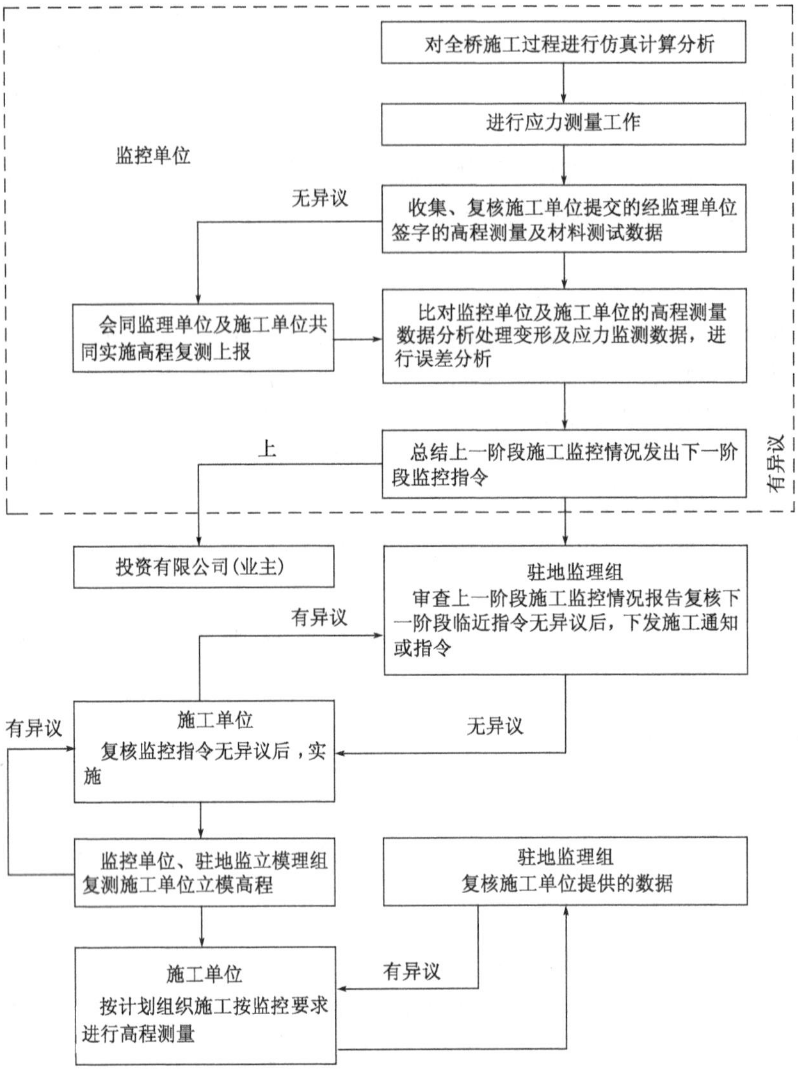

图 2-3-15　施工监控流程

③混凝土浇筑完毕后，放出轴线，做竣工测量，并用钢尺量出挂篮结构尺寸位置，以便挂篮安装。

(2)挂篮施工测量

①挂篮通过荷载试验：布点→测量原始数据→(分级加载)测加载后的高程并计算结构的变形→(逐级卸载) 测量卸载后的数据，计算出结构回弹变形量，根据实测的变形值确定挂篮的预抬值。

②检查 i 号块底模高程，并在底模上放出轴线。

③在 i 号块侧模安装好后，在顶面放出桥轴线，检查 i 号块的结构尺寸和轴线偏移，放出各个预埋件的位置和梁面设计高程。

(3)挂篮行走

①节段混凝土达到强度后，放出桥轴线，做 i 号块的竣工。

②放出挂篮走道的中线，在挂篮行走到位后，调整底模轴线位置及高程，进行下一节段的施工。

(4)测点布置

纵桥向每一节段设一测量段面，每个测量段面布置 3 个测量点，具体按照监控方案要求设置。

(5)测量工况

每节段挂篮定位、混凝土浇筑前后、预应力张拉时都要测量高程。

(6)测量时间

为了克服温度变化对结构变形的影响，固定观测时间十分重要，一般应选择在清晨 7:00(春、冬季)

或6:00(夏、秋季)以前完成外业测量。

5. 施工安全保证措施

5.1　组织保障措施

(1)安全保障组织机构

项目设置工程部、安监部、物设部、经营部、综合办公室、财务部、人事部、试验室等职能部门,配备安全负责人、技术负责人及安全管理、试验检验、安全工程师(员)。明确分工,各司其职,保证安全自控体系有效运行。

主要职责:贯彻执行有关安全方针;定期召开有关安全会议;审定安全制度、规定;制订施工安全方案;总结和布置安全工作;组织培训和教育;落实安全责任制;对安全行为、过程控制和工程实体等进行监督检查;负责安全保障体系的正常运行。

(2)领导小组

按照"管生产必管安全"的原则,项目部成立以项目经理为组长,其他项目领导为副组长,各职能部门负责人为成员的项目部安全生产领导小组,领导和组织实施本项目施工安全生产管理,确保安全目标实现。安监部是项目部常设职能部门,具体实施各项安全生产管理工作,以专检和监督方式为主,实行安全生产一票否决权;项目安全领导小组是本工程范围内安全管理的组织实施机构,各工点安全检查员负责施工过程的安全监督。安全生产组织机构如图2-3-16所示。

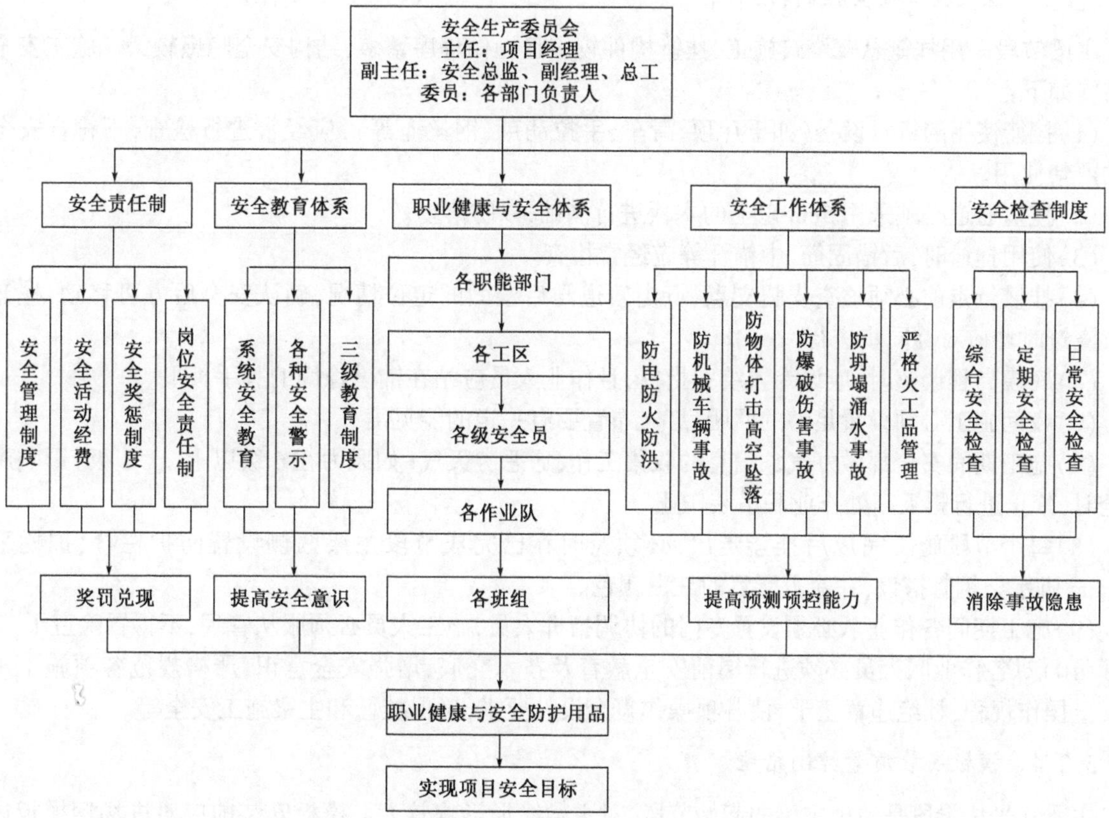

图2-3-16　安全生产组织机构

(3)安全管理体系

落实全线各类人员的安全生产责任制,推行安全交底、安全宣传教育、安全检查、安全设施验收、危险品安全管理、应急预案、演练和事故报告等15项安全管理制度,并加强对全体工作人员的安全生产及劳动保护教育。

5.2 技术措施

5.2.1 托架预埋件定位控制措施

托架施工采用预埋钢盒牛腿工艺，墩身施工完成后安装牛腿。预埋钢盒和精轧螺纹钢筋预埋钢管的定位精度对托架安装至关重要，施工中必须采取有效控制措施。

以悬臂梁底托架为例：钢筋绑扎完成及钢筋骨架连成整体后，利用基模放样并定位托架顶部牛腿，水平方向利用钢管控制 6 个预埋钢盒在同一水平线上，顶部预埋钢盒平面定位完成后，采用吊线锤方式定位托架底部预埋钢盒，并利用水平钢管进行有效固定，以确保上下牛腿在同一竖直线上。

5.2.2 托架加工及安装质量控制措施

(1)托架加工材料必须符合国标要求，加工前对材料进场报告及材质检验报告进行检查，满足要求后方可投入使用。

(2)托架焊接件较多，各部位焊接时应严格按建筑钢结构焊接技术规程进行焊接，确保焊接强度满足规范要求。

(3)各构件焊接连接时，焊缝厚度不得小于较薄母材厚度。

(4)型钢对接必须按施工大样图下料焊接。

(5)三角托架销孔应开孔精准，不得采用手工气割开孔。

(6)相邻桁片采用剪刀撑方式连成整体，保证托架稳定性满足要求。

5.2.3 挂篮施工安全控制措施

主梁节段采用挂篮悬臂浇筑施工，挂篮构件较多且操作程序繁多，结构安全隐患较大。施工安全控制措施如下：

(1)挂篮使用的机具设备(如千斤顶、滑车、手拉葫芦、钢丝绳等)，应经常进行检查，不符合安全规定的严禁使用。

(2)挂篮通道必须采用 5cm 以上的木板进行满铺，以防落物。

(3)使用挂篮时，后锚固筋、中锚杆等应经常检查。

(4)挂篮行走前必须检查支腿支点、行走轨道与后锚固的定位情况，确认安全后方可移动，挂篮行走及浇筑时均应对称同步进行。

(5)底模高程调整时，应设专人统一指挥，且作业人员应站在铺设稳固的脚手板上。

(6)夜间施工必须设置足够的照明，灯光布置要有一定的能见度。

(7)施工期间安全部做好气象信息的收集工作，遇恶劣天气(如风力在 6 级以上，含 6 级)影响施工安全时，禁止进行露天高处作业和吊装作业。

(8)每个节段施工完成后挂篮走出，必须及时在已完成节段主梁两侧设置防护栏杆，护栏采用 ϕ48mm 脚手架钢管搭设，并涂上醒目的红白颜色。

(9)施工期间各作业队必须设置专门的协调指挥人员，施工人员必须服从管理，不得冒险蛮干。

(10)对各作业队人员必须进行岗前安全教育及技术交底，增强安全意识，严格规范各项施工工序和安全操作规程，杜绝违章蛮干，使各项操作符合设计要求，确保挂篮和主梁施工安全等。

5.2.4 模板安装质量控制措施

主梁 0 号块梁段是整个主梁的起始节段，对主梁线形影响较大。模板安装前应对进场钢模板进行全面检查，确保模板尺寸、强度、刚度、平整度、垂直度等相关控制要素符合规范要求，并根据设计提供的预拱度值、现场堆载预压观测值情况对各位置模板进行相应的高程调整。尤其是第一节模板的安装时，应对模板顶高程及线形进行全面核查，防止偏差影响主梁顶板高程及线形。

5.2.5 模板施工安全控制措施

主梁 0 号块外侧模板采用挂篮模板施工，由于模板一次安装高度较高，且两侧模板安装间距较大，模板自身稳定性差,模板安装过程中应采取临时固定措施,待测量放样、模板调整后,进行有效固定。

模板安装完成后在上口横向固定一根型钢,模板顶口与墩身间采用葫芦拉紧固定,测量调节模板时利用手拉葫芦进行微调。模板调整到位后,将上口型钢与模板焊接固定,并将模板桁架下口与托架承重梁焊接固定,保证外侧模稳定可靠。

5.2.6　主梁混凝土施工质量控制措施

主梁梁段较高,钢筋及顶板预埋管道密集,混凝土一次浇筑方量较大、浇筑时间较长、浇筑面体较多(含底板、边腹板、中腹板、横隔板及顶板),施工质量不易控制。为有效控制混凝土的浇筑振捣质量及混凝土密实度,控制与防范混凝土温缩、温差裂纹,计划采取以下措施:

(1)主梁0号块混凝土整体浇筑,浇筑采用两台拖泵,以确保混凝土浇筑的连续性,防止混凝土冷缝的产生。浇筑时先浇筑底板、底板倒角部位,然后浇筑腹板及横隔板、顶板翼缘板,其中底板浇筑时,利用串桶从两腹板间直接布料浇筑并严格振捣密实,底板倒角部位浇筑时,首先采用反压模板对倒角部位反压固定,利用串桶从腹板、横隔板处下料,混凝土振捣进入腹板内进行振捣,确保腹板混凝土浇筑振捣密实。

(2)主梁悬臂节段、边跨直线段、合龙段混凝土浇筑时,在内侧模上每隔2~3m高度开一排洞。在箱梁内接两个软管,两个软管一端各引向腹板开孔处,另一端引至内顶模上的开孔,布料机通过内顶模的开孔下料。每个软管完成一侧腹板的布料。在内顶模上安装可以活动的封堵板结构,当混凝土面浇筑至开孔位置前及时予以封堵,确保混凝土施工质量。

(3)主梁锚下混凝土受锚下加强钢筋影响,施工质量不易控制,混凝土浇筑及振捣时应加强锚下区域布料及振捣,确保锚下混凝土的密实度。

(4)每次混凝土浇筑完成后,根据气候情况按照施工技术规范要求及时采取有效的养护措施,常规季节洒水养护不少于7d;夏季、冬季养护时间适当延长,并采用相应养护措施。

5.2.7　高处作业安全控制措施

(1)凡是坠落高度在2m以上(含2m)的作业,均称为高处作业,高度虽不足2m,但作业地段的下面是坡度大于45°的斜坡,附近有坑、井,有转动设备或堆放容易伤人的物品,工作条件特殊(风雪天气),有机械震动的地方,均应按高处作业的规定执行。

(2)高处作业的人员必须经安全教育合格,并熟悉现场环境和施工安全要求,高处作业人员身体条件必须符合要求,凡患有恐高症、高血压、心脏病、癫痫病、精神病和其他不适于高空作业的人以及对于年老体弱、疲劳过度、视力不准及酒后等人员禁止高处作业。

(3)高处作业人员着装符合工作要求。作业人员正确佩戴安全帽、安全带,距离地面2m以上的作业必须挂牢安全带后方可作业,禁止安全带低挂高用;安全带使用前,必须进行认真检查,用两倍于人身质量做拉力试验,确保安全可靠。

(4)工作人员戴好安全带后,必须由参加人员互相检查一遍,无问题方可施工。安全带必须系在与人身体无相对运动的牢固物上。作业现场必须设置安全护梯或安全网(强度合格)等防护设施,地面高处作业时遇有6级以上大风、暴雨或雷电天气时,应停止高处作业;同时作业地点下方须设警戒区,并设警示标识。

(5)现场搭设的脚手架、连接处必须固定牢固;攀登作业时要手抓牢、脚登稳,避免滑跌、重心失稳。

(6)高处作业前,施工负责人应对全体人员进行现场安全教育。检查所用的登高工具和安全用具(如安全帽、安全带、梯子、跳板、脚手架、防护板、安全网)必须安全可靠,严禁冒险作业;施工人员配备工具袋,施工工具和工件应有防滑落措施。严禁向下抛投杂物。

(7)进行高处作业的人员一般不应交叉作业,凡因工作需要,必须交叉作业时,要设安全防护网等安全设施,否则不准作业。在有机械转动处高处作业前,必须停止机械转动,并将机械控制开关停电、闭锁,安排专人看守,高处作业结束后,由作业负责人通知方准开启机械设备。

(8)高处作业采用铺设板材为作业平台时,应将板材进行固定,防止脱落或由于受力不均侧翻,超过3m长的铺设板材严禁同时站两人工作;在施工现场铺设易折、易碎、薄型材料(如石棉瓦、石膏板、薄木板等)时,必须有保证施工安全的措施。

(9)高处拆除工作,必须提前做好方案,并落实到人。

(10)高处作业所用的工具、零件、材料等必须装入工具袋,人员上下时手中不得拿物件,且必须从指定的路线上下,禁止从上往下或从下往上抛扔工具、物体或杂物等;不得将易滚易滑的工具、材料堆放在脚手架或施工平台上,工作完毕时应及时将各种工具、零部件等清理干净,防止坠落伤人;上下输送大型物件设备时,必须使用可靠的起吊设备。

(11)高处作业前,应检查脚手架、跳板等上面是否有水、泥、冰等,如果有,要采取有效的防滑措施。当结冰、积雪严重而无法清除时,应停止高处作业。

(12)在易散发有毒有害气体的地点进行高处作业时,要设专人监护;发现有毒有害气体超限时,应立即停止工作,作业人员立即撤离现场。

(13)高处作业地点应与架空电线保持规定的安全距离,距普通电线1m以上,距普通高压线2.5m以上,并要防止运输的导体材料触碰电线。

(14)特殊高处作业必须配备通信联络工具并安排专人监护。

(15)夜间或在光线不足的高处作业应有充足的照明,必要时安装临时照明灯具。

(16)高处进行焊接、氧割作业时,必须事先清除火星飞溅范围内的易燃物。

(17)使用梯子时,必须先检查梯子是否坚固,是否符合安全要求。立梯坡度以60°为宜。梯底宽度应不低于50cm,并应有防滑措施。

(18)高处作业相关人员的职责。

①作业负责人职责:制订安全措施并监督实施,组织安排作业人员,对作业人员进行安全教育,确保作业安全;

②作业人员职责:应遵守高处作业管理标准,按规定穿戴劳动防护用品和安全保护用具,认真执行安全措施,在安全措施不完善时应拒绝高处作业;

③监护人职责:负责确认作业安全措施和执行应急预案,遇有危险情况时命令停止作业;高处作业过程中不得离开作业现场;监督作业人员按规定完成作业,及时纠正违章行为。

5.2.8 机械安全技术措施

机械进场时项目生产部、物资部与安全环保部必须对机械进行进场的安全检查。检查包括以下几方面:

(1)机械上的配电箱是否符合安全技术要求(配电箱内设置漏电保护器、配电箱内的线路布设条理清楚、配电箱外有安全警示标识、配电箱自带开关锁等)。

(2)机械的电缆线是否存在破损现象。

(3)机械上是否贴有安全操作规程。

(4)汽车式起重机、塔式起重机是否有过载保护装置。

(5)汽车式起重机、塔式起重机的吊钩是否有保险装置。

(6)汽车式起重机、塔式起重机的吊钩是否有质量监督管理局颁发的合格证书。

(7)汽车式起重机、塔式起重机的钢丝绳是否存在断丝现象或设有限位装置。

(8)汽车式起重机、塔式起重机是否有旋转报警装置。

(9)汽车式起重机、塔式起重机的操作人员是否持有特种设备操作证。

5.2.9 预应力施工控制措施

(1)对全体参与预应力专项工程施工的人员进行详细的质量技术交底,增强质量意识,牢固树立质量第一的思想。

(2)组织以工程技术人员参加的质量检查监督小组,对出现的质量问题要及时查明原因,制订预防和整改措施。

(3)按照方案中规定的预应力张拉施工要求组织施工,落实质量岗位责任制度,参与预应力专项工程的施工人员和管理人员,必须持有相应的岗位证书,确保预应力工程的施工质量达到设计要求。

(4)浇筑混凝土前,除了检查波纹管有无位移及必要的查漏补缺外,还应检查混凝土浇筑中波纹管、灌浆孔、排气孔等是否存在撞伤和损坏情况,如有损坏,应立即修复,防止漏浆堵塞孔道。

(5)对高压油泵、压力表、千斤顶等预应力施工专用设备,必须按规范规定校核,确保预应力张拉和伸长值的准确性。

5.2.10 体系转换施工控制措施

(1)在施工中,为确保预应力管道的质量,一般采用预埋铁皮管或者铁皮波纹管和橡胶抽拔管。为防止灰浆渗入,管道接头处应严格对准,并用胶布包裹严实。预制梁设置反拱时,预应力管道也同时设置反拱。

(2)为确保管道预留位置正确,线形平顺,在混凝土浇筑期间不产生位移,在管道四周应布置足够的定位钢筋,确保管道牢固置于模板内的设计位置。端部的预埋钢垫板应垂直于孔道中心线。

(3)在梁体混凝土浇筑过程中,应保持对称平衡浇筑。采取措施提高混凝土密实度,特别要重视锚定板后区域混凝土的振捣及对预留管道的保护。

(4)为加快施工速度,同时确保施工质量,尽量缩短养护时间,可在混凝土中加入早强剂或减水剂,可有效提高混凝土早期强度。在配合比设计时,按规范要求控制水泥用量,控制水化热温度,防止出现过大的收缩和徐变。

(5)在新旧梁段交接处,为确保梁体的整体性,浇筑混凝土前应对梁端表面凿毛并清洗干净。在该处进行钢筋、锚具等安装时,应重视连接质量,避免出现开裂。

(6)重视施工中线形控制。在施工过程中,进行墩身变形和承台沉降监测,对箱梁高程、预拱度及箱梁轴线做好控制,对各段中线变化情况进行严密监测,保证一个跨径内将要合龙的悬臂两端在同一水平线上。

5.3 季节性措施

5.3.1 冬期施工技术保证措施

自室外日平均气温连续5d低于5℃起,即进入冬期施工,应按冬期施工规定执行。

5.3.2 夏季施工技术保证措施

(1)加强技术管理

①优化混凝土配合比,特别是承台等大体积混凝土,控制混凝土的绝热温升。

②夏季尽量避免在中午气温较高时浇筑混凝土。

③严格控制混凝土的入模温度不大于30℃,必要时对拌和用水加冰屑,向集料堆上洒水,使集料冷却。压浆时水泥浆在拌浆机中的温度不宜超过25℃,适当采取降温措施(降水温及掺减水剂等),同时尽量安排在每日气温相对较低的清晨或夜晚压浆。

④加强对混凝土的温度量测与监控,避免混凝土出现温度裂纹。温度量测包括混凝土芯部温度、表面温度、环境温度检测等,掌握温度曲线变化规律,为施工提供基本数据。

⑤采用泵送混凝土施工时,输送泵管接头必须使用配套的弯管与夹箍,在泵管与夹箍之间必须使用橡胶密封圈,并且保证每个夹箍的螺栓已拧紧。在泵管表面洒水,避免泵管因日光照射、混凝土摩擦后温度升高,避免混凝土坍落度的损失与堵管现象的发生。

⑥运输过程中应确保混凝土不发生离析、漏浆、严重泌水及坍落度损失过多的情况。运输至现场的混凝土如果坍落度不符合施工要求,应在浇筑前运回拌和站进行调整,不得现场擅自加水。

⑦每次混凝土施工前,要求先用水对混凝土输送车进行润湿降温,避免因混凝土内的水分蒸发,降低混凝土的施工质量。

⑧严格控制模板温度和混凝土与邻近介质的温差，必要时要对模板采取覆盖和洒水降温措施，保证混凝土入模温度不超过30℃及模板温度不超过40℃。

⑨严格执行施工质量检查制度，保证钢筋保护层厚度以及杜绝裂缝产生等关键技术措施要落实到位。

⑩大体积混凝土设置冷却循环水管降温，在墩身与承台结合部设置养护水池，墩身内部设置散热通气孔；浇筑混凝土时按断面水平分层均匀进行，避免混凝土水化热集中散发，导致混凝土内部或表面产生裂纹。

⑪预应力混凝土箱梁浇筑时间不宜超过6h，最长时间不得超过混凝土的初凝时间。

⑫严把振捣关，确保混凝土密实。

⑬与混凝土接触的各种工具、机具、设备和材料等不要直接受到阳光曝晒，可在使用之前进行适当的湿润冷却并加以遮盖。

⑭加强养护，确保混凝土养护质量。梁体混凝土表面进行二次收浆抹面，在混凝土初凝后立即用毛毡覆盖并洒水养护，墩身表面覆盖薄膜，在墩顶设置环向养护水管，保持墩身混凝土表面湿润，防止裂纹出现，并尽可能蓄水养护。对于养护比较困难的地方（如混凝土底板、侧板等），要求拆模后立即喷涂养护液。

⑮混凝土浇筑完毕后，尽量减少暴露时间，应用塑料薄膜紧密覆盖防止水分蒸发，或用毛毡全面覆盖并浇水。当温度较高、气候干燥时应用喷壶洒水保湿。混凝土初凝前不得用管道喷水。

⑯大体积混凝土的养护时间不宜少于7d。

⑰在对墩身进行洒水养护的同时，应对随墩身、梁体同条件养护的混凝土试件进行洒水养护，使试件与梁体混凝土强度同步增长。

（2）夏季施工安排

①充分利用温度稍低时段，特别是早晨及傍晚时间段，合理安排施工工序。

②采取防暑降温措施保证人员安全、机械正常运转。

③采取有效措施控制混凝土的温度，保证混凝土浇筑的连续性。

④尽可能缩短混凝土运输时间，浇筑混凝土尽量选择在温度较低时或夜间进行。夜间浇筑混凝土时，确保有足够的照明。

5.3.3 雨季施工保证措施

我国雨季南方为4～9月，北方为6～9月。雨季施工保证措施如下：

（1）生产调度时加强对气象、气候信息的收集，提出现场措施和准备，减少雨期、汛期停工损失，雨后及时恢复施工。

（2）成立抗洪防汛领导小组，建立雨季值班制度。在雨季来临之前，建立雨季施工领导小组，责任到人，分片包保。在雨季施工期间定期检查，严格执行雨季施工“雨前、雨中、雨后”三检制，对发现的问题及时整改。

（3）成立防洪抢险突击队，平时施工作业，雨时防汛抢险。每个施工现场均要备足防汛器材、物资，包括雨衣、雨鞋、铁锹、草袋、水泵等，做到人员设备齐整、措施有力、落实到位，防洪抢险专用物资任何人不得随意调用。

（4）暴雨洪水期间，与当地气象水文部门取得联系，及时获得气象预报，掌握汛情，做好施工期间的防洪排涝工作。建立雨季值班制度，专人负责协调与周边部门、企事业单位的防汛事宜。

（5）编制雨季施工作业实施书，合理安排和实施施工，并制订防洪抗汛预案，作为雨季施工中的强制性执行文件，严格执行。

（6）在雨季施工时，施工现场应及时排除积水，加强对支架、脚手架的检查，防止倾倒。对处于洪水可能淹没地带的机械设备、材料等应做好防范措施，施工人员要做好安全撤离的准备。长时间在雨季中作业的工程，应根据条件搭设防雨棚。施工中遇有暴风雨时应暂停施工。

(7)跨越河道施工,施工便桥设计要征得有关部门同意,满足泄洪能力。水中墩台施工要避开雨季汛期,洪水到来前,完成栈桥和墩位平台等大临设施的施工,同时完成大部分主桥桩基施工,以便安全渡洪;洪水期过后,迅速完成主桥承台和墩身施工。

(8)雨季进行混凝土施工作业时,墩台混凝土施工设避水棚,随时掌握天气预报,尽量避开雨天浇筑混凝土。

(9)加强对深基坑观测及邻近公路施工等雨季汛期安全巡视。

(10)现场中、小型设备必须按规定加防雨罩或搭防雨棚,机电设备要安装好接地安全装置,机动电闸箱的漏电保护装置安全可靠;施工电缆、电线尽量埋入地下,外露的电杆、电线采取可靠的固定措施;雨季前对现场设备做绝缘检测。

(11)对停用的机械设备以及钢材、水泥等材料采取遮雨、防潮措施,现场物资的存放台等均应垫高,防止受雨水浸泡。

(12)加强对临时施工便道的维护与整修,确保其路面平整、无坑洼、无积水。

(13)雨季时派专人在危险地段值班,重点加强对深基坑的观测,及跨河道、航道、邻近公路等施工的安全巡视,并派专人对施工区排水系统进行检查和清理,确保排水系统排水通畅。

5.4 监测监控措施

本内容详见4.6施工监控。

5.5 环水保措施及职业健康控制措施

5.5.1 环水保方面控制措施

5.5.1.1 环境保护方案

环境保护是我国的一项基本国策,控制施工污染,减少污水、空气粉尘及噪声污染,严格控制水土流失和沙化,扎扎实实做好环境保护工作。

(1)成立以项目经理任组长的环境保护领导小组,配备一定数量的环境保护设施和技术人员,认真学习环保知识,共同做好环保工作。

(2)采用各种有效措施,对容易引起环境污染的严格控制。

5.5.1.2 环境保护措施

(1)对树木、植被及地下水资源的保护是施工中环境保护的重点。对合同规定的施工界限内、外的植被、树木等尽力维持原样;砍除树木和其他经济作物时,应事先征得其所有者和建设单位的同意,严禁超范围砍伐。

(2)对临时用地范围内的耕地采取措施进行复耕。

(3)对于路基工程中的弃土场,将其边坡平整稳定用以造田,不得向河流和设计范围外的场地弃土。

(4)营造良好的环境。在施工现场和生活区设置足够的卫生设施,经常进行卫生清理,同时在生活区周围种植花草、树木,美化生活环境。

(5)及早施作防护工程、排水工程,对裸露地表进行植被覆盖,防止水土流失。

(6)工程完工后,及时进行现场清理,并按设计要求采用植被覆盖或其他处理措施。

(7)对有害物质(如燃料、废料、垃圾等)要通过正确的环保手段就地进行处理或运到指定地点掩埋,防止对动植物造成损害。

(8)施工期的污水应集中排放,并应经过三级沉淀、过滤。

5.5.1.3 水环境保护措施

(1)生活污水按设计分别采用二级生化设施或化粪池处理。

(2)施工机械的废油废水,采取有效措施加以处理,不超标排放,以免造成河流和水源污染。

(3)来自生活区、办公区和施工区的污水,必须严格净化处理,并经检验符合环保标准后排放。

(4)靠近生活水源的施工,用沟壕或堤坝同生活水源隔开,并避免污染生活用水。对于施工中排放的水泥浆、清洗拌和设备及工具的废水、油污等,在排放前采取过滤、沉淀处理,不得污染环境或影响附近居民生活。

5.5.1.4 大气环境及粉尘的防治措施

(1)施工场地和运输道路经常洒水养护,尽可能防止灰尘对生产人员和其他人员造成危害及污染农作物。

(2)车辆运料过程中,对易飞扬的物料用篷布覆盖严密,且装料适中,不得超限;车辆轮胎及车外表用水冲洗干净,不得污染道路。

(3)对于易松散和易飞扬的储备材料也要用篷布覆盖严密。

(4)干燥季节进行路堤施工时,洒水以保证材料潮湿,避免尘土飞扬。

5.5.1.5 消防措施

(1)在项目经理部及民工住宿和钢筋加工场等地都应该设置一定数量的各类灭火工具(一般为每 $20m^2$ 不少于1个)。消防设备和灭火工具要放在明显和便于取用的地方。

(2)临时用房屋面四周宜用防火性能好的材料盖顶、围栏(如铁板石棉瓦等)。

(3)在工地吸烟时,应将烟头和火柴梗放在有水的盆里。

(4)木材堆垛的面积不要过大,堆与堆之间应该保持一定的距离。

(5)工棚附近应该设置必要数量的灭火器、消防水桶、水缸、砂箱、铁锨等灭火工具。消防工具要有专人管理,并定期进行检查和试验,确保使用可靠,符合消防要求。

(6)为防止电气装置发生火灾、爆炸事故,应根据周围环境选择合适的电气装置,电气装置不得超负荷运行,保证电气装置与检修质量,电气装置附近严禁存放易燃爆物品(如乙炔、氧气等),并配备适量的消防器材(如二氧化碳灭火器、四氧化碳灭火器、1211灭火器等)。工地如需用乙炔发生器,乙炔发生器与明火及电气装置应保持10m的最小距离;有电焊作业时,应先将上下左右的易燃物(如竹、木等)浇水或用铁板遮挡,以免着火。

(7)施工现场、加工作业场所和材料堆置场内的易燃、可燃杂物,应及时清理,确保人员下班前场地清洁。

(8)用线穿过可燃墙壁或其他可燃物时,应该套上磁管或塑料管加以隔离。

(9)电灯泡距离可燃物应该不少于30cm。

(10)发电机、配电房应保持整洁,要配有一定数量的专用灭火器。

5.5.1.6 降低噪声污染措施

(1)严格遵守夜间施工作业有关规定,合理安排施工时间。

(2)能在场外制作的木制品最好在场外制作,加工后运至现场。

(3)材料进场安排在白天,晚上不进料。

(4)振捣混凝土时采用无声振捣棒,且晚上尽量不安排浇筑混凝土,振捣时严禁振捣钢筋和模板,以降低噪声污染。

(5)土方开挖安排在白天进行,土方存放在场外临时场地。

5.5.2 职业健康控制措施

劳动保护是为了保障劳动者在劳动过程中的安全和健康而采取的各种保护措施。在施工中,应加强行政管理,做好劳动保护工作,利用工地板报、宣传栏等形式加强劳动卫生防护知识教育,提高个人防护意识。施工管理者加强监督,有毒有害作业人员坚持佩戴个人劳动防护用品上岗作业,并建立奖惩制度。

(1)劳动防护用品配备

根据施工需要以及施工中的劳动安全与卫生要求,合理配备足够、齐全的劳保防护用品,如安全帽、安全带、雨衣、雨靴、手套、防护口罩、面罩等，既要使用方便，又要对危险具有较好的防护效果。

劳动防护用品必须符合国家标准，并且保证质量，选购时审核其产品的生产许可证、产品合格证、安全鉴定证。在使用前用简易方法进行质量检查，发现不合格用品，应及时更换。

劳动防护用品必须提前采购，配置充足，统一发放。

(2)完善劳动安全卫生设施

施工现场由于机械振动多、噪声大，工人露天作业时间长，在水泥装卸、混凝土搅拌及钢筋焊接中，工人常接触、吸入大量粉尘，易引起矽肺、职业性皮肤病、职业性耳聋、振动病等，在施工中应采取完善的劳动安全卫生设施等预防措施。

6.施工管理及作业人员配备和分工

6.1 专职安全生产管理人员

专职安全生产管理人员配备和分工见表2-3-8。

专职安全生产管理人员　　表2-3-8

序号	工种	分　工	人　数	序号	工种	分　工	人　数
1	起重工	负责起重机操作	2	3	焊工	焊接	4
2	电工	负责现场电力	1	4	架子工	负责支架施工	10

6.2 特种作业人员

特种作业人员配备和分工见表2-3-9，人数视情况来定。

特种作业人员　　表2-3-9

序号	工种	分　工	序号	工种	分　工
1	工长	负责现场调度	7	电工	负责现场电力
2	起重工	负责起重机操作	8	机械工	施工现场机械维修
3	钢筋工	负责钢筋加工安装	9	测量工	负责现场测量工作
4	架子工	负责支架施工	10	焊工	焊接
5	模板工	负责模板施工	11	普工	
6	混凝土工	负责混凝土浇筑			

6.3 其他作业人员

其他作业人员配备和分工见表2-3-10，人数视情况来定。

其他作业人员　　表2-3-10

序号	人员类别	分　工	序号	人员类别	分　工
1	生产负责人	负责施工技术、机械、人员总协调	7	预应力工	负责预应力张拉工作
2	现场技术主管	负责现场的技术指导、督促和中间报验、调度	8	塔式起重机操作手	负责塔式起重机驾驶、操作
3	现场技术员	协助现场技术主管进行技术指导、督促和中间报验、调度	9	起重工	负责起重吊装指挥
4	专职安全员	负责现场安全监督、指导	10	平板车驾驶员	负责材料倒运、平板车驾驶
5	钢筋工、混凝土工	负责钢筋现场安装、绑扎及混凝土浇筑等	11	卧泵操作手	负责地泵操作
6	模板工	负责模板拼装、模板安装加固及挂篮安装、使用、拆除等			

7. 验收要求

7.1 验收标准

工程验收标准依据《公路桥涵施工技术规范》(JTG/T 3650—2020)的规定进行。主要标准见表2-3-11～表2-3-18。

受拉钢筋绑扎接头的搭接长度　　表2-3-11

钢筋类型		混凝土强度等级		
		C20	C25	>C25
R235钢筋		35*d*	30*d*	25*d*
月牙纹	HRB335钢筋	45*d*	40*d*	35*d*
	HRB400钢筋	55*d*	50*d*	45*d*

注:*d*-钢筋直径。

加工钢筋的允许偏差　　表2-3-12

项　　目	允许偏差(mm)
受力钢筋顺长度方向加工后的全长	±10
弯起钢筋各部分尺寸	±20
箍筋、螺旋筋各部分尺寸	±5

钢筋位置允许偏差　　表2-3-13

检查项目			允许偏差(mm)
受力钢筋间距	两排以上排距		±5
	同排	梁、板、拱肋	±10
		基础、锚碇、墩台、柱	±20
	灌注桩		±20
箍筋、横向水平钢筋、螺旋筋间距			±10
钢筋骨架尺寸		长	±10
		宽、高或直径	±5
弯起钢筋位置			±20
保护层厚度		柱、梁、拱肋	±5
		基础、锚碇、墩台	±10
		板	±3

模板、支架及制作时的允许偏差　　表2-3-14

项　　目			允许偏差(mm)
木模板制作	模板的长度和宽度		±5
	不刨光模板相邻两板表面高低差		3
	刨光模板相邻两板表面高低差		1
	平板模板表面最大的局部不平	刨光模板	3
		不刨光模板	5
	拼合板中木板间的缝隙宽度		2
	支架尺寸		±5
	榫槽嵌接紧密度		2

续上表

项目			允许偏差(mm)
钢模板制作	外形尺寸	长和高	0,-1
		肋高	±5
	面板端偏斜		≤0.5
	连接配件(螺栓、卡子等)的孔眼位置	孔中心与板面的间距	±0.3
		板端中心与板端的间距	0,-0.5
		沿板长、宽方向的孔	±0.6
	板面局部不平		1.0

模板、支架及安装的允许偏差 表 2-3-15

项目		允许偏差(mm)
模板高程	基础	±15
	柱、墙和梁	±10
	墩台	±10
模板内部尺寸	上部构造的所有构件	+5,0
	基础	±30
	墩台	±20
轴线偏位	基础	15
	柱或墙	8
	梁	10
	墩台	10
装配式构件支承面的高程		+2,-5
模板相邻两板表面高低差		2
模板表面平整		5
预埋件中心线位置		3
预留孔洞中心线位置		10
预留孔洞截面内部尺寸		+10,0
支架	纵轴的平面位置	跨度的1/1000或30
	曲线形的高程(包括建筑拱度在内)	+20,-10

后张预应力筋制作安装允许偏差 表 2-3-16

项目		允许偏差
管道坐标(mm)	梁长方向	±30
	梁高方向	±10
管道间距(mm)	同排	10
	上下层	10
张拉应力值		符合设计要求
张拉伸长值		符合设计要求,设计未规定时普通力筋的伸长值不超过计算值的±6%
断丝滑丝数	普通钢丝束	每束1根,且每断面不超过总数的1%
	钢筋	不允许

后张法预应力筋张拉程序 表 2-3-17

预应力筋		张拉程序
钢筋、钢筋束		0→初应力→1.05σ_{con}(持荷 2min)→6σ_{con}(锚固)
对于夹片式等具有自锚性能的锚具	钢绞线束	普通松弛力筋 0→初应力→1.03σ_{con}(锚固)
	钢丝束	低松弛力筋 0→初应力→σ_{con}(持荷 2min 锚固)
其他锚具	钢绞线束	0→初应力→1.05σ_{con}(持荷 2min)→σ_{con}(锚固)
	钢丝束	0→初应力→1.05σ_{con}(持荷 2min)→0→σ_{con}(锚固)
精轧螺纹钢筋	直线配筋时	0→σ_{con}→初步锚固→0→σ_{con}(持荷 2min 锚固)
	曲线配筋时	0→σ_{con}(持荷 2min)→0(可反复几次)→初应力→σ_{con}(持荷 2min 锚固)

悬臂浇筑预应力混凝土梁式桥的质量标准 表 2-3-18

项目		规定值或允许偏差(mm)
混凝土强度(MPa)		符合设计要求
轴线偏位	$L\leqslant 100$m	10
	$L>100$m	$L/1000$
顶面高程	$L\leqslant 100$m	±20
	$L>100$m	$L/5000$
	相邻节段高差	L_0
断面尺寸	高度	+5，-10
	顶宽	±30
	顶底腹板厚	+10，-0
同跨对称点高程差	$L\leqslant 100$m	20
	$L>100$m	$L/5000$

7.2 验收程序

验收程序为班组自检、互检→项目部工程部、物设部、质检部、安监部联合检查验收→监理验收确认→进行下道工序。

每个部位高大模板支撑体系检查验收次数为 4 次。第一次为首层支架验收；第二次为中间验收；第三次为搭设完成验收；第四次为浇筑混凝土之前的检查验收。

必须由项目组织相关部门对支架进行联合验收，验收通过后方可进行下道工序。

7.3 验收内容

验收内容主要为钢筋、模板、支架工程、混凝土工程、预应力混凝土工程、悬臂浇筑箱梁、大型临时性(托架、挂篮)结构等。

7.4 验收人员

验收人员按分级管理，第一级为项目施工班组，第二级为项目工程部、安全质量部等，第三级为监理。涉及重大危险源内容，由项目总工、安全总监、生产经理联合带队进行第二级检查。

8. 应急处置措施

8.1 危险源辨识

危险源分级见表 2-3-19。危险源辨识见表 2-3-20。

危 险 源 分 级　　表 2-3-19

危险性分值(分)	风 险 等 级	处 置 措 施
1～20	1	稍有危险,可以接受
20～70	2	一般危险,需要注意
70～160	3	显著危险,需要整改
160～320	4	高度危险,需立即整改
>320	5	极其危险,不能继续作业

危 险 源 辨 识　　表 2-3-20

序号	作 业 活 动	危　险　源	可能导致的事故	作业风险评价				风险级别	控 制 措 施
				L	E	C	D		
1	托架、挂篮及底模安装	高空作业无防护	高空坠落、挂篮垮塌	6	6	7	252	4	精细编制专项方案,严格按方案施工,落实各项安全措施,保证结构安全
2	悬浇施工	高空坠物	物体打击	3	2	7	42	2	严格按规程、施工方案施工
3	高空作业	跌落	摔伤	3	2	15	90	3	精细编制专项方案,严格按方案施工,落实各项安全措施,保证结构安全
4	钢筋安装及立模	高空作业无防护	高处坠落	6	6	7	252	4	精细编制专项方案,严格按方案施工,落实各项安全措施,保证结构安全
5	起重作业	吊装模板	起重伤害	3	3	7	63	2	坚持“十不吊”制度,遵守起重工安全操作规程
		钢筋	起重伤害	3	3	7	63	2	坚持“十不吊”制度,遵守起重工安全操作规程
		吊装混凝土	起重伤害	3	3	7	63	2	坚持“十不吊”制度,遵守起重工安全操作规程
6	施工现场用电	漏保失效	触电	3	3	10	90	3	加强巡视制度,合理布局线路,规范用电
7	钢筋施工	钢筋加工	机械伤害	3	6	1	8	1	遵守钢筋加工安全操作规程
		钢筋焊接	机械伤害	3	6	1	18	1	遵守电焊工安全操作规程
8	混凝土浇筑,张拉压浆	混凝土浇筑	其他伤害	1	3	3	9	1	遵守混凝土施工安全操作规程

经过辨识主要危险源有:高处坠落、托架、挂篮结构垮塌、物体打击、机械伤害、触电等。

8.1.1　托架、挂篮垮塌预防措施

(1)作业人员持证上岗且进行安全技术交底。

(2)对工程所用的相关施工材料进行严格把关,严禁不合格材料投入使用。

(3)加强作业技术方案的编制与审核,对模板支撑的刚度、强度进行复验,严格控制施工荷载,尤其是作业集中荷载不得超过设计要求。

(4)对大体积混凝土浇筑作业过程进行重点监督检查,派专人进行巡视,发现异常及时报告并进行处置。

8.1.2 高处坠落预防措施

(1)严格遵守高处作业相关的安全规定和操作规程。
(2)按照规定要求逐级进行有针对性的、分部分项的安全技术交底。
(3)施工作业前进行相关教育。
(4)作业人员严格遵守安全生产操作规程。
(5)作业人员正确穿戴和使用合格有效的劳动防护用品。
(6)脚手架要有安全网并绑扎牢固,现场要有安全警示标识。
(7)重点部位施工要设专职监控人员进行管理。

8.1.3 触电预防措施

(1)操作人员(电工)必须经过有关部门的培训,考试合格取得操作证后方可持证上岗。

(2)电工必须严格按照电工安全技术操作规程进行操作,在作业过程中应集中思想,不能麻痹大意,防止操作失误而引起的事故。

(3)电工在作业过程中,作业线路上必须断电,禁止带电操作。

(4)使用的电气设备,其金属外壳应按照安全规程进行保护性接地或保护接零。对保护接地或保护接零的设施要经常检查,保证连接牢固,线路正常。在保护接地或保护接零的导线上不得有任何断开的地方,潮湿环境必须装设漏电保护装置。

(5)用电气设备和各种电动工具,当人离开工作场所或暂停使用时,必须拔除插头,关闭电源。
(6)需要临时用电装置,必须办理临时用电申请手续,经同意后方可装设,不能私自接装。
(7)临时线路装置使用期限一般规定为三个月,要指定专人进行装拆、检查和管理。
(8)禁止在带电导线、带电设备附近使用火炉或喷灯。
(9)变电配电室内严禁吸烟,不准堆放杂物。
(10)严格遵守用电要遵守"十不准"。

8.1.4 物体打击预防措施

(1)强化安全教育,提高安全防护意识,提高安全操作技能。
(2)正确使用个人防护用具。
(3)合理组织交叉作业,采取防护措施。
(4)钢筋加工作业时,严禁在弯曲钢筋半径内和机身不设固定销的一侧站人。
(5)起重吊装作业制定专项安全技术措施。
(6)对起重吊装工进行安全交底,落实"十不准"措施。
(7)加强安全检查,严禁抛掷物体。
(8)高处作业应进行交底,工具入袋,严禁抛物。

8.1.5 机械伤害事故预防措施

(1)操作人员必须经过培训,考试合格并取得操作证后方可持证上岗。
(2)操作人员要严格按照机械设备的安全操作规程操作,并且正确穿戴好个人的防护用品。
(3)要经常对设备进行检查和维护,及时清除杂物。
(4)机械设备零部件的强度、刚度应符合安全技术要求。
(5)机械设备的电气装置必须符合安全要求。
(6)机械设备要根据有关安全要求,装设合理、可靠、不影响操作的安全装置。
(7)操作人员必须按规定正确使用安全装置,不能将其拆掉不用。
(8)在机械设备运行前,操作人员应按运行规定进行安全检查,防止设备带故障运行。

8.2 应急预案

8.2.1 应急救援组织体系

应急救援组织体系如图 2-3-17 所示。

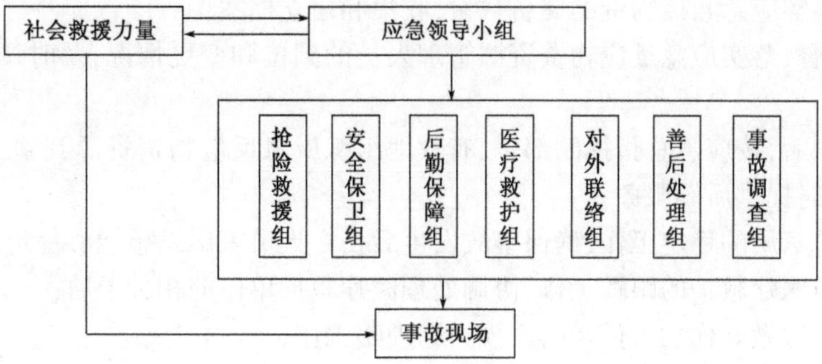

图 2-3-17 应急救援组织体系

8.2.2 应急救援小组职责

组织检查各施工现场及其他生产部门的安全隐患,落实各项安全生产责任制,贯彻执行各项安全防范措施及各种安全管理制度;组织安全教育培训,使小组成员掌握应急救援的基本常识;定期对职工进行安全生产教育,提高职工安全生产技能和安全生产素质;制订应急救援预案,确定安全防范和应急救援重点,有针对性地进行检查、监控和风险预测。

(1)项目经理部应急总指挥

①根据相关危险类型及其潜在后果、现有资源和控制紧急情况的行动类型,分析紧急状态和确定紧急事件级别;

②指挥、协调应急响应行动;

③对外联络;

④直接监督应急人员的行动;

⑤保证场内外人员安全;

⑥协调后勤方面以支援应急行动;

⑦指定代理人,以便在特殊情况下履行其职责。

(2)项目经理部应急副总指挥

①协助应急总指挥组织和指挥应急操作任务;

②向应急总指挥提出应采取的减缓事故后果的行动和建议;

③进行现场事故评估;

④控制紧急情况;

⑤协调、组织和获取应急所需的其他资源、设备以支援现场的应急操作。

(3)项目经理部安全生产管理部门

①组织建立项目经理部应急救援体系,制订应急救援预案、操作指南,并报上级主管部门备案;

②协助应急总指挥工作;

③督促、监督本项目部应急救援工作;

④提出应急操作建议;

⑤组织应急救援后的总结与评价,并书面报告上级主管部门。

(4)伤员救护组

①现场抢救伤员;

②护送、运送伤员前往医院。

(5)事故抢险组

①抢救现场物资;

②组建现场消防队;

③保证现场救援通道的畅通。

(6)后勤保障组

①检查、监督、落实应急救援物资的储备数量,收集和建立档案;

②定期检查、监督、落实应急反应物资资源管理人员的到位和变更情况,及时调整应急反应物资资源的更新和达标;

③应急预案启动后,按应急总指挥的部署,有效地组织应急反应物资资源到施工现场,并及时对事故现场进行增援,同时提供后勤服务;

④做好伤亡人员家属的稳定工作,确保事故发生后伤亡人员家属思想能够稳定,不发生大乱;

⑤做好受伤人员医疗救护的跟踪工作,协调处理医疗救护单位的相关矛盾;

⑥与保险部门一起做好伤亡人员及财产损失的理赔工作;

⑦慰问有关伤员及家属。

(7)通信联络组

负责应急救援的联络工作,确定联络体系,应急响应时需要建立联络的机构和人员。联络体系包括:

①应急人员之间;

②事故指挥者与应急人员之间;

③应急救援系统各机构之间;

④应急指挥机构与外部应急组织之间;

⑤应急指挥机构与伤员家庭之间;

⑥应急指挥机构与上级行政主管部门之间;

⑦应急指挥机构与新闻媒体之间;

⑧应急指挥机构与认为必要的有关人员和部门之间。

(8)警戒保卫组

负责事故现场的保护与警戒,其任务是:保护事故现场、维护现场秩序、防止外来干扰、尽力保护事故现场人员的安全等;需要时组织人员疏散。

(9)事故善后处理组

负责与总指挥保持及时的信息沟通,会同有关部门处理事故的善后工作。

8.2.3 安全事故应急救援程序

现场第一发现人→现场值班人员→现场应急救援小组组长→公司值班人员→公司生产安全事故应急救援小组→向上级部门报告。

8.2.4 安全防护措施

(1)设立应急电话

项目部、各施工队驻地和拌和站等设立应急电话(应急电话包括急救电话“120”,火警电话“119”,公安报警电话“110”等),一旦出现紧急事件,立即拨打电话进行报警。

(2)设立工地医疗室并配备相应设备

工地内设置医疗室,配备具有行医资格及丰富经验的医务人员,以及相应的医疗设备,负责为工地人员(包括监理人员、业主人员)提供必要的医疗和急救服务。

(3)其他安全防护设备和设施

①为了避免因采光和照明情况不好而发生意外,需配备应急照明设备,如可充电工作灯、电筒、油灯等设备。

②为了预防危险区域发生事故,必须配置警戒带、各类安全禁止、警告、指令、提示标识牌。

③发生危险后,为了现场人员能够及时安全撤离,必须配置安全带、安全绳、担架等专用应急设备和设施工具。

④为了避免在雨季时,施工现场生产和生活设施遭受雷击,需要设施上设置避雷针等防雷设施。

⑤为了能在雨季出现洪水等险情后,及时进行抢险,需配备一定数量的抗洪抢险车辆和工具。

⑥为了防止出现高空坠落、物体打击等事故,需配备安全防护网等。

第四节　预制箱梁运输及安装专项方案

1. 编制依据

在符合我国国家相关法律、法规、条例的基础上,主要以下列文件和资料为依据进行编制。

(1)《公路工程质量检验评定标准　第一册　土建工程》(JTG F80/1—2017);

(2)《公路桥涵施工技术规范》(JTG/T 3650—2020);

(3)《公路工程质量检验评定标准　第二册　机电工程》(JTG 2182—2020);

(4)《公路工程施工安全技术规范》(JTG F90—2015);

(5)《重要用途钢丝绳》(GB 8918—2006);

(6)《建筑结构荷载规范》(GB 50009—2012);

(7)《混凝土结构工程施工质量验收规范》(GB 50204—2015);

(8)《建筑施工高处作业安全技术规范》(JGJ 80—2016);

(9)《施工现场机械设备检查技术规范》(JGJ 160—2016);

(10)《施工现场临时用电安全技术规范》(JGJ 46—2005);

(11)《公路工程技术标准》(JTG B01—2014);

(12)《架桥机通用技术条件》(GB/T 26470—2011);

(13)高速公路工程项目招标文件及招标文件;

(14)高速公路工程建设项目工程施工图设计;

(15)高速公路实施性施工组织设计。

2. 施工计划

2.1　设备配置计划

按照机械设备使用计划,对所有机械及设备进行检修及调试,并定期保养,使其保持良好的使用状态。对工程中所用的各种计量设备送有关部门进行检定并取得合格证书。

根据现场施工要求,安排性能好的机械设备进场,并对进场设备进行必要的维护与保养,以保证设备正常运转。具体机械设备投入计划见表2-4-1。

机械设备投入计划　　表2-4-1

工程名称	机械名称	规格型号	总数量
箱梁吊装	架桥机	QJ40/160	
	起重机	100t	
	运梁车	180t	
	运梁车	120t	
	发电机	100kW	

续上表

工程名称	机械名称	规格型号	总数量
箱梁吊装	混凝土运输车	$8m^3$	
	插入式振捣棒		
	全站仪		
	水准仪		
	千斤顶	400t	
	压浆机		
	电焊机		
	混凝土泵车	50m	
	门式起重机	60t	

2.2 劳动力投入计划

劳动力投入计划见表2-4-2。

劳动力投入计划　　表2-4-2

序号	工种	职责分工	人数	序号	工种	职责分工	人数
1	吊装队管理人员	负责现场吊装指挥调度		8	混凝土灌注工	负责混凝土浇筑	
2	起重工	负责起重机械操作		9	张拉工	负责预应力张拉	
3	交通指挥员	负责指挥交通		10	电工	负责现场电力	
4	运梁车驾驶员	负责驾驶运梁车		11	焊工	—	
5	架桥机操作手	负责架桥机操作		12	机械工	施工现场机械维修	
6	架梁工	负责辅助箱梁架设		13	普工	辅助工作	
7	钢筋工	负责钢筋加工安装					

3. 施工准备

3.1 技术准备

箱梁安装施工前，主要进行以下技术准备工作。

(1)对设计图纸进行审阅、研究和核对，邀请设计单位进行设计技术交底，领会设计意图和设计要求。

(2)箱梁安装施工前，根据实际情况编制合理、安全的施工技术方案和安全方案，通过专家评审论证后上报监理单位和建设单位审批。

(3)制订技术岗位责任制和技术、质量、安全管理网络，以便在工程实施过程中对重大技术难点进行攻关。

(4)根据施工项目现场实际特点，对技术人员和施工队伍进行安全技术培训及安全技术交底，以避免施工的盲目性。

3.2 测量准备

(1)针对施工场地有限地理条件复杂等不利因素，为了快速、高效、精确地完成测量控制网布设及测量任务，前期先对施工进行合理规划，积极配合建设单位完成施工控制网点、水准点的交接，及时组织工程技术人员对本工程的控制网点进行复测及导线布设。

(2)由总工对测量组针对施工方案进行技术交底,保证测量人员对现场布置及设计理念具有充分认识,以便更好地进行现场施工测量工作。

(3)编制针对箱梁安装施工测量监控方案,保证一系列施工过程测量工作的及时性、可控性、精确性。

(4)施工前对所有测量仪器进行全面检测、校正,对于无法满足水上测量精度的仪器进行淘汰更换,减少测量过程中的仪器误差。

3.3 现场准备

(1)根据施工场地实际条件,科学、合理地规划施工现场,合理安排作业流程和施工工序,使施工现场的作业空间得以充分利用。

(2)根据施工场地配电室的位置,对供电线路合理布设分线和分管,统一安排,规范布局。

(3)架桥机由专业厂家拼装,需通过建设单位、监理单位验收合格后方可投入使用。

(4)现场设置危险因素告知牌,保证进入现场的人员对现场危险因素的知情权。

4. 施工工艺技术

4.1 施工工艺流程

箱梁安装施工工艺流程如图 2-4-1 所示。

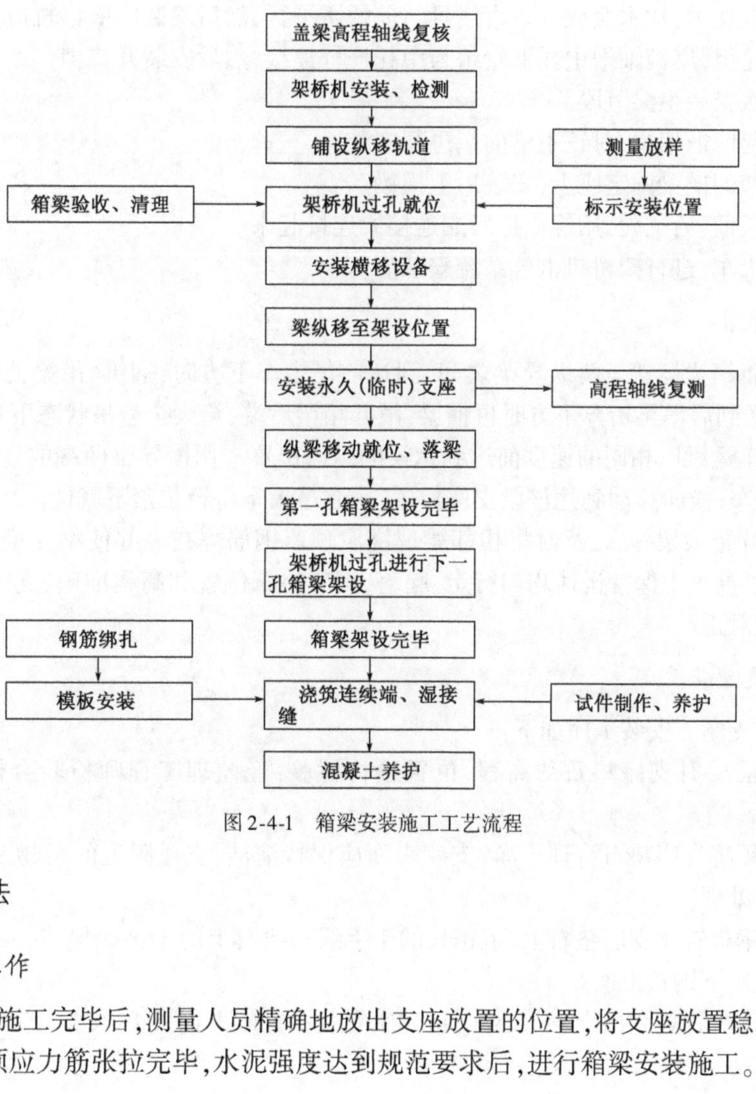

图 2-4-1 箱梁安装施工工艺流程

4.2 施工方法

4.2.1 准备工作

(1)墩台、盖梁施工完毕后,测量人员精确地放出支座放置的位置,将支座放置稳固。

(2)预制箱梁预应力筋张拉完毕,水泥强度达到规范要求后,进行箱梁安装施工。

(3)支座安装前,检查产品合格证书中有关技术性能指标,如不符合设计要求,不得使用。

(4)支座安装前将支座垫石处清理干净,并保证顶面高程符合设计要求。

(5)连续墩顶处应预先安装临时支座,并保证临时支座顶面高程与永久支座顶面相齐平。

(6)将设计图上标明的永久支座及临时支座中心位置标在支座垫石或盖梁上,然后将支座准确安放在垫石或盖梁上。

(7)箱梁吊装前,检修使用机械,保证运转正常,并做好吊装现场的清理工作,保证道路平顺、畅通,吊装现场平坦、坚实。

(8)桥位两侧沿途路线要修平碾压,并对填方处现场进行整平碾压,保证其有足够的压实度,确保箱梁的安全运输。

4.2.2 箱梁运输

预制梁出场前,用墨线标出梁中线及支座定位线,以方便安装就位。箱梁吊装均采用捆绑式吊装,吊点位置到背墙前缘线或桥墩中心线的垂直距离采用1100mm,横桥向距离悬臂根部100mm,吊装预留孔可采用PVC管,孔口应采取措施,以减少吊装时钢丝绳对箱梁的磨损。梁底应垫设钢板,防止吊装时箱梁受损。箱梁采用两台60t门式起重机或两台100t汽车式起重机在预制场吊起箱梁放置于运梁车上,箱梁底铺设方木及橡胶垫,在运梁平车上设置特殊稳梁构造,如特制三脚架等进行支护,并在主副车上用手拉葫芦、钢丝绳沿两侧加固紧,防止箱梁翻落。

4.2.3 架桥机拼装

(1)在桥头摆放枕木,枕木摆成一条直线且与前桥墩平行,然后安装中横移轨道。

(2)安装中托轮组,用销轴把中托下轮组与中托连杆连接,然后安装开口销。

(3)用吊车依次安装主梁节段。

(4)用吊车吊起前框架梁,对正主梁前端进行安装。

(5)在末端梁节的横梁固定座上,安装后上横梁。

(6)安装架桥机前、后支腿,用螺栓把后支连接梁连接起来。

(7)拼装提升天车,进行架桥机电气系统安装。

4.2.4 箱梁吊装

(1)用运梁车将箱梁运送至两纵导梁之间,到达前吊桁车下方时,捆绑、吊梁使箱梁前段脱离前运梁车,待箱梁后端送到后吊梁桁车下方时再捆梁,吊起箱梁后端,箱梁全悬吊状态下进行对位。

(2)两起吊天车运梁以相同的速度前进到达梁的纵向位置。用横导梁两端的卷扬机牵引绳拉动载梁的纵导梁的小平车,横向移动到达该梁支座位置,用起吊天车将箱梁落下就位。

(3)当相邻两片箱梁架好后,及时将相邻梁现浇段预留钢筋焊在一起使梁连接成整体。箱梁安装的关键是运输、起吊过程中保持慢速均匀行走、起落,支座垫石位置和高程准确,支座安装正确,以及相邻箱梁横隔板位置对正。

4.2.5 永久支座安装

箱梁吊装设置支座。安装工序如下:

(1)支座安装前要对支座垫石的高程、位置进行检验,经监理工程师检验合格后方可进行支座安装。

(2)施工前必须将支座垫石清理干净,支座表面应保持清洁,支座附近的杂物及灰尘应清除,不符合要求时必须进行处理。

(3)把支座下钢板置于支座垫石上,下钢板的十字线与垫石上的十字线保持一致,把环氧树脂混合料均匀地涂刷在支座下钢板上面。

(4)在支座设计位置处划出十字中心线,把支座安装在支座下钢板上,支座上的十字中心线与下钢板上的十字线要保持吻合一致。

(5)环氧树脂混合料没有凝固前,不能撞击支座并使支座发生移动、不能把箱梁直接落在支座上,以免支座发生移动而使箱梁偏移。

(6)临时支座应按照设计图纸设置,将设计图上标明的临时支座中心位置标在盖梁上,然后将临时支座准确安放到位,并保证临时支座顶面高程与永久支座顶面相齐平。

4.2.6 安装临时支座

(1)临时支座采用砂筒支座,如图2-4-2所示。在临时支座安装前,首先对砂筒进行荷载预压试验,综合评定砂筒的压缩量;其次根据实测盖梁顶面高程和设计梁底高程计算出每个临时支座的高度;最后根据砂筒的预压试验计算出每个砂筒的装砂高度,并做好标记。临时支座安装前先弹出支座边线、中心线,按照线位安放临时支座,临时支座安装的高差、中心位移允许偏差同永久支座。

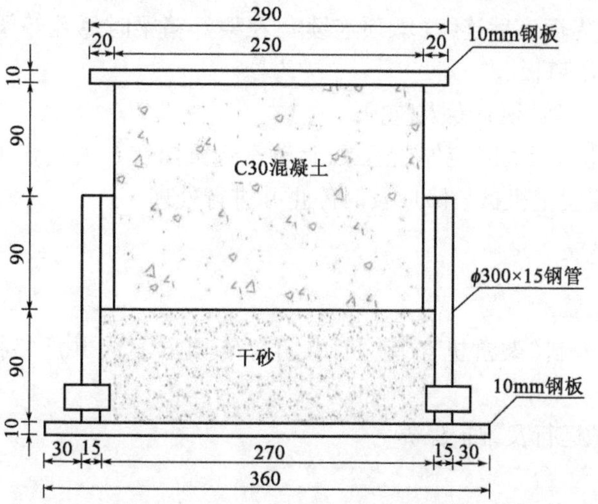

图2-4-2 临时支座结构(尺寸单位:cm)

(2)支座底座采用360mm×360mm×10mm钢板与ϕ300mm的钢管(高度为180mm、壁厚为15mm)焊接,沿钢管四周施焊,焊缝饱满。钢管内部根据支座高度填一定高度烘干的细砂,并且采用压力机施加1100kN压力进行预压,保证细砂密实不下沉。钢管外侧距离钢板10mm处设置M20螺栓漏砂孔,安装前拧上螺栓,保证架梁后不漏砂。支座砂筒顶座采用ϕ250mm的无缝钢管(高度为180mm、壁厚为15mm)与290mm×290mm×10mm钢板焊接,要求沿钢管四周施焊,焊缝饱满。顶芯钢管内部用C30混凝土填满,并且振捣密实。体系转换施工完成后拧开螺栓,将砂子从螺栓孔捅出后拆除。

4.2.7 箱梁运输

预制梁场布设于主线段路基上,预制梁直接由梁场沿路基向桥梁方向运输。

箱梁采用轮胎式运梁平车进行运输。运梁平车由两个独立的运输机构组成,分为主车和副车。主车由发动机、转动系统、制动系统、液压转向系统及电气系统等部分组成;副车由制动系统、转向系统等部分组成。主车和副车均有一个驾驶室,每台车均可控制各自方向,保证运梁过程的整体方向。主副车均有停车制动系统,可保证运梁过程中的制动,同时在运梁过程中预备枕木和三角木紧急制动。轮胎式运梁平车具有载重大、操作简单、稳定性好等特点,适合长距离运梁安装。

运梁平车进入梁场指定位置,30m、20m箱梁提梁选用两台60t门式起重机将预制好的箱梁抬放到运梁平车上,40m箱梁提梁用提梁机将预制好的箱梁抬放到运梁平车上,而后运梁平车运输到架桥机吊装位置即可。

箱梁运输应注意如下事项:

(1)箱梁达到设计强度90%以上,完成张拉、压浆、封锚并经过监理工程师检验合格后,待混凝土强度达到40MPa方可进行吊运。

(2)箱梁采用两台60t门式起重机和提梁机吊装,需在箱梁翼缘板预留吊装孔。

(3)起吊时用钢丝绳沿吊装孔所处断面环抱箱梁(注意在箱梁底板边缘钢丝绳内侧垫设带圆角的垫板,以免钢丝绳受力损坏箱梁),用场地门式起重机将梁移至运梁车位置。

(4)运梁车装梁时,箱梁中心应落在运梁车中心线上,偏差不得超过20mm。

(5)运梁车运送箱梁时,箱梁两侧用斜撑抵住翼缘板交界处,底端抵住运梁车,并用两个手拉葫芦带钢丝绳沿两侧加固紧,预防箱梁支撑松动。专职安全员检查牢固后,启动运梁车将梁移至架桥机腹中。

(6)平车顶需放置木板或者胶皮,避免箱梁与平车顶面直接接触。

(7)运梁平车轮距要求为2.3~2.9m,使运梁平车在运梁行走时将轮辙落在箱梁底板内。

(8)已经架设好的箱梁横隔板及翼缘板钢筋绑扎焊接后才能在箱梁梁肋上行走运梁平车。

(9)运梁平车行走时注意箱梁表面的钢筋,防止轮胎被钢筋扎坏。

(10)由于箱梁安装时先简支后连续(墩顶连续),在架好箱梁时每孔箱梁是不连续的,需要在箱梁顶设置采用型钢自制的行车道板。

(11)运梁过程中,前后车必须有专人监护。

(12)在雨天、浓雾等恶劣天气时应停止运梁,运输车运梁前有专人负责维护保养,保证运梁车机械性能,如在运梁过程中半路发生机械故障应及时停止并进行处理。

4.2.8 架桥机架设施工

4.2.8.1 架桥机的组装

架桥机进场前项目需编制《架桥机安装、使用、拆除专项方案》,并严格按照方案进行架桥机的安装、使用及拆除。

4.2.8.2 架桥机的试运行及维护保养

(1)架桥机试运行

组装完毕后应进行一次全面检查和调试运转,充分了解各部分工作状态和可靠程度,对架桥机设备进行标定,项目包括:整机横移运行及制动试验,桁车运行和卷扬吊重试验,各油缸支腿伸缩试验,运梁台车运行试验,机械、电气设备、液压系统等设备及元件的试验。

①空载试验。

a.提升小车空载沿主梁轨道来回行走数次,车轮无明显打滑现象,起动、制动正常可靠。

b.开动提升机构,空钩升降数次,开关动作灵敏准确。

c.把两台提升小车开至跨中,整机在前后5m范围内行走数次,起动、制动正常可靠,车轮无明显打滑现象。

②静载试验。

先起升额定荷载,再起升1.25倍额定荷载离地面100mm处,悬停10min后卸去负荷,检查架桥机主梁是否有残余变形,反复数次后,主梁不再有残余变形。

③动载试验。

以1.1倍额定荷载使起升机构和提升小车在5m范围内慢速反复运转,各制动机构及电器控制应灵敏、准确可靠,主梁震动正常,机构运转平稳。卸载后各机构和主梁无损伤和永久变形。试验合格后,报请相关单位出具特种设备合格证。

(2)架桥机维护保养

正确使用、定期检查、合理保养才能保证起重机的安全工作,延长其使用寿命。

①金属结构的维护保养。

a.主梁是架桥机金属结构中最主要的受力结构件,其保养的好坏直接关系架桥机的性能、安全和寿命,因此,在使用中应加倍注意。

b.必须避免急剧的起动、制动,更不允许使用反车制动。

c.定期检查主梁和其他各部分的连接焊缝,发现裂纹应立即停止使用,实施重焊修复,经检验合格后方可继续使用。

d. 当因操作不当造成主梁或其他构件出现残余变形、失稳现象时，应立即停止使用，通知生产厂家或有资质的其他厂家查找原因并予以修复。

e. 每年进行一次油漆保养，以防金属结构锈蚀。

f. 当架桥机转场进行再次拼装前，必须由具有维修、保养资质的单位进行全面保养和检测，并通知当地技术监督部门或厂家进行协助。

②主要部件的维护保养。

a. 钢丝绳应根据规范要求定期润滑，润滑前应清除污垢。

b. 轴承必须始终保持润滑状态，每年在冬、夏两季之前定期涂油，涂油前必须清洗干净。若发现轴承温度高、噪声大，须认真检查，若有损坏及时更换。

c. 当发现车轮磨损超过原厚度的15%或有崩裂时，应更换新轮。提升小车、运梁平车、中支、前支主动车轮的工作直径在不均匀磨损后所产生的相对偏差，不得超过工作直径的1/60，如果超差，允许重新车削，但不能小于原公称直径10mm。

d. 减速机内不能缺油，机油应定期更换，发现异常及噪声及时检修。

e. 起升机构的制动器每天检查一次，运行机构的制动器2～3d检查一次。检查时注意制动系统各部分的动作是否灵活，瓦块应贴合在制动轮上，表明无损伤，起升机构的制动器必须能可靠地制动额定载荷的1.25倍，及时更换破损的遮雨棚。

f. 应每周检查架桥机前支腿、后支腿、中托、后托及提升小车等部件的连接螺栓及连接焊缝，发现螺栓松动应及时上紧，发现有焊缝开裂现象应停止使用并及时修补。

③电器设备的维护保养。

a. 为保证架桥机的安全工作，必须熟悉架桥机各种电器故障产生的原因和排除方法。

b. 经常保持电器设备的清洁，如电阻器、控制屏、接触器等，清除内外部的灰尘、污垢，防止漏电、击穿、短路等不良现象发生。

c. 经常观察电动机转子滑线、电刷接触是否良好。

d. 经常检查电动机、电磁铁、继电器、电磁开关发出的声音是否正常。

e. 检查凸轮控制器、接触器是否有烧毛现象，如有应及时更换，或用砂布磨平后再使用。

f. 使用条件恶劣时，应定期检测电动机、电线、结缘电阻，注意电缆滑线绝缘与各项外壳接地。

g. 经常检查各电器设备安装是否牢靠，是否有松动现象，活动部位是否转动灵活，消除不良因素。

4.2.9 箱梁架设

4.2.9.1 架梁顺序

(1)梁体编号。桥梁孔数X+孔内编号Y，X－Y，如2－1、3－4等。

(2)桥梁孔数。同一座桥按路线前进方向对应的孔(跨)号，X－1；孔内编号：由两幅中心线依次向梁体外侧进行编号，2－Y。

(3)架梁作业顺序。按梁的编号左右幅桥同时架设，架设完一副，架桥机横移至另一副进行架设，单幅箱梁架设顺序X－2→X－3→X－4→X－1，如图2-4-3所示。架设原则是必须满足盖梁对称受力、均匀加载。

4.2.9.2 运(喂)梁

当运梁车将箱梁前段送至前吊桁车下方时，捆绑、吊梁使箱梁前段脱离前运梁车状态下继续行进，运行速度为3m/min，待箱梁后端送到后吊梁桁车下方时再捆梁，吊起箱梁后端，箱梁全悬吊状态下进行对位。运梁车在运梁时两车都采用相同的速度，当前起吊天车吊梁后，起吊天车和后运梁车以3m/min的速度运行，直到后起吊天车起吊梁后，两个天车以3m/min的速度安装梁，喂梁工作完成，两运梁车返回运梁，如图2-4-4所示。

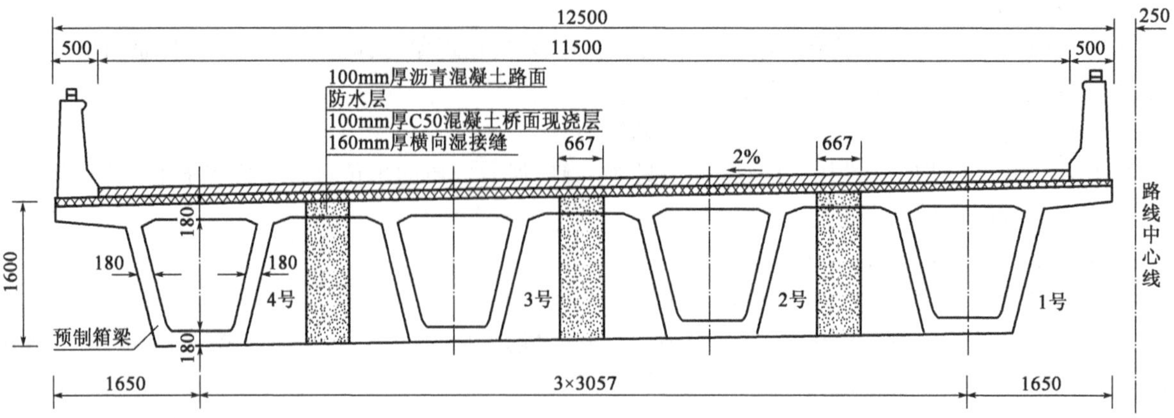

图 2-4-3　梁体编号示意图(尺寸单位:mm)

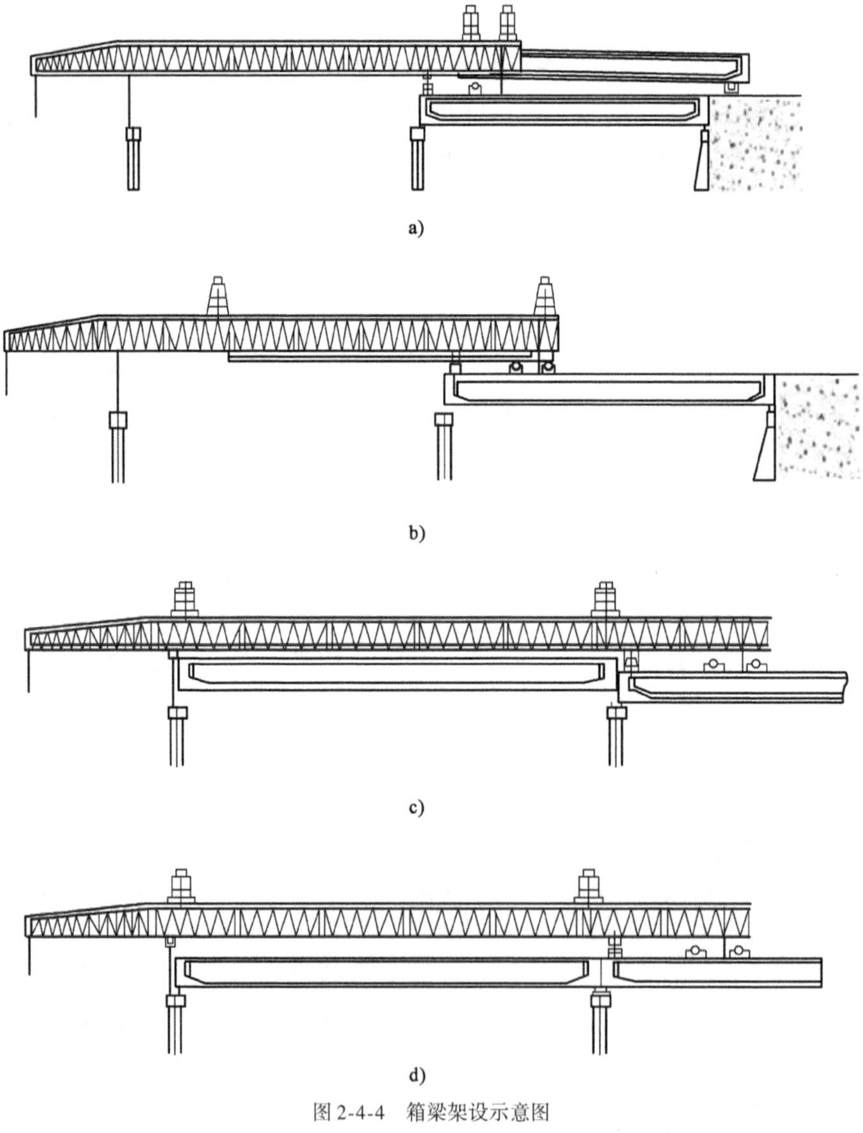

图 2-4-4　箱梁架设示意图

(1)架设中梁

喂梁→前后天车起吊梁→前后天车将箱梁纵向运行到前跨预定位置→落下梁并脱开→完成中梁的就位安装。

①运梁车将箱梁运至架桥机前天车起吊位置,前天车绑扎吊起箱梁前端。

②后运梁车配合,第一次纵向行走。

③当预制梁后端行走至后天车位置时,停止纵移,由后天车将箱梁后端吊起,运梁车返回运梁。

④进行第二次纵移,前、后天车同步纵向行走到位。

⑤前、后天车行走到位后,架桥机携梁横移。

⑥横移到位后落梁。

⑦摘除吊梁钢丝绳,与旁边预制梁横隔板、湿接缝钢筋进行绑扎焊接,吊梁天车后退。

(2)架设边梁

喂梁→前后天车起吊梁,将边梁纵向运行到前跨位→落下梁至距支垫5cm(必须保持梁的稳定)→整机携梁横移至边梁最近的位置,改用起吊天车横移边梁→起吊天车携梁横向移至边梁位置下落就位→完成边梁就位安装。

①运梁车运送边梁至架桥机尾部,前天车绑扎吊起预制梁前端。

②后运梁车配合,第一次纵向行走。

③当预制梁后端行走至后天车位置时,停止纵移,由后天车将箱梁后端吊起,运梁车返回运梁。

④进行第二次纵移,前、后天车同步纵向行走到位。

⑤前、后天车行走到位后,架桥机携梁横移。

⑥横移到位后落梁。

⑦摘除吊梁钢丝绳,与旁边预制梁横隔板、湿接缝钢筋进行绑扎焊接,吊梁天车后退。

4.2.10 架桥机过孔

架桥机过孔示意图如图2-4-5所示。

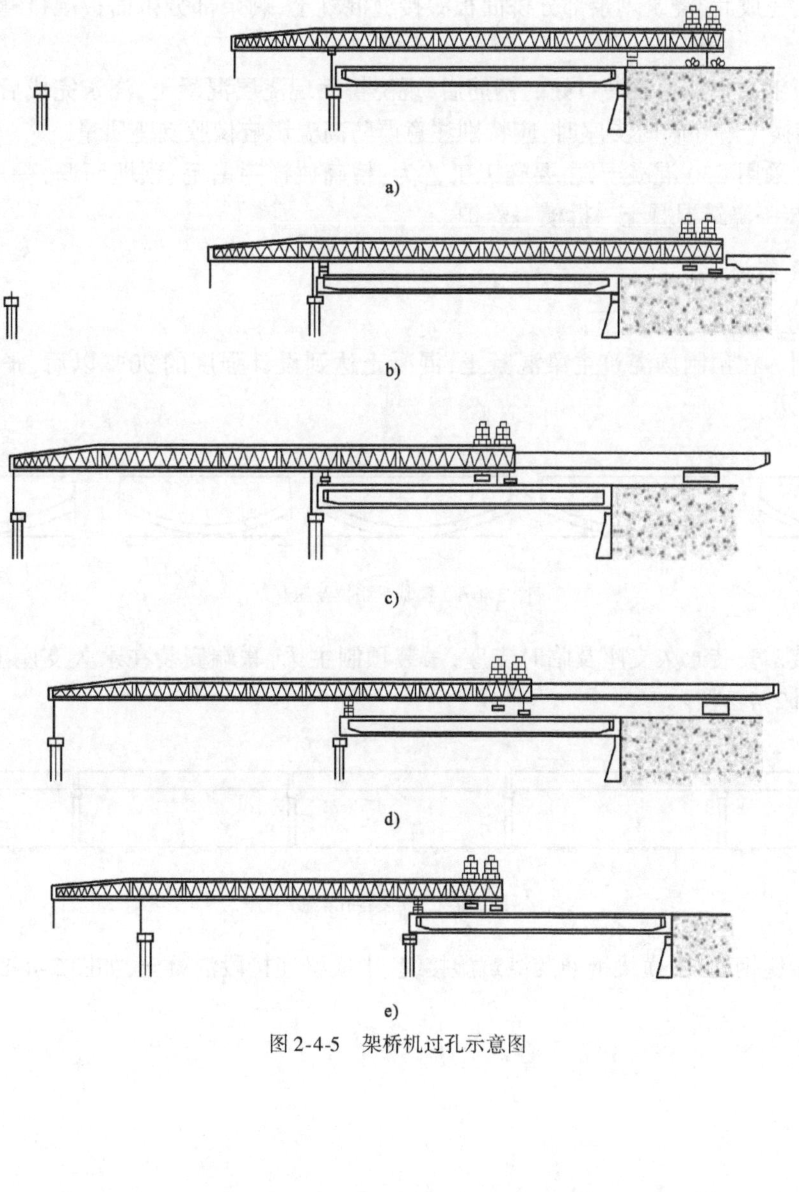

图2-4-5 架桥机过孔示意图

（1）跨孔前准备。两台天车移至架桥机后部，运梁小车移至架桥机后部，前支腿上部与主梁下弦锚固，利用手动葫芦将前支腿与盖梁拉紧加固。

（2）顶起前支腿千斤顶和后部千斤顶，利用前吊梁天车把中支腿移动到前面，调整中支腿到预定位置。

（3）前吊梁天车返回架桥机后部，后运梁天车吊起预制梁作为配重，调整前腿千斤顶，使架桥机前端比后端高出20cm，拆除前支腿与主梁下弦的锚固，收起后部千斤顶。

（4）利用前、中支腿走行机构及后运梁平车的动力使架桥机前导梁纵移至预定盖梁位置。

（5）利用前支腿吊挂轮使前支腿及其横移轨道纵移到导梁前支腿处，前支腿在墩顶支撑、锚固，把前支腿与盖梁临时捆绑在一起，为二次跨孔做准备。

（6）进行二次跨孔，再次利用前、中支腿走行机构及后梁平车的动力将架桥机再次纵移到架桥机工作位置。

（7）前、中支腿上部与主梁下弦锚固，后部顶高千斤顶与桥面支撑，拆除运梁车与主梁之间的联结，运梁车返回，架桥机过孔完成。

4.2.11　箱梁端头及湿接缝施工

（1）连接接头段钢筋，绑扎横梁钢筋，设置接头段顶板束波纹管并穿束，所有新、旧混凝土结合面均应严格凿毛处理。在气温相对较低时，浇筑连续接头、中横梁及其两侧与顶板负弯矩束同长度范围内的桥面板，混凝土达到设计强度的90%，且混凝土龄期不小于7d时，张拉顶板负弯矩预应力钢束，并压注水泥浆。

（2）接头施工完成后，浇筑剩余部分桥面板湿接缝混凝土，剩余部分桥面板湿接缝混凝土应由跨中向支点浇筑。

（3）连接顶板钢束张拉预留槽口处的钢筋后，现浇桥面现浇层混凝土，浇筑完成后拆除整联内临时支座，完成体系转换。解除临时支座时，应特别注意严防高温影响橡胶支座质量。

（4）防撞护栏采用C30混凝土，主要施工工艺为：精确放样→凿毛、预埋筋调整→钢筋制作安装及预埋件→模板安装→浇筑混凝土→拆模→养护。

4.2.12　体系转换

桥梁简支转连续施工工序如下：

（1）主梁预制。在预制场浇筑主梁混凝土，混凝土达到设计强度的90%以后，张拉腹板钢束并压浆，如图2-4-6所示。

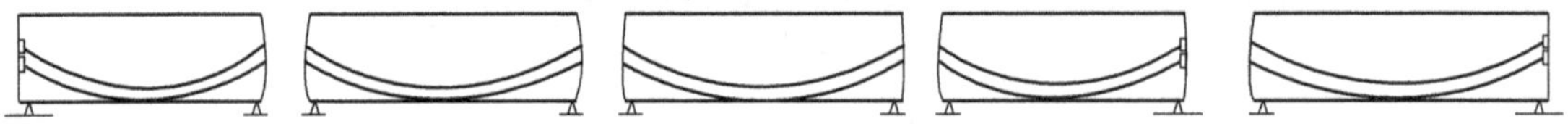

图2-4-6　预制梁张拉及压浆

（2）主梁安装。安装永久支座及临时支座，吊装预制主梁，联端安装在永久支座上，连续端安装在临时支座上，如图2-4-7所示。

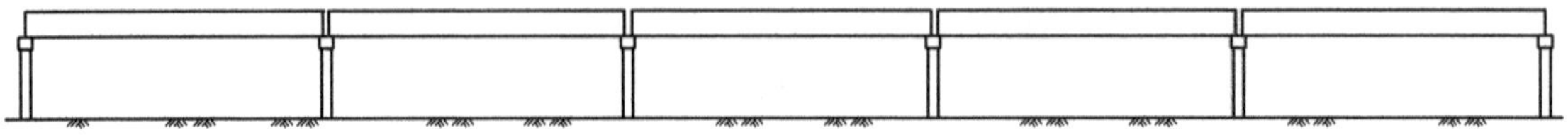

图2-4-7　安装各孔梁板

（3）连接湿接缝钢筋、中横梁钢筋及浇筑湿接缝、中横梁连接段混凝土，如图2-4-8所示。

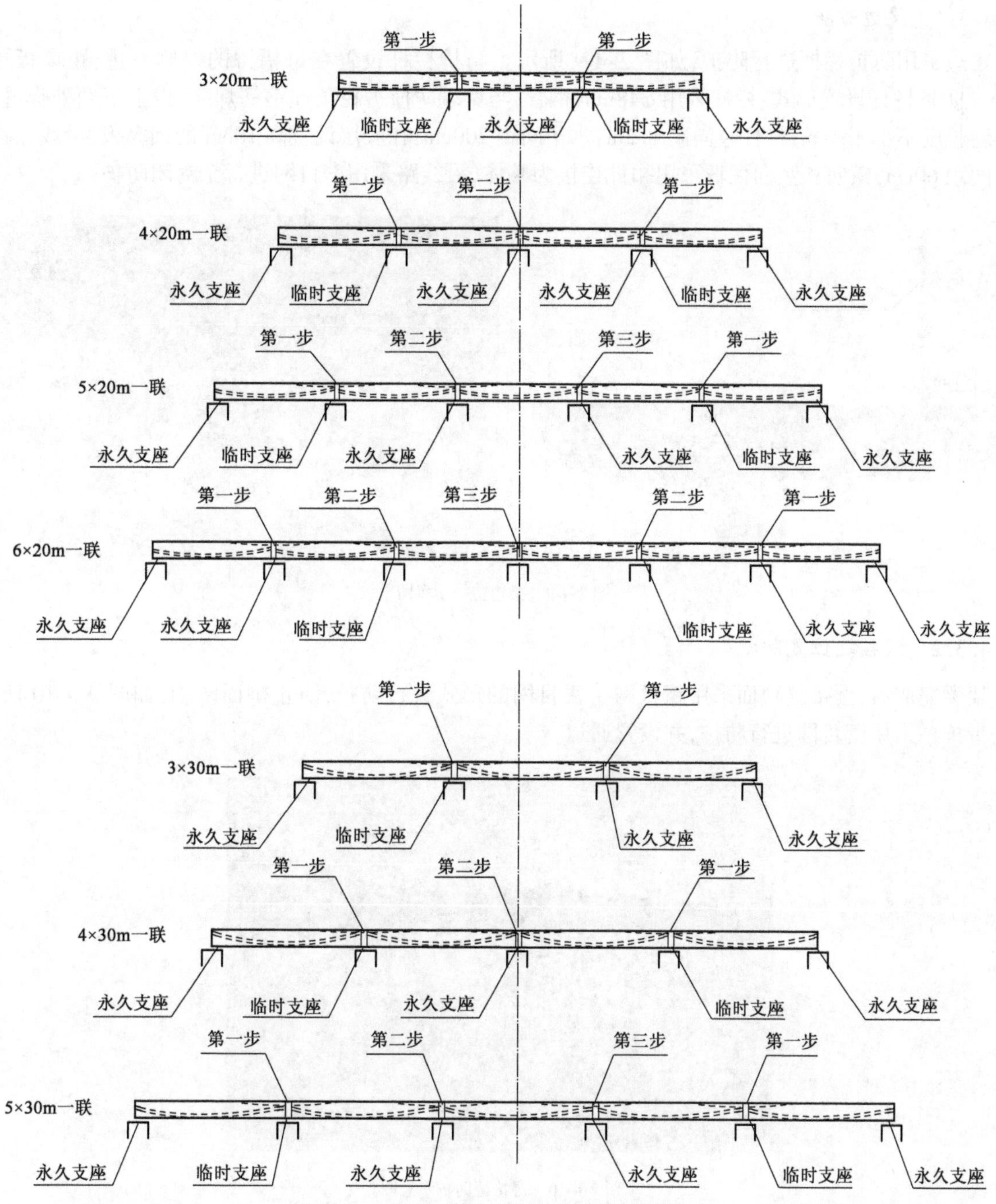

图2-4-8　连接湿接缝、中横梁钢筋并浇筑混凝土

(4)待混凝土强度达到设计强度的90%,且龄期不小于7d后,按浇筑混凝土的顺序张拉墩顶现浇连续段负弯矩钢束并压注水泥浆。

(5)体系转换:浇筑完成后拆除一联内临时支座,拆除一联桥临时支座时应按照由两侧向中间对称拆除,使该联转换成单支座连续梁。拆除临时支座应做到逐孔对称、均匀、同步、平稳。工人操作要有操作平台,一般设置一个活动挂篮,人站在其中进行临时支座解除,解除砂筒最好使用水枪把砂从预留孔中冲出,既简单又快捷。随着砂筒里的砂慢慢减少,临时支座很容易就从梁底解除掉。临时支座拆除后,永久支座与墩顶和梁底严密贴合,使该联转换成单支座连续梁。随后进行桥面铺装、护栏等后续施工工作。

4.3　临边防护

单幅箱梁架设完成后及时施作桥面临边防护。

4.3.1　梁边防护

梁边采用防护栏杆进行防护，如图 2-4-9 所示。防护栏杆设置在每幅桥的外侧一边，距翼板边缘 50cm。防护栏杆设置形式：栏杆采用 ϕ48mm 钢管，与梁端防撞护栏预埋钢筋焊接，设上下两处焊缝，每道焊缝长度不小于 5cm，栏杆竖向高 1.2m，水平间距 200cm，在底层设置高 18cm 的挡脚板，沿线路设置两层间距 60cm，横向和竖向栏杆采用扣件连接为整体，沿线路采用密目网进行全封闭防护。

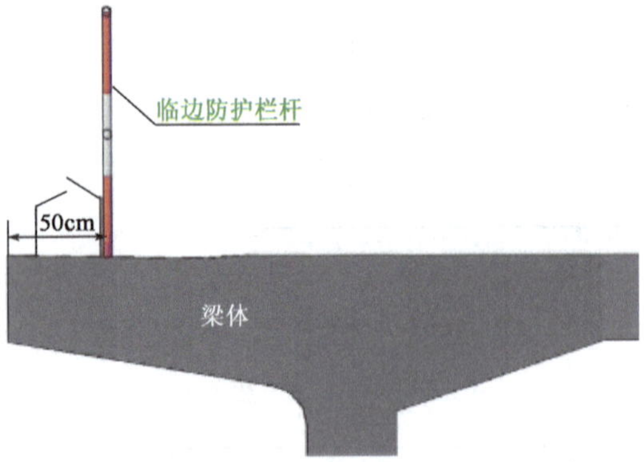

图 2-4-9　梁边防护示意图

4.3.2　湿接缝位置防护

架梁完成后，湿接缝顶面采用粗目网 + 密目网的形式进行防护，防止桥面坠物，如图 2-4-10 所示。中分带护栏采用密目网进行防护，并设置通道。

图 2-4-10　湿接缝防护示意图

4.4　施工注意事项

(1)架梁前对墩台水平、跨距、中线、梁体在曲线上的位移量进行精确计算，根据实际放样的线路中心线和墩台中心里程，按设计图准确地在盖梁面上放出每孔梁的纵向中心线、箱梁端位置横线及支座部轮廓线或中心十字线，在梁端位置横线上定出各片梁底部边缘的点。

(2)吊装前应对吊车、吊具进行安全及机械性能检查。

(3)支座经试验合格，技术指标符合要求，并经监理工程师验收认可。

(4)在架桥机过孔时，所运行的轨道必须顺直与架桥机平行，其他过孔程序同上。因桥梁有横坡，必须将横移轨道调至水平确保架桥机能顺利架设桥梁。

(5)架梁顺序为先中间后两边，对称均衡的原则进行。

(6)箱梁安装时严格按照规范要求进行施工，不得擅自进行。同时注意纵、横向偏差一定要在规范要求之内，以免造成箱梁安装就位后，梁之间的横向间距大小不一，有的间距大，有的基本无间隙，影响箱梁均衡受力。有的桥梁箱梁安装纵向偏差大,伸缩缝处间隙过小,有的甚至无间隙顶死,导致伸缩缝部分失效或完全失效。

(7)箱梁吊装前,检查箱梁顶板排水坡的方向。若该片箱梁排水坡方向与前述不一致时,则必须在预制场出口处掉头。

(8)起吊时所使用的设备应齐全,待场地清理工作完成,运输道路及吊车停站场地须经过压实加固。

(9)箱梁用平板车由制梁场用门式起重机或汽车式起重机装车,一般一车运一片,装梁时,必须满足等距离要求,边梁运输根据安装位置、运输路线,确定装车方向。

(10)箱梁落吊时轻轻下落,不得扰动橡胶支座,使板梁就位准确,就位不准或支座与梁不密实时必须重新吊起。采取措施垫钢板,使支座位置限制在允许偏差内,不得用撬棍移动箱梁。

5. 危险源辨识

5.1 风险源评估方法

对箱梁架设施工过程中可能遇到的各种风险事故进行汇总分析,危险因素评估采用LEC法。即把危险源诱发事故的可能性、人员暴露于危险环境中的频繁程度、一旦发生事故可能造成后果的严重程度三种因素的量化值之乘积,作为该危险源的危险度,即:危险度 $D = L \times E \times C$(L 为事故发生的可能性;E 为人员暴露于危险环境中的频繁程度;C 为一旦发生事故可能造成的后果)。

L、E、C 赋值标准,见表 2-4-3。

L、E、C 赋值标准 表 2-4-3

L——事故发生可能性			
分数值(分)	事故发生的可能性	分数值(分)	事故发生的可能性
10	完全可以预料到	0.5	很不可能,完全意外
6	相当可能	0.2	极不可能
3	可能,但不经常	0.1	实际不可能
1	可能性小,可以设想		
E——人员暴露于危险环境的频繁程度			
分数值(分)	人员暴露于危险环境的频繁程度	分数值(分)	人员暴露于危险环境的频繁程度
10	连续暴露	2	每月几次暴露
6	每天几次暴露	1	每年几次暴露
3	每周几次暴露	0.5	非常罕见地暴露
C——发生事故可能造成的后果			
分数值(分)	发生事故可能造成的后果	分数值(分)	发生事故可能造成的后果
100	2000万元及以上经济损失,三人及以上死亡	7	150万~300万元经济损失,重伤或4人以上轻伤
40	1000万~2000万元经济损失,2~3人死亡	3	70万~150万元经济损失,1~3人轻伤
15	100万~300万元经济损失,1人死亡或3人以上重伤	1	1万~70万元经济损失,微伤
危险性等级划分标准			
D值(分)	危险度	D值(分)	危险度
>320	极其危险,不能继续作业	20~70	一般危险,需要注意
161~320	高度危险,需立即整改	<20	稍有危险,可以接受
71~160	显著危险,需要整改		

5.2 危险源辨识与评估

根据上述评估方法汇总得见表 2-4-4。

箱梁架设施工危险因素辨识与评估　　表 2-4-4

序号	过程（区域）	行为（活动）或设备、环境	危险源因素		作业条件危险性评价（分）				危险等级	危险级别
			危险源	可能导致的伤害（事故）	L	E	C	D		
1	临时用电作业（预制场、安装现场）	架桥机、门式起重机使用	电缆线破坏； 未接零、接地； 绝缘装置失效； 环境潮湿、漏电； 线路架设不规范； 非用电作业人员私自接线	触电事故； 火灾事故	3	3	15	135	3 级	显著危险
2	起重吊装作业（预制场、安装现场）	起重机、门式起重机使用	操作人员未持证上岗，不熟悉起重作业； 起重设备未及时保养、维修，或者存在故障； 钢丝绳日常检查不到位； 操作过程未按照操作规程操作，未执行“十不吊”	起重设备倾覆	1	6	15	90	3 级	显著危险
3	运梁（预制场、运梁通道、安装现场）	运梁车、手拉葫芦、钢丝绳等	捆梁钢丝绳不符合要求，有断丝或断股现象； 捆梁位置不在预留位置上； 未对作业人员进行技术交底； 运梁车主要受力构件变形、断裂； 运梁车制动失灵，梁体未拉斜撑； 梁体捆绑不牢固； 人站在梁上随车前进，运梁车行走速度过快； 作业人员没有经过岗位培训或无资格证书； 恶劣天气或夜间强行作业； 运梁通道不平整； 作业过程无专人指挥或违章指挥	梁体倾覆； 物体打击	3	3	15	135	3 级	显著危险
4	落梁（运梁通道）	门式起重机、运梁车	操作人员未进行教育培训上岗； 落梁时一端起落过猛； 落梁时无专人指挥或指挥人员经验不足； 落梁时两端不同步，梁体摇晃、倾斜； 运梁驾驶员未经培训上岗	高空坠落； 物体打击； 设备倾覆	1	6	15	90	3 级	显著危险
5	喂梁作业（施工现场）	起重机、平车、各类工具	操作人员未佩戴防护用品； 架桥机吊具变形，滑轮内钢丝绳缠绕； 钢丝绳扭结、压扁、弯折、断股断丝； 主要受力构件变形、断裂； 电器系统失灵、漏电； 天车移动速度与运梁平车移动速度不同步； 天车起吊梁体两端不同步； 梁体起吊过快过猛； 操作人员无证上岗，或违章作业	高空坠落； 物体打击； 机械车辆伤害	3	3	15	135	3 级	显著危险

续上表

序号	过程（区域）	行为（活动）或设备、环境	危险源因素		作业条件危险性评价（分）				危险等级	危险级别
			危险源	可能导致的伤害（事故）	L	E	C	D		
6	移梁就位	架桥机	操作人员未持证上岗，不熟悉机械； 操作人员未佩戴防护用品； 操作过程未按照操作规程操作或酒后作业； 架桥机轨道不水平，不平行，架桥机倾斜； 架桥机未及时保养、维修，或者存在故障； 架桥机支腿支垫不实，支腿悬空； 架桥机液压系统失灵，或电器系统失灵； 架桥机吊具变形，滑轮内钢丝绳缠绕； 架桥机主要受力构件变形； 捆梁钢丝绳断股断丝； 无专人进行统一指挥	高空坠落； 物体打击； 梁体或设备倾覆	3	3	15	135	3级	显著危险
7	架桥机过孔	架桥机	操作人员未持证上岗，不熟悉机械； 操作人员未佩戴防护用品； 操作过程未按照操作规程操作；或酒后作业； 架桥机未及时保养、维修，或者存在故障； 架桥机支腿支垫不实，支腿悬空； 架桥机液压系统失灵，或电器系统失灵； 限位器通信设备、报警系统失灵、零部件损坏； 过孔时无专职人员进行统一指挥或违章指挥； 恶劣天气强行过孔	高空坠落； 物体打击； 梁体或设备倾覆	1	6	15	90	3级	显著危险
8	高温施工	夏季高温作业	高温时间段作业； 施工前，操作人员未食用预防中暑药品等	中暑	3	3	15	90	3级	显著危险
9	雨季施工	雨季作业	操作工人未佩戴防雨、防滑、防坠落安全用品； 雷雨天施工	雷击；高空坠落	1	6	15	90	3级	显著危险

6. 施工安全保证措施

6.1　组织保障措施

6.1.1　安全生产保证体系

安全生产是一切施工的前提条件，因此在整个箱梁安装施工过程中，应始终贯彻“安全第一，预防为主，综合治理”的方针，建立健全的项目安全生产保证体系，如图 2-4-11 所示。

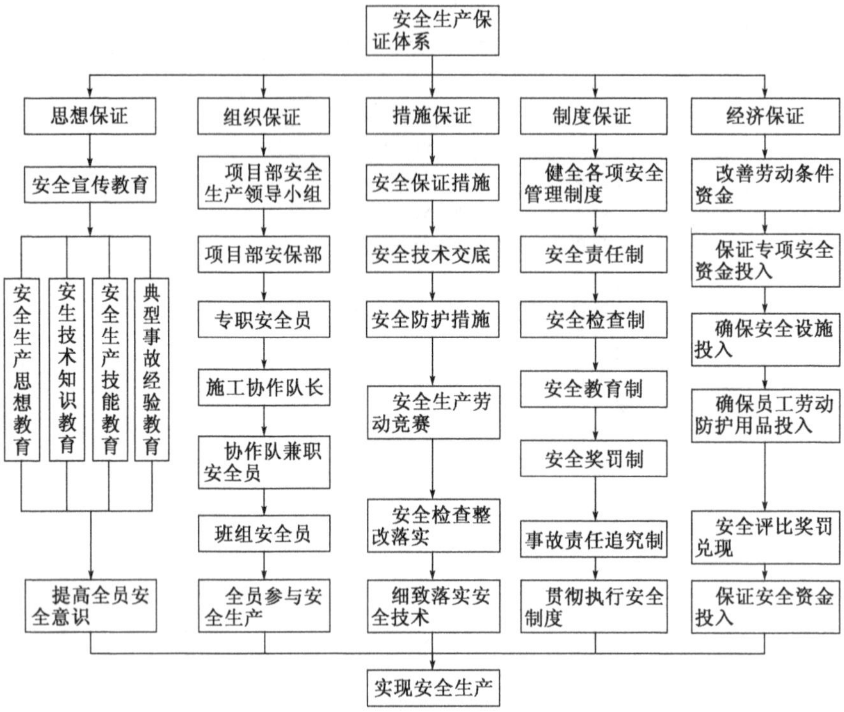

图 2-4-11　安全生产保证体系

6.1.2　安全生产组织机构及职责分工

为了加强安全生产工作，设置以项目经理为第一安全责任人的安全生产保障机构，建立以项目经理、项目副经理、安全总监、总工程师、各部门负责人员及安检负责人员组成的项目经理理部安全生产领导小组，并配备专职的安全管理人员，领导和组织实施项目安全管理，以专检和监督方式为主，实行“安全生产一票否决权”，确保实现安全目标。

项目配备专职安全管理人员，如安全总监。

项目安全管理部门依据业主及地方政府的要求编制项目安全生产责任制、安全检查、安全教育与培训、安全交底、安全奖罚、安全事故管理、现场安全管理规定、消防管理规定等制度以及项目各部门、各岗位的责任制度。施工安全生产管理小组如图 2-4-12 所示。

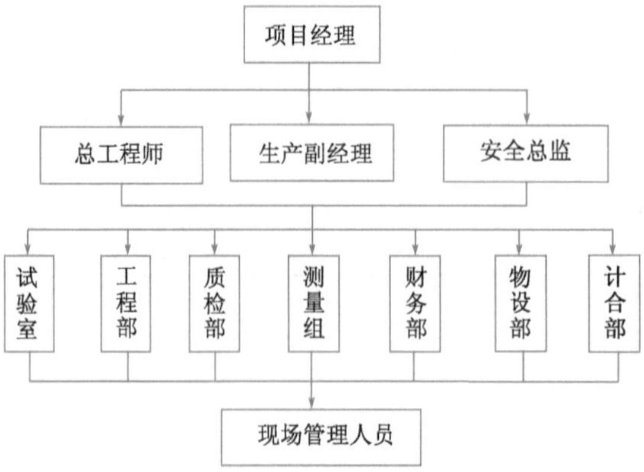

图 2-4-12　安全生产管理领导小组机构

在领导小组中，各成员按照其项目职务明确分工。具体分工见表 2-4-5。

安全生产管理领导小组岗位职责

表 2-4-5

序号	岗位	职责
1	项目经理	负责贯彻执行国家及上级有关安全生产的方针、政策、法律、法规； 督促本项目工程技术人员、工长及班组长在各项目的职责范围内做好安全工作，不违章指挥； 组织制订或修订项目安全管理制度和安全技术规程，编制项目安全技术措施计划并组织实施； 组织项目工程业务承包，确定安全工作的管理体制，明确各业务承包人的安全责任和考核指标，支持指导安全管理人员的工作； 健全和完善用工管理手续制度；认真做好专业队和上岗人员安全教育，保证他们的健康和安全； 组织落实施工组织设计中安全技术措施，组织并监督项目工程施工中安全技术交底制度和设备、设施验收制度的实施； 领导、组织施工现场定期的安全生产检查，发现施工生产中不安全问题组织制定措施，及时解决；对上级提出的生产与管理方面的问题要定时、定人、定措施予以解决； 不打折扣地提取和用好安全防护措施费，落实各项安全防护措施，实现工地安全达标； 每天亲临现场巡查工地，发现问题通过整改指令书向工长或班组长交代； 定期召开工地安全工作会，当进度与安全发生矛盾时，必须服从安全； 发生事故，要做好现场保护与抢救工作，及时上报，组织配合事故的调查，认真落实制订的防范措施，吸取事故教训
2	项目总工/生产经理	认真执行本企业的领导和安全部门在安全生产方面的指示和规定，对本项目的职工在生产中的安全健康负全面责任； 在计划、布置、检查、总结和评比安全生产工作的同时严格按照公司的有关规定进行安全生产管理工作； 按时提出本工程安全技术措施计划项目，经上级批准后负责对措施项目的实施； 制定和修订本项目的安全管理制度，经上级批准后负责执行； 经常对本项目职工进行安全生产思想和技术教育，对新调入项目的工人进行安全生产现场教育；对特种作业的工人，必须严格训练，后者经考试合格，并持有操作合格证，方可独立操作； 发生事故时，应及时向主管领导和安全部门报告，并协助安全部门进行事故的调查、登记和分析处理工作； 开展各项安全管理工作，制订具体的安全管理措施； 定期向安全第一责任人填报报告书
3	安全总监	宣传和执行国家有关安全生产方针、政策和企业各项规章制度； 落实安全生产责任制度、安全生产规章制度和操作规程； 督促项目财务提足安全技术措施费，做到专款专用； 组织人员每天的安全检查和定期的安全检查，掌握安全生产情况； 开展安全宣传教育活动，坚持每周一次的安全活动制度，组织班组认真学习安全技术操作规程； 对工程项目施工组织全过程行使“一票否决权”，对达不到安全生产条件、存在严重不安全行为或重大事故隐患的，有权停工整改，并向项目负责人报告； 遇因工伤亡及未遂事故要保护现场，立即上报，并如实向事故调查组反映事故情况； 根据工程特点组织制订安全施工措施，消除安全事故隐患； 发生事故时，应及时向主管领导和安全部门报告，并协助安全部门进行事故的调查、登记和分析处理工作
4	安全员	认真执行国家有关安全生产方针、政策和企业各项规章制度； 督促项目财务提足安全技术措施费，做到专款专用； 每天对各施工作业点进行安全检查，掌握安全生产情况，查出安全隐患及时提出整改意见和措施制止违章指挥和违章作业，遇有严重险情，有权暂停生产，并上报处理； 参加项目组织的定期安全检查，做好检查记录，及时填写隐患整改通知书，并督促认真进行限期整改； 配合工长开展好安全宣传教育活动，特别是要坚持每周一次的安全活动制度，组织班组认真学习安全技术操作规程； 对劳动保护用品、保健食品和清凉饮料的发放使用情况进行监督检查； 遇因工伤亡及未遂事故要保护现场，立即上报，并如实向事故调查组反映事故情况； 提出安全事故处理意见，并报主管部门
5	施工工长	认真执行国家有关安全生产的方针、政策和企业的各项规章制度； 每天对安排有施工任务的作业点进行检查，查出安全隐患及时进行整改并制止违章作业，遇有险情及时停止生产并向上级报告； 接受上级及安全监督员的监督检查，对上级及安全监督员提出的安全隐患及时安排整改，并监督整改的落实情况； 定期对工人进行安全技术教育，防患于未然； 领取和发放使用好班组的劳动保护用品、保健食品和清凉饮料等； 参加项目组织的安全生产检查，对检查中发现的问题及时进行整改； 遇因工伤亡及未遂事故要保护好现场，立即上报，并配合事故的调查

6.2 安全管理制度

(1)安全技术交底制度

工程开工前,应随同施工组织设计,向参加施工的职工认真进行安全技术措施的交底。实行逐级安全技术交底制,开工前由技术负责人向全体职工进行交底,两个以上施工队或工种配合施工时,要按工程进度交叉作业交底,班组长每天要向工人进行施工要求、作业环境的安全交底。

(2)安全检查制度

项目经理部每半月由项目经理组织一次安全大检查;各专业工长和专职安全员每天对所管辖区域的安全防护进行检查,督促各施工班组对安全防护进行完善,消除安全隐患。对检查出的安全隐患落实责任人,定期进行整改,并组织复查。

(3)安全教育管理制度

新工人入场时进行安全教育学习,特殊工种工人必须参加主管部门的培训班,经考试合格后持证上岗,严禁无证上岗作业。生产过程中安全教育要结合安全合同,每年进行一次安全技术知识理论考核,并建立考核成绩档案。

(4)安全用电制度

工地的用电线路设计、安装必须经有关技术人员审定验收合格后方能使用,电工、机械工必须持证上岗。

(5)班组安全活动制度

组织班组成员学习并贯彻执行企业、项目工程的安全生产规章制度和安全技术操作规程,制止违章行为。组织并参加安全活动,坚持班前讲安全,班中检查安全,班后总结安全。

(6)机械设备安全管理制度

①施工中,必须使用有资质企业生产的施工机械,具有合格证和完整的安装、使用、维修说明书。施工机械进场前,应经验收确认合格,对于特种作业车辆及机械要确保"三证"齐全,即生产厂家的生产许可证、产品合格证、当地检验检测机构检测合格后发的使用许可证。

②定期对机械设备进行维护保养和安全检查,确保各类安全装置健全有效。严禁在安全保护装置发生故障、失效或不准确时作业;在作业中,严禁对传动部分、运动部分及运动件所及区域做维修、保养、调整等工作;传动部分应润滑良好,各类安全装置运转正常。

③大型移动式机械的作业场地应平整、坚实,固定式机械应有可靠的基础,并安装稳固,机身应保持水平。大型移动式机械运转和作业时,现场应设专人指挥,指挥人员应站在安全处,确认周围符合安全要求后,方可向机械操作工发出指令。

6.3 安全技术交底

(1)要在职工中牢牢树立起"安全生产第一"的思想,认识到安全生产、文明施工的重要性,做到每天班前教育、班前总结、班前检查,严格执行安全生产三级教育。

(2)贯彻执行劳动保护、安全生产、消防工作的各类法规、条例、规定,要求所有人员遵守工地的安全生产制度和规定。

(3)施工负责人必须对职工进行安全生产教育,增强法制观念和提高职工的安全生产思想意识及自我保护能力,自觉遵守安全纪律、安全生产制度,服从安全生产管理。

(4)所有的施工及管理人员必须严格遵守安全生产纪律,正确穿戴和使用好劳动防护用品。

(5)认真贯彻执行工地分部分项、工种及施工技术交底要求。施工负责人必须检查具体施工人员的落实情况,并经常性督促、指导,确保施工安全。

(6)施工负责人应对所属施工及生活区域的施工安全质量、防火、治安、生活卫生各方面全面负责。

(7)按规定做好"三上岗""一讲评"活动,即做好上岗交底、上岗检查、上岗记录及周安全评比活动,定期检查工地安全活动、安全防火、生活卫生,做好检查活动的有关记录。

(8)对施工区域、作业环境、操作设施设备、工具用具等必须认真检查。发现问题和隐患，立即停止施工并落实整改，确认安全后方准施工。

(9)机械设备、脚手架等设施，使用前需经有关单位按规定验收，并做好验收及交付使用的书面手续。租赁的大型机械设备现场组装后，经验收、负荷试验及有关单位颁发准用证方可使用，严禁在未经验收或验收不合格的情况下投入使用。

(10)对于施工现场的脚手架、设施、设备的各种安全设施、安全标志和警告牌等不得擅自拆除、变动，必须经指定负责人及安全管理员的同意，并采取必要可靠的安全措施后方能拆除。

6.4 安全生产技术措施

6.4.1 吊索及起重工具安全保证措施

6.4.1.1 A 钢丝绳

(1)新钢丝绳在使用前，应检查其合格证，确认钢丝绳的性能和规格符合要求。钢丝绳的规格、直径应根据用途及所承受荷载的大小及钢丝绳允许拉力来选择。起重设备使用钢丝绳的安全系数，应符合设备规格书或说明书的规格，起重吊装使用钢丝绳的安全系数不小于 5 倍。

(2)采用编结方式连接钢丝绳端部时，编结部分的长度不得不小于钢丝绳直径的 20 倍，且不应小于 300mm。

(3)采用绳卡固接钢丝绳时，与钢丝绳直径相匹配的绳卡数量、间距应符合相关规定。绳卡的滑鞍应设在钢丝绳受力的一侧，U 形螺栓应设在钢丝绳的尾端，且不得正反交错使用，最后一个绳卡距绳头的长度不小于 140mm。

(4)钢丝绳均应防止在尖锐的铁件或沿地(具有砂、石屑粗糙颗粒等)拖跑拉毛、耗损。尤其防止钢丝绳曲折硬拉形成“扭结”，引起钢丝折断。用钢丝绳时，必须检查有无毛刺断丝，掌握其断裂破损情况以确定是否可用，或调换新绳。检查人员应戴手套，以防伤手。

(5)钢丝绳表面锈蚀或磨损是钢丝绳直径显著减小时，钢丝径向磨损或腐蚀量超过原直径的 40% 时，应予报废。钢丝绳直径减小达到公称直径的 7% 时，应予报废。吊装绳扣的扣头部位出现断丝时，应切弃断丝部分重新插扣。钢丝绳的断丝数量少于报废标准，但断丝聚集在小于 6 倍绳径的长度范围内或集中在任一绳股里，亦应予报废。

(6)吊钩、吊环应定期检查，表面应光滑，不得有剥痕、刻痕、锐角、裂纹。

(7)钢丝绳须防止锈蚀，按期涂油保养，并置放于干燥处。使用中的钢丝绳最少每一个月至一个半月涂油一次；保存时，最少每半年涂一次油。

(8)与绳径匹配的卡子数量和间距应按表 2-4-6 中的规定执行。

与钢丝绳直径匹配的卡子数量和间距 表 2-4-6

钢丝绳直径(mm)	<10	10 ~ 20	21 ~ 26	28 ~ 36	36 ~ 40	45 ~ 55
最少绳卡数(个)	3	4	5	6	7	21(卡板)
绳卡子间距(mm)	80	140	160	220	240	10

(9)钢丝绳有磨损或锈蚀时，应按表 2-4-7 中的规定进行折减，并按折减结果决定降低使用等级或更换。当钢丝直径与公称直径相比减小 7% 或更多时，即使未断丝，该钢丝绳亦应报废。

钢丝绳锈蚀或磨损时报废标准的折减系数 表 2-4-7

钢丝绳表面锈蚀或磨损量(%)	10	15	20	25	30 ~ 40	大于 40
折减系数	85	75	70	60	50	报废

(10)当钢丝绳断丝达到表 2-4-8 中的规定时，应予更换。

钢丝绳报废标准(一个节距内的断丝数)　表 2-4-8

采用的安全系数	钢丝绳种类					
	6×19		6×37		6×61	
	交互捻	同向捻	交互捻	同向捻	交互捻	同向捻
6 以下	12	6	22	11	36	18
6~7	14	7	26	13	38	19
7 以上	16	8	30	15	40	20

(11)起重吊装用的钢丝绳,其安全系数必须符合表 2-4-9 及表 2-4-10 的规定。

钢丝绳破断拉力换算系数　表 2-4-9

钢丝绳结构	换 算 系 数
6×19	0.85
6×37	0.82
6×61	0.80

钢丝绳的安全系数　表 2-4-10

用　途	安 全 系 数	用　途	安 全 系 数
作缆风	3.5	作吊索、无弯曲时	6~7
用于手动起重设备	4.5	作捆绑吊索	8~10
用于机动起重设备	5~6	用于载人的升降机	14

6.4.1.2　B 滑车

(1)滑车在使用过程中,必须注意滑车轴和吊钩滚珠轴承座的润滑,润滑采用工业凡士林或软甘油。

(2)对使用的滑车,应首先检查该滑车的允许吊重量(起重能力)是否能够满足实际吊装所应有的安全负荷。当未标明滑车吨位时,应通过计算确定其负荷。

(3)滑车起重时,禁止用手接触攀抓正在行动中的钢丝绳索。十分必要时,也只能用撬棍接触钢丝绳,并不得硬撬,严防弹出伤人。

(4)应注意钢丝绳的牵引方向和导向滑轮的位置是否正确,防止由于钢丝绳脱出,轮槽被卡住发生事故。

(5)多滑轮车的起重重量是由各轮平均负荷的,不能由其中一个或两个滑轮承担全部荷载。

(6)滑车滑轮直径和卷绕钢丝绳的卷筒直径应不小于钢丝绳直径的 16~30 倍。

(7)手拉葫芦在使用前应仔细检查,并确认制动无故障,螺杆轴头上有开口销或铆钉,滑轮或链条没有损坏,链子无扭转部分,机械转动部分正常,且转动部分已经上油润滑后,方可使用。

6.4.2　起重机的安全操作

(1)起重前检查各种安全预防设备的动作;各种零件、部位的紧固程度;起重机垫板;电气及机械零件、链条、绳索、吊升装置的磨损情况,以及检查电线接地等。

(2)起重机驾驶员在每次开动起重机前应放出预报音响信号。

(3)不允许起重机驾驶员独立移动物品,这样极易发生事故,只能按照挂钩工人或信号员所发出的信号进行操纵。

(4)起重机驾驶员除对“停车”信号不管何人发出都得接受外,其他任何信号都只能接受信号员的统一指挥,不接旁人的信号。

(5)起吊重物时,当物体在其他物件上部移动时,所吊重物件必须从其上方至少高出 50cm 的上空越过。

(6)禁止利用吊钩或在吊升物件上运载人员,不得在悬空的材料下站人。

(7)构件吊装用的吊索,除了能保证绑扎外,还要对吊索进行计算。另外,在起吊时应检查吊钩挂钩的牢靠性,以防构件滑脱,甚至起重机突然失重而倾覆。

(8)在所吊钩件未经固定就位(稳定)前不得脱钩。

(9)对于重量不明的重大构件或设备,起重机驾驶员应拒绝吊升。必须经过计算求得确切重量后,才能进行起吊。

(10)禁止在6级以上风(强风)的情况下进行吊装作业。

(11)吊装、机械用钢丝绳应符合国家标准《钢丝绳》(GB 8918—2006)的规定。

(12)用于走行的钢丝绳不得有接头、扭结、变形。

(13)起重用钢丝绳的接头,必须采用插接,其插接长度不得小于钢丝绳直径的20倍,总长不得短于300 mm;非起重用钢丝绳接头,可用索卡连接,但必须经常紧固情况检查。

6.4.3　提梁作业安全防治措施

(1)对驾驶员和信号工进行安全技术交底,并履行签字手续。

(2)在吊装作业前,需对机械、电气及其结构等进行安全检查,发现问题及时处理。

(3)上岗前必须对上岗人员进行安全教育,必须戴好安全帽,严禁酒后上班。

(4)操作人员应佩戴必要的安全装置,保证安全生产。

(5)设专职指挥人员统一指挥,严禁违章指挥。

(6)施工现场如有安全隐患存在,驾驶员有权停止操作。

(7)提梁时,门式起重机或汽车起重机驾驶员必须按照指挥人员指挥同步起吊。

(8)提梁作业现场严禁非操作人员入内,且提梁后梁体下方严禁人员穿行或作业。

6.4.4　运梁安全防治措施

(1)运输道路半径不得小于50m,横坡不得大于2%,纵坡不得大于4%,路面宽度不得小于8m,平整度不得超过50mm。

(2)箱梁间横隔板钢筋全部焊接完成后,方可在其上进行运梁、架梁作业。

(3)梁端空缝处钢板支垫牢靠。

(4)设置运梁车检修地沟,运梁车的方向和制动装置应经常检查。

(5)严禁违法自行改制运梁平车。

(6)桥梁纵坡过大时,应设置防溜移保险设施。

(7)操作人员持驾驶资格证照上岗,应有一定的驾驶经验,主、副驾驶员应加强施工练习,能够相互协调配合。

(8)运梁车的连接应当可靠,三脚架不得拖地行走,严禁使用自行加工的承载力不足的连接件。

(9)施工前对运输道路进行检查,提前排除危险因素,统一指挥信号,设置安全警戒区,配备专人、专车指挥,并进行有效警戒。

(10)避免运梁车载重停置或作为架桥机配重未设置可靠的止轮装置。

(11)道路上的钢筋或其他杂物刺穿轮胎将导致运梁车失稳,施工中应当对路面上钢筋头杂物等提前清理。

(12)加强设备检查,避免因运梁车制动、转向失灵、引擎飞车、传动轴断裂、冷却缺水等导致机械事故。

(13)使用前检查运梁车运动部件状况,如轮胎气压是否足够、引擎水箱是否缺水、方向机是否转动灵活、制动装置是否灵敏、液压转向调整装置是否完好等。

(14)选用合格的捆梁钢丝绳,以防因钢丝绳质量不合格造成安全事故。梁体起吊前,应对捆梁钢丝绳进行仔细检查,确保钢丝绳无断股断丝现象。

(15)捆梁时,梁体两边钢丝绳要保持在同一个截面上。

(16)作业前对施工人员进行安全技术交底,使相关施工人员掌握安全操作要点。

(17)运梁车在使用前按照最大载重进行试运行,检查主要构件是否变形、断裂,制动系统是否可靠。如在运梁过程中半路发生机械故障,应及时处理。

(18)每班作业前对运梁车进行检查,发现问题及时处理,确保安全后再开始作业。

(19)对运梁车操作人员进行岗位培训,后者取得相关资格证书后方能上岗作业。

(20)遇雷暴、大雾或6级以上大风等天气停止运梁。

(21)保证运梁通道平整、可靠,运梁通过连续端支垫型钢处应放缓速度,并安排专人观察情况。

(22)起吊和运梁过程中,人员不得站在梁段下方。

(23)运梁车重载速度为5m/min,应由专人操作控制动力及方向盘。

(24)运梁车在道路上行驶时应注意各种禁令标识,不在禁行时间内行驶,驾驶员不得酒后驾驶,确保有证上岗。

6.4.5 落梁安全防治措施

(1)运梁车、门式起重机、汽车起重机驾驶员必须经培训后持证上岗。

(2)落梁时,两门式起重机、汽车起重机驾驶员必须听专职指挥人员指挥,同步落梁,以防因梁体倾斜而导致梁体及门式起重机、汽车起重机倾覆。

(3)落梁时,下落速度要均匀,防止因下落过快过猛,而造成梁体晃动,进而导致倾覆事故发生。

(4)驾驶员除对“停车”信号不管何人发出都得接受外,其他任何信号都只能接受信号员的统一指挥,不接旁人的信号。

(5)箱梁安装完成后,边梁两侧采用方木支撑,并与前一跨箱梁采用三道ϕ22mm钢筋焊接连接,中梁安装完成后,箱梁湿接缝、中横梁、横隔板部分外漏钢筋采用临时焊接。

6.4.6 喂梁安全防治措施

(1)操作人员经安全教育培训考核合格后方可上岗作业。

(2)操作人员必须佩戴相应的防护用品。

(3)现场必须安排专人指挥,确保作业统一、安全可靠。

(4)喂梁作业前,必须对架桥机的吊具、受力构件、钢丝绳等进行严格检查,严禁设备带故障作业。

(5)作业前严格检查架桥机电器系统、制动系统及液压系统等是否灵敏有效,不满足要求坚决不能作业。

(6)各驾驶员要服从专职人员指挥,确保天车移动速度与运梁平车移动速度同步。

(7)天车起吊梁体时,两端必须要同步。

(8)天车吊梁运行时,运行速度不宜过快过猛,要匀速缓慢行进。

6.4.7 移梁就位安全防治措施

(1)箱梁架设位置向周边外扩50m的范围设置警戒带,进行全面封闭,警戒时桥下四周设置警戒并设专人进行警戒、看护。严禁任何人员进入警戒区域,造成坠物伤人。警戒带应当醒目,当周边过往人员较多时,增加警戒人员投入,分到周围各点分别看护。

(2)操作人员经安全教育培训考核合格后方可上岗作业。

(3)施工人员进入施工现场必须佩戴相应的防护用品。

(4)施工人员操作过程必须按照操作规程操作,严禁酒后作业。

(5)严格检查架桥机轨道平整度及轨道固定情况,确保架桥机运行安全。

(6)严格检查架桥机各部件,并及时进行保养检修,严禁设备带病作业。

(7)架桥机支腿支垫要牢固,不得有悬空。

(8)检查架桥机限位器、通信设备、报警系统、电器液压系统等,确保架桥机各部件能够灵敏、正常运行。

(9)现场由专人进行统一指挥,确保箱梁安全、准确就位。

(10)箱梁安装完成后,在边梁处搭设脚手管护栏,护栏高度不低于1.2m。

(11)梁段间纵向、横向空隙处,搭设钢板、木板作为车辆、人员通道,剩余位置全部用高质量防坠网防护封闭,施工湿接缝时再拆除转移至前面使用。

6.4.8 过孔作业安全防治措施

(1)架桥机位置向周边外扩50m的范围设置警戒带,进行全面封闭,警戒时桥下四周设置警戒并设专人进行警戒、看护。严禁任何人员进入警戒区域,以免坠物伤人。警戒带应当醒目,当周边过往人员较多时,增加警戒人员投入,分到周围各点分别看护。

(2)操作人员必须经培训合格后持证上岗,且必须对机械及作业环境熟悉。

(3)操作人员作业时必须佩戴安全防护用品。

(4)过孔前,严格检查架桥机各系统是否灵敏,确保架桥机运行安全。

(5)架桥机前行时,天车要行至尾部,确保架桥机平衡。

(6)架桥机行进过程中,必须由专人指挥,驾驶员只能接受信号员的统一指挥,不接旁人的信号。

(7)严禁在恶劣气候下进行过孔作业。

6.4.9 高空作业的安全保证措施

(1)吊装工程中相当大的工作量是在高空进行,并经常与地面上的操作人员在同一垂直面上工作。防止高空坠落和物体落下伤人是十分重要的安全工作。因此,所有施工人员以及进入作业区的其他人员,无论在地面上或高空均必须戴上安全帽,以防发生安全事故。

(2)为防止高空坠落,操作人员在高空作业时,必须正确使用安全带。安全带一般应“高挂低用”,就是将安全带绳端的钩环挂在高处,而人在较低场合操作。这样,万一发生坠落,操作人员非但不会摔到地面,且可避免因重力加速度产生的冲击力对人体的伤害。

(3)在高空安装构件或其他作业,通常使用撬棍校正位置,必须防止撬棍滑脱或用力过猛而摔倒,引起高空坠落。为此,人须立稳,用力恰当,撬入深度适中,不能急于求成;有可能时应在脚手架或已安装好的构件上,一只手扶住脚手架或构件,另一手操作。

(4)攀登高空作业,必须穿软底鞋,不能穿木鞋、拖鞋、硬底鞋和塑料底鞋,以防滑倒。

(5)为防止雨季潮湿淋漓,在高空作业易使操作人员滑倒,必须采取防滑措施,如在梁体上绑扎麻袋,桥面上铺垫草包,走道上铺洒黄砂防滑等。此外,绑扎吊索时亦须防止污泥沾到构件上,使人滑倒。

(6)高空作业除保证作业人员自身安全外,还必须防止物体落下伤人。因此,高空操作人员应随身携带工具袋,将应用工具放入袋内,不得随便抛掷工具和零件,如螺栓、螺母、垫铁、焊条、扳手等。

(7)禁止地面操作人员或与吊装无关的人员在进行吊装作业的下方停留或随便通过,也不允许在起重机正在吊起重物的起重臂杆下停留或任意通过。

(8)在高空用气割或电焊气割时,应采取措施,防止割下的金属或火花落下伤人,或引起火灾。

(9)在高空吊装作业范围内,为充分保障地面安全,可设置吊装禁区,加强管理,禁止吊装作业以外的人员进入禁区内。

(10)凡饮酒后,严禁从事高处作业。

(11)高空作业人员应持证上岗。凡经医生确诊患有高血压、心脏病、贫血病、癫痫病以及其他不适于高空作业的人员不得从事高空作业。

6.4.10 安全用电保证措施

(1)预制场及箱梁安装施工现场要做好用电管理,电器开关必须设防雨棚,配触电保护器。维护、保养和检修钢筋加工场及施工现场的用电设备时必须断电作业。

(2)经常检查临时用电的绝缘装置,如电缆线,接领、接地等,发现电缆线破坏,未接零、接地,绝缘装置失效,电路架设不规范等现象应立即进行处理,防止触电、漏电等事故。

(3)电工必须按国家现行标准考核合格后,持证上岗工作。

(4)其他用电人员必须通过相关安全教育培训和技术交底,考核合格后方可上岗工作。

(5)安装、巡检、维修或拆除临时用电设备和线路,必须由电工完成。

(6)使用电气设备前必须按规定穿戴和配备好相应的劳动防护用品,并检查电气装置和保护设施,严禁设备带"病"运转。

(7)暂时停用设备的开关箱必须分断电源隔离开关,并应关门上锁。

(8)动力配电箱与照明配电箱宜分别设置,如需合置在同一配电箱内,动力和照明线路应分路设置,照明线路接线宜接在动力开关的上侧。

(9)配电箱应设在干燥通风的场所,其周围不得堆放任何妨碍操作、维修的物品,并与被控制的固定设备相隔不得超过3m。安装和使用按"一机、一闸、一箱、一漏"的原则,严禁一个配电箱同时控制两台或两台以上的设备,以免发生误操作事故。

(10)分配电箱应装设在用电设备或负荷相对集中的地区。分配电箱与开关箱的距离不得超过30m,开关箱与其控制的固定式用电设备的水平距离不宜超过3m。

(11)施工现场供电线路必须实行TN-S接零保护系统,同时必须做到"三级控制、两级保护"。电箱采用标准电闸箱,并采取防雨、防潮措施。

(12)专职电工随时对现场电气设备进行巡查。项目部每日对施工用电系统、漏电保护器进行一次全面检查。

施工和生活使用的电源、动力、照明线路的拆安,指定专人负责。其他工作人员不得随意拆安线路。

6.4.11 焊接安全保证措施

6.4.11.1 电焊机

(1)避免电焊机碰撞或剧烈震动,室外地面使用的电焊机放置在有防雨措施的架子内;在各焊接阶段,焊机可放置于就近位置处。当放置在高空相应位置时,必须与相关处的构件捆绑牢固,在电焊机部位应配备灭火器。

(2)电焊机必须有独立的专用电源开关、自动断电装置。电焊机与其电源箱距离应不大于5m,二次线焊接线长度不宜大于30m。两侧接线应装接牢固,必须安装可靠防护罩。

(3)电焊机外露的带电部分应设有完好的防护(隔离装置),电焊机裸露接线柱应设防护罩。

(4)接入电源网路的电焊机不允许超负荷使用,焊接运行时的温升不应超过相应电焊机标准规定的温升限值。

(5)必须将电焊机平稳地安放在通风良好、干燥的地方,不准靠近高热以及易燃易爆危险环境。

(6)禁止在电焊机上放置任何物品和工具,起动电焊机前,焊钳与焊件不能短路。

(7)工作完毕或临时离开场地时,必须及时切断电焊机电源。

(8)各种电焊机必须按说明书要求接地,防止触电事故。

(9)电焊机必须设有专用接地线,接地线不准接在建筑物、机械设备、各种管道、避雷引下线和金属架上,防止接触火花,造成起火事故。

(10)电焊机棚边上须放置电气灭火器。

(11)电焊机棚设置在安全范围内,顶棚应有一定强度。

(12)焊接完毕,应将焊把线整齐盘挂在电焊机棚内。

6.4.11.2 电缆

(1)电缆线外皮必须完整、绝缘良好、柔软,外皮破损时应及时修补。

(2)电缆线应使用整根导线,中间不应有连接接头,如需有接头时,连接处应用绝缘胶布包裹,保持绝缘良好,同时绝缘胶布的外侧需包裹防水胶布。

(3)禁止焊接电缆与油、脂等易燃物料接触。

(4)现场电缆必须布置有序,不得互相交错缠绕。临时电缆必须采取保护措施,严禁明露、裸露。

(5)放置在地面的电缆线应注意避免被起重机以及其他设备碾压,根据现场的实际情况将部分电缆线用槽钢、角钢罩上,超过一定高度时应高挂稳妥。

6.4.11.3 焊枪、电焊钳

(1)焊枪、电焊钳必须有良好的绝缘性和隔热性,手柄要有良好的绝缘层。

(2)电焊钳与焊接电缆连接应简便牢靠,接触良好,螺栓必须拧紧。

(3)焊条在任意位置都应处于夹紧状态,不得松动,并保证更换焊条安全方便,防止焊条头坠落。

(4)禁止将过热的焊钳放入水中冷却。

(5)禁止将过热或堵塞的焊枪在硬物上敲打。

(6)焊枪保护罩需随时清渣,防止短路。

(7)焊枪使用完毕,应放置在规定的位置。

(8)气保焊送丝机必须放置在方便操作、安全可靠的地方,在高空使用时要固定牢靠。

6.4.11.4 碳弧气刨、氧气瓶

(1)选择合适的直径或外形的碳棒,并选择相应的电流和足够的风速、风压。

(2)在碳弧气刨的正方或下方禁止堆放易燃易爆物品,禁止人员通行。

(3)在狭小空间中使用碳弧气刨,必须有专人监护,并采取通风措施。

(4)严禁用氧气或其他瓶装气体代替压缩空气进行气刨工作。

(5)碳弧气刨的送风室必须保证完好,严禁在损坏条件下继续使用。

(6)氧气、乙炔瓶应稳固置放在离工作区域10m之外。

(7)氧气瓶、乙炔瓶使用时两者的距离不小于5m,氧气瓶不应放在太阳光下暴晒,更不可接近火源,要求与火源的距离不小于10m。

(8)氧气遇油也会引起爆炸,不能用油手接触氧气瓶,还应防止起重机或其他机械油落到氧气瓶上。

(9)夏季二氧化碳气瓶不允许放在太阳下照射,需搭设防晒棚,在施工中保证气瓶不能过热。

6.4.12 夏季高温施工安全防治措施

(1)避开每日高温施工,调整作业时间。

(2)吊装、焊接作业避开高温时间段。

(3)高温季节作业人员上班前使用人丹、藿香正气液等药品,预防中暑。

6.4.13 雨季施工安全防治措施

(1)项目部成立防汛小组,和当地气象部门密切联系,早日预测气象情况,指导施工。

(2)雨季来临前安排人员对各种物资的防水、防潮状况进行维护、修补。降雨期间,派专人进行值守。

(3)门式起重机必须固定牢固,将场地积水排至线外。

(4)施工用电严格管理,并备好防雨设施。

(5)加强安全检查,及时发现问题。对施工用电、机械、设备、防雨棚、临时设施、安全标志牌进行经常性检查,发现问题及时排除,对破损处及时修复。

(6)被雨水冲淋的材料,要采取处理措施后才能使用,焊工使用的手套应特别注意。

(7)加强对各类人员的培训教育,加强雨季安全施工常识的学习,提高自我防范能力和应急反应能力。

(8)建立险情预警和险情报告制度。遇有中雨以上的雨天,必须安排专人日夜值班,监视重点地区和部位。遇有险情,立即向指挥小组报告。

(9)当汛期过后,需要复工时,必须对施工现场进行作业前专项安全检查,如施工机械、现场地平、临时用电、现场维护等,确认机械、环境处于安全受控状态后方可恢复作业。

(10)作为施工单位,必须建立好与建设单位等相关单位的有效沟通联络,在雨季施工、防汛抢险工作中，不能以自我为中心，擅自行事，必须服从上级单位的相关规定要求和统一调度安排。

7. 施工管理及作业人员配备

7.1 施工管理人员

施工管理人员的分工见表2-4-11。

主要管理人员及职责分工　　表2-4-11

序　号	职　务	职责分工
1	项目经理	负责项目整体施工组织工作
2	项目副书记	负责项目协调工作

7.2 专职安全生产管理人员

项目配备专职安全管理人员，如安全总监以及其他管理人员。

7.3 特种作业人员

特种作业人员分类见表2-4-12。

特种作业人员　　表2-4-12

序　号	工　种	职责分工	人　数
1	起重工	负责吊车操作	
2	架桥机操作手	负责架桥机操作	
3	电工	负责现场电力	
4	焊工	焊接	

7.4 其他作业人员

其他作业人员见表2-4-13。

现场施工人员　　表2-4-13

序　号	工　种	职责分工	人　数
1	吊装队管理人员	负责现场吊装指挥调度	
2	起重工	负责起重机械操作	
3	交通指挥员	负责指挥交通	
4	运梁车驾驶员	负责驾驶运梁车	
5	架桥机操作手	负责架桥机操作	
6	架梁工	负责辅助箱梁架设	
7	钢筋工	负责钢筋加工安装	
8	混凝土灌注工	负责混凝土浇筑	
9	张拉工	负责预应力张拉	
10	电工	负责现场电力	
11	焊工	焊接	
12	机械工	施工现场机械维修	
13	普工	辅助工作	

8. 验收要求

验收要求见表 2-4-14 ~ 表 2-4-17。

梁板预制验收检验标准 表 2-4-14

项次	检查项目				规定值或允许偏差	检查方法和频率
1△	混凝土强度(MPa)				在合格标准内	
2	梁长度(mm)			总长度	+5,-10	尺量:每梁顶面中线、底面两侧
				梁段长度	0,-2	
3△	断面尺寸(mm)	宽度	箱梁	顶宽	±20(±5)[①]	尺量:每梁测 3 个断面,板和梁段测 2 个断面
				底宽	±10(+5,0)[①]	
			其他梁、板	干接缝(梁翼缘、板)	±10(±3)[②]	
				湿接缝(梁翼缘、板)	±20	
		高度	箱梁		0,-5	
			其他梁、板		±5	
		顶板、底板、腹板或梁肋厚			+5,0	
4	平整度(mm)				≤5	2m 直尺:沿梁长方向每侧面每 10m 梁长测 1 处 ×2 尺
5	横系梁及预埋件位置(mm)				≤5	尺量:每件
6	横坡(%)				±0.15	水准仪:每梁侧 3 个断面,板和梁段测 2 个断面

注:①适用于节段拼装梁段的预制。
②适用于组合梁桥面板的预制。

预应力筋后张法验收检验标准 表 2-4-15

项次	检查项目		规定值或允许偏差	检查方法和频率
1	管道坐标(mm)	梁长方向	±30	尺量:每构件抽查 30% 的管道;每个曲线段测 3 点,直线段每 10m 测 1 点,锚固点及连接点全部测
		梁宽方向	±10	
		梁高方向	±10	
2	管道间距(mm)	同排	±10	尺量:每构件抽查 30% 的管道,测两个断面
		上下层	±10	
3	张拉应力值		满足设计要求	查油压表读数:每根(束)检查
4	张拉伸长率		满足设计要求,设计未要求时 ±6%	尺量:每根(束)检查
5	断丝滑丝数		每束 1 根,且每断面总数不超过钢丝总数的 1%	目测:每根(束)检查

箱梁安装质量标准 表 2-4-16

项次	检查项目		规定值或允许偏差	检查方法和频率
1	支座中心偏位(mm)	梁	≤5	尺量:每跨测 6 个支承处,不足 6 个时全测
		板	≤10	
2	梁板顶面高程(mm)		±10	水准仪:每跨测 5 处,跨中、桥墩(台)处应布置测点
3	相邻梁(板)顶面高差(mm)	$L \leq 40m$	≤10	尺量:测每相邻梁、板高差最大处
4		$L > 40m$	≤15	

支座安装实测项目 表 2-4-17

项次	检查项目		规定值或允许偏差	检查方法和频率
1△	支座中心横桥向偏位(mm)		≤2	尺量:测每支座
2	支座中心顺桥向偏位(mm)		≤5	尺量:测每支座
3△	支座高程(mm)		满足设计要求; 设计未要求时 ±5	水准仪:测每支座中心线
4	支座四角高差(mm)	承压力≤5000kN	≤1	水准仪:测每支座
		承压力 >500kN	≤2	

9. 应急救援预案

9.1 应急救援组织机构

为及时掌握现场情况,项目部一进入施工现场立即建立监控室,通过现场监控探头及显示屏对施工现场无死角全覆盖和全时段进行实时监控。

为应对可能出现的紧急情况,项目部应成立应急救援小组,项目经理担任组长,生产经理、总工程师、安全总监等担任副组长,项目部其他副职和管理人员根据自己的特长和经验选择成为现场救援、安全保卫、医疗救护、后勤保障、事故调查、善后处理及技术支持等专业小组成员,专业小组的小组长由相关职能部门的部长或由有丰富施工经验的人员担任。

应急救援组织机构如图 2-4-13 所示。

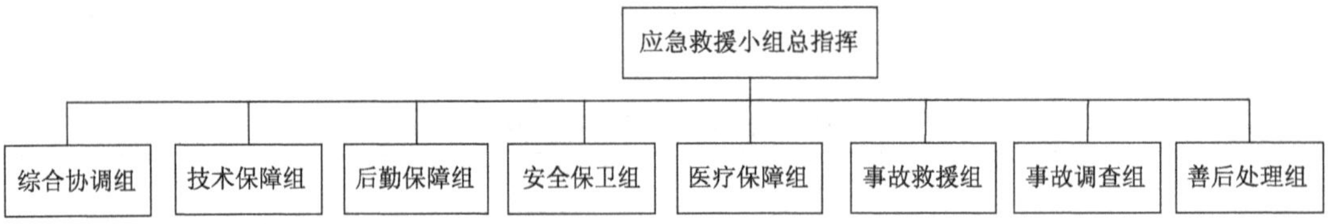

图 2-4-13 应急救援组织机构

组长全面负责安全生产及应急救援的指挥工作。当有突发事件时,在得到信息后的第一时间赶到现场,控制事态发展,组织救援,了解基本情况后,在最短的时间内上报上级主管部门的负责人;当本企业内不能控制事件时,请求外部支援,灾后组织保护现场,参加组织事故调查、分析、报告、统计等工作,并提出事故处理意见。

副组长全面负责预案编制中的人员组织技术问题,在宣传教育传达时进行技术指导,在突发事件中针对救援中的人员和技术相关事宜提出指导意见并实施救援;负责预案的编制以及启动预案后的技术指导。

各成员按照其在项目的职务承担相应责任。

安保部负责协调内外部关系,并负责应急预案的演练工作;负责落实预案编制后的宣传教育和参加事故调查,对事发原因、责任、损失和伤害做出报告。

材料设备部落实材料、机具、机械到位情况,在有突发事件时,组织人力、物力、机械、设备投入救援。

技术保障组负责预案相关的技术指导工作。

9.2 应急救援小组岗位职责

9.2.1 医疗保障组

(1)按照正确的处理方法,对伤员进行急救,直到医疗机构人员到场。

(2)护送、运送伤员前往医院。

9.2.2　事故救援组

(1)在伤员脱离危险区域后,查找触电原因,确保触电事故不再扩大。

(2)组建现场救援小分队。

(3)保证现场救援通道的畅通。

9.2.3　后勤保障组

(1)检查、监督、落实应急救援物资的储备数量,收集、建立并归档。

(2)定期检查、监督、落实应急救援物资管理人员的到位和变更情况,及时调整应急救援物资的更新和达标情况。

(3)应急预案启动后,按应急总指挥的部署,有效地组织应急救援物资到施工现场,并及时对事故现场进行增援,同时提供后勤服务。

(4)做好伤亡人员及家属的稳定工作,确保事故发生后伤亡人员及家属思想稳定,大灾之后不发生大乱。

(5)做好受伤人员医疗救护的跟踪工作。

9.2.4　综合协调组

综合协调组负责应急救援的联络工作,确定联络体系。应急响应时需要建立联络的机构和人员如下:

(1)应急人员之间。

(2)事故指挥者与应急人员之间。

(3)应急救援系统各机构之间。

(4)应急指挥机构与外部应急组织之间。

(5)应急指挥机构与伤员家庭之间。

(6)应急指挥机构与上级行政主管部门之间。

(7)应急指挥机构与新闻媒体之间。

(8)应急指挥机构与必要的有关人员和部门之间。

9.2.5　安全保卫组

安全保卫组负责事故现场的保护与警戒,其任务和作用是:保护事故现场、维护现场秩序、防止外来干扰、尽力保护事故现场人员的安全等,必要时组织人员的疏散。

9.2.6　技术保障组

技术保障组负责组织有关人员为抢险救援等工作提供技术支持。

9.2.7　善后处理组

善后处理组负责与总指挥保持及时的信息沟通,会同有关部门处理伤亡人员的善后工作。

9.2.8　事故调查组

事故调查组负责会同有关部门进行勘查、取证,配合政府等有关部门开展生产安全事故的调查处理工作,出具事故调查结果和经验教训总结及改进建议。

9.3　应急预案响应程序

(1)发生安全事故、火灾等紧急情况时,现场负责人第一时间向应急救援指挥小组汇报,应急预案启动。

(2)项目经理(应急救援小组组长)第一时间赶到事故现场,判断事故等级,对应急救援工作进行统一指挥,防止事故态势扩大。必要时,应立即报告上级主管部门及地方政府相关部门。

(3)各专业处置组按照既定分工开展工作,其中,事故救援组迅速组织抢险突击队,有序开展抢险救援工作,及时转移受伤人员;综合协调组根据现场情况,及时联系相关单位请求支援;后勤保障组负责救援物资供应;事故调查组对现场情况进行记录。

(4)现场指挥根据现场情况和灾情的变化,及时调整对策,经请示应急救援指挥小组后,组织实施。

(5)现场得到有效控制后,由应急救援指挥小组组长宣布警报解除,并安排专人留守现场进行观察。

(6)善后处理组组织实施事故善后处理事宜。

(7)事故调查小组负责对事故发生原因进行调查,统计事故损失,对应急救援情况整理并编制书面报告,向上级部门汇报并存档备案。同时,针对救援过程中存在的问题,对应急救援工作作出评价,对项目应急预案进行完善。

9.4　应急救援路线

了解工程所在地附近医院,一旦发生工伤事故,第一时间联系医院,对伤者进行救治。为赢得更多的救助时间,可根据实时路况选择就医线路。

9.5　应急救援物资清单

应急救援物资清单见表2-4-18。

应急救援物资配置　　表2-4-18

序号	类型	名称	单位	数量	存放地点	备注
1	应急防护器材	安全帽	顶			
2		安全带	条			
3		反光背心	个			
4		污水泵	台			
5		千斤顶	个			10t
6		紧急逃生呼吸器	套			
7		急救药箱	个			
8		耐高温手套	双			
9		电绝缘手套	双			
10		担架	副			
11		卷铁丝	捆			8、10号各一捆
12		氧气袋	个			
13	防洪防汛	雨衣	个			
14		雨鞋	双			
15		铁镐	把			
16		铁锹	把			
17		编织袋	个			规格40cm×60cm
18		救生衣	件			
19		救生圈	个			
20	消防	防毒面具	个			
21		防尘面罩	个			
22		消防水带(带接口)	m			
23		消防桶	个			
24		消防龙头	个			
25		灭火砂	m^3			
26		干粉灭火器	个			

续上表

序号	类型	名称	单位	数量	存放地点	备注
27	警戒标识设施	警戒带	卷			
28		隔离桩	副			
29		警示牌	块			
30		反光锥	个			
31	通信设施	对讲机	对			
32	照明设施	应急头灯	盏			
33		强光手电筒	把			
34	防爆工具	扳手	套			不同型号各1套
35		管钳	把			不同规格各1把
36		钢钎	把			
37		老虎钳	把			
38	安全检测仪器	便携式(O_2、EX、CO、H_2S)气体检测仪	台			
39	车辆	汽车	辆			
40		装载机	台			
41		挖掘机	台			
42		自卸车	台			
43		汽车起重机	台			
44	其他	物资存货架	组			
45		应急食品	件			
46		5kW发电机	台			
47		气切气割机	个			
48		方木	根			规格20cm×20cm×400cm
49		圆木	根			规格ϕ10～20cm×500cm
50		钢管	t			
51		工字钢	t			

9.6 事故应急方案

9.6.1 高处坠落应急处置措施

(1)施工区发生高处坠落事故,最早发现事故的人应迅速向现场管理人员报告事故发生情况,同时展开力所能及的救援工作,并保护事故现场,疏散现场其他闲杂人员,避免其靠近事故现场。

(2)组织抢险前,应对周围安全环境进行确认,仍存在危险因素时,不得贸然安排抢救人员进行抢险,待危险因素消除或周边环境稳定后,方可组织人员开展抢险救援工作。

(3)受重伤人员的急救措施:当施工人员发生高处坠落时,急救人员应尽快赶往出事地点,并呼叫周围人员及时通知医疗部门,同时安排人员到入场岔口指挥救护车的行车路线。尽可能不要移动患者,尽量当场施救。如果处在不宜施救的场所,必须将患者搬运到能够安全施救的地方,搬运时应尽量多找一些人来搬运,观察患者呼吸和脸色的变化,如果是脊柱骨折,不要弯曲、扭动患者的颈部和身体,不要接触患者的伤口,要使患者身体放松,尽量将患者放到担架或平板上进行搬运。对重伤人员立即组织人员抢救,用项目部车辆送往医院,并拨打120急救电话请医院派救护车辆支援。在其他救援未到来之前不得放弃对伤员的抢救。

(4)对轻伤人员在现场采取可行的应急抢救措施,如现场包扎止血等,防止受伤人员流血过多造成伤亡事故。

(5)及时疏散人员,设置临时监护区,采取相应的措施避免事态的进一步扩大。

(6)事故情况严重时,迅速启动项目部重大生产安全事故应急救援预案,按照应急预案的要求、程序进行处理。积极采取措施,防止事态扩大,最大程度地减少人员伤亡和财产损失。

9.6.2 物体打击应急处置措施

迅速确定事故发生的准确位置、可能波及的范围以及设备损坏的程度、人员伤亡情况等,根据不同情况进行处置。划出事故特定区域,非救援人员未经允许不得进入。

抢救受伤人员时有如下几种情况的处理。

9.6.2.1 轻伤事故处理

(1)立即保护现场,向应急指挥小组汇报。

(2)对伤者采取消毒、止血、包扎、止痛等临时措施。

(3)尽快将伤者送医院。

9.6.2.2 重伤事故处理

(1)立即保护现场,及时向现场应急救援总指挥及有关部门汇报,应急指挥部门接到事故报告后,迅速赶赴事故现场,组织抢救。

(2)立即对伤者进行包扎、止血、止痛、消毒、固定等临时措施,防止伤情恶化。如出现断肢等情况,及时用干净毛巾、手绢、布片包好,放在无裂纹的塑料袋内,袋口扎紧,在口袋周围放置冰块降温,不得在断肢处涂酒精、碘酒及其他消毒液。

(3)如受伤人员骨折,搬动时应注意保护,对昏迷、可能伤及脊椎、内脏或伤情不详者一律用担架或平板,不得一人抬肩、一人抬腿进行搬动。

(4)迅速送医院急救,断肢随伤员一起运送。

9.6.2.3 发生死亡事故

如确认人员已死亡,立即保护现场,并立即向建设单位相关部门汇报。

9.6.3 倾覆事故应急救援措施

(1)发现有架桥机倾覆时,由现场管理人员轮流看守现场,且设立明显标识,并通知施工负责人。情况严重时,全部工作人员应及时撤离危险地段。

(2)架桥机倾覆后,及时通知现场安全人员,由安全人员组织施工人员紧急撤离至安全区域,并及时向作业队或项目部相关部门报告。

(3)工班长在项目部或作业队领导的指挥下组织有经验的人员开展救援抢险工作;首先抢救伤员,并采取有效防护措施,防止事故发展扩大。

(4)立即组织人员抢救重伤人员,用项目部车辆送往医院,或拨打“120”急救电话请医院派救护车辆支援。

9.6.4 机械伤害应急处置措施

(1)各施工区要经常性地组织人员学习机械设备安全操作规程,提高安全生产意识,排查设备故障,发现问题及时纠正,以消除隐患。

(2)机械设备操作人员必须持有有关部门颁发的操作证,并熟悉设备的构造、原理、性能及安全技术要求,操作人员严禁违规操作,机械设备严禁带“病”作业。

(3)应急救援措施。

①漏电触电。若机械设备出现漏电触电现象,当事人应及时向工区负责人或应急小组报告,采取有效的抢救措施。若操作人员触电,应尽快使触电者脱离电源,实施抢救。

②制动失灵。如果机械上坡时出现制动失灵,不能脱挡,应松掉加速踏板,靠边行驶,将发动机熄火,利用手制动将车停住,然后找人修理。如果机械下坡时出现制动失灵,应挂低速挡行驶,待行驶至平

坦的地方将发动机熄火，利用手制动将车停住，然后找人修理。

(4)应急程序。

①发生事故后，当事人应立即报告现场负责人，事故报告时间不得超过事故发生后1h。报告内容包括事故发生的时间、地点、单位、事故的简要情况、伤亡人数和已采取的应急措施等。同时，迅速联系"119""120"处理事故现场。

②事故发生地的有关单位必须严格保护事故现场，采取必要措施抢救人员和财产，防止事故扩大和损失加重，确因抢险需要移动现场物件时，必须做出标识，拍照、详细记录和绘制现场图，并妥善保存现场主要痕迹、物证等。

③事故情况严重时应立即启动项目重大生产安全事故应急救援预案，实施现场救援工作和调查处理。

9.6.5　触电事故应急处置措施

(1)遇触电事故时，事故发现第一人应立即大声呼救，在现场的项目人员要立即用对讲机或手机向项目经理汇报险情；在保证自身安全的情况下，现场人员迅速切断电源，抢救伤员。

(2)项目经理立即带领抢救指挥组成员赶赴出事现场，抢救、救护、防护组的成员携带各自的抢险工具，赶赴出事现场。

(3)项目管理人员获得求救信息确认触电事故发生后，应采取如下措施。

①立即采用绝缘材料等器材使触电人员离开绝缘体。

②立即向当地医疗卫生"120"、电力部门报告。

③立即向所属公司上报事故的初步原因、范围、估计结果。

④组织项目职工自我救护队伍进行施救。

⑤保护事故现场。

(4)紧急小组接到电话报告后，应立即在第一时间赶赴现场，了解和掌握事故情况，开展抢救和维护现场秩序，保护事故现场。

(5)当事人被送入医院接受抢救后，紧急小组应采取如下措施。

①做好与当事人家属的接待洽谈善后处理工作。

②按职能归口做好与当地有关部门的沟通、汇报工作。

(6)对发生触电事故的电器线路设备，进行全面检查和恢复工作。

(7)触电事故应急抢险完毕后，项目经理立即召集安全领导小组、安全员、作业队长和有关班组的全体人员进行事故调查，找出事故的原因、责任人以及制订防止再次发生类似的整改措施，并对应急预案的有效性进行评审、修订。

9.6.6　中暑事故应急处置措施

(1)发现作业人员出现中暑先兆的症状时，当班班长应当给予重视，尽快使中暑者离开高温潮湿的作业场所。转移到阴凉通风处后，中暑者可坐下休息，喝些糖盐水或其他清凉的饮料，在两侧太阳穴擦些清凉油，经过一段时间休息后一般都可以恢复。

(2)当作业人员出现轻度中暑时，应当尽快将其抬到凉爽通风的地方，松解开衣领、腰带，头稍垫高，保持呼吸畅通，用冷毛巾湿敷前额及颈部。有条件的可用酒精擦身散热，也可将冰块装在塑料袋内，放在病人额头、颈部、腋下等部位，不必再进行其他降温处理，以免症状恶化。上述降温时间不宜过长，只要中暑者体温下降并保持清醒即可。为避免皮肤冷却引起皮下血管收缩，妨碍体内热量散发，救护人员还应当不时按摩病人的四肢及躯干，直至皮肤发红，以促使血液循环将体内热量带到体表散出。

(3)对于已经昏迷不醒(重度中暑)的病人，则可针刺或用手指甲掐病人的人中穴(位于鼻唇之间中上三分之一处)、内关穴(位于手腕内侧上方约5cm处)及合谷穴(即虎口)等，促使病人苏醒。给予中暑者足量的清凉饮料、糖盐水，以补充由于出汗造成的体液损失，等其清醒过来或救护车到现场后及时送往医院进行救治。

(4)当中暑病人出现呕吐,应当将其头部偏向一侧,以免呕吐物呛入气管引起窒息;对于高烧不退或出现痉挛等症状的病人,在积极进行上述处理的同时,应将其尽快送往医院抢救。

(5)当中暑者出现呼吸或心跳停止时,应根据情况实施人工呼吸或胸外挤压抢救,或者同时进行两种措施抢救。在医院救护人员未到达现场之前抢救不能停止。

(6)经抢救清醒后的病人,必须在凉爽、通风处充分安静休息,并饮用大量糖盐水以补充体液损失,必要时及时送往医院继续观察治疗。注意此时体内的抗中暑机能仍处于疲劳状态,切不可马上回到高温潮湿环境继续工作,否则再次出现中暑时病情将加重。

9.6.7 防暴风应急处置措施

9.6.7.1 预防措施

(1)密切保持与当地气象局的联系,及时获得预警信息。

(2)大风来临前,对现场临时建筑、大型起重机械、施工用电、脚手架、基坑边坡安全警示牌、临时工棚等重点部位加强检查,采取必要的加固措施。

(3)应将大型起重机械移至指定位置停放,经常检查行走制动、防爬(防滑)制动装置和锚定、系缆等防风装置,使之保持良好的技术状况和工作可靠性。

(4)大风结束后,全面检查防风设施,及时修复遭损坏的设施。

9.6.7.2 应急处置

(1)白色预警信号防风方案

平均风力5~6级时,气象台发布白色预警信号时,采取如下处置方案。

①项目防风应急工作指挥小组发布防风工作通知,各施工队要认真落实通知相关内容,密切关注大风情况。

②施工队接到通知后要将信息传达到各班组,要求他们注意做好防风的各项准备工作,并按其防风预案实施。

(2)蓝色预警信号防风方案

平均风力达到6~7级,气象台发布蓝色预警信号时,采取如下处置方案。

①各施工队要合理安排施工,须停止连续施工的工序作业。

②项目防风应急工作指挥小组应组织各部门、施工队按其防风预案,做好大风前安全检查,对检查中发现的问题、隐患要发出整改通知书,责令施工单位立即整改处理。

(3)黄色预警信号防风方案

当平均风力可达8级,气象台发布台风预警信号时,采取如下处置方案。

①项目部防风工作指挥小组人员就位,安排人员24h值班。

②项目部防风工作指挥小组要继续加强对工地的检查,对检查中发现的问题、隐患要发出整改通知书,责令施工单位立即整改处理,各施工队停止施工,施工用电全部断开。

③将所有可能发生危险的人员撤离施工现场至安全地带。各工地抢险救援队伍要到位,并处于临战状态。

④大风期间,发生施工现场人员伤亡的安全事故时,按安全应急救援预案执行。

第三章 隧道工程

第一节 隧道开挖与支护专项施工方案

1. 编制说明

1.1 编制依据

(1)《公路工程施工安全技术规范》(JTG F90—2015);
(2)《公路隧道施工技术规范》(JTG/T 3660—2020);
(3)《公路隧道交通工程与附属设施施工技术规范》(JTG/T F72—2011);
(4)《公路工程质量检验评定标准 第一册 土建工程》(JTG F80/1—2017);
(5)《公路隧道设计细则》(JTG D70—2010);
(6)《施工现场临时用电安全技术规范》(JGJ 46—2005);
(7)《爆破安全规程》(GB 6722—2014);
(8)《爆破安全规程》国家标准第1号修改单(GB 6722—2014/XG1—2016);
(9)《混凝土结构设计规范》(GB 50010—2010);
(10)《岩土锚杆与喷射混凝土支护工程技术规范》(GB 50086—2015);
(11)《地下工程防水技术规范》(GB 50108—2008);
(12)《××高速公路实施性施工组织设计》;
(13)《××高速公路两阶段施工图设计》;
(14)《××有限公司标准化施工指南系列》;
(15)《危险性较大的分部分项工程安全管理规定》等。

1.2 编制目的

本方案的编制目的是:确保隧道的顺利施工、减少事故的发生、保证施工人员及财产安全;对进洞施工进行总体部署和筹划,对工序安排及操作进行指导,为实现施工质量、进度、安全及文明施工等各项控制目标提供技术支持。

1.3 编制原则

1.3.1 安全第一的原则

本方案的编制始终按照安全第一的原则。只有在安全措施落实到位,确保万无一失的前提下才能组织施工。

1.3.2 优质高效的原则

本方案严格贯彻执行公司质量体系标准,积极推广、使用“新技术、新工艺、新设备”,确保创优规划和优质高效目标的实现。

1.3.3　确保工期的原则

根据招标文件对本工程的工期要求,编制科学、合理、周密的施工方案。采用信息化技术,合理安排工程进度;实行网络控制,搞好工序监控,确保实现工期目标,满足建设单位要求。

1.3.4　科学配置的原则

根据本工程的各项管理目标要求,选派隧道施工经验丰富的管理人员,选择隧道施工专业化的队伍,投入高效先进的隧道施工设备,确保人员、物资材料、机械设备的科学合理配置。

1.3.5　合理布局的原则

从节省临时占地、减少植被破坏、施工绿色环保、防止水土流失、认真实施文明施工等多个角度出发,合理安排生产及生活场地;房屋布局,注重水资源保护、环境保护,减少对自然环境的破坏等。

2. 施工作业顺序

隧道暗洞开挖→初喷喷射混凝土→钢筋网片支护→系统锚杆支护→钢拱架支护→连接钢筋、锁脚锚杆施工→复喷喷射混凝土。

3. 施工工艺技术

3.1　总体施工工艺流程

总体施工工艺流程如图 3-1-1 所示。

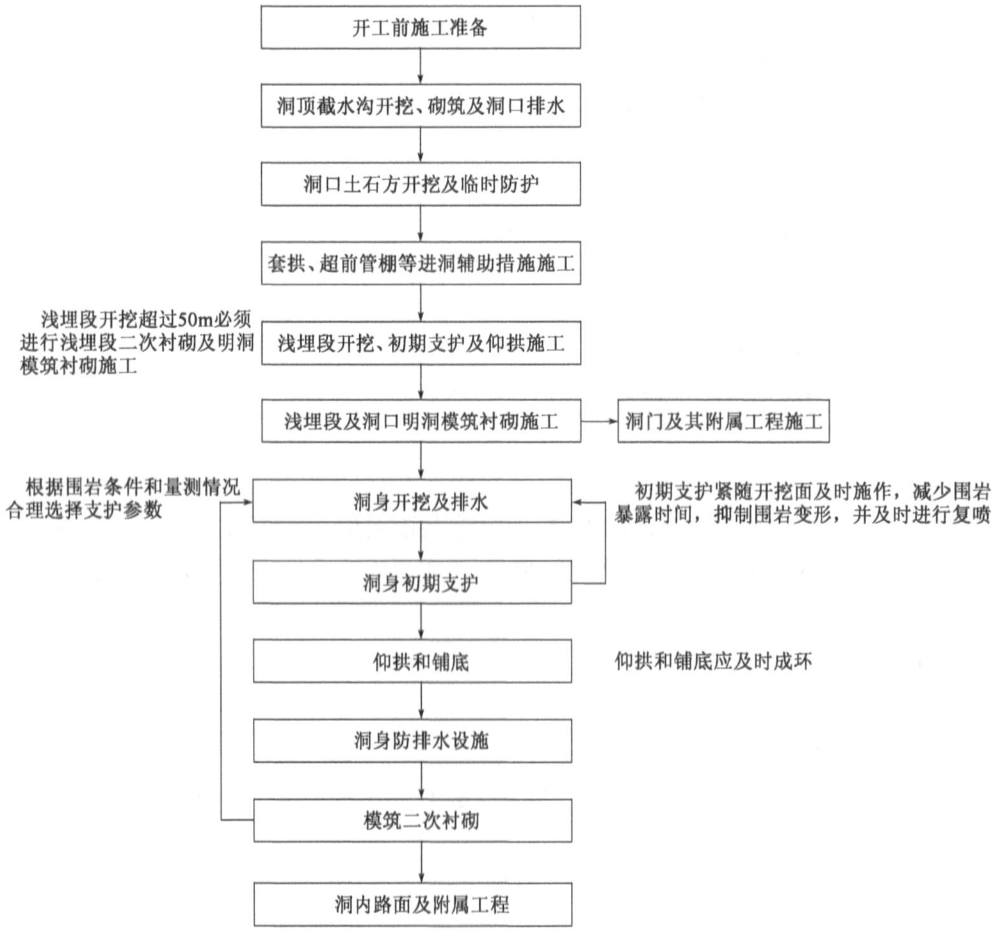

图 3-1-1　隧道施工工艺流程

3.2 隧道开挖施工方法及操作要求

3.2.1 V级围岩黄土浅埋段施工及紧急停车带段施工

V级围岩浅埋段穿越土层主要是黄土,采用单侧壁导坑法施工。隧道穿越土层为黄土,采用机械开挖,严格控制超挖。支护结构如图3-1-2所示。

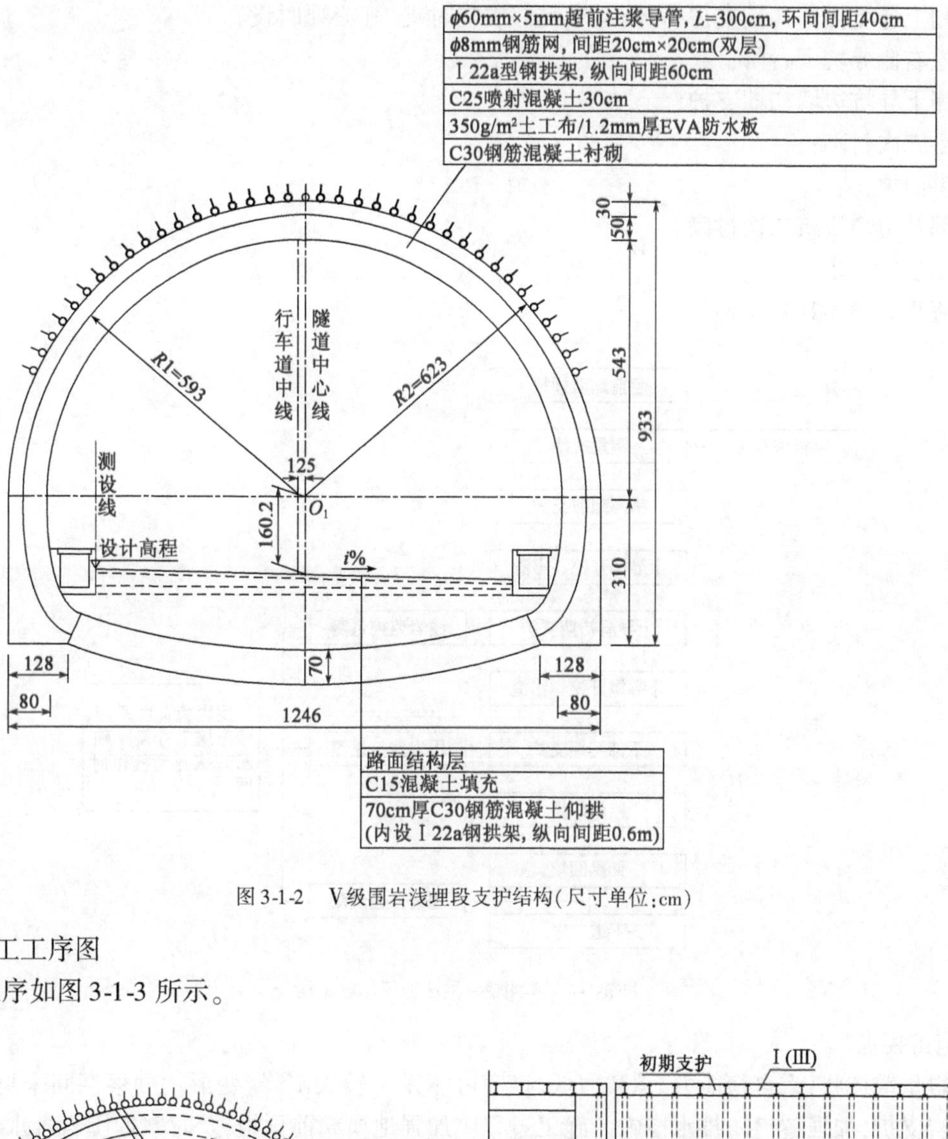

图3-1-2 V级围岩浅埋段支护结构(尺寸单位:cm)

(1)施工工序图

施工工序如图3-1-3所示。

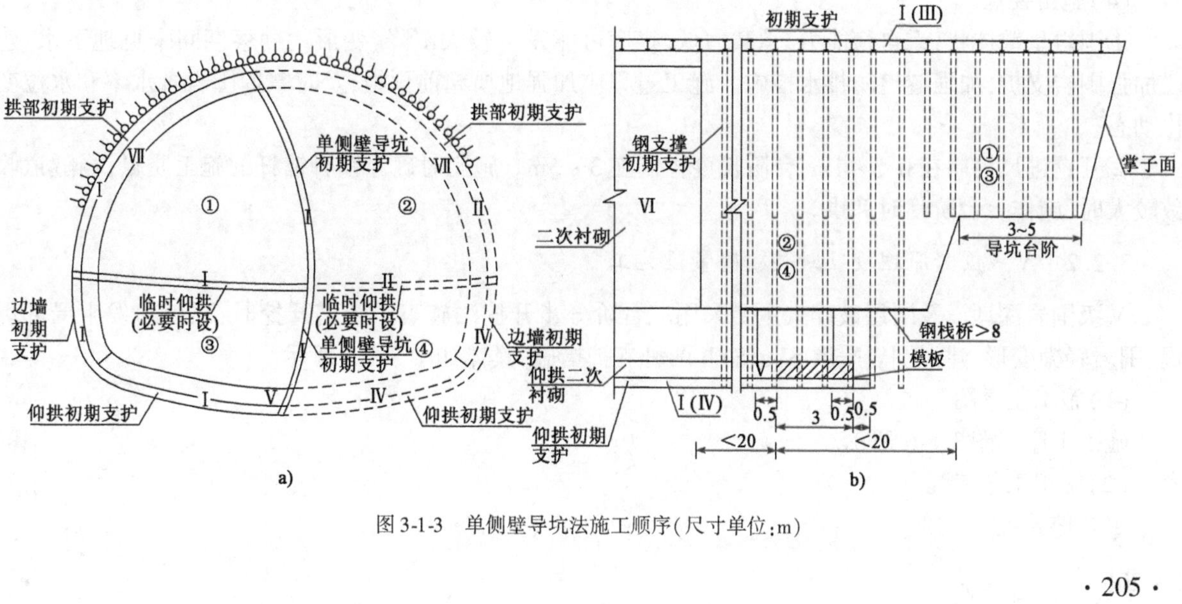

图3-1-3 单侧壁导坑法施工顺序(尺寸单位:m)

(2)施工工艺流程

①开挖左侧导坑上台阶;

②左侧上导坑拱部初期支护、左侧上导坑单侧壁导坑临时初期支护及临时仰拱支护;

③开挖左侧导坑下台阶、左侧下导坑单侧壁导坑临时初期支护;

④左侧下导坑初期支护;

⑤开挖右侧导坑上台阶;

⑥右侧上导坑拱部初期支护、右侧上导坑仰拱临时支护(必要时设);

⑦开挖右侧导坑下台阶;

⑧右侧下导坑边墙初期支护;

⑨仰拱二次衬砌;

⑩仰拱回填;

⑪拱部及边墙模筑二次衬砌。

(3)工艺流程图

工艺流程如图 3-1-4 所示。

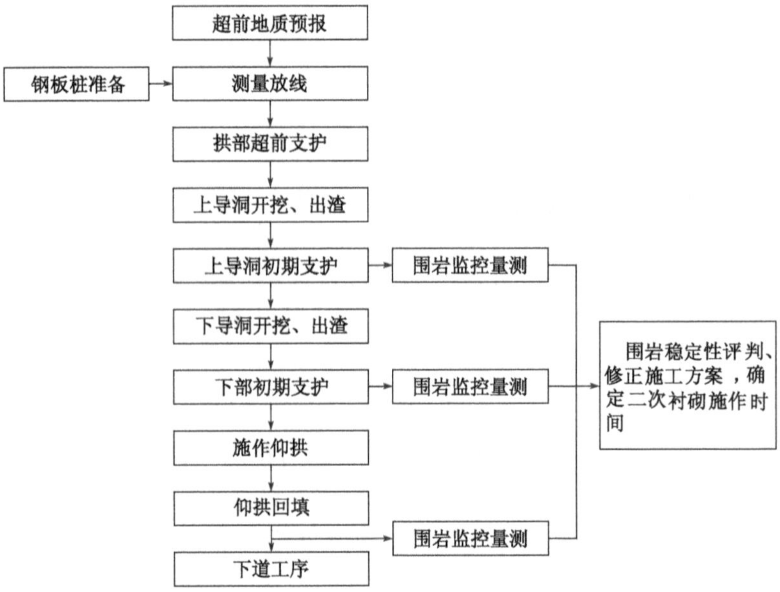

图 3-1-4　单侧壁导坑法循环作业流程

(4)施工要点

①围岩呈散体状,无自稳能力,承载力低,拱底可能发生较大沉降、变形。勘察期间未见地下水,建议加强围岩支护,加强隧道防排水措施。施工过程应加强地质超前预报,及时掌握围岩含水率和水位变化动态。

②开挖进尺控制在 0.5 ~ 1m,台阶长度控制在 3 ~ 5m。施工时确保锁脚锚杆的施工质量,当隧道收敛较大时,施作上台阶临时仰拱。

3.2.2　V 级围岩深埋段及断层破碎带段施工

V 级围岩深埋段及断层破碎带主要采用三台阶分步开挖法施工。隧道开挖时,顶板易发生局部坍塌,围岩轻微变形,建议围岩采取 SVa、SVb 两种支护措施,具体如图 3-1-5 所示。

(1)施工工序图

施工工序如图 3-1-6 所示。

(2)施工工艺流程

①开挖导坑上台阶;

②上台阶拱部初期支护;

③开挖中台阶;

④中台阶边墙初期支护;

⑤开挖下台阶;

⑥下台阶边墙初期支护;

⑦仰拱二次衬砌;

⑧仰拱回填;

⑨拱部及边墙二次衬砌。

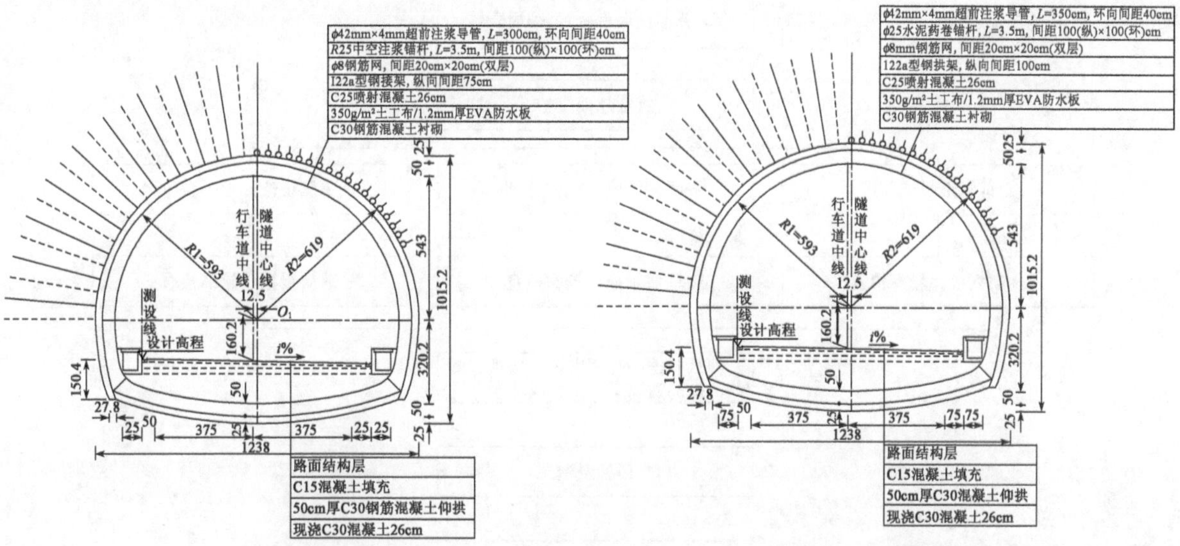

a)SVa衬砌设计　　　　b)SVb衬砌设计

图 3-1-5　隧道支护断面图(尺寸单位:cm)

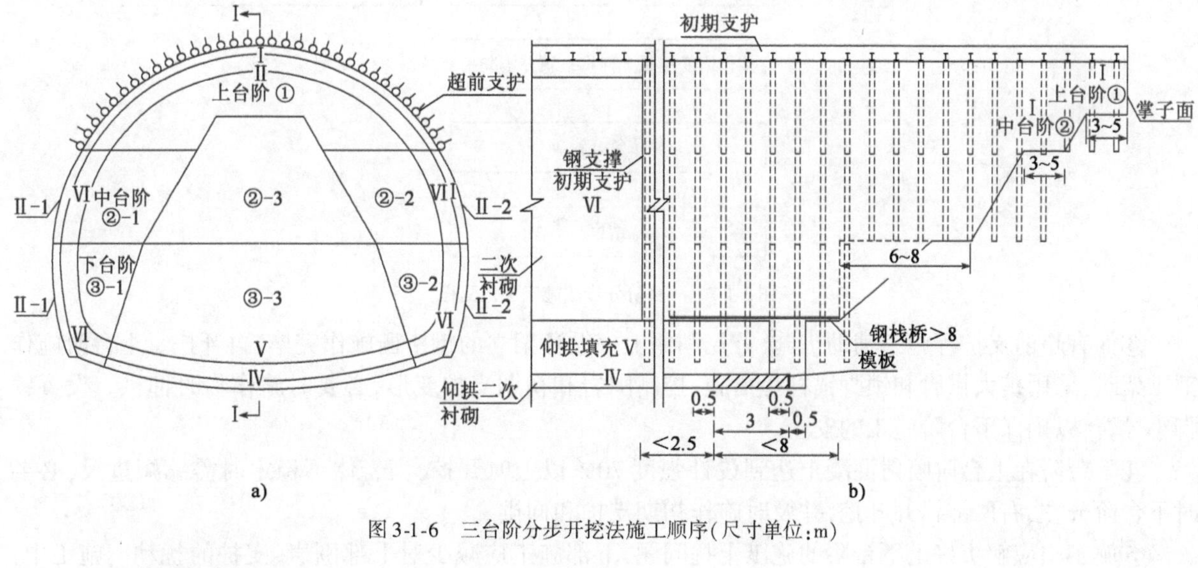

a)　　　　b)

图 3-1-6　三台阶分步开挖法施工顺序(尺寸单位:m)

(3)工艺流程图

工艺流程如图 3-1-7 所示。

(4)施工要点

①加强隧道防排水措施,建议加强地质超前预报,及时掌握围岩含水率和水位变化动态,采取合适的处理措施。

②施工采用三台阶分部开挖法,预留核心土的长度为上部宜超前中部 3 ~ 5m,中部超前下部 3 ~

5m,下部超前底部 10m 左右。为方便机械作业,上部开挖高度控制在 4.5m 左右,宽度宜为隧道开挖宽度的 1/3 ~ 1/2。开挖循环进尺严格按照设计布置,初期支护紧跟开挖面,开挖建议采用机械开挖,严格控制超欠挖。中、下台阶初期支护的应采用双侧交错施工,避免上部初期支护两侧拱脚同时悬空,距离底部不得大于 3m。

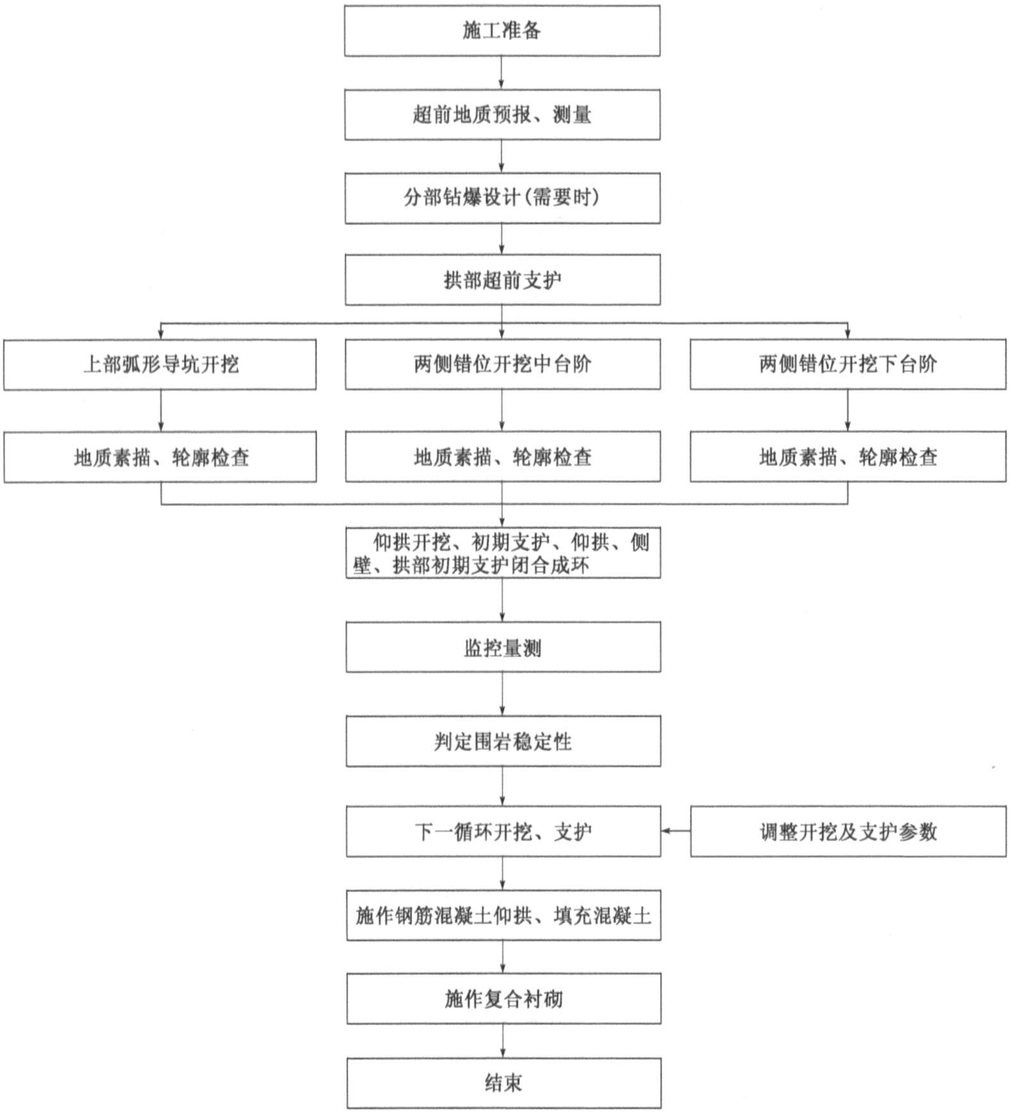

图 3-1-7　三台阶分步法施工工艺流程

③如有超前支护等施工辅助措施,首先利用上一循环架立的钢格栅施作完毕,再开挖。上台阶施作钢拱架时,采用扩大拱脚和锁脚锚杆等措施,控制围岩和初期支护变形,必要时施作临时仰拱。设置锁脚小导管,以确保下台阶施工的安全。

④下台阶在上台阶喷射混凝土达到设计强度 70% 以上时开挖,当岩体不稳定时需缩短进尺,必要时下台阶分左、右两部错开开挖,并及时施作初期支护和仰拱。

⑤施工中应解决好上下台阶的施工干扰问题,下部施工应减少对上部围岩、支护的扰动。施工中,按有关规范及标准图的要求进行监控量测,及时反馈结果,分析洞身结构的稳定,为支护参数的调整、灌注二次衬砌的时机提供依据。

⑥下台阶施工时要保证初支钢架整体顺接平直,螺栓连接牢靠。

3.2.3　Ⅳ级围岩段和Ⅲ级围岩紧急停车带段施工

Ⅳ级围岩段和Ⅲ级围岩紧急停车带段采用短台阶法施工,台阶长度控制在 1.5m 以内,保证初期支护及时落底封闭，以确保初期支护的承载能力。二次衬砌仰拱和仰拱回填层紧跟初期支护，二次衬砌与掌子面间距应控制在70m以内。

(1)正台阶施工工艺流程图

正台阶施工工艺流程如图3-1-8所示。

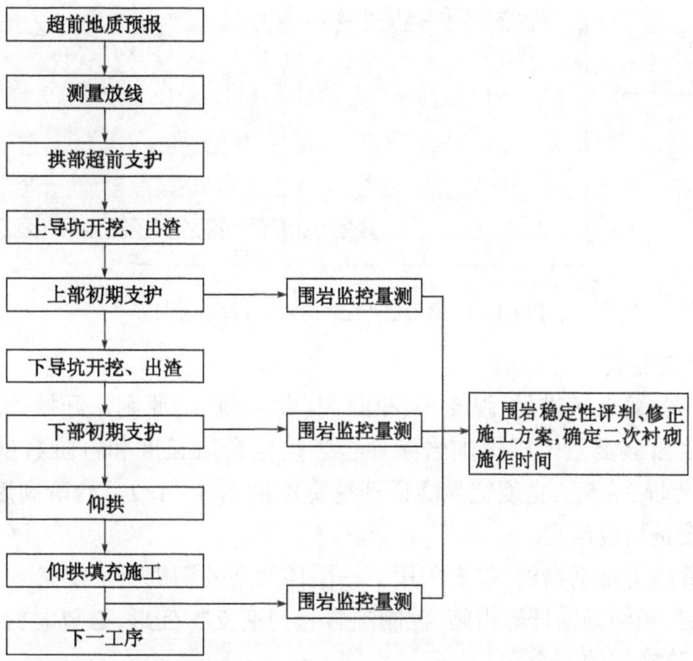

图3-1-8 正台阶施工工艺流程

(2)正台阶施工方法

①开挖上部台阶Ⅰ部后及时施作上部台阶洞身结构的初期支护，即初喷4cm厚混凝土，架立钢拱架。钻设系统锚杆后复喷混凝土至设计厚度，底部喷10cm混凝土封闭，形成较稳定的承载拱。

②Ⅰ部开挖长度控制在3～5m，滞后Ⅰ部3～5m后开挖Ⅱ部，并进行下导初期支护，钻设系统锚杆后复喷混凝土至设计厚度，底部喷10cm混凝土封闭，形成较稳定的承载拱。

③及时施作仰拱混凝土、填充混凝土，及早封闭成环，下台阶施工至适当距离或根据监控量测分析结果，及时施工仰拱及该仰拱段隧底填充。

④根据围岩量测结果，适时施作二次衬砌。

⑤正台阶法施工横纵断面图如图3-1-9和图3-1-10所示。

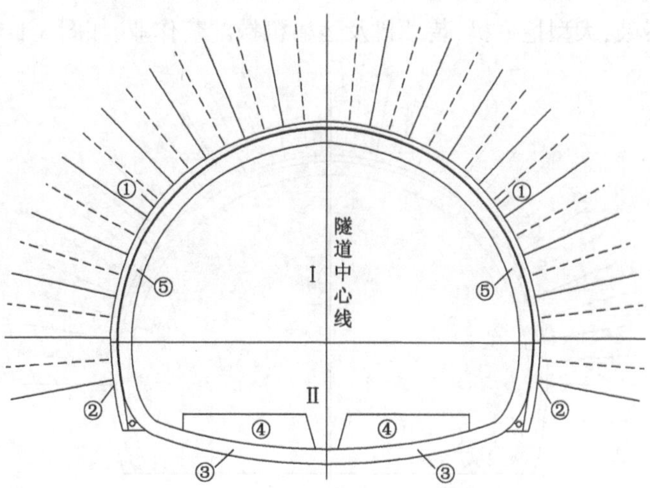

图3-1-9 正台阶法开挖横向施工工序示意图

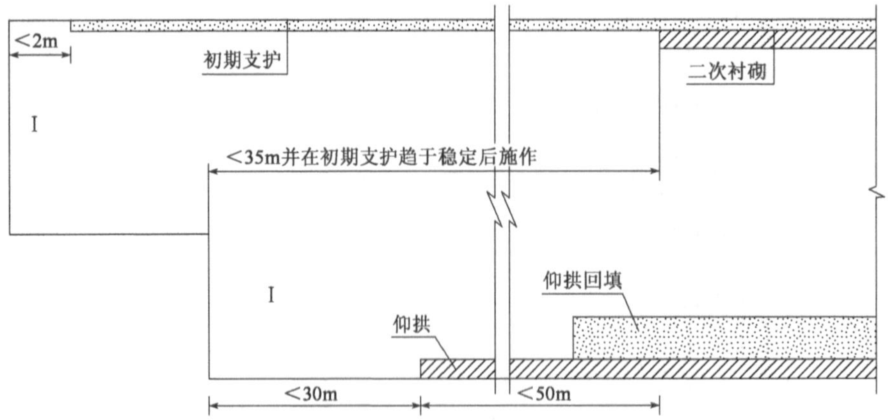

图 3-1-10　台阶法开挖纵向施工工序示意图

(3)台阶法施工控制要点

①隧道施工坚持“弱爆破、短进尺、强支护、早封闭、勤量测”的原则。开挖方式均采用弱爆破。爆破时严格控制炮眼深度及装药量。根据围岩条件合理确定台阶长度和台阶数量,上台阶长度一般为3～5m,上台阶超前下台阶3～5m,宽度宜为隧道开挖宽度的1/3～1/2。台阶高度根据地质情况、隧道断面大小和施工机械设备情况确定。

②如有超前支护等施工辅助措施,首先利用上一循环架立的钢拱架施作完毕,再开挖。上台阶施作钢拱架时,采用扩大拱脚和锁脚锚杆等措施,控制围岩和初期支护变形,必要时施作临时仰拱。设置锁脚小导管,以确保下台阶施工的安全。

③下台阶在上台阶喷射混凝土达到设计强度70%以上时开挖,当岩体不稳定时需缩短进尺,必要时下台阶分左、右两部错开开挖,并及时施作初期支护和仰拱。

④施工中应解决好上下台阶的施工干扰问题,下部施工应减少对上部围岩、支护的扰动。施工中,按有关规范及标准图的要求进行监控量测,及时反馈结果,分析洞身结构的稳定,为支护参数的调整、灌注二次衬砌的时机提供依据。

⑤下台阶施工时要保证初支钢架整体顺接平直,螺栓连接牢靠。

⑥仰拱及填充超前二次衬砌且分别全幅浇筑,仰拱距掌子面距离:Ⅳ级围岩≤35m,二次衬砌及时施作。

3.2.4　Ⅲ级围岩全断面法施工

在Ⅲ级围岩地段,隧道采用全断面法施工,开挖每循环进尺宜控制在2.0m以内。采用气腿式风动凿岩机钻孔,实施光面爆破,大型挖掘机、装载机及运输机械配套作业,如图3-1-11和图3-1-12所示。

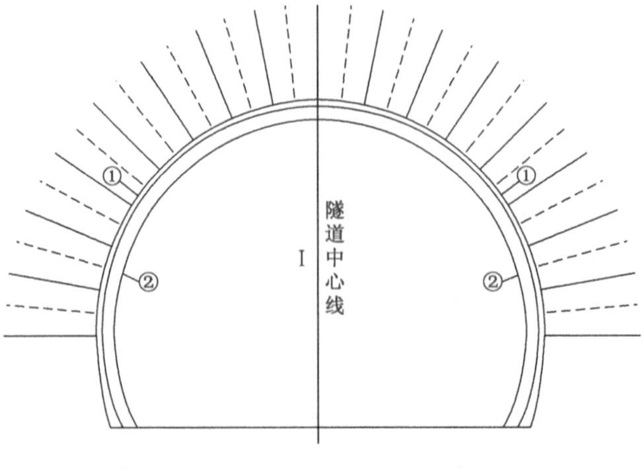

图 3-1-11　全断面开挖横向施工示意图

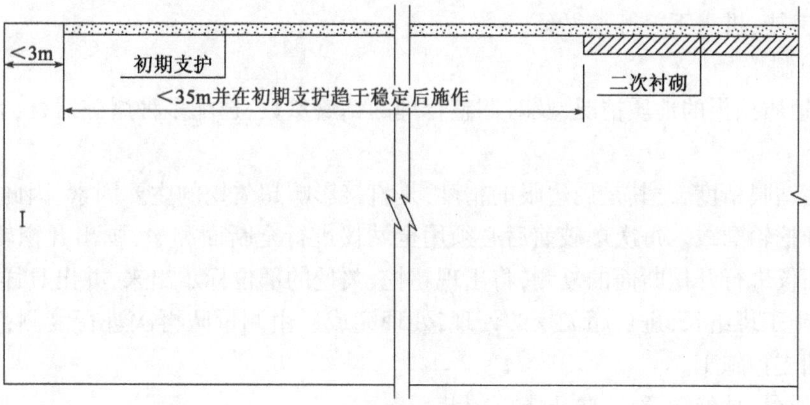

图 3-1-12 全断面开挖纵向施工示意图

(1)施工工艺流程

全断面开挖施工工艺流程如图 3-1-13 所示。

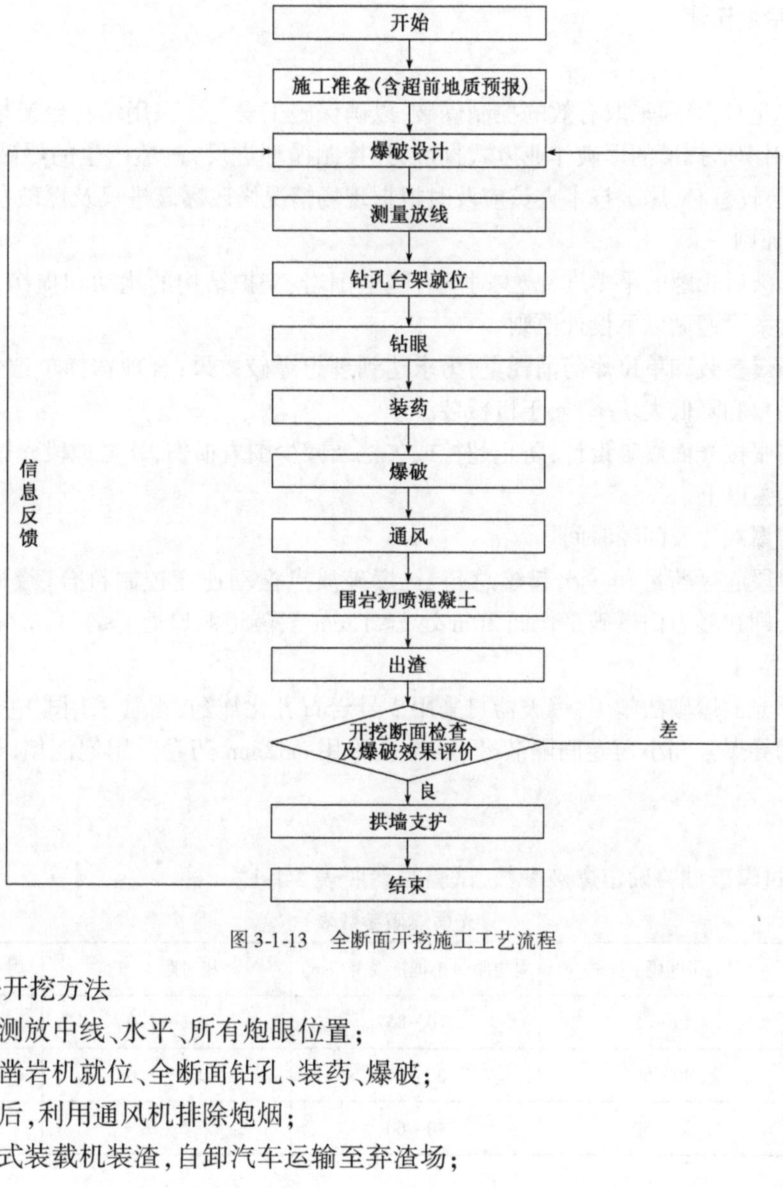

图 3-1-13 全断面开挖施工工艺流程

(2)全断面法开挖方法

①测量放线:测放中线、水平、所有炮眼位置;

②钻孔爆破:凿岩机就位、全断面钻孔、装药、爆破;

③排烟:爆破后,利用通风机排除炮烟;

④出渣:用侧式装载机装渣,自卸汽车运输至弃渣场;

⑤初期支护：采用混凝土湿喷机在素喷一层混凝土封闭围岩后，局部打设锚杆；

⑥初期支护完毕，进入下一开挖循环。

(3)超欠挖控制

①根据超前地质预报的地质情况，及时调整合理的钻爆参数，选配多种爆破器材，完善爆破工艺，提高爆破效率。

②提高画线、钻眼精度，尤其是周边眼的精度，是直接影响超欠挖的主要因素，因此要认真测画中线高程，准确画出开挖轮廓线。每次爆破前后必须用全站仪进行全断面测量，画出开挖轮廓线，出渣完成后，测量队用断面仪进行开挖断面的复测，将出现超挖、欠挖的部位标示出来，并出具详细的断面报告下发隧道工程师及施工班组长，进行超欠挖的处理，处理完成后由测量队再次进行复测，直至断面处理合格后，再进行初期支护施工。

③提高装药质量，杜绝随意性，防止雷管混装。

④断面轮廓检查及信息反馈：了解开挖后断面各点的超欠挖情况，分析超欠挖原因，及时更改爆破设计，减少误差，配专职测量工检查开挖断面，超挖量(平均线性超挖)应控制在10cm(眼深2m)以内。

⑤建立严格的施工管理制度：在解决好超欠挖技术问题的同时，必须有一套严格的施工管理制度保证技术实施。为此，进洞前，制订严格的奖罚制度，用经济杠杆调动施工人员的积极性。

3.2.5 隧道钻爆设计

(1)总体方案

在隧道开挖作业时，必须采取有效的控制爆破，以确保施工安全。采用钻孔台架与气腿式凿岩机钻孔相结合方式，采用楔形掏槽的爆破作业方式掘进，并控制循环进尺，避免产生的爆破有害效应超过安全规程规定，遇地层较差时，爆破技术人员应及时根据现场情况修改爆破进尺及爆破参数。

(2)爆破设计原则

为保证隧道爆破后轮廓的平整度，减少对既有隧道围岩、支护结构的扰动和损伤，采用微差减振光面控制爆破技术方案。遵循以下设计原则。

①合理选取钻爆参数和单位炸药消耗量，力求达到理想爆破效果；合理选择单位炸药消耗量，以满足较高的炮眼利用率和降低大块率，便于机械装渣。

②隧道周边炮眼按光面爆破设计，防止超挖或欠挖及减少围岩损伤，软岩地段光爆炮眼半孔残留率控制55%，硬岩80%以上。

③合理控制起爆顺序及间隔时间。

④严格控制单段起爆药量和一次起爆总药量，爆破质点振动速度控制符合《爆破安全规程》(GB 6722—2014)要求，即在隧道内爆破工作面30m处$v \leq 15$cm/s，隧道洞口处$v \leq 1.1$cm/s。

(3)采用爆破器材

隧道开挖采用光面爆破法施工，爆破器材采用2号岩石乳化炸药，雷管采用非电毫秒雷管，击发针起爆。周边眼采用导爆索和小药卷间隔装药；其余孔采用ϕ32mm药卷。用炮泥堵眼。周边眼采用导爆索(红线起爆)。

(4)爆破参数

钻爆参数：通过爆破试验确定爆破参数，试验时参照表3-1-1。

光面爆破参数表

表3-1-1

岩石种类	周边眼间距E(cm)	周边眼最小抵抗线W(cm)	相对距E/W	周边眼装药参数(kg/m)
硬岩	50~65	70~85	0.8~1.0	0.3~0.35
中硬岩	40~60	60~75	0.8~1.0	0.2~0.3
软岩	35~50	40~60	0.5~0.8	0.07~0.15

爆破设计周边眼按照Ⅲ级 55cm，Ⅳ级 50cm，Ⅴ级 45cm 间距布置。

(5)装药结构及堵塞方式

周边眼采用空气间隔装药结构。空气间隔装药结构如图 3-1-14 所示。

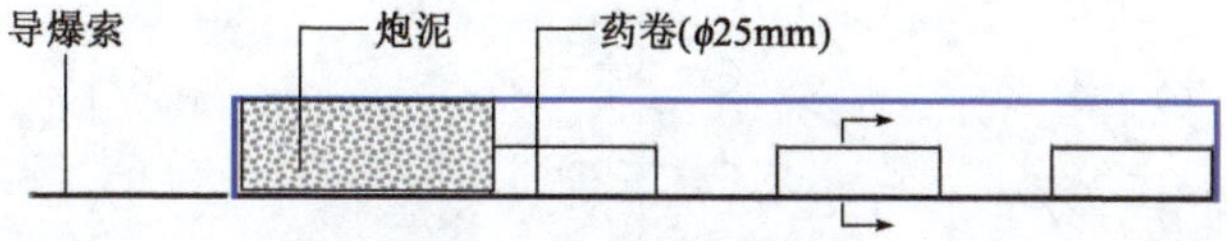

图 3-1-14　空气间隔装药结构

其余炮眼采用标准药卷（ϕ32mm）连续装药结构。连续装药结构如图 3-1-15 所示。

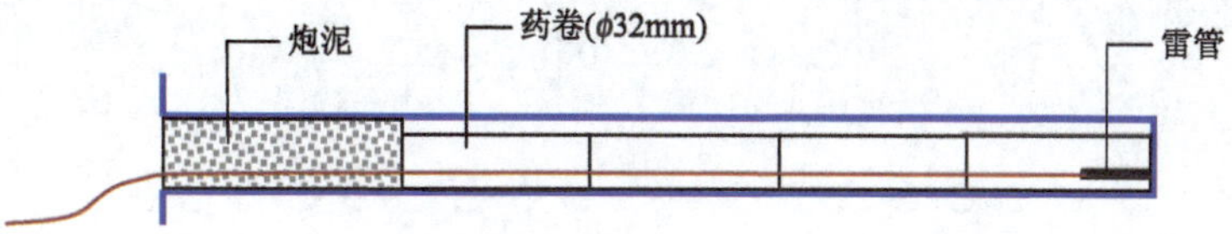

图 3-1-15　连续装药结构

(6)布眼

①掏槽眼。采用楔形掏槽，爆力比较集中，炮眼数量较少，爆破效果较好。

②周边眼。周边眼眼距适当，装药量较少。确保爆破后岩壁平直、成型规整，减少对围岩的扰动。因在施工现场周边眼钻孔时机械位置的限制，钻孔方向可适当外插，眼底可偏出轮廓线 5～10cm。岩性较软时，周边眼眼位可在设计开挖轮廓线以内 5cm，爆破后采用风镐修整洞壁。

③掘进眼。掘进眼介于掏槽眼和周边眼之间。它的作用是扩槽和破碎岩石。掘进眼根据隧道围岩与岩石性质，均匀排列。

根据围岩特点合理选择周边眼间距 E 及周边眼的最小抵抗线 W，辅助炮眼交错均匀布置，周边炮眼与辅助炮眼眼底在同一垂直面上，掏槽眼加深 20cm。最小抵抗线按下式计算：

$$W = E/M$$

式中，E 为按光面爆破要求确定的周边眼间距；M 为光面爆破炮眼密集系数，选取 $M = 0.8$。

(7)连线方式

全部各类炮眼采用分段微差起爆，起爆方式如下：掏槽眼同为 1 段，顶部辅助眼为 3 段，其余辅助眼为 5～13 段；光爆眼同时起爆，用导爆索导爆，用非电毫秒雷管起爆，如图 3-1-16 所示。

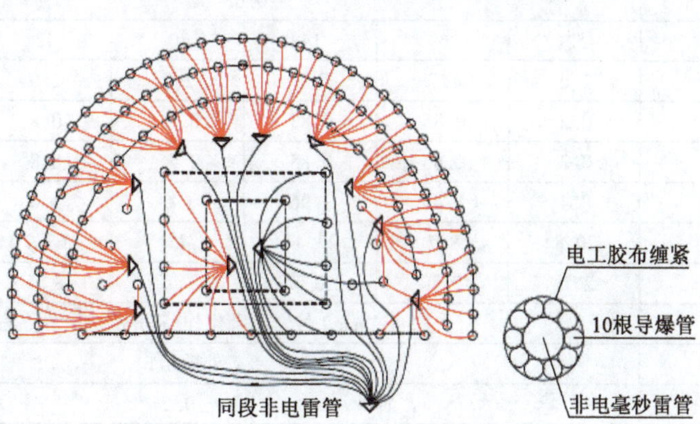

图 3-1-16　Ⅲ级围岩全断面起爆连线网络

(8)Ⅲ级围岩全断面法开挖炮眼设计

隧道开挖采用光面爆破，根据地质情况，采用楔形掏槽，掏槽眼长度比辅助眼深 0.15～0.20m。周边眼间距 0.55m，线装药集中度 q 为 0.15～0.25kg/m。炮眼设计如图 3-1-17 所示，钻爆参数见表 3-1-2。

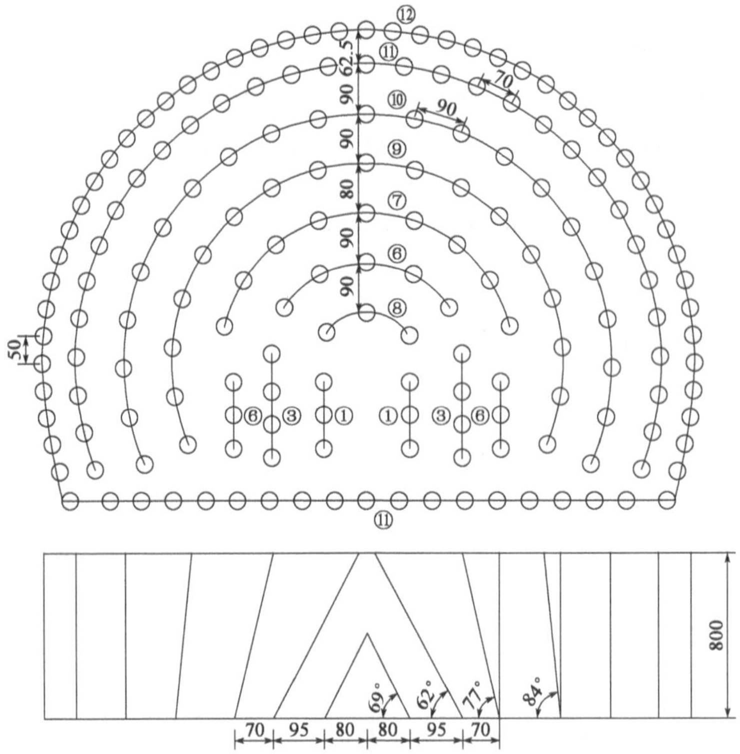

图 3-1-17 Ⅲ级围岩全断面炮眼布置(尺寸单位:cm)

Ⅲ级围岩全断面钻爆参数

表 3-1-2

项目	周边眼 E=0.5m	掏槽眼		辅助眼		底板眼	小计
		掏槽眼 1	掏槽眼 2	内圈眼	辅助眼		
断面面积 s(m²)	83.17						
炸药单耗 q(kg/m³)	1.25						
进尺 L_1(m)	2.0						
炮眼利用率 η	0.90						
炮眼总数 N(个)	162						
实际总药量 Q(kg)	208						
药卷密度 γ(kg/m)	1						
装药系数平均值 ω	0.63						
炮眼数量(个)	52	6	14	30	42	18	179
炮孔长度 L_2(m)	2.0	1.7	2.3	2.0	2.0	2.2	
装药系数 λ	0.2	0.85	0.85	0.75	0.8	0.85	
装药集中度 q(kg/m)	0.2	0.85	0.85	0.75	0.8	0.85	
单孔药量 Q_1(kg)	0.4	1.45	1.96	1.5	1.6	1.87	
各孔药量 Q_2(kg)	20.8	8.7	27.44	45	67.2	33.7	203
单孔装药(节)	2 节	7 节	10 节	7 节	8 节	9 节	
周边眼装药结构	ϕ32mm 2 号岩石乳化炸药间隔装药,导爆索引爆						
周边眼外插角	外插角 3°						
周边眼装药集中度(kg/m)	0.2						
起爆顺序	1 号、3 号、5 号、7 号、9 号、11 号、13 号、15 号、17 号						
实际比炮眼数(个/m²)	2.2						
实际比耗药量(kg/m³)	1.22						

说明:

1. 总装药量:$Q = q\times s\times L$;总炮眼数:$N = 0.0012\times q\times S/(a\times d^2)$,$d = 0.032$m;药卷密度:$\lambda = q/\gamma$;
2. 堵塞长度不小于 30cm;周边眼采用导爆索连接,其余采用塑料导爆管、非电毫秒雷管起爆系统;采用击发针(起爆针)起爆。

①Ⅲ级围岩全断面钻爆参数。每循环炸药用量为：

$$Q = q \times s \times L$$

式中，q为爆破单位岩石炸药消耗量$q(kg/m^3)$，以本断面Ⅲ级围岩取$1.25kg/m^3$；s为开挖断面积(m^2)；s取$83.17m^2$；L为炮眼深度，取2.0m。

经计算，$Q = q \times s \times L = 1.25 \times 83.17 \times 2.0 = 208(kg)$。

②炮眼数目。采用较为公认的苏联H.M.伯克洛夫斯基公式，即：

$$N = 0.0012 = \frac{qs}{ad^2}$$

式中，q为单位岩石炸药消耗量(kg/m^3)；s为开挖断面积(m^2)：$83.17m^2$；a为炸药装填系数，取0.75；d为药卷直径(m)，取0.032m。

经计算，$N = 0.0012 \times 1.25 \times 83.17/0.75/0.032^2 = 162$(个)。

单孔平均用药量为：

$$Q_0 = a \times L \times G/m$$

式中，m为每个药包长度，取0.2m；a为炸药装填系数(装药长度与炮眼全长的比值)，$a = 0.63$；G为每个药包的质量，取0.2kg。

经计算，$Q_0 = 0.63 \times 2.0 \times 0.2/0.2 = 1.26(kg)$。

3.3 隧道支护

3.3.1 初期支护

(1)黄土段超前支护

隧道开挖前，先采用小导管对围岩进行超前注浆加固，超前小导管采用外径ϕ60mm、壁厚5mm的热轧无缝钢管加工制成，长度为300cm，环向间距40cm，每环37根，钢管前端加工成锥形，尾部焊接ϕ60mm钢筋加劲箍，管壁四周钻8mm注浆孔，尾部有0.5m不设压浆孔。

超前小导管施工时，钢管与衬砌中线平行以外插角10°~15°仰角打入拱部围岩。每打完一排钢管注浆后，开挖拱部及第一次喷射混凝土、架设钢架，初期支护完成后，隔1.5m(2m)再打另一排钢管，超前小导管纵向至少保证1.0m的搭接长度。

超前小导管注浆采用水泥浆，注浆参数如下：

①水泥浆水灰比：1∶1；

②注浆压力：0.5~1.0MPa。

超前小导管可从型钢钢拱架腹部穿过。注浆参数应通过现场试验按实际情况确定，注浆量按施工实际情况做相应调整。

超前小导管工艺流程如图3-1-18所示。

(2)围岩浅埋段超前支护

浅埋段超前小导管采用外径ϕ42mm、壁厚4mm的热轧无缝钢管加工制成。长度为300cm，环向间距40cm，每环35根。施工方法同黄土段超前支护。

(3)围岩深埋段超前支护

深埋段超前支护方法与浅埋段和紧急停车带段相同，不同之处是深埋段超前小导管采用外径ϕ42mm、壁厚4mm的热轧无缝钢管加工制成。长度为350cm，环向间距40cm，每环35根。施工方法同黄土段超前支护。

3.3.2 中空注浆锚杆

本工程隧道中空注浆锚杆主要用于洞身Ⅴ级围岩紧急停车带段和浅埋段初期支护。

(1)工艺流程

注浆锚杆施工工艺流程如图3-1-19所示。

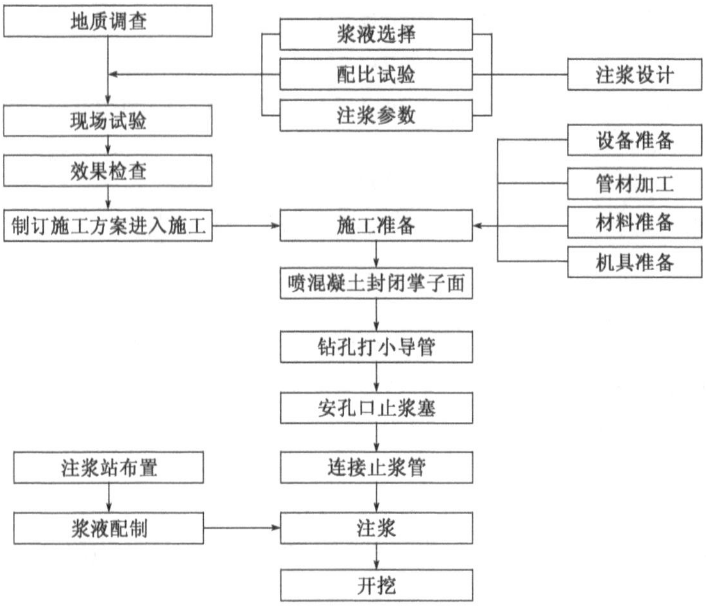

图 3-1-18　超前小导管工艺流程

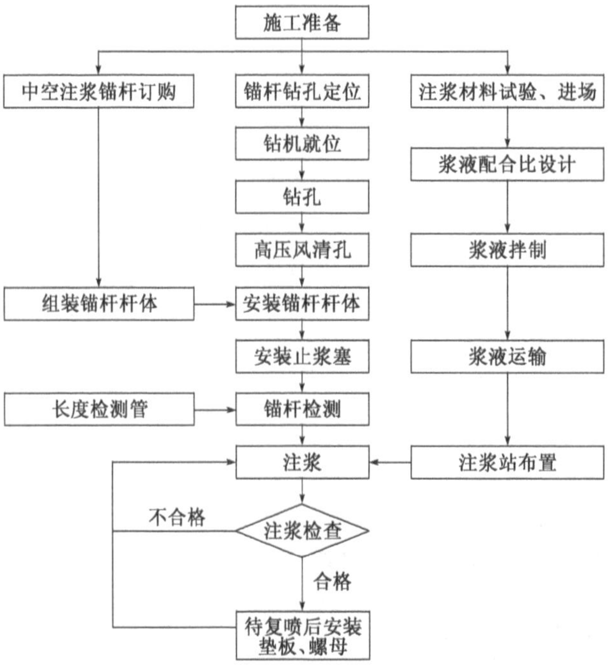

图 3-1-19　注浆锚杆施工工艺流程

(2)施工方法

首先按设计要求,在开挖面上准确画出需施设的锚杆孔位。检查导管孔达到标准后,安装锚杆并按设计比例配浆,采用电动注浆机注浆,注浆压力符合设计要求,一般按单管达到设计注浆量作为结束标准。当注浆压力达到设计终压不少于 20min,进浆量仍达不到注浆终量时,可结束注浆,并保证锚杆孔浆液注满。最后在综合检查判定注浆质量合格后,用专用螺帽将锚杆头封堵,以防浆液倒流管外。

(3)技术措施

中空注浆锚杆构造:杆体为中空厚壁全螺纹杆体,可任意切割,便于安装配件,同时作为锚杆,齿峰凹槽进一步提高锚固力。锚杆原材料规格、长度、直径符合设计要求,锚杆杆体除锈。锚杆孔位、孔深及布置形式符合设计要求,锚杆用的水泥浆或砂浆,其强度等级不低于 M20,水泥用普通硅酸盐水泥,砂用细砂。按设计要求定出位置,保持锚孔顺直,并与岩面基本垂直;钻孔深度及直径与杆体相匹配。杆体插入锚杆孔时，保持位置居中，砂浆符合设计要求，锚杆杆体露出岩面长度不大于喷层厚度。锚杆孔内砂浆或水泥浆饱满密实，砂浆或水泥浆内添加适量的微膨胀剂和速凝剂。有水地段先引出孔内的水或在附近另行钻孔再安装锚杆。锚杆垫板与孔口混凝土密贴。随时检查锚杆头的变形情况，紧固垫板螺帽。

3.3.3 钢筋网

钢筋网施工工艺流程如图 3-1-20 所示。

钢筋须经试验合格，在钢筋加工厂分片制作，现场人工绑扎安装。钢筋网采用 ϕ8mm 钢筋加工成 20cm × 20cm 双层方格网片，纵横钢筋相交处可点焊成块，也可用铁丝绑扎成一体。

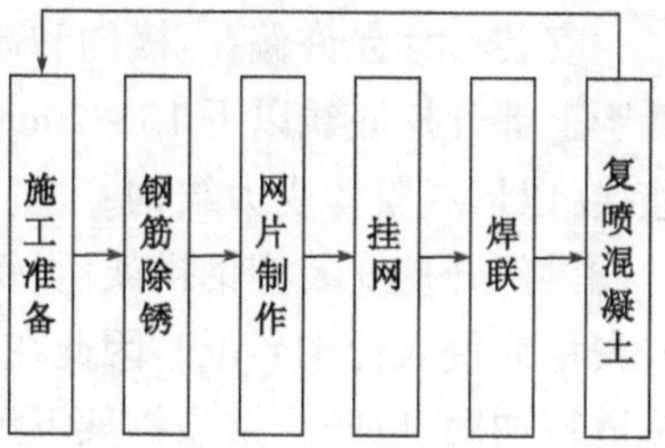

图 3-1-20 钢筋挂网工艺流程

(1) 挂网在临空面初喷混凝土后进行。

(2) 钢筋网使用前应清除锈蚀。

(3) 钢筋网随受喷面的起伏铺设，与受喷面的间隙为 3cm。

(4) 钢筋网的喷混凝土保护层厚度不得小于 2cm。

(5) 钢筋网搭接长度为 1 ~ 2 个网孔，亦不小于 200mm。

(6) 采用双层钢筋网时，第二层钢筋网应在第一层钢筋网被混凝土覆盖后铺设。

(7) 钢筋网与固定装置连接牢固，在喷射混凝土时钢筋不得晃动。

3.3.4 钢拱架支撑

隧道初期支护钢拱架设计为 I22a、I20a、I18、I16 四种规格的工字钢支撑，纵向间距 60cm、75cm、100cm。钢支撑在洞外加工厂统一加工制作，运料车运进洞内，人工配合机械安装。

(1) 工艺流程

钢拱架安装施工工艺流程如图 3-1-21 所示。

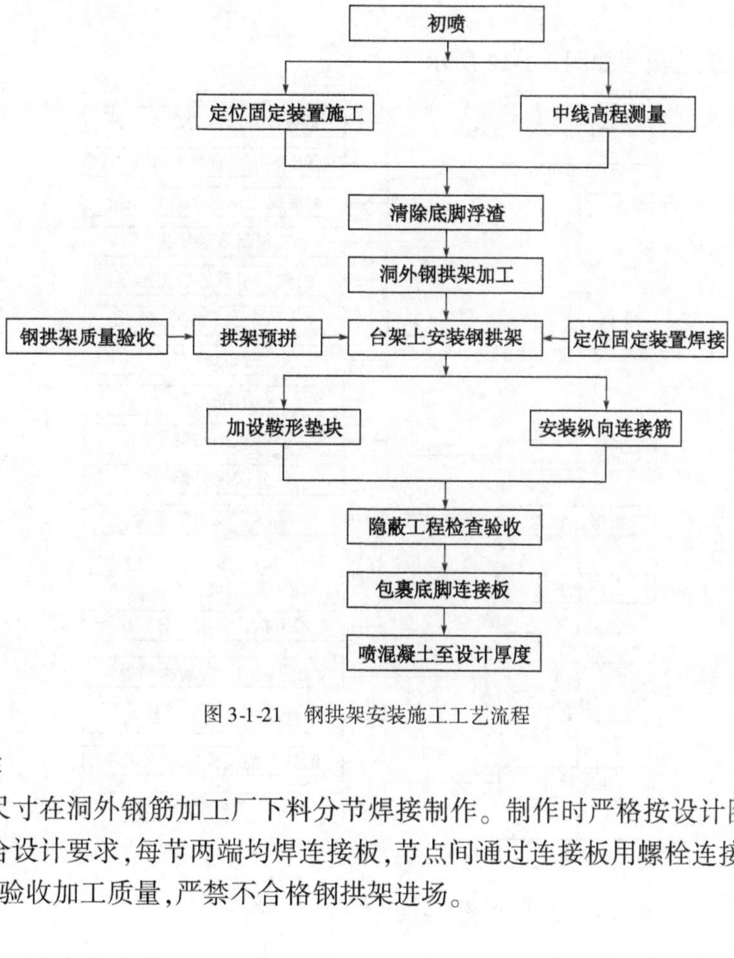

图 3-1-21 钢拱架安装施工工艺流程

(2) 钢拱架制作

钢拱架按设计尺寸在洞外钢筋加工厂下料分节焊接制作。制作时严格按设计图纸进行，保证每节的弧度与尺寸均符合设计要求，每节两端均焊连接板，节点间通过连接板用螺栓连接牢靠。加工后必须进行试拼检查，检查验收加工质量，严禁不合格钢拱架进场。

(3)钢拱架安装

钢拱架按设计要求安装,严格控制中线及高程,确保安装质量。安装前分批按设计图清除干净底脚处浮渣,超挖处加设钢(混凝土)垫块,超挖较大时,拱背喷填同强度等级混凝土,使支护与围岩密贴,控制其变形的进一步发展。其中间段接头板用砂埋住,以防混凝土堵塞接头板螺栓孔。按设计焊接定位筋及纵向连接筋,段间连接安设垫片拧紧螺栓。确保初喷质量,在初喷4cm混凝土后及时架设钢拱架并尽快复喷,使钢架与喷混凝土结构共同受力。拱架安装后必须保证垂直度,不能发生扭曲变形。

安装尺寸允许偏差:横向和高程为±5cm,垂直度±2°。钢架的下端设在稳固的地层上,拱脚高度低于上部开挖底线以下15~20cm。安装后利用锁脚锚杆定位。两排钢拱架间用高强螺栓(M20×70)连接,以形成整体受力结构。

拱部开挖安装型钢拱架后,钢拱架短时间内不能全断面闭合,有可能会出现拱顶钢架下沉,导致围岩失稳或侵入衬砌界限。因此在施工过程中需加强对钢拱架安装以后的监控量测,必要时采取有效措施进行加固,以防止拱顶钢架下沉。具体措施如下:

①加强对钢拱架的锁脚固定措施。由于采用分部开挖法,拱部钢架安装后,钢架暂时不能全断面封闭成环,同时土质隧道拱部钢架无法坐落在坚实的基岩上。因此,拱部钢架必须采取锁脚措施,将钢架两底脚牢固锁定,以防止钢架下沉或两底脚回收,钢拱架锁脚采用4根$L=3.0$m的ϕ42mm×4mm的锁脚锚杆锁定,压注水泥浆进行锚固,如地质较差时,采用加长锁脚锚杆长度和再增设一根锁脚锚杆以加强钢拱架的稳定。

②加设钢架基础连接纵梁,扩大开挖底脚,防止钢架悬空。为防止钢拱架下沉,视地质情况,必要时可在拱部钢架底部增设连接纵梁,纵梁采用[10槽钢,置于钢架底部,以增加钢架底部的承力面积。

3.3.5 喷射混凝土

喷射混凝土采用湿喷工艺,严禁干喷。初期支护采用C25混凝土,厚30cm。

(1)工艺流程图

喷射混凝土施工工艺流程如图3-1-22所示。

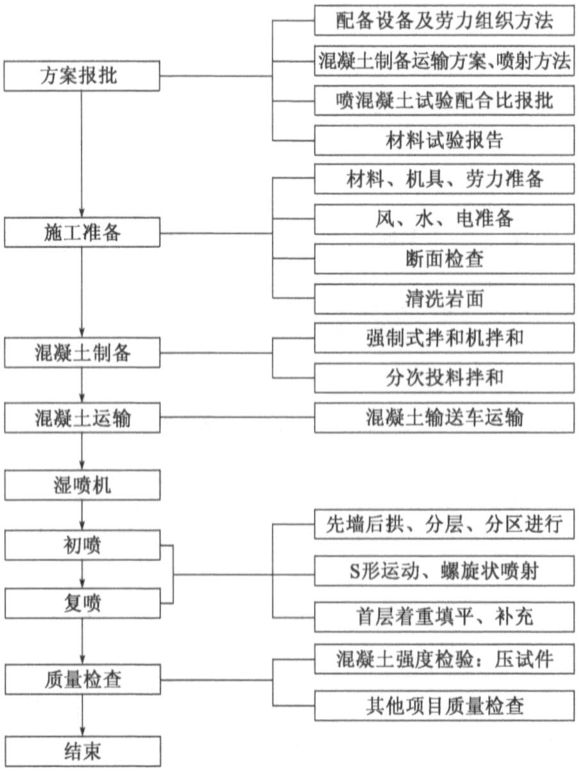

图3-1-22 喷射混凝土施工工艺流程

(2)材料选用

水泥选用42.5级普通硅酸盐水泥,掺速凝剂,要求初凝不超过5min,终凝不超过10min。砂采用机制砂,干净无污染,适宜用于隧道内喷射混凝土。石料采用质地坚硬的碎石,其最大粒径不大于10mm。

(3)喷射机具

为提高喷射混凝土的效果,减少回弹量和粉尘对人体的危害,采用湿喷机械湿喷。

(4)喷射方法

在喷射混凝土之前,开挖后检查开挖断面净空尺寸,找顶、敲帮完成立即进行初喷封闭围岩,充分发挥围岩的自稳能力。

拌料时严格掌握规定的速凝剂掺量和混凝土配合比,喷射距离一般为0.8~1.2m,且垂直于岩面。初喷厚度4cm,复喷厚度每次7~10cm,直至设计厚度。

施喷时由下而上、分段进行。每段长度不大于4m。如临空面凹凸不平时,先喷凹处找平。喷嘴缓慢呈螺旋形均匀移动,一圈压半圈,行与行之间搭接20~30cm。后一层喷射则在前一层混凝土终凝后进行。若终凝后间隔1h以上且初喷表面已蒙上粉尘时,则在后一层施喷前将受喷面用高压气体、水清洗干净。

在不良地质地段,设专人随时观察围岩变化情况,当受喷面有涌水、淋水、集中出水点时,先进行引排水处理。喷射混凝土采用自动计量拌和机搅拌,施工时将已过筛的砂、碎石、水泥依次加入,然后加入水开始搅拌,待混凝土拌和物搅拌均匀后,由混凝土输送车运至湿喷机械,湿喷机械在开始喷射混凝土之前,要先开动机器,然后加入水润滑管道,同时也可以用来冲洗受喷面,当湿喷机械工作正常后,加入混凝土,开始喷射混凝土。

喷混凝土前设置控制厚度的标识,并采用高压水冲洗受喷面;遇水易泥化地段采用高压风吹净临空面。施工中经常检查出料弯头、输料管和管路接头,处理故障时断电、停风。

(5)施工要求

支护紧随开挖面及时施作,以控制围岩变形和减少围岩暴露时间。细集料中的含水率定期检查、测试。喷射混凝土的用水采用清洁的饮用水,pH值不小于4。需连续均匀混料并喷射。混料设备要严格密封,以防外来物质侵入。空压机要能适用于所选用的喷射设备,并具有足够的气压和流率,且可以保持连续优质作业。喷嘴与受喷面保持垂直,同时与受喷面保持一定的距离,一般可取1m。混凝土料要确保密实填充格栅或钢架内的空隙及格栅、钢架与围岩之间的空隙。喷射混凝土作业时的气温不得低于5℃。

3.4 隧道地基处理

根据设计图纸,某隧道进洞浅埋段采用高压旋喷桩进行加固。暗洞开挖初期支护(简称初支)施作完毕后仰拱施作前先进行地基加固处理,如图3-1-23和图3-1-24所示。

3.4.1 施工参数

采用ϕ600mm高压旋喷桩进行地基加固,间距1500cm,采用强度等级为42.5的普通硅酸盐水泥,高压旋喷桩水灰比为0.5:1~1:1,试验室根据施工地层的土样选出最合理的浆液配方,旋喷桩顶端的高程应伸入仰拱初期支护混凝土内30cm,仰拱初期支护时应将该部分桩头凿除后,安放钢拱架。加固区段见表3-1-3。

某隧道地基加固处理分段 表3-1-3

分段桩号		长度(m)	地基承载力(kPa)	地基处理
右线	YK20+495~YK20+559	64	250	旋喷桩处理:桩径0.6m,间距1.5m,桩长6m,梅花形布置
左线	ZK20+450~ZK20+512	62	250	旋喷桩处理:桩径0.6m,间距1.5m,桩长5m,梅花形布置

旋喷桩施工参数为:浆液喷嘴2.8mm(2个),喷射压力20MPa,注浆管直径42mm,钻头旋转速度22r/min,浆液流量100L/min。

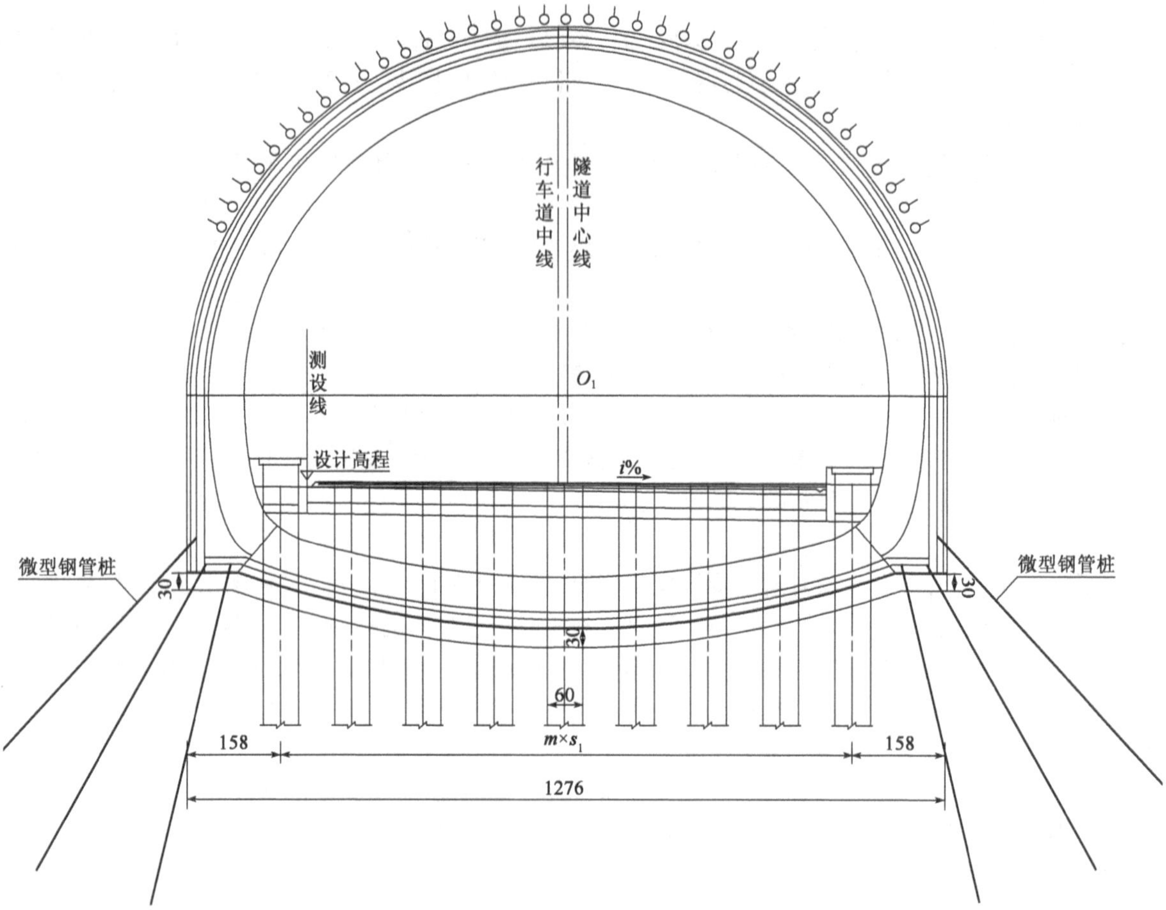

图 3-1-23　隧道基底处理大样图(尺寸单位:cm)

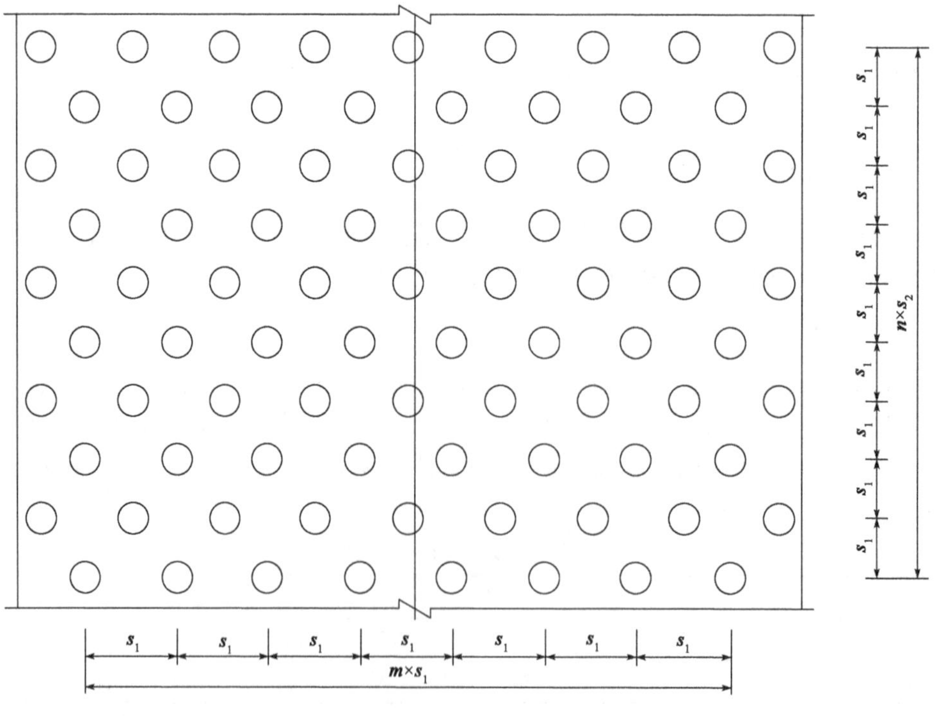

图 3-1-24　隧道基底处理平面图

3.4.2 高压旋喷桩施工工艺流程

高压旋喷桩施工工艺流程如图 3-1-25 所示。

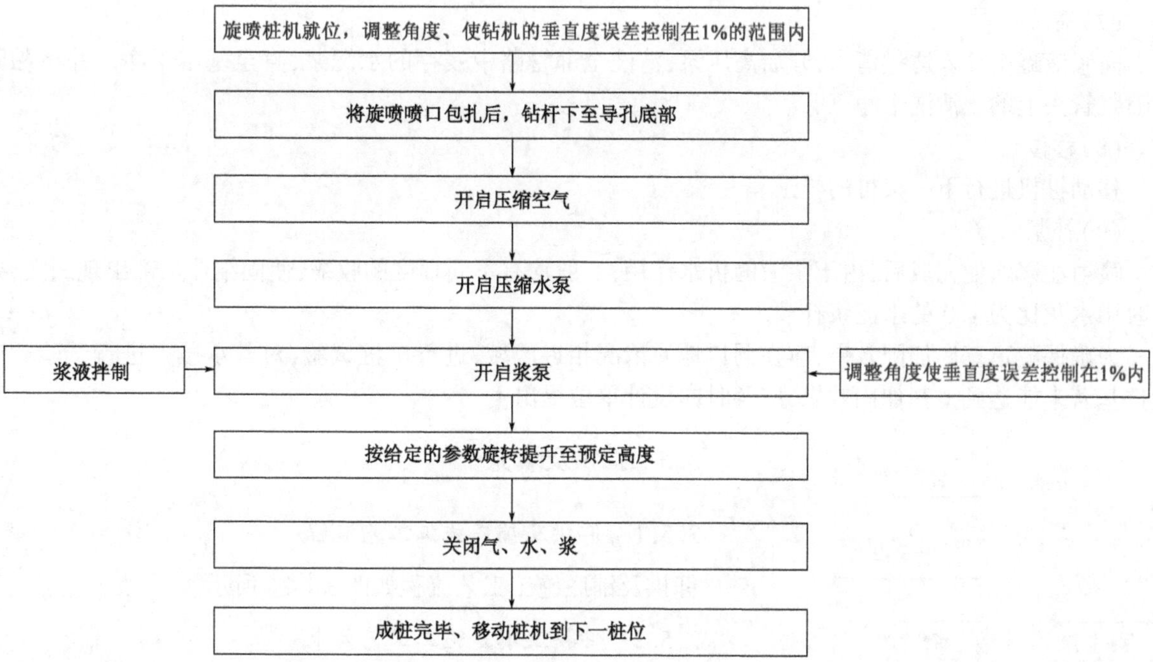

图 3-1-25 高压旋喷桩施工工艺流程

3.4.3 高压旋喷桩施工方法

(1)钻机就位、钻孔

根据现场放线移动钻机,使钻杆头对准孔位中心。为保证钻机达到设计要求的垂直度,钻机就位后必须做水平校正,钻杆轴线,垂直对准钻孔中心位置,保证钻孔的垂直度误差不超过 1%。在校直纠偏检查中,利用垂球(高度不得低于 2m)从垂直两个方向进行检查,若发现偏斜,则在机座下加垫薄木块进行调整。

就位后,首先进行低压(0.5MPa)射水试验,检查喷嘴是否畅通,压力是否正常。

(2)制备水泥浆

桩机移位时,即开始按设计确定的配合比拌制水泥浆。首先将水加入桶中,再将水泥和外掺剂倒入,开动搅拌机搅拌 10～20min,而后拧开搅拌桶底部阀门,放入第一道筛网(孔径为 0.8mm),过滤后流入浆液池,然后通过泥浆泵抽进第二道过滤网(孔径为 0.8mm),第二次过滤后流入浆液桶中,待压浆时备用。

(3)钻孔

采用地质钻机钻孔,钻头在预定桩位钻孔至设计高程。

(4)插管

钻机钻孔后,拔出钻杆,再插入旋喷管。在插管过程中,为防止泥沙堵塞喷嘴,可用较小压力(0.5～1.0MPa)边下管边射水。

(5)提升喷浆管、搅拌

喷浆管下沉到达设计深度后,接通高压水管、空压管,开动高压清水泵、泥浆泵、空压机和钻机进行旋转,并用仪表控制压力、流量和风量,分别达到预定数值时开始提升,继续旋喷和提升,直至达到预期的加固高度后停止。

(6)桩头部分处理

当旋喷管提升接近桩顶时,应从桩顶以下 1.0m 开始,慢速提升旋喷,旋喷数秒,再向上慢速提升 0.5m,直至桩顶停浆面。

若遇砾石地层,为保证桩径,可重复喷浆、搅拌:按上述步骤(4)~(6)重复喷浆、搅拌,直至喷浆管提升至停浆面,关闭高压泥浆泵(清水泵、空压机),停止水泥浆(水、风)的输送,将旋喷浆管旋转提升出地面,关闭钻机。

(7)清洗

向浆液罐中注入适量清水,开启高压泵,清洗全部管路中残存的水泥浆,直至基本干净。并将黏附在喷浆管头上的土清洗干净。

(8)移位

移动桩机进行下一根桩的施工。

(9)补浆

喷射注浆作业完成后,由于浆液的析水作用,一般均有不同程度的收缩,使固结体顶部出现凹穴,要及时用水灰比为1.0的水泥浆补灌。

为确保隧道基底加固效果,应在洞口地质情况相近区域,进行试桩试验,对其承载力进行试验。试验桩基若未能达到地基加固效果,应及时向设计单位提出。

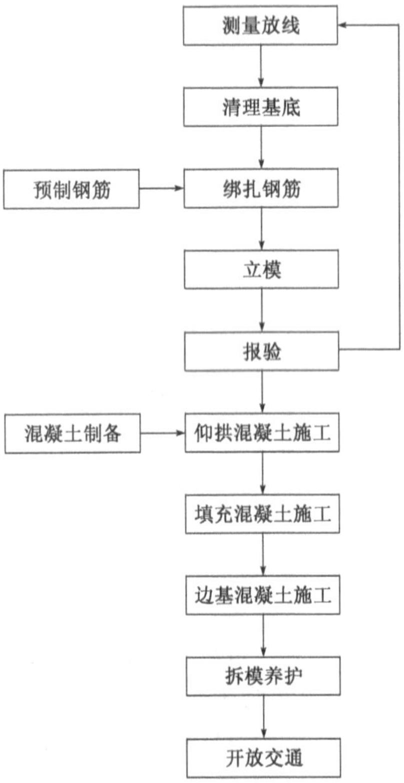

图3-1-26 仰拱及铺底施工工艺流程

3.5 仰拱及填充

3.5.1 仰拱及铺底施工工艺流程

仰拱及铺底施工工艺流程如图3-1-26所示。

3.5.2 仰拱及填充施工工艺要求

仰拱及填充采用仰拱栈桥配合混凝土施工,确保仰拱段施工时,不影响掌子面车辆通行,确保掌子面施工进度。仰拱采用弧形模板一次成型,与仰拱填充分开浇筑,确保施工质量。仰拱端头超出仰拱填充端头50cm,仰拱端头设置防水中埋式止水带,设置仰拱与填充错台(50cm),更有利于仰拱及填充防水,防止仰拱底部水直接冒出至路面,避免翻浆冒泥病害,提高仰拱自防水能力。

(1)根据设计图纸的高程、断面尺寸确定仰拱浇筑高度和填充高控制桩点。

(2)清理基础。将基底面的虚渣、泥水等杂物清理干净,并采用高压水将基底冲洗干净。

(3)钢筋绑扎。按设计图纸进行仰拱钢筋绑扎,并将钢筋骨架固定牢固。

(4)立模。按照所施工地段的长度、仰拱横断面、设计中心进行模板安装及固定。

(5)仰拱混凝土浇筑。基底及钢筋质量检验合格,采用人工或机械进行混凝土浇筑施工。

(6)填充混凝土浇筑。在仰拱混凝土浇筑完毕且强度达到设计要求后进行填充混凝土浇筑。

(7)拆模养护。当仰拱及填充混凝土达到设计强度的70%且大于2.5MPa后,进行拆模并定期养护。混凝土采用自动计量拌和站生产。

(8)严格按照设计及规范设置施工缝和沉降缝并安装止水带防水,严格控制分层浇筑高度和捣固质量。

3.5.3 仰拱栈桥与仰拱模板

(1)仰拱栈桥

仰拱栈桥实物如图3-1-27所示。

图 3-1-27　仰拱栈桥

(2)仰拱弧形模板

仰拱弧形模板如图 3-1-28 所示。

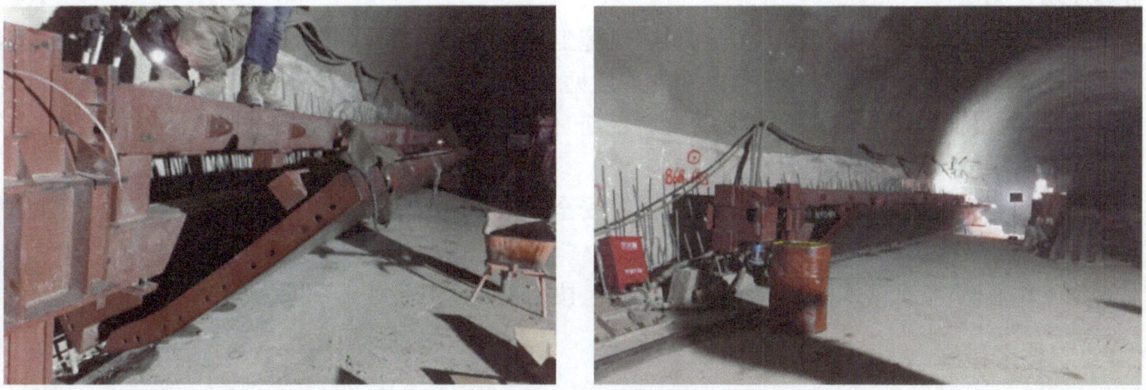

图 3-1-28　仰拱弧形模板

4. 施工安全保证措施

4.1　组织保障措施

4.1.1　安全管理机构

安全管理机构如图 3-1-29 所示。

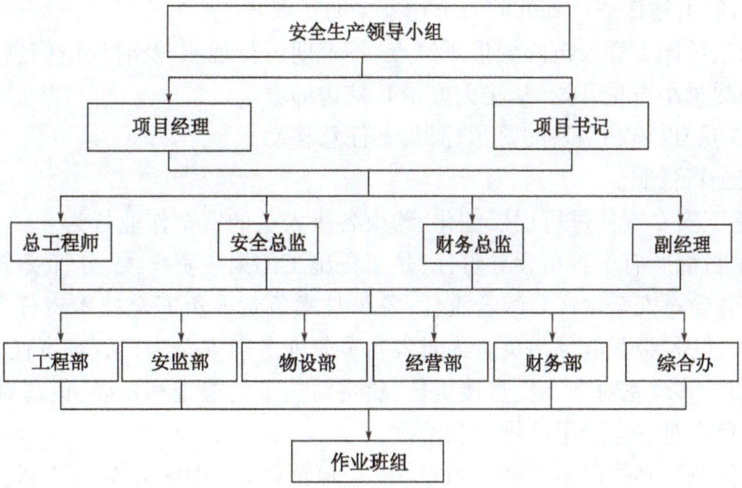

图 3-1-29　安全管理机构

4.1.2 安全生产领导小组

(1)成立安全生产领导小组,明确责任分工

①组长职责:负责对项目部的所有工程进行全面安全管理,审查专项施工方案,规划各级人员职责,负责对专项安全措施费用的批准和审核,负责对突发事件的应急处置,负安全第一责任。

②副组长职责:协助组长工作,在组长不在场的情况下行使组长职责。协助处理相关工作,具体负责工程的现场管理,恢复和保证生产正常进行。

③组员职责:协助组长做好项目部安全管理工作,并逐一落实项目部关于施工的安全措施。

(2)各主要职能部门分工

为进一步加强对项目部施工的安全掌控,有效遏制安全事故的发生,项目部对各个职能部室也须进行安全责任细化和分工。

①安监部:主要负责对作业人员的安全教育和培训及各项安全措施的落实,全程督导现场安全作业,对现场施工进行安全巡查,督促和指导安全隐患的整改,负责对作业人员个人安全防护用品的检验和督导使用。

②工程部:负责对施工进行技术指导,负责对施工的各分部分项工程制订施工技术方案。对工程结构负责定期检查,发现问题及时提出整改和处理意见。

③物设部:负责对施工机械和材料的把关,定期对施工设备和材料进行安全检查,杜绝带病设备及不合格材料入场使用。

④财务部:负责提供专项安全措施费用,并对安全措施费用的使用进行全程监控。执行项目部对作业队和作业人员安全奖励和处罚规定。

⑤施工作业队:负责落实既定方案和安全措施,协助并配合好各职能部室做好现场安全管理。

4.2 技术措施

(1)加强对工程施工的安全管理工作,遵守标书、合同和政府有关安全生产的规章制度,施工负责人对本单位的安全工作负责,要做到有针对性地详细安全交底,提出明确安全要求,并认真监督检查。对违反安全规定冒险蛮干的要勒令停工,严格执行安全一票否决制度。

(2)加强机械设备安全技术管理,机械设备的操作人员和指挥人员必须经过专门训练,并考试合格取得主管部门颁发的特殊工种操作证后方可独立操作。

(3)建立安全检查制度,项目部专职安全员负责对现场施工人员进行安全生产教育和安全制度的学习,定期组织安全检查,发现问题及时整改,增强全体职工安全意识和自我保护观念。

(4)针对本工程特点,施工外部和内部环境以及建设单位的有关要求,制订各工序具体的安全技术制度,并履行签字手续,下达作业计划的同时下达安全防护要求。

(5)洞口套拱及边坡面上埋设沉降变形观测点,不定期进行观测,及时反馈信息。

(6)洞口施工时尽量小方量开挖,禁止大方量开挖边仰坡。

(7)施工现场设防护设施和明显的警示标识,不任意移动。

(8)建立施工安全责任制。

①项目部针对施工安全责任进行层层细化,约束各级人员的安全作业行为。

②项目经理对项目部所有工程负领导责任,是工程施工的第一责任人;分管安全生产的领导负安全生产重要责任;其他领导对安全生产负综合责任;各级技术负责人负安全技术责任;领工员和生产班组长负安全生产执行责任;各级职能部门负责人对各自分管业务负安全生产管理责任。

③项目部安全质量管理室对施工负直接责任,负责对施工的检查和督导,负责对现场作业人员的安全技术交底和培训,负责对安全隐患的排查和整改。

④各职能部门、作业队必须严格遵守项目部《安全保证体系》中的安全责任制,切实履行个人安全岗位职责。

⑤各级领导、职能部门、技术负责人及全体职工，凡认真履行各自安全生产职责，取得安全生产突出成绩者给予奖励；对不履行安全生产职责或执行不严而造成事故的，视其责任大小进行处罚；构成犯罪的，由司法机关追究刑事责任。

(9)安全施工要求。

①进入施工现场所有人员必须统一着装、戴安全帽，管理人员必须佩戴胸卡上岗。特殊工种应穿安全防护服装以及采取必要的保护措施，并持证上岗。

②洞口土石方开挖不得在雨季进行施工。

③夜间施工时，现场必须有足够的照明设备。

④钻机就位后，钻机安设必须平稳牢固。

⑤钻机使用的电缆线架空搭设并定期检查，接头必须绑扎牢固，确保不透水不漏电。挪移钻机时，不得挤压电缆线及风水管路。

⑥钻机停钻时，必须将钻头拨出孔外置于钻架上。

⑦施工现场无关人员不得私自动用施工设备、电力机械；不得擅自点火做饭、接线拉灯、使用电热器等。

⑧进入施工现场的机械设备，必须布局合理、安装牢固，并配备必要的安全警示标识和设置操作规程牌。

⑨施工范围内的出入口应有醒目的安全标识，禁止无关车辆与闲杂人员出入。

⑩场地内应在合适的地方设置一定数量的质量、安全标语、标牌、彩旗。

4.3 隧道施工安全措施

(1)掘进施工安全

加强隧道的综合地质预报，健全洞口排水设施，确保洞口段的稳定。加强监控量测，密切注意支护和围岩变化，及时反馈围岩变形信息，监督第三方做好监控量测和地质超前预报，一旦情况异常，立即采取措施，防止坍塌。同时在软弱围岩地段配备可手动拆卸的逃生管道，管道采用 ϕ800mm、壁厚 8mm 的卷板制作，另外设置救生箱放置食品、药品、饮用水和通信联络设备，并由专人管理。

(2)喷锚作业安全

喷混凝土时，禁止施工人员站在料管接头附近，特别是输料管前端，严禁将喷嘴对准施工人员。接触速凝剂时戴橡胶手套，当喷头被堵、疏通管路时防止管中带压混凝土喷出伤人。若喷混凝土中的外加剂液不慎溅到皮肤上，要及时用水冲洗，严重时送医院治疗。

(3)通风与除尘安全

通风系统有足够的能力保证隧洞开挖过程中的空气流速及提供给每人每分钟 $3m^3$ 以上的新鲜空气，并防止施工环境温度过高。

洞内通风系统设有专职人员管理，风机管路吊挂牢固，漏风处及时修补，保证通风效果良好。同时做好以下防尘措施：一是密封尘源，使粉尘与操作人员隔离；二是喷雾洒水；三是搞好个人防护，如佩戴防尘口罩等。

(4)出渣运输安全措施

隧道洞口设置行车标识，并由专人负责指挥车辆出入。车辆在隧道内行驶速度不能超过 10km/h。隧道内必须保证足够的亮度，并在施工台架上贴反光膜，确保行车安全。装渣量不能超过自卸车的允许方量，防止石块掉落。车辆进出隧道要亮灯和不断鸣笛，保证制动良好。

(5)地质灾害防治

本项目隧址区地层岩性主要为上更新统风积黄土及冲洪积黄土状土、粉质黏土。裂隙发育结构相对疏松，开挖后自稳能力差，尤其是在小倾角围岩段施工时容易发生坍塌等围岩失稳现象。为防止围岩失稳，在仔细观察的同时要对第三方检测的超前预报结果及时解读，必要时进行超前钻孔预测预报。重视超前支护和系统锚杆的施工质量，坚持“先支护(强支护)、后开挖(短进尺)、快封闭、勤量测”的新奥法施工原则，确保施工安全。

(6)用电及照明安全

要经常对电线、电气设备进行检查维修，严防漏电、短路等事故的发生；非专职电气人员，不得操作电气设备；操作高压电气主回路时，必须戴绝缘手套，穿绝缘鞋，并站在绝缘板上；低压电气设备应加装触电、漏电保护器；电气设备外露的转动和传动部分，必须加装遮拦式防护装置；检修、搬迁电气设备时，应切断电源，并悬挂"有人工作，不准送电"的警示牌；带电作业时，必须制订安全措施，在专职安全员的监护下进行，此外还需使用绝缘可靠的保护工具；对机器和设备进行检查维修时，如指定进行电器绝缘，首先检查被绝缘的装置有无电压，然后短路接地，同时绝缘邻近带电的部件；带电作业时，应启动应急停电装置或启动主断路器，并在作业区设置安全警告标识；在高压元件上作业时，必须绝缘后将输电线接地，将元件短路。

(7)机械车辆施工安全

操作人员必须持证上岗，严禁将机械交给无证人员和不熟悉机械设备性能的人员操作。施工作业前，操作人员必须认真听取施工技术人员的现场交底及有关安全注意事项，并对机械做详细检查，作业中集中精力，不得擅自离开工作岗位。

施工运输车辆应建立定期检修和保养制度，使车辆保持在良好状态，车辆驾驶员必须熟悉所驾车辆性能、保养程序及操作方法。使用挖掘机、装载机装料时，汽车就位后应拉紧停车制动，关好车门，严禁超载。凡带升降翻斗的运输(自卸)车，严禁翻斗升起运行或边起边落以及在行驶时操作车厢举升装置。

(8)防火与防汛

①防汛措施：加强与气象部门联系，掌握天气情况和隧道进出口地质变化，按当地政府和建设方的防汛要求，组织好防洪防汛队伍，备足防汛物资和器材，安排专人24h防洪值班，确保通信联络畅通。

②防火措施：严格执行《消防法》中的有关要求，在隧道二次衬砌台车、车行横洞、库房及临时房屋集中的地方，配备各种消防器材并定期检查。加强对职工的防火教育，定期进行隧道洞内施工消防演练。在施工现场设立防火警示牌，并设专人巡查监督。同时建立严格的防火管理制度。

(9)逃生救援通道措施

①为保证施工安全，二次衬砌与掌子面之间的安全步距不得超过设计要求，掌子面距仰拱的距离不得超过35m(Ⅴ级围岩)。逃生救援通道设置于掌子面至二次衬砌之间，设置起点为最新施作好的二次衬砌以内，且距二次衬砌端头≥2m，从衬砌工作面布置至距离开挖面5m以内的适当位置，随着开挖进尺不断前移。

②逃生救援通道规格：在隧道脱空区段设置内径为ϕ80cm的聚乙烯轻质逃生管(图3-1-30)，管长约3m，壁厚不小于3cm，逃生管在隧道塌方时可作为被困人员的逃生管道；保证逃生管深入已施作二次衬砌内不小于一环二次衬砌的长度。

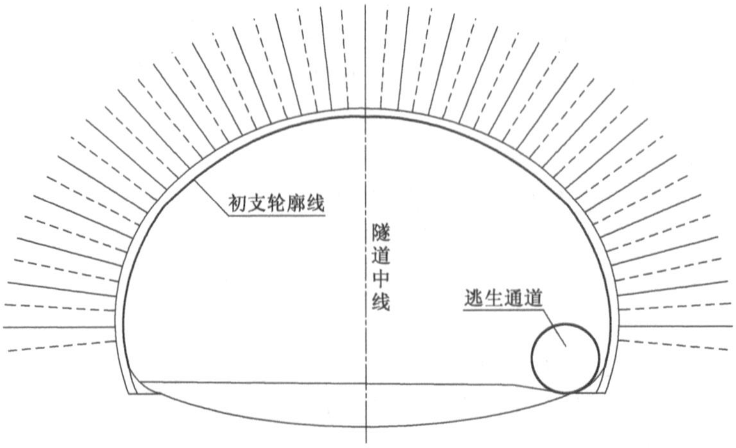

图3-1-30 逃生通道横向设置示意图

③在地面做好固定装置,在仰拱未开挖段利用风钻在逃生管两侧打眼,埋入直径不小 ϕ25mm 钢筋进行固定;在仰拱开挖后尚未浇筑地段,采用两根不小于 I20a 工字钢作为下纵梁作为支撑,两工字钢间距为 30 ~40cm,纵梁之间用钢筋或钢板连接;在浇筑仰拱混凝土时,按照放置逃生通道位置,预埋钢筋,作为逃生通道的横向固定,如图 3-1-31 所示。在施工过程中,当隧道掌子面后方发生塌方事故时,易造成施工人员被困洞内,为确保被困人员的安全,快速有效地实施救援,最大限度减少事故损失,在隧道施工阶段应考虑相关工程措施及准备相关救援设备。

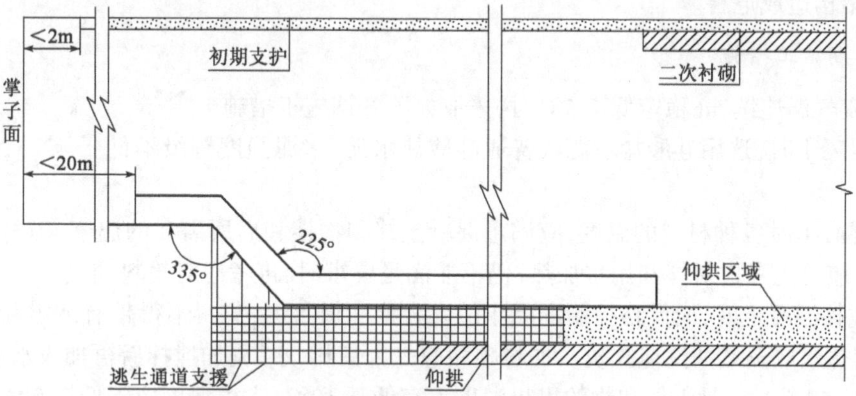

图 3-1-31 逃生通道纵向布设示意图

④隧道主洞施工至人行或者车行通道时,应及时贯通横通道,以供紧急求援时使用。

⑤洞内设置无线电话,施工照明采用 UPS 供电照明。

⑥掌子面附近准备食物、紧急医用药物及相关设备。

⑦洞外预备临时钢架、木材、钻机及抽水机具等设施。

4.4 季节性措施

4.4.1 雨季施工措施

(1)在降雨量集中季节且会对工程质量造成影响时,应按雨季要求进行施工。

(2)雨季施工应通过当地气象部门提前获取气象预报资料,制订切实可行的施工组织计划、施工技术方案及应急预案等。对水泥、钢材等工程材料,应有防雨防潮、对施工机械应有防止洪水淹没等措施。

(3)雨季应对现场做好排水工作,确保道路通畅。孔口周围应有挡水措施,防止雨水流入孔内。

(4)雨季施工期间,对现场供电线路、设备进行全面检查,预防触电事故的发生。

(5)水泥的存储应防雨防潮,已受潮有结块的水泥不得用于工程中。雨期施工应增加砂、石集料含水率的检测次数,及时调整混凝土配合比,保证拌和质量;砂、石集料的含水率检测,每个台班应不少于 1 次,雨后拌制混凝土应先检测后拌和。

4.4.2 热期施工措施

(1)当昼夜日平均气温超过 30℃时,混凝土工程的施工应符合热期施工规定。

(2)应采取必要措施对水泥和砂、石集料等遮阳防晒,或对砂、石料堆喷水降温,降低原材料进入搅拌机的温度。

(3)对拌和水宜采用冷却装置或其他适宜的方法降温;对水管及水箱应设置遮阳或隔热设施。

(4)配合比的设计应考虑高温对混凝土坍落度的影响。混凝土可掺加高效减水剂或掺用粉煤灰等活性材料取代部分水泥,减少水泥用量;混凝土宜选用水化热较低的水泥,当掺用缓凝型减水剂时,可根据气温情况适当提高坍落度。

(5)拌和厂的料斗、储水器、皮带运输机及搅拌桶等应采取遮阳措施。在搅拌和浇筑混凝土过程中,应增加混凝土坍落度的检测次数;当不能满足施工需要时,应及时调整配合比。

(6)混凝土宜在棚内或气温较低的夜间进行搅拌;当无其他特殊规定时,混凝土的入模温度宜控制在30℃以下。

(7)浇筑混凝土前应有全面的施工组织计划,做好充分准备,配备足够的施工机具设备,保证浇筑施工能连续进行。

(8)砂、石集料的含水率检测,每台班应不少于1次。

(9)在混凝土的浇筑过程中,应严格控制缓凝剂的掺量,并应检查混凝土的凝结时间,防止缓凝剂掺量不准确对结构造成危害。

4.4.3 冬期施工措施

当室外昼夜气温连续5d稳定低于5℃时,采取如下冬期施工措施。

(1)配制混凝土时,选用硅酸盐水泥或普通硅酸盐水泥,水泥强度等级不低于42.5,水泥胶比不大于0.5。

(2)拌制混凝土时各种材料的温度,应满足混凝土拌和物拌和后所需要的温度,当材料原有温度不能满足要求时,应首先考虑对拌和用水加热;仍不能满足要求时,再考虑对集料加热。

(3)冬期搅拌混凝土时,应严格控制混凝土的配合比和坍落度,集料不得带有冰雪和冻结团块。投料前,应先采用热水或蒸汽冲洗搅拌机。加料顺序应先为集料、水,稍加搅拌后再加入水泥,且搅拌时间应比常温时延长50%。混凝土拌和物的出机温度不宜低于10℃,入模温度应不低于5℃。

(4)确保施工便道的畅通,最大限度地缩短混凝土的运输时间,并在运输混凝土的容器加上棉被麻袋等进行保温。

4.5 监测监控措施

4.5.1 超前地质预报

本项目隧道工程地质及水文地质较为复杂,局部钻孔及物探等勘探手段难以有效准确地反映全隧道工程地质和水文地质情况及不良地质现象。为了确保施工安全,在施工阶段全程采用超前地质预报方法,坚持动态设计与施工。

4.5.1.1 地质预报组织与设备配备

本隧道超前地质预报工作委托具有专业资质的检测单位负责,施工中配备有经验的地质工程师对隧道开挖施工全过程监控指导,确保各种措施的落实,同时对预测预报的数据、结果及时反馈到设计、监理单位。超前地质预报设备配备见表3-1-4。

地质预报仪器设备 表3-1-4

序号	设备名称	型号	单位	数量
1	地质雷达	SIR-10H		
2	地质钻机	MK-5		
3	超前地质预报系统	TSP203plus		

4.5.1.2 地质预报内容及方法

(1)超前地质预报内容

①地层岩性预测预报,特别是对软弱夹层、破碎地层及特殊岩土的预测预报;

②地质构造预测预报,特别是对断层、节理密集带、褶皱轴等影响岩体完整性的构造发育情况的预测预报;

③不良地质预测预报,特别是对岩溶、瓦斯等发育情况的预测预报;

④地下水预测预报,特别是对岩溶管道水及富水断层、富水褶皱轴、富水地层中的裂隙水等发育情况的预测预报。

(2)超前地质预报方法

①中、长距离地质预报:采用TSP隧道地震探测仪等设备进行远距离较宏观长距离预报,一般地段

洞身每 100 ~ 150m 作业一次,地质复杂地段视情况加密进行,中长隧道全隧道进行,应采用技术先进、可靠,性能良好的设备进行,并由有经验的人员操作和判断。

②其他方法预报:当推测隧道可能存在富水地段等其他不良地质时,如向斜、断层破碎带富水地段等,提前 20 ~ 30m 采取瞬变电磁仪进行探测地下水等不良地质情况。

③短距离地质预报:采用地质雷达法(GPR)进行短距离预报,如图 3-1-32 所示,一般地段洞身每 20m 作业一次,所有隧道全隧道进行,采用技术先进、可靠,性能良好的设备进行,并由有经验的人员操作和判断。

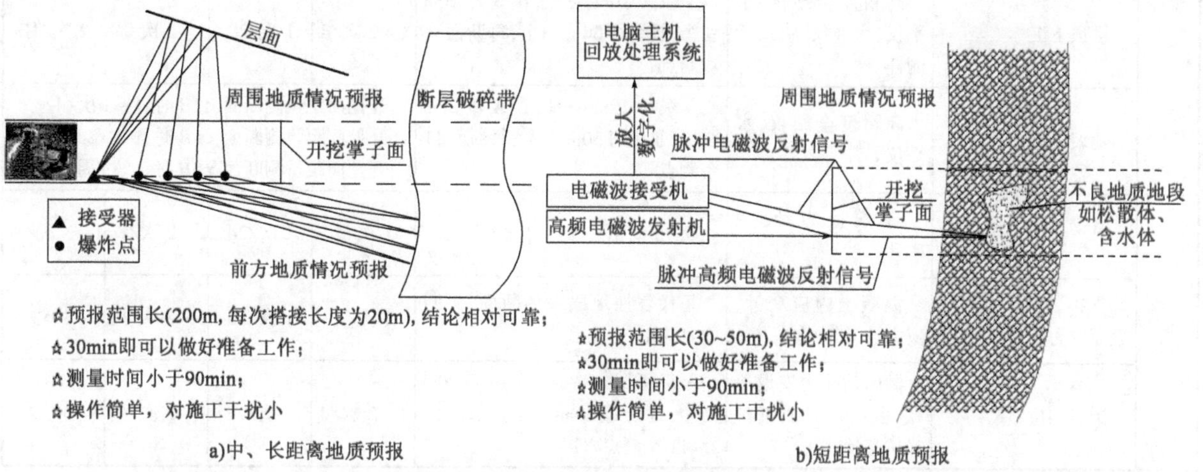

图 3-1-32 地质雷达超前地质预报系统

④超前地质钻探:超前地质预报系统探测发现隧道地质异常,推测存在岩溶、富水软弱断层破碎带、富水岩溶发育区、煤层瓦斯等地质复杂地段,隧道施工中可能发生涌水、突泥或瓦斯突出等地段以及其他重大物探异常区,必须采用超前探孔对预报成果加以核查与确认。超前探孔数量和长度应结合超前地质预报成果确定,应能确保准确揭示不良地质规模、范围,为处治设计和施工方案提供准确依据。超前地质钻孔现场应由有经验的专门地质技术人员及施钻人员负责,钻孔过程中做好钻探记录,包括钻孔位置、开孔时间、终孔时间、孔深、钻进压力、钻进速度随钻孔深度变化情况、冲洗液颜色和流量变化等,钻孔直径应不小于 ϕ76mm,满足钻探取芯、取样和孔内测试等要求。连续钻探每循环孔深应能满足前后两循环钻孔重叠长度不小于 5m,钻进施工中应对钻孔资料进行编录,并绘制每个孔的柱状图,特别是发现岩溶、富水断层破碎带、煤层瓦斯等不良地质时,应能反映出不良地质的规模、性质。

⑤地质调查法:该方法根据隧道具体工程地质及水文地质情况,每循环开挖前后对隧道围岩进行地质素描,描述围岩岩性、坚硬程度、风化程度、产状、节理裂隙发育情况、渗水情况等,并结合超前地质预报等,需由有经验的专业工程地质技术人员进行。若判断隧道围岩有异常情况或与原设计不符,应及时将信息反馈给相关单位,再次采用补充预报和超前地质钻孔确认,确定处治方案和施工方法后,方可进行开挖施工。

⑥若隧道洞周及底板下部可能存在岩溶、采空区等不良地质,应进行隧道洞周及底板下部地质预报,发现异常情况采取钻孔进行验证和确认,通知相关单位对确定的岩溶、采空区等不良地质进行处治,确保隧道结构和运营安全。

4.5.2 围岩监控量测

本隧道监控量测的项目、量测方法、仪器及频率见表 3-1-5。

(1)洞内开挖工作面的观测

在每个开挖面进行,特别是在软弱破碎围岩条件下,开挖后立即由隧道工程师和地质工程师进行地质调查,观察后绘制开挖工作面略图(地质素描),填写工作面状态记录表及围岩级别判定卡。

监测内容及频率　　表 3-1-5

项目类型	项目名称	方法及工具	布置断面数	量测频率			
				1～15d	16d～1个月	1～3个月	3个月以后
必测项目	地质和初期支护观察	地质罗盘、数码相机	开挖并初喷后进行	每次开挖后进行			
必测项目	水平净空收敛	各种类型收敛计	Ⅴ级每10m一个，Ⅳ级每20m一个，Ⅲ级每50m一个；每断面两对测点	1～2次/d	1次/2d	1～2次/周	2次/月
必测项目	拱顶下沉	高精度全站仪、水平仪、水准尺、钢尺活测杆	Ⅴ级每10m一个，Ⅳ级每20m一个，Ⅲ级每50m一个；每断面一对测点	1～2次/d	1次/2d	1～2次/周	2次/月
必测项目	地表下沉	高精度全站仪、水平仪	Ⅴ级每10m一个，Ⅳ级每20m一个，Ⅲ级每50m一个；每断面11个测点	开挖面距量测断面＜2B时，1～2次/d； 开挖面距量测断面＜5B时，1次/2d； 开挖面距量测断面＞5B时，1次/周			
选测项目	钢支撑内力及外力	钢筋应力计、频率计	每10榀钢支撑一对测力计	1次/d	1次/2d	1～2次/周	1～3次/月
选测项目	支护、衬砌内应力、表面应力及裂隙量测	混凝土内应变计、应力计、压力盒	每代表性地段一个断面，每断面宜为11个测点	1次/d	1次/2d	1～2次/周	1～3次/月
选测项目	围岩内位移	洞内钻孔中安设单点、多点杆式或钢丝式位移计	Ⅴ级每10m一个，Ⅳ级每20m一个，Ⅲ级每50m一个。每断面2～11个测点	1～2次/d	1次/2d	1～2次/周	1～3次/月

(2)开挖后未被支护围岩的观测

①节理裂隙发育程度及其方向；

②开挖工作面的稳定状态，顶板有无坍塌；

③涌水情况：位置、水量、水压等；

④底板是否有隆起现象。

(3)对开挖后已支护围岩的观测

对已施工区段的观察每天至少进行一次。观察内容包括：

①有无锚杆被拉断或垫板脱离围岩现象；

②喷射混凝土有无裂隙、剥离或剪切破坏；

③钢拱架有无被压变形情况；

④锚杆注浆和喷射混凝土施工质量是否符合要求；

⑤观察围岩破坏形态并分析。

(4)洞外观察

洞外观察包括观察洞口地表情况、地表沉陷、边坡及仰坡的稳定以及地表水渗透等，观察结果记录在工程施工日志及相关表格中。

①地表下沉量测。根据图纸要求洞口段应在施工过程中可能产生地表塌陷之处设置观测点，布置在洞口浅埋地段，设置4～6个观测断面。洞口浅埋地段地表沉降观测布置如图3-1-33所示。

地表下沉观测点按普通水准基点埋设，并在预计破裂面以外3～4倍洞径处设至少两个水准基点，以便互相校核，基点应和附近原始水准点多次联测，确定原始高程，作为各观测点高程测量的基准，从而计算出各观测点的下沉量。地表下沉桩的布置宽度应根据围岩级别、隧道埋置深度和隧道开挖宽度确定。

地表下沉量测频率和拱顶下沉及净空水平收敛的量测频率相同。地表下沉量测应在开挖工作面前方 $H+h$(隧道埋置深度＋隧道高度)处开始，直到衬砌结构封闭、下沉基本停止时为止。

②周边位移量测。隧道围岩变形监测点布置如图3-1-34所示。

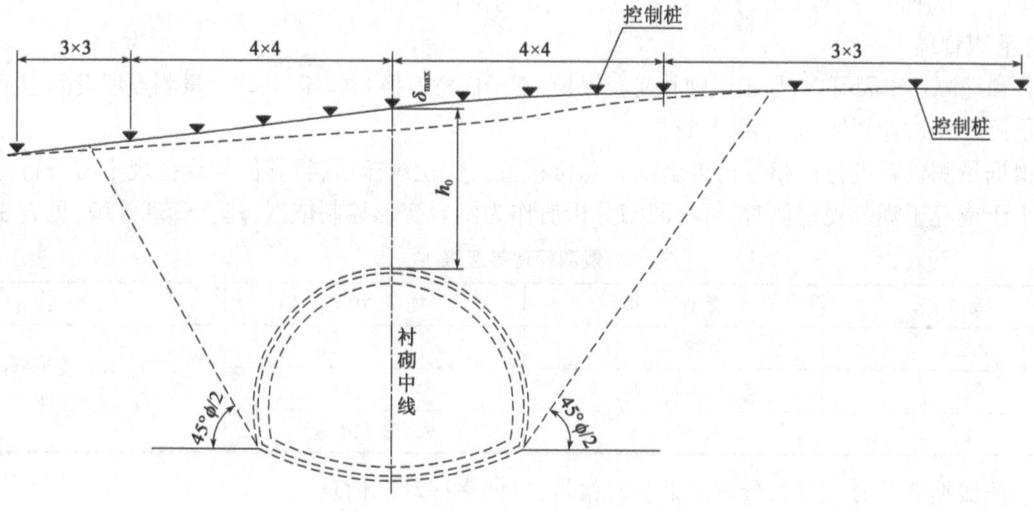

图 3-1-33 洞口浅埋段地表监控点布置(尺寸单位:cm)

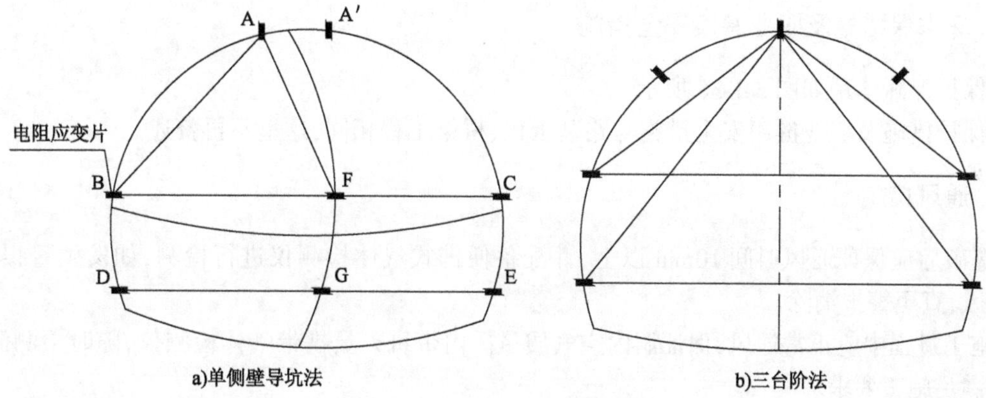

图 3-1-34 隧道围岩变形监测点布置

净空水平收敛测线的布置应根据施工方法、地质条件、量测断面所在位置、隧道埋置深度等条件确定。

拱顶下沉量测与净空水平收敛量测在同一量测断面内进行时,采用水准仪测定下沉量。当地质条件复杂,下沉量大或偏压明显时,根据现场情况并参照设计单位、监理单位的意见,除量测拱顶下沉外,还应量测拱腰下沉及基底隆起量。

(5)量测数据处理

①记录整理观测数据,绘制位移 u 与时间 t 的关系曲线。

②回归分析。回归分析是对一系列具有内在规律的测试数据进行处理。通过处理和计算得到两个变量之间的函数式关系,从而推算最终位移和掌握位移变化规律,如图 3-1-35 所示。

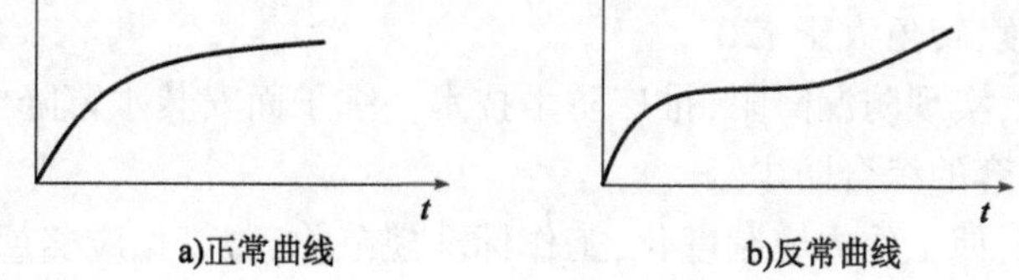

图 3-1-35 回归分析曲线

双曲线函数是分析量测数据的有效函数,利用它可判定围岩变化稳定情况。

$$\begin{cases} u = t/a + bt \\ u = a\left[1 - \dfrac{1}{(1+bt)^2}\right] \end{cases}$$

式中，a、b为回归常数；t为初数后的时间(s)；u为位移值(mm)。

(6)量测管理

①各预埋测点牢固可靠，易于识别并妥善保护，不得任意撤换和破坏，并建立量测点埋设的记录资料。

②量测工作按计划实施，不得中断。

③根据量测资料进行回归分析得出围岩总位移值及变化规律后，将其值与规范规定值进行比较：当计算值小于或等于规范规定值时，可将回归分析值作为围岩变形控制依据，建立管理等级，见表3-1-6。

量测管理等级表 表3-1-6

管理等级	管理位移	施工状态	备注
Ⅲ	$u_0 < u_n/3$	可正常施工	u_0：实测变形值； u_n：允许位移值
Ⅱ	$u_n/3 < u_0 < 2u_n/3$	加强支护	
Ⅰ	$u_0 > 2u_n/3$	采取特殊措施	

④量测数据要及时、准确，量测结果及时报告，以便掌握动态信息。

⑤记录要正规，资料要齐全，计算要正确，以便为竣工文件积累资料。

4.6 环水保措施及职业健康安全措施

环境保护保障体系如图3-1-36所示。

环境保护措施及职业健康安全措施与路基工程、桥梁工程相同，这里不再赘述。

4.7 通风措施

(1)爆破后应保证通风时间10min以上，并配备便携式气体检测仪进行检测，如发生警报，则需继续进行通风，直至警报消除。

(2)施工过程中应正常通风，保证洞内空气质量。由带班人员携带气体检测仪，随时检测洞内空气质量是否满足施工要求。

(3)风机、风管安装及维护。

①洞外风机安装位置距洞口不小于30m，支架应稳固结实，尽量保证风管、风机在同一直线上。风机位于洞口外上风向位置，避免洞内压出废气循环进入风机形成二次污染。风机出口设置加强型柔性或变径管与风管连接，风机和风管接口处法兰间加密封垫。

②风管必须采用WSFG型软管。要求风管具有防水、阻燃、抗静电性能。每节风管25～30m，连接头为拉链式，以实现防漏降阻。

③风管吊挂必须做到平、直、稳、顺、紧。即：在水平面上无起伏，在垂直面无弯曲，风管无褶皱、无扭曲。作业时，先由测量人员算出风管位置，并每隔5m算出锚杆位置。台车打眼后安装1.5m长锚杆。布设ϕ6mm钢筋拉线，用紧线器张紧，用尼龙绳捆在锚杆上，风管吊挂在拉线下。

④掌子面选用短节旧风管，远离掌子面可更换长节新风管。为克服长期使用风管疲劳造成长度延伸、挠度增大，每月进行一次系统检查，每300m为一个检查调整段，风管拉紧后去除多余部分。遇有拐弯处，风管要缓慢拐弯过渡，转角大于120°。

⑤稳定通风技术队伍，实现防漏降阻，推广防尘技术。掌子面安装水幕降尘器，做到机械净化、喷雾降尘和个人防护为主要内容的综合防尘。

⑥健全通风管理制度，使工作内容制度化，工作标准规范化，制订相应奖惩措施，并严格执行。

⑦通风机应有专人值守，按规程要求操作风机，如实填写记录。加强通风系统的维护管理工作，风机与风管的性能必须做到合理匹配。

⑧通风机使用前应卸去废油，换注新黄油，以后每半月加注一次。风机应连续运转，尽量减少停机次数。

⑨风管出现破洞，要及时粘补，较大的破口可先缝再粘补。

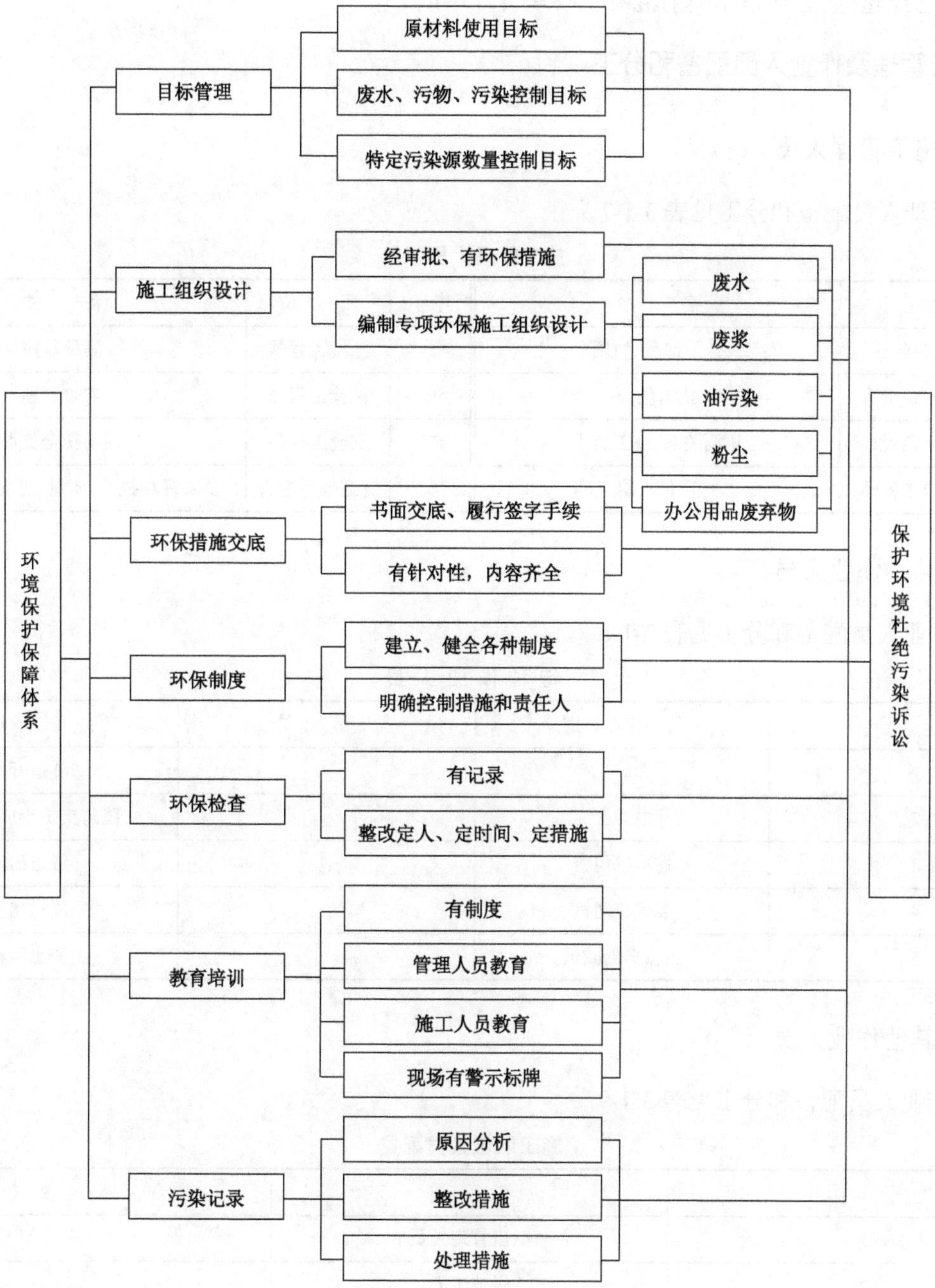

图 3-1-36　环境保护保障体系

4.8　隧道超欠挖控制措施

(1)选择合理的爆破方法和参数。

根据隧道特点及围岩情况,合理布置周边眼间距、炮孔深度、炮孔直径等爆破参数,并需进行反复试验。

(2)加强施工作业人员的技术培训。

测量控制是超欠挖的基础,提高测量技术是控制隧道超欠挖主要措施之一,每月定期举行测量人员交流会及测量专业知识培训,提升自身专业水平。

(3)强化施工管理。

针对超欠挖控制问题定期举行专题会,分析讨论超欠挖及喷射混凝土回弹率的控制方法及措施、拓展思路。

(4)如已经超挖,必须采用喷射混凝土喷至设计厚度。

5. 施工管理及作业人员配备和分工

5.1 施工管理人员

施工管理人员配备和分工见表3-1-7。

施工管理人员配备　　表3-1-7

序号	职　位	备　注	序号	职　位	备　注
1	项目经理	全面部署、协调	5	测量工程师	测量监控
2	技术负责人	技术负责	6	试验工程师	实验管理
3	生产负责人	协调关系,施工负责	7	安全工程师	现场安全负责
4	质检工程师	质量控制	8	隧道现场主管	负责现场技术、质量、进度、安全控制

5.2 特种作业人员

特种作业人员配备和分工见表3-1-8。

特种作业人员　　表3-1-8

序　号	特种作业类别	人员数量	备　注
1	爆破工		隧道开挖
2	电焊工		隧道支护半成品加工
3	挖掘机司机		隧道出渣
4	装载机司机		隧道出渣
5	运输车驾驶员		渣土运输

5.3 其他作业人员

其他作业人员配备和分工见表3-1-9。

施工队伍人员配置　　表3-1-9

序　号	工　种	人　数
1	队伍管理人员	
2	爆破工人	
3	支护工人	
4	杂工	
5	喷混凝土	
6	现场监控	
合计		

6. 验收要求

6.1 验收标准

隧道暗挖初支完成后依据《公路工程质量检验评定标准 第一册 土建工程》(JTG F80/1—2017)组织验收。验收标准见表3-1-10～表3-1-18。

洞身开挖实测项目

表 3-1-10

项次	检查项目		规定值或允许偏差	检查方法和频率
1	拱部超挖(mm)	Ⅰ级围岩(硬岩)	平均 100,最大 200	全站仪或按附录 Q[1]检查:每 20m 检查 1 个断面,每个断面自拱顶起每 2m 测 1 点
		Ⅱ、Ⅲ、Ⅳ级围岩(中硬岩、软岩)	平均 150,最大 250	
		Ⅴ、Ⅵ级围岩(破碎岩、土)	平均 100,最大 150	
2	边墙超挖(mm)	每侧	+100,0	
		全宽	+200,0	
3	仰拱、隧底超挖(mm)		平均 100,最大 250	水准仪:每 20m 检查 3 处

喷射混凝土实测项目

表 3-1-11

项次	检查项目	规定值或允许偏差	检查方法和频率
1△	喷射混凝土强度(MPa)	在合格标准内	按附录 E 检查
2△	喷层厚度(mm)	平均厚度≥设计厚度; 60%的检查点的厚度≥设计厚度; 最小厚度≥0.6 设计厚度	凿孔法:每 10m 检查 1 个断面,每个断面从拱顶中线起每 3m 检查 1 点; 按附录 R 检查:沿隧道纵向分别在拱顶、两侧拱腰、两侧边墙连续测试共 5 条测线,每 10m 检查 1 个断面,每个断面测 5 点
3△	喷层与围岩接触状况	无空洞,无杂物	

锚杆实测项目

表 3-1-12

项次	检查项目	规定值或允许偏差	检查方法和频率
1△	锚杆数量(根)	不少于设计值	目测:现场逐根清点
2	锚杆抗拔力(kN)	28d 抗拔力平均值≥设计值, 最小抗拔力≥0.9 设计值	拉拔仪:抽查 1%,且不少于 3 根
3	孔位(mm)	±150	尺量:检查 10%
4	孔深(mm)	±50	尺量:抽查 10%
5	孔径(mm)	≥锚杆杆体直径 +15	尺量:抽查 10%

钢筋网实测项目

表 3-1-13

项次	检查项目	规定值或允许偏差	检查方法和频率
1	钢筋网喷射混凝土保护层厚度(mm)	≥20	凿孔法:每 10m 测 5 点
2△	网格尺寸(mm)	±10	尺量:每 $100m^2$ 检查 3 个网眼
3	搭接长度(mm)	≥50	尺量:每 20m 测 3 点

钢架支护实测项目

表 3-1-14

项次	检查项目		规定值或允许偏差	检查方法和频率
1△	榀数(榀)		不少于设计值	目测或按附录 R 检查:逐榀检查
2△	间距(mm)		±50	尺量或按附录 R 检查:逐榀检查
3	喷射混凝土保护层厚度(mm)		外侧保护层≥40 内侧保护层≥20	凿孔法:每 20m 测 5 点
4	倾斜度(°)		±2	铅锤法:逐榀检查
5	拼装偏差(mm)		±3	尺量:逐榀检查
6	安装偏差(mm)	横向	±50	尺和水准仪:逐榀检查
		竖向	不低于设计高程	
7	连接钢筋	数量(根)	不少于设计值	目测:逐榀检查
		间距(mm)	±50	尺量:逐榀检查 3 处

[1] 这是指《公路工程质量检验评定标准》(JTG F80/1—2017)的附录,表 3-1-11 ~ 表 3-1-18 中附录也是指此标准中的附录,不再逐一标注。

超前锚杆实测项目　　表 3-1-15

项次	检 查 项 目	规定值或允许偏差	检查方法和频率
1	长度(m)	不小于设计值	尺量:逐根检查
2	数量(根)	不少于设计值	目测:逐根清点
3	孔位	±50	尺量:每 5 环抽查 5 根
4	孔深(mm)	±50	尺量:每 5 环抽查 5 根
5	孔径(mm)	≥40	尺量:每 5 环抽查 5 根

超前小导管实测项目　　表 3-1-16

项次	检 查 项 目	规定值或允许偏差	检查方法和频率
1	长度(mm)	不小于设计值	尺量:逐根检查
2	数量(根)	不少于设计值	目测:现场逐根清点
3	孔位(mm)	±50	尺量:每 5 环抽查 5 根
4	孔深(mm)	大于钢管长度设计值	尺量:每 5 环抽查 5 根

仰 拱 实 测 项 目　　表 3-1-17

项次	检 查 项 目	规定值或允许偏差	检查方法和频率
1△	混凝土强度(MPa)	在合格标准内	按附录 D 检查
2△	厚度(mm)	不小于设计值	尺量:每 20m 检查 1 个断面,每个断面测 5 点
3	钢筋保护层厚度(mm)	+10,-5	尺量:每 20m 测 5 点
4	顶面高程(mm)	±15	水准仪:每 20m 测 5 点

仰拱回填实测项目　　表 3-1-18

项次	检 查 项 目	规定值或允许偏差	检查方法和频率
1△	混凝土强度(MPa)	在合格标准内	按附录 D 检查
2△	顶面高程(mm)	±10	水准仪:每 20m 测 5 点

6.2　验收程序

验收程序如图 3-1-37 所示。

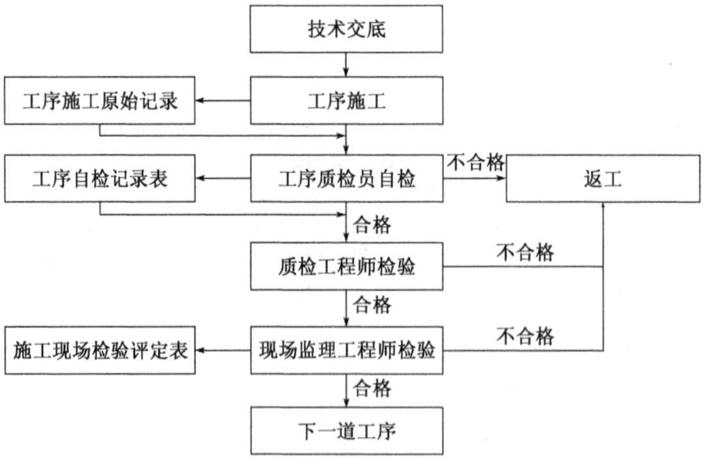

图 3-1-37　验收程序

6.3　验收内容

(1)隧道开挖

隧道开挖超欠挖控制应满足设计及规范要求。

(2)隧道超前支护

①超前锚杆或超前小导管数量、长度应满足设计要求。

②超前小导管注浆应满足设计要求。

(3)喷射混凝土

①喷射混凝土强度应满足设计要求。

②喷层与围岩接触应满足无空洞、无杂物的要求。

③喷射混凝土表面平整度应满足要求。

(4)系统锚杆

锚杆数量及长度应满足设计要求。

(5)钢筋网片

网格尺寸应满足设计要求。

(6)钢架

①钢架榀数应满足设计要求。

②钢架间距应满足设计要求。

③喷射混凝土保护层厚度应满足设计要求。

④钢架焊接应无假焊、漏焊,基底应无杂物及虚渣。

⑤钢架连接应采用钢板连接,连接螺栓应采用一正一反的方式,禁止焊接。

6.4　验收人员

(1)一般工序

验收人员为项目工区负责人,以及技术员、专业监理、施工员及劳务管理人员。

(2)重点工序

①技术负责人或授权委派的专业技术人员、专项施工方案编制人员、项目专职安全生产管理人员及相关人员。

②监理单位项目总监理工程师及专业监理工程师。

7.应急处置措施

7.1　危险源辨识

危险源辨识见表3-1-19。

危险因素辨识及评价　　表3-1-19

序号	活动/工序	危险因素	可能导致的伤害(事故)	作业条件危险性评价(分)				危险等级	危险级别
				L	E	C	D		
1	暗挖段开挖施工	挖掘机司机误操作	机械伤害	1	6	3	18	1	稍有危险
2		车辆运输超载超限	机械伤害	1	6	7	42	2	一般危险
3		人工配合机械施工配合不协调,无专人指挥	机械伤害	1	6	7	42	2	一般危险
4		机械、车辆未及时保养、维修或存在故障	机械伤害	1	6	7	42	2	一般危险
5		无醒目安全警示标识或洞内施工照明不足	机械伤害	1	6	7	42	2	一般危险
6		洞身开挖后,未按设计预留核心土或设中隔墙	坍塌	3	6	7	126	3	显著危险
7		洞身开挖后未及时支护	坍塌	3	6	15	270	4	高度危险
8		洞身开挖超挖部分未喷射填实	坍塌	3	6	7	126	3	显著危险
9		振捣器漏电	触电	3	6	7	126	3	显著危险
10	爆破施工	爆破警戒线安全距离不足	物体打击	1	6	15	90	3	显著危险
11		炮孔作业坡面危岩浮石未清理	物体打击	1	6	15	90	3	显著危险
12		爆破单响药量过大	坍塌	3	6	7	126	3	显著危险

续上表

序号	活动/工序	危险因素	可能导致的伤害（事故）	作业条件危险性评价(分)				危险等级	危险级别
				L	E	C	D		
13	喷锚施工	脚手架无防护栏杆	高处坠落	3	6	3	54	2	一般危险
14		脚手架未按方案搭设	架体坍塌、高处坠落	3	6	7	126	3	显著危险
15		钻孔作业时,工人未挂安全带,未戴防护用品	机械伤害、高处坠落	3	2	7	42	2	一般危险
16	仰拱、仰拱填充施工	仰拱、仰拱填充施工不及时	坍塌	3	6	15	270	4	高度危险
17		振捣器漏电	触电	3	6	7	126	3	显著危险
18	二次衬砌台车安全、使用	未进行日常使用的检查、维护工作	机械伤害	3	6	7	126	3	显著危险
19		台车移动就位无专人指挥、违章操作	机械伤害	1	2	40	80	3	显著危险
20		台车临边防护不到位	高空坠落	3	3	15	90	3	显著危险
21	钢筋加工安装	钢筋加工机具机械故障	机械伤害	3	6	7	126	3	显著危险
22		钢筋加工机具违章操作	机械伤害	1	2	40	80	3	显著危险
23		钢筋安装脚手架无临边防护	高空坠落	3	3	15	90	3	显著危险
24	二次衬砌混凝土浇筑	振捣器漏电	触电	3	6	7	126	3	显著危险
25		操作人员无临边防护	机械伤害、高空坠落	3	6	7	126	3	显著危险
26		混凝土输送泵违章操作	机械伤害	3	6	7	126	3	显著危险
27	防水层施工	防水层安装台车无临边防护	高空坠落	3	3	15	90	3	显著危险
28		无防火措施、消防用品	火灾	3	6	7	126	3	显著危险
29	施工临时用电	电线乱搭乱接	触电	3	3	15	90	3	显著危险
30		开关箱、接头无防雨、防潮、防水措施	触电	3	1	7	21	2	一般危险
31		一闸多用、多机使用	触电	3	3	15	90	3	显著危险
32		未接零、接地	触电	3	3	15	90	3	显著危险
33		非用电作业人员私自接线	触电	3	3	15	90	3	显著危险
34	雨季施工	洞口截水沟、排水沟堵塞,排水不畅	坍塌	3	2	15	90	3	显著危险
35	夏季高温施工	作业时间在高温时间段	中暑	3	2	15	90	3	显著危险
36		施工前,操作人员未食用预防中暑药品等	中暑	3	2	15	90	3	显著危险

7.1.1 防治措施

7.1.1.1 暗挖段开挖施工

(1)隧道洞口段围岩为软岩,开挖支护要遵循短开挖、快支护、勤量测、早衬砌的原则,重视初喷和锚杆对围岩加固的作用,及时初喷,规范打设锚杆(管)。

(2)加强隧道的综合地质预报,健全洞口排水设施,确保洞口段的稳定。

(3)加强监控量测,密切注意支护和围岩变化,及时反馈围岩变形信息,监督第三方做好监控量测和地质超前预报,一旦情况异常,立即采取措施,防止坍塌。

(4)严格控制单循环进尺深度,并做好一循环一支护。

(5)在软弱围岩地段配备可手动拆卸的逃生管道,管道采用 ϕ800mm、壁厚 8mm 的卷板制作,另设置救生箱放置食品、药品、饮用水和通信联络设备,并由专人管理。

(6)通风系统有足够的能力保证隧洞开挖过程中的空气流速,以提供给每人每分钟 3m^3 以上的新鲜空气,并防止施工环境温度过高。

(7)洞内通风系统设有专职人员管理,风机管路吊挂牢固,漏风处及时修补,保证通风效果良好。同时,做好以下防尘措施:一是密封尘源,使粉尘与操作人员隔离;二是喷雾洒水;三是搞好个人防护,如佩戴防尘口罩等。

(8)隧道洞口设置行车标识,并由专人负责指挥车辆出入。车辆在隧道内行驶速度不能超过

10km/h。

(9)隧道内必须保证足够的亮度,并在施工台架上贴反光膜,确保行车安全。

(10)挖掘机操作人员必须持证上岗,严禁将机械交给无证人员和不熟悉机械设备性能的人员操作。

(11)施工运输车辆应建立定期检修和保养制度,使车辆保持在良好状态,车辆驾驶员必须熟悉所驾车辆性能、保养程序及操作方法。

(12)使用挖掘机、装载机装料时,汽车就位后应拉紧停车制动,关好车门,严禁超载。

(13)凡带升降翻斗的运输(自卸)车,严禁翻斗升起运行或边起边落以及在行驶时操作车厢举升装置。

(14)装渣量不能超过自卸车的允许方量,防止石块掉落。车辆进出隧道要亮灯和不断鸣笛,保证制动良好。

7.1.1.2 喷锚施工

(1)钻孔作业施工时,临边位置全部拉网防护,人员必须佩戴安全防护用品,绝缘手套、防滑鞋、安全带。

(2)喷混凝土时,禁止施工人员站在料管接头附近,特别是输料管前端,严禁将喷嘴对准施工人员。

(3)接触速凝剂时戴橡胶手套。当喷头被堵,疏通管路时,防止管中带压混凝土喷出伤人。

7.1.1.3 仰拱、仰拱填充施工

(1)施工前,由安全员对振捣器等小型机具接电情况进行检查,满足安全使用要求后方可使用。

(2)安装漏电保护装置,当发生触电事故时,自动切断电源。

(3)明洞仰拱必须及时施作,避免边坡因未及时封底而坍塌。

7.1.1.4 施工临时用电

(1)设置室外总配电箱和分配电箱,实行分级配电。

(2)动力配电箱与照明配电箱宜分别设置,如合置在同一配电箱内,动力和照明线路分路设置,照明线路接线宜接在动力开关的上侧。

(3)各种机电设备安装、使用、维修均按其说明书的要求进行,每台用电设备配备专用的开关箱,实行"一机、一闸、一箱、一锁、一漏"保护制,严禁用同一开关电器直接控制两台及两台以上的用电设备(含插座),并按规定正确使用漏电开关。

(4)总配电箱设在靠近电源的地方,分配电箱装设在用电设备或负荷相对集中的地区。分配电箱与开关箱的距离不得超过30m,开关箱与其控制的固定式用电设备的水平距离不宜超过3m。

(5)配电箱、开关箱装设在干燥、通风及常温场所,不得装设在有严重损伤作用的瓦斯、烟气、蒸汽、液体及其他有害介质中。

(6)配电箱、开关箱安装要端正、牢固,移动式的箱体装设在坚固的支架上。固定式配电箱、开关箱的下皮与地面的垂直距离大于1.3m、小于1.5m。移动式分配电箱、开关箱的下皮与地面的垂直距离为0.6~1.5m。配电箱、开关箱采用铁板或优质绝缘材料制作,铁板的厚度大于1.5mm。

(7)配电箱、开关箱中导线的进线口和出线口设在箱体下底面,严禁设在箱体的上顶面、侧面、后面或箱门处。

(8)机电设备必须建立使用、检查、维护、保养制度,配齐安全防护设备,在工程结束时,及时组织人员对设备进行检查维修,确保安全可靠。

(9)电缆线路根据现场平面布置架空或悬挂铺设,并设固定线路,固定线路尽量接近基坑平面,敷设在不被车辆碾轧、人踩、不被管材工件碰撞的明显地方,不得置于泥土和水中,每周必须停电检查一次电线外层磨损情况,发现问题及时处理。电缆通过临时道路时,用钢管做护套,挖沟埋设。

(10)保险盒、熔断器、熔丝必须按规定的规格使用,配电箱中熔丝必须符合要求。配电箱周围不得堆放杂物,凡现场停止作业1h以上,将动力开关箱断电上锁。

(11)电气设备的金属外壳或机架必须根据技术条件采取保护性接地或接零,但同一电网的用电设备不得有的接地、有的接零,不得拆除接地、接零装置。

(12)夜间施工应有足够的照明,灯具悬挂或固定在合适的架上,不得妨碍作业施工。

(13)检修电气设备和线路时,首先要切断电源,并在开关上挂"有人工作,禁止合闸"的标识牌。如用电工作时,必须有确保安全的措施,并由专人监护,非电工不得从事电气设备的安装与检修工作。

(14)当电气设备、线路着火及作业场所发生火灾时,应立即切断电源,未切断电源前,严禁用水或泡沫灭火器灭火。

(15)进行电、气焊作业必须严格执行相关标准规范,非焊工不得从事电、气焊作业。

7.1.1.5 雨季施工

(1)雨季施工,及时收听、收看气象台站的天气预报,随时掌握天气变化情况,合理安排施工时间。

(2)根据隧道工程特点,合理安排机具和劳动力,组织快速施工。雨季时提前检查、维护截水、改水工程。

(3)雨季隧道开挖时,洞内排水沟、集水井,应备足排水设备。现场监管人员密切关注洞内作业情况,发现险情应立即停止作业并及时上报上级领导。

(4)进入现场设备材料避免堆放在低洼处,露天存放地要垫高,在大雨来临之前,对不能入库的器材,进行全封闭覆盖,避免被雨淋湿生锈、变质。

(5)及时对各种设备进行维修刷油,保证正常运转。电气设备搭设雨棚,防止损坏设备。

(6)认真做到雨前有预防,雨后有行动。雨前雨后及时安排人员对各种排水系统进行检查,保证排水畅通。

(7)雨季加强隧道洞口和运渣便道附近滑坡体的沉降、水平位移监测,及时掌握洞口、滑坡体稳定情况。

7.1.1.6 夏季高温施工

(1)合理安排作息时间,采取"做两头、歇中间"的方法或轮换作业的办法,避免高温日照曝晒、疲劳作业和防止施工人员中暑,气温在37℃以上停止施工。同时为施工人员定时发放绿豆汤、纯净水、藿香正气液等防暑降温物品。

(2)对工人进行防暑降温知识的宣传教育,使施工人员熟悉中暑基本症状和应急救援措施。

(3)施工现场电焊时在下层火花着落处要设有围板拦住防止扩散,严禁吸烟和使用明火;氧气、乙炔瓶在使用过程中应严格遵守安全操作规程,做好防曝晒工作。

(4)暴雨前后对工地的脚手架等各类附着物、悬挂物的拉结点、坚固点,临时用电线路、电箱等进行专项检查,发现隐患要整改,保证其完好有效。

(5)加强混凝土拌和质量控制,根据不同部位混凝土施工要求调整混凝土初、终凝时间,加强混凝土浇筑后的养护工作。

7.1.1.7 其他措施

(1)在隧道开挖过程中,需做好地质描述超前地质预报,对进洞设计参数和施工方法进行必要的动态调整和修改,以保证洞口施工的安全和稳定。同时,每个开挖工班配一名工程师跟班,并进行24h轮流值班,以便及时发现地质变化,制订临时应急措施。

(2)隧道进洞施工前,做好洞外地表水的排泄工程。

(3)隧道进洞施工应尽量避开雨季,在雨季、洪水期间可安排不受季节影响的备料、钢筋加工、预制构件及场地道路、排水等施工作业。

(4)临时支护应以设计文件和规范为准;改变临时支护类型、标准,必须经项目经理部审批,建设单位、设计、监理同意,严禁施工现场自行降低支护标准。

(5)严格按规范进行施工,隧道开挖后要尽快闭合成环,增强结构的稳定性,消除安全隐患。锁脚锚杆间距、长度、埋深、钢架间距等按设计标准施工;喷射混凝土表面应平顺,厚度符合设计规定;加强对原材料的检验与监控。超前小导管长度要符合设计规定,严禁控制超欠挖。

(6)专职安检人员每班对施工现场进行一次全面检查,尤其注意加强临时支护状态的检查做好记录。发现问题及时上报采取措施处理。

7.2 应急预案

7.2.1 突发事故应急处理的原则

突发事故应急处理的原则是以人为本,发生灾害时利用现场医疗卫生条件对伤员进行急救处理,减少其痛苦,尽快送至附近医院进行检查和治疗。

7.2.2 应急救援组织机构

建立突发事故应急工作领导小组,由项目经理任组长,负责指挥处理一切突发事件。项目副经理、总工任副组长。组长指挥落实各项抢救工作,各部室人员及施工队成立各应急救援组,分工进行各项抢救工作。

应急救援组织机构及职责见表3-1-20。

应急救援组织机构及职责 表3-1-20

机构名称	成员组成	职责
应急救援领导小组	组长副组长	发生紧急情况时下令启动应急救援预案,下令动用应急救援物资,组织现场抢救、事后组织事故调查、善后处理等事宜
抢险救援组	施工队	由应急救援领导小组直接指挥,进行灭火、防汛、防毒等现场工作,人员以各施工队为主组成,同时现场所有人员均有义务参加抢救
医疗救护组	综合办公室	配备医疗器械和药品,日常负责保管工作,发生灾害时负责现场伤员救护、转移工作;车辆紧张时优先保障伤员运送
物资抢救组	材设部施工队	将设备物资迅速转移至安全地带,尽量减少损失
技术保障组	工程部	针对突发事故制订相应的处理措施,以迅速有效地展开现场抢救工作
后勤保障组	材设部施工队	负责各种应急工具和器材的配备,经常对工具与器材进行保养与更新,保证完好使用;应急救援中负责为处理紧急事故提供各种必需的设备物资、车辆等,为现场抢救做好辅助工作
对外联络组	综合办公室 专业人员	在发生突发事故时保证通信工具的正常使用,负责事故处理现场各个小组之间的密切联络,尤其是发生事故时联络工作更为重要
事故调查组	安监部质检部	发生事故时保护事故现场;对现场的有关实物资料进行取样封存;调查了解事故发生的主要原因及相关人员的责任;按"三不放过"的原则对相关人员进行处罚、教育、总结
善后处理组	协调办公室	主要负责做好伤亡人员及家属的稳定工作,确保事故发生后伤亡人员及家属思想能够稳定,大灾之后不发生大乱;做好受伤人员医疗救护的跟踪工作,协调处理医疗救护单位的相关矛盾;与保险部门一起做好伤亡人员及财产损失的理赔工作;慰问有关伤员及家属

7.2.3 突发事故应急处理设备和物资

应急事故的救援物资提前足量储备,单独存储保管,不能移作他用。应急救援物资在进场前必须有出厂合格证或材料品质证明,其性能与材质须经检验合格,满足需要,见表3-1-21。

应急救援设备、物资 表3-1-21

序号	名称	单位	数量
1	指挥车	辆	
2	应急救援车	辆	
3	铁锹	把	
4	抽水机	台	
5	沙袋	个	
6	撬杠	对	
7	急救箱	个	
8	手持扩音器	个	
9	氧气袋	个	

续上表

序　号	名　称	单　位	数　量
10	灭火器	个	
11	报警器	个	
12	应急灯	个	

应急救援的设备和机械提前落实，实行"定人定岗定设备"责任制度，经常对机械设备进行维护与保养，始终处于完好无故障状态。救援指挥车辆、救援工程车辆、医疗卫生车与驾驶员，保持良好状态，确保应急救援工作需要。

7.2.4　应急救援流程

应急救援流程如图3-1-38所示。

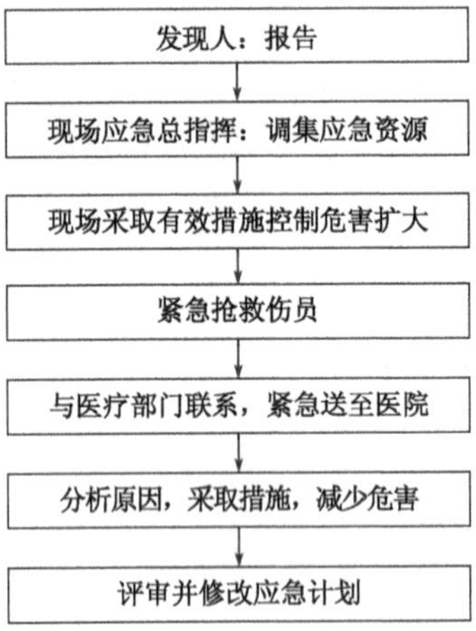

图3-1-38　应急救援流程

7.2.5　应急救援线路

急救箱设置在现场工地。担架、应急车辆储备在项目部驻地，应急救援开展时现场人员首先上报事故至应急组长，启动应急预案，并用现场急救箱内物资与附近村庄卫生室的医务人员开展应急止血救护等临时救护，可向市人民医院急救中心电话及求助急救措施，外部应急救援联系方式见表3-1-22。

外部应急力量联系　　表3-1-22

序号	单　位	救助能力	特　点
1	市中医院	二级甲等	50min可到达现场
2	市人民医院	三级甲等	市重点医院
3	镇卫生院	一般骨折、缝合手术，一般级护理	10min内到达现场
4	消防大队	消防救助、其他救助	30min到达现场

7.2.6　应急救援的培训与演练

(1)培训

应急预案和应急计划确立后，按计划组织项目经理部、各施工队的全体人员进行有效的培训，从而具备完成应急任务所需的知识和技能。项目经理部成员每半年组织一次培训；施工队人员每年进行一次应急救援安全知识培训；对新加入的人员及时进行培训。

主要培训内容如下：灭火器的使用以及灭火步骤的训练；施工安全防护、作业区内安全警示设置、个人的防护措施、施工用电常识、在建工程的交通安全、大型机械的安全使用；对危险源的突显特性辨识；事故报警；紧急情况下人员的安全疏散；现场抢救的基本知识。

(2)演练

应急预案和应急计划确立后，经过有效培训，项目经理部人员、各施工队人员每年演练一次。施工作业人员变动较大时增加演练次数。每次演练结束，及时做出总结，对存在的一定差距在日后的工作中加以提高。

事故报告指定机构人员、联系电话见表3-1-23。

应急救援小组通信录　　表3-1-23

序号	岗　位	联系电话	序号	岗　位	联系电话
1	组长		4	报警电话	110
2	副组长		5	急救电话	120
3	组员		6	火警电话	119

项目部的安全质量部是事故报告的指定机构，施工现场设置明显的标识牌，写明事故报告部门、人员、电话等事项，安全质量部接到报告后及时向项目经理报告，项目经理根据有关法规及时、如实地向负责安全生产监管部门、建设行政主管部门或其他有关部门报告。特种设备发生事故的，还应当同时向特种设备安全监督管理部门报告。

7.2.7　应急救援预案的启动、进行、终止和恢复工作

当发生突发事故或事故的评估预测达到起动应急救援预案条件时，由应急救援领导小组启动应急救援预案。

应急工作领导小组统一指挥，协调行动，快速集合各个应急救援组织，各有关部门和人员通力合作，相互配合，协同作战，各尽其责，按突发事故的应急预案措施，尽快控制事故态势的发展，缩小事故的扩散范围，最终消除事故。把突发事故的危害降到最小限度，努力减少突发事件带来的损失。与此同时，立即向建设单位、监理单位、地方政府等有关部门报告。

事故现场经过应急救援预案实施后，引起事故的危险源得到有效控制、消除；现场人员均得到清点；不存在其他影响应急救援预案终止的因素；应急救援行动已完全转化为社会公共救援；应急救援小组认为事故的发展状态必须终止的；下达应急终止令。

应急救援预案实施终止后，应采取有效措施防止事故扩大，保护事故现场和物证，经有关部门认可后可恢复施工生产。对应急救援预案实施的全过程，认真科学地做出总结，完善应急救援预案中的不足和缺陷，为今后的预案建立、制订、修改提供经验和完善的依据。

7.3　隧道塌方应急预案

7.3.1　隧道防塌方措施

优化软弱围岩快速施工工序，加强支护、及时封闭、快速成环、量测跟进是关键。

(1)施工过程中根据超前探测的地质条件应及时调整开挖及支护方案。

(2)采用设计要求开挖法依次开挖，合理有效控制开挖成型，控制超欠挖。杜绝过大的超挖，减少初支自重。合理有序出渣，工序分部位同步进行。

(3)根据围岩情况，适时调整开挖参数，提高隧道开挖面轮廓质量，避免开挖面不平顺造成较大超、欠挖和局部应力集中。

(4)用超前小导管严格控制超欠挖，加强支护。小导管采用凿岩机钻孔、推进，以紧靠开挖面的钢架为支点，形成支护环。

(5)中空注浆锚杆挂网喷锚支护及时跟进。网片搭接长度不小于20cm，且与锚杆尾端焊接牢固。

(6)喷射混凝土及时封闭掌子面。喷射混凝土拌和物的停放时间不得大于30min；喷嘴宜与喷射面垂直，其间距宜为1.5～2.0m，喷嘴应连续、缓慢做横向环行移动；喷层厚度均匀，喷射在岩面上的混凝土表面应无滑移下坠现象。当表面有松动、开裂、下坠、滑移等现象时，应及时清除重喷。喷射过程中严格控制混凝土的回弹率和实际配合比，喷射混凝土的回弹率为：侧壁不应大于15%，拱部不应大于25%。

(7)按照隧道工程质量验收规范、施工指南等相关要求，对施工步距严格控制，二次衬砌紧跟。

(8)初始沉降连续跟踪，及时反馈指导施工。每班测量放线时，测量组对前三榀拱架的高程复测，计算拱架的初始沉降，沉降数值突变等情况及时反馈到施工现场及技术部门，采取治理措施。

(9)遇有不良地质地段时，采取钻孔释放围岩应力、岩面洒水、加强监测等措施。

(10)发现被监测点的位移有突变趋势时，指定部门或专人应立即向主管领导及施工现场负责人汇报。同时与技术人员沟通，根据监测数据确定相应加强支护方案。情况紧急时，应立即组织人员、机械设备撤离，并做好启动应急预案的准备。

7.3.2　隧道塌方应急处置方案

(1)隧道地质条件复杂，施工中易发生坍塌事件。事先在洞口准备好急救器材及药品，洞内保持通信畅通，调度室24h值班，发生坍方事故，由调度启动相应的应急预案，并向项目经理及相关单位汇报事

故情况。

(2)隧道施工突发事故抢险方案。

坍塌事故发生后,首先清点人数,其次清点主要机具设备。抢救小分队迅速进入现场,先观察工作面是否处于安全状态,采取必要的措施后抢救被困、被压、被砸人员,抢救主要设备,然后清方、支护、强化安全措施。

(3)坍塌应急救援抢险施工预案。

①当施工现场的监控人员发现隧道初期支护出现裂纹或发出异常声音时,应立即报告给应急救援领导小组组长,并立即下令停止作业,同时组织施工人员快速撤离到安全地点。

②隧道内发生坍塌后,造成人员被埋、被压时,应急救援领导小组全员上岗,除立即逐级报告给主管部门之外,应保护好现场,清点被埋在洞内的施工作业人员,在确认不会再次发生同类事故的前提下,立即组织人员进行抢救受伤人员。

此阶段应确定以下信息。

a. 确定坍塌的准确位置,被埋人员的准确位置,塌方量,是否涌水、涌泥,以及被埋人员距安全地带的距离。

b. 确定塌方部位围岩是否已经稳定。

c. 判断人的受伤程度。

d. 确定是否再次坍塌。

③如果是已施工地段发生坍塌,应及时通过高压风水管尽可能与被困人员取得联系,并准备充足食品、饮用水通过高压风水管送至被困人员处。

情况判定之后,由技术组组长向应急领导小组汇报情况。

④如果是掌子面发生坍塌,在确定塌方部位基本稳定的情况下,由抢险救援组对压在被困人员上的渣土进行清除。

此阶段应确定以下方案。

a. 视坍塌情况,确定是用人工、还是用机械清除渣土。

b. 清除过程中,用方木、木板在被压者上方形成一护棚,防止渣土、石头再次压伤,确保对受伤人员进行保护。如果是已施工地段发生坍塌,应通过逃生救援通道穿过坍体进入被困人员处,以最快速度进行救援。

c. 渣土清理完成并确认安全后,医疗救助组进入现场进行伤员首要诊断和救治,并将行动不便的伤员快速抬放在担架上,并迅速转移至洞口以外的安全地带,同时将仅有少量擦伤但行动方便的伤员搀扶着转移至洞外。

d. 急救医疗小组成员对出现流血的伤员的伤口进行简单的清理和包扎,防止伤员失血过多。对出现骨折的伤员进行固定,防止二次损伤。初步救治完成后,用应急救援车或120救护车送至医院进行治疗。此过程中,医疗救助组向现场指挥部报告受伤人员受伤情况,救助情况,救治情况。

⑤所有人员全部救援出来后,开始实施坍塌处理方案。如果是掌子面发生的坍塌,首先对坍塌处围岩喷射混凝土进行封闭,喷射混凝土厚度不小于10cm,然后视情况施作锚杆(导管)、注浆,沿开挖线以外架立钢拱架、钢架立柱,施作护拱混凝土;如果是已施工段发生坍塌,首先对坍塌体进行喷射混凝土封闭,并在开挖线以外进行注浆,形成棚护,再按开挖程序进行开挖、初支施工,此过程中应尽可能地少扰动坍体,对坍腔进行喷射混凝土回填,以免形成空洞。

第二节　隧道洞口及明洞工程施工方案

1. 编制说明

本方案适用于××高速××隧道明洞及洞口工程施工,包括截水沟、边仰坡开挖,边仰坡临时防护,超前大管棚、明洞仰拱,明洞衬砌,明洞回填,洞门、边仰坡永久防护以及洞门装饰;应与《临时用电专项方案》《路基挖方施工技术方案》《爆破施工技术方案》《爆破安全专项施工方案》及《二次衬砌台车安装、使用、拆除专项方案》配套使用。

2. 施工工艺流程

2.1　技术方案比选

2.1.1　明挖法

明挖法即将明洞地表全部放坡开挖，由上向下开挖至设计高程后，自基底由上向下顺作施工，完成隧道整体结构，最后回填恢复地表。此方案隧道施工速度较快，质量也易得到保证。

2.1.2　明洞暗做套拱法

在保证隧道开挖宽度足够的情况下，由地面向下开挖至地层硬岩处，后将顶部封闭施作套拱，其余下部工程在套拱保护下进行施工。此方案施工简单易行，边坡开挖方量小，对山体扰动小，且在施工过程中安全系数高。但根据地勘报告及现场实际勘察情况，隧道洞口底部为强风化泥岩，承载力不满足施工要求。

为保证施工如期完成，且考虑施工费用及施工质量，通过方案比较，确定采用明挖法施工。

2.2　施工工艺流程

施工工艺流程见表3-2-1。

施工工艺流程　　表3-2-1

施工顺序	施工步骤	施工内容
第一步	测量放样	由测量组将边仰坡开挖边线、截水沟中心线放样至现场
第二步	截水沟施工	根据截水沟中心线位置，由人工配合机械进行开挖，并砌筑延至线外
第三步	边仰坡开挖	沿开挖线进行开挖，覆盖层、强风化岩层使用机械开挖，中风化岩层使用爆破工艺施工，预留10～20cm，使用人工进行修整
第四步	临时防护	边仰坡开挖一级按设计要求防护一级，并预留核心土

2.3　施工工艺流程图

(1)截水沟施工工艺流程如图3-2-1所示。

(2)边仰坡开挖施工工艺流程如图3-2-2所示。

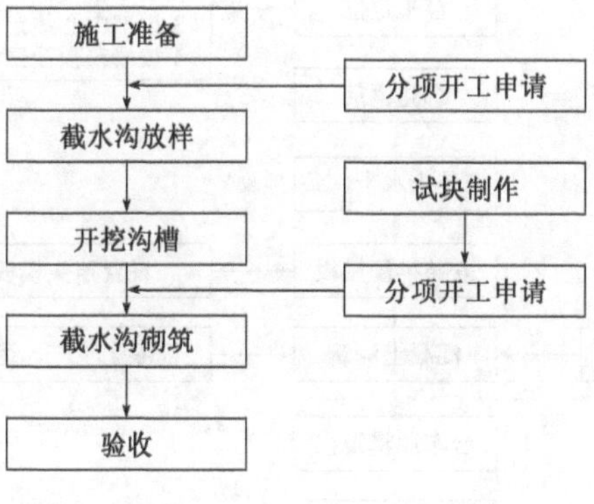

图3-2-1　截水沟施工工艺流程

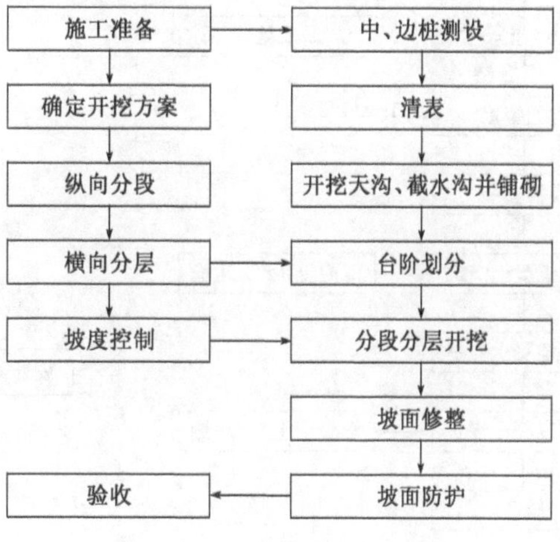

图3-2-2　边仰坡开挖施工工艺流程

(3)挂网锚喷施工工艺流程如图3-2-3所示。

(4)超前大管棚施工工艺流程如图3-2-4所示。

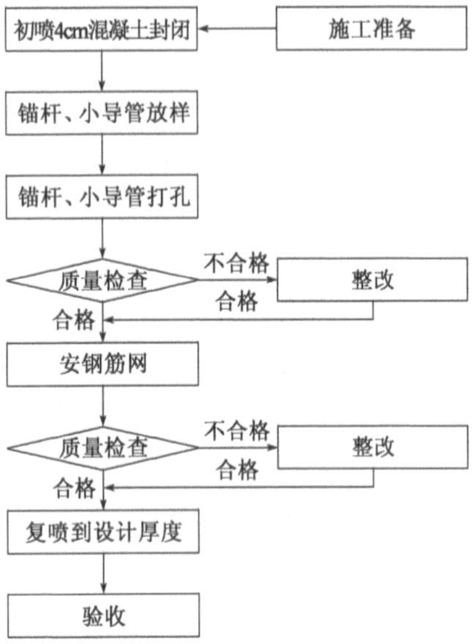

图 3-2-3　挂网锚喷施工工艺流程

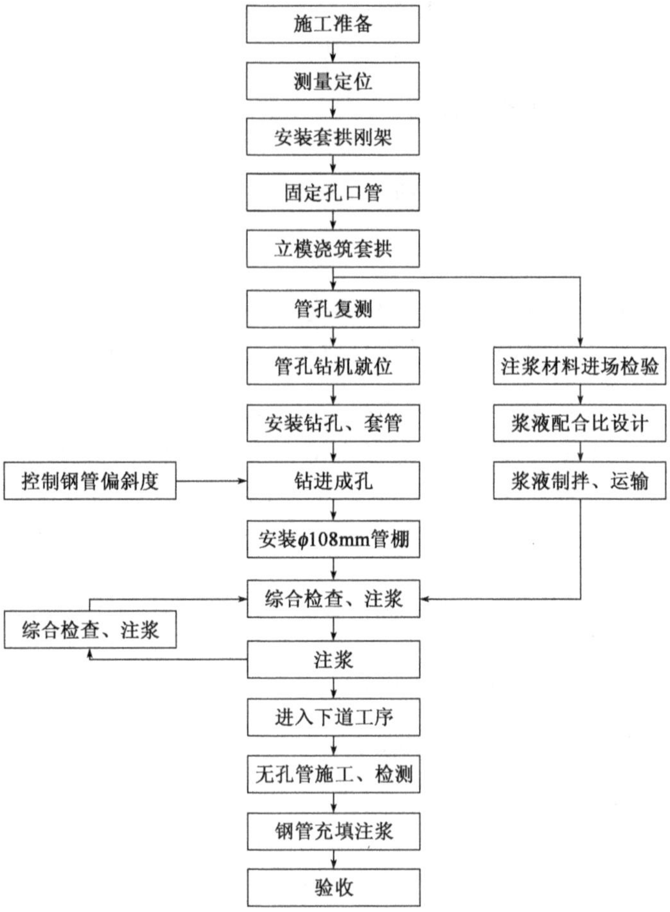

图 3-2-4　超前大管棚施工工艺流程

(5)明洞仰拱、回填施工工艺流程如图 3-2-5 所示。

(6)明洞衬砌施工工艺流程如图 3-2-6 所示。

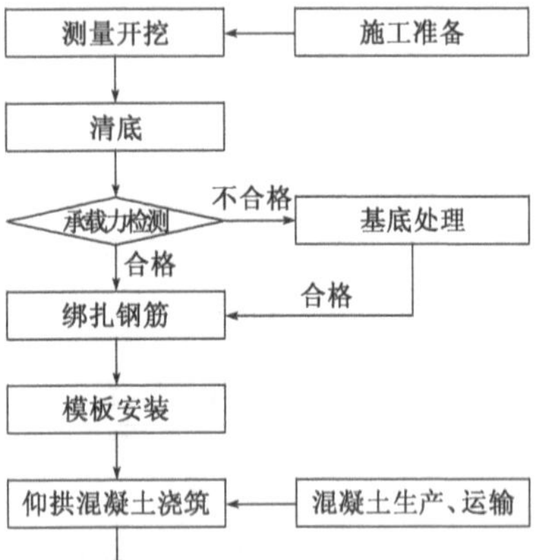

图 3-2-5　明洞仰拱、回填施工工艺流程

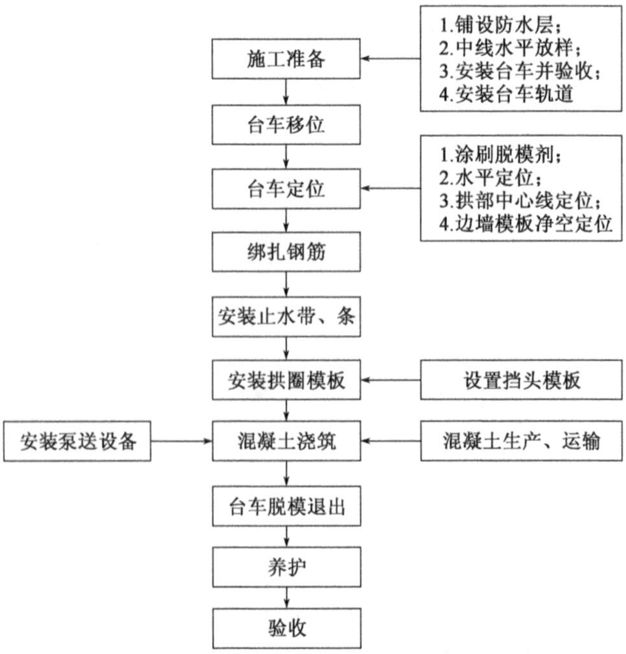

图 3-2-6　明洞衬砌施工工艺流程

(7)明洞防水层施工工艺流程如图 3-2-7 所示。

(8)洞门施工工艺流程如图 3-2-8 所示。

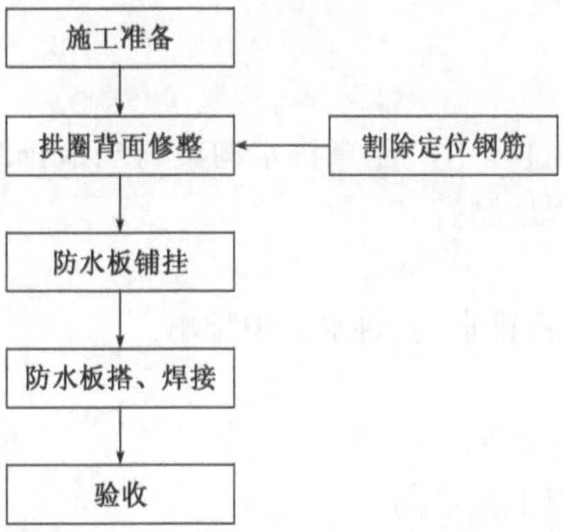

图 3-2-7 明洞防水层施工工艺流程

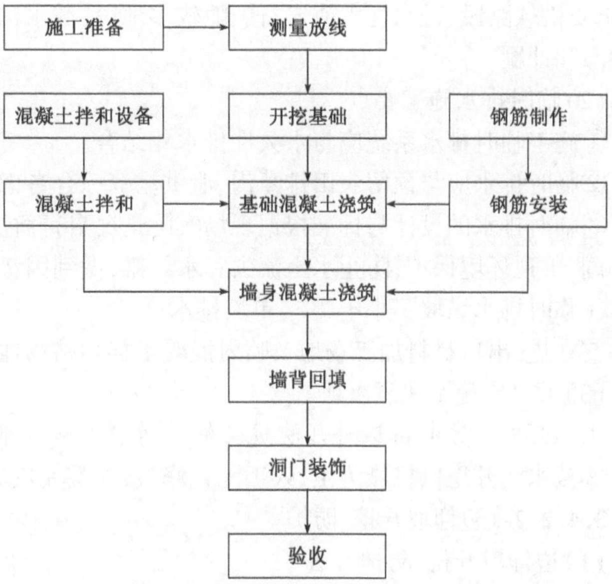

图 3-2-8 洞门施工工艺流程

(9)明洞回填施工工艺流程如图 3-2-9 所示。

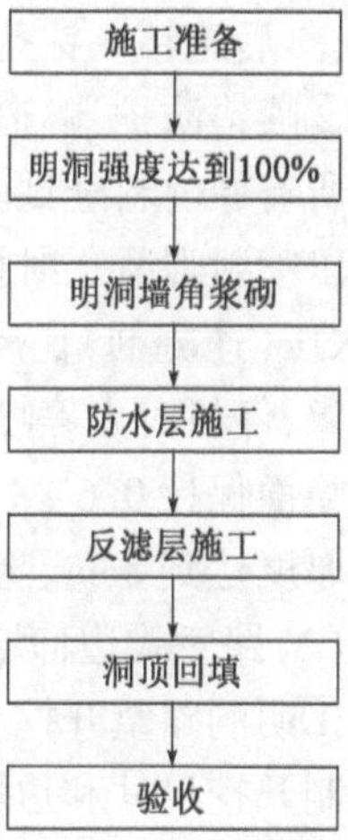

图 3-2-9 明洞回填施工工艺流程

2.4 施工方法

2.4.1 施工准备工作

(1)熟悉、会审图纸,了解设计内容及设计意图,明确工程所采用的设备和材料,明确图纸所提出的施工要求。

(2)会同设计单位现场核对施工图纸,进行施工技术交底。

(3)熟悉与工程有关的其他技术资料,如施工及验收规范、技术规程。

(4)发挥技术管理的保障作用,细审核、严交底、勤检查、抓落实。

(5)试验室做好施工所用配合比,经监理工程师批复后,方可投入混凝土生产使用。

(6)进场原材料经监理工程师检验合格后方可投入使用。

(7)完成洞口场地建设。

2.4.2 施工方法、工艺、要点及注意事项

2.4.2.1 排水设施

(1)排水设施施工方法

防排水主要采用截水沟及洞顶排水沟来完成。在洞口边坡开挖范围外 10m 处设置截水沟,另在仰坡面设置坡面防护,防止坡面冲刷水土流失。根据地形情况在洞顶外围顺地势布设截水沟,将地面径流通过截水沟引入自然沟谷排走,洞口路堑边坡坡脚设置路基排水沟,排除洞口范围内地表水,如图 3-2-10 所示。

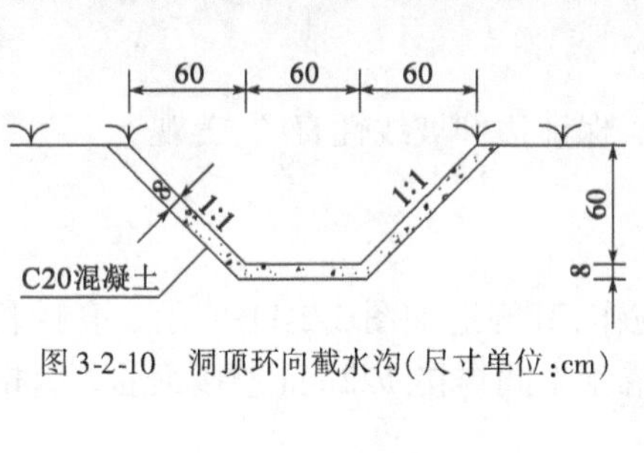

图 3-2-10 洞顶环向截水沟(尺寸单位:cm)

①截、排水沟放样:根据复测后的导线点和加密点,使用全站仪,放出洞顶边仰坡坡口开挖线根据实际开挖坡线并结合地形,用钢尺量距开挖坡线 10m 外的位置,作为截水沟位置,报监理工程师现场复核认可。

②开挖沟槽：根据放样位置，结合隧道地质条件，采用小药量爆破配合机械开挖，最后由人工修成型。

③截水沟砌筑：截水沟采用 C20 混凝土。勾缝采用 M10 砂浆，保证灰缝饱满、平顺。对地质不良地段、土质松软路段、透水性大或岩石裂隙较多地段，截水沟沟底、沟壁、出水口，应进行加固处理，防止水流渗漏和冲刷。

(2)临时排水施工要点

①施工临时排水系统应与永久性排水相结合。

②临时排水应与预留农田排灌沟、泄洪沟等综合考虑。

③临时排水的设计与标准根据现场实际情况自行解决；施工过程中应注意排水沟渠与当地排灌系统协调，重视环境保护，防止水土流失和水污染，做到因势利导、因地制宜。

④临时排水纵坡不小于 2%，单坡排水。

⑤在进、出口材料加工场地及喷射混凝土拌和站场地周围设置排水沟，将水集中排出。

(3)截水沟施工注意事项

①距开挖边界 10m 以外开挖截水沟，截水沟必须与地表水系接通。

②截水沟开挖以机械为主，人工配合修整，修整完成后立即施工截水沟。

2.4.2.2　边仰坡开挖、防护

(1)边仰坡开挖、防护方法

①边坡开挖：石质边坡开挖工程要采用控制爆破，多打眼，少装药，尽量减少对围岩的扰动。人力开挖方式只限于其他开挖方式不宜采用或在围岩不稳定的土质隧道中应用。开挖后首先要清除危石，然后进行锚喷支护施工，确保施工安全。边仰坡开挖成型后，首先在坡面上按设计位置用红油漆标出锚杆位置，然后施钻。钻孔过程角度要尽量垂直于坡面，且钻孔直径大于锚杆直径 15mm。

②喷锚防护：隧道洞口边仰坡采用喷锚防护，梅花形布置砂浆锚杆，喷射混凝土采用湿喷 C20 混凝土。所有原材料经试验室检测合格后方可使用。原材料及混凝土配比严格按监理工程师批准执行，水灰比以喷射混凝土时坍落度控制在 8～10cm 为宜，风压 0.1～0.5MPa，过高或过低会影响喷混凝土品质，水压(速凝剂)比风压高 0.05～0.1MPa，喷射机起动前先开风，后开水，然后开喷射机，以免发生堵管现象，停机时先停喷射机，然后停水、停风。喷射混凝土时喷头垂直喷面或略有 5～10°倾斜角，喷嘴距受喷面保持 0.6～1.0m，喷射时先喷两侧，由下至上，呈螺旋状，沿横向反复移动，一圈压半圈，直至混凝土厚度达到 8cm。喷混凝后要喷水养护，14d 内须保持湿润，以防干裂，影响质量。

(2)路堑式边仰坡开挖施工要点

①明洞路堑开挖与路基挖方相同，采取分层开挖，分层高度 2～3m。施工中严格按照设计开挖，重点控制开挖尺寸和边坡坡度。

②土质挖方采用挖掘机开挖，自卸车运输。开挖过程中及时检查开挖尺寸和边坡坡度，及时修整边坡，做到开挖一层边坡修整完成一层。

③石质挖方采用预裂爆破、光面爆破，保护边沟。分层开挖过程中及时修整好边坡，撬动松动岩石，确保安全。

④明洞路堑开挖 1～2 层放样一次，尤其是最后一层严格控制开挖深度，避免超挖。土方开挖后可预留 20～30cm 人工处理。

(3)边仰坡开挖施工注意事项

①边仰坡开挖必须开挖一级防护一级。

②边仰坡严格按照分层高度进行开挖，控制边坡坡度、超欠挖，保证边仰坡线性直顺、美观。

2.4.2.3　超前大管棚施工

(1)套拱施工

①套拱作长管棚导向墙并在洞口段明洞衬砌外轮廓线以外施作，其构造如图 3-2-11 所示。套拱长度设计为 2m，套拱混凝土内埋设 3 榀 I20a 工字钢，间距 75cm，各榀钢架间焊接 ϕ22mm 连接钢筋。套拱

施工内外模板采用木模板,材料选用1cm厚竹胶板。同时设ϕ127mm孔口管,作为导向管,采用ϕ22mm钢筋进行固定,钢筋与孔口管采用双面焊接,焊接长度大于5d,防止浇筑混凝土时产生位移。套拱基础承载力必须达到设计要求。套拱采用C25混凝土浇筑,厚度60cm。混凝土浇完后及时进行养护。

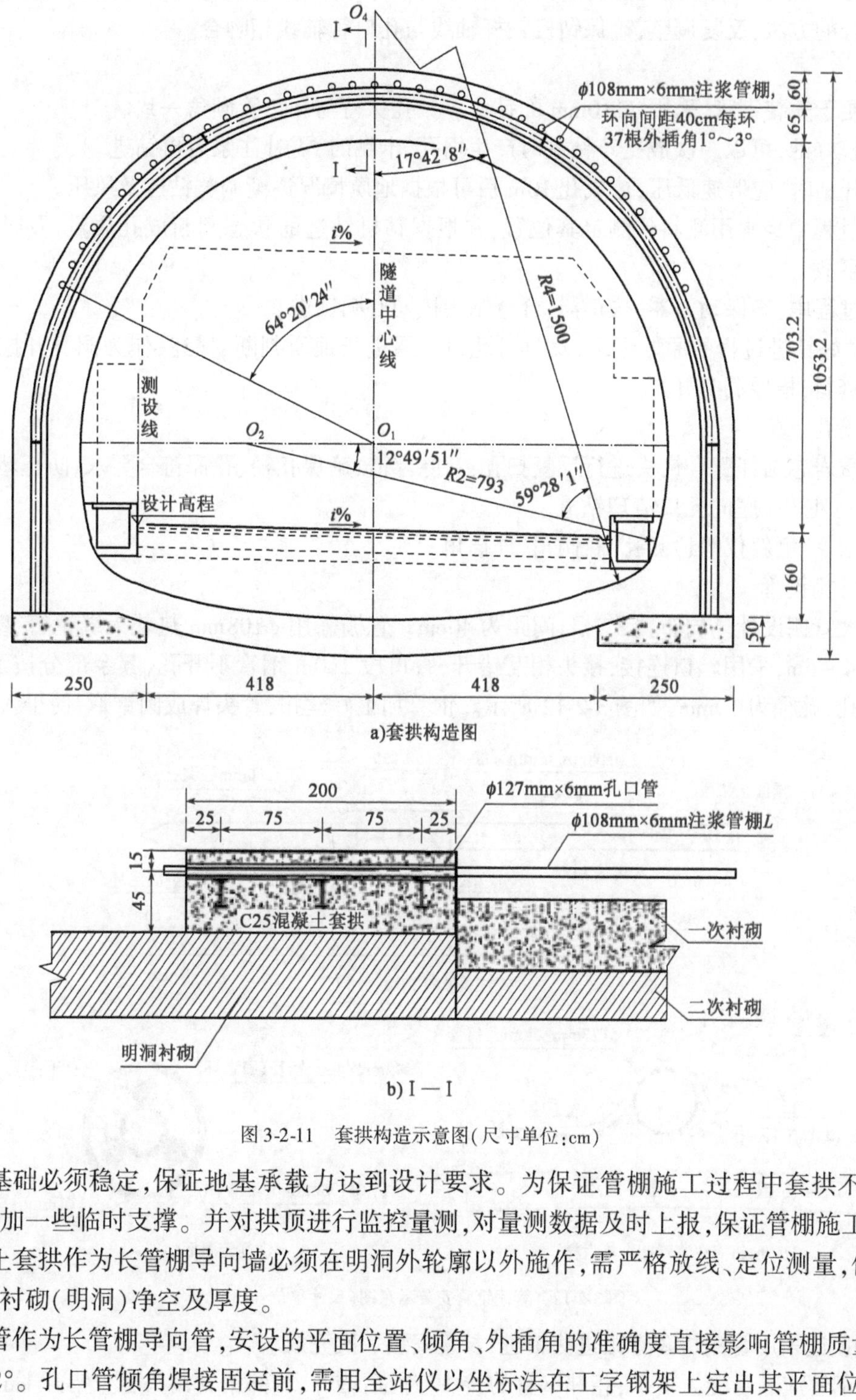

图3-2-11　套拱构造示意图(尺寸单位:cm)

②套拱基础必须稳定,保证地基承载力达到设计要求。为保证管棚施工过程中套拱不偏移、不下沉,必要时增加一些临时支撑。并对拱顶进行监控量测,对量测数据及时上报,保证管棚施工安全。

③混凝土套拱作为长管棚导向墙必须在明洞外轮廓以外施作,需严格放线、定位测量,保证开挖施工净空,二次衬砌(明洞)净空及厚度。

④孔口管作为长管棚导向管,安设的平面位置、倾角、外插角的准确度直接影响管棚质量,倾角、外插角为1°～2°。孔口管倾角焊接固定前,需用全站仪以坐标法在工字钢架上定出其平面位置,用水准尺配合坡度板设定孔口管倾角,用前后差距法测定孔口管外插角。对于孔口管外插角,须用测量仪器量测钢管钻进的偏斜度。孔口管牢固焊接在工字钢上,防止浇筑混凝土时产生位移。

(2)管棚施工

①测量放样

测量放样处隧道设计轮廓线,并按设计的间距标出管棚的位置。

②搭钻孔平台安装钻机

a. 搭设平台应一次性搭好,钻孔由一台钻机由高孔位向低孔位进行。

b. 平台要支撑于稳固的地基上,防止在施钻时钻机产生不均匀下沉、摆动、位移而影响钻孔质量。

c. 钻机定位:钻机要求与已设定好的孔口管方向平行,必须精确核定钻机位置。用全站仪、挂线、钻杆导向相结合的方法,反复调整,确保钻机钻杆轴线与孔口管轴线相吻合。

③钻孔

a. 为了便于安装钢管,采用 ϕ110mm 的钻头。钻孔保持与孔口管倾角一致。

b. 岩质较好的,可以一次成孔。钻进时产生坍孔、卡钻时,需补注浆后再钻进。

c. 钻机开钻时,应低速低压,待成孔 10m 后可根据地质情况逐渐调整钻速及风压。

d. 钻进过程中经常用测斜仪测定其位置,并根据钻机钻进的状态判断成孔质量,及时处理钻进过程中出现的事故。

e. 钻进过程中,确保动力器、扶正器、合金钻头按同心圆钻进。

f. 认真做好钻进过程的原始记录,及时对孔口岩屑进行地质判断、描述,作为洞身开挖时的地质预测预报参考资料,指导洞身开挖。

④清孔验孔

a. 用地质岩芯钻杆配合钻头进行反复扫孔,清除浮渣,确保孔径、孔深符合要求,防止堵孔。

b. 用高压风从孔底向孔口清理钻渣。

c. 用全站仪、测斜仪等检测孔深、倾角、外插角。

⑤安装管棚钢管

a. 超前大管棚设计环向布置 37 根,间距为 40cm。管棚采用 ϕ108mm 热轧无缝钢管、壁厚 6mm,管节长度采用 4 ~6m,采用丝口连接,接头相互错开,管口段 2.0m 钢管不开孔,其余部分按 15cm 间距交错设置注浆孔,孔径为 10mm,如图 3-2-12 所示。钢管加工好丝扣,管头焊成圆锥形,便于入孔。

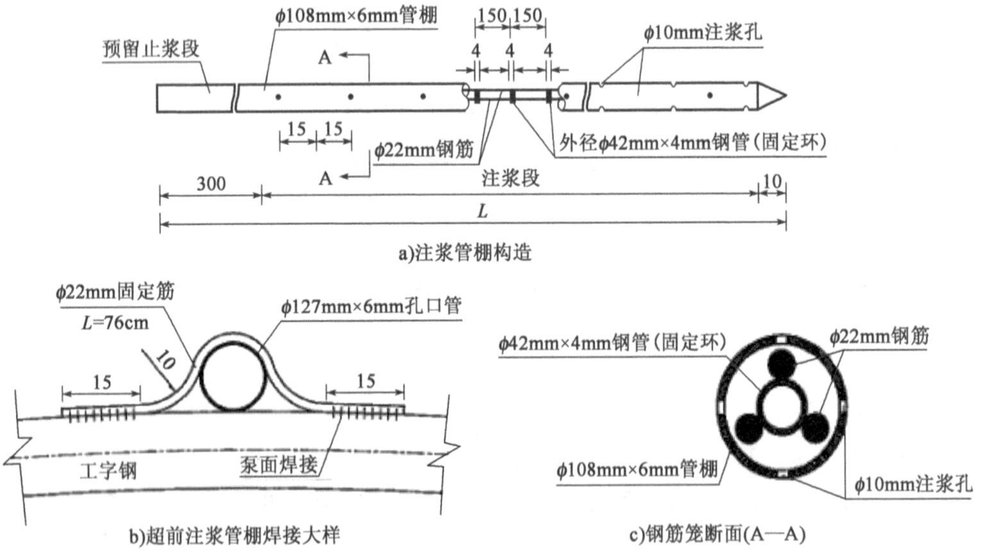

图 3-2-12 管棚钢管安装示意图(尺寸单位:mm)

b. 棚管顶进采用管棚机套管跟进法钻进,长管安装一次完成。

c. 接长钢管应满足受力要求,相邻钢管的接头应前后错开,相邻钢管接头至少错开 1m。

d. 管棚顶进过程中,及时检测外插角,保证 1° ~2°的角度,如有偏移及时进行调整。管棚钢管安装好后从左至右依次进行编号。

⑥注浆

a. 安装好管棚钢管后,按照编号对孔内注浆,注浆时从左至右先灌注“单”号孔,再灌注“双”号孔。

b. 注浆材料:水泥浆水灰比为 1∶1,注浆孔口压力初压为 0.5 ~1.0MPa。

c. 采用注浆机将砂浆注入管棚钢管内，初压 0.5 ~ 1.0MPa，注浆压力达到 2.0 MPa 时，继续保持 10min 以上且注浆量达到设计注浆量的 90% 以上。

(3) 超前大管棚施工注意事项

①钻孔过程中，遇岩层破碎造成卡钻，应停止钻进，扫孔后再行钻进。

②注浆过程中，若压力突然升高，应停止注浆，待检查后再行注浆。

③注意观察止浆岩墙的变形情况，准备好加固措施。

2.4.2.4 仰拱施工

(1) 仰拱开挖

①土质挖方到基底高程后清理浮土，试验室进行地基承载力试验，与设计图纸核对，达到设计要求，对基底进行夯实，准备进行下道工序；如地基承载力不够，报建设单位、监理、设计单位变更设计，采取浆砌片石、混凝土换填等处理措施。

②石质挖方到设计高程后清理浮渣，对进入到仰拱范围内的孤石采用挖机配合炮锤进行破碎清除。

③开挖完成后应及时进行仰拱施工，避免雨水浸泡基坑。

(2) 仰拱钢筋加工、绑扎

①仰拱钢筋参数：钢筋为上下层双排钢筋布置，环向主筋采用 ϕ22mm 螺纹钢，上下层间距为 49.2m，纵向间距为 20cm；纵向连接钢筋采用 ϕ14mm 螺纹钢，环向间距为 30.5cm；上下层钢筋连接采用 ϕ12mm 钢筋进行绑扎连接。

②仰拱钢筋在钢筋加工棚内加工，加工时按照规范要求错开钢筋搭接位置，保证搭接长度，钢筋存在钢筋棚内，离地面 30cm，防止锈蚀。

③仰拱钢筋加工后运至现场绑扎，绑扎前对钢筋的位置进行放样；绑扎过程中严格控制钢筋位置、间距、排距、保护层厚度，搭接焊缝长度和质量、钢筋绑扎点数量。

④仰拱钢筋绑扎完成，经验收合格后进行下道工序。

⑤衬砌钢筋与仰拱钢筋同时进行，整体进行绑扎。

(3) 仰拱浇筑

①仰拱采用 C30 混凝土浇筑，仰拱浇筑厚度为 65cm。

②仰拱施工的纵向长度结合模板台车长度和图纸对沉降缝的要求确定。

③施工中主要控制结构尺寸、配合比及混凝土振捣。

④混凝土浇筑采用溜槽辅助施工，进行分层浇筑，使用插入式振捣器进行振捣。

⑤为保证仰拱弧形封面，使用拉线定位抹面。

⑥仰拱浇筑与洞门衬砌整体进行浇筑。

2.4.2.5 明洞衬砌施工

明洞衬砌结构设计图如图 3-2-13 所示。

(1) 模板台车拼装、就位

①模板台车按照隧道净空预留出变形量和施工误差，预防衬砌侵入隧道净空。加工后运到现场进行拼装，过程中及时修整模板的平整度和模板间的错台，模板如有孔洞及时修补。模板台车内设上下扶梯和工作平台，并在工作平台四周设置扶手，确保施工人员安全；模板台车应安装停车制动装置。

②模板台车拼装完成后检查验收，仔细检查模板的弧度、平整度、模板间的错台、构件间连接的牢固性。

③模板台车验收合格后行进至明洞位置，根据测设的中心线就位，主要控制模板平面位置和拱顶高程，以及一级支撑的牢固性。

(2) 钢筋加工、绑扎

①拱圈钢筋参数：钢筋为上下层双排钢筋布置，环向主筋采用 ϕ22mm 螺纹钢，上下层间距为 49.2cm，纵向间距为 20cm；纵向连接钢筋采用 ϕ14mm 螺纹钢，环向间距为 30.5cm；上下层钢筋连接采用 ϕ12mm 钢筋进行绑扎连接。

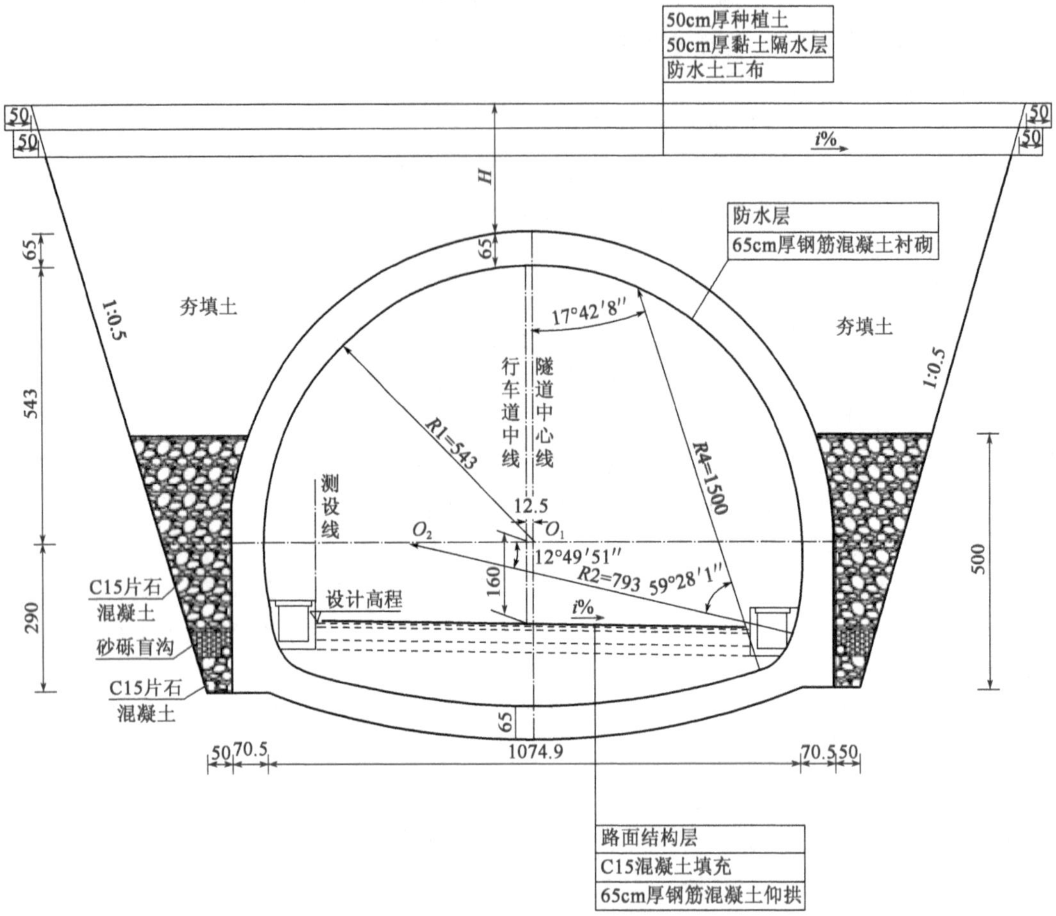

图 3-2-13　明洞衬砌结构设计(尺寸单位:cm)

②拱圈钢筋在钢筋加工棚进行加工,加工时注意按照规范要求错开钢筋搭接位置,保证搭接长度。加工后运至现场绑扎,绑扎前对钢筋的位置进行放样;绑扎过程中严格控制钢筋位置、间距、保护层厚度、搭接焊缝长度和质量、绑扎点数。

③衬砌钢筋与仰拱钢筋同时进行,整体进行绑扎。

(3)外模安装

①外模要有一定的刚度,拼接严密、支撑牢固。重点控制模板缝隙和支撑牢固程度,避免漏浆、跑模。

②端头模板同样要求拼接严密、支撑牢固。洞门处的端头模板尤为重要,保证浇筑后位置正确、光滑平整。端头模板安装过程中按照设计安装环向止水带。

(4)衬砌混凝土浇筑

①明洞衬砌采用 C30 防水混凝土浇筑。隧道衬砌浇筑厚度为 65cm。混凝土由混凝土拌和站集中搅拌,混凝土罐车运输,混凝土泵送入模内。混凝土泵管架设时要考虑避免摇动和撞击模板台车,防止模板台车移位。

②浇筑过程中保证混凝土配合比的正确性,勤移泵管,左右侧同步浇筑,防止模板台车偏压移位;浇筑过程加强振捣,保证混凝土的密实性及外观质量。浇筑过程中设专人检查模板台车是否移动变形。

③浇筑控制重点:混凝土施工配合比、混凝土振捣时间控制,左右侧混凝土浇筑高度控制在 1m 以内,模板台车变形、移位。

④先进行仰拱混凝土的浇筑,再进行拱圈衬砌混凝土的浇筑。

⑤边墙衬砌混凝土浇筑时,使用插入式振捣器进行振捣,每侧浇筑 30cm 后进行振捣,拱部采用附着式振捣器进行振捣,严格控制混凝土浇筑高度。

⑥拱圈拆模板后按照设计规范进行养护。外侧采用覆盖洒水养护,内侧采用喷水养护,养护时间不

少于14d。

2.4.2.6 仰拱回填

仰拱及衬砌浇筑完成后进行仰拱回填,仰拱回填C15混凝土浇筑。

仰拱及衬砌浇筑完成,调整配合比立即浇筑仰拱上层填充。施工中注意施工要紧凑,保证仰拱混凝土浇筑厚度;仰拱回填要严格控制顶面高程,避免侵入路面结构层。

浇筑时采用插入式振捣器振捣,分层浇筑,浇筑完毕后使用土工布覆盖洒水养护。

2.4.2.7 防水层施工

(1)拱圈养护完成后,达到设计强度80%即可进行防水层施工。严格控制防水层质量,避免明洞漏水危害。

(2)防水板重点控制搭接质量。

(3)背面修整。在张挂防水板前,将明洞衬砌的混凝土表面的钢筋头先切除,然后用砂浆找平;对凹凸不平部位应进行修凿补喷,使混凝土表面平顺圆滑。

(4)防水板的张挂应在明洞衬砌施工完成,并报监理验收合格后进行铺设。按明洞防水层设计要求先在明洞衬砌顶面铺设一层土工布,土工布与明洞衬砌紧密接触不得有褶皱。防水板张挂时应根据板的材质,确保有一定的富余长度,张挂不要过紧,以紧贴明洞衬砌表面为宜,防水板的张挂从拱顶自上而下两侧对称铺设。用充气钻按防水材料上绑带的间距在初期支护混凝土上钻深5~10cm的孔,把拴有细钢丝的木块打入孔内,然后把钢丝与防水板上的绑带寄绑牢固。防水板表面应平顺、无折皱、无破损现象,且与洞壁密贴,松紧适度,无绷紧现象。

(5)防水板的搭接和焊接。相邻防水板搭接长度不小于10cm,防水板的焊缝宽度符合设计规范要求,焊接时采用专用热焊机。防水板破损时,应用大于破损裂缝的同种材料进行补焊。焊缝、补眼应密实饱满,不得有气泡、空隙。漏焊、假焊处应补焊,若有烤焦、焊穿处,应用同样的防水板覆盖或按监理工程师指示处理。

防水层施工的注意事项如下:

(1)铺设暗洞第一环衬砌防水板时,应将防水板延伸至明洞范围内,预留长度应超出套拱长度,并满足与明洞防水板有足够的搭接长度。

(2)明暗交接处的沉降缝应采取可靠的防水措施。

(3)宜将明洞与暗洞的沉降缝设置在套拱中间部位。

2.4.2.8 明洞回填

(1)施工要点

①明洞回填前按照设计做好两侧的渗水盲沟。

②明洞拱背回填土石要对称分层填筑并夯实,每层厚度不大于30cm,两侧回填土高差不宜大于50cm,回填至拱顶后,要立即满铺分层向上填筑,严禁任意抛填。如采用机械回填,应在人工夯填至拱顶以上1m后,方可进行。

③回填土石顶面铺设50cm厚黏土隔水层,再回填耕种土。黏土隔水层设为向洞口外1%的流水坡。

(2)明洞回填施工注意事项

①明洞防水层施工完成后,需进行明洞回填,要注意回填过程中对防排水层保护,以免回填过程中损伤防水层。

②严格控制两侧同时回填高度。

3. 施工工艺技术

3.1 质量检测标准

3.1.1 截水沟质量检测标准

截水沟质量未检测标准见表3-2-2。

截水沟质量检测标准　　表 3-2-2

项次	检 查 项 目	规定值或允许偏差	检查方法和频率
1	砂浆强度(MPa)	符合设计要求	同一配合比,每台班 2 组
2	轴线偏位(mm)	50	全站仪:每 200m 测 8 处
3	墙面直顺度(mm)或坡度(%)	符合设计要求	20m 拉线;坡度尺:每 200m 测 4 处
4	断面尺寸(mm)	±30	尺量:每 200m 测 4 处
5	铺砌厚度(mm)	不小于设计值	尺量:每 200m 测 4 处
6	基础垫层宽度、厚度(mm)	不小于设计值	尺量:每 200m 测 4 处
7	沟底高程(mm)	±15	水准仪:每 200m 测 8 处

3.1.2　石方边仰坡开挖质量检测标准

石方边仰坡开挖质量检测标准表 3-2-3。

石方边仰坡开挖质量检测标准　　表 3-2-3

项次	检 查 项 目		规定值或允许偏差		检查方法和频率
			高速公路一级公路	其他公路	
1	纵断高程(mm)		+10,-20	+10,-30	水准仪:每 200m 测 4 个断面
2	中线偏位(mm)		50	100	全站仪:每 200m 测 4 点,弯道加 HY、YH 两点
3	宽度(mm)		不小于设计值		米尺:每 200m 测 4 处
4	平整度(mm)		20	30	3m 直尺:每 200m 测 2 处×10 尺
5	横坡(%)		±0.3	±0.5	水准仪:每 200m 测 4 个断面
6	边坡	坡度	不陡于设计值		每 200m 抽查 4 处
		顺度	符合设计要求		

3.1.3　土方边仰坡开挖质量检测标准

土方边仰坡开挖质量检测标准见表 3-2-4。

土方边仰坡开挖质量检测标准　　表 3-2-4

项次	检 查 项 目	规定值或允许偏差		检查方法和频率
		高速公路一级公路	其他公路	
1	纵断高程(mm)	+10,-15	+10,-20	水准仪:每 200m 测 4 个断面
2	中线偏位(mm)	50	100	全站仪:每 200m 测 4 点,弯道加 HY、YH 两点
3	宽度(mm)	符合设计要求		米尺:每 200m 测 4 处
4	平整度(mm)	15	20	3m 直尺:每 200m 测 2 处×10 尺
5	横坡(%)	±0.3	±0.5	水准仪:每 200m 测 4 个断面
6	边坡	符合设计要求		每 200m 抽查 4 处

3.1.4　锚喷防护质量检测标准

锚喷防护质量检测标准见表 3-2-5。

锚喷防护质量检测标准　　表 3-2-5

项次	检 查 项 目	规定值或允许偏差	检查方法和频率
1	混凝土强度(MPa)	在合格标准内	按《公路工程质量检验评定标准　第一册　土建工程》(JTG F80/1—2017)附录 E 检查
2	砂浆强度(MPa)	在合格标准内	按《公路工程质量检验评定标准　第一册　土建工程》(JTG F80/1—2017)附录 F 检查

续上表

项次	检查项目	规定值或允许偏差	检查方法和频率
3	锚孔深度(mm)	不小于设计值	尺量:抽查10%
4	锚杆(索)间距(mm)	±100	尺量:抽查10%
5	锚杆拔力(kN)	拔力平均值≥设计值,最小拔力≥0.9设计值	拔力试验:锚杆数1%,且不少于3根
6	喷层厚度(mm)	平均厚度≥设计厚度,60%检查点的厚度≥设计厚度,最小厚度≥0.5设计厚度,且不小于设计规定	尺量(凿孔)或雷达断面仪:每10m检查1个断面,每3m检查1点
7	锚索张拉应力(MPa)	符合设计要求	油压表:每索由读数反算
8	张拉伸长率(%)	±6或设计要求	尺量:每索
9	断丝、滑丝数	每束1根,且每断面不超过钢线总数的1%	目测:逐根(束)检查

3.1.5 钢筋网支护质量检测标准

钢筋网支护质量检测标准见表3-2-6。

钢筋网支护质量检测标准 表3-2-6

项次	检查项目	规定值或允许偏差	检查方法和频率
1	网格尺寸(mm)	±10	尺量:每50m² 检查2个网眼
2	钢筋保护层厚(mm)	≥10	凿孔检查:检查5点
3	与受喷岩面的间隙(mm)	≤30	尺量:检查10点
4	网的长、宽(mm)	±10	尺量

3.1.6 明洞衬砌质量检测标准

明洞衬砌质量检测标准见表3-2-7。

明洞衬砌质量检测标准 表3-2-7

项次	检查项目	规定值或允许偏差	检查方法和频率
1	混凝土强度(MPa)	在合格标准内	按《公路工程质量检验评定标准 第一册 土建工程》(JTG F80/1—2017)附录D检查
2	混凝土厚度(mm)	不小于设计值	尺量或地质雷达:每20m检查一个断面,每个断面自拱顶每3m检查1点
3	混凝土平整度(mm)	20	2m直尺:每10m每侧检查2处

3.1.7 防水层质量检测标准

防水层质量监测标准见表3-2-8。

防水层质量检测标准 表3-2-8

项次	检查项目	规定值或允许偏差	检查方法和频率
1	搭接长度(mm)	≥100	尺量:每环测3处
2	卷材向隧道延伸长度(mm)	≥500	尺量:检查5处
3	卷材于基底的横向长度(mm)	≥500	尺量:检查5处
4	沥青防水层每层厚度(mm)	2	尺量:检查10点

3.1.8 明洞回填质量检测标准

明洞回填质量检测标准见表3-2-9。

明洞回填质量检测标准 表 3-2-9

项次	检查项目	规定值或允许偏差	检查方法和频率
1	回填层厚(mm)	≤300	尺量：回填一层检查一次，每次每侧检查 5 点
2	两侧回填高差(mm)	≤500	水准仪：每层测 3 次
3	坡度	不大于设计值	尺量：检查 3 处
4	回填压实质量	压实质量符合设计要求	查施工记录

3.1.9 锚杆、拉杆质量检测标准

锚杆、拉杆质量检测标准见表 3-2-10。

锚杆、拉杆质量检测标准 表 3-2-10

项次	检查项目	规定值或允许偏差	检查方法和频率
1	锚杆、拉杆长度	符合设计要求	尺量：每 20m 检查 5 根
2	锚杆、拉杆间距(mm)	±20	尺量：每 20m 检查 5 根
3	锚杆、拉杆与面板连接	符合设计要求	目测：每 20m 检查 5 处
4	锚杆，拉杆防护	符合设计要求	目测：每 20m 检查 10 处
5	锚杆抗拔力	抗拔力平均值≥设计值，最小抗拔力≥0.9 设计值	拔力试验：锚杆数 1%，且不少于 3 根

3.1.10 钢筋加工安装质量检测标准

钢筋加工安装质量检测标准见表 3-2-11。

钢筋加工安装质量检测标准 表 3-2-11

<table>
<tr><th>项次</th><th colspan="3">检查项目</th><th>规定值或允许偏差</th><th>检查方法和频率</th><th>权值</th></tr>
<tr><td>1</td><td colspan="3">主筋间距(mm)</td><td>±10</td><td>尺量：每 20m 检查 5 点</td><td>3</td></tr>
<tr><td>2</td><td colspan="3">两层钢筋间距(mm)</td><td>±5</td><td>尺量：每 20m 检查 5 点</td><td>2</td></tr>
<tr><td>3</td><td colspan="3">箍筋间距(mm)</td><td>±20</td><td>尺量：每 20m 检查 5 处</td><td>1</td></tr>
<tr><td rowspan="4">4</td><td rowspan="4">绑扎搭接长度(mm)</td><td rowspan="2">受拉</td><td>Ⅰ级钢</td><td>30d</td><td rowspan="4">尺量：每 20m 检查 3 个接头</td><td rowspan="4">1</td></tr>
<tr><td>Ⅱ级钢</td><td>35d</td></tr>
<tr><td rowspan="2">受压</td><td>Ⅰ级钢</td><td>20d</td></tr>
<tr><td>Ⅱ级钢</td><td>25d</td></tr>
<tr><td>5</td><td>钢筋加工</td><td colspan="2">钢筋长度(mm)</td><td>−10，+5</td><td>尺量：每 20m 检查 2 根</td><td>1</td></tr>
</table>

3.1.11 台车模板质量检测标准

台车模板质量检测标准见表 3-2-12。

台车模板质量检测标准 表 3-2-12

项次	检查项目	规定值或允许偏差	检查方法和频率
1	平面位置及高程(mm)	±15	尺量：全部
2	起拱线高程(mm)	±10	水准仪测量：全部
3	拱顶高程(mm)	+10，0	水准仪测量：全部
4	模板平整度(mm)	5	2m 靠尺和塞尺：每 3m 测 5 点
5	相邻浇筑段表面错台(mm)	±10	尺量：全部

3.2 施工控制措施

(1)严格执行《首件工程认可制实施细则》的规定。

(2)成立以项目总工为组长的首件工程质量管理小组。

(3)组织施工技术人员对施工图纸,进行认真阅读和审核。正确贯彻按图施工的原则,并落实到操作人员的各项施工活动。

(4)现场技术人员认真做好技术交底工作,对于重要的技术问题应由项目总工组织解决,并有书面记录。

(5)实行质量责任卡和技术检测人员跟班作业制度,即对每道工序从施工操作到检查验收,要责任到人,建立档案,便于奖罚分明。

(6)完善经济责任制,工程质量的优劣与奖金金额挂钩。

(7)严把材料检验关。由试验室工程师负责材料的检验、试验,坚决杜绝工程中使用不合格的材料。

(8)严把测量关。整个工程由测量人员采用高精度全站仪和水准仪进行中线、高程控制,同时对各测量工序采取换手复核制度。

(9)施工前合理组织机械、人员、材料,保证施工过程连续,各种材料符合规范要求,对参与施工的机械提前调试,保证施工过程中机械性能良好。

(10)认真复测,与设计无误后方可放样施工。

(11)施工过程中,技术人员采取轮班制,保证有技术人员随时解决问题。

(12)把好重点部位和关键工序质量关。

(13)实行逐级技术交底制度,每一位施工人员明白各个工序的质量标准。

(14)做好生产班组的自检、互检和交接检工作,施工前对工程所采用的原材料进行严格检验,并报请监理工程师审批后方可使用。

(15)加强质量教育,提高全体职工的质量意识。

4. 安全文明措施、环水保措施及职业健康控制措施、应急预案及消防措施等

4.1 环境保护措施

(1)生活污水按设计分别采用二级生化设施或化粪池处理。

(2)施工机械的废油废水,采取措施处理,不超标排放,以防造成河流和水源污染。

(3)生活区、办公区和施工区的污水实行净化处理,并检验符合环保标准后排放。

(4)靠近生活水源的施工,用沟壕或堤坝同生活水源隔开,避免污染生活用水。

(5)施工中的泥浆池要合理设置,泥浆不能污染庄稼。

(6)施工过程中的弃渣场选在合理位置,并做好防护和排水,避免污染环境。

4.2 水土及生态环境的保护措施

(1)对树木、植被及地下水资源的保护是施工中的环保重点。对合同规定的施工界限内、外的植物、树木等尽力维持原样;砍除树木和其他经济植物时,应事先征得所有者和监理的批示同意,严禁超范围砍伐。

(2)临时用地范围内的耕地采取适应措施进行复耕,可委托当地进行。

(3)营造良好环境。在施工现场和生活区设置足够的卫生设施,经常进行卫生清理,同时在生活区周围种植花草、树木,美化生活环境。

(4)工程完工后,及时进行现场清理,并按设计要求用植被覆盖或采取其他处理措施。

(5)对有害物质(如燃料、废料、垃圾等),要通过正确的环保处理手段就地进行处理或运到指定地点进行掩埋,防止对动植物造成损害。

4.3 安全措施

4.3.1 洞顶观测实施方案

(1)测点埋设如图 3-2-14 和图 3-2-15 所示。

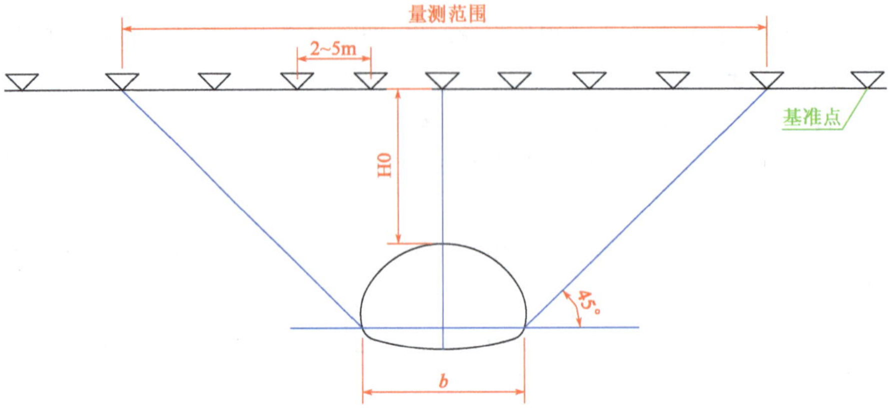

图 3-2-14 地表沉降横向测点布置示意图

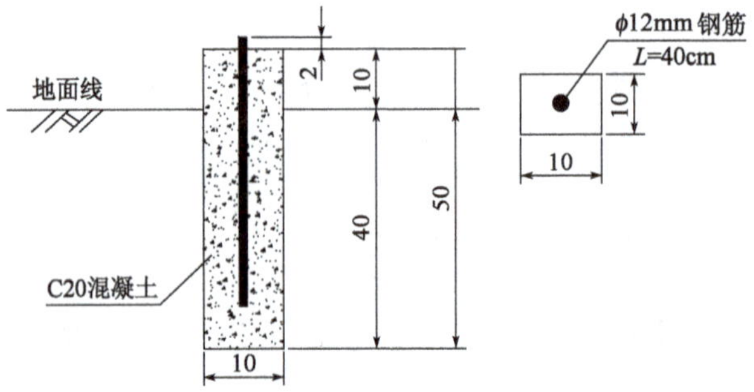

图 3-2-15 地表沉降纵向测点示意图(尺寸单位:cm)

(2)量测频率(隧道浅埋段:$h_0 < 2b$,其中 b 为隧道开挖宽度):

①开挖面距量测断面前后 $<2b$ 时,1 ~ 2 次/d;

②开挖面距量测断面前后 $<5b$ 时,1 次/2 ~ 3d;

③开挖面距量测断面前后 $>5b$ 时,1 次/3 ~ 7d。

4.3.2 洞口开挖施工安全措施

(1)挖掘机操作人员必须持证上岗。

(2)自卸车必须按照额定方量进行装载,杜绝超载超限。

(3)土石方开挖时,必须由专人指挥。

(4)边仰坡必须开挖一级防护一级,禁止长时间暴露。

(5)边仰坡开挖至洞口位置时,必须预留核心土,保证洞口安全。

4.3.3 石方爆破施工安全措施

(1)按照爆破方案制订的安全距离,拉设警戒线。

(2)石方爆破施工完毕后,使用挖掘机及时清理坡面危石。

4.3.4 边、仰坡防护施工安全措施

(1)临边位置全部拉网防护,作业面全覆盖。

(2)钻孔作业施工时,人员必须佩戴安全防护用品,绝缘手套、防滑鞋、安全带。

4.3.5 仰拱、仰拱填充施工安全措施

(1)施工前,由安全员对振捣器等小型机具接电情况进行检查,满足安全使用要求后方可使用。

(2)安装漏电保护装置,当发生触电事故时,自动切断电源。

(3)明洞仰拱必须及时施作,避免边坡因未及时封底而坍塌。

4.3.6 衬砌钢筋加工安装安全措施

(1)各类机械操作人员进行安全操作规程考核,合格后方可上岗。

(2)所有设备进场后,必须由设备人员、安全员、施工员及设备操作人员对设备进行进场验收,经验收防护装置不全或有其他故障的应退回设备部门维修或安装。

(3)各种设备必须专人专机,特种设备必须由特种操作负责人对该设备进行每周检查,发现问题或隐患及时处理解决,确保设备完好,防止机械伤害事故的发生。

(4)使用中必须对设备进行保养检查,用电设备使用后电工必须切断电源并锁好电闸箱。

4.3.7 衬砌台车移动、就位安全措施

(1)台车移动、就位操作时,必须由专人进行指挥。

(2)台车轨道基面应坚实平整,严禁一侧软一侧硬,轨道顶面应在同一平面上,轨道间距与台车轮缘相符。

(3)台车轨道顶面与隧道纵向开挖面基本平行,当坡度较大时,应在轨道端头不小于3m的地方设置卡轨器,防止台车运行时脱轨。

(4)台车移动就位时,当台车有自动向下滑移时,操作人员应选择有经验的人操作,同时前进方向两侧各派一人查看运行情况,出现异常情况时,随时通知操作人员立即制动台车。当台车作用外力(装载机、挖掘机)移动时,必须使用合格的钢丝绳沿隧道上坡方向拖住台车,缓慢溜放移动,让台车在自重力作用下移动,严禁顺坡道方向推移台车。

(5)台车移动过程中应缓慢平稳,当移动困难时,应认真检查台车两侧或底部是否有硬物卡住,检查两侧和顶面是否有钢筋侵限阻碍台车运行,严禁生拉硬拽,同时应停止台车前进,否则极易出现钢筋骨架垮塌现象。

(6)台车定位后,作业人员应首先将台车轮子用木楔楔紧,然后在测量人员的指挥下进行台车定位调校,当台车偏移较大时,应分次对称调整油缸使台车位置达到平衡要求。当台车定位符合要求后,应首先将台车底部各丝杆千斤顶拧紧,再顺次对称将台车两侧千斤顶旋紧,当台车各丝杆千斤顶全部拧紧到位后,将液压油缸千斤顶松开,以保护油缸。

(7)浇筑混凝土前,作业人员应逐个重复检查千斤顶,确保每个丝杆千斤顶已完全拧紧,每个液压千斤顶全部卸压。混凝土浇筑过程中,应严格对称浇筑,两侧入模混凝土高差不得超过1m,以0.5~0.8m为宜,同时应派专人检查千斤顶。当浇筑混凝土结构厚、方量大时,应适时放慢浇筑速度,并加紧看模频次,防止跑、涨、塌模而出现事故。

(8)台车供电控制电箱应放置在隧道基面上,严禁将控制电箱安装在台车上,所有设置电源线必须经过漏电保护器,动作电流不得大于30mA、动作时间不得大于0.1s;电缆线必须使用橡胶软电缆,且中间不得有接头、破损;台车架体必须有可靠的保护接零连接。

(9)台车临边位置必须设置防护栏杆、防护网以及醒目标识等。

4.3.8 衬砌混凝土浇筑安全措施

(1)施工前,由安全员对振捣器等小型机具接电情况进行检查,满足安全使用要求后方可使用。

(2)安装漏电保护装置,当发生触电事故时,自动切断电源。

(3)对混凝土输送泵机械操作人员进行安全操作规程考核,合格后方可上岗。

(4)混凝土输送泵设备必须专人专机,操作负责人对该设备进行每周检查,发现问题或隐患及时处理解决,确保设备完好,防止机械伤害事故的发生。

4.3.9 施工用电安全措施

(1)施工现场用电应采用三项五线制供电系统,禁止电线乱搭乱接。工作接地电阻值不得大于4Ω;供电线路始端、末端必须重复接地,当线路较长时,线路中间应增设重复接地,其电阻值不应大于10Ω。

(2)施工用电应进行施工用电设计,并采用三级配电二级保护方式。

(3)用电设备应实行一机一闸一漏(漏电保护)一箱(配电箱);漏电保护装置应与设备相匹配,不得用一个开关直接控制二台及以上的用电设备。

4.4 季节性措施

4.4.1 夏季高温施工措施

(1)避开每天高温时段施工,调整作业时间。

(2)钢筋加工安装作业避开高温时间段。

(3)混凝土配合比考虑夏季施工坍落度损失大,加强对坍落度等指标的检测工作。

(4)加强对混凝土、试块养护管理。

4.4.2 雨季施工措施

(1)项目部成立防汛小组。和当地气象部门密切联系,早日预测气象情况,指导施工。

(2)雨季来临前安排人员对各种物资的防水、防潮状况进行维护、修补。降雨期间,派专人进行值守。

(3)施工队进场后,先施工截水沟,利用坡脚施工临时排水,将红线内坡面排水引至线外水系排除。

(4)雨季期间做好便道养护,以免影响施工。

(5)雨季施工应对现场做好排水工作,确保施工现场无积水,确保道路畅通。

(6)加强施工现场的材料保护,避免因雨水浸泡而使材料变质。

(7)备好防雨物品和施工人员的雨衣和雨靴。

(8)施工用电严格管理,并备好防雨设施。

4.4.3 冬季施工措施

冬季时间较长,工期压力较大。因此,要提前考虑冬季施工的技术措施以及采取的保温措施,主要从原材料保温、混凝土保温、水加热,材料储备等方面做好准备,以确保工程质量。

(1)根据气温变化决定具体施工时间,以免混凝土受冻,影响施工质量。

(2)对结构物混凝土安排施工时,要按照《公路桥涵施工技术规范》(JTG/T 3650—2020)相关条款执行,提高混凝土的拌和温度,对各项材料加热(水泥只保温,不加热)。增加混凝土的拌和时间50%,混凝土出盘温度控制在15~20℃。

(3)施工中精心组织,密切配合,尽可能缩短混凝土出盘后的运输时间,确保混凝土浇筑成型至开始养护的温度控制在8℃左右。

(4)混凝土浇筑完成后,适度延长脱模时间,覆盖养护,做好保温措施。

4.5 节能减排施工措施

(1)钢筋采用集中加工方式,达到节约用工、临时用地的效果。

(2)钢筋加工采用数控加工技术,通过对新设备的使用可达到节能减排效果。

(3)加强爆破控制,减少炸材使用量。

(4)拌和站降尘措施如下:

①易产生粉尘的材料如水泥、粉煤灰、石灰、矿渣等细颗粒散体材料在运输、存储过程中使用帆布遮盖或封闭,以避免在运输过程中泄漏扬尘。

②易产生粉尘的材料在生产过程中应严格控制每次用量,杜绝野蛮装卸和无计量生产。

③搅拌机械在上料过程中,先上砂、石料,后上水泥、粉煤灰等粉料,以减少扬尘,操作人员戴口罩做好个人防护。

④在6级或以上风力环境中,不得从事上述材料的生产。

⑤生产现场制订洒水降尘制度,配备专用洒水器具及专人负责,采取洒水降尘。

4.6 文明施工措施

(1)主要管理人员佩带岗位证,各工区设立施工标识牌,标明工程项目名称、范围、开竣工期限、工地负责人,设立监督电话、接受社会监督。

(2)对进场施工的队伍签订文明施工协议书,建立健全岗位责任制。

(3)在多雨季节应配备应急的抽水设备与突击人员。

(4)现场布局合理,材料、物品、机具、土方堆放符合要求。

(5)施工内业资料齐全、整洁、数据可靠,办公室内按要求布置各类图表,及时反映现场状况及工程进度状况。

(6)加强夜间的安全保卫,设立夜间巡逻队。

(7)车辆在运料过程中,易飞扬的物料用篷布覆盖严密,装料适中,不得超限。

(8)严格按照《××省高速公路施工标准化指南》要求施工。

4.7 工期保证措施

本工程工期短、任务重,为确保按期完成本标段工程,只有精心组织、周密安排、加大投入,同时有强大的技术实力做保障,才能保证按期完成施工任务。为此制订以下工期保证措施。

(1)加强组织保证

①缩短施工准备期,尽早进入工程施工。开工前30d,现场主要管理人员全部到位,将全力以赴组织有关人员结合现场条件,安排施工准备,及时调集生产操作人员和设备进场。

②强化管理,健全内部经济承包责任制,利用经济杠杆的作用,充分调动广大职工的积极性、自觉性,在保证质量的前提下,按计划提前或如期完成的班组给予奖励。对指挥不力、消极怠工者给予处罚。

③建立健全经理部各项规章制度,在工程进行中实行重奖重罚、奖优罚劣。

④成立青年突击队,开展劳动竞赛,提高工作效率。

(2)计划管理保证

①按照目标工期总体安排的计划,采用倒排工期对各分项、分部工程制订详细的进度计划,做到长计划、短安排。

②经营部要定期对实际进度和计划进度进行校对,发现出入时,认真查找原因。

③对因气候、汛情等影响造成工期滞后的情况,需及时在下一计划周内采取弥补措施,保证总体进度不受影响。

④对组织指挥不力造成工期滞后的情况,要在取得监理同意后,及时调整有关人员,采取补救措施,以免积重难返。

⑤对因投入不足造成工期滞后的情况,须马上加大投入,确保工期目标的实现。

(3)劳力保证

劳务队伍选择与本公司长期合作的队伍,须具有多年的桥隧施工经验。根据工程进展情况,须能随时进场投入各项施工的准备工作。

根据总体施工进度安排,逐季、逐月做出劳动力使用计划,保证劳动力充足。在农忙季节,提前摸清民工动向,做到合理安排,保证参加施工人员数量,以免影响工程正常施工。

(4)材料保证

使用前须对材料进行认真取样、考察、了解,保证供应充足、质量优良,并与生产厂家达成口头协议,待材料供应不足时,立即签订供货合同,保证材料供应充足。

(5)机械保证

由于施工项目机械化程度高,须具备同类型工程丰富的施工经验,机械设备满足施工要求,同时提前做好设备的使用、保养、维修工作,保证各种设备的正常运转,并提高其完好率、利用率。

(6)技术保证

①搞好工程的统筹、网络计划工作,制订阶段目标,科学合理安排施工工序。通过分析各施工工序的时间,采取特殊措施尽可能地减少影响进度的薄弱环节,科学合理地缩短各施工工序的循环时间,以加快施工进度。

②牢牢抓住关键工序的管理与施工,确保关键工序施工的工期和质量。

③根据施工总进度的要求,分别编制月、旬、周施工生产计划,建立生产分析会议制度,对照检查,查找差距和原因,完善管理,促进生产。

④提前做好图纸会审工作,对图纸有疑问的地方,及时与设计单位联系解决,避免因此造成返工延误工期。

⑤组织技术质量人员学习招标文件、技术规范与施工监理程序,准确掌握工程要求的标准和程序。

⑥提前做好各分项工程的施工方案与材料试验,及时申请开工。加强技术管理和工序管理,杜绝因失误造成返工而影响正常的施工进度。

(7)实行动态网络管理

及时根据外界条件调整劳动力、机械、资源的配置,使配置趋于合理,积极采用新技术、新工艺、新材料,加快工程进度。

4.8 应急救援预案

应急救援预案参照本书第二章的相关内容。

第三节 隧道进洞专项施工方案

1. 编制说明

隧道进洞专项施工方案的编制以现有的施工技术力量和隧道施工经验为基础,在广泛收集有关资料、认真领会设计意图、充分了解现场环境的客观情况、施工特点和技术规范的基础上,统筹考虑各分项工程的施工技术、施工工法、工艺、施工进度计划以及人、材、机资源配置。

在实际工程实施执行时,编制更详细的技术交底,用于具体指导工程的各项施工,以确保工程的质量、安全和进度能实现预期的目标。

2. 施工工艺技术

2.1 总体施工方案

刷坡前,应根据地形情况在洞顶外围顺地势布设截、排水沟和急流槽,将地面径流通过截水沟等引入自然沟谷排走,洞口路堑边坡坡脚设置路基排水边沟,排除洞口范围内地表水。

边坡防护必须与边坡开挖同步进行,从上到下分级开挖,单次刷坡台阶高度不超过2m并及时防护。开挖到成洞面附近时要求预留核心土体。边仰坡刷坡至套拱脚时,停止边仰坡刷坡,利用平台施工超前管棚。其中套拱脚应确保基岩或处置后的牢固基础之上,避免套拱整体下沉。

超前管棚施工完成后,边仰坡继续施工至边墙底,掌子面预留核心土,并喷混凝土封闭整体掌子面,确保掌子面的稳定。

本隧道均为V级围岩,为确保暗洞施工时洞口的整体稳定,洞口明洞施工完成后方可进行暗洞施工。

明洞施工采用明挖法施工。明洞仰拱开挖支护施工前,按设计要求先进行明洞基础高压旋喷桩加固施工。仰拱开挖后需进行地基承载力试验,确保基础落在稳定地基上。

明洞仰拱施工完成后,衬砌台车就位,液压整体式衬砌台车作为内模施工明洞拱墙衬砌。

待拱墙衬砌强度满足要求后,进行明洞回填,尽量采用人工回填,压实度不小于90%。

待明洞回填完成后,进行暗洞进洞开挖施工。

洞身段采用暗挖法施工。Ⅴ级围岩坡积碎石段、断层破碎带段和土质隧道Ⅴ级围岩深埋段采用三台阶分部法施工;Ⅴ级围岩软弱围岩石质段采用上下台阶预留核心土法施工;Ⅴ级围岩浅埋段和紧急停车带段采用单侧壁导坑法施工。

钢架、网片、锚杆、小导管、连接钢筋等送外加工厂统一加工。

拱架尺寸准确,架立准确,安装平顺,拱脚应架立在牢固基础之上,严禁采用块石、木板、虚渣等进行回填,拱架横向和高程允许偏差 ±50mm,垂直度允许偏差 ±2°。

初期支护喷射混凝土采用湿喷工艺,严禁采用干喷。初期支护紧跟开挖面及时施工,及时封闭,并根据对围岩的支护量测的变化规律,确定二次衬砌的施作时间。

隧道施工应积极推行标准化及信息化,实行围岩与支护结构监控量测信息化、人员定位与安全管理信息化、施工质量管理信息化,及时有效指导并管理施工作业,建立隐蔽工程施工过程照片、影像记录资料库,确保施工过程可溯、可查。加强隧道施工超前地质预报和监控量测,对隧道围岩进行动态评价预测,通过监控量测信息指导隧道施工。隧道施工应采用新型机型设备,积极采用大型化、专业化隧道施工装备,改善施工条件,降低劳动强度,减少人为偏差。

2.2 洞口工程施工

结合洞口地段排水要求,按照"早进洞、晚出洞"的原则,采用小开挖的进洞方案,减少洞口边仰坡的开挖,保证岩土体的稳定性,尽可能保持原地形的绿色植被坡面。

2.3 洞口及截水沟施工

洞外截水沟采用 C20 混凝土梯形沟,具体尺寸如图 3-3-1所示。截水沟距开挖施工边界 8~10m,具体位置根据现场实际地形进行布置调整,做到隐形设置。截水沟布设要顺应地势,线形平缓顺直。上游进口与原地面衔接紧密,满足截流坡面水的要求,不出现溢水或渗漏;下游出水口引入排水系统,能较好地排除坡面汇水,将其引至仰坡范围以外,起到稳定坡面的作用。

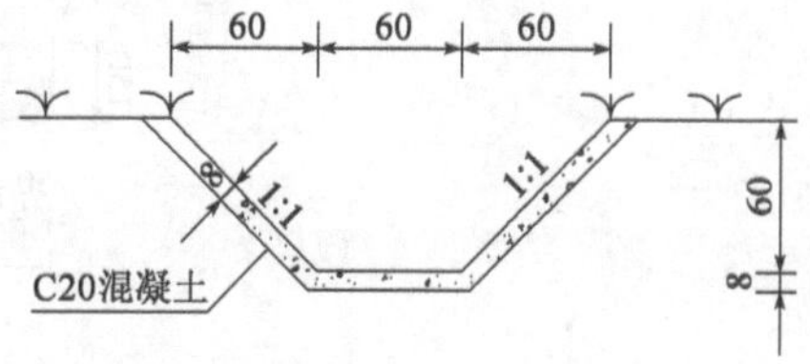

图 3-3-1 洞顶截水沟大样图(尺寸单位:cm)

(1)基坑开挖

截水沟基坑采用人工开挖,如遇坚硬石质,采用风镐开挖,保证截水沟的几何尺寸满足设计要求,同时清除沟底、侧壁松渣。截水沟开挖出的渣土可用于回填截水沟两侧超挖部分,回填土要夯实,有效阻止坡面水下渗。截水沟与原有水系或新建水系连通,保证排水畅通。

(2)浇筑底层混凝土

截水沟设计为 C20 现浇混凝土,底层混凝土厚 8cm,底层混凝土高程采用水准仪控制,人工拉线配合找平,待混凝土到达设计要求强度后,在截水沟边墙位置进行凿毛处理。

(3)模板安装

截水沟边墙采用定型模板,截水沟上口为 1.8m,下口宽为 60cm,混凝土浇筑时保证模板加固到位,防止模板偏移。

(4)混凝土浇筑

混凝土由拌和站集中拌和,混凝土运输车统一运至施工现场,采用插入式振捣棒振捣。振捣过程中用橡胶锤敲打模板,使附着在模板的气泡逸出,保证混凝土表面平整,无气泡和无蜂窝麻面。

(5)拆模

待混凝土达到设计要求强度后进行拆模。拆模时加强对截水沟的保护,严禁暴力拆模,确保沟壁线型顺直、无缺边掉角现象。

(6)养护

模板拆除后对截水沟进行土工布覆盖,洒水养护,养护时间不小于7d。

2.4 边、仰坡开挖

边、仰坡开挖前先测量放样坡顶开挖边界线,开挖前先清除洞口上方及侧方可能滑坍的表土、灌木及山坡危石等。按表土剥离要求将清理后的表土集中运至指定表土集中堆放区,然后在坡顶相应位置埋设、安装混凝土立柱和隔离设施。

洞口段仰坡采用1∶0.75坡率,临时边坡采用1∶0.5坡率,自上而下分层开挖成型并进行相应的边坡防护处理,开挖高度一般按8m一级控制,不得掏底开挖或上下重叠开挖,尽量减少对山体的扰动,开挖过程中加强边坡稳定性监测,边仰坡设计如图3-3-2和图3-3-3所示。

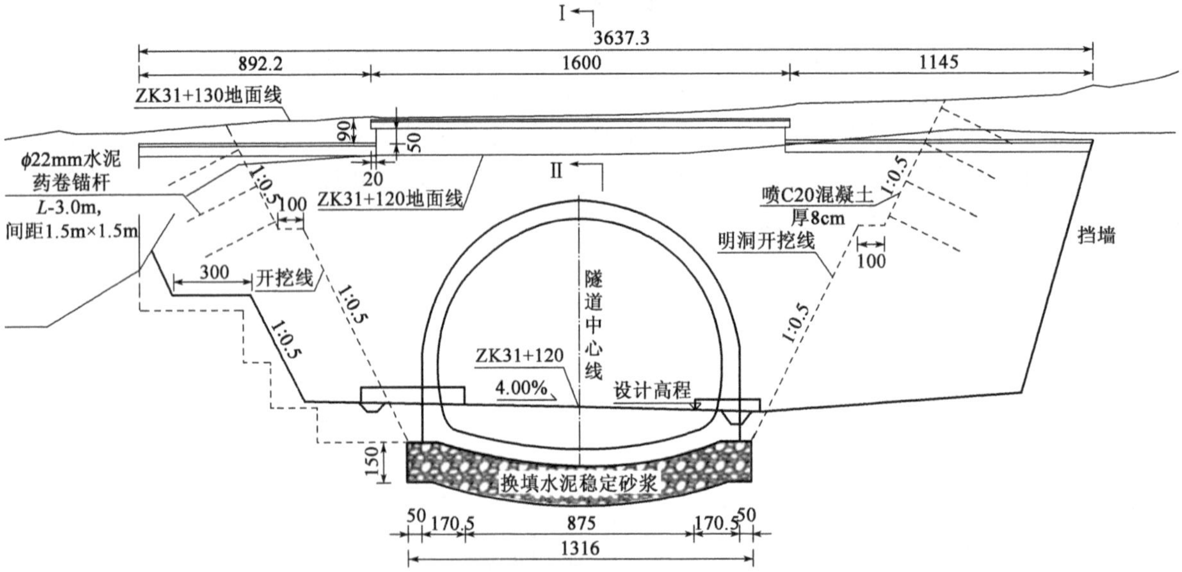

图3-3-2　一端洞门边仰坡设计(尺寸单位:cm)

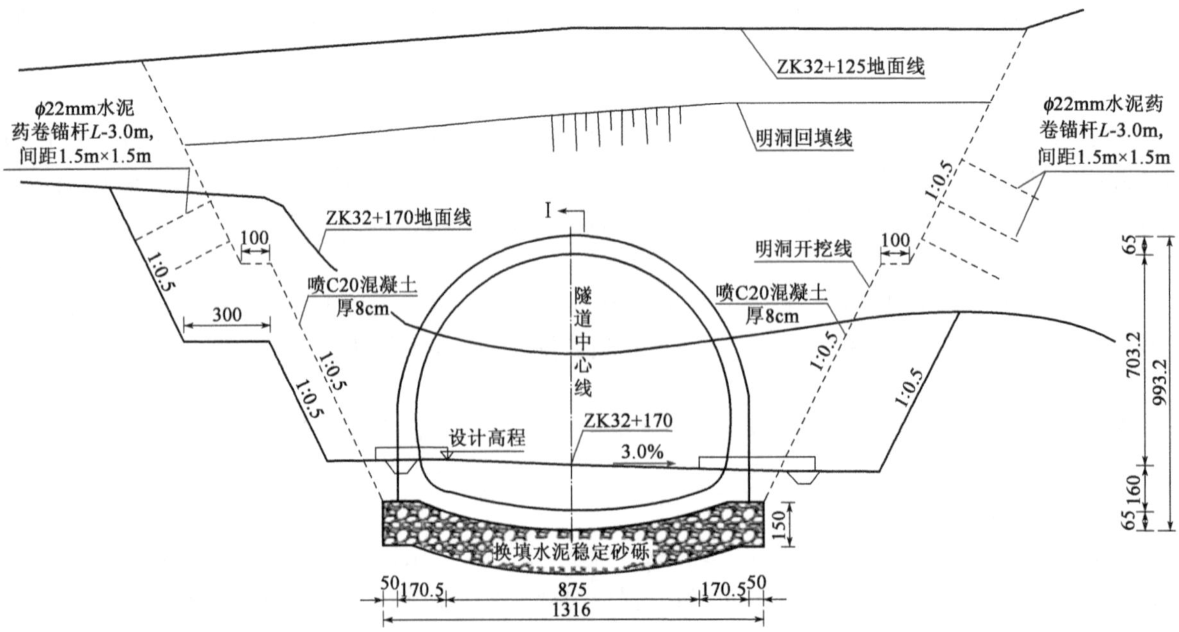

图3-3-3　另一端洞门边仰坡设计(尺寸单位:cm)

所有开挖的土石方利用装载机配合挖机，自卸车运至指定的隧道弃渣场。土方及软弱围岩采用人工配合机械开挖，坚硬石质围岩采用松动或控制爆破。

2.5 边仰坡防护

边仰坡开挖完成后按照设计图纸及时施作防护加固工程。其工艺流程为：危岩清除与加固→初喷混凝土→施作锚杆→铺设钢筋网→复喷至设计厚度。具体参数为：C20 喷射混凝土（10cm）+ ϕ22mm 水泥药卷锚杆（$L=3.0$m，@1.5m×1.5m）+ ϕ6mm 钢筋网（20cm×20cm）。

2.5.1 坡面清理

采用人工配合机械切割方法，个别采用“静态松动剂”松动岩体。分层开挖，将岩石解体成小块，危岩清除前对坡脚及周围做安全防护工作，设专人负责，加强现场监测。

初喷前清除坡面浮渣、危石，并用高压风将坡面清理干净，若坡面岩土体含水率较大或有地下水时，增设泄水孔，集中引排至洞顶截水沟；拆除待喷射面影响喷射作业的障碍物，不能拆除者予以保护。

2.5.2 锚杆施工

锚杆采用 ϕ22mm 螺纹钢筋，梅花形布置。施工时先放样确定锚杆位置，钻进过程要重点把控钻进方向，成孔后对孔深、孔径进行检查，并及时清除孔内岩粉及杂物。

（1）测量放样

用全站仪精确放样锚杆孔位，并用红漆进行编号、标识。自检合格后上报监理工程师验收，验收合格后方可进行钻孔施工。

（2）钻孔

采用气腿式凿岩机进行钻孔施工，开孔时用钻头反复多次对孔口进行钻进，导正开孔的倾角和孔位，钻进过程中用测斜仪量测钻机的底盘或钻杆，随时调整钻机角度，避免孔位偏移。

成孔后用高压风将孔内岩粉、岩浆等清除干净，清孔完成后用蛇皮袋将孔口堵塞，防止落物封堵孔口。

（3）锚杆制作

锚杆在钢筋加工厂集中加工，统一配送至施工现场。钢筋存放做到“上盖下垫”。锚杆严格按照设计长度加工制作。

（4）锚杆安装

及时插入锚杆，锚固长度大于锚杆长度的95%。锚杆安装前做好下列检查工作，并做好如下记录。

①各种管路要顺直，保证送风的畅通。

②杆体材料规格型号、品种符合设计要求，外观顺直、无污染、无锈蚀。

③锚杆孔位、孔径、孔深及布置形式满足设计要求。

④孔内无积水，残渣，岩粉吹洗干净。

⑤锚杆外露长度10cm，便于安装钢筋网片。

⑥注意各种机械的启动和风、水开关顺序，配备操作熟练的作业人员，以免造成不必要的伤害。

2.5.3 挂网施工

初喷、锚杆施工完成后铺设钢筋网。钢筋网随受喷面起伏紧贴岩面铺设，并与锚杆连接牢固，喷射混凝土时钢筋网无晃动。

（1）钢筋网片加工

钢筋网片在钢筋加工厂集中加工，统一配送至施工现场。钢筋网片采用 ϕ8mm 钢筋焊制而成，网格尺寸为20cm×20cm。制作成型的钢筋网片平整、无翘曲。

(2)成品存放

成品钢筋网片统一打包存放，转运过程中必须轻抬轻放，避免摔、压导致变形。成品钢筋网片要存放在指定的成品区，成品区干燥、整洁，防止锈蚀、污染成品钢筋网片。

(3)挂网

钢筋网片随初喷面起伏铺设，固定于药卷锚杆上，再把钢筋片连接成型。钢筋网安装牢固稳定，喷射混凝土时无晃动，网片搭接长度不得小于30d(d 为钢筋直径)，且不得小于1个网格长边尺寸。

2.5.4 喷射混凝土

(1)喷射混凝土

喷射混凝土采用分段、分层(初喷4～6cm)依次进行，呈螺旋状自下而上施喷，分段长度不大于6m，湿喷混凝土由拌和站集中拌和，并设置喷射混凝土厚度控制标志。喷射机的工作风压控制在0.1～0.15MPa，喷头与受喷面保持垂直，喷头与受喷面的距离控制在0.6～1.2m。

(2)养护

为使水泥充分水化，防止和减少收缩裂缝，在喷射混凝土终凝后即开始洒水养护。养护时间不小于7d。

(3)冬季施工

喷射混凝土作业区温度不低于5℃，混合料进入喷射机的温度不低于5℃，结冰处不得进行喷射混凝土作业。混凝土未达到设计强度前不得受冻。

2.6 进洞施工技术

某隧道进洞采用套拱、管棚施工工艺。套拱设计为C30混凝土，纵向长200cm、厚60cm；大管棚采用外径108mm、壁厚6mm的热轧无缝钢管，环向间距40cm，钢管充填采用M30水泥砂浆。大管棚施工顺序为：测量放样→地基开挖→地基承载力检测→套拱基础模板安装→基础混凝土浇筑→底层工字钢安装→套拱模板、钢拱架(墙内)安装，导向管预埋→混凝土浇筑、振捣→拆模→养护→钻孔→管棚安装、注浆。管棚布置如图3-3-4所示。

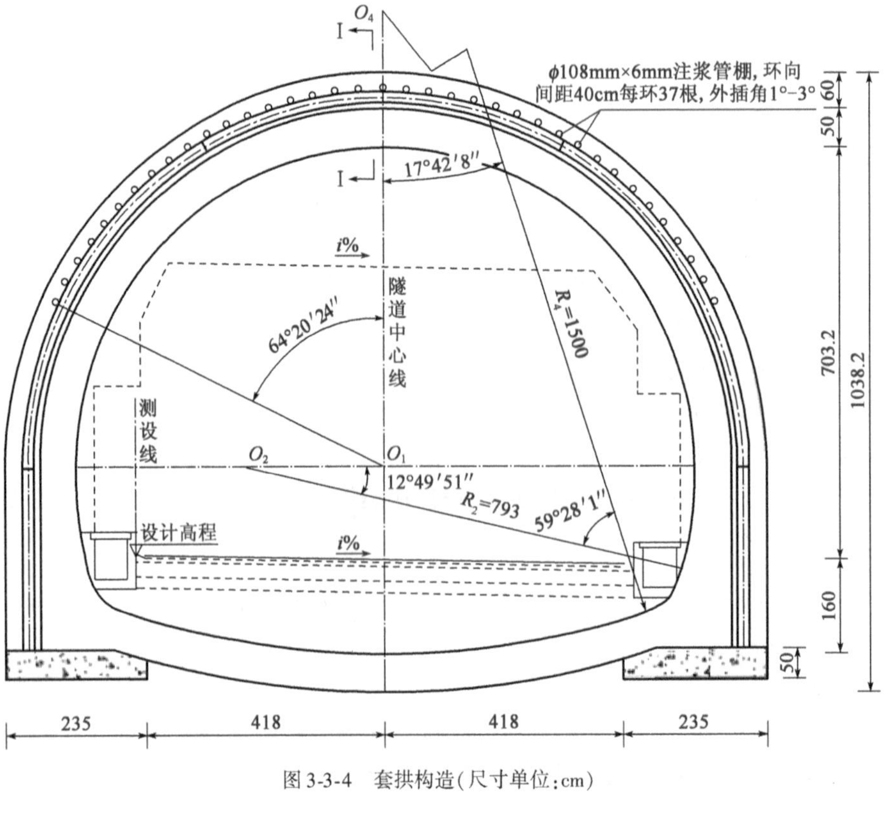

图3-3-4 套拱构造(尺寸单位：cm)

2.6.1　套拱施工

(1)测量放线

首先放出套拱基础开挖位置及高程。开挖完毕后对套拱基础的位置、每榀钢拱架内拱脚位置、中点以及高程进行精确测量。

(2)钢拱架加工、安装

钢拱架采用I20a,在钢筋加工厂加工,安装前运至现场。拱架安装采用现场拼接的方法进行,先将起拱线以下竖直段根据测量位置、高程准确安装;将起拱线以上钢拱架拼装后标出中点及导向管安装位置,用挖机或装载机吊起与已安装钢拱架拼装,采用掉线对钢拱架中心进行调整,并用水准仪测量调整钢拱架顶部高程,如图3-3-5所示。

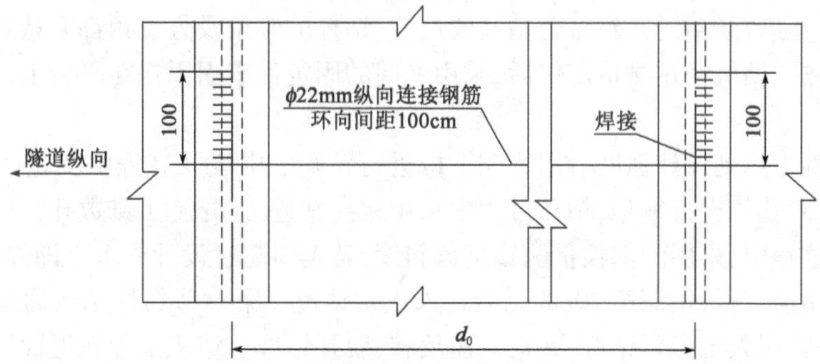

图3-3-5　钢拱架纵向连接示意图(尺寸单位:mm)

注:d_0为钢拱架间距。

钢架安装完毕经测量检查满足净空及设计高程要求后,拧紧高强螺栓M20×70,焊接连接钢板,钢拱架纵向采用ϕ22mm钢筋连接,连接筋环向间距为1.0m,并用锁脚锚杆及钢管支撑等方法将拱架固定死。

(3)安装导向管

拱架安装完毕后,进行ϕ127mm×6mm导向管安装。导向管位置已在钢拱架标出,为防止因管棚钻孔钻杆下沉而导致管棚侵占开挖净空,导向管的安装角度略大于设计角度,外插角采用2°,钢拱架高程根据此角度进行调整。导向管架设过程中要严格控制各导向管的高程、位置及角度。导向管与钢拱架采用ϕ22mm钢筋焊接固定,如导向管角度与钢拱架产生缝隙,缝隙采用钢筋或钢板填缝焊接。导向管安装完成后,测量检查,合格后封堵管口。

(4)模板安装

钢拱架及导向管检查合格后,方可进行模板安装。套拱模板采用小块模板拼装,与壁面接触处要求接缝密贴,底模及挡头模采用的方木加竹胶板,通过吊、拉、夹等的方法将模板固定牢固。模板拼装完毕后,对模板内净空进行测量检查,合格后进行加固。

(5)混凝土浇筑

混凝土应两侧对称灌注,保证两侧灌注高差不超过1m。混凝土灌注过程中要注意振捣,防止过捣或漏捣现象出现,保证混凝土密实,表面光滑,无蜂窝麻面。混凝土初凝后立即覆盖养护,养护时间不少于14d。

混凝土浇筑应缓慢进行,并派专人对模板进行监控,发现漏浆及时封堵;如发现模板变形,立即停止浇筑,进行加固处理后方可继续进行浇筑。

2.6.2　超前长管棚施工

管棚导管采用ϕ108mm×6mm热轧无缝钢管,环向间距40cm,每环37根,钢管接头采用丝扣连接,丝扣长15cm,相邻管棚接头处错开布置。仰角2°左右(不包括路线纵坡),方向与路线中线平行,导管内插加劲钢筋笼,主筋为3根ϕ22mm钢筋,固定环形用ϕ42mm热轧无缝钢管制作,每段长4cm,间距

150cm，与主筋焊接。

钢管设置于衬砌拱部，平行路面中线布置。要求钢管偏离设计位置的施工误差不大于20cm，沿隧道纵向同一横断面内接头数不大于50%。编号为奇数的第一节管棚采用3m钢管，编号为偶数的第一节管棚采用6m钢管，第一节以后均采用6m钢管。

长管棚施工需配备专用的管棚钻机，性能应满足洞口地质条件和管棚设计长度的要求，钻进并顶进长管棚钢管。当地质条件较差，钻孔成孔困难时应采用跟管钻进法施工，确保成孔及管棚施工质量；考虑钻进中的下垂，钻孔方向应较钢管设计方向上偏2°左右，钻孔位置、方向均应采用测斜仪器测定，钻机立轴方向必须准确控制，保证孔口的孔向正确，每钻一孔便顶进一根钢管。在钻进过程中也必须用测斜仪测定钢管偏斜度，发现偏斜有可能超限时，应及时纠偏，以免影响开挖和支护。

(1)设备定位

钻孔前，对每个孔进行编号，并对每个钻孔的位置、钻杆的倾角及方位角都要认真校对，保证钻机轴线与导向管轴线一致。钻机经过测量定位后，采用专门的固定件牢固固定在平台上。

(2)钻孔

①待导向墙混凝土达到设计强度后用管棚钻机进行钻孔。中线及高程由测量队采用全站仪、精密水平仪准确测出，并对孔位进行编号，钻孔过程中采用跳孔钻进法，先施工奇数孔，奇数孔注浆完成后再施钻偶数孔。钻进过程中，采用测斜仪量测钻进偏斜度，若偏斜超过设计要求立即停钻、纠偏。

②钻机开孔时钻速宜低，钻深至20cm以后转入正常钻速。第一节钻杆钻入岩层尾部剩20～30cm时钻进停止，用两把管钳人工卡紧钻杆，钻机低速反转，脱开钻杆。钻机沿导轨退回原位，人工装入第二节钻杆，并在钻杆前端安装好连接套，钻机低速送至第一根钻孔尾部，方向对准后连接成一体。

③每次均按上述方法进行接长，直至设计孔深。换钻杆时，要注意检查钻杆是否弯曲，有无损伤等，不符合要求的应更换，确保正常作业。钻孔方向为水平向上1°，纵向为顺线路方向。

④为防止钻杆在推力和振动力双重作用下钻杆上下颤动导致钻孔不直，钻孔时应把扶直器套在钻杆上，随钻杆钻进向前平移。钻孔过程中，经常检查钻杆偏斜度以控制钻孔的偏斜度(采用全站仪通过测量外露杆体前后部位的轴向及外插角度的差值是否在允许范围)，发现偏斜度超过设计及规范要求时，应立即退出重新钻孔。

⑤每孔钻孔施工过程中加强清孔，成孔后再次清孔。利用高压风由里而外进行清孔，清孔时，如出现卡钻、退杆不畅等现象，则需要来回几次，直至清理干净。

(3)安装管棚

①为使钢管接头错开，编号为奇数的第一节管采用3m，以后皆为6m。管棚安装采用挖机配合人工顶入，每完成一个孔便顶进一根管棚。为保证钻孔质量，防止因钻孔对相邻孔产生影响，管棚施工中先施工编号奇数的管棚并注浆，再施工编号偶数的管棚。钢管接头采用丝扣连接，丝扣长度不小于15cm。

②为方便注浆，管棚钢管孔眼呈梅花形分布；钢管前端10cm呈锥形，中段设ϕ10mm注浆孔，注浆孔间距15cm，梅花形布置，尾部300cm浆段不设注浆孔，如图3-3-6所示。

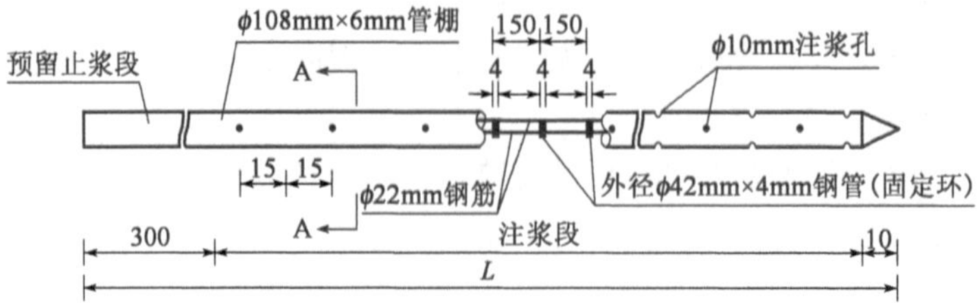

图3-3-6　注浆管棚构造(尺寸单位：cm)

③管棚钢管的编组。管棚钢管安装时，考虑管棚受力、整体结构等因素，要求在同一断面内的钢管接头数量不大于50%，并且相邻钢管的接头至少要错开1m。

④钢管顶进。钢管在顶进前必须逐孔逐根进行编号,按编号顺序接管推进、不得混接(从以防上自下,先顶单号孔,后顶双号孔)。插管完成后,钢管与导向管间隙用速凝水泥或其他材料堵塞严密,防止注浆时浆液冒出,同时管口设置进浆孔(阀门)和排气孔(阀门)。钢管顶进前,先检查钻孔孔道是否干净,可用岩芯管再一次扫孔,清除孔道内的岩渣、碎块等。安设钢管时,认真检查钢管质量。丝扣加工不好或钢管有轻微弯曲等均不得使用。顶进时,在岩层段阻力相当大,因此在钻机与套拱之间宜用"葫芦"拉紧。钻机加压不要过大,过猛,发现顶进阻力大时,可边旋转、边顶进,甚至采用冲洗液辅助顶进。

(4)管棚注浆

①在设计给出浆液种类、预期注浆效果等条件下,为保证施工质量,在实际注浆施工前进行现场原位注入试验,确定科学的注浆方法及最优注浆参数等,指导注浆施工,保证注浆效果。

②打设后在钢管中压注水泥浆,水泥浆液为水灰比1:1,注浆压力初压控制在0.5~1.0MPa,终压2.0MPa。注浆结束标准为注浆压力逐步升高,达到2MPa,且注浆量达到设计量的95%以上。注浆时先注无水孔,后注有水孔。在无水地段可从拱脚起顺序注浆。注浆速度根据注浆孔出水量而定,一般从快到慢,停止注浆后拧紧止浆阀。止浆阀待水泥浆凝固后卸下,清洗后循环使用。

③注浆过程中压力突然升高,可能发生堵管,应停机检查;注浆进浆量很大,压力长时间不升高,则应调整浆液浓度及配合比,缩短凝胶时间,进行小量低压力注浆或间歇式注浆,使浆液在裂隙中有相对停留时间,以便凝结,但停留时间不能超过混合浆的凝胶时间,才能避免产生注浆不饱满。

2.7 明洞施工

2.7.1 明洞地基加固

明洞施工采用明挖法施工。明洞基础落在稳定地基上,根据设计图纸,某隧道明洞部分采用砂砾换填进行加固。

(1)混合料的拌和

在拌和前,首先对拌和设备进行全面的检查,确定设备正常并清除内部垃圾、杂物后开始进行拌和;水泥采用散装水泥存储在水泥仓内,使用时通过螺旋输送器直接送入拌缸;砂砾由铲车直接装入料斗,并根据试验室提供材料的配比进行调整,使其符合剂量准确的要求;在拌和过程中,首先控制含水率,要适当高于试验室确定的最佳含水率0.5%~1.0%,以补偿运输、人工整平、碾压过程中的水分损失;其次,经常抽检稳定砂砾料含水率、水泥含量、原材料的加入量,以保证拌和质量,不合格的产品不出厂。

(2)水泥稳定砂砾料的运输

用自卸翻斗车运输,在运输过程中,由于运距较远,为避免混合料水分大量损失和环境污染,用盖布把车厢遮盖,卸料时,设有专人指挥倒车。

(3)混合料整平

采用人工配合挖掘机进行整平,严格控制摊铺厚度及平整度。

(4)碾压

水泥稳定砂砾料在摊铺完以后,压路机即可在全宽范围内进行碾压用22t单钢轮压路机稳压1~2遍,振动1~2遍,微振1~2遍,最后用22t压路机收光1遍,碾压速度3~4km/h。碾压时,遵循"先轻后重,先慢后快"的原则,碾压时应保湿。

(5)养护

碾压及打夯完成后立即进行养护,采用洒水车养护,土工布覆盖,时间不少于7d。

2.7.2 明洞衬砌

明洞衬砌施工流程如图3-3-7所示。

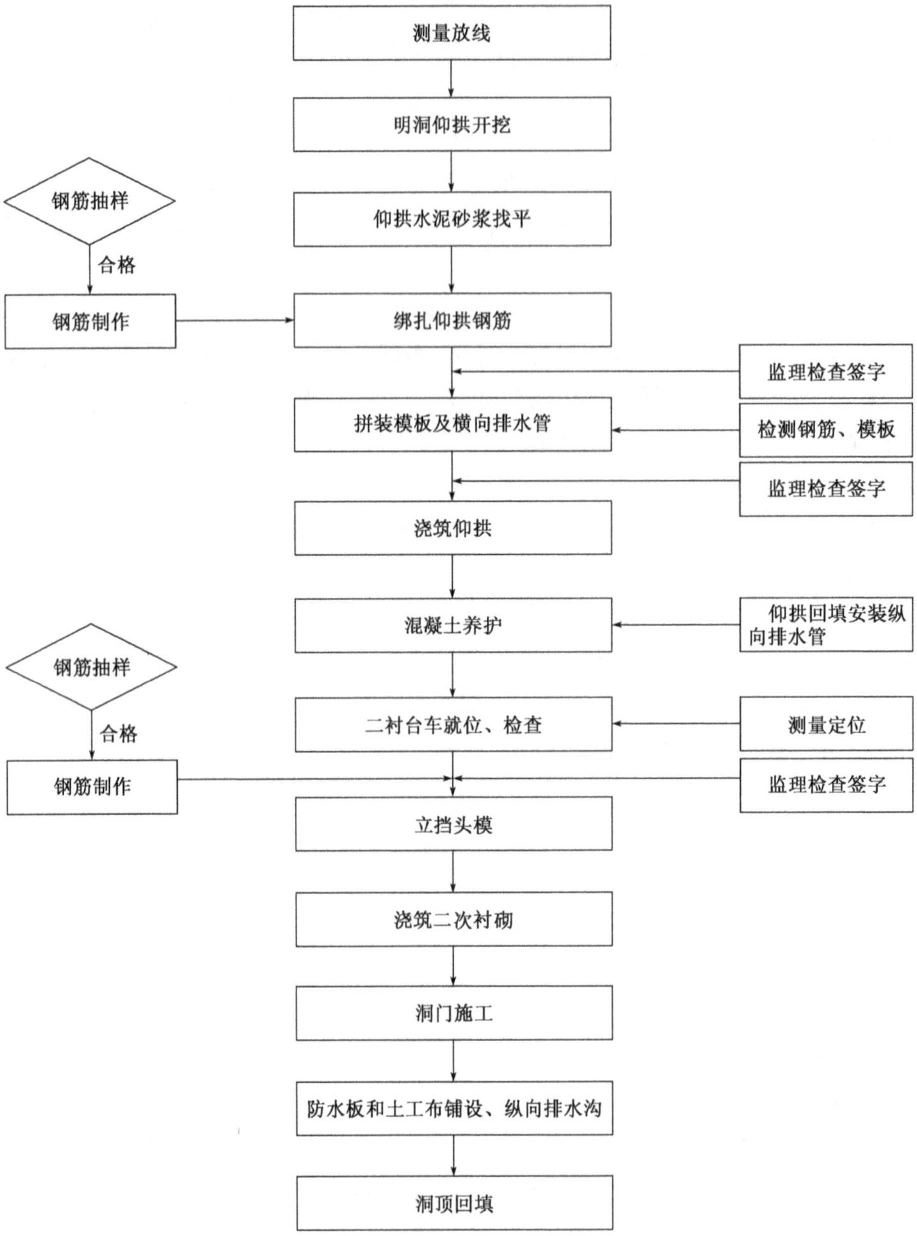

图 3-3-7　明洞衬砌施工流程

基底处理完成后进行承载力检测，地基承载力大于 300kPa 时，方可进行明洞施工。明洞衬砌采用 C30 模筑混凝土，液压整体式衬砌台车作为内模，如图 3-3-8 所示。台车定位借助测量仪器，用全站仪将隧道衬砌中心线测出，并用钢钉钉点做好标记，找出衬砌台车的中心，用吊垂找出台车中心线与衬砌中心线的偏差后进行调整，直至两中心线重合。再用水平仪测出衬砌台车中心顶面的高程，算出其与衬砌中心顶面高程的差值后调整高度。分别测出左右两个脚点的方位，与设计方位对比，找出差值后进行调整。至此，台车的位置就定位完成。将台车的支撑螺旋杆全部撑开并扭紧，每根螺旋杆必须都由专人负责检验，以防松动（混凝土浇筑过程中也要不定时地进行检验）。

（1）钢筋制作及安装

钢筋在钢筋加工厂加工。拱墙及洞门钢筋利用模筑台车作为施工平台，采用人工安装；钢筋的安装位置、间距、保护层及各部分钢筋大小、尺寸均按照施工图纸及相关规范的规定进行，钢筋设计如图 3-3-9 所示。为确保混凝土保护层的必要厚度，在钢筋和模板之间设置不小于结构设计强度的混凝土垫块，垫块中埋设铁丝与钢筋扎紧，垫块位置互相错开，分散布置，每平方米不少于 4 个。各排钢筋之间采用短钢筋支撑，以保证位置准确。在施工现场配备全站仪测量安装精度。

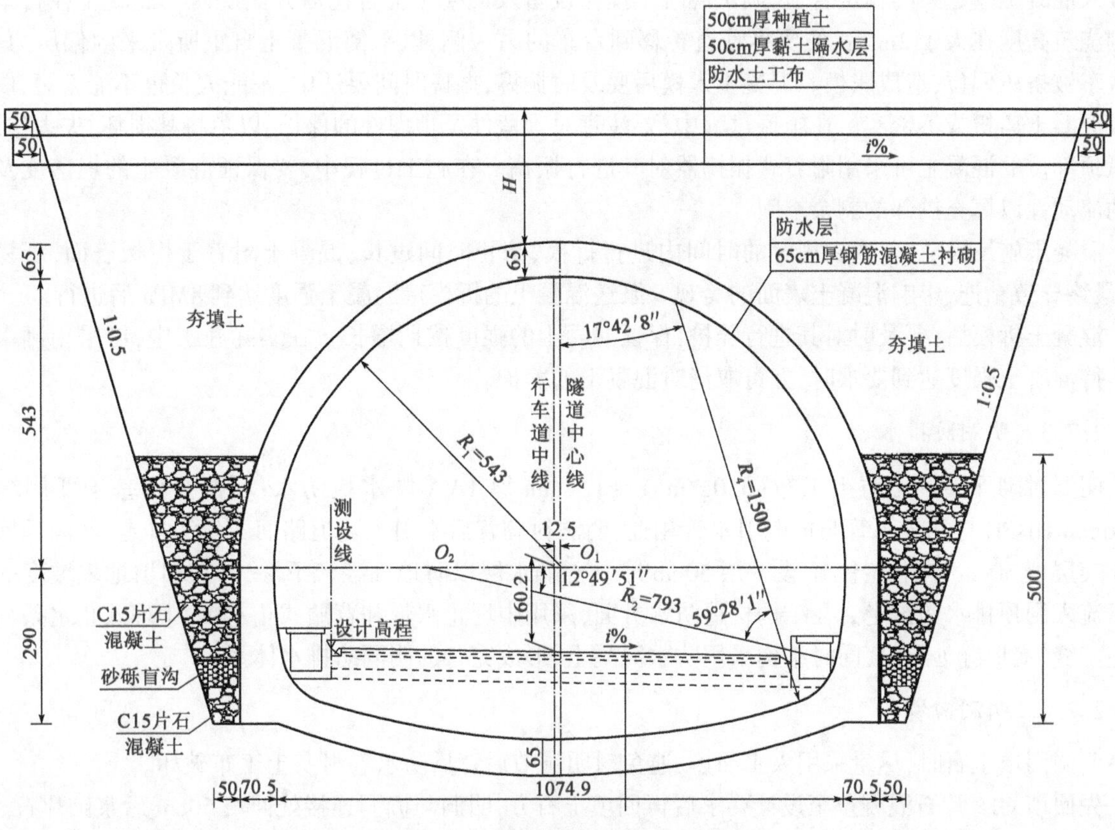

图 3-3-8　明洞衬砌设计(尺寸单位:cm)

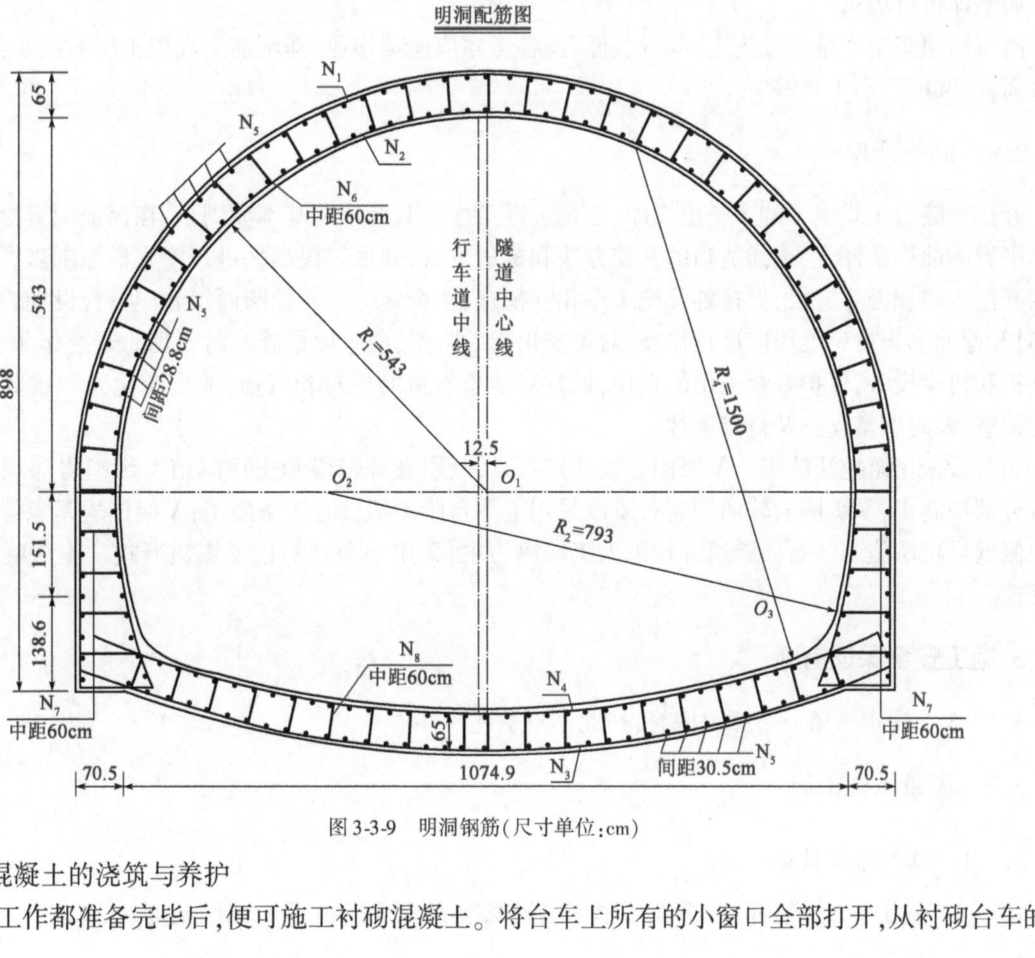

图 3-3-9　明洞钢筋(尺寸单位:cm)

(2)混凝土的浇筑与养护

所有工作都准备完毕后,便可施工衬砌混凝土。将台车上所有的小窗口全部打开,从衬砌台车的一侧接入混凝土输送泵的输送管道,调试混凝土搅拌设备及混凝土配合比后开始浇筑。混凝土在台车的一侧浇筑高度在大于2m后,便要将管道转移到台车的另一侧,以平衡混凝土自重所带来的偏压力,防止台车被挤压偏位,造成胀模。混凝土入模后要及时振捣,振捣时间要适中,不能太长也不能太短,以免造成混凝土离析或不密实。在施振过程中,要注意对预留件及预埋件的保护,以免将其损坏,失去作用。在弧顶部位的混凝土可采用附着式振捣器对其进行振捣。在施工过程中,要保证混凝土的坍落度及良好的流动性以填充拱部的剩余空间。

混凝土施工完成后,要在规定的时间内进行拆模,防止时间过长,混凝土附着于模板表面,不易拆除,最终导致粘连,影响混凝土表面的美观。泵送混凝土的拆模待混凝土强度达到8MPa后进行。

混凝土拆模后,要及时对其进行养护,保证混凝土的强度按期增长。在实际施工中,可采用洒水养护。待混凝土强度达到要求时,方可取消对混凝土的养护。

2.7.3 明洞防排水

明洞衬砌外层采无纺土工布(350g/m^2)+1.2mm厚EVA防水板防水;明洞衬砌基础两侧纵向ϕ116mm HDPE打孔排水管与横向引水管相连,明洞衬砌背后水引入隧道路面下盲沟排走;明洞顶回填土体表层填50cm厚种植土,下设一层50cm厚黏土隔水层以防地面径流下渗,并在回填地表坡度的作用下流入洞顶排水沟排走。在结构构造防水方面,采用中埋止水带和背贴式止水带、中埋式止水条与明洞施工缝、变形缝处布设,同时结构采用防水混凝土,形成完善的明洞防排水体系。

2.7.4 明洞回填

明洞回填土石时,尽量采用人工回填,避免对明洞节后背后防水卷材及土工布破坏。

先回填C15片石混凝土至设计要求后再回填土石方,明洞与棚洞连接处回填50cm后浆砌片石。

明洞拱背回填土石对称分层夯实,每层厚度小于0.3m,两侧回填高差不得大于0.5m,回填至拱顶齐平后整体进行填筑。

雨季回填集中力量分段施工,取、运、摊、压各工序应连续作业,降雨前完成填土层的压实,并形成排水坡面,压实度不小于90%。

2.8 洞身开挖

开挖是隧道正式施工的第一道工序,也是关键工序。其开挖的基本原则是:在保证围岩稳定或减少扰动围岩的前提条件下,选择适当的开挖方法和掘进方式,并尽量提高掘进速度。根据围岩类型确定合理的开挖步骤和循环进尺,保持各开挖工序相互衔接,均衡施工。开挖断面尺寸应符合设计要求。开挖后,对开挖面和未衬砌地段应进行检查,对可能出现的险情,应采取措施及时处理。开挖作业中,不得损坏支护和衬砌设备,保护好量测用的点位,做好对地质构造的核对和素描,地质变化处和重要地段应有照片记载,及时调整支护及衬砌参数。

洞身段采用暗挖法施工。Ⅴ级围岩坡积碎石段、断层破碎带段和土质隧道Ⅴ级围岩深埋段采用三台阶分部法施工;Ⅴ级围岩软弱围岩石质段采用上下台阶预留核心土法施工;Ⅴ级围岩紧急停车带段采用单侧壁导坑法施工。石质隧道开挖以人工风镐为主,采用小药量的松动爆破开挖。土质隧道采用机械开挖。

3. 施工安全保证措施

3.1~3.6同本章第一节相关内容,在此不再赘述。

3.7 质量保证措施

3.7.1 锚杆保证措施

(1)锚杆施工一定清孔干净,砂浆或锚固剂填塞饱满,否则影响锚杆固结长度。

(2)注浆锚杆要预留一定长度的止浆段(20~30cm),采用砂浆或锚固剂封堵,封堵好后再进行注浆,防止漏浆影响注浆效果。

(3)对于中空注浆锚杆注浆时,要控制注浆压力,注浆结束时要有一定的稳压时间(3~5min),保证注浆效果。

3.7.2 型钢拱架保证措施

(1)拱架加工时两端受加工设备影响经常加工不到位,在现场实际操作中采用焊接加长后再弯曲施工,可有效避免设备影响。

(2)第一榀拱架加工好后,在加工场拼装检查拱架尺寸是否达到要求,防止大量加工后尺寸不符,影响现场安装。

(3)拱架焊接要求很高,首先焊工必须合格,焊接后对焊缝进行检查,焊缝必须饱满,不能有虚渣;拱架在煨弯加工时,焊缝不能开裂。

(4)拱架安装时一定要保证拱架垂直于隧道中心线,偏移较大严重影响拱架受力。

(5)拱架连接时因安装角度不对经常发生脚板对接不上,影响后续拱架连接,因此安装上部拱架时控制好拱架角度、方向。

(6)拱架间一般有连接钢筋,连接最好焊接在拱架内腹板上,防止影响喷混凝土平顺度。

(7)拱架锁脚锚杆作用非常大,一般施工下台阶时,上台阶拱架要悬空,主要靠锁脚锚杆控制,因此锁脚锚杆施工必须保质保量。

3.7.3 超前支护保证措施

(1)超前锚杆(小导管)必须有出厂合格证明、材质证明,并经外委检验合格后方可使用;使用前必须除锈,其他材料均要有出厂合格证明及外委试验合格报告单,安装前应对孔位进行复检再安装。

(2)根据设计要求加工锚杆(小导管),加工好的材料应平放在存放区内,挂牌注明规格及使用部位,并注意防潮、防锈。

(3)在冬季进行锚杆(小导管)加工,加工焊接必须满足相关要求,冷拉钢筋时的温度不得低于-20℃。

(4)钻孔前,其孔位应根据设计及规范要求,以及现场围岩情况定出孔位,做出标记,孔位偏差不大于50mm。

(5)钻孔的孔轴方向要满足设计及规范要求。

(6)孔深应满足设计及规范要求。

(7)钻孔完成后,需将孔内清理干净,且清空一定要彻底,对部分孔内粉泥用高压风枪清理干净。

(8)水泥浆配合比严格按照设计图纸进行配制。

(9)水泥浆应搅拌均匀,随拌随用,一次拌和的水泥浆应在初凝前用完,并严防杂物、石块混入水泥浆内。

(10)注浆前,首先检查排气孔是否畅通。

4.施工管理及作业人员配备和分工

4.1 施工管理人员

施工管理人员配备和分工见表3-3-1。

施工管理人员　　表3-3-1

序号	职位	备注
1	项目经理	全面部署、协调
2	技术负责人	技术负责

续上表

序　　号	职　　位	备　　注
3	生产负责人	协调关系，施工负责
4	质检工程师	质量控制
5	测量工程师	测量监控
6	试验工程师	实验管理
7	安全工程师	现场安全负责
8	隧道现场主管	负责现场技术、质量、进度、安全控制

4.2　特种作业人员

特种作业人员配备和分工见表3-3-2。

特种作业人员　　表3-3-2

序　　号	特种作业类别	人员数量	备　　注
1	开挖工		隧道开挖
2	电焊工		隧道支护半成品加工
3	挖掘机司机		隧道出渣
4	装载机司机		隧道出渣
5	运输车驾驶员		渣土运输

4.3　其他作业人员

进洞施工各工班劳力安排见表3-3-3，多口施工时人员须相应增加。

施工队伍人员配置（一个作业面）　　表3-3-3

序　　号	名　　称	人　　数	职　　责
1	电工		施工用电
2	管棚班		施工管棚
3	立架班		钢拱架安装、套拱施工
4	湿喷机械手操作手		喷射混凝土
5	输送车驾驶员		负责混凝土运输
6	挖掘机司机		弃渣转运
7	装载机司机		弃渣转运
8	出渣车驾驶员		弃渣运输
9	注浆机操作手		注浆机操作
10	电焊工		钢筋焊接
11	杂工		洞内卫生，日常杂活

5. 验收要求

5.1　验收标准

验收标准见表3-3-4～表3-3-9，表中提及的附录均指《公路工程质量检验评定标准》（JTG F80/1—2017）。

隧道总体允许超挖值 表 3-3-4

项次	检查项目	规定值或允许偏差	检查方法和频率
1	车行道宽度(mm)	±10	尺量:每20m(曲线)或50m(直线)检查1次
2	内轮廓宽度(mm)	不小于设计值	尺量:每20m(曲线)或50m(直线)检查1次
3	内轮廓高度(mm)	不小于设计值	激光测距仪,曲线20m,直线40m 1个断面,每个面测拱顶、腰3处
4	隧道偏位(mm)	20	全站仪或其他测量仪器:每20m(曲线)或50m(直线)检查1处
5	边坡、仰坡	不大于设计值	尺量:检查10处

锚杆实测项目 表 3-3-5

项次	检查项目	规定值或允许偏差	检查方法和频率
1	注浆强度	在合格标准内	砂浆强度试件数量不少于3组
2	锚孔深度(mm)	不小于设计值	尺量:抽查20%
3	锚孔孔径(mm)	满足设计要求	尺量:抽查20%
4	锚孔轴线倾斜(%)	2	倾角仪:抽查20%
5	抗拔力(kN)	满足设计要求; 设计未要求时,抗拔力平均值≥设计值;80%抗拔力≥设计值;最小拔力≥0.9设计值	检查数量按设计要求,设计未要求时按锚杆数5%,且不小于3根检查
6	张拉力(kN)	满足设计要求	查油压表:逐根检查
7	张拉伸长率(%)	满足设计要求; 设计未要求时,±6	尺量:逐根检查

管棚实测项目 表 3-3-6

项次	检查项目	规定值或允许偏差	检查方法和频率
1	长度(mm)	不小于设计值	尺量:逐根检查
2	数量(根)	不少于设计值	目测:现场逐根清点
3	孔位(mm)	±50	尺量:每环抽查10根
4	孔深(mm)	大于钢管长度设计值	尺量:每环抽查10根

明洞防水层实测项目 表 3-3-7

项次	检查项目		规定值或允许偏差	检查方法和频率
1	搭接长度(mm)		≥100	尺量:每环搭接测3点
2	卷材向隧道暗洞延伸长度(mm)		≥500	尺量:测3点
3	卷材于基底的横向延伸长度(mm)		≥500	尺量:测3点
4	缝宽(mm)	焊接	焊缝宽≥10	尺量:每衬砌台车抽查1环,每环搭接测5点
		粘接	焊缝宽≥50	
5	焊缝密实性		满足设计要求	按附录S检查:每10m检查1处焊缝

明洞浇筑实测项目 表 3-3-8

项次	检查项目	规定值或允许偏差	检查方法和频率
1	混凝土强度(MPa)	在合格标准内	按附录D检查
2	混凝土厚度(mm)	不小于设计值	尺量或按附录R检查:每10m检查1个断面,每个断面测拱顶、两侧拱腰和两侧边墙共5点
3	混凝土平整度(mm)	施工缝、变形缝处,20	2m直尺:每10m每侧连续检查2尺,测最大间隙
		其他部位,5	

明洞回填实测项目 表 3-3-9

项次	检 查 项 目	规定值或允许偏差	检查方法和频率
1	回填压实	符合设计要求	尺量:厚度及碾压遍数
2	每层回填层厚(mm)	≤300	尺量:每层每侧测 5 点
3	两侧回填高差(mm)	≤500	全站仪:每层每侧测 3 处
4	坡度	满足设计要求	尺量:检查 3 处
5	回填厚度	不小于设计值	全站仪:拱回填层顶面测 5 处

5.2 验收程序

验收程序见图 3-3-10。

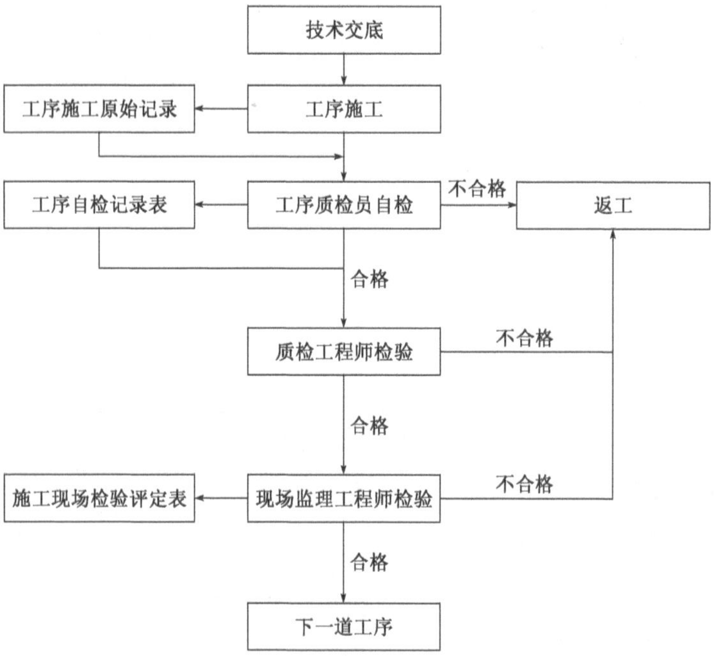

图 3-3-10 验收程序

5.3 验收内容

(1)隧道总体

①隧道衬砌内轮廓及所有运营设施均不得侵入建筑限界。

②洞口设置应满足设计要求。

③洞内外的排水系统设置应满足设计要求。

④公路隧道拱部、边墙、路面、设备箱洞应不渗水,有冻害地段的隧道衬砌背后不积水、排水沟不冻结,车行横通道等服务通道拱部不滴水、边墙不滴水。

(2)边坡锚固防护

①边坡坡度、坡面应满足设计要求,坡面应无风化、无浮石,喷射前应用水冲洗干净。

②锚杆的数量不得少于设计数量。

③钢筋网与锚杆连接牢固,喷射混凝土时钢筋不得晃动。

④注浆性能应符合相关施工技术规范规定,锚孔内注浆应密实,注浆压力满足设计要求。

⑤混凝土喷射前应对坡面的渗漏水、流水等进行处理。

⑥锚杆的长度应大于或等于设计长度,插入锚孔内的长度不得小于设计长度的 97%。

⑦锚杆应采用机械切割,锁定力应满足设计要求。

⑧锚杆的防护应满足设计要求。

(3)管棚施工

①管棚注浆浆液强度、配合比、注浆压力和注浆量应满足设计要求。

②管棚套拱基底承载力应满足设计要求,并符合施工技术规范规定。

③超前钢管的打入角度应满足设计要求,并符合施工技术规范规定。

④两组管棚之间纵向水平搭接长度应不小于3m。

(4)明洞防水层

①防水材料应无破损、无折皱。

②焊接应无脱焊、漏焊、假焊、焊焦、焊穿,黏结应无脱黏、漏黏。

(5)明洞浇筑

①蜂窝麻面面积不得超过该面积的0.5%,深度不得超过10mm。

②隧道衬砌钢筋混凝土结构裂缝宽度不得超过0.2mm。

5.4 验收人员

(1)一般工序

验收人员为项目工区负责人,以及技术员、专业监理、施工员及劳务管理人员。

(2)重点工序

①技术负责人或授权委派的专业技术人员、专项施工方案编制人员、项目专职安全生产管理人员及相关人员。

②监理单位项目总监理工程师及专业监理工程师。

6.应急处置措施

6.1 危险源辨识

危险因素辨识及评价见表3-3-10。

隧道进洞施工过程危险源辨识 表3-3-10

序号	行为(活动)或设备、环境	危险因素	可能导致的伤害(事故)	备注
1	洞口开挖	机械故障	机械伤害	
2		漏电保护器失效	触电	
3		工人工作面上方危石清理不及时	物体打击	
4		无统一指挥	物体打击	
5		车辆运输超载超限	机械伤害	
6		洞口开挖后,未预留核心土	坍塌	
7		边仰坡开挖后,防护不及时	坍塌	
8	套拱施工	使用破旧设备,转动部位无防护罩,作业人员操作不当	机械伤害	
9		作业平台不稳,无临边防护; 作业人员未佩戴安全带或安全带使用不正确	高处坠落	
10		在潮湿场所不使用安全电压; 配电线路老化,破皮未包,电缆不绝缘或绝缘破坏; 配电箱无漏电保护器、漏电保护器装置参数不匹配,漏电保护器失灵	触电	
11		支撑立柱的地基不平	物体打击	

续上表

序号	行为(活动)或设备、环境	危险因素	可能导致的伤害(事故)	备注
12	套拱施工	钢架安装前未清除浮石	物体打击	
13		材料运输车辆带“病”作业	机械伤害	
14		施工现场无专人负责指挥车辆	机械伤害	
15		作业点下方站人	物体打击	
16		混凝土输送泵违章操作	机械伤害	
17	管棚施工	无防护栏杆	高处坠落	
18		钻孔作业时,工人未佩戴安全带,未戴防护用品	机械伤害、高处坠落	
19		注浆过程中工作人员距离近	机械伤害	
20		膨胀岩、土质地层、围岩松软地段,施工用水浸泡地基	坍塌	
21	明洞施工	使用破旧设备,转动部位无防护罩,作业人员操作不当	机械伤害	
22		作业平台不稳,无临边防护; 作业人员未佩戴安全带或安全带使用不正确	高处坠落	
23		绑扎二次衬砌钢筋工具及零件未放入工具袋内,有人站于作业点下方	物体打击	
24		在潮湿场所不使用安全电压; 配电线路老化,破皮未包,电缆不绝缘或绝缘破坏; 配电箱无漏电保护器、漏电保护器装置参数不匹配,漏电保护器失灵	触电	
25		作业平台不稳,无临边防护	高处坠落	
26		材料运输车辆带“病”作业	机械伤害	
27		施工现场无专人负责指挥车辆	机械伤害	
28		作业点下方站人	物体打击	

通过以上分析辨识,进洞施工存在的危险源主要有触电、坍塌、高处坠落、物体打击、机械伤害等。

6.2 危险源应急处理措施

触电事故、坍塌事故、高空坠落事故、机械伤害事故等的应急处理措施参见本书前两章的相关内容,在此不再赘述。

7. 应急救援预案

应急救援指挥机构及职责参照本书第二章的相关内容。应急程序如图3-3-11所示。

7.1 隧道开挖应急预案

7.1.1 隧道塌方冒顶应急预案

为防患于未然,在隧道施工前,结合设计文件和隧道施工安全风险评估开展隧道施工隐患调查和防控措施制订工作,通过对隐患现场调查,在施工中采取合理的防控措施避免影响隧道施工和结构安全。在调查中对设计提出的各种预案和各种特殊处理方案应具有一定的预判,使其更有针对性,保证隧道顺利施工。

(1)现场施工人员立即撤离到安全地带,工班长负责消点人数,并将情况立即报告相关部门。

(2)机械设备有条件转移时,在保证安全的前提下,由班组长指挥快速转移到安全地带。

(3)待塌方处于相对稳定时,由电工检查线路,恢复该地段安全应急照明,确保用电安全。

(4)如有水涌出时,应根据水量的大小,立即组织人员进行应急处理,原则是堵、排、引结合。待施工方案确定后进行根治。

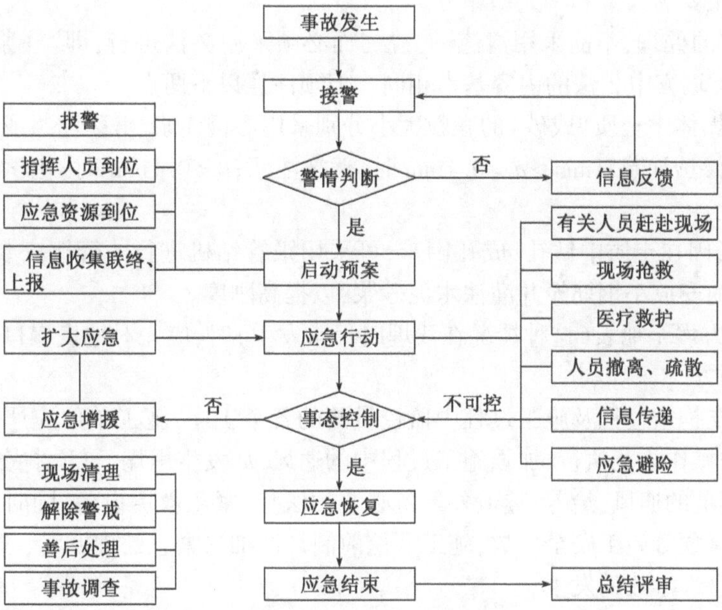

图 3-3-11 应急程序流程

(5)项目部通知工程部(或办公室)采取摄影、录像等方式记录塌方情况。同时,项目部应急领导小组会同现场监理、设计院共同会勘,分析、确定塌方的性质、规模及其后果,采取一切措施控制事态的发展,减小事件对施工造成的影响和损失。

7.1.2 隧道塌方的整治

(1)隧道发生塌方时,应及时迅速处理,不得随意拖延时间。处理前,必须仔细观察塌方的范围、形状、数量大小及塌体的地质状况、地下水的分布、活动情况等,分析塌方发生的原因,研究制订处理方案。

(2)隧道塌方时应根据发生的部位、规模及地质条件,采取"治塌先治水、治塌先加强"的原则,采取喷锚支护、注浆、管棚、加强二次衬砌、设置护拱等技术措施,不失时机、不留隐患地进行处理。

(3)清理塌方前,应采取下列技术措施,加强防排水工作。

①地表沉陷和裂缝,应采用注浆填充和加固,或采用不透水土壤夯填紧密,开挖截水坑,防止地表水下渗进入塌体。

②通顶陷穴口的地表四周应挖沟排水,搭设防雨棚遮盖穴顶洞内衬砌,通过塌方后,陷区应及时回填,回填应高出原地面,并用黏土或浆砌片石封闭穴口,做好排水。

③塌体内有地下水活动时,采用管、槽引至排水沟排出,无法进行引排时可注浆堵水。

④隧道坍方应按下列要求处理。

a.中小型塌方应将坍体自上而下全部清除。根据塌方后坡面的情况,可选刷坡卸载的方法,同时对仰坡面自上而下进行喷锚加固。

b.大型塌方的坍体不必全部清除,可采取先挖台阶的形式清除一部分,再进行喷锚网加固,并在仰坡上适当位置设浆砌片石挡墙防护。

c.仰坡加固完成后,洞口段已露空洞身可采用暗洞明做或改为明洞衬砌,拱圈上部可回填土石或浆砌片石。

一般情况下,发生塌方的地段,地质状态较差,故其开挖及支护应按照软弱围岩的开挖及支护要求进行,即严格遵守"短进尺,弱爆破,强支护"的原则。

7.1.3 土质类坍方处理预案

土质类坍方的围岩级别一般为Ⅴ级～Ⅵ级,围岩以砂、土质或强风化的岩石为主,坍方呈土状,含有大量的砂、黏土(≥70%)以及少量的石屑和圆弧石,塌方范围以外的未坍塌部分呈相对不稳定状态。

塌方规模一般较大，主要为大型和特大型塌方。

对于土质类塌方的处理，不能采用清渣的方法，而必须采用 Z 法进行，即“注浆＋管棚”的方法，其主要内容与 W 岩石类塌方中 Z 法的内容基本相同。但须注意以下两点。

（1）注浆应根据塌体中土质（或砂）的颗粒大小分别采用渗透注浆、劈裂注浆或化学注浆法，其选择标准为：$d \geq 1\text{mm}$ 时，渗透注浆；$1\text{mm} > d > 0.1\text{mm}$ 时，劈裂注浆；$d < 0.1\text{mm}$ 时，化学浆液；其中 d 为颗粒粒径。

（2）施作管棚时，因在土质中钻孔、成孔困难，可采用跟管钻机进行。管棚安装完成后应利用管棚再行注浆，并在管棚内安放小钢筋笼并灌注水泥砂浆，以提高刚度。

（3）当土质类塌方塌至地表（这种情况在浅埋时经常发生）时，应先对地表塌口进行处理，其处理内容及步骤同岩石类塌方。

隧道施工开挖、支护全过程及施工过程中监控量测的各个工序，施工单位应严格按照设计文件、上述预防措施及相应的操作规范执行，加强施工过程中的通风，如发生坍塌、冒顶事故，可以考虑采用空压机的管道进行施工人员的通风、给养，隧道外配备必要的医疗、紧急救援设备；同时，施工单位应根据可能存在的局部坍塌、冒顶等施工安全事故，施工开挖前制订详细的紧急处理方案、救援方案，并进行必要的技术演练，杜绝灾害性事故的发生。

7.1.4 防排水预案

隧道施工过程中可能会出现集中的股状渗流水、涌水、突水等情况，不但影响施工安全和进度，同时大量的地下水排泄对隧址区地下水环境的平衡也造成破坏，因此制订环向注浆止水、帷幕注浆止水等防排水方案。根据地下水发育情况，综合治理，排堵结合。

环向注浆止水主要针对掌子面有多处的线状或股状的出水点，水压和水量均较小的情况。隧道初支环向全断面布设 $\phi 42\text{mm} \times 4$ 的注浆小导管，长 6m，环向间距 100cm；注浆小导管沿初期支护钢拱架外缘以斜插角 45°方向打入围岩，端部与钢拱架焊接在一起。注浆浆液采用水泥—水玻璃双液浆。水玻璃浓度控制在 35 波美度左右（模数 2.4），水灰比可采用 1∶1（根据现场试验确定）。注浆时初压为 0.5～1.0MPa，终压为 2.0MPa，注浆导管的纵向搭接根据现场注浆止水的效果进行疏密调整。

7.1.5 隧道黄土陷穴应急预案

黄土陷穴处理范围为隧道中轴线左右两侧 50m 范围，根据陷穴大小、深度合理处置，确保处理后陷穴不塌陷、不渗水。对于流向陷穴的地面水，必须采取拦、截、引、排措施；对于因湿陷而形成较破碎的沟壁和裂缝，应进行开挖、夯平、整修，并加强防排水措施。

对于浅层洞穴，采用直接回填土的方法解决，表层均夯实，绿化。

对于明陷穴采用回填素土夯实处理，并用三七灰土封顶。

针对埋藏较浅（埋深小于 3m）的暗陷穴，采用明挖回填素土夯实处理，并用三七灰土封顶。

针对埋藏较深（埋深大于 3m）的暗陷穴，采用支撑开挖回填夯实或强夯处治；对于小而直的暗陷穴，采用灌砂或灌泥浆处治；对于大而深的暗陷穴，采用灌稠泥浆或灰土回填处治，并用三七灰土封顶。

所有陷穴的回填压实度不小于 95%，顶面均采用 50cm 厚 5% 灰土封闭，灰土层应高出原地面 30cm，并设置一定的预拱度，以防雨水下渗。

7.2 应急救援组织的训练和演习

7.2.1 应急救援队伍的培训和基本内容

项目部要采取讲座、自学、小组受训、受训者和教师互动和考试等方法，对应急救援队伍进行培训。须针对不同水平的应急救援人员分别培训。

7.2.2 培训基本内容

培训基本内容为：报警、疏散、救援、指挥和配合、应急救援演习。

7.2.3 培训目的

应急救援演习的目的是提高救援队伍间的协同救援水平和实战能力,检验应急救援综合能力和运作情况,以便发现问题,及时改正,提高应急救援的实战水平。

7.2.4 演习类型

(1)基础演习。

(2)专业演习。

(3)战术演习。

(4)自选科目演习。

7.2.5 演习的方法和内容

(1)单项演习。

①通信联络、通知、报告程序演练;

②人员集中清点装备及物资器材到位(装车)演练;

③防护行动演练;

④医疗救护行动演练;

⑤消防行动演练;

⑥公众信息传播演练。

(2)组合演习。

(3)全面演习(综合演习)。

(4)演习时间:各单位每年至少应进行一次应急演练,演练时要精心设计,精心准备,模拟实际施工流程,安排多种复杂情况。要通过演练,提高各级负责人的组织指挥能力和职工的抢险救援能力,完善应急组织和预案。

7.3 施工现场的设施管理

7.3.1 应急电话及救援医院

(1)各应急小组成员电话保持24h开机状态。

报警电话须知:火警"119",医疗急救"120",匪警"110"。

(2)拨打报警电话时,要尽量说清楚以下几件事情。

①事故发生单位、地点(在什么地方,什么路几号、靠近什么路口、附近有什么特征)、交通线路、联系电话、联系人姓名等。

②事故受伤人员的数量、伤情、火情和已经采取的抢救措施,以便让救护人员事先做好急救准备。

③救援电话还要问清楚,存在的问题、现场注意事项,如无问题方可挂断电话。并派专人在道路入口处等候接应救护车辆,同时把救护车辆通过道路、场地上的障碍物予以清除,以利于救护车辆到达后能及时进行抢救。

7.3.2 应急物资装备清单

应急物资装备清单见表3-1-11。

应急救援物资清单 表3-1-11

设备分类	名称及数量			存放地
通信器材	移动电话	移动电话	对讲机10对	项目部
	移动电话	电话(传真)待定		项目部
交通工具	指挥车	联系电话		项目部
	救援车	联系电话		项目部

续上表

设备分类	名称及数量		存放地
急救药品及器材	急救箱(内置中暑、烫伤等急救药品)		项目部
	担架		项目部
物资	扩音喇叭		项目部
	手电筒		项目部
	铁镐		项目部
	铁锹		项目部
	雨具(雨衣、雨鞋)		项目部
	型钢、钢板		项目部
	圆木		项目部
防护用品	防毒面具		项目部
	空气呼吸器		项目部
	防护服、护目镜、口罩		项目部
	绝缘手套、鞋、服		项目部
机械设备	装载机		施工现场
	运输车辆		施工现场
	吊车		施工现场
	水车		施工现场

(1)防火、防爆、防泄露工具:灭火器、防火砂、镐、水桶、铁锹、沙袋、阻燃棉被、管钳、抽水泵、防毒面罩等。

(2)通信联络设施:对讲机、有线电话。

(3)急救工具:车辆、担架、医药箱(止血带、止血钳、创可贴、消炎药、急救针剂、一次性注射器、消毒棉花、消毒棉签、医用胶布、消毒绷带、75%的酒精灯等)。

7.3.3 其他应急设备和设施

由于施工现场会出现一些不安全情况,甚至发生事故,或者采光和照明情况不好,在应急救援时需配备应急照明,如可充电工作灯、电筒等应急照明设备。现场有危险情况时,应急处理时需有用于危险区域隔离的警戒带、各类安全禁止、警告、指令、提示标识牌。

为了安全逃生、救生需要,还必须配置安全带、安全绳、担架等专用应急设备和设施工具。

第四章　路 面 工 程

第一节　水泥稳定碎石底基层、基层施工方案

1. 编制依据

(1)《中华人民共和国安全生产法》;
(2)《中华人民共和国建筑法》;
(3)《建筑工程安全生产管理条例》;
(4)《公路水运工程安全生产监督管理办法》;
(5)《公路桥涵施工技术规范》(JTG/T 3650—2020);
(6)《公路工程施工安全技术规范》(JTG F90—2015);
(7)《工程测量规范》(GB 50026—2020);
(8)《建筑工程绿色施工规范》(GB/T 50905—2014);
(9)《环境空气质量标准》(GB 3095—2012);
(10)《公路工程技术标准》(JTG B01—2014);
(11)《公路路面基层施工技术细则》(JTG/T F20—2015);
(12)《公路工程无机结合料稳定材料试验规程》(JTG E51—2009);
(13)《公路工程质量检测评定标准 第一册 土建工程》(JTG F80/1—2017)。

2. 施工方案

2.1　施工工艺流程

底基层、基层施工工艺流程如图 4-1-1 所示。

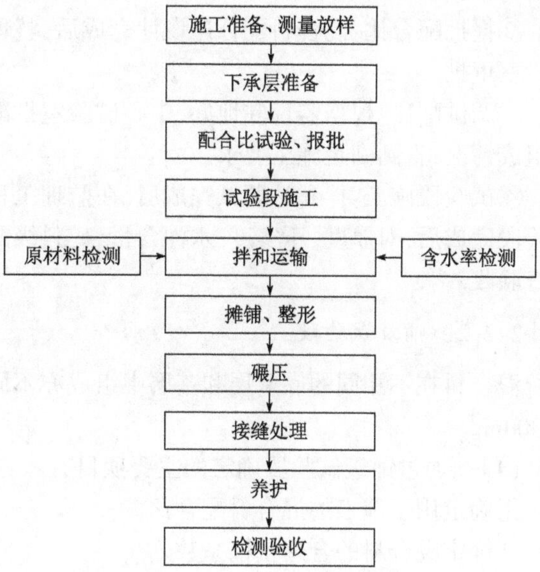

图 4-1-1　底基层、基层施工工艺流程

2.2　施工方法

2.2.1　施工准备

(1)水泥

采用低强度等级普通硅酸盐水泥,水泥强度等级为 P. O42. 5 级。为减少裂缝的发生,采用缓凝型水泥,终凝时间大于 6h,初凝时间大于 4h,水泥进场后存放时间应不小于 7d,严禁使用快硬、早强和受潮变质水泥。水泥各龄期强度指标符合表 4-1-1 的要求。

强度指标 表4-1-1

强度等级	抗压强度(MPa)		抗折强度(MPa)		备注
	3d	28d	3d	28d	
P.O 42.5水泥	17	42.5	3.5	6.5	

夏季高温作业时,散装水泥入罐温度不能高于50℃,高于这个温度,若必须使用时,采用降温措施;冬季施工,水泥进入拌缸温度不低于10℃。

(2)粗集料

技术指标:采用沿线花岗岩,用大型联合碎石机(反击破碎或冲击破损)轧制成的碎石,压碎值不得大于30%,针片状颗粒的含量不超过20%。

(3)细集料

技术指标:采用碎石加工过程中的石屑,有机质含量不得超过1%。原材料生产过程中,合理调整加工工艺,使合成级配0.075mm通过率不得超过3%。

(4)水

路面基层与底基层拌和用水和养护用水,一般采用人、畜能饮用的水。

(5)主线基层、底基层混合料

基层采用水泥稳定碎石,其级配须满足《公路路面基层施工技术细则》(JTG/T F20—2015)表4.5.4中C-B-1的级配要求。7d无侧限抗压强度≥4.0MPa,压实度要求≥98%。水泥用量根据配合比试验结果确定为4.5%。

底基层同样采用水泥稳定碎石,其级配须满足《公路路面基层施工技术细则》(JTG/T F20—2015)表4.5.4中C-B-1的级配要求。7d无侧限抗压强度≥3.0MPa,压实度要求≥97%。水泥用量根据配合比试验结果确定为3.6%。

施工时严格控制基层、底基层水泥掺量,且抗压回弹模量及强度不宜过大。施工配合比试验时,混合料强度达不到设计要求时,通过调整集料级配来提高强度,不得增加水泥掺量以提高强度。

水泥稳定碎石基层配合比设计如下:

①配合比试验:材料试验合格后,进行混合料试验配合比设计。底基层制作试件,在相对湿度大于95%,温度20℃ ±2℃的条件下养护6d,浸水24h,其7d无侧限抗压强度不小于3.0MPa,压实度≥97%;基层成型试件后,在相对湿度大于95%,温度20℃ ±2℃的条件下养护6d,浸水24h,其7d无侧限抗压强度不小于4.0MPa,压实度≥98%。

②报批配合比:混合料配合比设计完成后,整理试验资料,报请监理工程师审查,监理驻地办、中心试验室审批。

③调试配比:根据监理驻地办、中心试验室批准的配合比进行拌和站计量调试、试拌,取样检测各材料组成情况,直到满足施工要求。

④试验段施工:拌和站调试完成后,在监理工程师指定的路段进行试验段铺筑,长度不小于300m,试验段完成后,对厚度、压实度、水泥含量、矿料级配等指标进行试验,并提出书面报告,请建设单位组织检查验收。

2.2.2 铺筑试验段

混合料在不相同的底基层和基层中组成亦不同,在正式开铺之前必须铺筑试验段。铺筑长度不小于300m。

(1)须通过铺筑试验段确定的主要项目有:

①确定用于施工的混合料配合比。

②确定混合料的合理松铺系数。

③检验拌和站的原材料数量控制系统的精确度和完备性。

④确定标准的施工方法:

a. 集料、混合料含水率的调控方法。

b. 确定混合料干拌时间与喷水湿拌时间的合理匹配，确定每盘料总的拌和时间。

c. 采用双机梯队摊铺时，防止接茬离析、错台，确定前后机组的合适间距。

d. 确定摊铺机熨平板的仰角、行进速度与振频、振幅匹配关系以及高程及横坡度控制系统等工艺参数和方法。

e. 摊铺层的跟踪检查、整修要点和人员配置。

f. 不同类型（吨位）压路机的组合方式、碾压顺序、遍数及振频控制参数，并确定合适的作业段长度。

g. 压实过程中的跟踪检查及缺陷处治要点和人员配置。

h. 确保铺筑层边部压实措施。

i. 建立健全拌和—运输—摊铺—压实四个环节均衡、高速运转的现场管理系统。

⑤确定施工过程中跟踪质量控制方法、手段及设备、人员配置。

（2）在铺筑试验段之前，事先制订周密的实施方案，明确每个试验项目的具体做法、要求和设备人员安排，召开专题会议进行技术交底。与此同时将实施方案报驻地办进行审批，并做好下承层准备工作（如埋设横向排水管、整修路基或处理底基层缺陷等）。

（3）试验段铺筑完毕后及时整理、分析各项试验数据，进行试验段总结，各项成果符合预期要求时即可编写试验段总结报告，同时提交该结构层开工申请（各一式 4 份）一并报驻地办审核转总监办审批，方可正式开铺。如果试验段的某项试验成果不符合要求或某项主要指标质量不能达标，则重新铺筑试验段。

2.2.3 摊铺前准备

（1）清除作业面表面的浮土、积水等。

（2）开始摊铺的前一天要进行测量放样，按摊铺机宽度与传感器间距做出标记，打好导向控制线支架（在设超高的平曲线上为 5m，其余路段为 10m）。根据松铺厚度，确定导向控制线高度、挂好导向控制线。

2.2.4 混合料拌和

（1）拌和站储备的各项原材料能满足连续施工所需数量。为保证拌和均匀性，所有水稳拌和机均采用二级搅拌，即双搅拌锅进行拌和。

（2）每天开拌前必须检查拌和机的工作系统是否处于完好状态，所设定的工作参数是否与当天生产混合料的类型和施工配合比相吻合或需做某些调整，并将检查或调整情况及时做好相应施工记录。

（3）每天开盘前必须检测场内各档集料的含水率，以确定当天的加水量。在拌制生产过程中，根据天气变化情况和前场铺筑反映的情况适时调整加水率。一般情况下混合料的拌和含水率略高于最佳含水率的试验值（不超过 2%），低温、潮湿天气宜提高 0.5% ~1%；高温、干燥或风大天气宜提高 1% ~2%。

（4）每天开盘时必须取样检验首盘混合料的组成是否符合批准的施工配合比，若偏差超限需分析原因，及时调整。在拌制生产过程中，严格按要求频率抽样检查混合料的级配、水泥剂量和含水率是否符合要求。

（5）每天开盘时必须观察首盘混合料是否均匀，同时检查拌和时间是否与试验段确定值一致，若不够均匀则适当延长拌和时间。

（6）在拌和机出料口处划定汽车按前、后、中三次装料的停车线，以便指导驾驶员均匀装料，减少离析。

（7）向各个喂料斗上料时，一要对号准确，不得混仓；二要上料及时，避免斗内集料不足而影响喂料数量或料堆过高而串仓。

2.2.5 混合料运输

(1)每天开工前检查运料车辆完好情况,并将车厢清扫干净。装好混合料必须用篷布覆盖以减少水分蒸发。

(2)水泥稳定碎石混合料从加水湿拌到碾压完毕需控制在水泥初凝时间之内,一般不超过4h。应取混合料的初凝时间与容许延迟时间较短的时间作为施工控制时间。如果运料汽车途中出现故障,必须尽快排除,保证该车混合料能在此时限内铺筑压实,否则废弃。

(3)在运输车辆车厢后门加装车载式防止混合料卸料离析装置,有效避免混合料离析。

(4)运料车驾驶员必须按要求装料、卸料,特别是已摊铺好的基层,养护期未到时,不得在上面行车。

(5)设置运料车辆定点掉头,特别是上下层连续摊铺施工时,禁止在下层掉头。

2.2.6 安装纵向模板

(1)为保证基层的压实效果和施工横坡满足要求,需设置纵向模板。模板采用钢模,每块钢模采用不少于三根角钢上下错开连接支撑,角钢另一端采用钢钎固定。

(2)在立模之前要测定摊铺混合料中线和边线高程及位置。

(3)中线和边线所立钢模的高度需与混合料压实厚度相同。

(4)立模时要保证中线和边线所立钢模平、直、顺。

2.2.7 混合料摊铺

(1)摊铺前一天将下承层缺陷(如局部松散、坑槽或裂缝等)处理完毕,将灰尘杂物清扫干净并洒水润湿。

(2)每天摊铺前必须全面检查摊铺机运转情况是否正常。精心确定、调整摊铺机的起步高度,以及仰角、传感器与导向控制线的接触,严格控制摊铺层的高程、厚度和横坡度。同时,使摊铺机夯锤的击振力满足摊铺层初始压实度要求。

(3)摊铺方式:采用两台传统摊铺机梯队摊铺。

(4)水泥稳定碎石基层分层非连续施工时,施工上层前,在上层与下层之间需清除浮灰后喷洒水泥净浆。喷洒量按水泥质量计,不少于1.0~1.5kg/m²。水泥净浆稠度以能洒布均匀为度,洒布长度以不超过摊铺机前30~40m为宜。

(5)混合料摊铺采用两台摊铺机梯队作业。两台摊铺机保证速度、厚度、松铺系数、路拱坡度、平整度、振动频率等一致,接缝平整。

(6)摊铺机采用连续摊铺,拌和机生产能力与摊铺机摊铺速度相匹配,避免摊铺机停机待料。

(7)摊铺机螺旋布料器需有三分之二埋入混合料中。

(8)派技术熟练人员跟踪修补边角,及时发现并处理混合料离析等缺陷。

(9)前场与后场加强沟通、密切配合,在施工过程中发生需要调整 的问题(如含水率、拌和时间或摊铺速度等),由双方负责人直接联系解决,避免信息混乱。

2.2.8 混合料碾压

(1)压路机紧跟摊铺机进行碾压作业,确保在水泥初凝之前达到要求的压实度。每一碾压段的长度既要接近于试验段确定值又应根据气候等条件适当调整。

(2)碾压遵循试验段确定的程序与工艺。注意稳压要充分,振压不起浪、不推移、无弹簧。按照稳压(静压)→强振→弱振→最后稳压的工序进行压实,压至基本无轮迹为止。强振过程中注意避免过振,造成结构层表面松散和集料破碎现象。

(3)在碾压过程中出现波浪(推移)或局部软弹时需挖除换料处理,并分析产生原因(含水率过大或稳压不够等),及时调整。

(4)静压时压路机重叠1/3~1/2轮宽,振压时压路机重叠30~50cm。

(5)压路机换挡要轻且平顺,不要拉动基层,第一遍初步稳压时,倒车后尽量原路返回,换挡位置在已压好的段落上,在未碾压的一头换挡倒车位置错开,要呈齿状,然后采用斜向碾压提高平整度。出现个别拥包时,配专人进行铲平处理。

(6)压路机碾压时行驶速度,第1~2遍宜为2~3km/h,以后每遍宜为3~4km/h,按先慢后快的速度碾压。

(7)压路机停车错开,相互间距约3m,停在已碾压好的路段上,严禁压路机在已完成的或正在碾压的路段上掉头或紧急制动。

(8)铺筑层两边多压2~3遍,并须压实到边,压不到的边角处采用小型机具夯实。

(9)碾压过程中,基层的表面始终保持湿润,如水分蒸发过快,现场发现含水率不足,可适当喷洒(宜呈雾状)少量的水,但严禁洒大水碾压。

(10)需特别注意桥头搭板前底基层和基层水泥稳定碎石混合料的碾压。

(11)在振压阶段紧跟平整度检测,以便及时采取措施提高平整度。在终压阶段紧跟高程、横坡度、压实度等多项检测,确保铺筑层均匀密实且高程与横坡度符合设计要求。

2.2.9　接缝处理

水泥稳定碎石混合料摊铺层的横向工作缝采用与路中线垂直的、接口竖直的对接缝(简称对接缝)。其设置条件如下:

(1)每天需要停机收工时(尽量在需设预留缝的位置);

(2)在摊铺过程中遇到天气变化,不能继续施工时;

(3)在摊铺过程遇到机械故障、且在水泥初凝之前不能修复时;

(4)与相邻标段接头处;

(5)与桥梁、明构造物或不同结构路面相接处。

横缝与路面车道中心线垂直设置,接缝断面是竖向平面。按以下方法施工:

(1)压路机碾压完毕,沿端头斜面开到下承层上停机过夜。

(2)第二天将压路机沿斜面开到前一天施工的基层上,用3m直尺纵向放在接缝处,定出基层面离开3m直尺的点作为接缝位置,沿横向断面挖除坡下部分混合料,清理干净后,摊铺机从接缝处起步摊铺。

(3)压路机沿接缝横向碾压,由前一天压实层逐渐推向新铺层,碾压完毕再正常碾压。

(4)压完毕后,接缝处纵向平整度符合质量检查标准规定。

2.2.10　养护

(1)水泥稳定碎石底基层和基层碾压完毕后,均进行覆盖、洒水保湿养护不少于7d,严禁重型车辆通行。养护期满后如不接着铺筑上一层,覆盖物可以去掉但仍需洒水保湿。覆盖物采用加厚透水土工合成布,高气温施工时,不宜采用农用薄膜覆盖。如果冬季低气温施工,需采取保温保湿措施,可采用农用薄膜覆盖并加盖包装绒布或加厚透水土工合成布,保证基层不会冻坏。

(2)为确保路面结构耐久性,除须配置足够洒水车外,还必须有足够人员专门负责初期养护,全天候地实行交通管制和养护路段巡查工作。

(3)基层施工完毕并经检测合格的路段,待其表面风干后及时洒布透层油、铺筑稀浆封层,实行交通管制。

2.2.11　裂缝处理

(1)基层出现裂缝后要调查分析原因,有可能是路床、混合料配比、两台摊铺机接缝、施工工艺等发生变化,要根据具体情况进行处理。

(2)下基层裂缝间距大于5m,且50m长度内出现的裂缝少于6条时,用切割机将缝扩宽至5mm左右、深6~7cm,把缝内尘土吹干净后满灌热沥青或乳化沥青,再铺设玻璃纤维格栅补强。

(3)上基层裂缝间距大于5m,先将表面松散尘土吹干净、洒布透层乳化沥青,再沿接缝铺设1.5m宽玻纤格栅(缝两边各宽0.75m),绷紧后在格栅边部钉n形钉固定,间距不大于50cm。钢钉用ϕ8mm钢筋制作,入土端需打尖并淬火,埋入深度不小于15cm。裂缝间距小于5m,属于非正常裂缝,无条件铲除。

(4)无论纵缝还是横缝,返工的长度为沿路线(纵向)长度10m的倍数,宽度为半幅路基。

3. 质量控制标准及保证措施

3.1 质量验收程序

质量验收程序如图4-1-2所示。

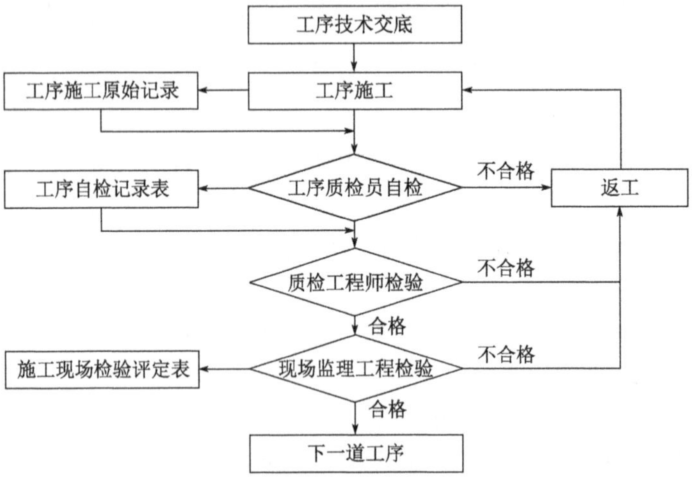

图4-1-2 质量验收程序示意图

3.2 质量评定标准

水泥稳碎石底基层、基层的质量评定标准见表4-1-2。

水泥稳碎石底基层、基层实测项目 表4-1-2

项次	检查项目		规定值或允许偏差				检查方法和频率
			基层		底基层		
			高速公路 一级公路	其他公路	高速公路 一级公路	其他公路	
1△	压实度(%)	代表值	≥98	≥97	≥96	≥95	按《检评标准》①附录B检查,每200m测2个点
		极值	≥94	≥93	≥92	≥91	
2	平整度(mm)		≤8	≤12	≤12	≤15	3m直尺:每200m测2处×5尺
3	纵断高程(mm)		+5,-10	+5,-15	+5,-15	+5,-20	水准仪:每200m测2个断面
4	宽度(mm)		满足设计要求		满足设计要求		尺量:每200m测4个点
5△	厚度(mm)	代表值	-8	-10	-10	-12	按《检评标准》①附录H检查,每200m测2个点
		合格值	-10	-20	-25	-30	
6	横坡(%)		±0.3	±0.5	±0.3	±0.5	水准仪:每200m测2个断面
7△	强度(MPa)		满足设计要求		满足设计要求		按《检评标准》①附录G检查

注:带"△"表示主控项目;不带"△"表示一般项目。
①《公路工程质量检验评定标准》(JTG F80/1—2017)。

3.3 质量保证措施

3.3.1 组织机构

为确保质量目标的实现,建立以项目经理为组长,总工程师、安全总监、生产副经理为副组长,测量工程师、试验工程师、专职质检人员、工区主任、工区技术员为组员的质量管理小组。组织机构人员名单:组长:×××,副组长:×××,组员:×××。

3.3.2 质量保证体系

健全质量保证体系,做到从资源投入和过程控制上保证工程质量。质量保证体系如第一章中图1-1-8所示。

3.3.3 质量保证措施

(1)坚持岗前培训及持证上岗制度,坚持“三检、四按、五不准、六做到”原则,即:

①三检:“自检、专检、工序交接检”。

②四按:“按图纸、按规范、按工艺、按标准”。

③五不准:“资料不全不准开工、材料不合格不准进场、测量不合格不准使用、上道工序不合格不准进行下道工序、达不到质量标准不准交工验收”。

④六做到:“方案做到合理、技术资料做到齐全、质量检验做到可靠、施工试验做到真实、测量数据做到准确、施工方法做到正确”。

(2)质量责任制度。为确保施工质量,自上而下逐级建立工程质量责任制,明确工作岗位的质量职责和义务,建立完善的质量责任制度,以确保施工质量得到有效控制。

(3)质量目标管理制度。根据本工程的总体质量目标进行量化分解,落实到每个分项工程、每道施工工序,并逐级落实到相关部室、施工队、施工班组、作业人员,一级包一级,一级保一级,逐级签订包保责任状,使质量管理工作标准化、程序化,确保总体质量目标的实现。

(4)技术交底制度。施工开工前,在认真熟悉设计图纸和规范标准的基础上,由项目技术负责人向全体施工人员进行技术交底,讲清垫层施工的设计要求、技术标准及与其他分项工程的关系、施工方法、工艺和注意事项等,要求全体人员明确标准。

(5)原材料、半成品和成品现场验收制度。对采购进场的原材料、半成品及成品要有出厂合格证,并由质检工程师组织技术、质量、物资部门及材料管理人员进行检查验收,合格后,报请监理工程师复检认可后,方可用于施工。搞好材料预检,把好订货质量关。入库材料应有出厂证、检验单和材料单,保证入库材料为合格品。库存保管应按性能分批存放,做到先进先用,不积压材料,确保材料不会变质。

(6)施工资料管理制度。施工原始资料的积累和保存由主管人员负责,及时收集、整理施工原始资料,分类归档,确保数据的记录真实可靠。质检工程师将全部质量保证文件和记录汇编成册,保存好原始资料,以备监理工程师检查时出具和竣工时随竣工文件移交。

(7)质量预先控制制度。从准备工作、技术交底、预防措施、过程监控、工序验收、质量评定、材料整理等方面实施质量预检制度,把可能发生的质量事故消灭在施工前。

(8)质量事故报告制度。质量事故一旦发生,质检人员应迅速进行现场调查,在规定的时限内书面报告监理工程师和建设单位,并全力做好事故的分析处理工作。

(9)施工除严格按照设计和有关施工技术规范、标准等规定办理外,还必须遵照招标文件有关要求施工;严格执行技术人员现场值班制度,及时解决施工中发生的技术问题。

(10)施工时制订切实可行的施工方案并严格遵照执行。

(11)加强质量检查工作,对检验批、分项工程和分部工程质量严格执行检查前的自检、互检、交接检查程序,隐蔽工程必须经过监理工程师见证检查。工序检查不合格的不得进入下道工序。

(12)落实质量责任终身制和质量责任制。质量责任层层分解,使各个与工程质量有关的工作岗位明确各自的质量责任,制定奖惩制度,奖罚分明。

(13)路面基层分项工程质量控制要点见表4-1-3。

质量控制要点　　表4-1-3

序号	工　序	质量控制要点
1	原材料控制	各类集料本身的质量优劣直接影响垫层及路面整体的工程质量,各类集料必须清洁,不含有机物、块状或团状土块、杂物及其他有害物质;施工中加大抽查力度,增加检验频率,坚决杜绝不合格材料进入现场
2	放样测量	按摊铺机宽度与传感器间距打好导线支架,导线支架和摊铺机最外边缘预留至少20cm间距,以免施工时导线受到刮碰;根据设计高程挂好导线并沿边桩画好石灰线,用于控制结构层边线位置和顺直度,高程控制仍以摊铺机导线控制
3	配合比设计	拌和前,由试验室测定集料的含水率,计算当天施工配合比,向拌和机操作员进行交底,严格按施工配合比进行拌料
4	拌和	每天拌和前要调试好拌和设备,调整好结构参数,拌和时要按照试验部门提供的施工配合比进行配料拌和,并根据施工现场碾压前的含水率来确定是否要重新调整出厂含水率; 安排专门人员对出厂混合料进行不断观察,发现异常,及时处理,使混合料的颗粒组成和含水率达到规定的要求
5	运输	运输车倒车至摊铺顶筒前20～30cm制动,由摊铺机向前推动运输汽车,禁止汽车在后退过程中直接顶撞摊铺机;由专人指挥倒料,防止料车碰撞摊铺机
6	摊铺	摊铺过程要有专人指挥倒料,防止料车碰撞摊铺机; 摊铺过程中,摊铺机螺旋布料器在全部工作时间内应保持均匀低速转动,避免高速、停顿和启动,以减少混合料离析;混合料摊铺时由专人检查离析情况,发现后立即对离析处进行处理; 在摊铺过程中有专人每隔20m检查松铺厚度与基准线偏离度,发现厚度有偏差时立即对摊铺机进行微调来保证混合料的松铺厚度;两侧人员不允许随意调整摊铺机传感器,保证垫层整体平整度,需要调整时报请监理及技术人员
7	碾压	为确保平整度和压实效果,第一遍初步稳压,倒车后尽量原路返回,严禁在压实过程中和在成型或碾压的路段掉头和急制动,每次碾压重叠原轮迹1/2轮宽; 碾压过程中设专人负责指挥压路机工作; 试验人员在现场检测混合料含水率,对局部含水率偏大的地方,适当推迟压路机碾压时间,保证在混合料含水率略大于最佳含水率时进行碾压
8	横缝处理	基层混合料铺筑时,要求连续作业不得中断,若因故中断,应在端头处比铺筑表面稍高5cm左右按照碾压程序全部碾压密实成型,成短斜坡状。在下次恢复施工前,用3m直尺纵向放在接缝处,确定出平整度不符合要求的地方作为接缝位置,然后人工刨松散、清除成台阶状,并打扫干净,在接头处洒水湿润,重新开始铺筑混合料
9	养护保护	本工程在基层和底基层施工结束后,7d内保持基层处于湿润状态,28d内正常养护,养护期内禁止车辆通行,保持含水率,必须严格按时喷雾洒水,同时防止大雨冲淋,避免细粒渗漏,做好成品保护工作

(14)基层分项工程质量通病及预防措施见4-1-4。

质量通病及预防措施　　表4-1-4

序号	质量通病表现形式	预防措施
1	7d无侧限抗压强度不达标	加强原材检测,原材改变时重新进行配合比试验
2	压实度差	控制最佳含水率,加强碾压规范性
3	平整度差	加强碾压规范性,不允许出现轮迹现象; 碾压结束后严禁将压路机停放在成型的面层上; 采用拉线控制虚铺高度,除纵向拉线控制外,强调横; 向拉流线进行控制,发现低洼处及时补填

4. 安全保证措施

4.1 组织机构

根据“安全第一,预防为主,综合治理”的安全生产方针,为进一步加强项目安全生产管理工作,切实落实安全目标,成立安全生产领导小组。组长:项目经理。组员:安全总监、项目总工、副经理为副组长,专职安全员、工区主任。

4.2 施工安全保证体系

贯彻执行国家、地方政府和上级有关安全生产、劳动保护的法律、法规、规章、制度,并结合单位情况制订实施细则;审查、考核项目安全生产计划、安全技术措施计划的制订和实施情况及安全经费的提取和使用情况;组织开展安全教育培训活动,宣传“安全第一、预防为主、综合治理”的安全生产方针,在工程施工现场认真落实各级安全责任制,见第一章中图 1-1-9。建立健全安全风险预控机制,实现安全文明施工。以“三个亲自、三个确保”的工作作风,抓现场、抓预控、抓落实,力争实现优质、安全地完成工作施工任务。

4.3 安全风险源辨识及分析

危险源辨识及风险评估见表 4-1-5。

危险源辨识及风险评估　　表 4-1-5

序号	作业活动	危 险 源	可能导致的事故	作业条件危险性评价(分)				风险级别
				L	E	C	D	
1	洒水车	作业驾驶员无证、酒后驾驶	交通事故	3	6	3	54	一般
2		洒水车超速行驶、疲劳驾驶	交通事故	3	6	3	54	一般
3		车辆制动失灵、灯光不全	交通事故	1	6	7	42	一般
4	水稳料摊铺	运料车无证驾驶	交通事故	3	6	3	54	一般
5		机械操作手无证驾驶或违章作业	机械伤害	3	6	3	54	一般
6		现场未设置安全标识牌	交通事故	3	6	3	54	一般
7		夜间施工无照明设施,灯光不足	机械伤害	3	6	3	54	一般
8	施工用电	无专业电工或电工未持证上岗	触电	3	2	3	18	一般
9		电箱无门、无锁、无防雨措施等	触电	3	3	7	63	一般
10		电缆外皮破损老化	触电	3	3	7	63	一般

4.4 安全保证措施

4.4.1 交通安全措施

(1)建立完善的机械设备使用手册,明确机械设备操作规程,对于特殊设备必须定期检验合格后方投入使用,特种设备人员必须持证上岗。

(2)施工期间在醒目位置设置好警示标识 、限速标识等引导车辆有序的通行;车辆严格进行管理,做到定员定岗,每台车辆由专门人员操作驾驶,并严禁酒后驾车或操作施工设备。

(3)洒水车在上下坡及弯道运行中,不得高速行驶,避免紧急制动,洒水车驾驶室外不得站人。

(4)严格按照施工规范和各种机械的操作规程施工,在作业地点挂警告牌,严禁违章作业,严禁非施工人员进入施工现场。

(5)施工机具、车辆及人员与电气线路保持足够的安全距离,不能保证时应采取可靠的安全防护措施。

(6)人工清除粘在压路机滚动轮上的混合料时,必须跟在压路机后作业,严禁在压路机前面倒退作业。夜间施工必须有足够的照明设备。

(7)在开放交通的道路上施工时,对施工区域周围要进行围护并设置安全警示标识,施工人员须穿醒目的反光标志的服装,确保施工安全。

(8)卸料车卸料和交通导流要设有专人负责指挥和管理,并有专人负责指挥摊铺机摊铺作业。

(9)平交路口处施工要有专人负责指挥和管理。临时封闭交通,要设专人负责指挥社会车辆。

4.4.2 机械设备使用安全措施

(1)机械必须按出厂使用说明书规定的技术性能、承载能力和使用条件,正确操作,合理使用,严禁超载、超速作业或任意扩大使用范围。

(2)机械上的各种安全防护和保险装置及各种安全信息装置必须齐全有效。

(3)机械作业前,施工技术人员应向操作人员进行安全技术交底。操作人员应熟悉作业环境和施工条件,并应听从指挥,遵守现场安全管理规定。

(4)机械使用前,应对机械进行检查、试运转。

(5)操作人员在作业过程中,应集中精力,正确操作,并应检查机械工况,不得擅自离开工作岗位或将机械交给无证人员操作,无关人员不得进入作业区或操作室内。

(6)操作人员应根据机械有关保养维修规定,认真及时做好机械保养维修工作,保持机械的完好状态,并应做好维修保养记录。

(7)实行多班作业的机械,应执行交接班制度,填写交接班记录,接班人员上岗前应认真检查。

(8)机械设备的地基基础承载力应满足安全使用要求,机械安装、试机、拆卸应按使用说明书的要求进行,使用前应经专业技术人员验收合格。

(9)清洁、保养、维修机械或电器装置前,必须先切断电源,等机械停稳后再进行操作。严禁带电或采用预约停送电时间的方式进行检修。

4.4.3 用电安全措施

(1)电工必须通过按国家现行标准考核合格后,持证上岗。其他用电人员必须通过相关安全教育培训和技术交底,考核合格后方可上岗工作。

(2)安装、巡检、维修或拆除临时用电设备和线路,必须由电工完成。

(3)暂时停用设备的开关箱必须分断电源隔离开关,并关门上锁。

(4)动力配电箱与照明配电箱宜分别设置,如合置在同一配电箱内,动力和照明线路应分路设置,照明线路接线接在动力开关的上侧。

(5)配电箱应设在干燥通风的场所,其周围不得堆放任何妨碍操作、维修的物品。安装和使用按“一机、一闸、一漏、一箱”的原则。

(6)专职电工随时对现场电气设备进行巡查。项目部每日对施工用电系统、漏电保护器进行一次全面检查。

5. 环境保护及文明施工保证措施

5.1 组织机构

成立以项目经理、项目书记为组长,安全总监、项目总工、副经理为副组长,专职安全员、工区主任为组员的文明施工及环境保护管理小组,施工现场环保、文明施工分级负责,经理部定期按文明工地标准进行检查评比,奖优罚劣。

5.2 环境保护及文明施工保证体系

施工过程中主要以安全环保部为主管部门建立全面的环保管理体系。具体环保管理体系如图 4-1-3 所示。

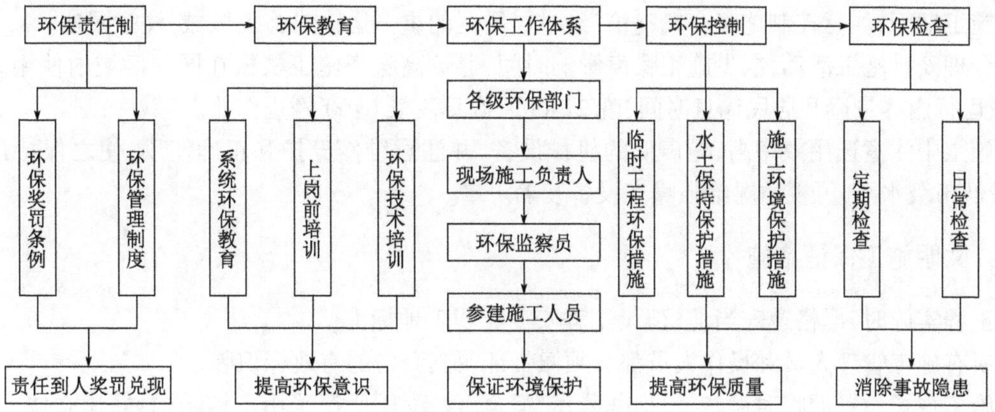

图 4-1-3　环保管理体系

5.3　环保风险源辨识与分析

项目经理部对施工过程存在环境风险因素进行详细辨识和分析，结合项目实际情况分析研究，辨识出可能会造成环保破坏的风险源。风险源清单见表 4-1-6。

环保风险源清单　　表 4-1-6

序　号	作业活动	风　险　源	可能造成的破坏
1	集料运输、摊铺	扬尘、粉尘、弃渣	大气污染、土体污染和占用
2	机械	油、噪声、有毒有害气体	环境、噪声、土体、水源污染

5.4　环境保护保证措施

5.4.1　防止水污染保证措施

(1)现场道路和材料堆放场地周边设排水沟，流向沉淀池，沉淀后利用；不能利用的污水，沉淀后方可排入污水管道。

(2)定时由专人清理排水沟，现场内不得存有污水、烂泥。

(3)厕所、浴室应设置简易有效的化粪池，产生的污水经下水管排放要经过化粪池排向污水管网，化粪池由专人定期清理。

(4)施工现场临时食堂，要设置简易有效的隔油池，产生的污水经下水管道排放要经过隔油池，平时加强管理，定期掏油，防止污染。

(5)施工现场要设置专用的油漆油料库，油料库内严禁放置其他物资，库房地面和墙面要做防渗漏的特殊处理，储存、使用和保管要专人负责，防止油料的跑、冒、滴、漏、污染水体。

(6)防止地下水污染。禁止将有毒有害物废弃物用作土方回填，以免污染下水和环境。

5.4.2　防止扬尘保证措施

(1)施工便道采取洒水防尘、夯实或硬化施工等办法，控制施工现场及道路扬尘，减少粉尘污染。

(2)控制搅拌混合料扬尘及机械噪声，混合料拌和场所安排在大气敏感目标常年主导风的下风向。

(3)运送散装含尘物料的车辆，要用篷布遮盖，以防物料飞扬。对运送砂石料的车辆限制超载，不得沿途撒漏。粉状材料罐装运输。土、水泥、石灰等材料的运输禁止超载，并盖篷布。土、砂、石运输时不得超出车厢板高度，防止散落。

(4)不得在工地乱堆放材料、淤泥、垃圾，施工机械排放的废气要符合有关标准规定，不得随意排放污染环境。

5.4.3 防止噪声污染保证措施

(1)施工期间,注意控制施工车辆鸣笛,经过居民区的重型运输或施工机械,注意限速。

(2)合理安排施工活动,减少施工噪声影响时间,避免高噪声施工机械在同一区域内使用。高噪声施工机械运行内尽量避开居民休息时间,晚22:00~次日凌晨6:00停止作业。

(3)施工中注意选用效率高、噪声低的机械设备,并注意维修养护和正确使用,使之保持最佳工作状态和最低声级水平,可视情况给强噪声设备装隔声罩。

5.5 文明施工保证措施

(1)工程实施时,严格遵守当地《建设工程安全文明工地标准》。

(2)所有施工管理人员和操作人员都必须佩带证明其身份的有效标识牌。

(3)施工现场设置的临时设施,包括办公室、宿舍、食堂、厕所等采用彩钢结构;并建立住地文明、卫生、防火、责任制,按规定布置防火设施,并落实相关负责人。

(4)工地的原材料和半成品不得堆放于围挡外,材料及半成品的堆码严格按要求分类堆放,并用标识牌标识清楚。施工车辆按规划位置停放整齐,场地确保清洁。

(5)施工现场内道路平整畅通,排水出口良好,无人作业的沟、井、坑均加设护盖和安全防护标识或回填整平,公用施工便道要固定专门的维护小组定期进行维修加固,每天进行洒水防尘。

(6)在便道与公路交汇点做好交通标识,配备足够的人员,24h值班,维护道路的畅通。

(7)在施工范围内各交叉道路处设置的交通警告标识,在各便道设警示桩。

(8)努力协调好地方关系,创造良好的外部施工环境,减少施工干扰。

6.特殊季节施工保证措施

6.1 雨季施工措施

(1)雨期施工前认真组织有关人员分析雨期施工生产计划,根据雨期施工项目编制雨期施工措施,所需材料要在雨期施工前准备好。

(2)建立防汛领导小组,制订防汛计划和紧急预案措施。

(3)夜间设专职的值班人员,保证昼夜有人值班并做好值班记录,同时要设置天气预报员,负责收听和发布天气情况。

(4)做好施工人员的雨期施工培训工作,组织相关人员进行全面检查施工现场的准备工作,包括施工材料、临时设施、临电、机械设备、外加防护等。

(5)检查施工现场及生产生活基地的排水设施,疏通各种排水渠道,清理雨水排水口,保证雨天排水通畅。

(6)施工现场两旁设排水沟,保证不滑、不陷、不积水。清理现场障碍物,保持现场道路通畅,道路两旁一定范围内不堆放物品,且高度不超过1.5m,保证视野开阔,道路畅通。

(7)施工现场、生产基地的工棚、仓库、食堂、拌和站、临时住房等需在雨期施工前进行全面检查和整修,保证道路不塌陷,房间不漏雨,场区不积水。

(8)雨期所需材料、设备和其他用品,如水泵、抽水软管、草袋、塑料布、苫布等由物资科提前准备,水泵等设备提前检修。

(9)雨期前对现场配电箱、闸箱、电缆和临时支架等仔细检查,需加固的及时加固,缺盖、罩、门的及时补齐,确保用电安全。

6.2 高温施工措施

(1)调整施工时间,充分利用温度稍低时段,特别是早晨及傍晚时间段,合理安排施工工序。采取防暑降温措施保证人身安全、机械正常运转。

(2)高温季节底基层、地层施工要控制扬尘,及时对施工区域内的道路进行洒水降尘。

(3)及时对已摊铺完成的底基层、基层进行覆盖洒水养护。

(4)做好施工区域的防暑降温工作,由专人收集天气预报,根据天气情况合理安排施工,施工尽量避开每天温度最高的中午时段,在不扰民的情况下适当增加夜间施工时段,并做好防护工作。

(5)高温季节施工注意操作环境、安全通道,做好防暑降温措施。

(6)夏季施工期间,做好后勤工作和卫生工作,防止中暑、中毒以及疾病发生。

(7)做好一线生产工人的后勤服务工作,采取有效的防暑降温措施。现场安排专人配送绿豆汤、茶水等。

7. 应急处置措施

应急救援组织体系、应急预案响应程序、应急物资保障、事故应急处置措施等详见本书第一章相关内容,此处不再赘述。

第二节　水稳拌和站安装及拆除施工方案

1. 编制依据

1.1　国家、行业及地方法律、法规及规范

(1)《中华人民共和国安全生产法》;

(2)《中华人民共和国建筑法》;

(3)《建设工程安全生产管理条例》;

(4)《钢结构设计标准》(GBJ 50017—2017);

(5)《焊接与切割安全》(GB 9448—1999);

(6)《建筑物防雷设计规范》(GB 50057—2010);

(7)《系统接地的型式及安全技术要求》(GB 14050—2008);

(8)《起重机械安全规程　第1部分:总则》(GB 6067.1—2010);

(9)《建筑机械使用安全技术规程》(JGJ 33—2012);

(10)《建筑施工高处作业安全技术规范》(JGJ 80—2016);

(11)《施工现场临时用电安全技术规范》(JGJ 46—2005);

(12)《公路工程施工安全技术规范》(JTG F90—2015)。

1.2　建设单位、施工企业内部规范、标准化指南

(1)××省××集团《公路工程建设项目标准化管理手册》;

(2)××集团《三厂四区施工标准指南》。

2. 施工方案

2.1　施工工艺流程

安装工艺流程:装机前准备→机械部分安装→电气设备安装→电缆安装→附属安装→设备调试试运行→验收和资料整理。

拆除工艺流程:拆卸前的准备工作→粉料罐拆除→主机及附属设施拆除→运输。

2.2 施工方法

2.2.1 水稳拌和站安装

2.2.1.1 设备装机前准备

(1)水稳拌和站设备分批到货后,由接收人员与押运人员按交接清单进行清点,必须做到货证一致,同时积极与负责转移的前方人员进行联系,及时解决转运过程中出现的问题;设备到货后,对于能够在地面上进行检查的设备,必须进行检查和调试,确保调试合格后才能进行安装,对于必须在安装后的才能进行检查的设备,也要做到心里有数,确保设备安装可靠,减少或避免出现返工现象。

(2)收集有关安装的所有技术资料及图纸,以便于安装中使用,特别是随机图纸和设备运转记录,要清点到位,确保图纸完整、记录完整。在安装过程中原则上使用复印图纸,对于不太清楚的地方,可以借用原图,但必须保证原图不受污损和破坏,并做好图纸的存档保管工作。

(3)对设备安装位置的周围场地进行平整、夯实,且不得堆放与安装无关的东西,在场地使用上要有预见性,以便于起重机的停放,避免造成起吊困难。

(4)对预埋钢板的表面进行清理、打磨,保证设备与预埋钢板能紧密结合;并检查预埋件的相对尺寸是否满足安装要求。

(5)配备足够的安装人员及安装物资,安装物资包括起重机、钢丝绳、常用工具、辅助材料等。

(6)在安装前对安装的人员进行全面的技术、安全交底,强调安装中应该注意的事项,杜绝在安装过程中出现违规现象。

2.2.1.2 机械部分安装

机械安装顺序参照设备设计图,对无安装顺序要求的部件可根据现场情况灵活安排,安装过程采用两台25t起重机(水泥仓吊装),根据各组件的位置、工件的大小,决定安装顺序。首先进行水稳拌锅、进料仓的安装,然后进行水泥仓的吊装,由于水泥仓体积比较大,吊装时由两台起重机配合进行,专人指挥。两台起重机同时起吊,吊装时应保持平稳,动作要缓慢,确保在起吊时仓体不变形。当水泥仓离地后,主吊臂继续抬高,辅吊主吊臂停止抬高,使水泥仓顶部继续抬高、竖立,此时辅吊松掉钢丝绳,由一台25t单独进行就位,向预埋基础进行接近。在接近预埋点后,起重机暂停转动,并在指挥人员的口令下进行微调,直至同就位点吻合,起重机停止转动,技术人员对罐体的位置和垂直度进行测试,当罐体与地面预埋点吻合后,垂直度符合要求后,开始固定焊接。固定焊接后,经现场技术人员和安全人员检查确定后,指挥人员下达口令后,起重机开始松绳、摘钩。水泥仓安装完毕后,依次进行输送带(斜皮带)、成品仓安装就位、固定。机械部分安装完毕后,应及时做好防雷措施;对不再使用的回收粉应落实排放处理措施,对水泥拌和楼的废浆应设过滤池处理措施。

2.2.1.3 电气设备安装

拌和站电气设备安装包括电力变压器安装、电机安装、算机监控系统安装、防雷接地安装等。

(1)电力变压器安装

①电力变压器安装事先对运输用的汽车、起吊钢丝绳、运输道路进行安全检查,具有足够的安全系数,运输途中速度不能过快,不能急起动和紧急制动。

②变压器运到现场后,要对变压器做外观检查。观察外表是否有碰撞伤痕、配件及技术资料是否齐全、变压器铭牌是否与设计一致等。如有异常情况,需经处理后才能安装。

③变压器油运抵现场后先进行预检,并用真空滤油机过滤,直至试验合格才能对变压器注油。对变压器箱体内的残油也做检查,变压器油是否合格作为判断变压器绕组未受潮的依据。

④变压器检查分组件的安装是否符合要求;冷却器上下联管、油箱管接头处是否处于开启位置;分接开关指示位置是否正确,三相是否一致,转动是否灵活;变压器主体和铁芯接地套管等是否可靠接地;储油箱、高压套管中的油面是否合适,二次接线是否正确,信号动作是否准确,各分接位置变比是否正确;测量各分接位置直流电阻,并与厂家比较;检查变压器的极性、变比、介损、直流耐压试验、油质试验

均应符合规程要求;待所有检查均合格后投入使用。

(2)电机安装

①电机安装前外观检查。

盘动转子时不得有磁卡声。

润滑脂无变色、变质及硬化现象。其性能符合电机工作条件。

测量滑动轴承电机的空气间隙,其不均匀系数符合产品的规定;若无规定时,各点的空气间隙的相互值不超过10%。

电机的引出线接线端子焊接或压接良好,且编号齐全。

电机的换向器或滑环表面应光滑,并无毛刺、黑斑、油垢等,换向器的表面不平整度达到0.2mm时进行车光。换向器片间绝缘应凹下0.5~1.5mm,整流片与线圈的焊接良好。

②电机抽芯检查。

电机内部清洁无杂物。

电机的铁芯、轴颈、滑环和换向器等必须清洁,无伤痕、锈蚀现象,通风孔无堵塞;线圈绝缘层良好,绑线无松动现象。

定子槽楔无断裂、凸出及松动现象,端部槽楔牢固。

转子的平衡块紧固,平衡螺栓锁牢,风扇方向正确,叶片无裂纹。

磁极和铁轭固定良好,励磁线圈紧贴磁极,无松动。

鼠笼式电机转子导电条和端环的焊接良好,绕柱的导电条和端环无裂纹。

电绕组连接正确,焊接良好。

直流电机的磁极中心线与几何中心线一致。

轴承工作面光滑清洁,无裂纹或锈蚀;轴承的滚动体与内外圈接触良好,无松动,转动灵活;加入轴承内的润滑脂,填满其内部空隙的2/3,同一轴承内不得加入两种不同的润滑脂。

③电机整体安装。

基础检查:外部观察,没有裂纹、气泡、外露的钢筋以及其他外部缺陷,然后用铁锤敲打,声音清脆,不发“叮当”声。然后经试凿检查,水泥应无崩塌或散落现象。再检查基础中心线的正确性,地脚螺栓孔的位置、大小及深度,孔内是否清洁,基础高程是否正确。

在基础上放上楔形垫铁和平垫铁,安放位置应沿地脚螺栓的边沿和集中负载的地方,尽可能放在电机底板支撑筋的下面。

将电机吊到垫铁上,并调节楔形垫铁使电机达到所需的位置、高程及水平度。电机水平面的找正可用水平仪。

调整电机与连接机器的轴线,两轴的中心线必须在一条直线上。

④电机试验。

对低压电机进行绕组绝缘电阻测试,使用1000V摇表进行测量,其绝缘电阻值不低于0.5Ω。

对电机绕组进行直流电阻测试,其每相之间的电阻差值不大于最小值一相的电阻值的2%。

对高压电机要用高压摇表先测量其吸收比,且其吸收比不低于1.2时,方可进行耐压试验。在耐压试验后再进行一次吸收比测量,且前后两次的测量结果基本一致。

对高压电机的绕组进行直流电阻测量,其每相绕组之间的差别不大于最小一相电阻值的2%。

(3)算机监控系统安装

①安装前的检查。计算机监控装置在安装前先进行常规检查,观察有无损伤。对不正常之处进行处理。

②计算机监控设备的就位。计算机监控设备的就位安装与其他控制保护屏柜安装就位的方法相同,需要强调的是设备的接地,要注意接触良好,且要保证接地电阻小于4Ω。

③元件的校验。计算机元件的校验,主要包括各模拟量的校验。如电压、电流、功率、液位、压力等,要求校验准确。

④计算机系统的电缆安装。计算机监控系统的电缆很多，安装时注意整齐、美观、牢固。特别注意电缆屏蔽层的接地，一定要焊接牢固，接地可靠。

⑤运行程序的组态。运行程序的组态由工程师和技术人员进行，根据设计图纸进行。该项工作是微机监控系统的关键，且工作量大，要认真仔细地执行。组态完成后，则要进行模拟运行，模拟运行成功后，方可试运行。

(4)防雷接地安装

系统的接地安装材料主要使用扁铁，扁铁为50mm×5mm。

所有接地引出线的外露部分均采用镀锌扁铁，以防腐蚀。避雷网、避雷针与接地网的连线不小于两根，且每根之截面积不小于50mm^2。

拌和站区域内设置专用的接地网，并与楼体(粉罐)有可靠的电气连接，其接地电阻不大于10Ω。控制计算机的接地设置独立的接地网，接地电阻不大于4Ω。两接地网之间的距离大于10m。防雷接地与零线的重复接地可用于同一接地网。

拌和站在供电前必须将所有的钢结构进行可靠的保护接地，电机电缆的保护线、电气柜、操作台的外壳、水泥仓等结构部分的接地端子等均与主接地螺栓、主接地极做可靠的连接，且保护线不允许串联。设备主接地端子、水泥仓接地端子、主控制室支腿上的接地端子与主接地极连接的接地线，采用满足接地线相应要求的扁钢作导体。

设备安装完成后，安装人员应检查接地极，接地电阻应不大于4Ω，且要求接地极和设备等电位接地，若达不到要求应立即整改。严格按要求接零、接地，以防发生触电事故。

2.2.1.4　电缆安装

布线前，由专业电工仔细检查电缆是否完好，有无破损和短路现象，电力电缆的绝缘和电阻状况是否良好，接线时应按设备电路原理图操作，不能只核对拆线记录，严禁私自篡改电路；因元器件变更或电路缺陷的改进应备案记录；电路走向应尽量远离油路和高温、潮湿区域，避免电路和油路交叉布置，如有交叉应严格做好油路密封；电缆沟(槽)位置应设安全警示牌和防油污警示牌，各部分接地应与接线同时进行，且必须可靠，照明线路应和整机电路同时布置安装；电力电缆不能单相加金属套管，以防发热损坏；控制和信号电缆宜与电力电缆分开设计，可将电力电缆布设完后用沙土隔层或用线管(槽)分割，线路应注意隐蔽和防护，做好美观清楚，拐角部位用软胶铺垫，防止机械振动磨损。

电路接线至少由两人一起进行，分别负责接线操作和检查核对，防止错接；线路接头必须使用线耳，并且防止紧拉、重拉、以防脱落。

2.2.1.5　附属设备安装

附属设备包括水泵、外加剂泵、空压机及相应的管路、电路等。这些设备的安装相对其他设备较简单，所以在此不做详细的说明。只需结合周围的环境，选择合适的位置用起重机放到位即可，然后根据实际情况布置管路、线路。

2.2.1.6　设备调试试运行

(1)系统调试技术要求

①水稳拌和站系统生产能力为640t/h(标称生产能力为800t/h)。

②水稳系统所有生产设备(包括运输、拌和、供水系统、废水处理、供配电及电气控制所需设备)安装调试合格，联动运行平稳可靠，连续满负荷试运行72h无异常。成品质量符合规范要求，产量达到设计能力。

(2)设备试运行应具备的条件

①设备及其附属装置、管路等均全部施工完毕，施工记录及资料齐全。设备的精平和几何精度经检验合格；润滑、液压、冷却、水、气(汽)、电气(仪器)控制等附属装置均按系统检验完毕，符合试运转要求。

②需要的能源、介质、材料、工机具、检测仪器、安全防护设施及用具等，均符合试运转要求。

③对拌和站生产所需的进口设备及精密设备，编制试运行方案或试运转操作规程。

④参加试运转的人员，必须熟悉设备的构造、性能、设备技术文件，并掌握操作规程及试运转操作。

⑤设备及周围环境清扫干净，设备附近不得进行有粉尘的或噪声较大的作业。

⑥设备试运行包括下列内容及步骤。

a. 电气（仪器）操纵控制系统及仪表的调整试验；

b. 润滑、液压、气（汽）动系统的检查和调整试验；

c. 机械和各系统联合调整试验。

2.2.1.7 验收和资料整理

项目部物设部派人进行进场设备的验收工作，填写验收表。验收表内容主要包括：技术性能部分（搅拌系统、计量系统、计时系统等）、轴承部分、密封部分、润滑部分、安全部分的验收记录。应特别注意所有相关资料的收集、登记、整理工作，重要元器件的型号、使用参数、说明书等在安装调试时及时收集整理，做好控制程序和电脑系统的备份工作，通过 U 盘或光盘备份电脑系统或收集相关的软件安装程序和硬件驱动程序。

2.2.2 水稳拌和站拆除

2.2.2.1 拆卸前的准备工作

（1）拌和站操作手 2 名、机械工 4 名、电工 1 名、辅助工 15 人、指挥 2 名，25t 汽车起重机 2 台。

（2）铁锤 2 把、标准节专用扳手 4 套、375 和 450 活动扳手各 1 把、电工工具 1 套、安全帽 30 顶、安全带 10 条、工作服 30 套、防滑鞋 30 双、吊装钢丝绳扣、铁丝、枕木等常用工具。

（3）在拌和站周围，杂物清理出场地，要求基本平整无障碍物。

（4）设备拆除前，及时清空配料器及成品料仓中的余料，对整机进行全面清理，清除场地内的废料和杂物，然后按方案进行拆机。实施过程中由经验丰富的技术人员统一指挥，协调控制拆机秩序和进度。

（5）准备工作完成后，收集整理设备在生产过程中的使用记录（包括配置上存在的缺陷、设备存在的问题等）和设备改进建议。对照历史记录，仔细检查拆机前各组成情况，做好记录，会同管理人员和机手共同清点设备所有工具的安全防护用品是否齐备，并做好记录，随设备移交。

（6）对于贵重易损小部件，如电脑、流量传感器等，做好物件的保管和物品清单的装箱，提前集中运转，以防被盗。

（7）拆线时做好标记和记录，用防潮物品包扎好线头；拆线时，查清线路有无更改部位，并做好记录，以备下次安装时使用，为减少电机正反转的调试工作，电机接线全部做好标记，下次装线时只需要按原来接线位置连接，如条件允许，接线可只拆控制室一端，然后将电缆盘直接绑扎在机械上；拆线后，所有电机和接线箱用薄膜包扎，严防进水。

2.2.2.2 粉料罐拆除

割刀解除顶部罐体与罐体之间的连接；25t 汽车起重机站位使吊装钢丝绳受力，割刀解除支腿底焊接，确保支腿焊接处全部割开，平稳吊装放倒。天气不良情况下禁止吊装，爬高时手应抓牢，高空作业必须系安全带。

2.2.2.3 主机及附属设施拆除

（1）拌和站的拆卸在工作程序上与安装相反，即后装的先拆，先装的后拆，拆卸过程中绝不能麻痹大意，杜绝意外事故发生，此工程拆卸时汽车起重机停放在平整的地面上，并用枕木垫平。

（2）将系统断开电源，把标准节件连接的螺杆拆下顺序一节一节地吊；不得同时松动上下两节或同时调动两节，一直将标准件一节一节吊至地面。

（3）所有称量斗必须用螺杆作悬挂紧固。拌和设备从停用到拆卸前，对设备进行正常的恢复性保养维修和更换磨损件。

2.2.2.4 运输

运输时，对运输进行检查，各部件装车时，派专人跟踪装车情况，严防压坏部件，做好详细记录，填好随车发货清单，各部件到位后，按实施方案组织熟悉设备安装的专人进行验收，大件应尽量靠近安装位置放置，散件有序地集中安放，并做好标记和围栏，专人保管，以免丢失。

3. 质量控制标准及保证措施

3.1 质量验收程序及控制标准

质量验收程序如图4-2-1所示。

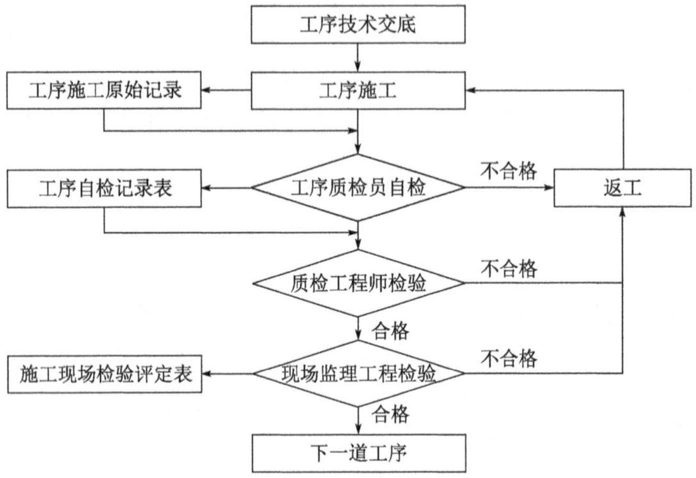

图4-2-1 质量验收程序示意图

质量控制标准如下：

(1)施工所用所有机械设备均应符合国家标准，由具有相应资质的厂家生产，产品具有合格证书。

(2)安装焊接完毕，所有焊缝必须进行外观检查，不得有裂纹、未熔合、夹渣、未填满弧坑和其他缺陷。

3.2 组织保障措施

3.2.1 组织机构

为确保质量目标的实现，建立以项目经理为组长，总工程师、安全总监、生产副经理为副组长，测量工程师、试验工程师、专职质检人员、工区主任、工区技术员为组员的质量管理小组。组织机构人员名单：组长：×××，副组长：×××，组员：×××。

3.2.2 质量保证体系

健全质量保证体系，做到从资源投入和过程控制上保证工程质量。质量保证体系如图4-2-2所示。

3.3 制度保障措施

(1)质量责任制度。

为确保施工质量，自上而下逐级建立工程质量责任制，明确工作岗位的质量职责和义务，建立完善的质量责任制度，以确保施工质量得到有效控制。

(2)质量目标管理制度。

根据工程项目的总体质量目标进行量化分解，落实到每个分项工程、每道施工工序，并逐级落实到相关部室、施工队、施工班组、作业人员，一级包一级，一级保一级，逐级签订包保责任状，使质量管理工作标准化、程序化，确保总体质量目标的实现。

(3)技术交底制度。

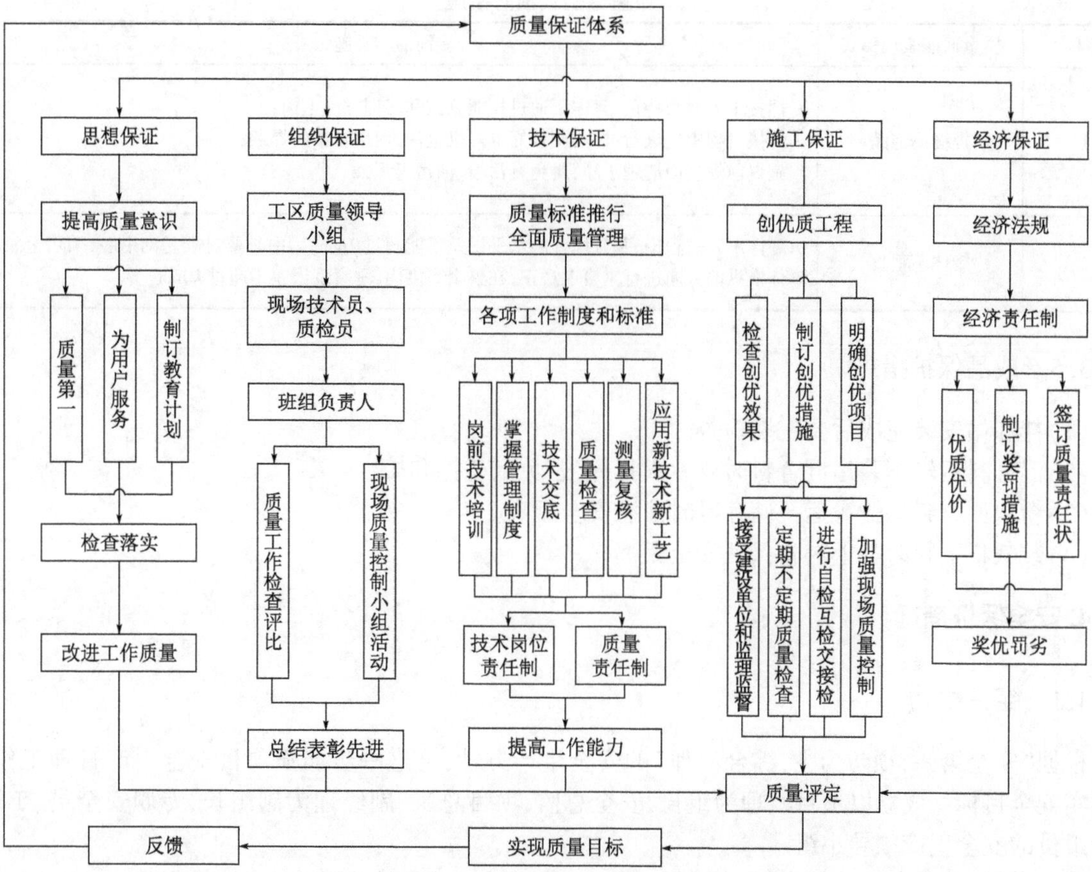

图 4-2-2　质量保证体系

水稳拌和站安拆施工开工前，在认真熟悉设计图纸和规范标准的基础上，由项目技术负责人向全体施工人员进行技术交底，明确拌和站安拆施工的设计要求、技术标准及与其他分项工程的关系、施工方法、工艺和注意事项等，要求全体人员明确标准，做到人人心中有数。

(4)水稳拌和站安拆施工所用机械设备和材料及其他构配件设施由专业厂家生产，且有出厂合格证。

3.4　现场质量保证措施

(1)加强技术员的技术培训和思想教育工作，使每个职工做到工作一丝不苟，认真细致，用人的工作质量来保证工程质量，牢固树立质量责任重于泰山的思想。

(2)严格按照监理单位审批的总体施工组织设计科学组织施工。在施工过程中，经常检查施工组织设计的落实情况，确保施工生产的正常进行，见表 4-2-1。

质量控制要点　　表 4-2-1

序　号	工　序	质量控制要点
1	拌和站安装	设备安装过程中严格控制焊缝长度、厚度、宽度、避免出现漏焊、假焊、夹渣等； 罐体不垂直度必须满足设计规范要求，不得发生倾斜； 各连接螺栓安装牢固可靠，严禁出现螺栓数量不足少拧、漏拧现象； 设备吊装过程中提前设置好吊点，避免因吊装造成设备变形
2	拌和站拆除	设备各部件若需切割，切割口必须切齐，严禁随意切割； 设备拆除吊装轻放，已拆除的部件必须下垫放平，避免变形

(3)对施工过程可能发生的问题提前预判，执行严格周密的纠正和预防措施，见表 4-2-2。

质量通病及预防措施　　表 4-2-2

序号	质量通病表现形式	预防措施
1	焊缝不饱满	焊接工人必须持证,且需要通过技能测试和培训方能上岗; 焊接过程中先进行试焊,调整好电焊机电流,使用合格的焊条; 施焊前焊接面清理干净,避免有污垢、油污等污染
2	罐体不垂直	罐体吊装过程中,基础埋件的水平误差不能超过2mm,罐中心要对准基础中心,采用全站仪对罐体横纵两方向进行垂直度矫正,在整个高度内,垂直度误差不超过10mm

3.5 成品保护措施

(1)拌和站安装完成后要定期检查。
(2)混合料运输车装运混合料时要专人指挥,避免刮碰拌和楼。
(3)粉料原材料运输车运至储存罐时注意安全距离。
(4)装载机上料时与上料仓保证安全距离。

4. 安全保证措施

4.1 组织机构

根据"安全第一,预防为主,综合治理"的安全生产方针,为进一步加强项目安全生产管理工作,切实落实安全目标。成立以项目经理为组长,安全总监、项目总工、副经理为副组长,专职安全员、工区主任为组员的安全生产领导小组。

4.2 施工安全保证体系

贯彻执行国家、地方政府和上级有关安全生产、劳动保护的法律、法规、规章、制度,并结合单位情况制订实施细则;审查、考核项目安全生产计划、安全技术措施计划的制订和实施情况及安全经费的提取和使用情况;组织开展安全教育培训活动,宣传"安全第一、预防为主、综合治理"的安全生产方针,在施工现场认真落实各级安全责任制,建立健全安全风险预控机制,实现安全文明施工,如图 4-2-3 所示。以"三个亲自、三个确保"的工作作风,抓现场、抓预控、抓落实,力争实现优质、安全地完成工作施工任务。

4.3 安全风险源辨识及分析

水稳拌和站安装拆除危险源辨识及风险评估见表 4-2-3。

水稳拌和站安装拆除危险源辨识及风险评估　　表 4-2-3

序号	作业活动	危险源	可能导致的事故	作业条件危险性评价(分)				风险级别
				L	E	C	D	
1	高空作业	作业人员未系安全带、安全带质量不合格、操作不规范	高处坠落	3	6	15	270	重大
2	高空作业	未按规范穿防滑鞋高空作业	高处坠落	3	2	7	42	一般
3	电焊作业	火花飞溅,雨天露天电焊	人员伤亡	3	3	3	27	一般
4	电焊作业	作业人员没穿戴防护用品(护目镜、电焊手套等)	人员伤亡	3	3	3	27	一般
5	电焊作业	施焊结束后没有对作业场所有无起火迹象进行检查	人员伤亡	3	3	15	135	中度
6	电焊作业	无可靠接地	人员伤亡	3	2	3	18	稍有

续上表

序号	作业活动	危险源	可能导致的事故	作业条件危险性评价(分)				风险级别
				L	E	C	D	
7	切割作业	乙炔瓶直立使用时,无防止倾倒的稳定措施	乙炔爆炸	3	3	15	135	中度
8		氧气瓶、乙炔瓶与明火距离不足10m或靠近热源	乙炔爆炸	3	6	15	270	重大
9		皮管与焊炬、割炬和减压阀连接处未绑扎或绑扎不牢固脱落	乙炔爆炸	1	6	15	90	中度
10		减压器不合格或损坏	乙炔爆炸	1	6	15	90	中度
11		氧气瓶、乙炔瓶放置于露天暴晒	乙炔爆炸	3	3	15	135	中度
12		乙炔瓶未装回火防止器	乙炔爆炸	1	6	15	90	中度
13		氧气瓶、乙炔瓶气管老化、破损	火灾	3	1	15	45	一般
14	机械伤害	操作手无证上岗、机械操作指挥操作不当	起重伤害	3	3	7	63	一般
15		吊装设备构件捆绑不牢靠	物体打击、高处坠落	3	6	15	270	重大
16		6级以上大风进行外吊装作业	起重伤害	3	3	15	135	中度
17	临时用电	无专业电工或电工未持证上岗	触电	3	2	15	90	中度
18		电箱无门、无锁、无防雨措施、漏电保护器不合格	触电	3	3	7	63	一般
19		电缆外皮破损老化	触电	3	3	7	63	一般
20		使用同一个开关箱直接控制两台或两台以上的用电设备	触电	3	2	7	42	一般

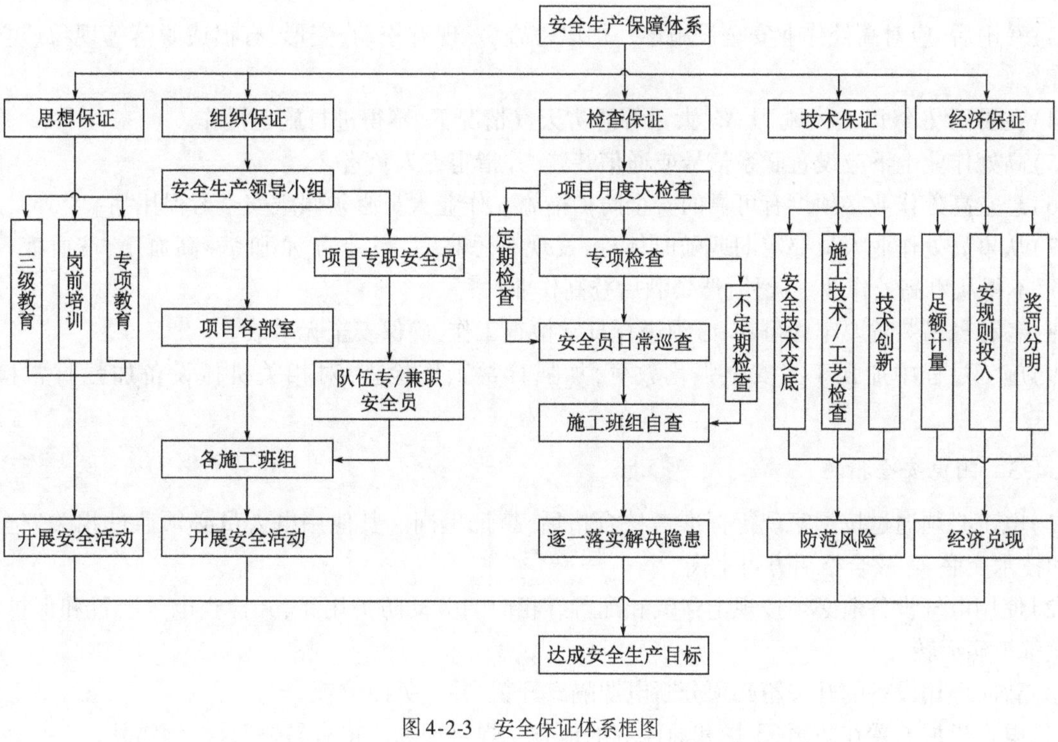

图4-2-3　安全保证体系框图

4.4 安全保证措施

4.4.1 机械设备使用安全措施

(1)机械必须按出厂使用说明书规定的技术性能、承载能力和使用条件,正确操作,合理使用,严禁超载、超速作业或任意扩大使用范围。

(2)机械上的各种安全防护和保险装置及各种安全信息装置必须齐全有效。

(3)机械作业前,施工技术人员应向操作人员进行安全技术交底。操作人员应熟悉作业环境和施工条件,并听从指挥,遵守现场安全管理规定。

(4)机械使用前,对机械进行检查、试运转。

(5)操作人员在作业过程中,应集中精力,正确操作,并检查机械工况,不得擅自离开工作岗位或将机械交给无证人员操作,无关人员不得进入作业区或操作室内。

(6)操作人员根据机械有关保养维修规定,认真及时做好机械保养维修工作,保持机械的完好状态,并应做好维修保养记录。

(7)实行多班作业的机械,应执行交接班制度,填写交接班记录,接班人员上岗前应认真检查。

(8)机械设备的地基基础承载力应满足安全使用要求,机械安装、试机、拆卸应按使用说明书的要求进行,使用前应经专业技术人员验收合格。

(9)清洁、保养、维修机械或电器装置前,必须先切断电源,等机械停稳后再进行操作。严禁带点或采用预约停送电时间的方式进行检修。

4.4.2 高空作业安全措施

(1)在施工前,专业分包队伍应组织参与施工的全体人员进行安全技术交底,使每个人都能详尽地了施工工艺原理和流程,清楚自己的工作内容和安全控制要点,做到胸中有数、心里不慌、遇事不乱、处理得当。无特殊原因时,尽量保证参与施工的人员稳定,使施工更加的熟练、安全、高效。

(2)对高处作业的安全技术设施,发现有缺陷和隐患时,必须及时解决;危及人身安全时,必须停止作业。

(3)暴雨后,应对高处作业安全设施逐一加以检查,发现有松动、变形、有损或脱落等现象应立即修理完善。

(4)在雷雨、6级以上大风、大雾、大雪等恶劣天气情况下,不得进行施工操作。

(5)高处作业上下应设置联系信号或通信装置,并指定专人负责。

(6)悬空高处作业必须设有可靠的安全防护措施。作业人员必须佩戴安全劳保用品。

(7)从事高处作业人员要定期或随时体检,发现有恐高症、精神病、心脏病、高血压、贫血症等病史的人员,不得从事高处作业。此外,严禁酒后登高作业。

(8)各种悬吊装置要牢固可靠,必须进行日常检查工作,确保安全无事故。

(9)施工过程中加强工人安全强化教育,加强日常工作检查,对相关机械设备加强日常检查及维修。

4.4.3 用电安全措施

(1)电工必须通过按国家现行标准考核合格后,持证上岗。其他用电人员必须通过相关安全教育培训和技术交底,考核合格后方可上岗。

(2)使用电气设备前必须按规定穿戴和配备好相应的劳动防护用品,并检查电气装置和保护设施,严禁设备带病运转。

(3)暂时停用设备的开关箱必须分断电源隔离开关,并应关门上锁。

(4)电焊机械放置在防雨、干燥和通风好的地方。焊接现场不得有易燃、易爆的物品。

(5)动力配电箱与照明配电箱宜分别设置,如合置在同一配电箱内,动力和照明线路应分路设置,照明线路接线宜接在动力开关的上侧。

(6)配电箱应设在干燥通风的场所,其周围不得堆放任何妨碍操作、维修的物品,并与被控制的固定设备距离不得超过3m。安装和使用按“一机、一闸、一漏、一箱”的原则,严禁一个配电箱同时控制两台或两台以上的设备,以免发生误操作事故。

4.4.4 焊接作业安全措施

(1)电焊机

①避免电焊机碰撞或剧烈震动,室外地面使用的电焊机放置在有防雨的架子内;各焊接阶段,焊机可放置于就近位置处。当放置在高空相应位置时,必须与相关处的构件捆绑牢固,在电焊机部位应配备有效的灭火器。

②电焊机必须有独立的专用电源开关、自动断电装置。电焊机距其电源箱的距离应不大于5m,二次线焊把线长度不宜大于30m。两侧接线应装接牢固,必须安装可靠防护罩。

③电焊机外露的带电部分应设有防护(隔离装置),电焊机裸露接线柱应设防护罩。

④接入电源网络的电焊机不允许超负荷使用,焊接运行时的温升,不应超过相应焊机标准规定的温升限值。

⑤必须将电焊机平稳地安放在通风良好、干燥的地方,不得靠近高热以及易燃易爆危险环境。

⑥禁止在电焊机上放置任何物品和工具,启动焊机前,焊钳与焊件不能短路。

⑦工作完毕或临时离开场地时,必须及时切断焊机电源。

⑧各种电焊机必须按说明书要求接地,防止触电事故。

⑨电焊机必须设有专用接地线,接地线不准接在建筑物、机械设备、各种管道、避雷引下线和金属架上借路使用,防止接触火花,造成起火事故。

(2)电缆

①电缆线外皮必须完整、绝缘良好、柔软,外皮破损时应及时修补。

②电缆线应使用整根导线,中间不应有连接接头,如需接头时,连接处应用绝缘胶布保持绝缘良好,同时绝缘胶布的外侧需包裹防水胶布。

③禁止焊接电缆与油、脂等易燃物料接触。

④现场电缆必须布置有序,不得互相交错缠绕。临时电缆必须采取保护措施,严禁明露、裸露。

⑤放置在地面的电缆线应注意避免被吊机以及其他设备碾压,根据现场的实际情况将部分电缆线用槽钢、角钢罩上,超过一定高度时高挂稳妥。

(3)焊枪、电焊钳

①焊枪、电焊钳必须有良好的绝缘性和隔热性,手柄要有良好的绝缘层。

②电焊钳与焊接电缆连接应简便牢靠,接触良好,螺栓必须拧紧。

③焊条在任意位置都应处于夹紧状态,不得松动,并保证更换焊条安全方便,防止焊条头坠落。

④禁止将过热的焊钳放入水中冷却。

⑤禁止将过热或堵塞的焊枪在硬物上敲打。

⑥焊枪保护罩需随时清渣,防止短路。

⑦焊枪使用完毕,应放置在规定的位置。

⑧气保焊送丝机必须放置在方便操作、安全可靠的地方,在高空使用时要固定牢靠。

4.4.5 气割作业安全措施

(1)气割作业必须由取得特种作业操作证的专职焊工操作。

(2)搬运氧气瓶时,必须小心,不可碰撞滚动或甩落;氧气瓶不可放在热源附近,不可曝晒。

(3)氧气表、乙炔表完好;乙炔表必须有回火装置,减压阀安装好后,须试验是否漏气,气阀冻结时,须用不含油性且温水加热,严禁采用火烤。

(4)乙炔瓶和氧气瓶要分开存放,其距离不少于5m,距离明火不少于10m;钢瓶内气体用后必须留有余压,溶解乙炔气体钢瓶禁止倒置或卧放。

(5)打开氧气瓶总阀门时,须慢慢开放,面部不许对着减压气阀的方向;气焊胶管严禁靠近火源。

(6)不准将正在燃烧的熔接器或熔切器随手放置,应将熄火后放置;停止工作时,须将乙炔及氧气阀门关闭。

(7)气割作业中,严禁使用液化气代替乙炔进行切割作业。

(8)气割作业中,要佩戴好面罩和个人防护用具以及相应的防护措施;必须穿工作服、绝缘鞋、戴绝缘手套、安全帽,高空作业时必须系安全带。

(9)高处切割动火时,必须采用接火盆,防止火花飞溅和下落。

5. 环境保护及文明施工保证措施

"5.1　组织机构"和"5.2　环境保护及文明施工保证体系"同本章第一节相关内容,在此不再赘述。

5.3　环保风险源辨识与分析

项目经理部对施工过程存在的风险因素进行详细的辨识和分析,结合项目实际情况分析研究,辨识出可能会造成环保破坏的风险源。风险源清单见表4-2-4。

环保风险源清单　　表4-2-4

序号	作业活动	风险源	可能造成的破坏
1	设备安拆	施工期间机械作业噪声的影响	噪声污染
2		施工中的废弃物对景观环境的污染	环境污染
3		机械设备滴油、漏油等对水土的污染	水土污染

5.4　环境保护具体保证措施

5.4.1　噪声污染预防措施

(1)有效控制施工作业产生的噪声,尽量选择产生噪声较少的工艺,并选用低噪声的施工设备。

(2)柴油机组、电动机组等固定机械采用隔离机器的振动部件来降低噪声,如底座加装抗震板、隔震器等。

(3)合理安排施工作业时间,避免在夜间十点以后、次日凌晨六点以前施工。

(4)合理安排工作进度和工作面,适当控制机械布置密度,条件允许时拉开一定距离,避免机械过于集中形成噪声叠加。

5.4.2　环境污染预防措施

(1)严禁施工生产过程中产生的垃圾、废弃物等物品随意丢弃,施工垃圾、废弃物等物品应进行集中存放处理。

(2)每天施工结束及时安排专人对施工现场进行统一清理,做到工完场清,保证现场整洁。

5.4.3　水土污染预防措施

(1)选用性能优良、保养良好的施工设备,加强设备的现场维修和保养,保证设备长期处于正常的运转状态。

(2)定期对所有机械部件进行检查、保养、维护;对有损坏的部件立即进行更换;加油、更换机油或更换零部件等过程须采用有效的防治措施,防止污染土壤。

6. 应急处置措施

应急救援组织体系、应急预案响应程序、应急物资保障、事故应急处置措施详见本书第一章相关内容，此处不再赘述。

第三节　上面层施工技术方案

1. 编制依据及原则

1.1　编制依据

本方案在符合我国国家相关法律、法规、条例，× ×省相关规定的基础上，主要以下列文件和资料为依据进行编制。

(1)《× ×合同段两阶段施工图设计》及相关文件；

(2)《公路路面基层施工技术细则》(JTG/T F20—2015)；

(3)《钢筋混凝土用钢 第1部分：热轧光圆钢筋》(GB/T 1499.1—2017)；

(4)《钢筋混凝土用钢 第2部分：热轧带肋钢筋》(GB/T 1499.2—2018)；

(5)《公路工程技术标准》(JTG B01—2014)；

(6)《施工现场临时用电安全技术规范》(JGJ 46—2005)；

(7)《公路工程质量检验评定标准 第一册 土建工程》(JTG F80/1—2017)；

(8)《公路工程沥青及沥青混合料试验规程》(JTG E20—2011)；

(9)《公路工程水泥及水泥混凝土试验规程》(JTG 3420—2020)；

(10)《公路工程无机结合稳定材料试验规程》(JTG E51—2009)；

(11)《公路工程施工安全技术规范》(JTG F90—2015)；

(12)《公路工程集料试验规程》(JTG E42—2005)；

(13)《公路路基路面现场测试规程》(JTG 3450—2019)；

(14)《公路工程施工安全技术规程》(JTG F90—2015)；

(15)《公路水运工程安全生产监督管理办法》；

(16)《× ×省公路沥青路面施工技术规范》；

(17) × ×合同段路面施工组织设计。

1.2　编制原则

在× ×合同段两阶段施工图设计路面上面层通用图的基础上，结合现场施工需要，本着以下原则编制本方案。

(1)本方案适用于× ×段路面上面层施工；

(2)本方案编制基于《× ×合同段两阶段施工图设计》及实施性施工组织设计，综合社会人文和环境条件，同时结合路面上面层施工的工艺流程、操作要点和相应的工艺标准，指导、规范路面上面层施工，确保全线路面上面层的施工质量、安全；

(3)严格按照施工规范和质量评定验收标准要求进行监控，保证分项工程施工质量；

(4)严格遵守国家相关法律法规要求，保证施工中不发生重大质量、安全事故，完成质量、安全管理目标；

(5)按照国家相关法律、法规要求，做好环境保护、水土保持工作；

(6)依据标准化指南，合理布置场地，保证施工现场达到文明施工要求；

(7)符合国家有关工程建设法规、法律和技术标准，符合行业有关规范、规程、规定，符合招标文件和工程合同文件中的相关要求和规定；

(8)按照合同要求和工程条件，优化配置生产要素，充分利用企业及社会现有设备资源，合理安排施工进度；

(9)掌握国内外相关的施工技术现状,积极采用新技术、新工艺、新材料、新设备,实行施工机械化、整体化、标准化。

2. 上面层施工方案

2.1 工艺流程

沥青混凝土施工工艺流程如图4-3-1所示。路面施工示意图如图4-3-2所示。

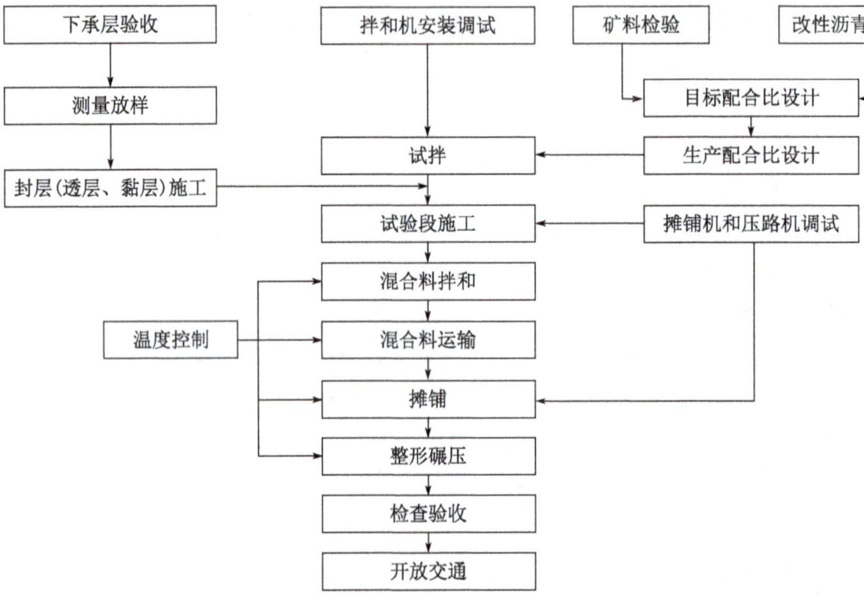

图4-3-1 沥青混凝土施工工艺流程

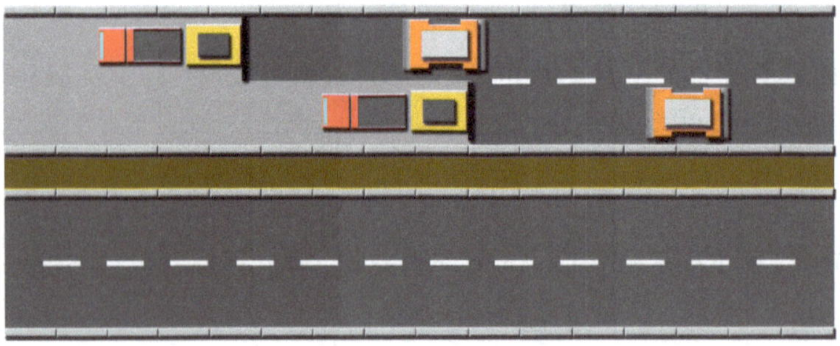

图4-3-2 路面施工示意图

2.2 沥青面层施工

依据设计资料,恢复中桩位置和结构层边线。上面层施工应采用平衡梁法,靠近中央分隔带侧时摊铺机在前。

2.2.1 沥青混合料的拌和

(1)间歇式沥青混合料拌和站采用全电脑控制,实时采集生产数据并通过GPRS无线上传各类数据。信息有:生产日期和时间,集料4个热料仓的计量数据(按粒径分为:0~4mm、4~6mm、6~11mm、11~18mm),沥青用量、矿粉用量、集料温度、沥青温度。将实际每盘的生产配合比与试验室提供的生产配比进行比较验证,如果相差过大,系统自动报警。

(2)拌和过程中逐盘采集各传感器测定的材料用量、拌和温度等各种参数,做好每天的质量跟踪;拌和站需设有保温性能良好的成品储料仓,且保证在存储过程中混合料温度损失小于10℃,且不能有沥青滴漏。普通沥青混合料的存储时间不得超过 72h,SBS 改性沥青混合料的存储时间不得超过 24h。

(3)装载机上冷料的要求:

①必须是经过检验合格的集料,未经检验的不得使用。

②应随时检测集料的含水率,以便调节冷集料进料速度。冷集料的含水率应控制在 5% 以内,热集料的残余含水率应控制在 0.1% 以内;当冷集料含水率 >5% 时,应降低拌和产量,以确保残余含水率不致超标。将集料彻底烘干,不仅有利于保障级配稳定,而且利于减少沥青混合料在运输和摊铺过程中的温度损失。

③应严格按试验确定的料号(即粒组分挡)分别装入各自授料斗,不得混杂。当集料发生变化,发生等料和溢料时,拌和站操作人员根据情况调整相应冷料的进料速度,以改善等、溢料继续发生。

④不同来源的集料,即使料号(粒组分挡)相同也不得混杂使用。

⑤由料堆将集料装入受料斗时,装载机应在料堆向阳面并垂直于集料流动方向撮取,以减少集料离析。

(4)沥青混合料的拌和应保证沥青结合料优先于矿粉进入搅拌仓。

(5)根据目标配合比进行拌和站的冷料控制,使冷料输入量符合目标配合比的级配要求,产量根据现场施工条件确定,冷料上料电机频率以目标配合比设置,风门开度达到额定的 85% 以上。

(6)根据生产配合比的热料用量及沥青用量进行热料供给控制,根据拌和时间的气温,确定前三盘料的拌和温度在规定范围内上限或是中值,A 级 70 号沥青的加热温度为 155 ~ 165℃,SBS 改性沥青的加热温度为 160 ~ 165℃,集料的加热温度比沥青高出 10 ~ 20℃,普通沥青混合料的出料温度为 145 ~ 165℃,超过 190℃做废料处理,SBS 改性沥青混合料的出料温度为 165 ~ 185℃,超过 195℃做废料处理。同时还应根据当时施工现场实测的气温、地温、风速等情况,综合确定沥青、集料加热温度及沥青混合料的出厂温度。严格掌握沥青和集料的加热温度以及沥青混合料的出厂温度。在出料仓旁边安装红外测温仪,监测并实时上传生产中沥青混合料的出料温度;根据混合料温度控制标准,判定采集的温度是否合格。如果采集的温度与设定的允许温度相差过大,表示采集的温度数据不合格数据,系统自动报警。沥青混合料的施工温度控制范围见表 4-3-1。

沥青混合料的施工温度(单位:℃) 表 4-3-1

施工工序		温度规定	
		普通沥青混合料	改性沥青混合料
沥青加热温度		155 ~ 165	160 ~ 165
矿料温度		170 ~ 190	190 ~ 220
混合料出厂温度		150 ~ 165	170 ~ 185
混合料运输到现场温度		不低于 145	不低于 165
开始碾压温度(内部)	正常施工	不低于 135	不低于 150
	低温施工	不低于 140	不低于 160
碾压终了温度(表面)	钢轮压路机	不低于 70	不低于 90

(7)确定沥青混合料拌和的最佳时间,需根据现场使用的拌和设备及所用的集料种类、沥青混合料的种类等确定。按照试拌经验确定一般干拌控制在 10s 以内,湿拌 35s,拌和总时间不小于 45s,SBS 改性沥青的拌和时间为 60s 左右,拌和的混合料应均匀一致、无花白料、无结团成块或严重粗细集料分离现象。拌和站后台有专人对混合料出厂温度及外观进行检测并做好记录。

(8)拌和过程中,每一个环节中都应特别强调温度控制,尽可能做到沥青加热温度、集料加热温度、沥青拌和料出料温度控制在设定温度范围内。

(9)拌和过程注意集料离析,以及含水率(特别是细集料)的均匀性,如混合料有无花白、冒青烟和离析等现象。如确认是质量问题,做废料处理并及时纠正。

(10)每天上午、下午各取一组沥青混合料试样进行马歇尔试验、矿质混合料合成级配及油石比检测试验。检测频率及标准按照施工图设计及规范要求进行。

(11)每天结束后,需以总量控制,计算现场施工用料与配合比设计、拌和设备显示数据进行对比,进行施工质量控制。

2.2.2 沥青混合料的运输

(1)采用数字显示插入式热电温度计检测沥青混合料的出厂温度和运到现场温度。插入深度要大于150mm。在运料卡车侧面中部设专用检测孔,孔口距车厢底面约300mm。拌和机向运料车放料时,汽车应前后移动,分几堆装料,以减少集料分离现象。沥青混合料运输车的运量应较拌和能力和摊铺速度有所富余,摊铺机前方应有5辆运料车等候卸料。运料车应有篷布覆盖设施,以资保温或避免污染环境。

(2)沥青混合料运输车数量根据试验段确定的施工方案确定,为确保拌和产量与施工用量的匹配,需增加一个富裕系数,将运输料车在确定数量基础上再增加两辆。

(3)沥青混合料宜采用较大吨位的运料车运输,不得超载运输,不能急制动、急转弯掉头对透层、封层造成损伤。运料车的运力应稍有富余,施工过程中摊铺机前方应有运料车等候。待等候的运料车多于5辆后开始摊铺。

(4)运输车辆的车厢应严密干净,并在车厢内涂刷或喷防黏液(隔离剂:水=1:3)喷涂后车厢中不能有多余液体聚集车厢底。

(5)从拌和站成品储料仓向运输料车上装料时,采取前、后、中挪动汽车位置,平衡装料,且尽可能地使放料仓与运输车之间距离减小,减少混合料离析。运输混合料过程采用苫布覆盖来保温、防雨、防污染,同时避免运输过程中沿途抛撒。

(6)运输车辆在侧板中间部位,距离底板50cm处预先打好直径1cm左右的孔洞,用于插入温度计进行混合料温度测量。

(7)无论是出场还是到场温度,均用同种类、规格的温度计检测,测温时插入孔内深度不小于20cm。

(8)运料车在卸料时,倒车至摊铺机前20~30cm处停车,严禁撞击摊铺机,挂空挡等待摊铺机前进推动,听笛声卸料,卸完料听笛声快速驶离。运料车每次卸料要做到车斗内混合料全部卸净,如有剩余,要及时清除,防止冷却后的混合料与下车料掺和再用于摊铺。卸料过程中运料车应挂空挡,靠摊铺机推动前进。

(9)运料车进入摊铺现场时,应清洗车轮胎上沾有的泥土,以免将车轮的泥土带入,污染已准备好的作业面。沥青混合料在摊铺地点凭运料单接收,若混合料不符合施工温度要求,或已经结成团块、已遭雨淋的,不得使用。

2.2.3 沥青混合料的摊铺

(1)在开工前要根据沥青路面各层宽度合理地拼接摊铺机,拼接宽度不要相差太大。摊铺机开工前要提前0.5~1h预热熨平板,使温度不低于100℃。摊铺机熨平板必须拼接紧密,不允许存有缝隙,防止卡入粒料将铺面拉出条痕。

(2)连续稳定地摊铺是提高路面平整度最主要措施。摊铺机的摊铺速度根据拌和机的产量、碾压设备组成、摊铺厚度、摊铺宽度而确定,按2~4m/min予以调整选择,做到缓慢、均匀地连续摊铺。不得以任何理由间断摊铺,午饭要分批轮换用餐,不得停铺用餐。争取做到每天收工停机一次。要求运输车辆持续不断地供料给摊铺机,使分料室内的沥青混合料高度保持标准状态,有利于减少沥青混合料离析。

自卸汽车中的混合料经检查符合要求后,卸料车缓慢后退到摊铺机前卸料,摊铺机边受料,边将混合料分送到分料室,并按事先择定的摊铺速度缓慢启动摊铺机,推动料车前进、摊铺,卸完混合料立即驶离摊铺机;第二台料车应立即倒至摊铺机前15~30cm,挂空挡等候、卸料,以保证摊铺机匀速不停地摊铺。

摊铺方式:采用双机梯进摊铺,两机距离宜在5m(以互不影响作业为准)左右,后面的摊铺机摊铺时宜重叠前机已摊铺面5~10cm。

(3)用机械摊铺的混合料未压实前,施工人员不得进入踩踏。一般不用人工不断地整修,只有在特殊情况下,如局部离析,需在现场主管人员的指导下,允许采用人工找补或更换混合料,缺陷较严重时应予铲除,并调整摊铺机或改进摊铺工艺。

(4)沥青混凝土上面层摊铺采用钢丝绳引导的高程控制方式,中、上面层摊铺采用非接触式平衡梁控制摊铺厚度。摊铺采用两台同一型号的摊铺机梯队作业,要求初始压实度达到85%。

上面层采用钢丝引导的高程控制方式,钢丝为扭绕式,直径不大于3mm,钢丝拉力大于800N,每10m设一钢丝支架。采用两台摊铺机实施摊铺施工,靠中央分隔带侧摊铺机在前,左侧架设钢丝,右侧架设铝合金梁;后面摊铺机右侧架设钢丝,左侧在摊铺好的层面上走"雪撬"。两台摊铺机摊铺层的纵向接缝,应采用斜接缝,避免出现缝痕。两台摊铺机距离不应超过10m。

(5)摊铺机应调整到最佳工作状态,调好螺旋布料器两端的自动料位器,并使料门开度、链板送料器的速度和螺旋布料器的转速相匹配。螺旋布料器内混合料表面以略高于螺旋布料器的2/3为度,使熨平板的挡板前混合料的高度在全宽范围内保持一致,避免摊铺层出现离析。

(6)检测松铺厚度是否符合规定,以便随时进行调整。摊铺机各项参数的调整如下:

①熨平板宽度调整,应结合摊铺的宽度进行调整,必须相应调整分料螺旋器和振捣梁,并检查熨平板平直度和整体刚度。注意调整时对摊铺机本身左右对称,保持行走平衡,上下层纵向接缝应错开20cm以上;为便于摊铺时机械转向,熨平板应与路缘石或边沟之间预留10cm左右间距。

②熨平拱度调整应在宽度调整之后进行,使用拱度调整机构调整。调好拱度应进行摊铺校验,拱度调整时考虑熨平板两端的挠度变形。

③摊铺厚度和熨平板初始工作迎角调整,将摊铺机停置摊铺起点平整处,抬起熨平板把与摊铺厚度等厚的垫板(与熨平板沿道路纵向尺寸相同),分别置于熨平板两端的下面,操纵升降油缸,放下熨平板并使升降油缸处于浮动状态,然后将左右两只厚度调节螺旋杆调至使熨平板完全以自重落到垫板上,并使厚度调节器处于微量间隙的中间位置。在熨平板厚度位置调妥后,再次调整初始工作仰角,即旋动调节螺杆,使熨平板前缘抬高,形成初始工作角。当摊铺一定厚度时,应准确记录当天完工时的倾角标尺位置,以便次日按同样的位置工作,确保均匀一致的摊铺厚度。

④熨平板前缘与分料螺旋距的调整,主要根据摊铺的厚度、混合料集料的颗粒、摊铺密度以及混合料温度等情况确定,主要是控制下料速度及通过性,上面层厚8cm以上应调整到中位。

⑤分料螺旋的高低调整,根据摊铺厚度来调整分料螺旋离地位置,以便控制摊铺时混合料的离析。

⑥熨平板和夯锤振级的调整,根据摊铺厚度、摊铺温度、摊铺速度、摊铺矿料粒径等因素设定调整振级。试验段暂定熨平板振级3级、夯锤等级4级。

⑦熨平板前刮料板高度的调整,主要根据摊铺厚度和矿料粒径进行设定调整,以保证熨平板前混合料的堆积高度一致,使进料料位保持一致,从而保证摊铺厚度准确性,并有利于提高平整度。

⑧在摊铺机上安装红外探头和速度传感器,施工中自动采集并通过GPRS无线上传数据到远程服务器,出现不合格数据,系统自动报警。根据摊铺温度上下限,判定摊铺温度是否合格,系统提供自定义模块进行摊铺温度上下限设置,如出现不合格数据,系统自动报警。

(7)确定摊铺机摊铺速度。摊铺机作业速度首先根据压实能力及试验段已确定的有效压实时间确定,不能仅以拌和能力考虑(拌和能力大,摊铺速度快,只会造成压实不满足要求)应该根据该作业段复压碾压完成后的时间来计算摊铺速度,有效保证成品质量。

(8)摊铺遇雨时,立即停止施工,并清除未压成型的混合料。遭受雨淋的混合料应废弃,不得卸入摊铺机摊铺。

2.2.4 沥青混合料的压实成型

(1)沥青混合料的压实是保证沥青面层质量的重要环节,应选择合理的压路机组合方式及碾压步骤。为保证压实度和平整度,初压应在混合料不产生推移、开裂等情况下,尽量在摊铺后较高温度下进行。初压采用振动压路机紧跟摊铺机向前静压后退振压一遍,复压先用振动压路机振动两遍,再用重型轮胎压路机碾压四～五遍,终压用振动压路机静压到无明显轮迹。初压和复压应采用同型号压路机并排碾压,确保压实度的均匀性,终压可采用全幅碾压。要严格控制压路机的喷水量,钢轮压路机前进喷水后退不喷水,轮胎压路机开始涂刷隔离剂或少量喷水,轮胎升温后停止喷水,改性沥青路面要安排专人涂刷隔离剂。

(2)压路机应以缓慢而均匀的速度碾压,压路机的适宜碾压速度随初压、复压、终压及压路机的类型而别,碾压速度按表4-3-2选用。

压路机碾压速度(单位:km/h)　　表4-3-2

压路机类型	初　压		复　压		终　压	
	适宜	最大	适宜	最大	适宜	最大
钢轮式压路机	2～3	3	3～5	5	3～5	5
轮胎压路机	2～3	3	3～5	5	4～6	6
振动压路机	2～3(静压)	5(静压)	3～4.5(振动)	5(振动)	3～5(静压)	6(静压)

(3)为避免碾压时混合料推挤产生拥包,碾压时应将驱动轮朝向摊铺机;碾压路线及方向不应突然改变;压路机起动、停止必须减速缓行,不准紧急制动。压路机折回不应处在同一横断面上。压路机保持缓慢而均匀的速度。执行"高频、低幅、紧跟、慢压"的压实原则,完成全部碾压过程。

(4)在当天碾压的尚未冷却的沥青混凝土层面上,不得停放压路机或其他车辆,并防止矿料、油料和杂物散落在沥青层面上。

(5)要对初压、复压、终压段落设置明显标识,便于驾驶员辨认。对松铺厚度、碾压顺序、压路机组合、碾压遍数、碾压速度及碾压温度应设专岗管理和检查,使面层做到既不漏压也不超压。压路机初压和复压不得少于两台;碾压的长度,初压应控制在20～30m,复压及终压为50～80m。

(6)压实完成后,冷却至混合料表面温度低于50℃方能允许施工车辆通行;如需提早开放,可采用洒水冷却降低混合料温度。

(7)改性沥青混合料的复压温度宜控制在125～120℃。

(8)摊铺机梯队作业纵向热接缝,两台摊铺机相距以互不影响操作为度越近越好。前一摊铺机在两台摊铺机接缝线上留下10～20cm暂不碾压,待后一台摊铺机摊铺后,也留下20cm进行后铺一幅碾压后才进行跨缝碾压,紧跟胶轮揉搓复压,以便更好地消除缝迹并确保接缝平整密实。

(9)横向工作缝作为接头,采用10～13t的双钢轮振动压路机进行初压,首先压路机先沿接缝进行横向碾压,压路机跨新铺层10cm进行静压,按10cm依次错轮,直至碾压新铺层30cm后,改变碾压方式,由路肩边线向路缘石方向依次搭接半轮进行碾压。方向为斜向碾压,即压路机纵向中心线与接缝成45°角。直至压路机无法斜向碾压时,采取垂直接缝进行碾压,以正常碾压方式进行初压、复压及终压。

(10)强制性标准要求:"高速公路沥青混凝土路面严禁在气温低于10℃、雨天、雪天、大雾天、路面潮湿及寒冷季节遇大风降温不利自然、气象条件下进行施工。夜间不得进行路面上面层摊铺施工"。

2.2.5　施工接缝的处理

(1)纵向接缝为热接缝,两台摊铺机的型号应相同,其结构参数和运行参数需调整成相同;接缝两侧摊铺层的横坡和厚度均应调整一致,摊铺搭接重叠5～10cm;两台摊铺机相距5～6m,以互不影响操作为度越近越好,使混合料高温下增强黏结,如图4-3-3所示。层与层之间的纵向接缝不可重叠,应错开20cm以上。搭接的宽度应前后一致。搭接施工有冷接茬和热接茬两种。

①冷接茬施工是指新铺层与经过压实后的已铺层进行搭接。半幅施工不能采用热接缝时宜加设挡板或采用切刀切齐。铺另半幅前必须将缝边缘清扫干净并涂洒少量黏层沥青。摊铺时应重叠在已铺层上5～10 cm摊铺后用人工将摊铺在前半幅上面的混合料铲走,然后进行碾压。应注意新摊铺带必须与前一条摊铺带的松铺厚度相同。

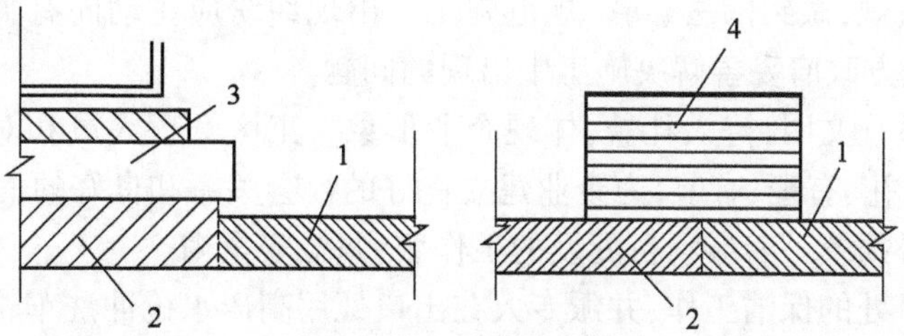

图 4-3-3 纵向接缝示意图

1-已压完沥青混凝土层;2-新铺沥青混凝土;3-沥青混凝土摊铺机;4-钢轮压路机

②热接茬施工一般在使用两台以上摊铺机梯队作业时采用。此时两条毗邻摊铺带的混合料都还处于压实前的热状态所以纵向接茬易于处理,且连接强度较好。施工时应将已铺混合料部分留下 10 ~ 20cm 宽暂不碾压,作为后摊铺部分的高程基准面,待后摊铺部分完成后一起碾压(跨缝碾压)。

不管采用冷接法或热接法,摊铺带的边缘都必须齐整,要求机械在直线上或弯道上行驶始终保持正确位置。为此,可沿摊铺带一侧敷设一根导向线,并在机械上安置一根带链条的悬杆,驾驶员只要注视所悬链条对准导向线行驶即可。

(2)横向工作缝作为接头,横向施工缝全部采用平接缝,用 3m 直尺沿纵向放置,在摊铺段端部的直尺呈悬臂状,以摊铺层与直尺脱离接触处定出接缝位置,采用锯缝机割齐后铲除,或沿齐边用人工刨成毛茬,并将余料渣清理干净。继续摊铺时,接缝处应保持干燥,涂上少量黏层沥青,摊铺机熨平板从接缝处起步摊铺,摊铺前熨平板应提前 0.5 ~ 1h 预热至不低于 110℃,冷热接缝初压采用双钢轮 45°角斜向碾压,碾压过程中用 3m 直尺跟踪检测,确保接缝平顺,碾压密实。相邻两幅及上下层的横向接缝均宜错位 1m 以上。上面层横向施工缝应远离桥梁伸缩缝 20m 以上,以确保伸缩缝两边路面表面的平顺。

相邻两幅及上下层的横向接缝均应错位 1m 以上。横向接缝有斜接缝和平接缝两种。高速公路、一级公路的中、下层的横向接缝可采用斜接缝。铺筑接缝时可在已压实部分上面铺一些热混合料使之预热软化以加强新旧混合料的黏结。在开始碾压前应将预热用的混合料铲除。搭接处应清扫干净并洒黏层油。当搭接处混合料中的粗集料颗粒超过压实层厚时应予剔除,并补充细料。

①在施工结束时,摊铺机在接近端部前约 1m 处将熨平板稍抬起驶离现场用人工将端部混合料铲齐后再予碾压,然后用 3m 直尺检查平整度,趁混合料尚未冷透时垂直刨除端部层厚不足的部分,使下次施工时直角连接。

②在预定的摊铺段的末端先撒一薄层砂带,摊铺混合料后摊铺层上挖一道缝隙,缝隙位于撒砂的交界处,在缝中嵌入一块与压实层厚等厚的木板或型钢,待压实后铲除撒砂的部分扫尽砂子,撤去木板或型钢,在端部洒黏层沥青接着摊铺。

③在预定的摊铺段末端先铺上一层麻袋或牛皮纸,摊铺碾压成斜坡,下次施工时将铺麻袋或牛皮纸的部分用人工刨除,在端部洒黏层沥青接着摊铺。

④在预定摊铺段的末端先撒一薄层砂带再摊铺混合料,待混合料稍冷却后用切割机将撒砂的部分切割整齐后取走,用干拖布吸走多余的冷却水,待完全干燥后在端部洒黏层沥青接着摊铺,不得在接头有水或潮湿的情况下铺混合料。对于横向接缝,对于接缝处起继续摊铺混合料前,用 3m 直尺检查已铺路面端部平整度,不符合要求时应予清除。在摊铺新混合料时应调整预留高度,接缝摊铺层施工结束后再用 3m 直尺检查平整度,不符合要求者应趁混合料尚未冷却时立即处理,以保证横向接缝处的路面平整度。

3. 各项保证措施

3.1 文明施工措施

(1)采取一切合理措施,保护现场内外环境,以避免因施工而引起的污染、噪声或其他原因造成的对公众或公众财产的伤害或公害。

(2)遵守政府法令法规,做到依法经营,规范施工。出现纠纷应主动向有关部门反映,以取得地方有关部门的支持,依靠地方政府妥善解决施工中出现的问题。

(3)项目员工做到举止文明,待人礼貌,体现企业形象。工区管理人员和对外业务人员,应努力维护企业利益,处理问题有礼、有理、有节,为企业建立良好的社会关系和良好的信誉。

(4)所有作业人员必须统一着装项目配发的工作服,佩戴安全帽。

(5)做好车辆进出口处的保洁工作,并派专人在出口处用高压水枪冲洗车轮 ,以防污泥带出。

(6)保持施工现场整洁,各种施工材料、构件均挂牌分类整齐堆放,按照不同材料相应要求确定其堆放方式及存放条件,机械设备停放有序。

(7)主要施工便道及时进行维修,同时不定时地用水车洒水,减少灰尘污染。

(8)按照标准化要求,在吊装作业区、安全通道等处设置相应标识牌。

(9)按照标准化要求在各生产区域设置相应标识标牌。

(10)场地需及时冲洗、清扫,地面定期洒水,对粉尘源进行覆盖、遮挡。

3.2 质量保证措施

3.2.1 质量保证体系

制订完善的工程质量管理制度,建立质量保证组织机构,如图4-3-4所示。在项目实施过程中,实行项目经理、项目副经理、总工程师、工程队长项目质量终身负责制。项目经理、项目副经理和总工程师对质量工作全权负责并进行组织、推动、决策,对本标段创部优工程负责。各工程队长贯彻项目经理的创优规划,督促、检查、领导本管段的质量和创优工作,对本管段工程创优负责。以此目标和制度,对各管理部门的工作进行分解,责任到人、到每一道工序,在分部分项工程施工工序上严格把关,从根本上保证工程质量目标的实现。全面推行ISO 19001标准质量管理模式,编制执行项目质量计划,广泛开展群众性的质量控制小组技术攻关活动,严格按照质量保证体系和质量保证措施进行施工过程控制,如图4-3-5所示。

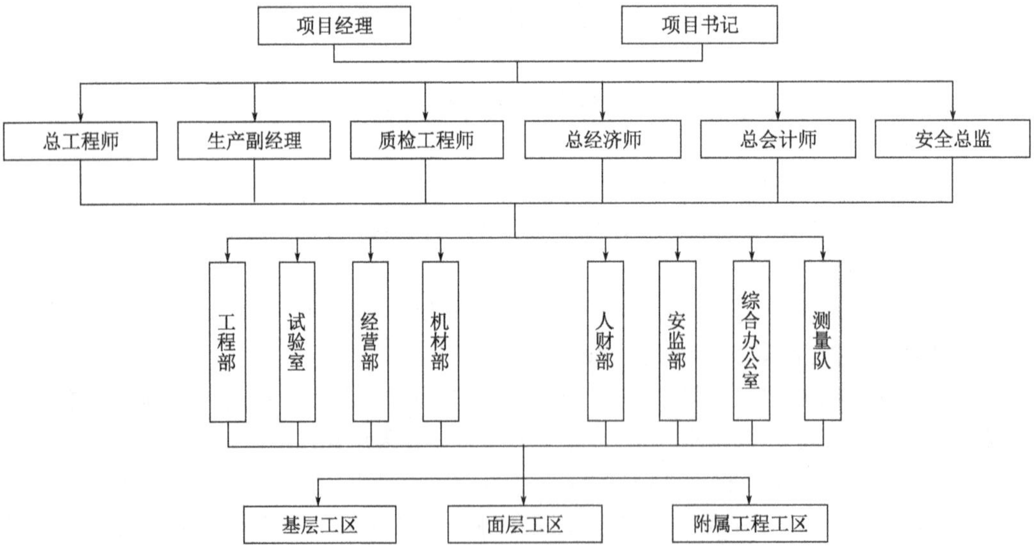

图4-3-4 质量保证组织机构框图

3.2.2 质量保证措施

(1)建立健全质量管理体系,强化全员质量意识,树立“百年大计,质量第一,创优质工程光荣,出劣质工程可耻”的思想,全面贯彻落实质量方针目标。

(2)贯彻“谁施工谁负责质量”的原则,坚持“三检制”对施工过程中出现的质量问题,严格按“三不放过”原则处理。

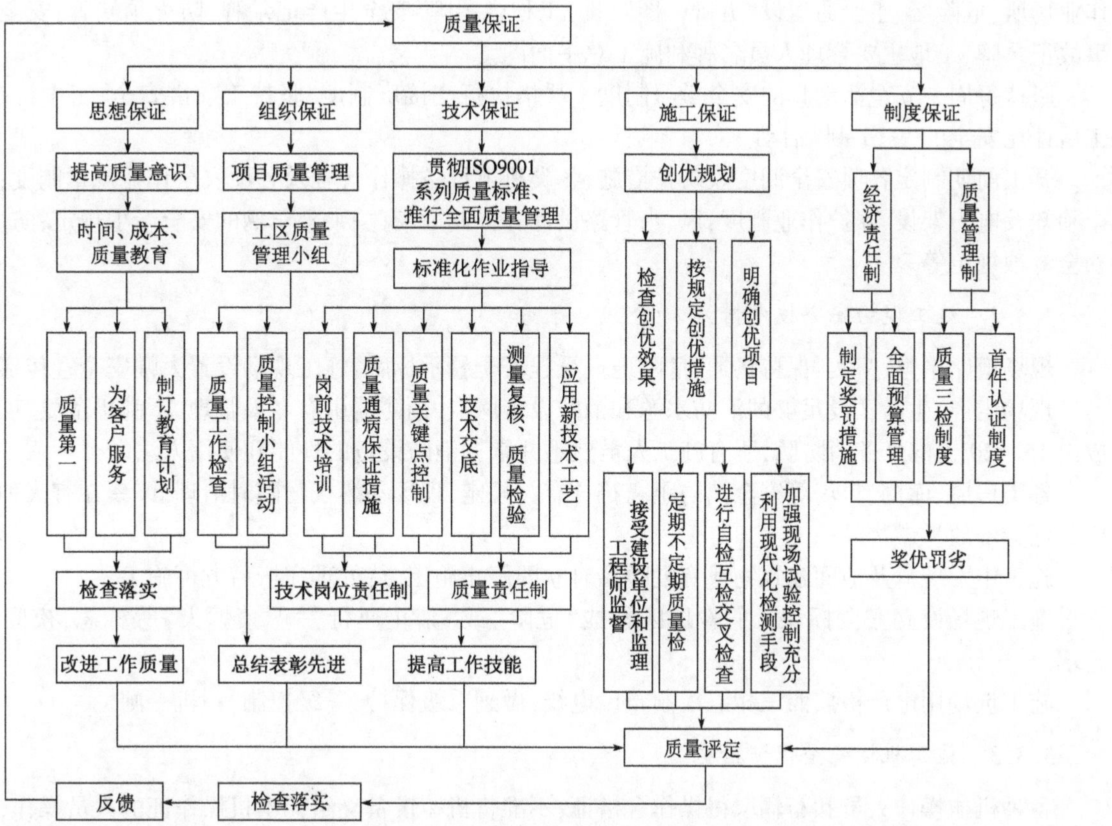

图 4-3-5 质量保证体系框图

(3)配备专门的质检、测量、试验、计量及内审五类验证人员队伍，严格控制工程质量。

(4)根据施工方案在开工前进行技术交底，对影响工程质量的各种因素和各个环节，首先进行分析研究，实现有效控制。

(5)加强施工图纸、技术规范、质量检验评定标准以及监理手册等文件的学习，严格按设计和规范要求施工，对每道工序质量进行监督、检查、评定，并严格处理质量事故。

(6)强化质量检查制度，实行定期检查和经常性检查相结合，专业检查和自检相结合，外部检查和内部检查相结合，贯彻落实开工前检查、施工中经常性检查、隐蔽工程检查、工程队质量"三检""三工序"检查(三检：自检、互检、专检；三工序：保证本工序质量，检查上工序质量，服务下工序)、定期检查、验工签证、竣工检查等行之有效的质量检查制度。在各级质量检查人员现场检查的基础上，每月组织质量管理领导小组成员进行一次全面工程质量检查，层层把关，确保工程质量达到创优要求。

3.3 安全保证措施

3.3.1 综合安全保证措施

将安全工作纳入生产经营范围，实行安全生产岗位责任制，在内部逐级签订安全生产包保协议书，做到分工明确，责任到人，奖罚分明。

加强安全施工教育，提高全员安全意识，开工前进行安全教育和安全培训，上岗前进行安全技术交底。

编制施工计划的同时，编制详细的安全操作规程、细则、制度及切实可行的安全技术措施，分发至工班，组织逐条落实。搞好"五同时"(即计划、布置、检查、总结、评比生产的同时)和"三级安全教育"。

每一工序开工前，编制详细的安全技术方案和实施措施，报监理工程师审批后，及时做好施工技术及安全技术交底，并在施工过程中督促检查。

进行定期和不定期的安全检查，及时发现和解决事故隐患，杜绝违章作业和违章指挥现象，对重点作业场所、危险区、主要通道设“五牌一图”，即：工程告示牌、安全生产记录牌、防火须知牌、安全无重大事故记录牌、工地主要管理人员名牌和施工总平面图。

坚持每周一安全活动日的安全学习制度。严格执行交接班制度，坚持工前讲安全、工中检查安全、工后评比安全的“三工制”活动。

开工前期制定各项安全制度及防护措施、各类机电设备操作规程及各项安全作业规章制度；用电安全须知及电力架设、养护作业制度；风、水管路设计养护制度；有关乘坐车辆的安全专项规定；防洪、防火安全专项规定等。

3.3.2 施工现场安全技术措施

现场道路平整、坚实、保持畅通，危险地点悬挂安全警示标牌，施工现场设置大幅安全宣传标语。

现场生产、生活区设足够的消防水源和消防设施网点，消防器由有专人管理，不乱扔乱放，项目部组成由 15～20 人的义务消防队，所有施工人员熟悉并掌握消防设备的性能和使用方法。

各类房屋、库棚、料场等安全消防距离符合有关规定，现场易燃杂物随时清理，严禁在有火种的场所或其近旁堆放易燃物品。

施工中发现危及地面建筑物或有危险品时立即停止施工，待处理完毕后方可施工。

施工现场设立安全标识。危险地区悬挂“危险”或“禁止通行”“严禁烟火”等标志，夜间设红灯警示。

施工现场用电严格按照三相五线制布设电线，做到二级保护，三级控制，一机一闸。

3.3.3 施工机械安全保证措施

各种机械操作人员和车辆取得操作合格证，不准将机械设备交给无本机操作证的人员操作，对机械操作人员要建立档案，专人管理。

操作人员按照机械说明规定，严格执行工作前的检查制度和工作中注意观察、工作后的检查保养制度。

保持机械操作室整洁，严禁存放易燃易爆物品。不得酒后操作机械，机械不带病运转、超负荷运转。

定期组织机电设备、车辆安全大检查。对检查中查出的安全问题按照“三不放过”原则进行调查处理，制订防范措施，防止机械事故发生。

3.4 季节施工措施

3.4.1 夏季施工措施

(1)高温期间的混合料施工

①水泥、掺和料全部散装，用密封铁罐存放，并注意防潮。不同种类的材料应储存于不同罐体，严禁混淆。

②粗、细集料堆放场地应加设彩条布遮盖，避免日光直接照射，使粗、细集料表面温度升高，必要时设置备用喷水实施，向集料堆上洒水，通过水的蒸发使集料冷却。

③工程采用摊铺机的水稳拌和料，严格控制碎石级配；提高砂、石材料指标控制，对不符合指标要求的碎石全部用洗石机冲洗，选用洁净砂。

④所有工程用原材料需要根据规范要求，做好原材料的定期检验与进场材料的常规检验，确保使用合格的原材料。

(2)夏季施工安排

①充分利用温度稍低时段，特别是早晨及傍晚时间段，合理安排施工工序。

②采取防暑降温措施保证人身安全、机械正常运转。

3.4.2 雨季施工措施

采取以下措施确保工期目标不受雨季影响。

(1)现场成立汛期施工领导小组和防汛抢险队,设专人值班,做到及时发现、改进、消除隐患;并且时刻注意天气变化,做好记录。

(2)认真做好雨季施工准备工作,汛期到来之前一个月,要对各种防雨设备、器材、临时设施与临建工程进行检查,并及时购置、修整,必须配置足够、完好的排水泵。

(3)汛期施工前,要对施工场地原有排水系统进行检查、疏浚或加固,必要时增加排水设施,保证水流畅通。

(4)汛期施工时,要保证现场运输道路畅通。根据需要加铺石屑等防滑材料,必要时加高加固路基和并按照规定做好泛水准备,设置排水沟,以防道路泥泞,确保汛期车辆正常通行。

(5)汛期施工时,工作面不宜过大,应逐段、逐片分期完成。

(6)拌和料场要加设排水沟,及时排除地表积水,细集料要加设防雨棚。

(7)现场机电设备必须加设防雨罩,采取防潮、防雨、防淹措施,以免损坏设备,雨后对机电设备要进行检查,确认完好后方可使用。

(8)现场机电设备(配电盘、闸箱、电焊机、水泵等)必须安装接地安全装置;设备漏电保护装置安全可靠。经常检查照明线路有无混线、漏电,线杆有无埋设不牢、腐蚀等情况,发现问题要及时处理,以保证正常供电。

(9)高空设备要安装避雷针,做好防雷、接地工作。各种材料应采取防雨措施,以利雨后生产。

(10)每天关注天气情况,安排好路面施工,减少雨季对生产进度的影响和材料的浪费。下雨时不进行路面施工。运料车出场时要覆盖篷布,防止雨水淋湿混合料。

3.4.3　冬季施工措施

(1)密切注意天气变化情况,寒流和大风来临所造成气温骤降,要及时采取措施。

(2)加强防火工作,由于保温材料是易燃品,且冬季施工中又多热源极易引起失火。应建立严格的用火和防火检查制度,施工现场要配备符合要求的消防设施。

(3)做好冬季施工中的防冻防滑措施。对积雪要及时清除,施工溢水要及时引出,确保运输和作业的安全。

(4)施工准备。

①提高对冬季施工质量的重视程度,全面落实各级质量管理责任制。

②严格按设计和国家有关施工及验收规范进行检查,加强组织、协调工作。

③加强工地现场与拌和站联系,专人指挥,统一调度,做到定量、定时、定车组织供应,及时供料。

④现场各种机械设备齐全且须有备用设备。

(5)适当增加机械设备的数量。

适当增加碾压设备,根据拌和站的产量和摊铺机的摊铺速度确定压路机的数量,在此基础上再增加2台压路机,尽量保持连续摊铺作业,强调"紧跟"摊铺机进行碾压。应选择合适的摊铺机,使初始压实度达到85%以上。钢轮压路机做到随摊随压并且减少喷水量,胶轮压路机不停歇,不间断碾压且跟紧钢轮压路机,对路边缘等局部地区采用振动夯板压实。

3.5　环境保护及文明施工

3.5.1　环境保护

3.5.1.1　管理措施

(1)实行环保目标责任制,把环保指标以责任书的形式层层分解到个人,列入岗位责任制,建立环保自我监控体系。项目部及上部结构施工队成立环境保护机构和小组,所有施工人员与环保小组签订环保责任书。

(2)采取合理措施,避免因施工方法不当而引起的污染、噪声和其他原因造成对公众财产和居民生活环境的伤害和妨碍。

(3)注意保养机械的正常操作,尽量使机械噪声维持在最低级水平。采取措施防止机械、车辆停放、维修以及油品存放时的油品泄漏。

3.5.1.2　噪声控制

(1)遵守《建设施工场界噪声限值》的有关规定,施工前了解周围单位居民工作生活情况,施工作业限定在规定的时间内进行。

(2)对周围单位、居民产生影响的施工工序,均安排在白天或规定时间进行,切割机、吊车等高噪声作业要限定作业时间,减少对周围居民的干扰。

(3)拌和料运输车辆慢速行驶,不鸣喇叭。

(4)施工照明灯的悬挂高度和方向合理设置,晚间不进行露天电焊作业,不影响居民夜间休息,减少噪声避免光污染。

3.5.2　文明施工

(1)现场的临时设施等建筑物按照批准的平面图布置,必须符合施工组织设计的要求,各种设施必须符合规定,做到场地整洁、道路平顺、标识醒目,生产环境达到标准化作业要求。保证道路及电力系统畅通。

(2)机械设备停放场地平整坚实,没有积水现象;机械设备性能良好,无抛锚滴漏现象;灭火器材、避雷装置齐全;机械设备有专人管理、操作。

(3)工人操作地点和周围必须清洁整齐,做到活完场清。及时清理施工时留下的垃圾,整理收拾施工时用的工具。

(4)加强文明施工的宣传,统一思想,使广大干部职工认识到文明施工是企业形象、队伍素质的反映,是安全生产的保证,是工程优良,快速施工的前提。

(5)增强文明施工和加强现场管理的自觉性。结合工程现场实际情况,落实项目班组的文明施工现场负责人,施工现场设置明确、醒目的宣传标语牌,竞赛评比栏,活动记录,宣传教育记录内容。

(6)尊重当地风俗习惯,在施工过程中,处理好与当地政府和群众的关系,严肃职工纪律,做到施工不影响居民的生活和生产,并为当地提供力所能及的服务。

第四节　沥青拌和站安装及拆除施工方案

1. 编制依据

同本章第二节“水稳拌和站安装及拆除施工方案”的编制依据,在此不再赘述。

2. 施工方案

2.1　施工工艺流程

安装工艺流程:装机前准备→机械部分安装→电缆安装→设备调试→验收和资料整理。

拆除工艺流程:拆卸前的准备工作→粉料罐拆除→机械拆解→运输。

设备拆卸前,应及时清空配料器、粉料罐及成品料仓中的余料,对整机进行全面清理,清除场地内的废料和杂物,然后按方案进行拆机。实施过程中必须由有经验的技术管理人员统一指挥,协调控制拆机秩序和进度。

粉料罐拆除、主机及附属设施的拆除是整个拆除作业中安全控制重点,拆除过程中主要介绍,其他拆除工艺按安装时吊装进行。

2.2 施工方法

2.2.1 沥青拌和站安装

2.2.1.1 装机前准备

(1)设备安装开始前,根据基础图纸对设备安装基础进行全面复核检查,重点检查设备平面布置尺寸与基础高度是否符合图纸要求,混凝土强度要求,每个摆放支撑点的强度是否满足图纸设计要求,要求各部分中心线和位置线尺寸距离偏差≤2mm;各主要安装点的高程允许偏差≤2mm。根据安装点高程尺寸,准备各种规格的垫铁,以备安装期间使用。

(2)检查设备外观质量,螺栓有无松动、焊口处有无裂纹,有无漏油、水等;准备安装所需的各种规格的螺栓、焊条、铁板等,准备工具和安全防护用品,对使用较多的工具应多备几套,配备氧气割焊、电焊设备;计划好起重机进场时间。

(3)开始安装前针对组装的部件进行技术交底,保证工作目的明确,工作步骤清晰。组装时,提前清除部件表面包裹的所有保护膜及运输用保护罩(围栏),并彻底清理部件的各个连接表面,保证连接表面清洁,便于安装密封。

2.2.1.2 机械部分安装

(1)主楼部分

①首先在基础上放样出各预埋件的中心线,清除预埋件表面的浮渣、油污等杂物,确保预埋件表面清洁干净。

②待所有准备工作确认无误后开始安装。安排作业人员将楼梯和爬梯在地面组好放到一侧备用。各层平台的护栏提前在地面组装完毕,做到干净平整美观。所有连接支腿和热仓、加长仓、振筛等安装面要用布擦干净,热仓、加长仓和振筛的安装面打密封胶后安装。连接标准件及工具、密封胶等必要材料或辅助材料(钢钎、铁锤、连续料位的连接杆、安全带、绳子和必要的梯子等)要提前由专人准备好,放到使用地点,吊装由专人负责操作,指导指挥。

③现场沥青拌和站各配件摆放应保证有足够的安装距离,用方木将其垫平稳,将爬梯和平台护栏安装好,与各部件框架进行组装,待平台护栏都已组装到位后,进行主楼安装。

④主楼安装先进行支腿与基础预埋钢板的焊接,支腿安装过程中必须由测量员进行高程和平面位置控制,以确保支腿安装位置准确,现场技术员、安全员和质检人员进行支腿连接质量检查,待所有支腿安装结束,焊接质量检查合格后,将连接好的轨道与搅拌锅吊装到主楼支腿上安装固定,安装搅拌锅层时必须进行高程复核,并做记录。然后进行热仓和振筛吊装,此时主楼吊装完成。

⑤主楼吊装完成后进行运输时的临时固定器具拆除,需提前进行拆除的必须安排专人拆除并检查确认。固定器具包括:各个秤的固定,振动筛筛芯运输用的固定支架等部件,将所有需拆除的运输固定器具拆除完成后,经检查确认无误后再进行下步工作。

⑥主楼部分完成后,可以根据实际情况,调整筛网弹簧的张紧。弹簧的尺寸压缩到113mm或者连同弹簧两端的压紧垫片121mm。

⑦为了使除尘、干燥、提升及主楼系统工作在正常的负压条件下,保证引风机的工作效率,系统内的烟尘不外溢,设备应具有良好的密封性能。因此,所有的仓体及废气管路的连接面均采用玻璃胶密封。

(2)干燥筒与除尘器部分

①设备部件组装时各连接部位包括烟道应可靠密封,安装面整齐干净。

②除尘器下仓组装好在安装位置上测量水平,打好密封胶后准备安装上仓。

③滚筒严格按滚筒的规范进行安装;滚筒的进出料端要和滚筒同心,燃烧器要和出料端同心;测量安装的法兰和滚筒的密封法兰在上下左右四个方向尺寸一致为同心,误差小于2mm。

④各个螺旋安装整齐,各接口及球头部分密封好。

⑤设备除尘器和滚筒一起严格定好位置,考虑与主楼连接平台的尺寸,最好提前量一下平台的尺

寸,准备好定位块、密封物品、工具等。

⑥除尘器安装好后进行泄料溜槽安装,溜槽出料口要和骨料提升机链斗左右对中,料从溜槽流下时要能流到链斗中,避免落到最下料斗的下方。

⑦溜槽安装好后进行测温红外探头的安装,一个安装在溜槽上,一个安装在搅拌锅下方的围板上,溜槽上的探头安装角度要能够保证很好地测到流过料的温度,搅拌锅围板上的探头不但要很好地测到料的温度还需考虑如果轨道提起时探头架与轨道应不相互干涉等。

(3)骨(粉)料提升机及粉罐部分

①在安装时先看好各节的安装顺序和方向擦净各安装面,将中节垫好,安装面打好密封胶,安装上节、下节,然后安装底端、顶端平台护栏等,骨料提升机安装完毕后将线槽安好。为方便吊装,安装时各部件的顶端应靠近地基。

②粉罐在组装时注意上仓和下仓的对应位置,安装螺栓时注意上下各加垫垫片,同时检查各部位的密封性,观察仓内有无杂物及透光现象,运输过程中的临时工装用具需在线槽安好后拆除。同时安装上下罐体的爬梯。

③粉罐吊装与主楼的连接,吊装时注意吊点位置的设置,避免因吊装使爬梯产生挤压变形,吊装过程中两台起重机需配合进行,将罐体慢慢吊起安放到基础上,测量人员采用全站仪对罐主体垂直度进行控制,罐体垂直度严格控制在5mm以内。

④安装时骨(粉)料提升机主体采用方木将其垫至足够高度进行安装[骨(粉)料提升机均高20cm],且保证主动轮与从动轮上下左右垂直对中,误差控制在3mm内,位置定好后进行固定。安装粉料提升机料斗与接料板时,料斗边缘与接料板的距离应控制在10~20mm,接料板底面与骨料提升机主体的间隙要可靠密封防止漏料,不满足要求时必须进行处理。

⑤骨(粉)料提升机安装好后进行链条安装,链条安装前逐一检查链节,防止链节扭曲。在连接链条之前,应把底端的轮轴尽量提到最高点,以防止新链条由于负载后增长,导致料斗剐蹭提升机底端。电机与减速机的皮带松紧合适用单拇指用力向下压时挠度应在1cm内。皮带松紧合适后安好皮带罩,用手转动电机风扇,如果皮带没有蹭到其他地方,进行紧固螺钉。

⑥粉罐安装好后,进行进粉秤螺旋的安装,在安装过程中注意保护已经安装好的蝶阀。

⑦在安装粉罐上的除尘器时注意密封,安装料位计时注意不要碰到除尘器扇叶(阻旋式)。

(4)冷料仓和皮带机部分

①安装皮带机时先将皮带机运输过程中的临时固定装置拆除,检查各个部位的安装方向和顺序。

②组装拖辊时检查每个拖辊的转动情况,转动不灵活时进行更换处理。

③组装好的皮带机展开时先将从动轮向前移动保证皮带的长度能够满足最前一节皮带机放平。

④取料皮带出口的三面橡胶护板和重锤刮料板要在仓体放到基础上之前安装就位。

⑤冷料仓部分预先在地面组好围板,仓体框架和地脚可靠连接。

⑥将料仓上围板安放到仓体上,并连接可靠,然后将防超粒径网格安装固定。

⑦调整平皮带和取料皮带的胶皮围裙间隙(皮带与橡胶围裙的距离允许误差≤3mm)。

⑧斜皮带定位时,要充分考虑料进入滚筒的情况,确保进料时料能够完全进入滚筒,且皮带运转时没有任何剐蹭。

⑨检查取料皮带下方刮板的配重锤安装螺钉状态,防止剐蹭到皮带。

(5)成品仓部分

①先确定好基础部分的水平位置和高程位置。安装支腿固定牢靠。

②在地面上分别组装各层仓体围板和主框架,在预先组装好的中节轨道上安装好线槽。主框架上安装好钢丝绳的限制框架。准确测定出仓体的中间隔板,确保位于仓体中间,每层安装时要保证是矩形,禁止出现平行四边形。

③用水平尺找好水平垫好仓板,再进行三角形上仓体组装,仓板组装好后安装上下爬梯和护栏,然后安装上仓开门气缸和仓门,待固定好后安装轨道上节,将钢丝绳导向轮的小平台组装到轨道上节上,

成品仓梯子和护栏安装连接要保证整体安全、可靠、美观等。

④在主框架上安装好成品仓的出料下仓,两者的安装孔必须同心,必要时进行焊接固定保证无任何移动。成品仓各层单独组装好一次吊装。为避免造成起重机浪费,成品仓组装进度同主楼部分的进度协调一致,尽量和主楼的吊装同步进行。

⑤成品仓安装好后从钢丝绳导向轮吊垂线,确定钢丝绳使用时的位置,定出卷扬机滚筒的准确位置,以及液压站的位置。

⑥根据图纸定出圆形仓的位置,进行圆形仓的安装工作。

⑦进行上下仓体的组装,先将出料口安装到下仓上,垫好方木将出料口朝下放到地面上,再将上仓体安到下仓体上。

⑧在仓体与主框架之间预先安装好过渡块,将仓体整体装到框架上,再进行进料部分和平台等其他部件的安装,最后安装组成部件的轨道。

⑨安装成品仓与主楼之间的中节轨道。

(6)油罐体和管道部分

①测量人员严格按照图纸设计定出罐体的具体安装位置,再进行罐体的安装,罐体的安放必须稳固可靠。

②管道安装时注意各阀门的方向、密封垫平整并与法兰同心,保证螺栓连接紧固力满足要求。

③软管的连接必须有相应的防护措施,在保证不被尖锐物碰伤和使用电气焊时烫漏的情况下安装。

④罐体内部检查,禁止有任何杂物,确保罐体浮子运动灵活。

⑤预先将各油泵固定在底座上,安装时确保底座水平,检查联轴器的状态,确保电机轴与泵的动力输入轴同心。

⑥现场进行导热油管道与罐体管道安装时,将内应力控制为最小值。膨胀罐在安装前检查浮子的运动是否灵活,将其调整到最佳状态。

⑦热交换器定位后与燃烧器连接时需对管道的对应关系进行检查,同时检查管路是否通畅,与油罐连接的管道要将固定管道的焊接板割开,用卡子进行固定使管路富有膨胀余量,保证热传递的效率和美观。

⑧所有管路安装制作完成后,均需打磨喷漆,保证设备整体美观布局合理。

(7)气路部分

①储气罐安装于主楼处,空压机安装于储气罐附近,进气口过滤器加机油,油位及油的规格以空压机说明书的要求为准。

②空压机与主管路之间必须安装软管,避免产生共振。

③软气管连接时避免被异物伤到,弯曲时采用专用接头圆滑过渡,若采用电气焊时要做好保护。

④各气动接头的螺纹要可靠密封,气管的安装截面要整齐,没有毛刺。

⑤安装气缸时,要观察气缸的运动范围内有无障碍,运动部分要确保运动灵活,将气缸连接后用手推动所要带动的元件(如成品仓的上门)运动灵活无意外阻力后,再将气缸定位,然后再试,确保安装质量。

⑥所有的气动三联件和阀门要检查箭头表示的方向和使用要求一致(尤其注意单向阀的方向),螺纹口应有原厂的保护塞,如无保护塞检查罗纹有无损坏,确保使用可靠。

⑦所有软气管要从线槽中通过,出线槽时用护口保护,气缸要留出运动余量。

⑧设备整体检查进行清洁,油漆破损的部位重新喷漆。检查所有连接螺栓是否紧固到位。

2.2.1.3　电缆安装

布线前,由专业电工仔细检查电缆是否完好,有无破损和短路现象,电力电缆的绝缘和电阻状况是否良好,接线时应按设备电路原理图操作,不能只核对拆线记录,严禁私自篡改电路;因元器件变更或电路缺陷的改进应备案记录;电路走向应尽量远离油路和高温、潮湿区域,避免电路和油路交叉布置,如有交叉应严格做好油路密封;电缆沟(槽)位置应设安全警示牌和防油污警示牌,各部分接地应与接线同时进行，并且必须可靠，照明线路应和整机电路同时布置安装；电力电缆不能单相加金属套管，以防发热损坏；控制和信号电缆宜与电力电缆分开设计，可将电力电缆布设完后用沙土隔层或用线管(槽)分割，线路应注意隐蔽和防护，做好美观清楚，拐角部位用软胶铺垫，防止机械振动磨损。

电路接线至少由两人一起进行，分别负责接线操作和检查核对，防止错接，线路接头必须使用线耳，并且防止紧拉、重拉、以防脱落。

防雷接地安装：接地安装材料主要使用扁铁，扁铁为50mm × 5mm；所有接地引出线的外露部分均采用镀锌扁铁，以防腐蚀。避雷网、避雷针与接地网的连线不小于两根，且每根之截面积不小于50mm^2；

拌和站区域内设置专用的接地网，并与楼体有可靠的电气连接，其接地电阻不大于10Ω。控制计算机的接地设置独立的接地网，接地电阻不大于4Ω。两接地网之间的距离大于10m。防雷接地与零线的重复接地可用于同一接地网。

拌和站在供电前必须将所有的钢结构进行可靠的保护接地，电机电缆的保护线、电气柜、操作台的外壳、水泥仓等结构部分的接地端子等均与主接地螺栓、主接地极做可靠的连接，且保护线不允许串联。设备主接地端子、水泥仓接地端子、主控制室支腿上的接地端子与主接地极连接的接地线，采用满足接地线相应要求的扁钢作导体。

设备安装完成后，安装人员应检查接地极，接地电阻应不大于4Ω，并且要求接地极和设备等电位接地，达不到要求应立即整改。严格按要求接零、接地，以防发生触电事故。

2.2.1.4　设备调试

调试前应整理调入的设备资料：包括操作手册、生产工艺说明、系统组成说明，元器件说明书、电路原理图、控制程度等。

机械整体检查：安装正确，转动无障碍，润滑油料及冷却设备完备。

电器整体检查：所有接地设备完备并符合要求；所有电机三相电阻平衡，电压符合要求。

分部调试：调试一般先从电力拖动部分开始，由易到难分部进行，每一部分调试前必须再次检查机械和电路是否正确，同时必须有人监督协助，统一指挥；调试时，应注意观察各机构工作状况。保证启动性能良好、运转平稳、温升正常、仪表显示准确，无漏油、水泥等现象；调试人员应清楚生产工艺、系统设计组成原理、元器件特性和参数、电路组合原理、控制程序等。综合分析判断运行状况或故障原因；计量部分调试后必须请相关计量鉴定部门检验。

整机运转和试生产，在各部分调试完好后，进行整机运转和试生产，检查各部分是否达到设计要求，同时必须分析各系统和薄弱环节或设计缺陷，以备操作和维护时加以注意。

2.2.1.5　验收和资料整理

项目物设部和质检部联合派人进行进场设备的验收工作，填写验收表。验收表内容主要包括：技术性能部分(搅拌系统、计量系统、计时系统、除尘系统等)、轴承部分、密封部分、润滑部分、安全部分的验收记录。应特别注意所有相关资料的收集、登记、整理工作，重要元器件的型号、使用参数、说明书等在安装调试时及时收集整理，做好控制程序和电脑系统的备份工作，通过U盘或光盘来备份电脑系统或收集好相关的软件安装程序和硬件驱动程序。

2.2.2　拌和站拆除

与本章第二节“水稳拌和站安装及拆除施工方案”中“水稳拌和站拆除”相关内容相同，在此不再赘述。

3. 质量控制标准及保证措施

略。

4. 安全保证措施

略。

5. 环境保护及文明施工保证措施

略。

6. 应急处置措施

略。

上述 4 点内容同本章第二节相关内容,在此不再赘述。

参考文献

[1] 交通运输部.公路工程技术标准:JTG B01—2014[S].北京:人民交通出版社股份有限公司,2015.

[2] 交通运输部.公路路基施工技术规范:JTG/T 3610—2019[S].北京:人民交通出版社股份有限公司,2019.

[3] 交通运输部.公路土工试验规程:JTG 3430—2020[S].北京:人民交通出版社股份有限公司,2020.

[4] 交通运输部.公路路基路面现场测试规程:JTG 3450—2019[S].北京:人民交通出版社股份有限公司,2019.

[5] 交通运输部.公路工程施工安全技术规范:JTG F90—2015[S].北京:人民交通出版社股份有限公司,2015.

[6] 交通运输部.公路工程质量检验评定标准　第一册　土建工程:JTG F80/1—2017[S].北京:人民交通出版社股份有限公司,2017.

[7] 交通运输部.公路环境保护设计规范:JTG B04—2010[S].北京:人民交通出版社,2010.

[8] 交通运输部.公路桥涵施工技术规范:JTG/T 3650—2020[S].北京:人民交通出版社股份有限公司,2020.

[9] 交通运输部.公路隧道施工技术规范:JTG/T 3660—2020[S].北京:人民交通出版社股份有限公司,2020.

[10] 全国安全生产标准化技术委员会非煤矿山安全及技术委员会.爆破安全规程:GB 6722—2014[S].北京:中国标准出版社,2014.

[11] 浙江省交通工程建设集团.公路工程专项施工方案参考范本[M].北京:人民交通出版社,2011.

[12] 李继业,刘福胜,李树枫.公路工程施工技术实用手册[M].北京:中国建材工业出版社,2006.